프포자를 위한
C 프로그래밍

Copyright ⓒ Acorn Publishing Co., 2026. All rights reserved.

이 책은 에이콘출판(주)가 저작권자 남기덕과 정식 계약하여 발행한 책이므로
이 책의 일부나 전체 내용을 무단으로 복사, 복제, 전재하는 것은 저작권법에 저촉됩니다.
저자와의 협의에 의해 인지는 붙이지 않습니다.

프포자를 위한 C 프로그래밍

남기덕 지음

에이콘

에이콘출판의 기틀을 마련하신 故 정완재 선생님 (1935-2004)

지은이 소개

남기덕(dkkamui@gmail.com)

글로벌 기준으로도 흔치 않게 게이머, 게임 개발, 게임 학계 3가지 분야의 경력을 모두 가졌으며, 인생의 모든 경력이 게임과 관련될 정도로 게임과 함께 살아온 '진성 게이머'다. 문방구에서 팔던 1,000원짜리 보드 게임부터 시작해 어려서부터 쉼없이 다양한 플랫폼의 게임을 해왔고, 성인이 돼 '프로그래머, 개발 팀장, PM, PD'로서 게임 개발에 참여했으며, 나이가 들어 '게임학 박사'를 취득하고 대학의 '게임 학부 교수'로서 게임을 연구하고 가르치는 등 일생을 게임과 함께 살아가고 있다.

디지털 게임에서는 50원짜리 깐도리 아이스크림을 먹으며 오락실에서 <갤러그>를 한 것으로 게임에 입문해 재믹스로 처음 비디오 게임을 접했고, 지금까지 휴식기 없이 게임을 즐기고 있다. 여러 게임을 즐기지만 플랫폼 중에서는 비디오 게임을 가장 선호하며, RPG야말로 게임의 결정체라고 주장하는 아저씨 게이머다.

홍익대학교 컴퓨터공학을 전공한 후 클라이언트 프로그래머로 업계에 입문했으며 프로그래머, 개발 팀장, PM, PD를 거쳤다. 어려서부터 즐겨왔던 비디오 게임에 지대한 영향을 받아 사람들에게 감동을 주는 게임을 만들고 싶어 게임 업계에 발을 디뎠다. 하지만 위로 올라갈수록 매출을 위해서라면 게임 디자인은 안중에도 없는 한국 게임 업계 윗선의 현실을 뼈저리게 경험하고 큰 괴리감을 느낀다.

게다가 PD로서 스스로 게임 디자인에 대한 깊이가 얕다는 고민에 빠져 방황의 나날을 보내다가 무작정 일본으로 날아갔다. 당시 기준으로 10년 이상 한국어를 가르치며 알게 된 일본인 지인들의 도움으로 한 달 반 정도 여러 일본 게임회사의 경력 많은 개발자들을 찾아다니며 조언을 구했고, 결국 자신의 한계를 뼈저리게 깨닫는다.

한국으로 돌아와 늦은 나이였지만 게임도 학문으로 인정받아야 한다는 사명 아래 게임학 박사를 취득하고, 현재 동양대학교 게임 학부 교수이자 게임학 박사로서 대학에서 게임학, 게임 프로그래밍, 게임 디자인을 가르치고 있으며, 학부 내 모든

3학년, 4학년 졸업 작품 팀 프로젝트를 총괄하고 있다.

게임 산업의 질적인 발전을 위해 국내외 정부기관, 국회, 공공기관, 단체, 기업 등에 강연, 자문, 심사, 평가, 정책 제안 등 다양한 활동을 폭넓게 하고 있다. 세계 게임 시장이 질적으로 한 단계 성장하는 데 공헌하고자 게임 관련 지식과 정보가 필요하다는 곳이 있으면 시간과 체력이 닿는 한 달려가고 있다. 국내 게임 시장만이 아닌 글로벌 게임 시장을 질적으로 발전시킬 수 있는 방안을 모색하고자 국내만이 아닌 일본과 중국을 비롯해 여러 국가에서도 뜻이 맞는 동료를 모아 다양한 활동을 전개해 나가고 있다.

국내에도 좀 더 게임에 대해 진지하게 생각하는 사람들이 늘었으면 하는 바람으로 비영리 단체인 글로벌 게임 연구회를 창립해서 글로벌 게임 산업이 발전하는 데 공헌하기 위한 활동을 하고 있으며, 게임 비평가 및 게임 분석가로도 활동하고 있다.

링크드인: www.linkedin.com/in/기덕-남-9bb801119

| **지은이의 말** |

"다른 언어 하나를 더 안다는 것은 영혼을 하나 더 갖고 있는 것과 같다(To have another language is to possess a second soul)."

― 샤를마뉴(Charlemagne, 742 ~ 814)

영어, 일본어, 프랑스어와 같은 언어를 현지인과 자연스럽게 의사소통할 만큼 배우려면 몇 년 정도 필요할까? 누구나가 매일같이 열심히 공부해도 최소 수년 이상, 길게는 10년 이상 걸린다고 이야기할 것이다. 해당 국가에서 생활을 하면서 24시간 해당 언어에 노출되는 환경이라면 기간이 조금 짧아지겠지만, 모국에서 생활하면서 다른 언어를 자연스러운 수준까지 도달하는 건 매우 드문 경우다.

언어에는 문법만 존재하는 것이 아니라 해당 언어를 사용해온 사람들의 문화, 사고방식, 철학, 역사 등이 담겨 있기 때문이다. 단순히 문법만을 배워서는 절대 어느 수준 이상 도달할 수 없다. 문법과 더불어 그들의 문화, 사고방식, 철학, 역사 등을 이해하려는 과정을 거치지 않으면 읽고 듣는 것까지는 가능하게 되더라도 말하고 쓰는 것에 도달하지 못한다. 즉, 이미 완성된 문장은 이해할 수 있으나 스스로 새로운 문장을 만들어낼 수는 없다.

그렇다면 C 프로그래밍 언어와 같은 프로그래밍 언어를 스스로 원하는 기능을 자유자재로 구현할 수 있을 만큼 배우려면 몇 년 정도 필요할까? 이 질문에 대해 놀랍게도 상당수의 사람이 생각보다 굉장히 짧은 시간으로 대답한다. 대부분 2~3년 정해진 수업시간에만 열심히 한다면 프로그래머로 취직해서 자신이 원하는 코드를 자유롭게 짤 수 있을 것이라고 기대한다.

그러나 현실은 그렇지 않다. 머릿속에서 생각하는 대부분의 기능을 구현할 수 있을 만큼 하나의 프로그래밍 언어를 체득하기까지는 마치 영어를 체득하는 시간만큼 상당한 기간이 소요된다. 그것도 매일같이 영어 단어를 외우고, 영어로 누군가와 대화하려고 노력하는 것과 동일한 수준으로 24시간을 해당 프로그래밍 언어를 사용하려고 노력했을 때 최소 5년 정도 소요된다고 본다.

인간이 사용하는 언어와 다르게 오히려 프로그래밍 언어가 배우기 어려운 것은 해당 언어를 사용하는 국가가 존재하지 않기 때문이다. 인간이 사용하는 언어를 배우려면 해당 언어를 사용하는 국가에 가서 생활하면서 24시간 해당 언어에 노출되는 것으로 체득까지 걸리는 시간을 단축할 수 있다.

프로그래밍 언어를 사용하는 국가는 없으나 업계에 취직해서 프로그래밍 팀에 들어가면 해당 언어를 사용하는 국가에서 생활하는 것과 그나마 비슷한 환경에 노출된다. 즉, 24시간 해당 언어가 머릿속에 맴돌며 화장실을 가도, 자려고 누워도 해결하지 못한 코드가 보이게 된다. 그렇기 때문에 프로그래머로 취업하면 프로그래밍 실력이 급격하게 느는 경우가 많은 것이다.

반대로 학생들은 취업을 하기 전 이러한 환경에 노출되기 어렵기 때문에 일반 언어와 비교한다면 읽고 듣는 것은 가능하지만 말하고 쓰는 단계까지 도달하지 못하는 경우가 많은 것이다. 문제는 회사 입장에서는 신입이라고 할지라도 프로그래밍 언어를 마치 말하고 쓸 수 있는 수준까지 도달한 사람을 뽑고자 한다는 점이다. 이는 지극히 당연한 것이다.

대학과 학원에서 수많은 **프포자**(프로그래밍을 포기한 자)가 양산되는 이유는 먼저 프로그래밍 언어를 배우는 것을 굉장히 쉽게 생각하고 있기 때문이다. 영어와 달리 배우기 위해 필요한 기간을 짧게 기대하고 있었던 만큼, 1 ~ 2년 동안 많은 노력을 기울여도 뚜렷한 성장이 눈으로 보이지 않기에 스스로 재능이 없다고 판단하고 쉽게 포기하게 된다.

우리는 왜 '프로그래밍 언어'라고 부를까? 프로그래밍 언어도 하나의 언어라는 것을 절대 잊어서는 안 된다. 프로그래밍 언어가 갖는 각각의 철학이 있고, 요구되는 사고방식이 별도로 존재한다. 단순히 문법과 제공된 코드만 열심히 외워봐야 기존에 완성돼 있는 코드를 분석하는 것만 가능해진다. 결국 국내에서 이뤄지는 영어 학습의 단점을 답습해 읽고 듣는 것만 가능하게 된다는 의미다. 프로그래밍 언어를 배워 마치 영어를 자유롭게 말하고 쓰는 단계까지 도달하려면 우리가 영어를 체득하려고 노력하는 것처럼 24시간 해당 프로그래밍 언어를 수년간 생각하고 버릇이 될 정도로 코딩을 하는 습관을 가져야 한다.

그리고 무엇보다 해당 프로그래밍 언어가 갖고 있는 철학과 사고방식을 이해하고자 하나의 영혼을 더 가지려고 노력해야 한다. C 프로그래밍 언어를 이해하려면 모든 사물을 바라볼 때 '기능별'로 분리하고, 논리적인 사고를 통해 진행되는 '절차'를 시각적으로 표현하려고 노력해야 한다.

C++나 C# 프로그래밍 언어가 갖는 철학과 요구되는 사고방식은 C 프로그래밍 언어와 전혀 다르기 때문에 추가로 또 하나의 영혼을 가져야 객체지향 프로그래밍 언어를 이해할 수 있다는 의미가 된다. 영어를 잘하면 알파벳을 사용하는 다른 언어를 배우기 수월하겠지만 해당 언어의 고유한 것은 처음부터 다시 배워야 하는 것과 같다.

필자가 대학에서 학생들에게 프로그래밍 언어나 게임 엔진을 가르치기 시작하면서 놀란 건 프로그래밍 언어를 배웠던 학생들이 생각보다 빠른 시점에, 그리고 상상을 초월할 정도로 많은 숫자가 프로그래밍을 포기했고 지금도 포기하고 있다는 사실이었다.

많은 학생과 상담해보면 기존 대부분의 프로그래밍 수업은 완성된 코드를 마치 암호처럼 눈으로 외우게 하고, 시험도 마치 역사 시험처럼 완벽한 코드의 빠진 공란을 채우는 필기시험 형태로 진행됐기 때문에 코드가 조금이라도 변경돼야 하는 상황이 발생하면 어쩔 줄 모르겠다고 하소연한다. 영어를 외우게 하는 한국의 잘못된 교육 방법이 프로그래밍 언어의 교육 방법에까지 이어진 것이다. 이러한 교육 환경에서 스스로 새로운 코드를 작성하지 못하는 건 지극히 당연하다.

따라서 1 ~ 2년이나 프로그래밍 언어를 배웠다는 학생들이 간단한 에러가 발생한 순간, 에러 메시지가 명확하게 표시되고 있는데도 에러를 해결하는 방법을 배우지 못해 빌드조차 해보지 못하고 포기하는 모습을 자주 보게 된다. 빌드가 되지 않으면 에러 코드를 찾아보거나, 빌드는 성공했으나 원하는 대로 동작하지 않으면 디버깅을 하는 것이 아니라 교재의 본래 코드를 뚫어지게 쳐다보면서 오타를 찾는 것이 현재 대학에서 이뤄지는 프로그래밍 수업이 처한 현실이다.

근본적으로 "지금까지 이뤄진 프로그래밍 수업의 방향성이 과연 맞는가?"라는 고민을 자주하게 된다. 이 책은 수많은 '프포자'가 자신감을 갖고 다시 프로그래밍에 도전해볼 수 있게 실무에서 이뤄지고 있는 프로그래밍의 전체적인 흐름을 먼저 알려주는 것이 목적이다. 우리는 스스로 생각해서 코드를 작성할 수 있는 프로그래머를 키우는 것이지, 완성된 코드를 보고 분석하는 분석가를 키우는 것이 아니다. 간단한 영어 문장을 스스로 말하고 쓸 수 있는 것부터 시작하는 것이 진정한 언어 교육의 첫걸음인 것과 같이, 중급 이상의 이론을 학습하기보다 기초적인 이론만을 활용해서 직접 코드를 한 줄씩 작성할 수 있게끔 하는 것이 프로그래밍 언어 교육의 첫걸음이다.

이 책은 크게 2가지 목적을 갖고 있다.

첫째, C 프로그래밍 언어 자체를 깊이 배우기보다 게임 제작에서 주로 사용되는 객체지향 프로그래밍 언어인 C++와 C#으로 수월하게 넘어가기 위해 절차적 프로그래밍인 C 프로그래밍의 핵심 내용을 추려서 제공하는 것이다. 현재 C 프로그래밍 언어를 사용하는 분야는 한정적이기 때문에 C 프로그래밍 언어를 무시하고 객체지향 프로그래밍부터 가르치는 경우도 꽤 있다. 그러나 절차적 프로그래밍의 핵심인 함수를 만드는 것을 체득하지 못한 채 객체지향 프로그래밍으로 넘어간다면 객체를 설계해야 하는 초기 단계부터 막혀 프포자가 대거 발생하는 원인이 된다. 다만 C 프로그래밍 언어만으로는 복잡도가 높은 프로그램을 구현할 수 없다는 명확한 한계가 있기 때문에 기본과 핵심이라도 명확하게 알고 객체지향 프로그래밍으로 넘어가는 것이 좋다.

둘째, 처음 배우는 프로그래밍 언어부터 눈으로 학습하는 것이 아닌 직접 손으로 코딩하게 함으로써 몸으로 체득하게 만들어 진정한 프로그래머로 성장할 수 있는 기반을 다질 수 있게 도와주는 것이다. 따라서 시작하자마자 난이도와 무관하게 항목별로 '나열형 목차'를 통해 완성된 예제 코드를 무작정 따라하는 방식을 채택하지 않고, 먼저 프로그래밍의 전체적인 구조와 흐름을 이해할 수 있게 동일한 항목이라도 난이도에 따라 장마다 분산하는 '나선형 목차'를 구성했다. 그리고 완성된 코드를 보여주고 분석하는 방법이 아닌, 실제 핵심 코드부터 시작해 코드가 완성돼 가는 과정을 이해할 수 있는 힘을 길러주고자 한다.

이 책은 분야와 상관없이 프로그래밍을 시작하고자 하는 모두를 위해 작성됐으나 특히 게임 프로그래밍의 시작점이 되게 계획했다. 앞으로도 '프포자 시리즈'로 C 계열 프로그래밍, 유니티Unity와 같은 게임 엔진 등으로 게임 프로그래밍에 필요한 책을 연달아 선보일 것이다. 소수의 프포자라도 프로그래밍의 전체적인 흐름을 이해하고 자신감이 생겨, 프로그래밍의 진정한 재미를 알게 되고, 더 나아가 업계에서 활약하는 프로그래머로서 성장하게 되기를 기대한다.

| 차례 |

지은이 소개 5
지은이의 말 7
들어가며 25

01장 C 프로그래밍의 개념 31

1-1 프로그래밍 개요 32
- 1-1-1 프로그래밍을 배운다는 의미 32
  - 1-1-1-1 프로그래밍은 영어를 체득하는 과정과 동일하다 32
  - 1-1-1-2 이론과 실습보다 개념이 우선돼야 한다 35
- 1-1-2 프로그래밍 언어, 프로그래밍, 코딩 36
- 1-1-3 프로그래밍 = 데이터 + 알고리듬 38
- 1-1-4 절차적 프로그래밍 vs 객체지향 프로그래밍 40
  - 1-1-4-1 철학부터 다른 별개의 언어 40
  - 1-1-4-2 절차적 프로그래밍 43
  - 1-1-4-3 객체지향 프로그래밍 45
  - 1-1-4-4 C를 먼저 배워야 하는 이유 47
- 1-1-5 표준 라이브러리와 사용자 정의 50

세이브 포인트 53

1-2 C 프로그래밍 개요 54
- 1-2-1 C 프로그래밍 언어 소개 54
  - 1-2-1-1 C 프로그래밍 언어의 탄생 54
  - 1-2-1-2 C 프로그래밍 언어의 표준 55
- 1-2-2 C 프로그래밍 언어의 특징 57
  - 1-2-2-1 프로그래머(인간) 지향성 57
  - 1-2-2-2 메모리와 하드웨어를 직접 제어 가능 58
  - 1-2-2-3 높은 이식성 58
- 1-2-3 C 프로그래밍의 꽃은 포인터 변수가 아닌 '함수'여야 한다 ... 59
- 1-2-4 C 프로그래밍을 수행하는 7단계 61
  - 1-2-4-1 프로그래밍의 시작은 논리적 사고부터 61
  - 1-2-4-2 C 프로그래밍의 7가지 수행 단계 63

　　　　　　세이브 포인트 72
1-3　실습을 위한 컴파일러 준비 73
　　1-3-1　비주얼 스튜디오 다운로드 및 설치 75
　　1-3-2　솔루션 및 프로젝트 생성 79
　　　　1-3-2-1　비주얼 스튜디오의 구조 79
　　　　1-3-2-2　프로젝트 생성 81
　　1-3-3　소스 파일 생성 88
　　1-3-4　코드 작성 91
　　1-3-5　컴파일과 솔루션 빌드 94
　　1-3-6　실행 파일 실행 97
　　1-3-7　C 프로그래밍의 시작점: main 함수 101
　　1-3-8　비주얼 스튜디오 추천 단축키 104
　　　　세이브 포인트 107

02장　C 프로그래밍의 구조와 흐름　　109

2-1　프로그래밍을 하는 기본 단위와 시작점 111
　　2-1-1　프로그램, 함수, 명령문 111
　　2-1-2　키워드와 식별자 113
　　2-1-3　main 함수의 C99 표준 작성법 114
　　2-1-4　컴파일러가 인식하는 명령문의 종료 117
　　　　2-1-4-1　에러 코드: C2143 119
　　　　세이브 포인트 121
2-2　프로그래밍에 필요한 기초 개념 122
　　2-2-1　표준 라이브러리 함수 122
　　2-2-2　전처리기 지시자: #include 123
　　　　2-2-2-1　윈도우 API 활용 125
　　2-2-3　데이터형의 기본 분류 127
　　　　세이브 포인트 130
2-3　프로그래밍의 기본 구조와 흐름 130
　　2-3-1　표준 출력 함수 130
　　　　2-3-1-1　원하는 표준 라이브러리를 찾아가는 과정 130
　　　　2-3-1-2　표준 출력 함수: printf( ) 133
　　　　2-3-1-3　에러 코드: LNK2019, LNK1120 135
　　　　2-3-1-4　데이터형 기본 분류 출력 136

	2-3-2	변수의 선언 명령문	137
		2-3-2-1 변수의 선언 명령문은 어디에 작성해야 하는가?	142
		2-3-2-2 왜 변수를 선언하는가?	145
	2-3-3	대입 명령문	146
		2-3-3-1 =은 수학에서 사용하는 등호의 개념이 아니다!	146
		2-3-3-2 대입 명령문	147
		2-3-3-3 하드 코딩은 최대한 피해야 한다	152
	2-3-4	표준 입력 함수	153
		2-3-4-1 사용자를 고려한 프로그램	153
		2-3-4-2 표준 입력 함수: scanf( )	155
		2-3-4-3 함수 scanf의 위험성	158
	세이브 포인트		161
2-4	**실무를 대비한 프로그래밍 구조**		**162**
	2-4-1	사용자 정의 함수	163
		2-4-1-1 에러 코드: C2371	169
	2-4-2	사용자 정의 헤더 파일 생성	172
	2-4-3	기능별 파일 분리	174
		2-4-3-1 소스 파일 분리	174
		2-4-3-2 대형 프로그램 작성을 위한 파일 구조 예시	177
	2-4-4	주석문	180
	2-4-5	소스코드의 영역 구분	184
	2-4-6	템플릿 제작	186
	세이브 포인트		192
2-5	**디버깅**		**192**
	2-5-1	에러(오류), 버그, 경고	192
	2-5-2	디버깅의 개념	195
		2-5-2-1 디버깅은 고급이 아닌 기초 기술이다	195
		2-5-2-2 상황에 맞는 디버깅 방법 선택	196
	2-5-3	중단점을 활용한 디버깅 실습	199
	세이브 포인트		210

03장 C 프로그래밍의 기본 211

3-1	**리터럴**		**215**
	3-1-1	문자 리터럴	215

		3-1-1-1	문자 리터럴 표현법	215
	3-1-2	문자열 리터럴	219
		3-1-2-1	문자열 리터럴 표현법	219
	3-1-1	정수 리터럴	223
		3-1-3-1	정수 리터럴 표현법	223
	3-1-3-2정수 리터럴 접미사	225
	3-1-4	실수 리터럴	228
	3-1-4-1실수 리터럴 표현법	228
	3-1-4-2실수 리터럴 접미사	229
	세이브 포인트	231
3-2	데이터형	231
	3-2-1	문자 데이터형	235
		3-2-1-1	문자 데이터형	235
		3-2-1-2	데이터형의 크기	239
		3-2-1-3	범위: 최솟값과 최댓값	240
		3-2-1-4	언더플로와 오버플로	242
		3-2-1-5	문자열 저장	244
	3-2-2	정수 데이터형	246
		3-2-2-1	정수 데이터형	246
		3-2-2-2	데이터형의 크기	250
		3-2-2-3	범위: 최솟값과 최댓값	252
		3-2-2-4	언더플로와 오버플로	253
	3-2-3	실수 데이터형	255
		3-2-3-1	실수 데이터형	255
		3-2-3-2	데이터형의 크기	260
		3-2-3-3	범위: 최솟값과 최댓값	261
		3-2-3-4	언더플로와 오버플로	262
	3-2-4	불리언 데이터형	264
		3-2-4-1	불리언 데이터형	264
		3-2-4-2	데이터형의 크기	266
	3-2-5	기타 데이터형	267
		3-2-5-1	특정 데이터형 없음: void	267
		3-2-5-2	고정 크기 정수 데이터형	267
		3-2-5-3	복소수 데이터형	268
3-3	변수와 상수	269
	3-3-1	변수의 선언	270

    3-3-1-1 변수의 선언 명령문 270
    3-3-1-2 변수명 네이밍 규칙 272
    3-3-1-3 한 명령문에 여러 개 변수 선언 280
  3-3-2 변수 초기화 282
  3-3-2-1 대입 명령문을 활용한 초기화 282
  3-3-2-2 선언 명령문과 동시에 초기화 284
  3-3-3 상수 286
    3-3-3-1 상수의 선언 명령문 286
    3-3-3-2 상수의 정의 확인 287
  3-3-4 변수의 종류 289
    3-3-4-1 지역 변수 289
    3-3-4-2 레지스터 변수 293
    3-3-4-3 전역 변수 294
    3-3-4-4 정적 지역 변수 297
    3-3-4-5 변수 종류 비교 300
 세이브 포인트 302

3-4 표준 입출력 303
  3-4-1 제어 문자 304
  3-4-2 문자 전용 입출력 함수 308
    3-4-2-1 putchar( ) 308
    3-4-2-2 getchar( ) 311
    3-4-2-3 표준 입력 함수와 버퍼 313
    3-4-2-4 fputc( ) 317
    3-4-2-5 fgetc( ) 318
  3-4-3 문자열 전용 입출력 함수 320
    3-4-3-1 puts( ) 320
    3-4-3-2 gets( )와 gets_s( ) 322
    3-4-3-3 fputs( ) 325
    3-4-3-4 fgets( ) 326
  3-4-4 범용 입출력 함수 329
    3-4-4-1 printf( ) 329
    3-4-4-2 scanf( ) 336
    3-4-4-3 파일 입출력 전용 함수 fprintf( )와 fscanf( ) 341
 세이브 포인트 342

3-5 기본 연산자 343
  3-5-1 연산자 분류 및 우선순위표 344

3-5-2	산술 연산자		347
	3-5-2-1	덧셈과 뺄셈 산술 연산자	347
	3-5-2-2	곱셈과 나눗셈 산술 연산자	349
	3-5-2-3	나머지 산술 연산자	351
	3-5-2-4	형 확장	353
	3-5-2-5	형 축소	355
3-5-3	증감 연산자		357
	3-5-3-1	단항 산술 연산자	357
	3-5-3-2	전위와 후위의 차이	359
3-5-4	관계 및 동등 연산자		362
	3-5-4-1	관계 연산자	362
	3-5-4-2	동등 연산자	364
3-5-5	논리 연산자		365
	3-5-5-1	AND 논리 연산자	365
	3-5-5-2	OR 논리 연산자	368
	3-5-5-3	NOT 논리 연산자	370
3-5-6	대입 및 복합 대입 연산자		372
	3-5-6-1	대입 연산자	372
	3-5-6-2	산술 복합 대입 연산자	374
	3-5-6-3	복잡한 코드의 분리	378
3-5-7	형 변환 연산자		380
3-5-8	sizeof 연산자		383
3-5-9	조건 연산자		386
	세이브 포인트		387
3-6	**사용자 정의 함수**		**388**
3-6-1	함수의 원형		390
3-6-2	함수의 구조(선언부, 구현부, 호출부)		391
	3-6-2-1	구현부	393
	3-6-2-2	선언부	395
	3-6-2-3	호출부	396
	3-6-2-4	이벤트 → 조건 → 핵심 코드(액션)	398
3-6-3	함수의 4가지 유형		400
	3-6-3-1	함수의 4가지 유형 분류 기준	400
	3-6-3-2	매개변수X & 반환값X 함수	401
	3-6-3-3	매개변수O & 반환값X 함수	406
	3-6-3-4	매개변수X & 반환값O 함수	410

		3-6-3-5	매개변수O & 반환값O 함수	413
	세이브 포인트			416
3-7	제어 명령문			418
	3-7-1	조건문		420
		3-7-1-1	if 조건문	420
		3-7-1-2	if ~ else 조건문	425
		3-7-1-3	if ~ else if ~ else 조건문	427
		3-7-1-4	중첩 if 조건문	429
		3-7-1-5	switch ~ case 조건문	432
		3-7-1-6	중첩 조건문	436
	3-7-2	반복문		439
		3-7-2-1	for 반복문	439
		3-7-2-2	while 반복문	446
		3-7-2-3	do ~ while 반복문	449
		3-7-2-4	중첩 반복문	453
	3-7-3	분기문		457
		3-7-3-1	리턴 명령문(return)	457
		3-7-3-2	continue 명령문	461
		3-7-3-3	break 명령문	463
		3-7-3-4	goto 명령문과 레이블	464
	세이브 포인트			469
3-8	사용자 정의 데이터형			472
	3-8-1	구조체		475
		3-8-1-1	구조체의 필요성	475
		3-8-1-2	구조체 정의와 선언	477
		3-8-1-3	구조체 정의와 선언 01: 별도 구분	477
		3-8-1-4	구조체 정의와 선언 02: 정의에서 동시에	481
		3-8-1-5	구조체 정의와 선언 03: typedef를 활용	483
		3-8-1-6	구조체 정의와 선언 04: 익명 구조체	486
		3-8-1-7	구조체 초기화	487
		3-8-1-8	구조체 대입 연산	488
		3-8-1-9	구조체를 멤버로 가진 구조체	490
		3-8-1-10	구조체의 크기 및 정렬	493
	3-8-2	공용체		503
		3-8-2-1	공용체 정의와 선언	503
		3-8-2-2	공용체 초기화	507

           3-8-2-3 공용체의 크기 509
     3-8-3 열거형 511
           3-8-3-1 열거형의 필요성 511
           3-8-3-2 열거형 정의와 선언 512
           3-8-3-3 열거형 지정 초기화 519
           3-8-3-4 찰떡궁합, 열거형과 switch ~ case 조건문 522
   세이브 포인트 525
3-9 전처리기 526
     3-9-1 파일 포함: #include 527
           3-9-1-1 표준 라이브러리 헤더 파일 포함 528
           3-9-1-2 사용자 정의 헤더 파일 포함 531
           3-9-1-3 지정된 경로의 헤더 파일 포함 536
     3-9-2 컴파일 제어: #pragma 538
           3-9-2-1 #pragma once 538
           3-9-2-2 #pragma warning 540
           3-9-2-3 #pragma message 544
           3-9-2-4 #pragma pack 546
     3-9-3 매크로 정의: #define과 #undef 549
           3-9-3-1 #define 매크로의 구조 549
           3-9-3-2 매크로 정의 551
           3-9-3-3 상수 같은 매크로 552
           3-9-3-4 함수 같은 매크로 553
           3-9-3-5 #연산자: 토큰을 문자열로 변환 556
           3-9-3-6 ##연산자: 토큰 결합 558
           3-9-3-7 #undef: 매크로 해제 560
     3-9-4 조건부 컴파일 561
           3-9-4-1 #ifdef ~ #else ~ #endif 561
           3-9-4-2 #ifndef ~ #else ~ #endif 564
           3-9-4-3 #if ~ #elif ~ #else ~ #endif 567
           3-9-4-4 #if defined ~ #elif defined ~ #else ~ #endif 568
     3-9-5 정의된 매크로 570
     3-9-6 기타: #line과 #error 571
           3-9-6-1 #line 571
           3-9-6-2 #error 573
   세이브 포인트 574
3-10 1차원 배열 577

3-10-1 배열의 필요성 580
3-10-2 배열의 선언, 배열 요소, 치명적 단점 583
    3-10-2-1 배열의 선언과 배열 요소별 접근 583
    3-10-2-2 배열의 치명적 단점 587
3-10-3 배열 초기화 589
    3-10-3-1 배열 선언 명령문에서 초기화 589
    3-10-3-2 배열 선언 명령문에서 자동 초기화 592
    3-10-3-3 배열 선언 명령문에서 일부 초기화 생략 593
3-10-4 배열 대입 595
3-10-5 배열의 크기 598
3-10-6 배열과 반복문 600
3-10-7 배열에 문자열 저장 602
    3-10-7-1 문자열 데이터형이 없어서 발생하는 문제 602
    3-10-7-2 문자 데이터형 배열의 선언과 동시에 초기화 603
    3-10-7-3 문자 데이터형 배열의 선언과 대입 연산자로 초기화 606
    3-10-7-4 배열의 크기를 +1로 표기하지 않을 때 609
3-10-8 배열에 문자열 대입 611
세이브 포인트 614

3-11 포인터 변수 615
3-11-1 주소 연산자(&)와 간접 참조 연산자(*) 617
    3-11-1-1 메모리 주소의 개념 617
    3-11-1-2 주소 연산자 619
    3-11-1-3 간접 참조 연산자 622
3-11-2 포인터 변수 선언 624
3-11-3 포인터 변수의 필요성 632
    3-11-3-1 지역 변수의 사용 범위에 따른 한계 632
    3-11-3-2 함수의 인자에 변수로 값 공유 635
    3-11-3-3 함수의 인자에 포인터 변수로 주소 공유 638
3-11-4 주소와 포인터 변수의 크기 641
3-11-5 억지로 만든 포인터 변수 예시 643
3-11-6 포인터 변수 대입 646
3-11-7 포인터 변수와 const 648
세이브 포인트 650

3-12 동적 메모리 651
3-12-1 동적 메모리 할당과 해제: malloc( )과 free( ) 653
3-12-2 동적 메모리를 배열처럼 활용 657

- 3-12-3 널 포인터 … 660
- 3-12-4 포인터 변수의 활용법 4가지 정리 … 661
- 3-12-5 memset( ) … 666
- 3-12-6 calloc( ) … 668
- 3-12-7 realloc( ) … 671
- 세이브 포인트 … 673

3-13 문자열 … 675

- 3-13-1 배열과 문자열 … 677
  - 3-13-1-1 char 배열 선언 명령문 … 677
  - 3-13-1-2 인덱스로 문자 접근 … 679
  - 3-13-1-3 문자열 대입 … 683
  - 3-13-1-4 입력 함수로 문자열 받기 … 684
- 3-13-2 포인터 변수와 문자열 … 686
  - 3-13-2-1 char 포인터 변수 선언 명령문 … 686
  - 3-13-2-2 인덱스로 문자 접근 … 688
  - 3-13-2-3 문자열 대입 … 692
  - 3-13-2-4 입력 함수로 문자열 받기 … 693
- 3-13-3 문자열 연산 … 695
  - 3-13-3-1 문자열 길이: strlen( ) … 696
  - 3-13-3-2 문자열 비교: strcmp( ), strncmp( ) … 698
  - 3-13-3-3 문자열 검색: strchr( ), strrchr( ), strstr( ) … 701
  - 3-13-3-4 문자열 복사: strcpy( ), strncpy( ) … 707
  - 3-13-3-5 문자열 연결: strcat( ), strncat( ) … 713
  - 3-13-3-6 문자열 자르기: strtok( ) … 716
- 3-13-4 문자열과 정수 및 실수 변환 … 719
  - 3-13-4-1 문자열을 정수로: atoi( ) atol( ) atoll( ) … 719
  - 3-13-4-2 문자열을 실수로: atof( ) … 721
  - 3-13-4-3 정수를 문자열로: sprintf( ) … 723
  - 3-13-4-4 실수를 문자열로: sprintf( ) … 725
- 세이브 포인트 … 726

3-14 파일 입출력 … 727

- 3-14-1 파일의 개방과 폐쇄 … 730
  - 3-14-1-1 파일 개방과 폐쇄 … 730
  - 3-14-1-2 절대 경로와 상대 경로 … 734
- 3-14-2 파일 개방 모드 … 736
  - 3-14-2-1 파일 개방 모드 정리 … 736

3-14-2-2 파일 개방 모드: write ······ 739
3-14-2-3 파일 개방 모드: append ······ 740
3-14-2-4 파일 개방 모드: read ······ 742
3-14-2-5 파일 개방 모드: + ······ 745
3-14-3 문자 전용 입출력 함수 ······ 747
3-14-3-1 fputc( ) ······ 747
3-14-3-2 fgetc( ) ······ 749
3-14-4 문자열 전용 입출력 함수 ······ 751
3-14-4-1 fputs( ) ······ 751
3-14-4-2 fwrite( ) ······ 753
3-14-4-3 fgets( ) ······ 754
3-14-4-4 fread( ) ······ 756
3-14-5 범용 파일 입출력 함수 ······ 759
3-14-5-1 fprintf( ) ······ 759
3-14-5-2 fscanf( ) ······ 760
3-14-6 파일 포인터 위치 변경과 찾기: fseek( ), ftell( ) ······ 762
3-14-6-1 fseek( )와 ftell( ) ······ 762
3-14-6-2 파일 크기 계산에 활용 ······ 766
3-14-7 파일의 처음으로 복귀: rewind( ) ······ 768
3-14-8 파일의 끝인지 검사: feof( ) ······ 771
세이브 포인트 ······ 773
3-15 프로그래밍 8가지 지침 ······ 774
3-15-1 프로그래밍 스킬보다 논리적 사고 능력이 중요하다 ······ 776
3-15-2 핵심 코드부터 시작해 점차 구현해야 한다 ······ 777
3-15-3 처음부터 실수를 줄일 수 있는 버릇을 들여라 ······ 779
3-15-4 팀 프로그래밍은 네이밍 규정부터 시작된다 ······ 781
3-15-5 가독성 있는 코딩은 기본 중 기본이다 ······ 784
3-15-6 에러 & 버그와 친해질수록 경험이 쌓인다 ······ 789
3-15-7 디버깅을 할 수 있어야 비로소 프로그래밍을 시작한 것이다 ······ 790
3-15-8 기능 구현만이 아닌 예외 처리와 디버깅용 코드를 작성하라 ······ 792

04장 C 프로그래밍의 응용 ······ 795

4-1 리터럴 응용 ······ 797
4-1-1 비트 표현을 위한 준비 ······ 798

	4-1-2	정수 리터럴의 비트 표현	804
	4-1-3	문자 리터럴의 비트 표현	806
	4-1-4	실수 리터럴의 비트 표현	808
	세이브 포인트		811

4-2 연산자 응용 812
- 4-2-1 비트 논리 연산자 812
  - 4-2-1-1 논리곱(AND) 비트 논리 연산자 812
  - 4-2-1-2 배타적 논리합(XOR) 비트 논리 연산자 814
  - 4-2-1-3 논리합(OR) 비트 논리 연산자 815
  - 4-2-1-4 부정(NOT) 비트 논리 연산자 817
- 4-2-2 비트 이동 연산자 819
  - 4-2-2-1 왼쪽 비트 이동 연산자 819
  - 4-2-2-2 오른쪽 비트 이동 연산자 821
- 4-2-3 비트 복합 대입 연산자 822
- 4-2-4 콤마 연산자 826
- 세이브 포인트 827

4-3 사용자 정의 함수 응용 827
- 4-3-1 구조체 매개변수 828
- 4-3-2 배열 매개변수 830
- 4-3-3 포인터 변수 매개변수 832
- 4-3-4 가변 인자 매개변수 833
- 4-3-5 구조체 반환 835
- 4-3-6 배열 반환 837
- 4-3-7 포인터 변수 반환 840
- 4-3-8 void 포인터 반환 841
- 4-3-9 재귀 호출 함수 844
- 세이브 포인트 845

4-4 배열 응용 846
- 4-4-1 구조체 배열 847
- 4-4-2 포인터 배열 849
- 4-4-3 2차원 배열의 선언, 배열 요소 접근 850
- 4-4-4 2차원 배열 초기화 853
- 4-4-5 2차원 배열 대입 855
- 4-4-6 2차원 배열의 크기 857
- 세이브 포인트 859

4-5 포인터 변수 응용 859

4-5-1	배열명을 포인터 변수에 저장	860
4-5-2	구조체 포인터	862
4-5-3	배열 포인터	866
4-5-4	이중 포인터 변수 선언	868
4-5-5	이중 포인터 변수의 필요성	872
	4-5-5-1 함수의 매개변수로 포인터 변수의 주소 교환	872
	4-5-5-2 함수의 인자에 포인터 배열로 주소 공유	874
4-5-6	함수 포인터	876
4-5-7	void 포인터	878
	세이브 포인트	880

마치며 881

부록 아스키(ASCII) 코드표 883

찾아보기 889

들어가며

이 책은 '**프포자**(프로그래밍을 포기한 자)'가 끊임없이 만들어질 수밖에 없었던 기존 프로그래밍 교육의 구조적 결함을 극복하고, 논리적인 사고를 갖고 스스로 프로그래밍을 할 수 있는 진정한 프로그래머를 육성하기 위한 출발점으로 기획됐다. 기존 프로그래밍 교육의 심각한 문제를 개선하기 위해 다음의 2가지 특징을 갖고 있다.

첫째, 기존 프로그래밍 교육은 본격적인 프로그래밍 교육이 시작된 지 수십 년이 지난 지금까지도 제어 명령문, 배열, 포인터 변수, 문자열 등 하나의 항목에 난이도가 다른 모든 세부 이론을 하나로 묶어 나열하는 방식을 고수하고 있다.

예를 들어 배열의 개념을 이해하기 위해 필수적인 이론도 있지만 구조체 배열, 포인터 배열, 다차원 배열 등 2개 이상의 복합적인 이론에 대한 이해가 요구되는 난이도 높은 이론도 존재하는데, 이러한 내용이 배열이라는 하나의 장에 구분 없이 섞여 통합돼 있다.

기존 교육 방식에 따라 구성된 이러한 나열형 배치는 생각 이상으로 끔찍한 문제를 야기한다. 많은 초보자는 C 프로그래밍 언어를 포함한 모든 프로그래밍 언어 학습에서 중반 이후 각 장마다 해당 시점에 굳이 배우지 않아도 될 어려운 내용에 빈번히 발목 잡혀 스스로 프로그래밍에 안 맞는 것이 아닌지 좌절하게 된다.

게다가 초보자는 해당 시점에 해당 이론을 꼭 배워야 하는지 아닌지 판단할 수 없다. 따라서 해당 시점에 이해하지 못한다면 교육 방식이 잘못됐다고 인식하지 않고, 스스로가 부족하다고 자책하게 되고, 결국 더 이상 진도를 나가지 못하고 프포자가 된다. 자기 효능감을 높여주는 교육 방식이 아닌 오히려 반복적으로 좌절감을 주는 최악의 교육 방식이었던 것이다. 게임으로 예를 들면 레벨 디자인과 밸런스가 형편없어 대부분 중도 포기할 수밖에 없게 설계됐던 것이다.

따라서 이 책에서는 동일한 이론이라고 할지라도 '난이도에 따라 나선형으로 분산 배치'한다. 예를 들어 C 프로그래밍에 있어 가장 중요한 '사용자 정의 함수'를 만드는 방법을 2장, 3장, 4장으로 분산해 설명한다. 2장에서는 전체적인 구조와 흐름을 이해할 수 있을 정도로 기초적인 내용만을, 3장에서는 프로그래밍을 수행하기 위해 필요한 기본 이론을, 4장에서는 기본 이론들을 복합적으로 다룬 응용 이론을 살펴본다. 이와 같이 해당 시점에서 필요한 내용을 난이도를 기준으로 나눠 분산 배치함으로써 초보자가 C 프로그래밍 언어라는 큰 그림을 먼저 빠르게 이해한 후 논리적인 흐름에 따라 순차적으로 필요한 이론을 학습하게 된다.

이러한 특징에 맞게 이 책의 '예제 코드는 각 목차에 해당되는 이론에 집중'한다. 하나의 예제 코드에 기존에 배웠던 이론들을 대거 적용해 복합적으로 다루는 문제 풀이와 같은 예제 코드를 지양한다. 많은 책이 뒤로 갈수록 기존 이론들을 복합적으로 다루면서 예제 코드의 난이도가 높아지는데, 이는 이론을 배우는 단계에서 방해가 될 뿐이다. 기초 단계에서는 해당 이론과 개념만이라도 명확히 배우는 것에 집중해야 하며, 그러려면 가급적 여러 이론이 혼재된 혼란스러운 예제 코드를 제공하는 건 오히려 독이 된다.

활용법을 배우는 건 이론을 처음부터 끝까지 2 ~ 4번 반복해서 완전히 학습한 후에 별도로 진행하는 것이 바람직하다. 이론과 개념을 다루는 과정에서 동시에 활용법까지 복합적으로 다루면 초보자들에게 프로그래밍은 어렵고 자신에게 맞지 않는다고 느끼게 만들 뿐이며, 이러한 과정에서 수많은 프포자가 탄생된다.

둘째, 프로그래머는 완성돼 있는 코드를 1행부터 끝까지 눈으로 분석하는 것이 아니라 '핵심 코드 한 줄부터 시작해서 점차적으로 기능을 확장해 손으로 직접 구현'해가는 사람이다. 그러나 기존 프로그래밍 교육은 코드를 1행부터 시작해 순서대로 분석하는 방식을 고수하고 있다. 일단 예제 코드를 무작정 따라하게 시킨 후 새로 등장한 이론을 서술한다. 왜 해당 시점에 그 이론이 필요하게 됐는지 설명하지 않고 새로 등장한 이론은 무작정 외운다는 교육 방식을 채택하고 있다.

그러나 프로그래머는 기존에 완성된 코드를 눈으로 보면서 분석하는 사람이 아니다. 인간의 활동 중 무엇인가를 만드는 모든 영역에서 오랜 기간 눈으로 보기만

했다고 해서 결코 직접 만들 수는 없다. 직접 만들려면 어떤 과정을 거쳐 세부적으로 어떻게 해야 하는지 스스로 논리적으로 완벽히 이해하고 몸으로 익혀야 한다. 즉, 무엇인가를 스스로 만들려면 체득이 필요하다.

프로그래밍을 체득하려면 가장 먼저 스스로 "해당 코드로 무엇을 하고 싶은가?", 다시 말해 "어떤 결과를 도출하고 싶은가?"를 결정할 수 있어야 한다. 결과를 도출하고자 하는 몇 줄의 코드를 필자는 '핵심 코드'라고 부른다. 핵심 코드를 구현하기 위해 필요한 이론 또는 표준 라이브러리를 찾아 핵심 코드를 작성한 후 핵심 코드를 기준으로 점차적으로 원하는 결과에 도달할 수 있도록 코드를 점진적으로 확장하는 것이 현재 진행형의 의미를 가진 프로그래밍의 진정한 모습이다.

결과적으로 프로그래밍 교육은 완성된 코드를 분석할 수 있는 사람을 육성하기 위한 것이 아니라 '코드가 완성되는 과정'을 이해하고 스스로 프로그래밍이 가능한 사람을 육성하는 것이 목적이 돼야 한다. 책이라는 미디어 특성상 예제 코드가 작성되는 과정을 매번 보여주는 것에 분량상 한계가 존재하므로, 이 책에서는 본격적으로 이론을 다루기 전에 2장에서 '코드가 완성되는 과정'을 집중적으로 소개한다. 그리고 본격적으로 코드를 작성하기 시작하는 '2-3 프로그래밍의 기본 구조와 흐름' 절부터 예제 코드에서 '핵심 코드'를 강조해서 표기한다.

프로그래밍을 제대로 체득하고자 한다면 앞으로 이 책을 포함해서 모든 프로그래밍 예제 코드는 1행부터 순서대로 무작정 읽으려고 하지 말고 반드시 스스로 코드를 완성하는 과정이라고 생각하고, '핵심 코드'에서부터 어떻게 코드가 확장됐는지를 생각하면서 실제 '코드가 완성되는 과정'에 맞게 코드를 작성하는 것을 강력히 권장한다.

이 책의 구성

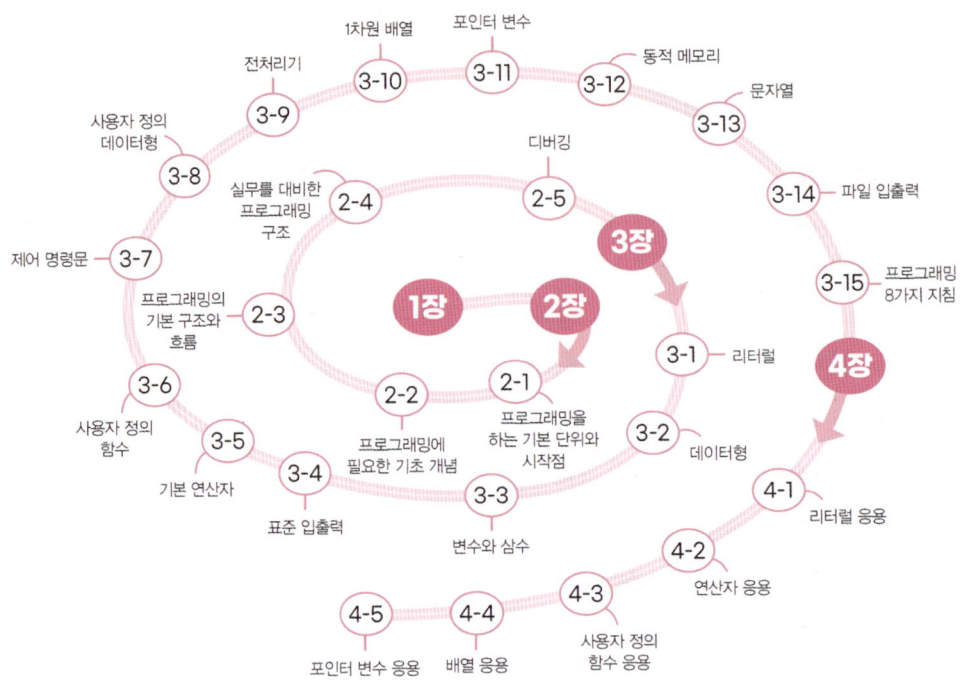

이 책의 구성은 앞에서 설명한 2가지 특징에 따라 총 4개의 장으로 구성돼 있다.

1장. C 프로그래밍의 개념에서는 전반적인 프로그래밍의 개요, C 프로그래밍의 개요를 살펴본다. 책을 펴자마자 무작정 코드를 작성하기보다 프로그래밍이란 무엇인지라는 기초적인 개념부터 살펴보는 것으로 스스로 왜 프로그래밍을 배우는지 충분히 납득한 상태에서 프로그래밍에 첫발을 디디게 될 것이다. 다음으로 프로그래밍 실습을 위한 환경을 구축하기 위해 컴파일러를 준비하는 과정을 다룬다.

2장. C 프로그래밍의 구조와 흐름에서는 C 프로그래밍의 전체적인 구조와 프로그래밍이 진행되는 흐름을 살펴본다. 프로그래밍의 구조와 흐름을 이해하기 위해 필요한 최소한의 이론만 가볍게 소개하면서 C 프로그래밍이라는 전체적인 한 장의 그림을 그리게 된다. 프로그래밍의 기본 단위와 시작점, 기초 개념, 기본 구조와 흐름을 배운 뒤 실무에서 사용되는 확장성을 고려한 프로그래밍 구조를 알아본다. 이 책에서는 기존 프로그래밍 교재들과 달리 첫 예제부터 실무에서도 활용되는 구조를 기반으로 예제 코드를 작성할 것이다. 마지막으로 프로그래밍은 현재 진행형의 의미를 갖고 있으므로 에러, 경고, 버그가 발생했을 때 스스로 수정할 수 있어야 한다는 것을 전제로 한다. 따라서 문제를 해결하기 위한 필수적 수단인 디버깅을 알아본다.

3장. C 프로그래밍의 기본에서는 C 프로그래밍 언어를 이해하기 위한 기본 이론을 논리적인 흐름에 따라 15개의 절로 나눠 배운다. 3장은 프로그래밍의 시작부터 끝까지 흐름 자체를 이해할 수 있게 세부적으로 다섯 부분으로 구성했다.

1) '3-1 리터럴' ~ '3-4 표준 입출력' 절에서는 별다른 가공 없이 프로그래밍의 핵심 흐름인 '입력 데이터 → 알고리듬 → 출력 데이터'를 이해하는 데 집중한다.

2) '3-5 기본 연산자' ~ '3-9 전처리기' 절에서는 지금까지 배운 개념을 토대로 데이터를 가공하고, 프로그램이 실행되는 순서를 제어하는 방법을 배운다. 연산자와 제어 명령문이 알고리듬을 구성하는 핵심이 된다. 또한 표준 라이브러리에 의존하는 것에서 벗어나 사용자 정의 함수와 사용자 정의 데이터형을 스스로 만들 수 있는 능력을 기른다.

3) '3-10 1차원 배열' ~ '3-13 문자열' 절에서는 데이터를 처리하는 고급 기능인 배열, 포인터 변수, 동적 메모리와 이 3가지를 활용해 C 프로그래밍 언어에서 문자열을 다루는 방법을 알아본다.

4) '3-14 파일 입출력' 절에서는 프로그래머가 개발 환경에서만 확인하고 끝나는 콘솔 화면에서 벗어나 데이터의 보관 개념을 처음 다루며, 사용자를 고려한 상용 프로그램의 기초가 되는 파일 입출력을 알아본다. 파일 입출력까지 다루는 것으로 규모가 있는 프로그램을 개발하는 흐름을 이해하게 된다.

5) '3-15 프로그래밍 8가지 지침' 절에서는 C 프로그래밍 언어에서 배우는 이론보다 프로그래머로 성장하기 위해 더 중요한 8가지 지침을 소개한다. 프로그래밍은 프로그램을 만드는 모든 과정을 포함하므로 생각보다 넓은 범위를 의미한다. 따라서 프로그래밍을 할 수 있게 되기 위해 이론 외에도 체득해야 할 것이 매우 많다. 그중 현 시점에 중요하다고 판단되는 것을 추려서 8가지 지침으로 정리했다.

4장. C 프로그래밍의 응용에서는 3장을 학습하는 시점을 기준으로 난이도가 높아 3장에서 학습하는 것이 비효율적이라 뒤로 미뤄뒀던 응용 이론을 다룬다. 응용 이론은 2개 이상의 이론이 복합적으로 다뤄지므로 3장에서 기본 이론을 모두 이해한 후에 학습해야 비로소 쉽게 이해된다.

이 책에서 다루는 내용

이 책에서는 다음과 같은 내용을 다룬다.

- 프로그래밍의 개요와 C 프로그래밍의 개요
- C 프로그래밍의 전체 구조와 흐름
- 난이도에 따라 나선형으로 분산된 C 프로그래밍 이론 (개념, 구조와 흐름, 기본, 응용)
- 완성된 코드를 분석하는 것이 아닌 직접 프로그래밍할 수 있는 힘을 기르는 방법

이 책의 대상 독자

이 책에서는 다음과 같은 독자를 대상으로 한다.

- 다양한 프로그래밍 교재를 보고 학습했음에도 프로그래밍을 포기했던 '프포자'
- 인생 처음으로 프로그래밍 언어를 배우고자 하는 누구나
- 프로그래머 지망생, 프로그래밍 전공 또는 관련 학과/학부 학생
- 절차적 프로그래밍부터 기초를 잡고 객체지향 프로그래밍으로 넘어가고자 하는 자

문의

이 책의 정오표는 에이콘출판사의 도서정보 페이지(http://www.acornpub.co.kr/book/9791161757391)에서 확인할 수 있다. 기술적인 내용에 관한 의견이나 문의는 에이콘출판사 편집팀(editor@acornpub.co.kr)이나 지은이의 이메일로 연락 주길 바란다.

1장

C 프로그래밍의 개념

1-1   프로그래밍 개요
1-2   C 프로그래밍 개요
1-3   실습을 위한 컴파일러 준비

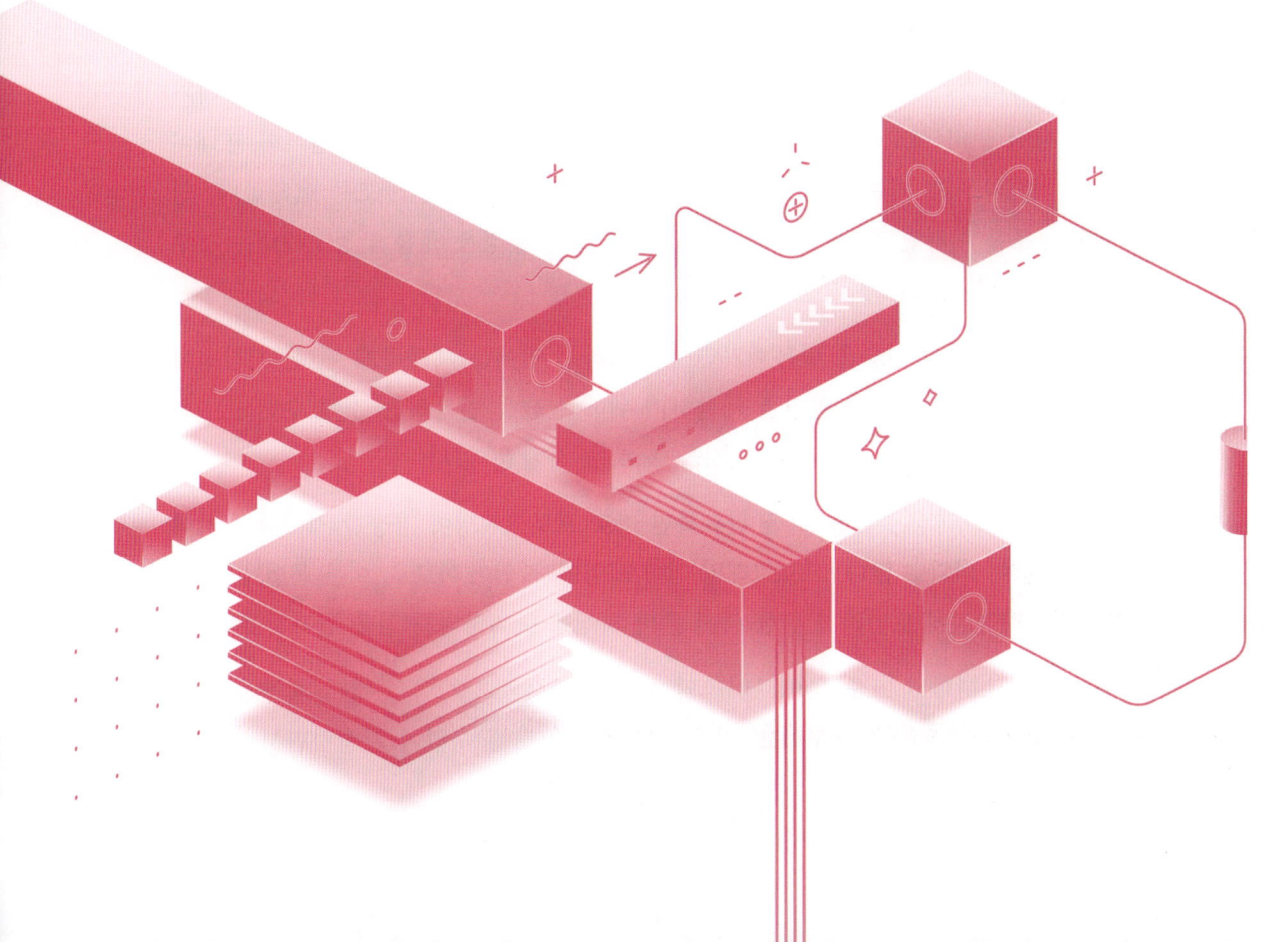

1-1 프로그래밍 개요

1-1-1 프로그래밍을 배운다는 의미

1-1-1-1 프로그래밍은 영어를 체득하는 과정과 동일하다

표지의 책 소개나 지은이의 말에서 "프로그래밍은 머리로 '학습'하는 것에서 끝내서는 안 되고 몸으로 '체득'해야 한다."고 했다. 다만 학습보다 체득이 중요하다고 했으니 이론을 최소화하고 바로 코딩부터 시작하는 것이 좋다고 이해해서는 곤란하다.

진정으로 프로그래밍을 하고자 한다면 먼저 이 문장의 의미를 확실히 이해하는 것부터 시작해야 한다. 영어와 같은 외국어를 체득하는 과정과 동일하게 프로그래밍은 이론을 학습한 후 실전과 같이 수많은 시행착오를 겪으며 반복적인 코딩 실습을 해야 비로소 체득하게 된다.

알파벳을 외우고 문법을 한 번 살펴봤다고 해서 바로 실생활에서 영어를 말하고 쓸 수 있다고 기대하는 사람은 세상에 단 한 명도 없을 것이다. 우리는 영어를 현지인과 비슷하게 말하고 쓰기 위한 과정 중에 문법의 완료는 시작점에 도달하기 위한 사전 준비 정도에 불과하다는 것을 충분히 알고 있다. 수많은 단어와 프레이즈^{Phrase}를 외우고, 기존 문장을 수없이 읽고 들으면서 영어의 구조를 이해한다. 영어의 구조를 이해한 후 스스로 말하고 쓰고자 하는 문장을 새롭게 창조해내는 것부터 언어의 본격적인 시작점이다.

그런 다음 끝없이 실습을 반복해가면서 영어라는 언어를 체득하게 된다. 시작점에 도달하기 위한 시간보다 영어를 체득하기 위해 실습을 반복하는 것에 수백 ~ 수천 배의 노력과 시간이 소요된다는 것을 모르는 사람은 없다.

그러나 프로그래밍은 이론(문법)을 완료하면 바로 프로그래밍이 가능할 것이라고 기대하는 사람이 의외로 많다. 프로그래밍 언어도 엄연히 '언어'이므로, 이론(문법)을 완료한 것은 시작점에 도달하기 위한 사전 준비 과정에 불과하다는 점을 간과하고 있다.

이론을 완료했다면 표준 라이브러리의 API^{Application Programming Interface}에서 제공하는 변수와 함수(단어와 프레이즈)를 학습하고, 기존에 작성된 코드를 수없이 분석하면서 프로그래밍의 구조를 이해하는 과정이 필요하다. 프로그래밍의 구조를 이해한 후 스스로 구현하고자 하는 코드를 새롭게 작성하는 것부터 프로그래밍의 '본격적인 시작점'이 된다. 따라서 프로그래밍 이론을 한 번 살펴봤다고 해봐야 아직 시작점에 도달하기 전이라는 점을 이해할 필요가 있다.

시작점에 도달했다고 해도 이제부터 본격적으로 이론(문법)을 배웠던 시간의 최소 수백 ~ 수천 배의 시간을 들여 다양한 기능을 직접 새롭게 구현해보는 실습을 해야 비로소 프로그래밍이라는 것이 가능해지는 것이다. 필자가 말했던 "프로그래밍은 머리로 '학습'하는 것에서 끝내서는 안 되고 몸으로 '체득'해야 한다."의 의미를 이제는 조금은 이해할 수 있을 것이다.

그렇다면 왜 프로그래밍 언어 학습은 영어와 달리 기준치가 낮을까? 기존 프로그래밍 이론 교재 중 상당수가 마치 해당 책만 끝내면 프로그래밍을 할 수 있다고 과장 광고를 하고 있는 것도 분명히 큰 영향이 있겠지만, 기본적으로 기존 프로그래밍 교육 방법에 한계와 결함이 있기 때문이다.

대학에서 영어 수업은 문법도 가르치지만 읽고 듣기도 가르치고, 말하고 쓰기도 모두 가르친다. 그래야 영어를 체득할 수 있다는 것을 누구나 알고 있기 때문이다. 대학 시스템의 한계가 있기에 직접 유학을 가는 것에 비해 완벽하다고 볼 수는 없지만, 적어도 영어 관련 학과나 전공에서는 이론만이 아닌 독해, 작문, 토론, 발표 등의 다양한 수업을 통해 영어를 어느 정도 체득하고 졸업할 수 있게 해준다. 수업을 잘 따라가도 대부분 영어를 활용한 직업을 선택해볼 수 있는 수준에 도달할 가능성이 높다.

그러나 프로그래밍은 관련 학과나 전공에서 다양한 교과목을 가르친다고 하지만 관련 학과가 탄생한 지 반세기가 지난 지금도 결국 대부분 이론 중심으로 가르치고 있다. 상용 코드를 읽고 분석하는 별도의 수업도 없고 당연히 새롭게 코드를 작성하는 방법을 본격적으로 가르치는 수업도 거의 없다.

대학을 졸업해도 머리로 외우는 이론 중심으로 학습했으니 아직 프로그래밍의 시작점조차 도달하지 못한 학생이 대부분이다. 당연히 업계에서 원하는 수준에 도달하지 못했으니 프로그래머로서 취직하는 건 도저히 무리다. 대학 교수 중 영어를 실무에서 활용했던 직업을 경력으로 가진 사람은 수없이 많지만 실제 프로그래머로서 실무 개발 경력을 가진 사람은 매우 드물기 때문에 지금까지도 대학의 프로그래밍 교육은 이론 중심으로 진행될 수밖에 없다는 치명적 한계가 존재한다.

그러니 많은 학생이 프로그래밍을 체득하기 이전 단계인 이론만 학습한 상태에서 마치 프로그래밍을 배울 만큼 전부 배웠다고 착각한 상태에서 취업을 준비하고 좌절을 겪는다. 아직 프로그래밍의 시작점에 도달하기 전임에도 포기해버리는 것이다.

대학에서 4년간 거의 이론만 배웠으니 실제 프로그래밍을 못하는 것이 지극히 당연한데, 마치 전부 배웠는데도 스스로 프로그래밍을 못한다고 착각하고 있으니, 자신이 부족하게 느껴지고 적성이 안 맞는다고 불안감을 느끼는 것이다. 따라서 학생들의 노력이 부족한 것이 아니라 현재 프로그래밍 교육 방법이 **프로그래밍을 포기한 자**(이후 프포자)를 양산하는 구조적 결함을 갖고 있다고 볼 수 있다.

따라서 이 책만 끝내면 프로그래밍을 할 수 있다고 말하지도, 그리고 그렇게 되기를 기대하지도 않는다. 실습 단계까지 도달하기 수월하게 집필했다고 할지라도 이 책은 근본적으로 프로그래밍 기초 이론을 다루기 때문이다. 오히려 이 책을 끝냈다고 해도 아직 프로그래밍의 시작점에도 도달하지 못했고, 아직 사전 준비 과정에 있다고 프로그래머 출신으로서 냉정하게 말할 의무가 있다. 수많은 프포자가 사전 준비 과정에 불과한 이론을 배우는 것만 시도해보고 포기한다. 아직 본격적인 시작점에 도달해보지도 않고 포기하긴 일러도 너무 이르다.

그러므로 이 책의 목적은 이론을 배우지만 이론을 배우는 과정에서 '프로그래밍의 전체 구조'를 이해할 수 있게 하고, '프로그래밍을 하는 과정'을 체득할 수 있게 해 스스로 코드를 작성할 수 있고 필요한 자료를 찾아 공부할 수 있는, 즉 자립할 수 있는 능력을 길러주는 것이다.

또한 많은 교재에서 뒤의 예제들은 앞에 배운 개념들을 조합해 점차 복잡하게 만드는 경향이 있는데, 이럴 경우 새롭게 등장한 개념에 집중하기 어렵다. 물론 점차 복합적인 예제를 제공하는 것도 활용법을 익히는 데 도움이 되겠지만, 이론과 개념을 배우는 기초 단계에서는 오히려 혼란만 가중시킨다. 활용법까지 같이 담기엔 책의 볼륨이 너무 방대하게 되므로, 이 책은 되도록 해당 항목에서 다루는 하나의 개념에 집중한 코드를 제공한다.

다만 조금이라도 실무 프로그래밍의 팁을 소개해주려 노력했기 때문에 처음으로 이 책을 볼 때 이해가 안 되는 해설이 있을 수 있다. 처음부터 모든 것을 100% 전부 이해하려고 하기보다 2 ~ 3번 복습을 하면 첫 번째에서 전혀 이해가 되지 않았던 설명이 그제야 무슨 의미인지 머릿속에서 번쩍 할 때가 있을 것이다. 이 책을 2 ~ 3번 반복해서 보고, 표준 라이브러리에서 원하는 것을 찾아서 사용할 수 있는 능력을 갖게 된다면 프로그래밍의 시작점에 무사히 도달하게 될 것이다. 그제야 프로그래밍의 시작점에 도달했을 뿐이므로 갑자기 프로그래밍이 가능해질 것이라고 기대해서는 안 된다.

영어와 동일하게 프로그래밍을 체득하려면 아주 긴 여정을 거쳐야 한다. 아직 시작점에조차 도달해보지 않았으면서 포기하기는 이르다. 스스로 포기하지 않는 것이야말로 프로그래밍을 포기하지 않는 유일한 길이다. 새로운 언어를 익힌다는 것과 다르지 않다. 이 책에서 배운 개념과 이론을 통해 간단한 코드라도 스스로 원하는 기능을 고민하면서 수백 ~ 수천 번 구현해봐야 하나의 언어로써 프로그래밍 언어를 구사할 수 있게 될 것이다.

1-1-1-2 이론과 실습보다 개념이 우선돼야 한다

프로그래밍은 이론도 중요하지만 이론을 끝내고 실습하는 것부터 본격적인 시작점이라고 했다. 그럼에도 성급한 코딩 연습이 독이 된다는 건 무슨 의미일까? 영어도 실전이 중요하니 이론을 배우지 않고 바로 회화 연습을 하겠다고 해봐야 좀처럼 실력이 늘지 않는 것과 동일하다. 이론에만 매달려서는 안 되지만 그렇다고 이론을 무시해서는 결코 안 된다. 이론은 기초 체력이다. 기초 체력이 없으면 긴 여정을 지속할 수 없다. 결국 이론과 실습을 골고루 병행하는 것이 중요하며, 이론을 학습한 후의 실습 과정을 충분히 거쳐야 한다는 의미다.

그러나 이론과 실습보다 더 중요한 것이 있다. 바로 개념이다. 배우고자 하는 것이 무엇인지 알고, 왜 그것을 배우는지 스스로 이해하고 납득해야 진정한 체득이 시작된다. 배우고자 하는 것이 무엇인지도 모르고, 본인이 그것을 왜 배우는지도 모른 채 무작정 배운다고 해봐야 집중도 못하고 실력도 늘지 않으니 포기하게 되는 건 당연한 수순이다.

효과적인 실습을 하기 위해 먼저 이론을 배워야 하며, 이론을 제대로 이해하기 위해 먼저 개념을 알아야 한다. 개념을 이해하지도 않은 상태로 이론을 배우고, 이론을 제대로 이해하지 않은 상태에서 성급하게 코딩 실습을 해봐야 잘못된 습관만 생겨 오히려 독이 될 뿐이다. 왜 그렇게 코딩하는지 모르고 따라만 해봐야 똑같은 것을 따라할 수만 있지 결국 응용해서 새로운 것은 만들어내지 못하게 된다.

기존의 대부분 프로그래밍 책들의 한계 중 하나는 이론에만 집중한 나머지 실습 단계로 넘어가는 것을 고려하지 못했던 점도 있지만 그것보다 더 큰 문제는 마케팅 관점에서 독자들이 지루하게 생각할 수 있는 개념 부분을 의도적으로 포함하지 않고, 빠른 시기에 이론을 소개하기 위해 프로그래밍에 필요한 최소한의 기본 개념조차 충분히 설명하지 않고 넘어갔다는 것이다.

프로그래밍이 무엇인지조차 알려주지 않고, 왜 프로그래밍을 해야 하는지 알려주지도 않고 무작정 변수, 연산자, 함수, 배열, 포인터 변수 등과 같은 단편적인 지식만 나열해서 전달해봐야 전체를 이해하지 못하고 그냥 작성된 코드를 따라하게 되며, 왜 해당 코드를 작성하는지 모르고 따라만 하니 답답함을 느껴 포기할 수밖에 없다. 프로그래밍을 체득하는 길은 먼 길이니 급하게 생각하지 말고 정석대로 먼저 프로그래밍의 개념부터 살펴보자.

1-1-2 프로그래밍 언어, 프로그래밍, 코딩

프로그래밍을 배운다는 것의 의미를 살펴봤으니 다음은 프로그래밍 관련 용어의 차이를 명확히 짚고 가자. 프로그래밍 관련 용어는 의미가 다름에도 명확하게 구분하지 않고 혼용돼 사용되고 있다. 예를 들어 C 프로그래밍, C 언어, C 프로그래밍 언어 등으로 사용되고 있으며, 코딩과 프로그래밍이 마치 동의어인 것처럼 사용되고 있다.

프로그래밍 언어^{Programming Language}는 컴퓨터 시스템에 연산이나 명령을 실행시킬 소프트웨어를 작성하기 위한 목적으로, 컴퓨터와 의사소통할 수 있게 만들어진 형식 언어다. 간단히 설명하면 영어, 일본어, 독일어, 프랑스어와 같은 언어 자체를 의미한다. C 언어라는 표현은 C 프로그래밍 언어가 길기 때문에 중간의 프로그래밍을 생략해 표현한 것에 불과하다. 일상생활에서 사용하는 건 아무런 문제가 없지만 정확한 표현이라고 볼 수 없다. 언어 자체를 정식으로 표기하자고 한다면 'C 프로그래밍 언어'라고 표기하는 것이 맞을 것이다.

코딩Coding은 컴퓨터 시스템에 명령하기 위한 소프트웨어의 코드를 작성하는 행위를 의미한다. 영어 단어와 문장을 노트에 적는 것과 같은 단순한 행위를 의미한다.

프로그래밍Programming은 프로그래밍 언어를 사용해서 구체적인 프로그램을 설계하고, 구상하고, 코드를 작성하고, 수정하고, 확인하는 모든 작업을 하는 행위를 의미한다. 코딩과 동일하게 언어 자체를 의미하는 것이 아닌 행위를 의미하지만 코딩을 포함한 넓은 의미를 가진다. 영어라는 언어를 통해 글쓰기를 하는 과정 전부가 프로그래밍에 해당된다고 볼 수 있다. 코딩과 다르게 설계 등의 개념이 포함돼 있다는 점이 대표적인 차이라 할 수 있다.

이러한 용어의 의미 차이에 따라 업계에서 '코더'는 단순히 주어진 대로 코드를 작성하는 사람에 불과하다는 매우 부정적인 의미로 사용되며, 스스로 생각해서 설계하고 코딩할 수 있는 능력을 가진 사람을 비로소 '프로그래머'라 칭한다. 그렇기 때문에 제공된 예제만 외운 코더를 배출하는 현재 교육 방식에서 벗어나 스스로 생각할 수 있는 프로그래머를 키울 수 있는 교육 방식으로의 전환이 필요하다. 행위에 해당되는 코딩과 프로그래밍이라는 용어에 부정적인 인식은 없지만, 코더라는 실행자에는 왜 부정적인 인식이 존재하는지 프로그래밍 관련 용어의 차이를 알면 자연스럽게 이해하게 된다.

앞으로는 코더가 아닌 프로그래머가 되기 위해 코딩에 머무르지 말고 프로그래밍을 할 수 있는 단계까지 도달하는 것을 목표로 해야 한다. 이러한 의미를 갖고 있기에 이 책의 제목을 『프포자를 위한 C 프로그래밍』으로 한 것이다. C 프로그래밍 언어만 다루는 것이 목적이 아니기 때문이다. 프로그램을 만드는 과정 전체를 소개하고, 프로그래밍 언어에 대한 이론과 함께 실습을 할 수 있는 기초 체력을 길러주기 위한 목적을 갖고 있다. 책의 제목을 정하는 것도 명확한 용어를 기반으로 작성해야 독자들이 오해하지 않고 배워야 하는 것이 무엇인지 명확하게 이해할 수 있게 된다.

1-1-3 프로그래밍 = 데이터 + 알고리듬

프로그래밍의 사전적 정의는 알아봤으나 사전적 정의만으로는 실질적으로 프로그래밍이 무엇을 해야 하는 건지 알기 어렵다. 프로그래밍이란 프로그래밍 언어 중 하나를 선택해 소프트웨어 프로그램을 만드는 행위라는 건 알겠는데, 구체적으로 어떤 행위를 해야 하는지 알고 싶은 것이다.

프로그래밍을 처음 배우는 학생에게 프로그래밍은 간단히 '데이터와 알고리듬의 집합체'로, 프로그래머는 데이터와 알고리듬 2가지를 제어해서 원하는 결과를 도출하는 과정이라고 설명한다.

데이터^{Data}는 문자, 숫자, 그림 등의 형태가 수치화된 의미 단위로, 컴퓨터에서 해석돼 처리되는 심볼 등을 의미한다. 간단히 설명하면 저장 매체에 저장되는 '자료'를 의미한다. 알고리듬^{Algorithm}은 컴퓨터가 데이터를 통해 주어진 문제를 해결하는 '절차와 방법'을 의미한다. 정리하면 프로그래밍은 저장 매체에 저장되는 자료를 활용해서 컴퓨터가 정해진 동작을 하기 위해 절차와 방법을 프로그래밍 언어로 작성하는 것이다.

프로그래밍의 기본 개념은 이 2가지를 이해하는 것부터 시작된다. 좀 더 자세히 설명하면 프로그래밍은 그림 1-1과 같이 먼저 '입력 데이터$^{input\ data}$를 알고리듬에 넣고, 알고리듬에서 자동으로 처리해 출력 데이터$^{output\ data}$가 나오는 과정'으로 요약할 수 있다.

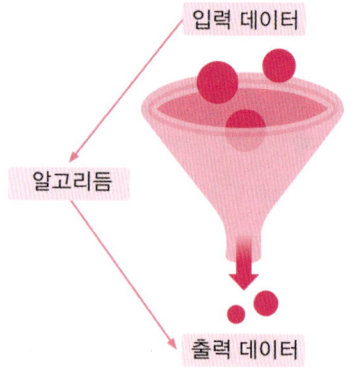

그림 1-1 프로그래밍의 기본 개념

물론 입력 데이터와 출력 데이터는 각각 존재할 수도 있고 존재하지 않을 수도 있다. 예를 들어 입력 데이터를 알고리듬에 넣었는데, 알고리듬이 정상적으로 동작은 했지만 출력 데이터가 나올 필요가 없는 것이 있을 것이다. 반대로 아무런 입력 데이터를 넣지 않았는데, 알고리듬이 정상적으로 동작해서 출력 데이터가 나올 수도 있다. 마지막으로 입력 데이터도 넣지 않았는데, 알고리듬이 정상적으로 동작해서 별다른 출력 데이터가 나오지 않을 수도 있다. 중요한 건 데이터는 입력과 출력에 불과하며, 결국 알고리듬이 프로그래밍의 특징을 결정하는 요소라는 것이다. 이 부분은 '3-6-3 함수의 4가지 유형' 절에서 함수^{Function}의 유형을 설명할 때 다시 상세히 소개할 것이다. 프로그래밍의 기본 개념을 설명하는 이 구조가 바로 함수이기 때문이다.

우리는 이러한 구조에 이미 익숙해져 있다. 디지털 세상의 모든 것이 이 개념을 기반으로 만들어져 있을 정도로 프로그래밍의 원리에 가까운 개념이기 때문이다. 따라서 이 개념을 알고 프로그래밍을 시작하는 것과 그렇지 않은 건 비교할 수 없는 차이를 초래한다.

예를 들어 음료수 자판기를 떠올려보자. 동전 또는 지폐 등의 입력 데이터와 함께 음료수 선택이라는 2가지의 입력 데이터를 자판기라는 알고리듬에 투입하면 자판기가 어떻게 동작하는지는 모르지만 자판기에서 본인이 선택한 음료수가 출력 데이터로 나온다.

소비자는 자판기가 어떻게 동작하는지 알 필요 없다. 프로그래머는 소비자가 사용하기 편리하게 알고리듬을 감추고 소비자에게 인터페이스를 통해 필요한 데이터만 제공해서 자판기의 구조를 설계하고 만드는 역할을 하는 것이다. 프로그래밍 관점에서 다시 설명하면 프로그래머는 동전과 지폐 등을 넣고 원하는 음료수 버튼을 누른다는 2가지의 형태로 입력 데이터를 지정한 것이고, 출력 데이터는 선택한 음료수의 실물 형태로 지정한 것이다. 그리고 입력 데이터와 출력 데이터를 통해 자판기가 동작하는 절차와 방법을 내부적으로 만든 것이다.

그림 1-1을 책의 첫 그림으로 소개한 이유는 이 그림이 앞으로 모든 프로그래밍의 근본이 되는 필수 개념이기 때문이다. 이 개념을 모른 채 지금까지 프로그래밍을 해왔다면 지금까지의 프로그래밍 학습 과정이 과연 적합했는지 뒤돌아봐야 할 정도로 굉장히 심각한 상황임을 인지해야 한다.

이 하나의 그림은 모든 프로그래밍의 개념을 설명하기도 하며, 그림 1-1의 알고리듬에 해당하는 것이 함수의 형태이기도 하다. 프로그래밍이 바로 하나의 독립된 기능을 구현한 함수를 순차적으로 만들어가는 과정임을 의미하기 때문이다. 다시 말해 프로그래밍은 변수^{Variable} 등의 데이터를 활용해서 함수라는 알고리듬을 반복적으로 만드는 과정에 불과하다.

변수와 함수는 이후에 상세히 설명하겠지만, 프로그래밍에서 변수는 데이터를 대표하는 저장 매체에 저장되는 자료이며, 함수는 알고리듬을 대표하는 일정한 동작을 수행하는 코드의 집합이다. 다만 프로그래밍의 변수와 함수는 수학에서 사용하는 용어와 대부분 비슷한 의미를 갖지만 완전히 동일한 의미로 생각해서는 안 된다는 것만 알고 넘어가자.

1-1-4 절차적 프로그래밍 vs 객체지향 프로그래밍

1-1-4-1 철학부터 다른 별개의 언어

프로그래밍을 하기 위해 어떤 프로그래밍 언어부터 배우는 것이 좋을까? 어떤 분야를 목표로 하는지에 따라 다르겠지만, 게임은 주로 C 계열 프로그래밍 언어를 활용해서 제작된다. C 계열 프로그래밍 언어에는 C, C++, C#이 있다. 다양한 분야에서 활용되지만, 특히 게임 프로그래밍에서 C 계열 프로그래밍 언어는 떼려야 뗄 수 없는 불가분의 관계다. 현재를 기준으로 게임 프로그래머를 지망한다고 하면서 C 계열 프로그래밍 언어를 모른다는 건 일본어 통역사가 되고 싶다고 하면서 일본어를 아직 모른다는 말과 동일한 수준이다.

게임 프로그래밍은 보편적으로 C++와 DirectX를 활용해 이뤄지거나 상용 엔진인 유니티^{Unity}와 언리얼^{Unreal} 엔진을 통해 이뤄진다. 유니티 엔진은 C#을 기반으로 한 C# 스크립트를 통해 프로그래밍을 하며, 언리얼 엔진은 비주얼 스크립팅 시스템인 블루프린트도 제공되지만 주로 C++를 기반으로 한 C++ 스크립트를 통해 프로그래밍하게 된다.

게임 프로그래밍이 어떤 프로그래밍 언어로 이뤄지는지 소개했으니 일부 독자가 "C++와 C#은 쓰이는데, C는 게임 제작에 사용되지 않으니 배울 필요가 없냐?"라고 생각할 수 있다. 실제 현직 게임 프로그래머 중에서도 C를 배울 필요 없이 C#부터 배우면 된다는 사람이 꽤 많다. 또한 많은 사람이 C에서 파생돼 C++와 C#이 탄생됐기에 C 계열 프로그래밍 언어인 C, C++, C#을 같은 언어 그룹으로 이해하고 있다. 그러므로 기초에 해당되며 비슷한 문법을 가진 C를 배우는 건 시간 낭비라고 생각하는 경향이 강하다.

그러나 전직 프로그래머로나 교수로서 다른 의견을 갖고 있다. 프로그래밍을 개념부터 체계적으로 배우고자 한다면 반드시 C부터 배워야 한다는 입장이다. 분명 C에서 파생돼 C++와 C#이 탄생된 것은 맞고 기초적인 문법이 겹치는 것도 사실이다.

하지만 C는 **절차적 프로그래밍**^{Procedural Programming}을 철학으로 가진 프로그래밍 언어인 반면 C++와 C#은 **객체지향 프로그래밍**^{OOP, Object Oriented Programming}을 철학으로 가진 프로그래밍 언어이기 때문에 동일한 계열이라고 할지라도 C와 C++, C#을 별개의 다른 언어로 보고 있다. 동일한 계열이기 때문에 기초 문법이 상당히 비슷한 건 맞지만 철학이 다른 언어를 동일선상에서 볼 수는 없다.

프로그래밍 세계에서 철학이 다르다는 것이 얼마나 막대한 차이를 불러일으키는지 반드시 이해하고 넘어갈 필요가 있다. 프로그래밍에서 철학이 다르다는 건 논리적 사고방식, 설계, 구현 방법 등이 다르다는 의미이기 때문이다.

> **팁**
>
> **절차적 프로그래밍**
> - 국내에서는 절차적 또는 절차지향 프로그래밍이라고 칭하나 용어의 탄생 배경과 프로그래밍의 패러다임을 기준으로 하면 절차적 프로그래밍이라고 하는 것이 적합한 표현이다.
> - 객체지향 프로그래밍과 쉽게 비교하기 위해 절차지향 프로그래밍이라고 칭하는 경우가 있으나 이는 객체지향 프로그래밍의 반대가 절차지향 프로그래밍이라는 잘못된 관점에서 나온 용어다. 객체지향 프로그래밍의 반대는 절차적 프로그래밍이 아니다. 둘 다 프로그래밍 설계 방법론 중 하나일 뿐이다.

> **팁**
>
> **객체지향 프로그래밍 & 객체와 속성**
> - 객체지향 프로그래밍의 핵심은 절차적 프로그래밍에는 없는 개념인 객체(Object)와 속성(Attribute)의 개념을 이해하는 것이다. 객체지향 프로그래밍은 다수의 객체를 구현하기 쉽게 만들어진 설계 방법론인 반면 절차적 프로그래밍은 하나의 객체라는 가정하에 절차에 중심을 둔 설계 방법론이다.
> - 객체는 실제 존재하는 모든 사물, 개념, 논리 등이 해당된다. 자동차도 하나의 객체이고, 노트북

도 하나의 객체다. 게임으로 본다면 캐릭터, 아이템, 건물 등이 각각의 객체가 된다. 객체지향 프로그래밍 언어인 C++나 C#에서 객체는 주로 클래스(Class)로 구현된다.

- 속성은 여러 객체에 공통적으로 존재할 수 있는 객체의 성질을 의미한다. 캐릭터의 키, 체중, 성별 등이 해당된다. 키는 캐릭터 A와 캐릭터 B 모두에 존재하므로 객체가 아닌 속성이다. 객체지향 프로그래밍 언어인 C++나 C#에서 속성은 클래스 내의 멤버 변수나 멤버 함수로 구현된다.

사용하는 언어와 문법이 같더라도 사고방식이 다르다면 다른 존재로 봐야 한다. 문법과 사고방식 중 무엇이 해당 존재의 특성을 결정하는가? 프로그래머는 철저하게 사고방식과 철학을 기반으로 설계를 한다. 당연히 사고방식과 철학이 다르면 전혀 다른 결과물이 나온다. 소프트웨어 디자인(설계) 과정에서 발생하는 문제를 해결하고자 만들어진 디자인 패턴Design Pattern도 다른 철학을 기반으로 여러 패턴이 도출된다. 프로그래밍은 그야말로 철학으로 움직이는 세계다.

절차적 프로그래밍과 객체지향 프로그래밍의 차이를 간단히 그림 1-2처럼 정리할 수 있다. 이 책에서는 C++, C#과 같은 객체지향 프로그래밍 언어를 다루지 않으니 간략하게만 설명하고 넘어가지만 차이는 확실히 이해해두는 것이 좋다.

'절차적 프로그래밍'은 알고리듬(함수)을 기준으로 프로그래밍을 하는 것이고, '객체지향 프로그래밍'은 데이터(클래스)를 기준으로 프로그래밍을 하는 것'이다. 그림만 보면 내용물은 비슷하고 단지 기준이 되는 외각이 다를 뿐이니 별 차이 없는 거라 생각할 수 있겠지만, 프로그래밍에서 철학이 다르다는 것이 얼마나 큰 차이가 생기는지 비교해서 설명한다.

그림 1-2 절차적 프로그래밍과 객체지향 프로그래밍의 차이

> **팁**
>
> **클래스(Class)**
> - 객체지향 프로그래밍에서 특정 객체를 생성하기 위해 내부에 데이터인 멤버 변수와 알고리듬인 멤버 함수를 정의해 놓은 일종의 틀이며, 클래스 자체가 데이터 형식 중 하나다.
> - C 프로그래밍 언어의 사용자 정의 데이터형인 구조체(Structure type)에서 발전된 형태로 객체지향 프로그래밍 언어인 C++와 C#의 기초가 되는 사용자 정의 데이터형이다.
> - 클래스는 캐릭터의 체력, 마나, 힘과 같이 명사로 정의할 수 있는 속성을 멤버 변수로 설계하며, 이동하기, 점프하기, 공격하기와 같이 동사로 정의할 수 있는 행동을 멤버 함수로 설계한다.

1-1-4-2 절차적 프로그래밍

절차적 프로그래밍의 사전적 정의는 함수, 서브루틴, 루틴 등과 같은 **프로시저**^Procedure를 기준으로 해서 물이 흐르듯 위에서 아래로 순서를 프로그래밍하는 설계 방법론이다.

그림 1-2처럼 알고리듬을 대표로 하는 '함수'가 프로그래밍을 하는 기준이 된다. 함수 안에는 복수의 데이터와 알고리듬이 존재할 수 있으며, 내부의 데이터와 다른 알고리듬을 갖고 새로운 알고리듬을 만드는 것이다. 코드를 작성하는 '과정'에서 하나의 기능을 분리할 수 있다면 함수를 만드는 작업을 반복하며, 새롭게 만들어진 알고리듬 간의 순서를 통해 그림 1-3과 같이 절차적으로 실행된다. 절차적 프로그래밍에서 데이터는 절차와 무관하므로 그림에서 제외하고 보는 것이 흐름을 이해하기 좋다.

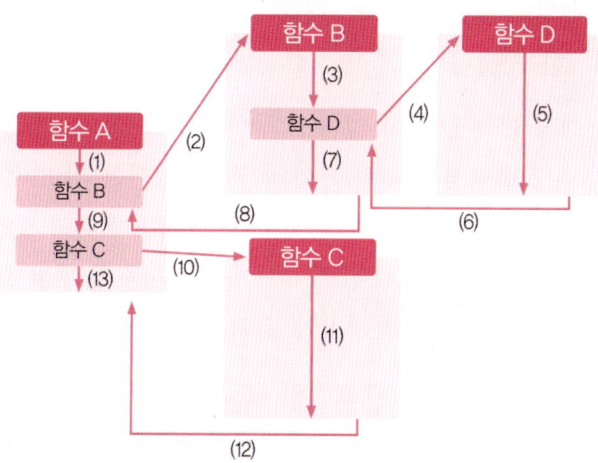

그림 1-3 절차적 프로그래밍의 구현 흐름

함수를 기준으로 본다면 이 프로그램은 '함수 A → 함수 B → 함수 D → 함수 C' 순으로 절차를 거쳐 진행된다. 상세히 설명하면 함수 A 안에 있는 2개의 함수 중 순서대로 함수 B가 실행되며, 함수 B에 들어가서 다시 내부의 함수 D를 실행한다. 함수 D가 끝나면 함수 B 내에 함수 D를 호출했던 곳으로 돌아간 후 함수 B가 끝난다. 함수 B가 끝나면 함수 A 내에 함수 B를 호출했던 곳으로 돌아간다. 이러한 절차적인 흐름이 13번까지 진행되면 함수 A가 끝나면서 프로그래밍이 종료된다.

절차적 프로그래밍은 데이터보다 '알고리듬'을 중시한 프로그래밍 설계 방법론(데이터 < 알고리듬)이다. 절차적 프로그래밍에서 변수는 함수를 구현하기 위한 도구에 불과하며, 함수를 반복적으로 작성해가는 것이 핵심이다. 코드를 작성하다 보면 하나의 함수에 여러 개의 기능을 담게 되는데, 이때 하나의 기능을 가진 함수를 별도로 분리해 다시 만들어가는 흐름이다. 함수를 영어로 Function이라고 하는 건 하나의 기능을 담는 것을 원칙으로 하기 때문이다.

그림 1-3에서 함수 A를 구현하다 보니 2가지의 독립할 수 있는 기능이 존재해, 이를 함수 B와 함수 C로 분리하는 과정을 거친 것이다. 다시 함수 B를 구현하다 보니 1가지의 독립할 수 있는 기능이 존재해서 이를 함수 D로 분리하는 과정을 거친 것이다.

이와 같이 절차적 프로그래밍은 함수를 기준으로 코드를 작성해가면서 독립할 수 있는 기능을 가진 코드의 집합이 발생하면 새로운 함수를 만드는 과정을 반복하는 것이 전부다. 다시 말해 절차적 프로그래밍의 핵심은 기능별로 분리해 '함수를 만드는 능력'을 체득하는 것이다.

기존에 C 프로그래밍을 배운 적이 있다고 하면서 함수를 제대로 만들 수 없다는 건 절차적 프로그래밍의 핵심을 놓치고 껍데기만 배웠다는 의미다. 이러한 문제를 방지하기 위해 반드시 C 프로그래밍 언어부터 배워야 한다고 주장했던 것이다. 함수를 만드는 능력이 없는데, 애초에 설계 단계부터 다수의 멤버 함수를 구현해야 하는 객체지향 프로그래밍에 도전해봐야 결과는 뻔하다.

절차적 프로그래밍으로 구현되는 대표적인 프로그램은 윈도우와 같은 운영체제(OS, Operating System)다. 윈도우의 동작 방식을 떠올려보자. 우리는 시작 버튼을 누르면 시작 메뉴가 나온다는 것을 알고 있다. 알고리듬은 사용자 눈에 보이지 않지만 입력 데이터와 출력 데이터가 존재하는 것이다. 그리고 제어판을 누르면 모든 제어판 항목 폴더가 출력된다. 이처럼 모든 동작이 절차로 이뤄져 있다는 것을 이제는 이해할 수 있을 것이다.

윈도우에는 제어판 A, 제어판 B와 같이 비슷한 객체이면서 조금씩 달라야 하는 것이 존재하지 않는다. 제어판은 제어판이라는 1개의 객체만 있으면 되고, 그림판은 그림판이라는 1개의 객체만 있으면 된다. 당연히 윈도우의 모든 객체는 1개씩 있으면 되기 때문에 절차에만 집중해서 프로그래밍하면 된다.

그러나 게임은 캐릭터 A, 캐릭터 B와 같이 비슷하면서 조금씩 달라져야 하는 셀 수 없이 많은 객체의 집합으로 만들어진다. 다시 말해 절차를 중시하며, 다양한 객체를 제어하기 어려운 절차적 프로그래밍으로는 철학이 달라 구현하기 어렵다. 구현하겠다면 캐릭터 A의 모든 절차, 캐릭터 B의 모든 절차를 객체의 수만큼 모두 별도로 구현해야 한다. 캐릭터가 10개이고 아이템이 100개라고만 해도 비슷한 코드를 조금씩 변경하며 수없이 작성해야 되므로 끔찍할 것이다.

따라서 절차적 프로그래밍은 유연성, 높은 이식성, 효율성 등의 장점이 있지만 다수의 객체로 구성된 복잡한 프로그래밍을 하기에 적합하지 않다는 치명적인 단점이 있다. 그렇기 때문에 현재 절차적 프로그래밍 언어는 임베디드 프로그래밍과 같이 제한된 곳에서 사용되는 것이다.

이러한 절차적 프로그래밍의 한계를 극복하기 위해 절차가 아닌 객체를 중시하는 객체지향 프로그래밍이 등장하게 됐다. 객체지향 프로그래밍이 '왜' 탄생하게 됐는지 알아야 객체지향 프로그래밍의 철학을 제대로 이해할 수 있게 된다. 절차적 프로그래밍의 한계와 단점을 충분히 몸으로 느껴봐야 객체지향 프로그래밍을 배울 때 객체지향이라는 철학을 완벽히 이해하고 프로그래밍에 실제 반영하게 된다.

1-1-4-3 객체지향 프로그래밍

객체지향 프로그래밍의 사전적 정의는 프로그램에 필요한 객체를 본격적으로 코딩하기 전 설계 단계에서 미리 파악하고 각 객체의 역할을 먼저 정의하고 구현한 후 객체 간의 상호작용을 프로그래밍하는 설계 방법론이다.

그림 1-2에서 설명했듯이 객체지향 프로그래밍의 데이터를 대표로 하는 '클래스'

가 프로그래밍을 하는 기준이 된다. 클래스 안에는 복수의 데이터와 알고리듬이 존재할 수 있으며, 복수의 클래스를 활용해서 클래스 간의 상화작용 관계에 대한 알고리듬을 만드는 것이다. 프로그램의 본격적인 전체 알고리듬을 만들기 전에 필요한 클래스들을 설계하고 만드는 것이 핵심이며, 이렇게 만들어진 클래스를 그림 1-4와 같이 활용한다.

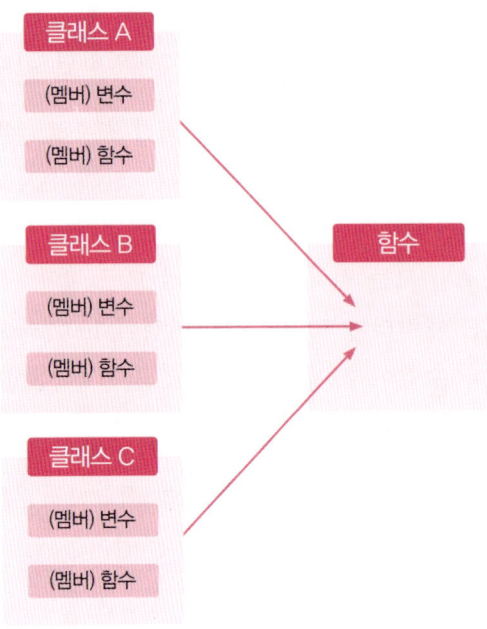

그림 1-4 객체지향 프로그래밍의 구현 흐름

따라서 그림 1-4는 그림 1-3과 달리 순서가 존재하지 않는 것이 당연하다. 절차적 프로그래밍이 아니기 때문에 절차보다 객체에 해당하는 클래스를 지속적으로 정교하게 만드는 것이 중요하다.

객체지향 프로그래밍은 알고리듬보다 '데이터'를 중시한 프로그래밍 설계 방법론(데이터) 알고리듬)이다. 객체지향 프로그래밍은 데이터 안에 멤버로서 알고리듬을 넣어 객체(클래스)를 표현했다는 것이 절차적 프로그래밍과 가장 큰 차이다. 절차적 프로그래밍에서 중시했던 알고리듬을 오히려 데이터 안에 넣어 데이터를 중시하겠다는 철학이다.

클래스라는 객체를 구현하기 위해 멤버 변수와 멤버 함수를 작성해 먼저 객체들을 구체화하고, 객체들이 어느 정도 구현되면 프로그램을 총괄하는 함수에 객체 간의 관계를 만들어가는 흐름이다. 클래스에 속해 있는 변수와 함수이기 때문에 일반적인 변수나 함수와 구분하기 위해 '멤버'라는 용어를 앞에 붙인다. 이렇기 때문에 객체를 지향한다는 객체지향이라는 용어가 만들어진 것이다.

객체지향 프로그래밍으로 구현되는 대표적인 프로그램은 복잡도가 높은 IT 관련 프로그램이나 게임과 같은 콘텐츠다. 콘텐츠는 기술도 중요하지만 안에 소비자가 즐길 수 있을 놀거리가 중요하다. 놀거리가 적은 콘텐츠는 소비자에게 외면 받으므로 거의 모든 콘텐츠에는 필연적으로 점차 많은 객체가 포함되게 될 수밖에 없다.

게임에는 캐릭터, 배경, 오브젝트, 무기, 아이템, 스킬 등 비슷하면서도 다른 수많은 객체가 포함돼 있다는 것을 알 것이다. 게임을 객체지향 프로그래밍으로 구현한다면 절차를 중심으로 만드는 것이 아니라 먼저 각 객체들의 속성과 행동을 먼저 설계하게 된다. 해당 게임의 캐릭터에 체력, 마나는 있지만 스태미나가 불필요 하다면 체력과 마나만 멤버 변수로 지정하면 되며, 캐릭터에 이동하기와 공격하기는 있지만 점프하기를 넣지 않을 예정이라면 이동하기와 공격하기를 멤버 함수로 구현하면 된다. 이렇게 해당 객체가 어떤 속성을 갖고 있는지, 어떤 행동을 해야 하는지에 집중해서 프로그래밍하면 된다.

> **절차적 프로그래밍 vs 객체지향 프로그래밍**
> - **절차적 프로그래밍**: 데이터보다 알고리듬을 중시(데이터 〈 알고리듬)
> - **객체지향 프로그래밍**: 알고리듬보다 데이터를 중시(데이터 〉 알고리듬)

1-1-4-4 C를 먼저 배워야 하는 이유

1) 프로그래밍의 기본 개념을 체득할 수 있다

프로그래밍의 의미와 절차적 프로그래밍의 설명을 다시 한 번 비교해보자. '1-1-3 프로그래밍 = 데이터 + 알고리듬' 절에서 소개했듯이 알고리듬은 프로그래밍의 '절차'와 방법을 의미하며, "프로그래밍이 바로 함수를 순차적으로 만들어 가는 과정이다."라고 했다. 이처럼 프로그래밍 정의와 절차적 프로그래밍에 대한 설명이 동일한 것을 알 수 있다.

프로그래밍의 기본 개념에서 탄생한 설계 방법론이 절차적 프로그래밍이며, 절차적 프로그래밍의 철학을 가진 대표적인 것이 C 프로그래밍 언어다. 특히 C를 기초로 해서 상당수의 프로그래밍 언어가 파생됐기에 프로그래밍 세계에서 C는 마치 공통어인 영어와 같다고 할 수 있다.

혹자는 프로그래밍을 객체지향부터 배워도 된다고 하지만, 절차적 프로그래밍을 배우지 않고 넘어간다면 프로그래밍의 개념 자체를 이해하지 못하거나 오히려 오해할 수 있다. 이해하지 못하는 건 둘째 치고 잘못된 교육 방법으로 인해 오히려 개념을 오해한다면 나중에 잘못된 습관을 바꾸는 데 훨씬 많은 시간과 노력이 들어가게 될 것이다.

절차적 프로그래밍이 명백한 한계를 갖고 있는 건 맞지만 프로그래밍의 기본 개념에서 탄생된 것이므로, 절차적 프로그래밍 언어인 C를 배움으로써 프로그래밍의 근본 개념을 학습만이 아닌 체득할 시간을 확보할 수 있다. 무엇보다 가장 중요한 건 '함수를 만드는 능력'을 확실히 기르기 위해서라도 C 계열 프로그래밍 언어에서 C를 먼저 배울 필요가 있다.

실제 대학에서 프로그래밍을 가르치다 보면 객체지향 프로그래밍 수업을 어느 정도 들었다는 학생들임에도 프로그래밍의 기본인 함수를 만드는 것조차 제대로 못하는 경우가 대다수를 차지한다는 점에 놀라게 된다. 함수는 그냥 챕터 하나에서 함수의 유형에 대해 몇 페이지 이론만 다룰 뿐 실제 함수를 만들어가는 실습 없이 예제로 제공된 완성된 함수들만 눈으로 보면서 분석하는 것이 전부였기 때문이다. 결국 함수를 왜 만드는지, 함수를 어떻게 만드는지 모르는 것이다.

기존 수업이나 교재에서 프로그래밍의 개념과 철학을 알려주지 않고 단순히 문법 중심으로 가르쳤기 때문에 C나 C++, C#이나 별 차이 없다는 것이고, 그러니 C를 패스하고 C++나 C#부터 배워도 된다고 판단했을 것이라고 추측할 수 있다.

게다가 C++와 C# 책의 거의 대부분이 절차적 프로그래밍과 객체지향 프로그래밍을 소개만 하고 있을 뿐 정작 해당 책에서는 객체지향 프로그래밍의 철학이 아닌 상당수의 예제를 중반부 클래스가 등장하기 전까지 C와 같은 절차적 프로그래밍의 철학으로 가르치고 있다.

프로그래밍의 시작이라고 할 수 있을 정도로, 스스로 함수를 만드는 능력은 프로그래밍에 있어서 가장 기초적으로 요구되는 능력이다. 함수를 만들 수 없는 상황에서 객체지향 프로그래밍에 도전해봐야 클래스에 속한 멤버 함수를 만들지 못해 프포자가 될 뿐이다. 누구나 프로그래밍에 익숙해지려면 시간이 걸린다. 급하게 객체지향 프로그래밍을 배우는 것보다 절차적 프로그래밍부터 차근차근 배우는 것이 오히려 나중에 시간을 절약하는 길이고, 프포자를 조금이라도 줄일 수 있는 교육 방법이다.

2) 객체지향 프로그래밍은 설계 개념이 포함돼 어렵다

절차적 프로그래밍은 코드를 작성해가면서 독립할 수 있는 기능을 분리해서 순차적으로 함수로 만들어가는 방식이다. 별다른 설계 없이 코드를 작성해가면서도 프로그래밍이 가능하다는 매우 큰 장점이 있어 프로그래밍을 처음 접하는 초보자에게 매우 적합하다.

그러나 객체지향 프로그래밍은 먼저 객체들을 만들고 객체 간의 관계를 구현한다. 다시 말해 본격적으로 코드를 작성하기 이전에 객체들을 '설계'할 필요가 있다. 복잡하고 큰 프로그램을 만들기 위해 탄생됐기 때문에 그만큼 설계 단계에 많은 공을 들여야 한다는 것을 의미한다. 그만큼 절차적 프로그래밍에 비해 난이도가 높을 수밖에 없다. 설계는 프로그램이 어떤 구조를 갖고 어떻게 구현할지 사전에 구상하는 것이므로, 프로그래밍을 어느 정도 이해한 사람들이 시도해볼 수 있는 영역이다.

문제는 객체지향 프로그래밍의 객체 중 핵심이 되는 클래스는 멤버 변수와 멤버 함수를 갖고 있고, 클래스를 설계한다는 건 정해진 기능에 따라 멤버 함수들을 미리 설계하고 구현해야 클래스가 완성된다는 점이다. 절차적 프로그래밍에서 함수를 만드는 능력을 배우지 않은 초보자들이 클래스 챕터에 들어가자마자 대다수가 포기하는 이유가 바로 여기에 있다. 클래스를 설계하고 구현할 능력이 없으니 객체인 클래스를 기준으로 프로그래밍을 수행하는 객체지향 프로그래밍을 시작하지도 못하는 것이다.

객체지향 프로그래밍임에도 C++나 C# 책에서 클래스를 가장 먼저 가르치지 않고 중간에서 가르치는 점도 C를 패스하고 C++와 C#을 바로 가르치는 교육 방식에서 발생하는 치명적인 문제다. C를 배우지 않고 바로 C++나 C#을 배워도 된다고 생각하고 집필된 책은 클래스 이전 챕터는 절차적 프로그래밍의 철학으로 가르치다가 클래스 관련 장부터 갑자기 객체지향 프로그래밍의 철학으로 전환된다. 절차적 프로그래밍을 배우지 않은 학생들 입장에서는 처음 등장하는 절차적 프로그래밍의 철학을 마치 객체지향 프로그래밍의 철학처럼 오해하거나 객체지향 프로그래밍의 철학이 진정 무엇인지 혼란을 겪게 될 수밖에 없는 구조적 결함이 있다.

C++나 C#과 같은 객체지향 프로그래밍을 본래의 취지에 맞게 가르치려면 반드시 책의 시작부터 핵심인 클래스가 등장할 필요가 있다. 그리고 초반 이론들의 예제도 전부 객체지향 프로그래밍의 철학을 기반으로 작성한 코드로 바뀌어야 한다. C와 이론은 같지만 철학이 다르니 모든 예제 코드 자체가 바뀌어야 한다. 다만 이렇게 진행하려면 사전에 절차적 프로그래밍을 체득하고 있다는 것이 전제가 돼야 한다.

따라서 프로그래밍을 체계적으로 제대로 배우고자 한다면 C부터 배워야 한다는 입장이다. 더욱이 C 프로그래밍을 배우는 데 그렇게 많은 시간이 소요되지도 않는다. C 프로그래밍을 배우지 않았을 때의 단점이 너무 치명적이므로 함수를 만들 수 있는 능력을 기를 때까지라도 C 프로그래밍의 기초를 배우고 객체지향 프로그래밍으로 넘어가는 것이 좋다.

1-1-5 표준 라이브러리와 사용자 정의

프로그래밍이 무엇인지도 살펴봤고 대표적인 프로그래밍 설계 방법론 중 다른 철학을 가진 절차적 프로그래밍과 객체지향 프로그래밍을 비교해봤다. 다음으로 프로그래머들이 구체적으로 무엇을 갖고 프로그래밍을 하는지 알 필요가 있다.

대부분의 프로그래밍은 그림 1-5와 같이 4가지를 통해 이뤄진다. 아주 당연할 정도로 중요한 개념임에도 어디서도 명확하게 설명해주지 않는다. 먼저 표준 라이브러리와 사용자 정의로 크게 구분되며 표준 라이브러리도 변수와 함수, 사용자 정의도 변수와 함수를 갖고 있다고 생각하면 쉽게 이해될 것이다. 현재로는 변수가 데이터를 대표하는 것이고, 함수가 알고리듬을 대표하는 것이라고 이해하면 충분하다.

이러한 구분 없이 프로그래밍 이론을 배우면 어떤 이론이 어디에 해당되는지 모르니 어디에 어떻게 사용하면 될지 모르게 되는 것이 지극히 당연하다. 이 분류법을 이해하면 이론을 배우는 과정에서 프로그래밍 사고에 체계가 잡힐 정도로 굉장히 중요한 분류다. 이후 등장하는 목차를 보면서 항상 그림 1-5에서 어떤 영역에 해당하는 챕터인지 파악하는 것이 좋다.

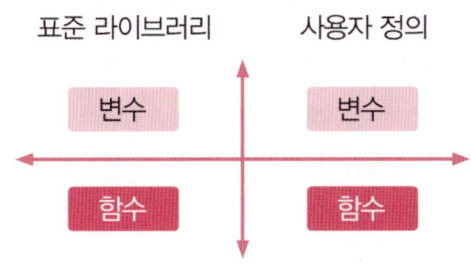

그림 1-5 프로그래밍하기 위해 필요한 4가지

표준 라이브러리 standard library란 '프로그래밍 언어'에서 제공하는 것으로, 다양한 것을 구현하는 데 편하게 사용할 수 있게 미리 만들어진 라이브러리를 의미한다. 표준 라이브러리와 연결되므로 API Application Programming Interface라는 개념도 함께 설명한다.

API란 특정 '애플리케이션(소프트웨어)'에서 제공하는 것으로 프로그램을 수월하게 작성하기 위해 미리 만들어져 제공되는 함수 등의 집합이며, 소프트웨어와 상호작용할 수 있게 하는 인터페이스 역할을 수행한다.

이러한 딱딱한 설명만으로는 이해하기 어려우니 몇 가지 예를 들어보자.

C 프로그래밍을 한다는 것은 C 프로그래밍 언어를 통해 프로그래밍한다는 의미이므로 우선 C 프로그래밍 언어에서 제공하는 '표준 라이브러리'를 활용하되 표준 라이브러리에서 제공하지 않는 것을 구현하고자 한다면 사용자 정의로 만들어서 코드를 작성한다는 의미다. 다시 말해 C 표준 라이브러리에서 미리 만들어 제공하는 변수와 함수 그리고 표준 라이브러리에 없어서 직접 만들어야 하는 사용자 정의 변수와 함수, 총 4가지로 C 프로그래밍을 수행하게 된다.

다음으로 윈도우 프로그래밍이나 유니티 엔진을 통해 프로그래밍한다는 것은 무엇을 의미하는가? 윈도우 프로그래밍은 C++ 프로그래밍 언어를 채택하고 있으면서 윈도우를 제작하기 수월하게 'Windows API'를 제공하고 있다. 유니티 엔진은 C# 스크립트 언어를 채택하고 있으면서 유니티 엔진을 쉽게 활용할 수 있도록 'Unity API'를 제공하고 있다. 이와 같이 대부분의 소프트웨어는 기본이 되는 프로그래밍 언어를 채택함과 동시에 해당 소프트웨어를 쉽게 개발할 수 있도록 기본 기능을 미리 만들어 API를 제공한다.

다시 말해 C++ 프로그래밍 언어를 체득하고 있고, 추가로 'Windows API'를 배울 경우 윈도우 프로그래밍할 수 있게 되고, 추가로 'Unreal API'를 배울 경우 언리얼 엔진으로 프로그래밍할 수 있게 된다는 것이다. 즉, 프로그래밍 언어에서 제공하는 표준 라이브러리, 애플리케이션이나 엔진에서 제공하는 API, 사용자 정의를 모두 활용해서 프로그래밍을 하게 된다.

따라서 프로그래밍은 프로그래밍 언어만 배우는 것이 아닌 특정 소프트웨어에서 제공되는 다양한 API를 배우는 것이 훨씬 중요하다. 어떤 API를 알고 있는지에 따라 어떤 프로그램까지 구현할 수 있는지 결정되기 때문이다. 영어에서 문법만 배우는 것이 아니라 단어와 프레이즈를 지속적으로 배워야 풍부한 어휘력을 갖게 되는 것과 동일하다. API를 배우고 활용할 수 있는 단계에 돌입해야 구체적인 프로그램을 만들 수 있게 되므로 본격적인 프로그래밍의 시작이라 할 수 있다. 그래서 프로그래밍 언어 '이론'은 영어의 '기초 문법'에 불과하다는 것이다.

그림 1-5를 1장에서 소개하는 이유는 현재 프로그래밍 교육 방법이 사용자 정의에 집중돼 있기 때문이다. 영어에서도 무작정 새로운 문장을 만들기보다 기존의 좋은 문장을 충분히 배우고 이를 활용하는 것이 우선돼야 빠르게 영어 실력이 늘 듯 프로그래밍에서도 제공되는 표준 라이브러리를 활용할 수 있는 방법을 터득하는 것을 우선시해야 된다는 점을 짚고 넘어가고자 하기 때문이다.

지금까지 프로그래밍 교육 방법에서는 사용자 정의에 집중하고, 표준 라이브러리에 새로운 것이 나오면 "그런 것이 있으니, 그냥 외우면 된다."라는 식으로 가볍게 넘어갔다. 그러다 보니 대부분의 학생이 교재에서 나왔던 것은 외워서 활용하지만 정작 본인이 만들고자 하는 기능이 있을 때 표준 라이브러리를 찾아보려고 시도조차 하지 않고, 어설프게 사용자 정의로 만들려고만 한다. 표준 라이브러리를 찾아야 한다는 것 자체를 배우지 않았기에 이미 만들어져 제공되는 표준 라이브러리를 찾아봐야 한다는 생각조차 못하는 것이다.

프로그래밍 언어에 대한 이론을 배우고 난 후 표준 라이브러리를 얼마나 활용할 수 있는지가 프로그래머의 역량이 된다. 따라서 교재의 예제 코드에서 제공된 표준 라이브러리를 단순히 외우게 하기보다 스스로 원하는 표준 라이브러리를 찾을 수 있는 능력을 길러주는 것이 필요하다. 영어에서 단어와 프레이즈를 많이 알고 있어야 결국 영어를 잘하게 되는 것과 동일하며, 그러기 위해 우선 스스로 사전(표준 라이브러리)에서 필요한 단어와 프레이즈를 찾을 수 있는 능력을 길러주는 것이 우선돼야 한다.

> **세이브 포인트: 개념 정리**
>
> **프로그래밍 관련 용어 비교**
> - **프로그래밍 언어(Programming Language)**: 컴퓨터 시스템에 연산이나 명령을 시킬 소프트웨어를 작성하기 위한 목적으로 컴퓨터와 의사소통할 수 있게 만들어진 형식 언어
> - **코딩(Coding)**: 컴퓨터 시스템에 명령하기 위한 소프트웨어의 코드를 작성하는 행위
> - **프로그래밍(Programming)**: 프로그래밍 언어를 사용해서 구체적인 프로그램을 설계하고, 구상하고, 코드를 작성하고, 수정하고, 확인하는 모든 작업을 하는 포괄적인 행위
>
> **프로그래밍의 의미**
> - **프로그래밍**: '데이터'와 '알고리듬'의 집합체
> - **데이터(Data)**: 저장 매체에 저장되는 '자료'
> - **알고리듬(Algorithm)**: 컴퓨터가 데이터를 통해 주어진 문제를 해결하는 '절차와 방법'
> - 프로그래밍은 먼저 입력 데이터(input data)를 알고리듬에 넣고, 알고리듬에서 자동을 처리돼 출력 데이터(output data)가 나오는 과정
>
> **절차적 vs 객체지향**
> - **절차적 프로그래밍(Procedural Programming)**: C
>   - 절차적 프로그래밍은 데이터보다 '알고리듬'을 중시한 프로그래밍 설계 방법론(데이터 < 알고리듬)
> - **객체지향 프로그래밍(OOP, Object Oriented Programming)**: C++와 C#
>   - 객체지향 프로그래밍은 알고리듬보다 '데이터'를 중시한 프로그래밍 설계 방법론(데이터 > 알고리듬)
>
> **표준 라이브러리와 사용자 정의**
> - 프로그래밍은 표준 라이브러리와 사용자 정의를 활용해서 이뤄짐
> - 프로그래밍은 프로그래밍 언어만 배우는 것이 아닌 특정 소프트웨어에서 제공되는 다양한 API를 배우는

- 것이 훨씬 중요
- 프로그래밍 언어에 대한 이론을 배우고 난 후 표준 라이브러리를 얼마나 활용할 수 있는지가 프로그래머의 역량

1-2 C 프로그래밍 개요

1-2-1 C 프로그래밍 언어 소개

1-2-1-1 C 프로그래밍 언어의 탄생

C 프로그래밍 언어의 기원을 알기 위해 몇 가지 다른 프로그래밍 언어부터 살펴볼 필요가 있다.

1966년, 영국의 케임브리지 대학의 마틴 리처드^{Martin Richard}는 구조적이고 '절차적' 프로그래밍 언어인 BCPL^{Basic Combined Programming Language}을 고안했다. 복수의 명령어를 처리하기 위한 중괄호 { }를 활용한 첫 프로그래밍 언어다.

1969년, 미국의 세계적인 통신 기업인 AT&T가 별도 사업으로 설립한 벨연구소의 켄 톰슨^{Kenneth Lane Thompson}은 BCPL에 영향을 받고 데니스 리치^{Dennis MacAlistair Ritchie}에 감수를 받아 B 프로그래밍 언어를 개발했다. B 프로그래밍 언어는 당시 운영체제인 유닉스의 프로그램 개발을 기계 중심의 로우레벨 프로그래밍 언어인 어셈블리 언어^{Assembly Language}만으로 개발할 수밖에 없다는 것에 한계를 느끼고, 유닉스에서 쉽게 동작하는 프로그래머 중심의 '하이레벨 프로그래밍 언어'인 B 프로그래밍 언어를 개발한다.

1972년, 켄 톰슨과 함께 벨연구소에서 근무했으며, B 프로그래밍 언어가 만들어지는 과정을 감수했던 데니스 리치는 B 프로그래밍을 개선해서 하드웨어에 무관하게 사용할 수 있는 '범용' 프로그래밍 언어인 C 프로그래밍 언어를 개발했다. 순차적으로 BCPL과 B 프로그래밍 언어에 영향을 받아 C 프로그래밍 언어 또한 절차적 프로그래밍 설계 방법론을 계승했으며, 처음부터 기계가 아닌 프로그래머를 위한 도구로 개발된 목적이 있었기에 전 세계 많은 프로그래머가 활용하게 된다.

컴퓨팅 세계에 혁명을 불러왔다고 평가받는 C 프로그래밍 언어는 이후 C++, C#, 오브젝티브C$^{Objective-C}$, 자바^{Java}, 루비^{Ruby}, 파이썬^{Python}, PHP 등 수많은 프로그래밍 언어에 지대한 영향을 줬다. 그렇기 때문에 C 프로그래밍 언어는 프로그래밍 세계에서 마치 '영어와 같은 공통어'라고 불리고 있는 것이다. C 프로그래밍 언어를 알면 꽤 많은 다른 프로그래밍 언어를 추가로 체득하는 데 굉장히 유리하다.

C 프로그래밍 언어는 사용자가 컴퓨터를 쉽게 다룰 수 있도록 인터페이스로 제공되는 윈도우나 리눅스와 같은 '운영체제', 휴대전화나 디지털 카메라나 세탁기 등과 같은 곳에 들어가는 특정 기능을 수행하는 소프트웨어를 개발하는 '임베디드 프로그래밍', 구조화된 정보를 관리하기 위한 '데이터베이스'에서 주로 사용된다.

1-2-1-2 C 프로그래밍 언어의 표준

C 프로그래밍 언어는 기계 중심 언어인 어셈블리 언어와 달리 프로그래머(인간) 중심 언어인 B 프로그래밍에 영향을 받아 탄생하게 됐으며, 유닉스라는 특정 운영체제에서 사용할 수 있었던 B 프로그래밍 언어의 한계를 극복해 하드웨어와 무관한 범용 프로그래밍 언어가 되기 위해 만들어졌다. 이와 같이 C 프로그래밍 언어는 여러 하드웨어에 이식할 수 있는 것을 전제로 탄생했다. 따라서 프로그래밍 언어를 하드웨어와 관계없이 범용으로 사용할 수 있으려면 표준이 필요하게 된다.

1) Classic C

1972년, 탄생한 C 프로그래밍 언어는 초기에 다양한 컴파일러에서 폭넓게 사용됐지만 공식적인 표준을 제시하지 못했다. C 프로그래밍 언어를 만든 데니스 리치는 브라이언 커니핸$^{Brian\ Kernighan}$과 함께 1978년 『The C Programming Language』 초판을 출간한다. 표준을 제정하기 위한 공식적인 단체가 만들어지기 전이라서 이 책이 표준으로 받아들여져 K&R C 또는 Classic C라고 불리게 된다. Classic C에서 C 프로그래밍 언어의 '문법에 대한 정의'는 이뤄졌지만 C 표준 라이브러리는 정의되지 않았다는 한계가 존재했다.

2) C90 표준

C 프로그래밍 언어가 컴퓨팅 세계에 혁명을 불러일으키면서 다양한 분야에서 활용되고, 수많은 컴퓨터 시스템에서 사용되면서 좀 더 엄격한 표준의 필요성이 대두된다. 1983년 미국표준협회[ANSI]는 새로운 표준 제정을 위한 X3J11 위원회를 설치하고 1989년 ANSI C라는 표준을 미국 정식으로 채택하게 된다. 이어 1990년 국제표준화기구[ISO]에서도 ANSI C와 본질적으로 동일한 ISO C를 국제 표준으로 채택하게 된다.

ANSI C와 ISO C는 실질적으로 내용이 동일한 표준이므로 ANSI/ISO 표준의 최종 버전을 묶어 C89 또는 C90이라고 부르게 된다. 1989년 ANSI C, 1990년 ISO C가 표준으로 승인된 년도를 기준으로 이름이 붙여지게 된다.

C90의 가장 큰 특징 2가지는 첫째, 'C 표준 라이브러리'를 정의하고 있다는 것과 둘째, C 프로그래밍 언어의 '철학 또는 정신'을 다음과 같이 제시했다는 것이다. 기계 중심이 아닌 인간 중심의 프로그래밍 언어인 만큼 프로그래머가 사고하는 대로 프로그래밍이 될 수 있고, 가능한 한 프로그래머가 자유롭게 코드를 작성할 수 있게 표준을 재정했다.

3번째에서 5번째 항목은 C 프로그래밍의 철학으로 자리 잡고 있으며, '1-2-2 C 프로그래밍 언어의 특징' 절과 '1-2-3 C 프로그래밍의 꽃은 포인터 변수가 아닌 '함수'여야 한다' 절에서 상세히 다룬다.

> **팁**
>
> **C 프로그래밍 언어의 철학 및 정신**
> - 프로그래머를 믿자(Trust the programmer).
> - 프로그래머가 하려고 하는 것을 방해하지 말자(Don't prevent the programmer from doing what needs to be done).
> - 코드를 작고 단순하게 유지하자(Keep the language small and simple).
> - 하나의 연산을 처리하는 데 오직 한 가지 방법만 제공하자(Provide only one way to do an operation).
> - 이식성이 훼손된다고 하더라도 빠르게 실행되게 하자(Make it fast, even if it is not guaranteed to be portable).

3) C99 표준

ANSI/ISO 공동위원회는 C90 표준의 기본 원칙을 고수하면서 국제화, 미비점 보완, 계산 실용성의 개선이라는 3가지에 초점을 맞춰 1994년 표준 개정을 시작해 1999년 표준이 채택된다. 이를 C99라고 하며 현재도 이 표준에 따라 C 프로그래밍이 이뤄지고 있다. 이 책도 C99 표준을 기준으로 한다.

C99 표준의 핵심은 C 프로그래밍 언어를 개념적으로 작고, 단순하고, 간단히 작성할 수 있게 유지하면서 C 프로그래밍 언어가 아닌 C에서 파생된 '객체지향 프로그래밍 언어인 C++가 전 세계적으로 많이 활용되는 것에 찬성'하게 된다. C 프로그래밍 언어는 다른 언어의 기반이 되는 프로그래밍 언어로 남기 위해 자체적으로 확장하기보다 '진정으로 필요한 부분만 최소화'해서 남겨 놓고 다른 언어와의 호환성을 높이는 형태로 표준을 재정하게 된다. 따라서 이 최소한의 부분을 정식으로 배우지 않고 바로 객체지향 프로그래밍 언어를 배우면 기초가 약해질 수밖에 없다.

1-2-2 C 프로그래밍 언어의 특징

1-2-2-1 프로그래머(인간) 지향성

C 프로그래밍 언어는 기계가 해석하기 쉬운 형태가 아닌 프로그래머가 이해하기 쉬운 문법과 구조를 갖게 탄생했다. 필자는 컴퓨터 공학을 전공했기에 대학에서 전공 필수로 어셈블리 언어도 배웠는데, 어셈블리 언어는 기계가 빠르게 받아들일 수 있는 명령어들의 집합으로 이뤄져 있기 때문에 코드가 굉장히 길어지고 인간에 대한 배려가 전혀 느껴지지 않는 프로그래밍 언어였기에 상당히 고생했다.

기존 코드를 분석하는 것이라면 모를까 코드를 작성하려면 기계와 같은 사고로 전환하지 않으면 안 됐다. 심지어 끔찍하게도 어셈블리 언어의 중간과 기말고사를 필기시험으로 봐서 시험지 3~5장에 걸쳐 빡빡하게 손 코딩으로 적어야 했다. 프로그래머를 양성하는 교육과는 거리가 멀었다.

그래서 대학에서 가르쳐주지 않는 C나 C++를 배우고 싶어 대학 재학 내내 밤에 프로그래밍 학원을 다녔다. 어셈블리 언어와 다르게 C 프로그래밍 언어는 인간이 사용하는 언어와 가능한 한 유사하게 만들어졌기에 인간의 사고방식을 유지한 채 코드를 작성할 수 있다는 것이 얼마나 행복한지 실감하게 됐다.

게다가 하향식^{top-down} 설계를 철학으로 하고 있어 프로그래머가 필요한 기능을 하나씩 모듈화(함수)하면서 코드를 점차 구체적으로 작성할 수 있다는 장점이 있다. 그렇기 때문에 프로그래밍을 처음 접하는 경우 복잡한 초기 설계를 거치지 않아도 되며, 기능을 중심으로 대략적인 설계만 한 후에도 코드를 작성해가면서 프로그램을 완성할 수 있다.

1-2-2-2 메모리와 하드웨어를 직접 제어 가능

C와 C++ 프로그래밍 언어의 가장 큰 특징 중 하나는 메모리와 하드웨어를 직접 제어할 수 있는 몇 안 되는 프로그래밍 언어라는 점이다. 메모리란 데이터를 보관해두는 곳으로, 나중에 다시 사용할 데이터를 메모리에 저장해두고 필요할 때 불러서 다시 쓰기 위한 것이다. 우리가 PC를 조립할 때 메인보드에 꽂는 그 메모리 카드의 용량을 사용하는 것이다.

메모리의 개별 비트까지 직접 관리할 수 있다는 건 프로그래머 입장에서 자신이 원하는 대로 프로그래밍할 수 있다는 장점이 되지만, 반대로 프로그래머가 메모리 관리에 실수를 할 가능성도 매우 높아진다는 단점이 있다.

C#이나 자바 등은 가비지 컬렉션^{garbage collection}이라는 메모리 관리 기법을 채택해 주기적으로 검사해 사용하지 않는 메모리를 자동으로 청소해준다. 그러나 C와 C++는 프로그래머가 정확하게 사용한 메모리를 일일이 삭제해줘야 하기 때문에 메모리 관리에 대한 높은 이해가 필수적으로 요구된다.

1-2-2-3 높은 이식성

C 프로그래밍 언어는 B 프로그래밍 언어의 특정 운영체제를 위해 만들어졌다는 점을 극복하기 위해 범용적 프로그래밍 언어를 목표로 만들어졌다. 따라서 태생적으로 다른 다양한 시스템과 운영체제에서도 돌아갈 수 있도록 높은 이식성을 추구하게 됐다.

그렇기 때문에 최소한의 표준을 유지하면서 간결한 코드를 추구하게 됐고, 이러한 특징으로 인해 C 프로그래밍 언어는 시스템이나 운영체제를 변경한다고 해도 코드를 일부만 수정하거나 수정하지 않아도 빠르게 실행된다는 특징이 있다. 이러한 장점이 있기에 전 세계적으로 폭넓게 사용하게 된 것이다. 이식성만 놓고 본다면 C 프로그래밍 언어를 따라갈 언어는 없다고 할 정도로 독보적으로 이식성이 높다.

핵심만 간결하게 유지하고 있기 때문에 표준 라이브러리에 의존하는 경향이 매우 높지만 C 프로그래밍 언어의 표준 라이브러리만 충분히 이해하고 있다면 그 어떤 프로그래밍 언어보다 강력하고 유연하게 대체할 수 있다. 따라서 C 프로그래밍을 체득하기 위해 이론을 끝낸 건 시작에 불과하며 앞으로 수많은 실습을 통해 다양한 표준 라이브러리를 적극적으로 활용하려고 노력할 필요가 있다.

1-2-3 C 프로그래밍의 꽃은 포인터 변수가 아닌 '함수'여야 한다

지금까지 거의 대부분의 C 프로그래밍 언어 교재와 수업에서 C 프로그래밍의 꽃은 포인터 또는 포인터 변수라고 강조해왔다. 대학생 때 처음 C 프로그래밍 언어를 배우면서 그렇게 배웠고, 지금 학원이나 대학에서도 그렇게 가르치고 있는 곳이 대부분이다. 분명 C 프로그래밍 언어에서 포인터 변수는 설명하기도 어렵고 체득하기도 어려운 부분이다. 그렇기 때문에 특히 학원에서는 포인터 변수를 명쾌하게 설명해주는 강사가 인기가 높을 정도다.

그러나 C 프로그래밍의 꽃도 좋고, 심장도 좋고, 핵심도 좋다. 이 모든 것은 명확하게 '포인터 변수'가 아닌 '함수'라고 가르쳐야 한다고 생각한다. 포인터 변수는 이후에 자세히 설명하겠지만 함수 간 데이터를 공유하기 위한 하나의 수단에 불과하다. 다시 말해 절차적 프로그래밍을 기반으로 하고 있는 C 프로그래밍에서 가장 중요한 것이 '함수'고, 이 함수를 활용하는 하나의 수단으로써 포인터 변수라는 개념이 등장했다는 것이다.

C 프로그래밍을 배우는 학생들에게 '함수를 만드는 과정'에 초점을 맞춰 가르치면 왜 포인터 변수가 탄생됐고, 왜 포인터 변수가 필요한지를 자연스럽게 이해하게 된다. 그리고 기능별로 함수를 만드는 실습을 충분히 하면 이해하기 싫어도 포인터 변수의 개념과 사용법을 체득하게 된다.

그러나 지금까지의 프로그래밍 교육에서는 포인터 변수라는 수단에 불과한 개념에 초점을 맞춰 지엽적으로 main 함수 안에서 포인터 변수의 개념을 가르쳐왔기에 많은 학생이 포인터 변수의 개념은 알고 있지만 실제 프로그래밍에서 포인터 변수를 사용할 수 없게 됐던 것이다.

게다가 다중 포인터 변수를 이해해야만 C 프로그래밍을 진정으로 정복했다는 포인터 중심의 교육이 이뤄졌기에 별다른 의미 없이 다중 포인터를 사용하는 것을 자랑스럽게 여기고 무분별하게 사용하는 학생들도 있다. 그러나 실무에서는 팀 작업을 위해 포인터 변수의 사용은 정말 필요한 곳에만 사용한다. 포인터 변수는 메모리 참조를 직접 수행할 수 있기에 메모리 관리에 있어 매우 유용한 도구지만 그만큼 실수할 위험을 동반하며, 추적하기 어렵고, 다른 사람이 코드를 이해하기 어렵게 만들고, 수많은 에러(오류)를 양산하는 원흉이 되기 때문이다.

포인터 변수를 왜 사용하는지 알아야 남발하지 않게 된다. 이러한 문제가 대두돼 C#에서는 기본적으로 포인터 변수를 지원하지 않게 변했다. C#에서 포인터 변수 사용을 적극적으로 만류하는 이유는 해킹에 대한 취약한 점도 있지만 프로그래머가 실수하기 쉽고, 팀 작업할 때 서로의 코드를 이해하기 어렵게 만드는 문제가 있기 때문이다. 물론 필요한 경우가 존재하므로 C#에서는 객체 참조가 가능하도록 지원한다.

따라서 C 프로그래밍 언어에서 포인터 변수의 개념 이해는 조금 약하다고 할지라도 함수를 만들 수 있는 능력을 길러주는 것이 우선시돼야 한다. 함수를 만드는 과정을 통해 코드가 자연스럽게 체계화되며, 더 중요한 것은 프로그래밍의 기초가 되는 절차적 프로그래밍이라는 철학을 이해할 수 있게 된다.

이러한 과정에서 실제 포인터 변수의 필요성을 스스로 느끼고 문제 해결을 위해 직접 사용해보면 마치 수능 문제 풀이와 같은 복잡한 설명 없이도 자연스럽게 포인터 변수의 개념을 이해하고 사용할 수 있게 된다. 프로그래밍은 필기시험을 만점 받아봐야 실제 프로그래밍하지 못한다면 0점에 해당되는 실습이 중시되는 분야다.

2차원 배열, 이중 포인터, 문자열 등에서 막혀 C 프로그래밍을 포기해왔다면 큰 실수를 한 것이다. 다시 한 번 강조하지만 C **프로그래밍의 꽃은 함수다**. 포인터 변수와 배열은 핵심이 아니다. 함수를 만들 수 있는 능력만 생긴다면 C 프로그래밍의 핵심을 이해한 것이다. 나머지는 함수를 만들어가는 실습을 하면서 조금씩 익숙해지면 된다.

1-2-4 C 프로그래밍을 수행하는 7단계

1-2-4-1 프로그래밍의 시작은 논리적 사고부터

프로그래밍 전반과 C 프로그래밍에 대한 필수적인 개념을 살펴봤다. 이제 비로소 C 프로그래밍을 시작하는 단계이기 때문에 앞서 소개한 개념을 완벽히 이해하지 못하는 것이 오히려 정상이다. 지금 단계에서 이해하지 못했다고 걱정할 필요는 없다. 실제 프로그래밍을 수행하는 과정에서 서서히 깨우치게 되는 중요한 개념들이며, 스스로 이해가 되는 순간이 찾아와야 비로소 자신의 것이 될 것이다.

프로그래밍을 실제 하면서 앞서 소개했던 개념들이 "아! 이래서 C 프로그래밍은 절차적 프로그래밍이구나!"와 같이 어느 순간 마치 번개가 친 것처럼 갑자기 이해될 때가 있을 것이다. 프로그래밍을 공부하면서 자신의 실력이 조금 늘었다고 생각될 때마다, 이 책의 1장으로 돌아와 다시 살펴보면, 볼 때마다 새로운 것이 보일 것이다.

많은 학생이 매 학기마다 "어떻게 하면 프로그래밍을 잘할 수 있나요?"라는 질문을 한다. 프로그래밍은 인간이 컴퓨터라는 기계와 상호작용해서 인간이 원하는 바를 컴퓨터가 대신 수행할 수 있게 해주는 과정이다.

프로그래밍을 한다는 건 컴퓨터도 쉽게 받아들일 수 있게 인간도 논리적으로 사고할 필요가 있다는 의미가 된다. 아무런 목적성 없이 친구들과 잡담하는 것을 컴퓨터에 전달한다고 한다면 컴퓨터는 수많은 경우의 수를 해석해야 되므로 제대로 된 결과를 도출하기 어려울 것이다. 인간과 잡담하는 AI를 만드는 것이 어려운 이유도 동일하다. 그러나 문장을 서론, 본론, 결론으로 구성하며, 각 문장을 육하원칙에 맞게 작성한다는 논리적인 규칙을 만들어 컴퓨터에 전달한다면 좀 더 빠르고 정확한 결과를 도출할 가능성이 높아질 것이다.

따라서 프로그래밍을 잘하기 위한 유일하면서 가장 확실한 방법은 반은 농담 삼아 '뇌구조를 프로그래머에 적합하게 논리적으로 바꾸는 것'이라고 설명한다. 프로그래밍을 배워가면서 현실의 모든 것을 논리적으로 분석하고 설계할 수 있게 됐을 때 비로소 실무에서 활약할 수 있는 프로그래머가 되는 것이며, 프로그래밍 이론을 배우고 실습을 하는 건 모두 뇌구조를 논리적으로 바꾸기 위한 과정으로 볼 수 있다. 그렇기 때문에 프로그래밍 이론을 머리로 외우면 실제 프로그래밍할 수 없게 되는 것이다. 프로그래머가 되기 위한 길은 얼마나 빠른 시기에 논리적 사고를 할 수 있는가에 달려 있다고 해도 과언이 아니다.

프로그래밍에 있어 논리적 사고를 하는 단계인 설계가 무엇보다 중요하다. 아무런 고민 없이 코드부터 작성한다는 건 논리적 사고를 절반 이상 포기한다는 의미다. 실제 프로그래밍을 본격적으로 배우기 전에 논리적으로 사고하는 능력을 다양한 수업을 통해 충분히 기른 해외 학생들은 논리적 사고방식이 뛰어나므로 여러 가지 프로그래밍 언어를 빠르고 수월하게 체득한다. 논리적인 사고가 뒷받침되므로 프로그래밍 언어를 바꿔도 차이점만 배우면 되기 때문이다.

반면 한국에서 프로그래밍을 배우는 대다수의 학생은 논리적 사고를 배우지 않고 바로 프로그래밍 이론부터 머리로만 외우면서 학습한다. 정해진 코드를 작성하는 데까지 걸리는 시간은 짧겠지만 논리적 사고가 바탕이 되지 않으니 자신이 원하는 코드를 작성하기 어렵고, 더 나아가 다른 프로그래밍 언어를 쉽게 배우지 못한다. 뇌구조가 아직 논리적 사고를 따라가지 못하기 때문이다. 프로그래머로 성장하기 위해 논리적 사고는 필수불가결하다.

한편 현직 프로그래머들과 이야기해보면 일반인 입장에서 굉장히 답답하게 느껴질 때가 있을 것이다. 특히 주니어 프로그래머들이 마치 기계처럼 딱 정해진 방식대로 하려고 하고 한 치의 오류도 인정하려고 하지 않기 때문이다. 이는 프로그래머에 적합한 논리적 뇌구조로 바뀌어 있다는 것을 의미한다. 그러나 프로그래머의 뇌구조로 일상생활을 하려고 하면 다른 사람과 커뮤니케이션하기 쉽지 않다는 점을 잊어서는 안 된다. 프로그래밍은 프로그래밍이고, 현실은 현실이다. 현실의 인간은 프로그래밍을 통해 소통하는 기계가 아니다.

따라서 중급 이상의 프로그래머가 되려고 노력하는 업계의 프로그래머들에게 프로그래밍할 때의 뇌와 일상생활을 할 때의 뇌를 전환할 수 있어야 한다고 조언한다. 세상의 모든 사람이 프로그래머가 아니므로 원활한 커뮤니케이션을 위해서 당연히 인간에 맞춘 사고를 할 수 있어야 한다. 프로그래밍에 적합한 논리적 사고를 프로그래머가 아닌 다른 사람들에게 강요해서는 안 된다. 그래야 프로그래머도 더 높은 곳으로 올라갈 기회를 얻게 된다는 점에 유의하자. 프로그래머도 위로 올라갈수록 인간을 관리하는 능력과 커뮤니케이션 능력이 요구되기 때문이다.

1-2-4-2 C 프로그래밍의 7가지 수행 단계

논리적 사고의 중요함까지 언급했으니 이제 C 프로그래밍 수행 단계를 알아보자. C 프로그래밍 수행 단계를 다음과 같이 7가지로 정리한다. 이 7단계는 C 프로그래밍만이 아닌 다른 프로그래밍 언어와 게임 엔진에서도 거의 동일하게 적용된다.

코딩과 프로그래밍은 다른 의미이며, 프로그래밍이 코딩을 포함하는 넓은 개념이라고 했었다. 이 7가지 단계 모두를 포함한 넓은 개념이 프로그래밍이라고 할 수 있다. 프로그래밍에는 논리적 사고를 통해 설계하는 부분도 포함되며 테스트, 디버깅 debugging, 리팩터링 refactoring 등 코드 작성 외에도 프로그램을 만드는 광범위한 행위가 포함된다. 따라서 프로그래머가 되려면 이 7단계를 스스로 모두 수행할 수 있어야 한다는 의미가 된다.

프로그래밍에 어느 정도 익숙해질 때까지 가급적 대부분의 예제 코드를 7단계에 맞춰 하나씩 따라가면서 프로그래밍의 흐름을 익히는 것이 좋다. 1장에서는 실제 프로그래밍을 수행해보지 않았으므로 각 단계가 무엇을 의미하는지 명확히 이해하는 데 한계가 있으나, 2장부터 프로그래밍을 수행하면서 어떤 순서로 진행해야 할지 모를 때마다 이 항목으로 돌아와서 C 프로그래밍을 수행하는 7단계를 살펴보기를 권한다.

프로그래밍 수행 단계에서 발생하는 에러는 크게 2가지로 구분할 수 있다. 컴파일 단계에서 발생하는 '신택스 에러 Syntax Error'와 디버깅 단계에서 발생하는 '시맨틱 에러 Semantic Error'의 차이를 명확히 이해하고 대처할 수 있어야 한다. 2가지 에러에 대한 자세한 설명은 해당 단계에서 하겠다.

> **C 프로그래밍 수행 단계**
> - **프로그램 설계**
> - **소스코드 작성**
>   - 기능별로 함수 작성
>   - 표준 라이브러리 검색
>   - 핵심 코드(액션)
>   - 코드 확장(조건)
> - **컴파일**
>   - 전처리
>   - 컴파일(신택스 에러 수정)
>   - 링크
> - **프로그램 실행**
> - **테스트**
> - **디버깅(시맨틱 에러 수정)**
> - **리팩터링 및 유지 보수**

1) 프로그램 설계

프로그램 설계는 7단계 중 가장 중요하게 생각하는 단계로, 논리적 사고를 통해 프로그램의 목표를 설정하고, 프로그램을 어떤 기능으로 나눠 기능별로 어떤 관계를 설정할 것인지 계획하는 단계다. 상대적으로 프로그래밍 스킬은 빠르게 늘지만 논리적 사고를 할 수 있게 되기까지 상당한 시간과 노력이 필요하다. 프로그램 설계를 할 수 있는지와 할 수 없는지로 프로그래머와 코더를 나눌 정도로 프로그램 설계 능력은 고급 프로그래머가 될수록 필수적으로 요구된다.

프로그램 설계에 정답은 존재하지 않으며 해당 프로그래머의 지식, 경험, 철학에 따라 동일한 목표를 가진 프로그램이라고 할지라도 프로그래머마다 다른 설계를 하게 된다. 프로그램 설계 단계에서는 굳이 코드로 작성할 필요 없으며, 인간의 언어로 노트에 작성해가며 구체화하면 되니 어렵게 생각해서 설계를 포기하지 말자. 자신의 모국어로 논리적 사고를 한 결과를 노트에 작성하면 되므로 누구나 시도해볼 수 있다. 노트에서 다양한 시도를 한 후 어느 정도 완성되면 설계 문서를 작성한다. 설계도 많이 해봐야 늘게 되므로 처음부터 완벽한 설계를 해야 된다는 강박을 가질 필요 없이 현재 할 수 있는 선에서 설계를 시도해보자.

C 프로그래밍은 절차적 프로그래밍이므로 프로그램의 목표를 달성하기 위해 전체적으로 어떤 절차를 거쳐야 할지 기능(함수)별로 구분해 순서를 계획한다. 다음으로 필요하다고 판단되는 기능(함수)별로 구체적으로 어떤 행동들을 수행해야 하는지 입력 데이터, 출력 데이터, 데이터를 처리하는 방법, 데이터를 표현하는 방법 등을 정리한다.

이와 같이 프로그래밍이란 아무런 계획 없이 다짜고짜 코드부터 작성하는 것이 아니고 논리적 사고를 통해 설계를 한 후 설계를 기반으로 해서 기능별로 코드를 작성하는 것이다. 충분한 시간을 들여 설계를 하면서 문제가 될 부분이 있는지 사전에 검토하고 설계를 수정하는 것으로 코드를 지우고 다시 작성하는 낭비를 최소화할 수 있게 되며, 코드를 작성하는 과정에서 기능별로 테스트가 가능해, 발생하는 문제를 상당히 줄일 수 있다.

또한 규모가 있는 프로그램은 대부분 혼자가 아닌 여러 명의 프로그래머가 동시에 작업하게 되므로 작업 분배를 기능별로 나눌 수 있어 프로젝트 매니징 관점이나 소스코드 관리 측면에서도 압도적으로 유리하다.

복잡한 팀 프로젝트일수록 철저한 설계가 이뤄지는 데는 이유가 있다. 본인이 설계 과정 없이 바로 코드를 작성해왔다면 아직 프로그래머의 출발점에도 도달하지 못했다는 걸 인지할 필요가 있다.

2) 소스코드 작성

프로그램 설계가 끝났다면 이제야 비로소 비주얼 스튜디오(Visual Studio)와 같은 다양한 프로그래밍 언어로 개발할 수 있는 통합 개발 환경에서 소스코드(source code)를 작성할 차례다. 프로그래밍 업계에서는 이러한 과정을 "구현한다."라고도 표현한다. C 프로그래밍 언어는 인간 중심의 하이레벨 프로그래밍 언어이므로 인간이 알아보기 쉬운 영어 키워드로 구성돼 있다.

코드를 작성하는 세부 단계를 구체적으로 설명하는 교재나 자료는 아쉽게도 지금까지 찾아볼 수 없다. 기존 프로그래밍 교육에서 가장 안타깝게 생각하는 것 중에 하나다. '1-1-5 표준 라이브러리와 사용자 정의' 절에서 설명했듯 프로그래밍은 근본적으로 이미 만들어져서 제공되는 '표준 라이브러리 또는 API'와 프로그래밍 언어 이론을 토대로 '핵심 코드'를 작성한 후 핵심 코드만으로 원하는 것을 완벽히 구현할 수 없을 경우 다양한 명령어를 활용해서 핵심 코드에 다양한 조건을 점차 추가해 '사용자 정의' 코드로 확장해가는 과정이다. 이것이 프로그래밍의 전부인데, 정작 이 중요한 과정을 알려주지 않으니 많은 초보자가 프로그래밍을 시작 단계에서 포기하게 되는 것이다.

C 프로그래밍의 완성된 소스코드는 함수들의 집합으로, 각 함수의 구현부는 '함수 → 조건 → 액션' 순으로 구성돼 있다. 그러나 프로그래머가 직접 코드를 작성할 때는 눈에 보이는 순서와 다르게 구현하는 순서가 있다. 그 어느 누구도 머릿속에서 완성된 코드를 한 번에 완벽하게 만들어낼 수 없기 때문이다. 프로그래머는 다른 사람이 구현한 완성된 예제 코드를 보고 분석한 후 첫 줄부터 마지막 줄까지 순서대로 무작정 따라서 쓰는 사람이 아니다. 스스로 생각해서 새로운 소스코드를 한 줄씩 창조해야 하는 사람이다.

프로그래머가 직접 코드를 작성할 때의 순서를 정리하면 다음과 같다.

> **코드 작성 순서**
> - 프로그래머는 하나의 새로운 기능이 필요해지면 새로운 함수를 새로 만든다.
> - 함수 안에서 핵심적으로 수행하고자 하는 액션(핵심 코드)을 구상한다.
> - 원하는 액션을 구현하기 위해 필요한 표준 라이브러리 또는 이론을 찾는다.
> - 찾은 표준 라이브러리 또는 이론을 토대로 액션(핵심 코드)을 작성한다.
> - 핵심 코드만으로 원하는 결과가 만족되지 않았다면 액션(핵심 코드)에 조건(코드 확장)을 점차적으로 추가해가면서 원하는 기능을 수행할 수 있는 함수를 완성시켜간다.

정리하면 C 프로그래밍에서는 함수 작성 → 표준 라이브러리 검색 → 액션 → 조건 순으로 코드를 작성하게 된다는 점이 굉장히 중요하다. 완성된 코드를 눈으로 보면 조건 안에 액션이 존재하므로 단순히 완성된 코드를 따라 작성하면 조건 다음에 액션을 작성하게 되지만, 실제 프로그래머는 반대로 액션을 작성한 이후 조건을 완성해간다는 차이를 이해할 필요가 있다.

물론 앞으로 완성된 코드를 따라 작성하는 연습을 할 때도 아무런 고민 없이 첫 줄부터 따라 작성하기보다 핵심 코드가 무엇인지 찾아 핵심 코드부터 작성 후 조건을 완성하는 프로그래머의 관점에서 연습을 하는 것이 바람직하다.

기존 프로그래밍 교육은 코드 작성에서 치명적인 3가지 문제점을 갖고 있었다.

먼저 새로운 표준 라이브러리가 나오면 외우라고만 할 뿐 표준 라이브러리를 스스로 찾는 방법을 알려주지 않았다. 그렇기 때문에 많은 초보자가 교재에서 배운 표준 라이브러리만 알고 있고, 새로운 것을 구현하려고 할 때 스스로 표준 라이브러리를 찾아봐야 된다는 사실조차 모르는 상황이 지속되고 있다. 영어 교재에 나온 단어와 프레이즈만 외우면 당연히 영어를 할 수 없다. 본인 스스로가 만들고자 하는 문장에 필요한 영어 단어와 프레이즈를 찾을 수 있는 능력을 길러주는 것이 중요한 것과 동일하다.

다음으로 완성된 예제 코드를 프로그래밍에 필요한 논리적 사고 없이 첫 줄부터 똑같이 따라 작성하라고 가르치는 점이다. 모든 소스코드에는 프로그래머가 궁극적으로 목표를 달성하고자 하는 핵심 코드가 존재한다. 그리고 그 코드를 중심으로 조건들을 붙여 확장해가는 것이 프로그래밍인데, 이러한 논리적 사고를 알려주지 않고 완성된 코드를 분석하면서 이론적인 개념만 알려주니 초보자에게 스스로 코드를 작성할 수 있는 능력을 길러주지 못했다.

마지막으로 코드 작성은 프로그래밍 7단계 중 하나에 불과하다는 점을 잊어서는 안 된다. 지금까지 프로그래밍 교육은 코드 작성이라는 단 하나의 단계에만 초점을 맞춰 이뤄졌기에 많은 초보자가 코드를 작성한 이후의 단계를 충분히 경험해보지 않았다. 프로그래밍에서 설계와 코드 작성은 시작에 불과하다.

그래서 대다수의 초보자가 이후 진행될 컴파일 단계에서 발생하는 간단한 에러조차 잡지 못하고 실행 파일을 확인해보지도 못한 채 프포자가 됐다. 통합 개발 환경에서 에러 코드까지 친절히 나오는 데도 에러 코드를 검색해보고 해결법을 찾으려 하지 않고, 교재의 소스코드와 자신이 그대로 작성한 코드만 뚫어지게 비교하면서 오타가 있는지 확인하는 게 현재 프로그래밍 교육의 현실이다. 프로그래밍은 코드를 작성하는 과정만이 아니라 코드에서 에러가 생겼을 때 그 에러를 해결하는 방법까지 같이 알려주는 것까지 포함돼야 한다.

이러한 세부 과정은 실제 실무에서 프로그래밍을 한다고 했을 때 당연히 거치게 되는 과정이지만 안타깝게도 제대로 설명하는 교재나 자료가 없었다. 프로그래머가 되기 위해 프로그래밍 언어만을 배우는 것이 아니라 프로그래밍 자체를 배워야 한다는 것을 잊어서는 안 된다.

3) 컴파일

컴파일^{Compile}은 특정 프로그래밍 언어의 소스코드를 다른 프로그래밍 언어로 바꿔주는 과정이며, 컴파일러^{Compiler}는 이러한 과정을 자동으로 수행하는 프로그래밍 언어의 번역 프로그램이다.

C 프로그래밍에서 사용하는 컴파일러는 인간의 언어를 기반으로 한 명령어 체계를 가진 하이레벨 프로그래밍 코드를 기계 중심의 로우레벨 프로그래밍 언어인 기계어^{Machine Language} 코드로 바꿔주는 역할을 수행한다.

프로그래머가 직접 코드를 작성할 때는 비교적 인간의 사고를 기반으로 한 프로그래밍 언어로 편하게 작성하지만 결국 컴퓨터에 명령을 전달하려면 기계가 받아들이기 쉬운 프로그래밍 언어로 변환해줄 필요가 있는데, 이를 컴파일러가 대신해주는 것이다.

따라서 프로그래머는 컴파일러가 명확히 알 수 있도록 컴파일러에서 제공하는 규칙에 따라 코드를 작성해야 하며, 컴파일러 규칙과 C 프로그래밍 언어 이론에 위반되는 코드를 작성할 경우 컴파일러에서 '신택스 에러'를 출력한다. 신택스 에러는 간단히 영어 문법을 틀렸다고 생각하면 된다.

영어 5 형식에 맞지 않으니 컴파일러가 무슨 말을 하고자 하는지 몰라 에러 메시지를 띄운 것이다. 신택스 에러를 해결하지 않는다면 컴파일러는 번역을 해줄 수 없기에 다음 단계로 진행할 수 없게 된다. 신택스 에러를 수정하지 못한다면 프로그래밍의 결과물인 실행 파일을 만들 수 없기 때문에 더 이상 프로그래밍을 진행하는 의미가 없어진다.

한편 통합 개발 환경에서 메뉴만 선택하면 컴파일러가 자동으로 번역해준다고 하지만 프로그래머라면 컴파일 세부 과정을 이해하는 것이 좋다. 컴파일의 세부 과정은 '전처리 → 컴파일 → 링크'와 같이 크게 3가지로 구분된다.

첫째, 전처리^{Preprocessing} 과정은 본격적인 '컴파일 전에 이뤄지는 예비 조작'으로, C 프로그래밍 언어에서는 #으로 시작하는 전처리 지시자로 표현된다. 컴파일 전 전처리 지시자에 따라 소스 파일을 컴퓨터에 적합하게 가공하는 과정이다. C 프로그래밍 언어에서는 전처리를 대표하는 #include를 예로 들 수 있다. #include는 미리 만들어 놓은 함수들의 집합인 표준 라이브러리를 불러오는 역할을 수행한다.

둘째, 컴파일 과정은 전처리 과정을 통해 불러온 코드를 포함해서 최종 완성된 소스코드를 운영체제가 인지할 수 있는 '기계어로 바꾸는 과정'이다. 전처리 과정에서 #include에 의해 불러왔던 표준 라이브러리 중 소스코드에 존재하는 것을 실제 코드로 바꿔 완전한 코드로 자동 변환한 후 이를 기계어 파일인 오브젝트 파일 Object File로 만들어낸다. 이 단계에서 컴파일 에러가 발생하면 컴파일러가 에러 코드를 표시하며 오브젝트 파일이 만들어지지 않는다. 프로그래머는 에러 코드를 참고해 에러의 수가 0이 되도록 코드를 수정한 후 다시 컴파일을 시도해 컴파일 에러가 없는 상태로 컴파일을 성공해야 한다.

셋째, 링크 Link 과정은 오브젝트 파일에 프로그램의 부팅 과정 중 첫 번째로 실행되는 스타트업 코드 Startup Code를 결합해서 프로그램이 실행될 수 있게 한다. 링커 Linker는 C 프로그래밍 소스코드의 시작점이 되는 'main 함수'를 호출해서 사용된 표준 라이브러리를 본래의 코드로 바꿔 완성된 형태로 정비해 '프로그램이 시작될 수 있게 연결'한다. 아무런 문제없이 링크 과정까지 끝나면 프로그램의 실행 파일 Executable File이 만들어지게 된다. 실행 파일의 대표적인 예는 PC 게임 폴더 내에 있는 exe 파일을 생각하면 된다.

4) 프로그램 실행

컴파일 단계를 정상적으로 종료하면 소스코드의 기능을 수행할 수 있는 '실행 파일'과 함께 소스코드 작성 시 포함했던 그림 파일, 동영상 파일, 사운드 파일 등과 같은 '리소스 파일'이 독립적으로 실행 가능한 상태로 만들어진다. 이러한 파일의 묶음을 빌드 파일 Build File이라고 한다.

프로그래머는 통합 개발 환경에서 컴파일 후 바로 프로그램을 실행할 수도 있지만 소스코드를 제외한 실행 파일과 리소스 파일만 별도로 복사해서 다른 폴더나 PC에서 프로그램이 실행되는지 확인한 후 테스트를 위해 전달할 수 있다.

빌드 파일은 프로그래머가 아닌 사용자도 프로그램을 실행할 수 있게 해주는 파일이다. 컴파일 단계를 통해 만들어진 실행 파일과 리소스 파일만 있다면 소스코드가 없다고 할지라도 누구나 해당 프로그램을 실행해서 사용할 수 있다.

윈도우와 같은 운영체제의 '실행 창'에서 실행 파일의 이름을 입력하거나 실행 파일을 더블 클릭하는 것으로 실행하면 된다. 스팀^{Steam}과 같은 게임 디지털 관리 플랫폼에서 게임을 다운로드를 하면 PC에 다운받아지는 게임 파일들이 바로 컴파일을 완료해서 만들어진 실행 파일과 리소스 파일들, 즉 빌드 파일의 묶음이다. 프로그래머는 결국 빌드 파일을 만들고 테스트하는 역할을 수행한다.

5) 테스트

컴파일 단계가 완료되고 프로그램을 실행할 수 있게 되면 프로그램 설계에서 계획했던 대로 동작하는지 테스트를 진행한다. 우선 프로그래머가 직접 통합 개발 환경에서 테스트를 수행하게 되는데, 이를 '개발 테스트'라고 한다. 개발 테스트에서 큰 문제가 없다고 판단되면 컴파일 단계에서 만들어진 빌드 파일을 묶어 테스터에게 전달한다.

빌드 파일을 전달받은 테스터 그룹은 테스트 계획을 세우고, 테스트 케이스$^{Test\ Case}$를 만들어 다양한 테스트를 진행한다. 해당 프로그램의 목적과 중요도에 따라 '기능 테스트, 단위 테스트, 시스템 테스트, 통합 테스트, 과부하 테스트, 성능 테스트 등'을 수행하며, 게임의 경우에는 다양한 하드웨어에서 정상적으로 동작하는지 상당히 까다롭게 테스트가 진행된다.

테스트를 하는 과정에서 발견하는 프로그램의 오작동, 의도와 다른 기능, 크래시^{crash} 등을 버그^{Bug}라고 하며 버그를 정리해 버그 리포트를 작성한다.

6) 디버깅

테스터 그룹으로부터 버그 리포트를 받은 프로그래머는 버그를 수정해야 한다. 버그는 프로그램이 정상적으로 동작하지 않는 모든 상황을 의미하는데, 프로그래머가 해결할 수 있는 것이 있고 아닌 것도 있다. 그중 프로그래머가 수정해야 할 상당수의 버그는 '시맨틱 에러'에 해당된다.

시맨틱 에러는 C 프로그래밍의 규정을 모두 따랐기에 컴파일 단계에서 신택스 에러가 발생하지 않았지만, 프로그램 설계 단계에서 계획했던 내용과 달리 의미상 다른 결과가 나온 에러를 의미한다. 프로그램이 실행은 되지만 본래의 의도와 다르게 동작하는 것을 시맨틱 에러라고 하며, 프로그래머가 머리를 싸매고 수정해야 할 대부분의 버그가 시맨틱 에러다.

프로그래머 입장에서는 분명히 프로그램이 실행되는데, 게임 디자이너는 계속 의도와 다르게 구현됐다고 불만을 토로한다. 이 상황을 수십 번 반복하고 있다고 상상해보자. 시맨틱 에러는 프로그램을 계획하고 요청한 인간을 만족시켜야 하는 영역이므로 수정하는 것이 굉장히 어려울 수밖에 없다. 따라서 시맨틱 에러를 얼마나 잘 해결할 수 있는지가 프로그래머의 능력과 직결된다.

컴파일러는 인간의 의도를 파악할 수 없기 때문에 시맨틱 에러를 발견할 수 없다. 순전히 인간의 의도에 따라 수정해야 하므로 수정하는 것에 대한 정답도 없고, 수정해야 하는 범위에도 한계가 없다. 단순히 문법적인 문제가 아니므로 시맨틱 에러를 해결하려면 실제 프로그램 내부에서 데이터가 어떻게 변동되고 있는지 눈으로 직접 확인해야 한다. 이를 확인하기 위한 과정을 '디버깅'이라고 한다.

디버깅이란 프로그램을 개발하는 과정에서 발생하는 에러나 버그의 원인을 찾아내기 위한 과정을 의미한다. 디버깅을 하는 방법에는 여러 가지가 있으며 디버깅을 잘해야 결국 시맨틱 에러를 잘 해결할 수 있게 된다. 디버깅을 통해 프로그램이 내부에서 어떻게 동작하는지 확인한 후 논리적으로 사고해 의도에 맞게 수정을 하는 작업을 반복하게 된다. 따라서 프로그래머는 7단계 중 두 번째 단계인 코드 작성에 못지않게 디버깅하고 코드를 수정하는 데 막대한 시간을 소요하게 된다. 그러므로 디버깅을 할 줄 모른다면 프로그래머라고 할 수 없다.

디버깅은 프로그래밍에 있어 매우 중요하지만 경험적인 측면이 강하고 버그에 따라 상황이 크게 달라진다. 책이라는 미디어 특성상 경험적인 측면에 많은 분량을 할애하기는 어렵고, 여러 디버깅 방법 중 가장 간단하면서 기초가 되는 중단점을 활용한 디버깅을 '2-5 디버깅' 절에서 소개할 것이다.

7) 리팩터링 및 유지 보수

디버깅을 통해 중대한 버그 대부분이 수정되면 해당 프로그램은 설계 단계에서 의도됐던 대로 정상적으로 동작한다. 다만 지금까지는 의도에 따라 기능적으로 정상 동작을 할 뿐 최적화가 됐다고 보기도 어렵고, 이후 추가적인 개발을 진행한다고 가정했을 때 한계가 존재할 것이다.

따라서 프로그래머는 프로그램을 장기적으로 유지 보수해야 하는 상황이 발생하면 '리팩터링'을 계획하고 수행하게 된다. 리팩터링이란 기능적인 결과의 변경 없이 코드의 구조를 개선하거나 재조정함으로써 최적화나 확장 가능성을 확보하는 과정이다.

1번만 사용하고 버려지는 프로그램은 잘못 만들어진 프로그램이다. 따라서 프로그램은 존재 가치상 오랜 기간 많은 사람에게 이용돼야 그 가치가 생긴다. 그렇기 때문에 프로그래머는 단순히 설계나 의도에 따라 프로그램이 기능적으로 정상 동작한다는 것에 만족해서는 안 되며, 항상 리팩터링을 염두에 두고 기회가 될 때마다 리팩터링을 진행해야 하며, 이러한 과정에서 프로그래머로서도 성장하게 된다.

C 프로그래밍을 수행하는 7단계를 살펴봤다. 프로그래머가 되고자 한다면 교재에서 제공한 예제 코드로 연습하는 것에 머물러서는 결코 안 되며, 반드시 이 7단계가 몸에 밸 정도로 반복하고 또 반복해야 한다. 이제 업계에서 '코더'와 '프로그래머'를 다른 의미로 사용하는 이유가 이해됐을 것이다. 이제 여러분은 프로그래머가 되기 위한 여정을 떠날 준비를 마쳤다.

세이브 포인트: 개념 정리

C 프로그래밍 언어의 특징
- 프로그래머(인간) 지향성
- 메모리와 하드웨어를 직접 제어 가능
- 높은 이식성

C 프로그래밍의 꽃은 함수다
- 절차적 프로그래밍인 C 프로그래밍에서 가장 중요한 것이 '함수'고, 이 함수를 활용하는 하나의 수단으로써 포인터 변수 개념이 등장
- '함수를 만드는 과정'에 초점을 맞춰 가르치면 왜 포인터 변수가 탄생됐고, 왜 포인터 변수가 필요한지 자연스럽게 이해하게 됨

C 프로그래밍 수행 단계
- 프로그램 설계

- 소스코드 작성
- 컴파일
- 프로그램 실행
- 테스트
- 디버깅(시맨틱 에러 수정)
- 리팩터링 및 유지 보수

1-3 실습을 위한 컴파일러 준비

C 프로그래밍에 대한 개념과 함께 C 프로그래밍을 수행하는 7단계를 살펴봤다. 이제 실제 소스코드를 작성할 수 있는 텍스트 편집기^{Text Editor}와 컴파일러가 필수적으로 필요한 상황이다. 컴파일러는 인간 중심의 소스코드를 기계 중심의 코드로 자동 변환해주는 일종의 번역기라고 했다. 컴파일러가 없다면 기계어를 직접 작성해야 하므로 프로그래밍에 있어 컴파일러는 필수 준비 항목이다.

프로그래밍을 수행하려면 7단계를 모두 수행할 필요가 있는데, 이를 수행하기 위해 예전에는 텍스트 편집기, 컴파일러, 디버그 프로그램 등이 각각 존재하고 통합으로 존재하지 않았다. 다양한 프로그램을 설치하고 복잡한 세팅을 통해 이를 연결해야 했기 때문에 프로그래밍을 하기 위한 환경 자체를 세팅하기 굉장히 까다로웠다. 그래서 누구나 쉽게 프로그래밍을 시도해보기 어려웠다. 그러므로 프로그래밍을 편하게 할 수 있도록 소스코드 편집기, 컴파일러, 디버그 기능 등을 모두 통합한 '통합 개발 환경'이라는 프로그램이 등장했다.

C 프로그래밍 수행 단계의 소스코드 작성에서 언급했지만 통합 개발 환경 또는 통합 개발 패키지의 대표적인 것이 마이크로소프트가 1997년에 개발해 지속적으로 업데이트하고 있는 '비주얼 스튜디오'다. 비주얼 스튜디오의 등장으로 누구나 편하게 프로그래밍의 세계를 체험해볼 수 있게 됐고, 프로그래머도 개발 환경 세팅에 들어가는 시간과 노력을 줄이고 프로그래밍에 집중할 수 있게 됐다.

비주얼 스튜디오는 윈도우와 맥OS에서 작동하며, 비주얼 스튜디오만 있으며 윈도우에서 구동되는 거의 대부분의 데스크톱과 웹 프로그램을 개발할 수 있다. 게다가 다양한 프로그래밍 언어를 지원하며 꾸준히 업데이트 되고 있고, 디버깅 기능이 매우 강력하기 때문에 대부분의 업계에서 표준으로 자리 잡았다.

1) 보편적인 개발 환경 세팅

실무에서 프로그래밍을 하는 경우 거의 대부분이 여러 명의 프로그래머와 팀으로 작업하게 된다. 그리고 목표로 하는 프로그램의 규모에 따라 개발하는 기간도 연 단위로 소요되는 것도 적지 않다. 그렇다 보니 보편적으로 개발 환경은 프로젝트에 참가하는 모든 인원이 동일한 세팅을 유지하는 것을 원칙으로 한다.

개발 환경의 차이에서 발생하는 문제는 프로그래머들이 감당하기 어려운 것이 많기 때문이다. 따라서 무조건 최신 버전의 통합 개발 환경, 프로그램, 게임 엔진을 사용하는 것이 좋다는 생각은 실무에 들어가기 전에 반드시 버려야 한다. 팀 내에서 결정한 개발 환경과 다른 세팅에서 프로그래밍을 한다면 프로젝트 자체가 중단될 수 있을 정도로 팀 내에 심각한 타격을 줄 수 있다.

이러한 현상은 게임 업계에서 더욱 두드러진다. 지금도 업데이트되고 있는 유니티 엔진은 물론, 특히 언리얼 엔진의 경우 엔진의 버전이 마지막 소수점 하나가 바뀌어도 지금까지 개발했던 것이 새로운 버전에서 호환이 안 될 정도로 극심한 차이가 발생하는 경우가 있다. 또한 최근 게임은 적어도 3 ~ 5년, 길게는 7 ~ 10년까지 개발 기간이 걸리는 경우가 많기 때문에 그 오랜 기간 게임 엔진 버전이 변해가는 건 지극히 당연하다. 버전이 바뀔 때마다 버전을 바꾸기 위해 막대한 시간을 소모하는 건 어리석은 행동이기 때문에 개발 기간이 긴 게임 개발에서 엔진의 버전을 바꾸는 건 아주 신중히 선택하게 된다.

게임 엔진 버전 변화에 따라 새로운 기술이 등장했을 때 개발 환경을 유지할 것인지, 개발 환경을 바꿀 것인지 결정하는 것은 게임 제작에서 매우 중요한 이슈가 된다. 따라서 프로그래머는 팀 내에서 결정한 개발 환경 세팅에 변화가 있는지 꼼꼼히 체크하고, 자신의 개발 환경이 팀 내에서 결정한 환경과 완전히 일치하는지 끊임없이 신경 쓸 필요가 있다. 게임 엔진의 버전을 바꾸겠다는 결정은 개발해 왔던 코드 전체에 얼마나 지대한 영향을 미치는지 파악하기조차 어렵기 때문에 게임 제작 중에 버전 변경은 최소화하는 경향이 강하다.

2) 이 책의 개발 환경 세팅

기본적으로 실무에서는 개발 환경 세팅을 팀 모든 구성원이 동일하게 맞추는 것이 원칙이라고 했다. 그러나 지금부터 우리가 해볼 프로그래밍 실습 과정은 팀 프로젝트도 아니고 실무도 아니다. 또한 C 프로그래밍은 C99 표준이 나온 이후 큰 변화가 없었다. 게다가 C 프로그래밍 언어는 그 어떤 프로그래밍 언어보다 이식성이 뛰어나다는 특징이 있으므로 C 프로그래밍을 지원하는 웬만한 컴파일러라면 큰 문제없이 거의 동일하게 동작한다.

현재도 크게 바뀌고 있는 유니티나 언리얼 엔진을 배운다면 사용할 버전과 개발 환경 세팅에 대해 세세한 부분까지 명확히 설명하고 환경을 맞춰야 된다고 강조할 것이다. 그러나 단순히 C 계열 프로그래밍을 배우는 과정이라면 굳이 개발 환경을 하나로 고정할 필요는 없다. 어떤 운영체제를 사용하든 비주얼 스튜디오의 어떤 버전을 사용하든 큰 차이가 없다. 독자 스스로 편한 개발 환경을 구축하면 된다.

이 책에서는 C 프로그래밍을 하기 위한 가장 대표적인 개발 환경을 기준으로 설명한다. 하드웨어는 'PC', 운영체제는 '윈도우', 통합 개발 환경은 책을 집필하는 시점에서 '비주얼 스튜디오'의 최신 버전인 '비주얼 스튜디오 2022의 커뮤니티Community 버전'을 사용했다. 세부 버전은 '17.11.5'를 사용했다. 세부 버전은 달라도 큰 문제는 없다.

웹페이지나 비주얼 스튜디오 버전의 변화에 따라 책의 그림과 다른 상황이 연출될 수 있으니 이후의 설명은 그림보다 무엇을 수행해야 하는지 '텍스트'에 집중하는 것을 권장한다.

1-3-1 비주얼 스튜디오 다운로드 및 설치

이 항목은 여러 곳을 이동하면서 설치하게 되므로, 순서에 [홈페이지], [비주얼 스튜디오]와 같이 표기해 구체적으로 어디서 수행해야 하는지 알 수 있게 했다.

- **홈페이지:** 검색 엔진에서 '비주얼 스튜디오'를 검색해서 마이크로소프트의 비주얼 스튜디오 홈페이지(https://visualstudio.microsoft.com/ko/downloads/)에 들어간다. 이 책에서는 현재 시점 최신인 '비주얼 스튜디오 2022'를 사용하겠다. 개인

에게 무료로 제공되는 '커뮤니티 버전'의 무료 다운로드 버튼을 누른다.

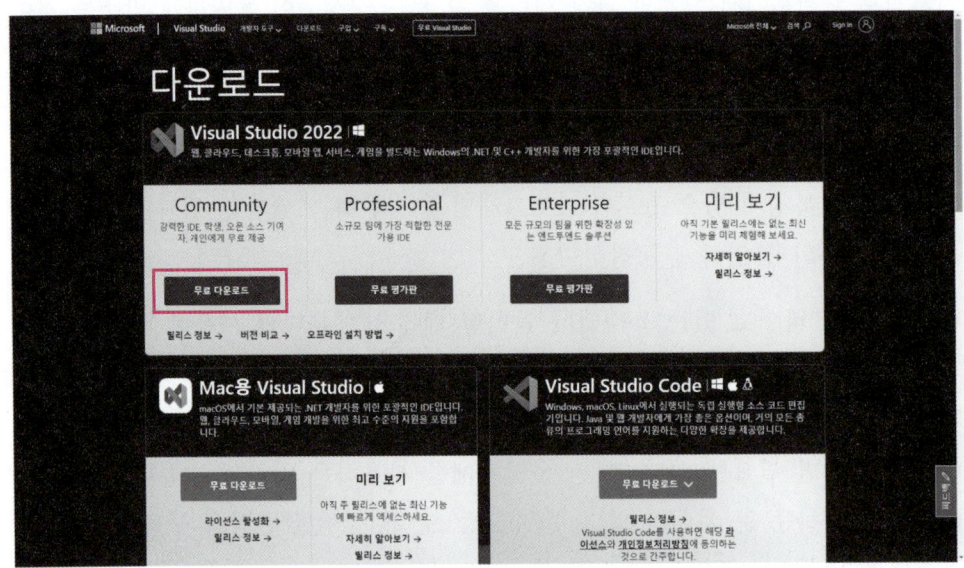

그림 1-6 비주얼 스튜디오 홈페이지

- **홈페이지**: 무료 다운로드 버튼을 누르면 그림 1-7과 같이 화면이 바뀌면서 비주얼 스튜디오 설치 파일인 VisualStudioSetup.exe를 다른 이름으로 저장하라는 창이 나온다. 원하는 위치를 선택해서 저장 버튼을 눌러 다운받을 수 있다. 이 책에서는 디폴트인 내 PC ▶ 다운로드에 다운받았다.

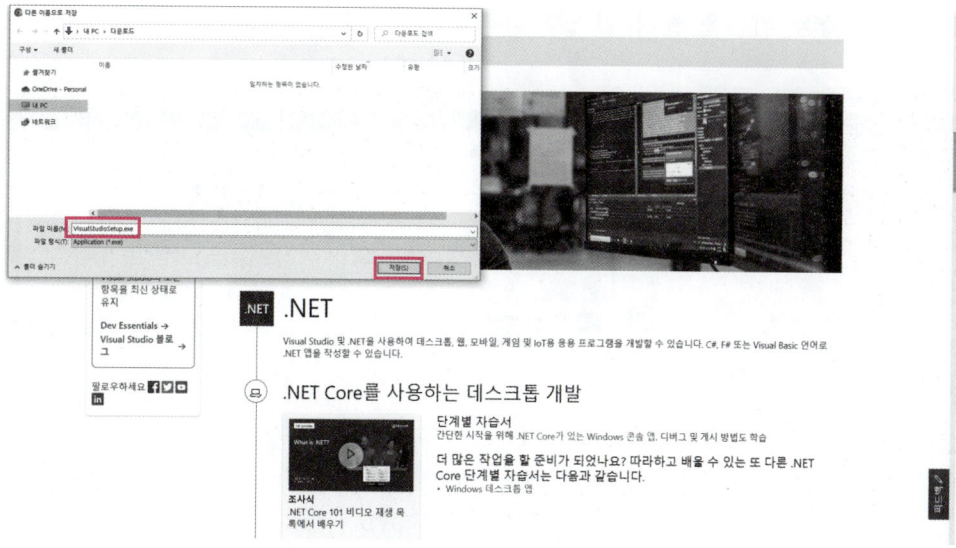

그림 1-7 비주얼 스튜디오 실행 파일 다운로드 페이지

- **설치 파일:** 윈도우의 내 PC ▶ 다운로드 폴더로 이동한 후 다운로드 받은 비주얼 스튜디오 설치 파일인 VisualStudioSetup.exe를 실행한다. 실행하면 그림 1-8과 같은 화면이 나오는데 계속 버튼을 누른다.

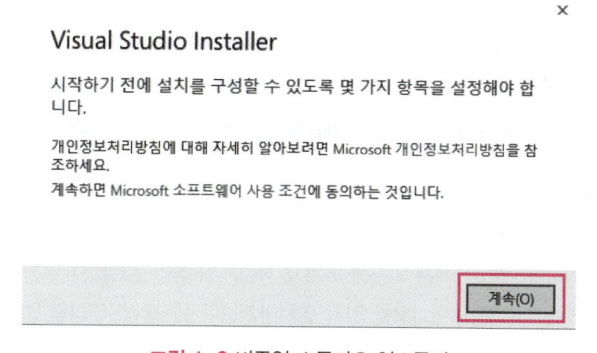

그림 1-8 비주얼 스튜디오 인스톨러

- **비주얼 스튜디오:** 설치 관리자가 다운로드와 설치를 완료하면 그림 1-9와 같이 비주얼 스튜디오 설정 화면이 나온다. 워크로드 탭에서 데스크톱과 모바일 카테고리 내에 있는 C++를 사용한 데스크톱 개발 항목의 우상단에 있는 체크박스를 체크한다. 언어 팩에서 사용 언어를 추가할 수 있으며, 설치 위치를 변경할 수 있다. 이 책에서는 추가적으로 다른 변경 없이 기본값으

로 설치 버튼을 눌러 인스톨 과정을 진행했다.

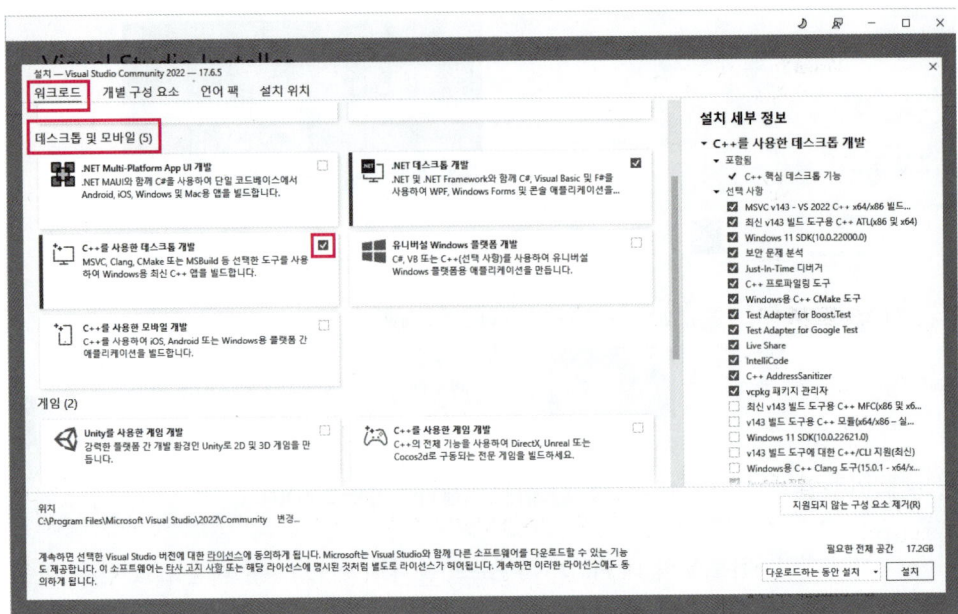

그림 1-9 비주얼 스튜디오 설정 화면

> **팁**
>
> **비주얼 스튜디오와 게임 제작**
> - 프로그래밍에 관심이 있는 상당수의 학생은 게임 제작에 흥미가 있는 경우가 많아 참고로 설명한다.
> - 게임 카테고리의 **Unity를 사용한 게임 개발**을 선택하면 유니티 엔진과 비주얼 스튜디오가 연결돼 C# 스크립트로 게임을 제작할 수 있다.
> - 게임 카테고리의 **C++를 사용한 게임 개발**을 선택하면 DirectX, 언리얼, Cocos2D와 비주얼 스튜디오가 연결돼 C++ 또는 C++ 스크립트로 게임을 제작할 수 있다.
> - 유니티와 언리얼 엔진은 엔진 버전에 따라 호환되는 비주얼 스튜디오 버전이 존재하므로, 프로그래밍 초보자는 비주얼 스튜디오를 먼저 설치하기보다 유니티와 언리얼 엔진을 설치하는 과정에서 호환되는 비주얼 스튜디오 버전을 옵션에서 선택해 같이 설치하는 것이 좋다.

- **비주얼 스튜디오:** 시간이 지나 설치가 종료되면 그림 1-10과 같은 화면이 보인다. 그림 1-10과 같은 화면이 보인다면 비주얼 스튜디오가 정상적으로 설치 완료된 것이다. 완전한 개발 환경을 갖추기 위해 PC를 재부팅한다. 설치가 완료됐으니 종료 후에도 언제든 다시 실행 가능하다.

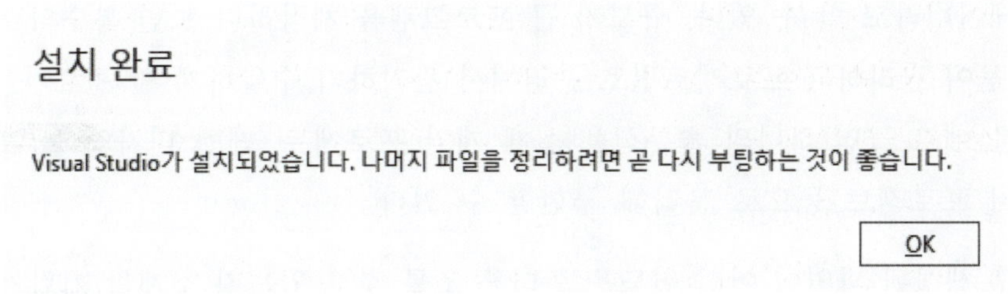

설치 완료

Visual Studio가 설치되었습니다. 나머지 파일을 정리하려면 곧 다시 부팅하는 것이 좋습니다.

OK

그림 1-10 비주얼 스튜디오 설치 완료 화면

1-3-2 솔루션 및 프로젝트 생성

비주얼 스튜디오 설치가 끝났다고 무턱대고 소스코드 작성을 하는 건 성급한 행동이다. 비주얼 스튜디오는 프로그래밍을 하기 위한 대표적인 통합 개발 환경이기 때문에 비주얼 스튜디오의 활용법을 잘 아는 것도 프로그래밍 능력으로 직결되기 때문이다.

기존 교재들은 코드 작성을 조금이라도 빨리 하고자 비주얼 스튜디오를 상세히 설명하지 않고 무작정 따라 하기 식으로 넘어간다. 그러니 많은 초보자가 왜 그런 선택을 했는지 한참 시간이 지낸 후에도 전혀 이해하지 못하게 된다. 전체 구조와 흐름을 모르고 시작하니 프로그래밍을 하는 과정 내내 괴롭게 된다. 앞으로 비주얼 스튜디오는 프로그래머의 손과 발이 될 통합 개발 환경이기 때문에 메뉴 하나하나를 선택하는 의미를 확실히 알고 넘어갈 필요가 있다.

1장에서 비주얼 스튜디오를 누구나 이해할 수 있도록 가급적 상세히 설명하고, 2장부터는 비주얼 스튜디오를 이해하고 있다는 전제하에 소스코드에 초점을 맞춘다.

1-3-2-1 비주얼 스튜디오의 구조

비주얼 스튜디오를 실행하기 전에 먼저 비주얼 스튜디오의 구조를 간략히 살펴보자. 비주얼 스튜디오의 구조를 이해하고 시작하면 비주얼 스튜디오의 체계를 파악하게 되므로 등장하는 메뉴나 화면 구성을 좀 더 쉽게 이해할 수 있다.

비주얼 스튜디오는 그림 1-11과 같이 기본적으로 '솔루션'을 기준으로 하고 있다. 솔루션은 비주얼 스튜디오에서 제공하는 하나 이상의 프로젝트를 구성하기 위한 컨테이너라고 할 수 있다. 규모가 큰 프로그램을 제작하다 보면 복수의 프로젝트를 묶어 관리하되 프로젝트별로 분리해서 관리하기 수월하게 할 필요가 있다. 게임을 예로 들면 하나의 솔루션을 실제 게임 프로젝트, 레벨 디자인 툴 프로젝트, 런처 프로젝트 등으로 분리해 구현할 수 있다.

이후 생성된 파일이 어떤 윈도우 폴더 구조를 갖고 있는지 소개할 기회가 있겠지만, 솔루션이 최상위 폴더로 생성된다. 즉, 비주얼 스튜디오에서 생성된 파일들은 솔루션 폴더를 기준으로 하고 있다는 점을 확인할 수 있을 것이다. 이 책의 예제에서는 하나의 솔루션에 하나의 프로젝트를 기준으로 하지만, 솔루션은 본래 다수의 프로젝트를 관리하고자 만들어진 개념이라는 점을 기억해두자.

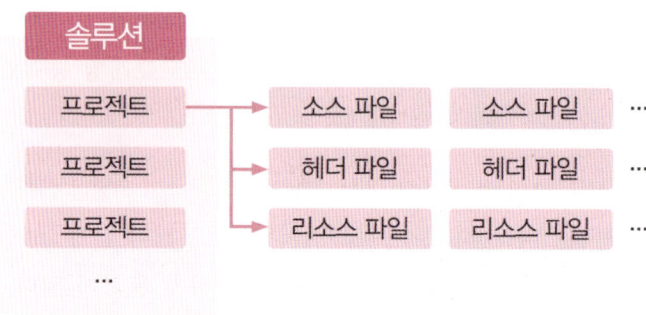

그림 1-11 비주얼 스튜디오 구조

프로젝트는 하나의 프로그램을 만들기 위한 다수의 소스 파일, 헤더 파일, 리소스 파일을 생성할 수 있으며, 프로젝트에 대한 설정을 포함한다. 프로그램을 구현하는 실질적인 주체라고 볼 수 있다. 이 책에서는 리소스 파일을 다루지 않으며, 소스 파일과 헤더 파일을 통해 프로그래밍을 실습한다.

> **팁**
>
> **비주얼 스튜디오에서 사용하는 파일 종류**
> - **소스 파일**: 텍스트 편집기를 통해 프로그래머가 실제 코드를 작성하는 파일이다.
> - **헤더 파일**: 소스코드를 음식에 비유한다면 헤더 파일은 메뉴판에 해당하는 것으로, 제공할 수 있는 음식들의 리스트를 정리해 놓은 파일이다. 컴파일러에 의해 다른 소스 파일의 가장 위에 포함되는 특정한 목적을 가진 소스 파일의 일종이다.
> - **리소스 파일**: 이미지, 사운드, 텍스트, 동영상 등과 같이 소스코드에 연결하기 위해 추가한 독립 실행형 파일이다.

1-3-2-2 프로젝트 생성

비주얼 스튜디오 2022를 실행하면 실행 시간이 소요된 후 그림 1-12와 같이 로그인 화면이 나온다. 앞서 학생과 개인에게 무료로 제공되는 Community 버전을 설치해 실행한 상태이므로, 지금은 이 항목을 건너뜁니다를 선택해서 진행할 수도 있지만, 30일간의 무료 평가 기간이 존재한다는 점을 주의해야 한다.

마이크로소프트 계정으로 로그인을 하면 무료 평가 기간이 끝나도 무료로 사용할 수 있다. 비주얼 스튜디오는 프로그래머가 되기 위한 필수적인 프로그램이고 마이크로소프트 계정은 만들어두면 편하므로, 업계에 진출해서도 사용할 수 있도록 계정을 생성해서 지금 단계부터 로그인해 사용하는 것이 좋다. 계정이 없다면 **계정 만들기** 버튼을 눌러 계정을 생성하고, 계정이 이미 존재한다면 **로그인** 버튼을 누른다.

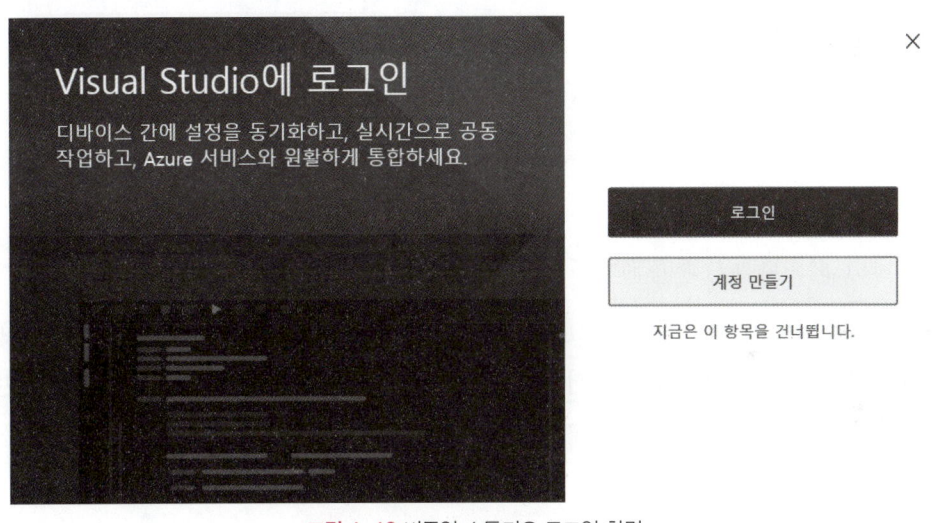

그림 1-12 비주얼 스튜디오 로그인 화면

로그인이 완료되면 그림 1-13과 같이 비주얼 스튜디오의 시작 화면이 나온다. 시작 화면에서부터 **프로젝트 또는 솔루션 열기** 버튼과 같이 프로젝트와 솔루션이라는 용어가 등장하기 시작한다. 우리는 이미 솔루션과 프로젝트의 관계를 알고 있으니 이해가 빠를 것이다. 기존에 타인에 의해 만들어진 또는 자신이 제작했던 프로젝트나 솔루션을 열고자 한다면 **프로젝트 또는 솔루션 열기** 버튼을 누르면 된다. 새로운 프로젝트를 만들어 직접 프로그래밍을 하고자 한다면 **새 프로젝트 만들기** 버튼을 누르면 된다.

지금은 비주얼 스튜디오를 설치해서 처음 실행하는 상황을 가정하니 새 프로젝트 만들기 버튼을 누르자.

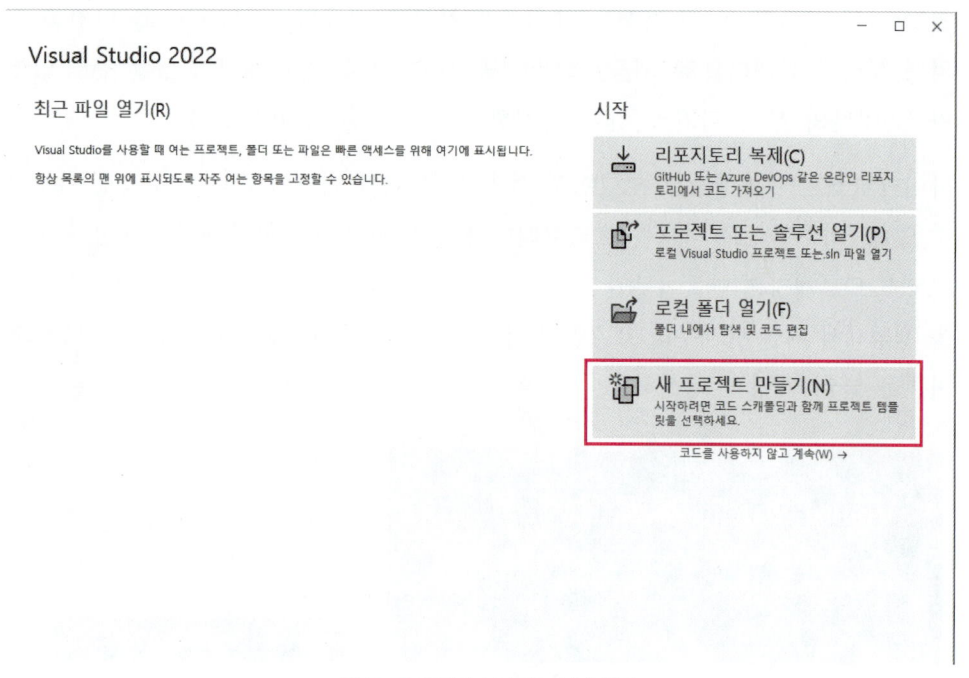

그림 1-13 비주얼 스튜디오 시작 화면

새 프로젝트 만들기 화면에서는 그림 1-14와 같이 오른쪽에 나열된 다양한 템플릿 중에 선택할 수 있다. 이 책에서 새로운 프로젝트를 시작할 때는 기본적으로 빈 프로젝트를 선택한다. 밑으로 내려보면 빈 솔루션이라는 템플릿도 존재한다는 것을 알 수 있다.

비주얼 스튜디오는 프로젝트가 아닌 솔루션을 기준으로 생성된다고 했으니, 처음 빈 프로젝트를 만들면 자동으로 프로젝트 상위에 솔루션이 하나 만들어지고 그 밑에 우리가 만들고자 하는 하나의 프로젝트가 생성될 것이라는 것을 추측할 수 있다. 비주얼 스튜디오는 솔루션이 있어야 프로젝트가 존재할 수 있는 구조이기 때문이다.

비주얼 스튜디오의 구조를 고려해 하나부터 열까지 손수 제작해보겠다고 한다면 먼저 빈 솔루션으로 솔루션을 만든 후 생성된 솔루션 안에서 필요한 프로젝트를 추가하는 흐름이 정석이라 볼 수 있다. 하지만 편의상 빈 **프로젝트**를 선택하고 다음 버튼을 누른다. 빈 **프로젝트**는 C와 C++를 아무런 시작 파일 없이 처음부터 백지 상태로 시작할 수 있어 전체 구조를 이해하기 좋다.

화면에 C는 언급되지 않고 C++만 언급된 이유는 '1-2-1 C 프로그래밍 언어 소개' 절의 C99 표준을 설명할 때 언급된 것처럼 C보다 C++가 전 세계적으로 넓게 사용되기를 바라는 철학과 연결된다. 화면에 C가 언급되지 않지만 이후 '1-3-3 소스 파일 생성' 절에서 설명할 특정 조건만 만족하면 C도 사용 가능하다.

그림 1-14 새 프로젝트 만들기 화면

새 프로젝트를 만들면 새 **프로젝트 구성** 화면이 나온다. 그림 1-15는 프로젝트 구성의 이해를 돕고자 참고용으로 설명하며, 실제 프로젝트는 그림 1-16처럼 만들 것이다.

그림 1-15를 보면 프로젝트 이름, 위치, 솔루션 이름을 정할 수 있다는 것을 알 수 있다. 비주얼 스튜디오는 솔루션을 기준으로 해서 솔루션 밑에 다수의 프로젝트가 존재할 수 있다고 한 것을 기억할 것이다. 맨 밑의 프로젝트 경로를 보면

'위치 - 솔루션 이름 - 프로젝트 이름' 순으로 경로가 구성된 것을 볼 수 있다.

새 프로젝트를 만들면 윈도우 폴더 구조도 **솔루션 ▶ 프로젝트**와 같이 계층적으로 구성된다는 것을 알 수 있다. 따라서 프로그램을 이동 또는 복사하려면 솔루션 폴더를 기준으로 해야 한다.

다만 이 책에서는 간단한 예제 프로그램을 만들 것이기 때문에 그림 1-16과 같이 **솔루션 및 프로젝트를 같은 디렉터리에 배치**를 기본적으로 체크한다. 체크박스를 체크하는 순간 솔루션 이름 항목은 비활성화되고 자동으로 프로젝트와 같은 이름으로 바뀐다. 이는 맨 밑의 경로에도 반영돼, 최종적으로 'Project라는 하나의 솔루션'에 'Project라는 프로젝트'가 계층을 갖지 않고 '동일한 폴더에 생성'될 것이다. 윈도우 폴더 구조는 이후에 확인하겠다.

이 책을 완료한 후 본격적인 프로그램을 제작하고자 한다면 솔루션과 프로젝트를 계층별로 구분해서 작업하는 것이 좋다. 그에 따라 솔루션 구조와 폴더 구조도 바뀔 것이다.

위치는 본인이 관리하기 수월한 곳에 자유롭게 폴더를 생성하면 된다. 이 책에서는 'E:\C_Programming\Source File' 경로를 기준으로 챕터별로 폴더를 구분해 예제 파일을 만들 것이다. 다만 주의할 점은 앞으로 프로그래밍을 하면서 폴더명, 파일명 등 모든 것은 '반드시 영어'로 작성하는 버릇을 들이는 것이 좋다.

한국어를 사용할 경우 프로그램이 인지하지 못해 예상치 못한 에러가 발생하는 경우가 있다. 사용자가 한국인이 아닐 수 있으며, 윈도우 언어 설정이 한국어가 아닐 수도 있음을 고려해야 한다. 한국어가 설치되지 않은 윈도우에서 한국어로 된 경로를 제대로 읽을 수 없는 건 당연한 이치다. 또한 한국어 발음을 영어로 표기한 콩글리시도 프로그래밍에 있어 피해야 하는 나쁜 습관이다.

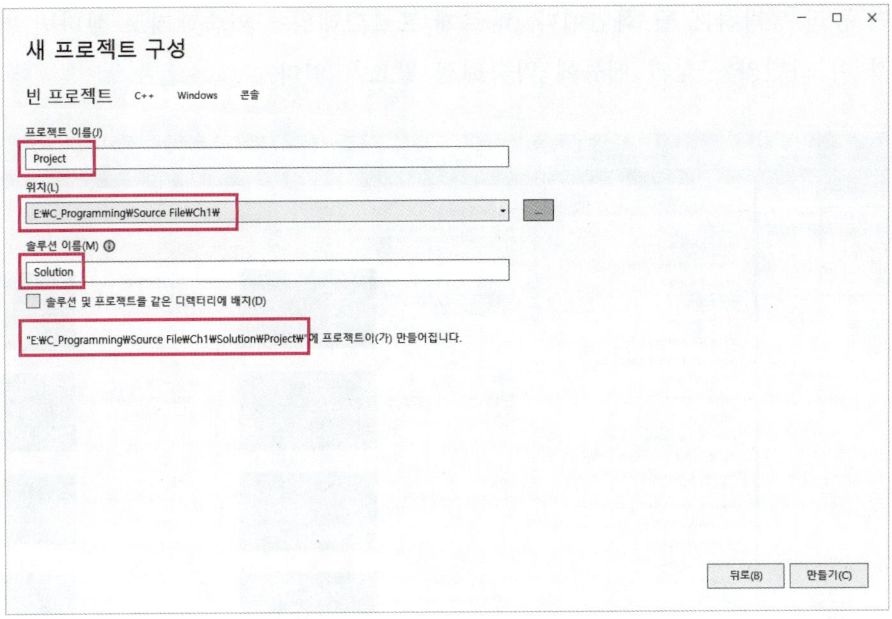

그림 1-15 새 프로젝트 구성 화면(참고용)

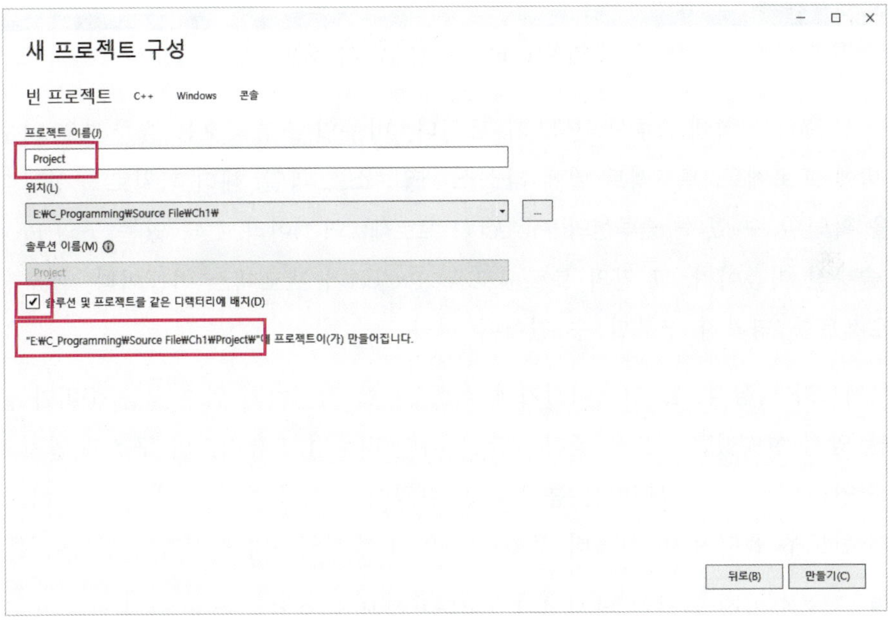

그림 1-16 새 프로젝트 구성 화면(실제 생성)

새 프로젝트 구성을 마무리하고 프로젝트가 만들어지면 그림 1-17과 같은 비주얼 스튜디오 메인 화면이 나온다. 실제 프로그래밍이 이뤄지는 곳이기에 앞으로 오랜 시간 동거 동락하게 될 화면이다. 빠르게 프로그래밍에 익숙해지고 싶다면 가장 먼저 이 화면의 구성과 메뉴에 익숙해질 필요가 있다.

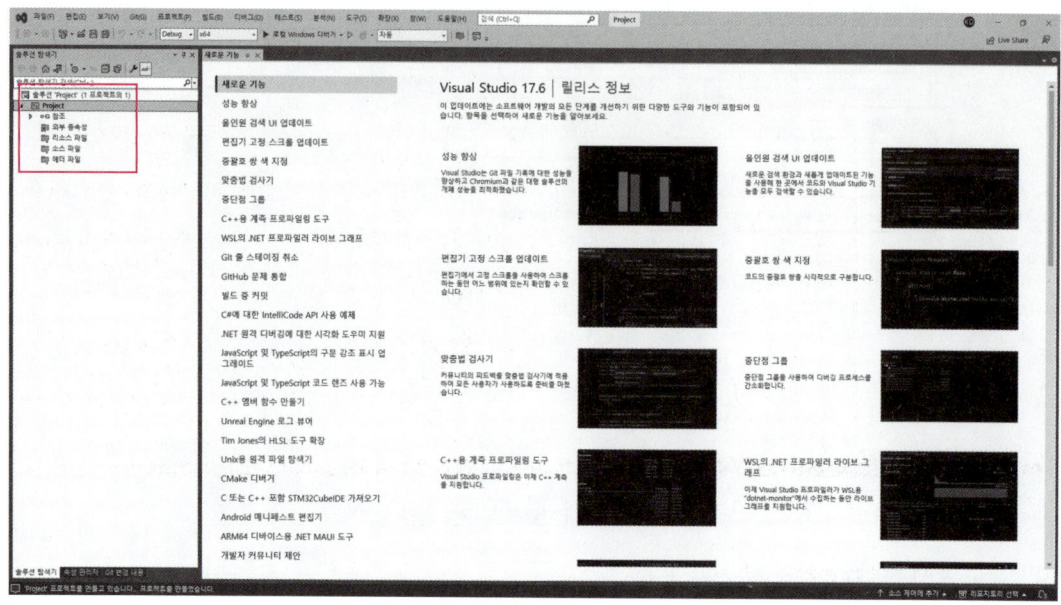

그림 1-17 비주얼 스튜디오 메인 화면

그림 1-17의 왼쪽에 **솔루션 탐색기**가 보인다. 비주얼 스튜디오는 솔루션을 기준으로 밑에 프로젝트, 프로젝트 밑에 리소스 파일, 소스 파일, 헤더 파일로 구성된다는 것을 확인할 수 있다. **솔루션의 'Project'(1 프로젝트의 1)**이라고 돼 있는 곳의 Project는 솔루션 이름이며, 그 밑의 볼드체로 된 Project가 프로젝트 이름이다. 솔루션과 프로젝트를 명확히 구분할 수 있어야 한다.

프로젝트가 정상적으로 만들어졌기에 소스코드를 작성하기 위한 모든 준비가 끝났지만, 앞서 설명했던 윈도우 폴더 구조도 과연 비주얼 스튜디오의 구조와 일치하는지 확인해보자. 프로그래머는 통합 개발 환경이나 게임 엔진도 잘 알아야 하지만, 실제 윈도우 폴더에 어떤 폴더 구조로 파일이 생성되는지도 정확히 알아야 한다.

그림 1-18과 같이 솔루션 탐색기의 '솔루션 항목을 오른쪽 클릭'하면 메뉴가 나온다. 메뉴 중에 파일 탐색기에서 폴더 열기를 선택하면 그림 1-19와 같이 솔루션을 기준으로 한 윈도우 폴더가 나타난다.

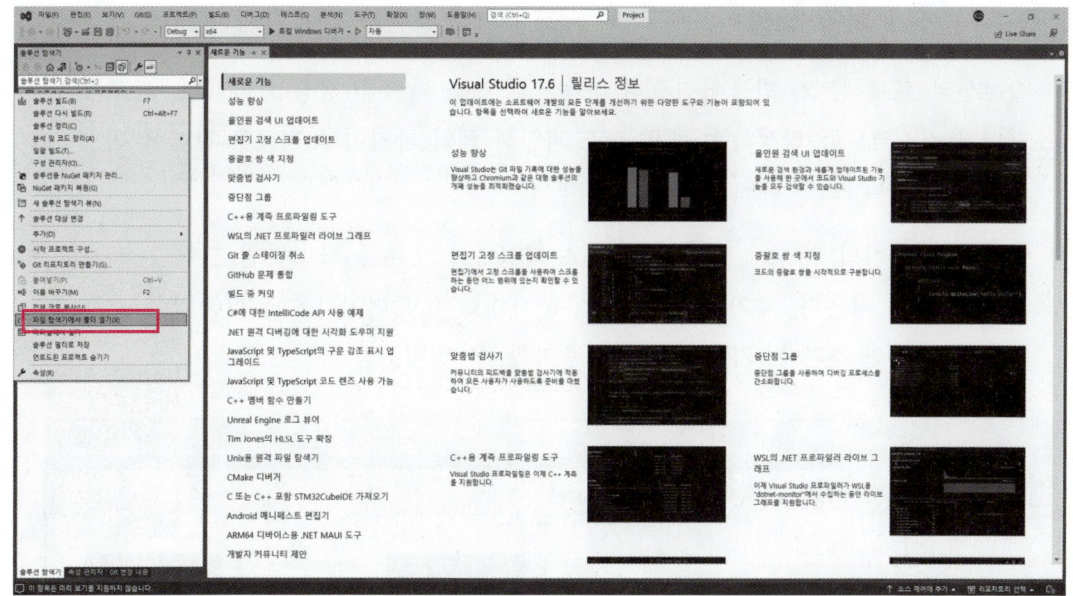

그림 1-18 솔루션 항목 오른쪽 클릭 메뉴

솔루션 및 프로젝트를 같은 디렉터리에 배치를 체크한 상태로 만들었기에 폴더명이 Project이며, 솔루션 파일과 프로젝트 파일이 같은 폴더에 존재한다. 'Project.sln'이 솔루션 파일이며, 'Project.vcxproj'가 프로젝트 파일이다. 솔루션 및 프로젝트를 같은 디렉터리에 배치를 체크하지 않았다면 솔루션 폴더 밑에 하위 폴더로 프로젝트 폴더가 생성된다.

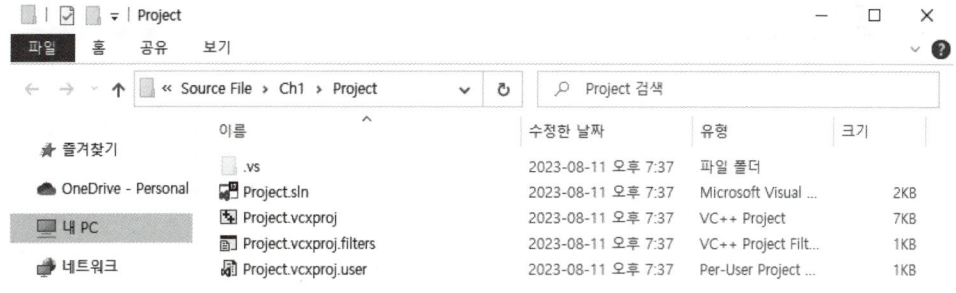

그림 1-19 솔루션 폴더 기준 윈도우 폴더 구조 및 구성

1장 C 프로그래밍의 개념 | 87

1-3-3 소스 파일 생성

솔루션과 프로젝트가 만들어졌으니 다음으로 소스 파일을 생성할 차례다. 프로그래머가 소스코드를 작성하는 곳은 소스 파일과 헤더 파일이나 지금은 간단한 테스트만 진행하니 소스 파일만 만들어보자.

솔루션 탐색기의 Project 밑에 있는 소스 파일에서 오른쪽 클릭하면 그림 1-20과 같은 메뉴가 나온다. **추가 ▶ 새 항목**을 순서대로 누른다. 기존에 만들었던 소스 파일이 있다면 **추가 ▶ 기존 항목**으로 추가할 수 있다.

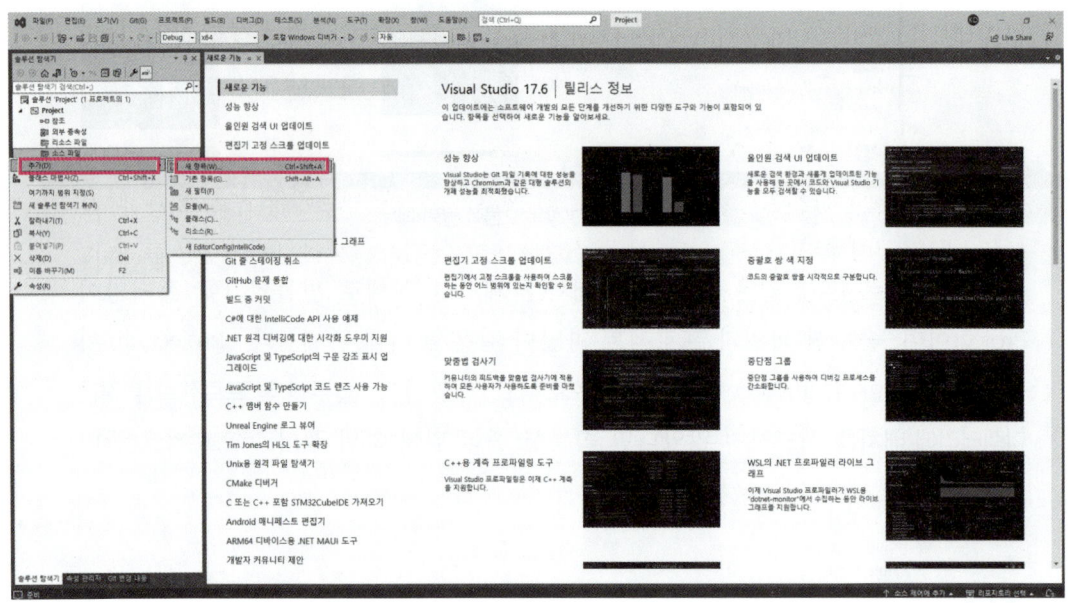

그림 1-20 소스 파일 오른쪽 클릭 메뉴

새 항목을 추가하면 그림 1-21과 같은 **새 항목 추가** 간소화 메뉴가 나온다. 솔루션 및 프로젝트 폴더 이후에 소스 파일의 이름과 확장자를 결정할 수 있다. 다만 소스 파일 추가를 위한 전체적인 흐름을 이해하기 위해 **모든 템플릿 표시** 버튼을 누르면 그림 1-22와 같은 화면으로 바뀐다. 간소화 메뉴와 전체 메뉴 중 편한 것을 변경해 가며 선택하면 된다.

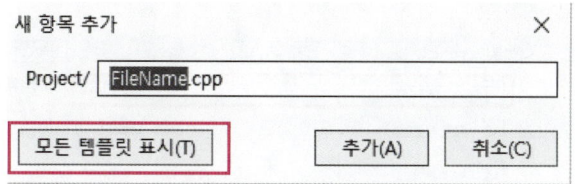

그림 1-21 소스 파일 생성 간소화 메뉴

그림 1-22의 왼쪽 창에는 추가할 수 있는 다양한 파일들을 카테고리로 구분하고 있다. 카테고리별로 어떤 파일들이 있는지 한 번씩 살펴보는 것도 좋다. 여기에도 C++ 파일(.cpp)은 존재하지만 C 파일(.c)은 존재하지 않는다. 하지만 앞서 설명했듯 이 걱정할 건 없다. C++ 파일(.cpp)을 선택하고, 밑의 이름 항목에 main.c라고 작성한다. 파일의 확장자까지 반드시 '.c'로 명시해서 변경해야 한다.

main은 만들고 싶은 소스 파일명이므로 원하는 파일명을 작성하면 된다. 주의할 점은 파일명만 작성하고 추가 버튼을 누를 경우 디폴트 확장자인 cpp 파일, 즉 C++ 소스 파일이 생성된다는 점이다. C 소스 파일을 생성하고 싶다면 매번 반드시 파일명과 함께 확장자(.c)까지 작성한 후 추가 버튼을 눌러 생성해야 한다. 이는 간소화 메뉴에서도 동일하다.

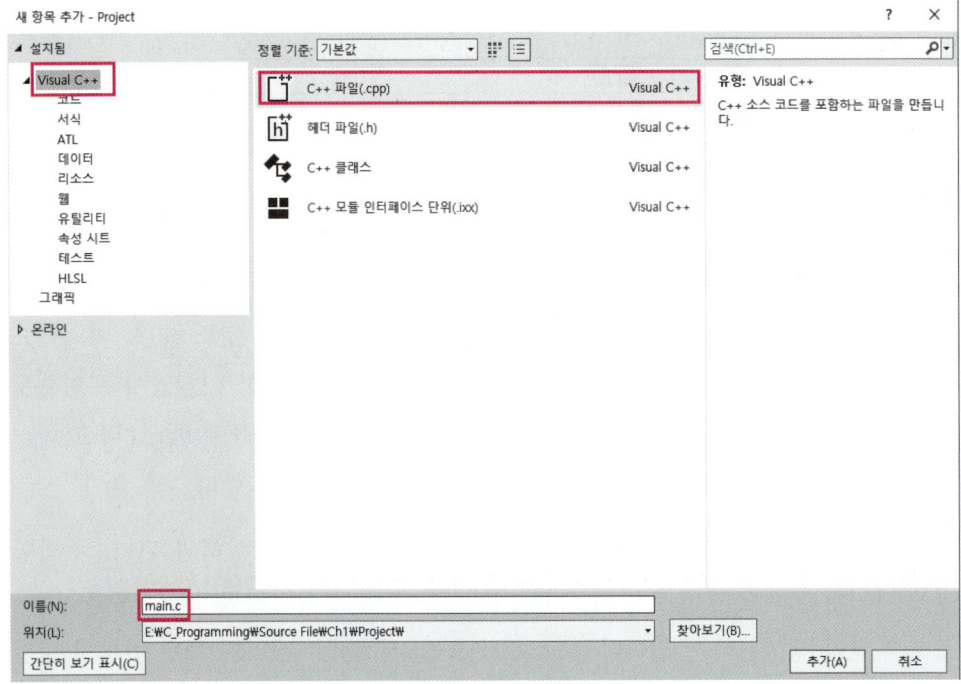

그림 1-22 소스 파일 생성 전체 메뉴

파일명과 확장자까지 정확히 작성해서 추가하면 그림 1-23과 같이 솔루션 탐색기에 소스 파일이 추가된 것을 확인할 수 있으며, 텍스트 편집기 창에 열린 '빈 소스 파일'이 보인다. 텍스트 편집기 위에 탭으로 구분된 소스 파일명을 확인할 수 있으며, 탭의 위치를 이동하거나 핀 모양의 버튼을 눌러 탭을 고정하거나 고정 해제할 수 있다.

텍스트 편집기에는 '1'이라는 숫자와 함께 커서가 보인다. 숫자는 코드의 줄 번호(라인 또는 행)로 코드에 포함되지 않고 코드 작성을 수월하게 하기 위한 보조적인 편의 기능이다. 컴파일 에러가 날 경우 에러가 발생한 줄 번호를 알려주므로 찾기 수월하다. 이제 실제 코드를 작성할 수 있는 준비가 끝났다.

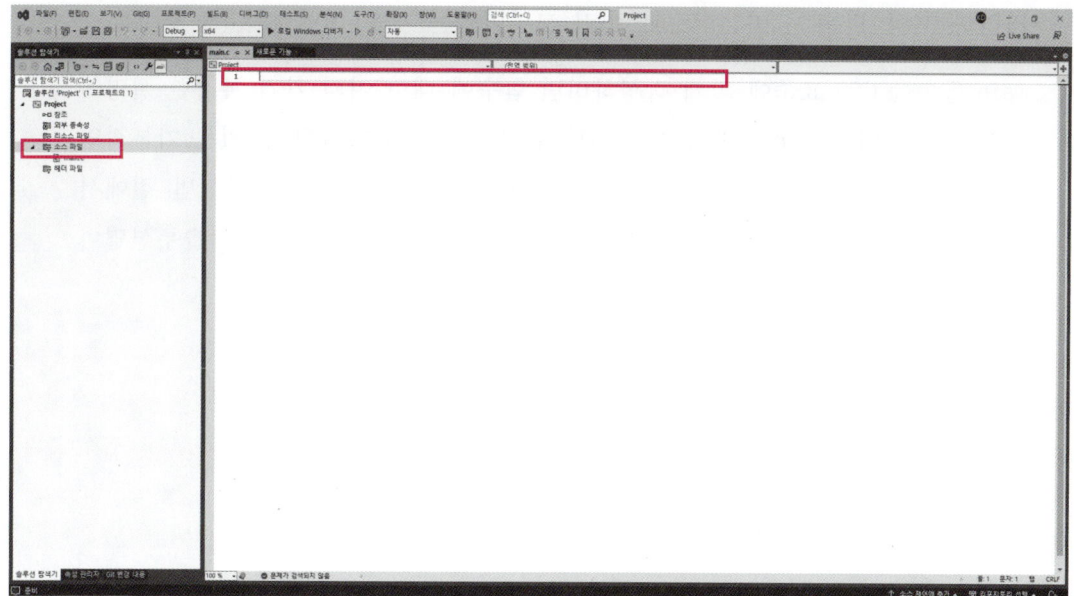

그림 1-23 소스 파일이 생성된 화면

1-3-4 코드 작성

소스 파일인 'main.c'가 만들어졌으니 이제 텍스트 편집기에 실제 소스코드를 직접 작성할 차례다. 지금은 비주얼 스튜디오의 흐름과 기능을 프로그래밍의 단계에 따라 체험하는 것이 목표이므로 C 프로그래밍이 성립하기 위한 최소한의 코드만 작성하겠다.

다음의 소스코드를 보고 텍스트 편집기 영역에 동일하게 작성하고, Ctrl + S를 눌러 저장하자. 코드 왼쪽의 숫자는 비주얼 스튜디오의 줄 번호(라인)와 비교해서 볼 수 있게 추가한 것이니 참고만 하고, '코드를 작성할 때는 반드시 좌측의 숫자를 제외'하고 작성해야 한다. 컴파일러는 기계와 소통을 위한 일종의 번역기이므로 한 글자만 오타가 나도 번역이 불가능해서 컴파일 에러를 출력할 것이다. 대문자, 소문자, 띄어쓰기, 한 줄 띄기 등을 모두 주의해서 기계와 같이 정확히 입력할 필요가 있다.

지금 작성한 4줄이 '1-2-4 C 프로그래밍을 수행하는 7단계'의 링크에서 소개했던 C 프로그래밍의 시작점이 되는 'main 함수'라는 것이며, 앞으로 C 프로그래밍에서 작성하게 될 '함수'는 기본적으로 이런 모양이라는 것을 기억하자.

`main` 함수를 C99 표준에 맞게 작성하려면 함수에 대한 여러 가지 복잡한 설명이 필요하므로, 여기선 표준에 맞지 않지만 일시적으로 실행이 될 수 있는 기본적인 형태로 작성했다는 점에 유의하자. '2-1-3 main 함수의 C99 표준 작성법' 절에서 상세히 설명할 예정이니 걱정할 필요 없다. 이후 소스코드 박스명은 '솔루션명이자 프로젝트명/파일명'으로 표기하겠다.

Project / main.c

```
01  void main(void)
02  {
03
04  }
```

위의 소스코드를 텍스트 편집기에 작성하면 그림 1-24와 같이 된다. 비주얼 스튜디오에서 코드를 작성하면서 느끼겠지만, 코드를 작성하는 과정에서 단어들의 색이 특정 순간 자동으로 변한다. 이는 코드의 가독성을 높이기 위해 비주얼 스튜디오가 기능별로 색을 입혀주는 편의 기능이다.

예를 들어 1행의 'voi'까지 입력했을 때만 해도 글자색이 검정색이지만, 'void'까지 입력하는 순간 컴파일러는 void라는 C 프로그래밍 언어에서 제공하는 키워드를 인식해서 파란색으로 바꿔준다. 다음으로 'void main'까지 입력했을 때만 해도 'main'의 글자색은 검정색이다. 즉, 아직 컴파일러가 무슨 역할을 하는 키워드인지 모르는 상태다. 그러나 main 뒤에 '('를 쓰는 순간 자동으로 '( )'가 완성되며, main의 글자색이 연한 갈색으로 변하는 것을 반드시 확인해야 한다.

다시 말해 지금 순간 컴파일러는 main( )의 'main'을 함수명으로 인지한 것이다. 이런 것과 같이 프로그래머는 비주얼 스튜디오에 작성하는 키워드의 색이 무엇을 의미하고, 어떤 상황에 어떻게 변하는지 명확하게 인지하고 있어야 한다.

이 책의 인쇄 계획상 비주얼 스튜디오에서 표현하는 모든 색을 동일하게 처리할 수 없다. 하지만 모든 코드를 검은색으로만 표기할 경우 코드 가독성이 심각하게 나빠지므로, 색 표기가 조금 달라질 수 있으나 모든 코드를 별도의 공정을 거쳐 C 언어의 vs Style로 변환해서 키워드에 색을 단순히 표기한 후 다시 편집 과정에서 인쇄를 고려해 하나의 색으로 통일해 가능한 범위에서 가독성을 높이려 했다. 키워드를 한 가지 색 계열로 표기했기에 비주얼 스튜디오의 키워드 색 표기와 다를 수 있음을 고려해 코드를 작성하자.

코드를 작성하다 보면 특정 키워드의 일부만 작성해도 비주얼 스튜디오에서 팝업 메뉴를 띄워 리스트 중에 선택할 수 있게 해준다. 코딩에 익숙해지면 키워드의 일부만 작성하고 '탭^{Tab}'을 눌러 자동으로 키워드를 완성하는 방법을 사용하게 된다. 다만 키워드는 현재 작성된 문자들을 기준으로 탭을 눌렀을 때 키워드가 완성되므로 너무 빠른 시점에 탭을 누르면 작성된 문자들로 시작하는 다른 키워드가 완성될 수 있다.

이 경우 Ctrl + Z로 취소한 후 팝업 창에서 직접 선택하거나 원하는 키워드를 자동 완성 기능이 확실히 찾을 수 있도록 키워드를 더 완성한 후 탭을 누르면 된다. 탭을 사용했을 때는 원하는 것이 정상적으로 선택됐는지 확인하는 습관을 기르는 것이 좋다.

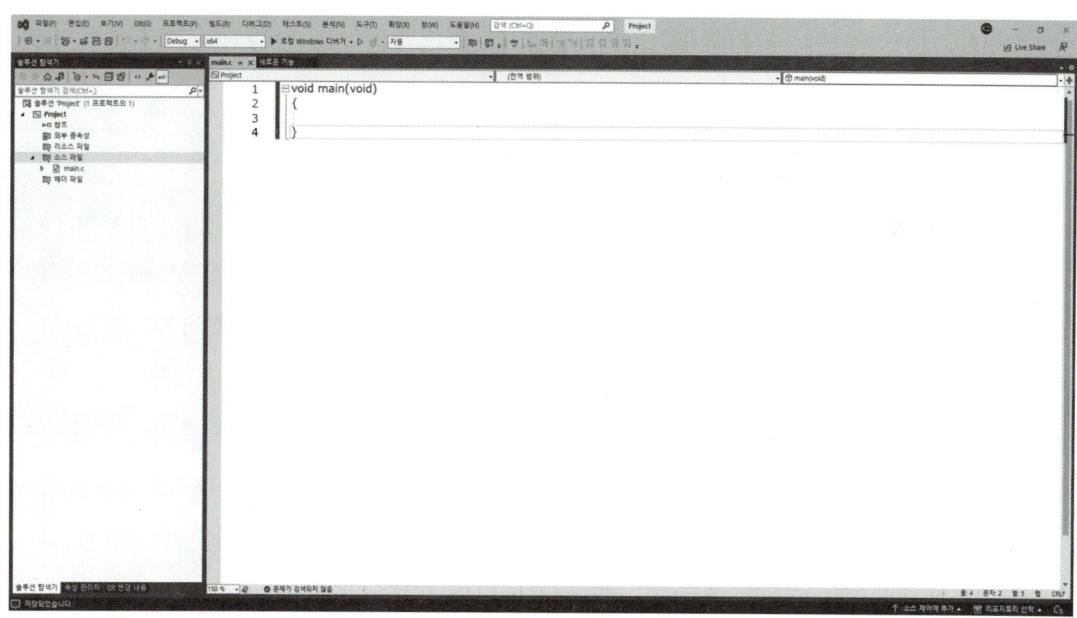

그림 1-24 소스 파일에 첫 코드를 작성한 화면

소스 파일에 코드를 작성했으니 윈도우 폴더에서 어떤 변화가 생겼는지 살펴보자. 솔루션 탐색기에서 솔루션이나 프로젝트에 오른쪽 클릭해서 **파일 탐색기에서 폴더**

열기를 선택하면 그림 1-25와 같이 main.c가 추가돼 있다는 것을 확인할 수 있다. main.c 파일에서 오른쪽 클릭을 해서 **편집** 메뉴를 누르면 윈도우 메모장에 직접 작성한 코드가 그대로 들어가 있다는 것을 확인할 수 있다.

윈도우 메모장도 텍스트 편집기의 일종이므로 저장할 때 확장자를 '.c'로 하면 C 프로그래밍을 위한 소스 파일을 생성할 수 있다. 하지만 텍스트 편집기의 기능만 할 뿐이고, 다양한 기능이 제공되지 않기 때문에 비주얼 스튜디오가 설치되지 않은 환경에서 간단한 수정을 할 경우를 제외하곤 굳이 사용할 필요가 없다.

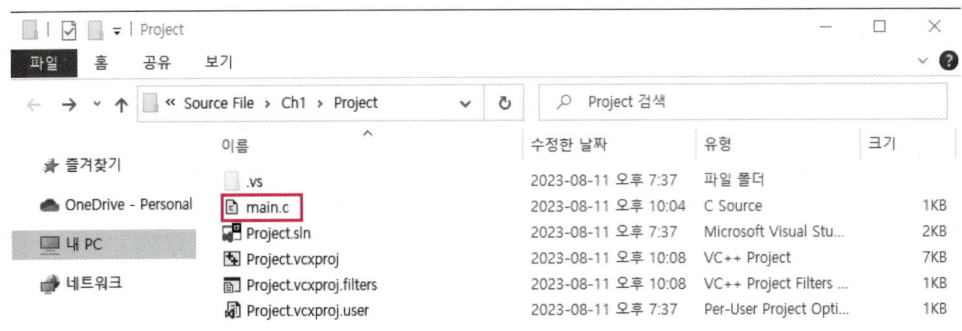

그림 1-25 윈도우 폴더에 소스 파일이 생성된 화면

1-3-5 컴파일과 솔루션 빌드

'1-2-4 C 프로그래밍을 수행하는 7단계' 절에서 컴파일의 세부 과정은 '전처리 → 컴파일 → 링크'의 3가지 세부 과정을 거친다고 했다. 전처리는 소스코드에 전처리 지시자가 포함된 코드를 작성했을 경우 수행되며, 컴파일 과정에서 자동으로 수행되므로 별도의 비주얼 스튜디오 메뉴가 존재하지 않는다.

다음은 컴파일 과정과 링크 과정이 필요한데, 비주얼 스튜디오에서는 컴파일 과정을 수행하기 위해 **빌드 ▶ 컴파일** 메뉴를 선택하면 되며, 링크 과정을 수행하려면 **빌드 ▶ 솔루션 빌드** 메뉴를 선택하면 된다. 코드가 조금이라도 변경되면 동일한 과정을 다시 수행해야 한다.

다만 빌드는 컴파일과 링크 과정을 포함해 소스코드를 실행 가능한 소프트웨어로 만드는 포괄적인 개념이라는 점을 이해할 필요가 있다. 비주얼 스튜디오에서는 링크 과정만을 위한 메뉴는 없으며, 컴파일을 포함한 솔루션 빌드만 존재한다. 솔루션 빌드가 컴파일을 포함하니 이제부터 단순히 솔루션 빌드만 수행하면 된다고 생각할 수 있으나 프로그래밍의 과정을 직접 체험하기 위해 초반에는 의식적으로 **컴파일**을 수행한 후 순차적으로 솔루션 빌드를 수행하는 것이 좋다.

익숙해지면 간단한 예제는 **솔루션 빌드**만 수행해도 되는 경우가 대부분이지만, 프로그램의 규모가 커지면 분할 컴파일을 해야 하는 경우도 있으므로 비주얼 스튜디오에서 **컴파일과 솔루션 빌드**를 구분할 수 있어야 하며, 각각 어떤 결과가 나오는지 처음 배울 때부터 명확히 이해해두는 것이 좋다.

1. 비주얼 스튜디오 메뉴바의 빌드 ▶ **컴파일**을 누르면 컴파일 과정이 진행된다. 디폴트 단축키는 Ctrl + F7이다.

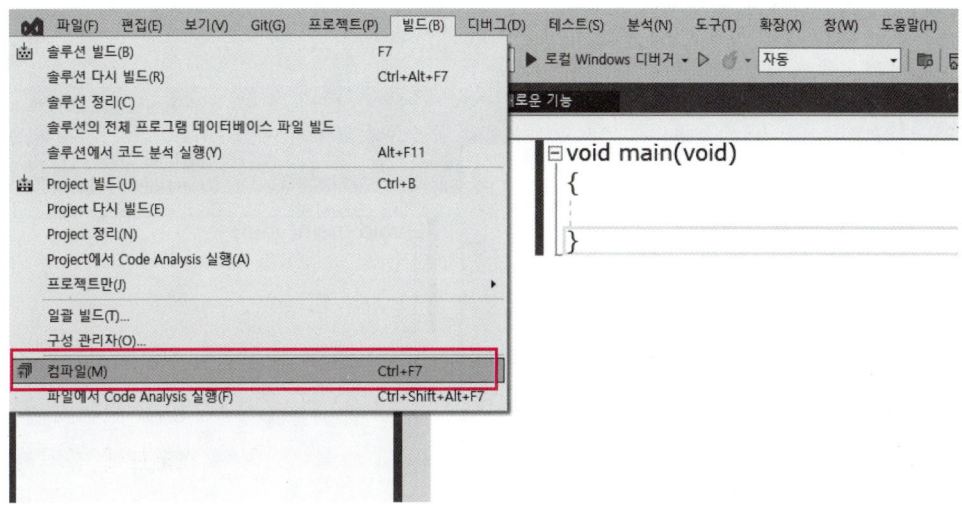

그림 1-26 컴파일 메뉴

2. 컴파일 메뉴를 실행한 후에 반드시 비주얼 스튜디오 하단의 출력 창에 주목해야 한다. 컴파일은 C 프로그래밍 언어를 기계어 파일로 바꿔 오브젝트 파일을 생성하는 것이라고 했다. 윈도우 폴더에도 오브젝트 파일이 생성돼 있음을 확인할 수 있다. 기계어로만 번역된 상태이며 프로그램을 실행하기 위한 작업은 아직 진행되지 않은 상태다.

그림 1-27과 같이 출력 창에 컴파일에 대한 성공, 실패 등의 결과를 확인할 수 있다. 실패가 1건이라도 발생했다면 이를 컴파일 에러라고 하며, 컴파일

에러 코드를 확인해 수정해야 다음 단계로 진행할 수 있다. 실패가 0개라면 컴파일에 성공한 것이다.

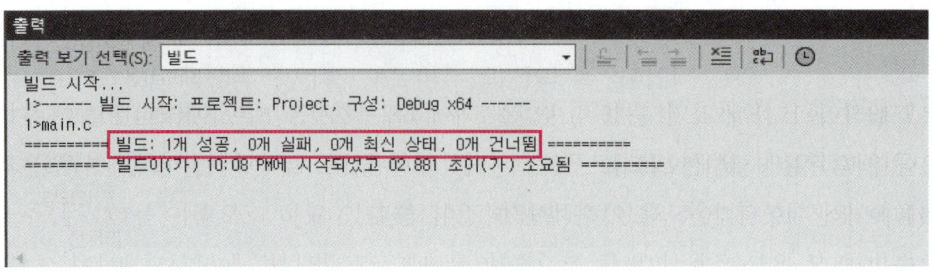

그림 1-27 출력 창의 컴파일 결과

3. 다음으로 비주얼 스튜디오 메뉴바의 빌드 ▶ 솔루션 빌드를 누르면 빌드 과정 전체가 진행된다. 디폴트 단축키는 F7이다.

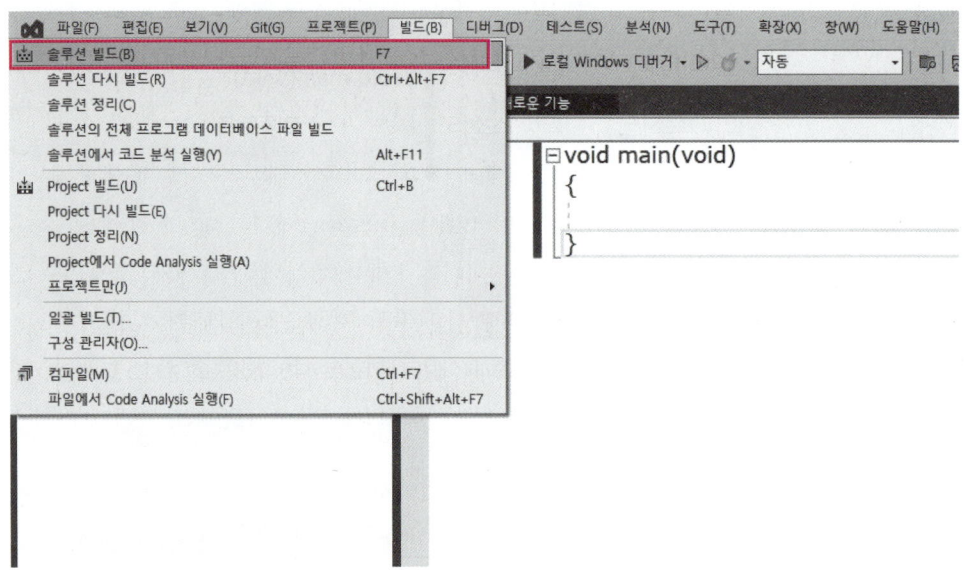

그림 1-28 솔루션 빌드 메뉴

4. 솔루션 빌드 메뉴를 실행한 후 이번에도 비주얼 스튜디오 하단의 출력 창에 주목하자. 솔루션 빌드는 컴파일만이 아닌 링크 과정도 진행되므로 기계어로 번역된 오브젝트 파일들을 각각 연결해 프로그램이 실행될 수 있게 만들어준다.

컴파일 메뉴를 실행하지 않고 바로 솔루션 빌드 메뉴만 선택해도 대부분의 경우 별다른 에러 없이 컴파일도 진행되지만 에러가 발생할 경우 컴파일 에러와 링크 에러가 동시에 나오기 때문에 C 프로그래밍과 비주얼 스튜디오에 익숙하지 않은 독자는 어떤 단계에서 발생한 에러인지 파악하기 쉽지 않다. 그렇기에 처음에는 **컴파일과 솔루션 빌드를 구분하는 습관을 기르는 것이 좋다.**

그림 1-29를 보면 '전처리 → 컴파일 → 링크' 과정이 전부 정상적으로 완료되면 Project.vcxproj라는 프로젝트 파일을 통해 Project.exe라는 실행 파일이 생성됐다는 메시지를 확인할 수 있다. 링크까지 완료돼야 실행 파일이 생성된다.

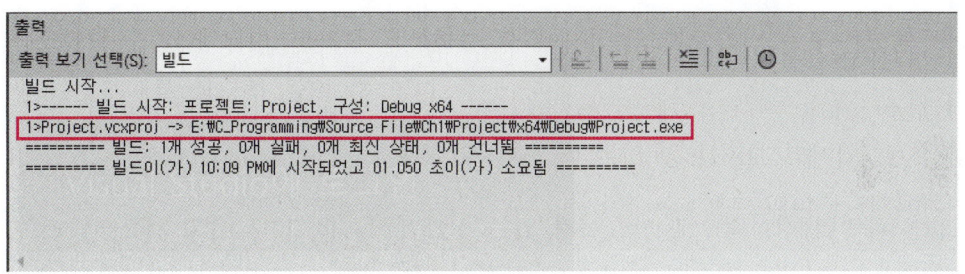

그림 1-29 출력 창의 솔루션 빌드 결과

1-3-6 실행 파일 실행

비주얼 스튜디오 메뉴바의 디버그 ▶ 디버그하지 않고 시작을 누르면 디버그 과정을 무시하고 곧바로 실행 과정이 진행된다. 디폴트 단축키는 Ctrl + F5로 돼 있다. 앞으로 이 과정을 실행 파일 실행이라고 하겠다. 시맨틱 에러가 발생해서 디버깅이 필요한 상황에는 디버깅 시작을 눌러 디버깅을 진행하면 된다. 디버깅 방법은 '2-5 디버깅' 절에서 설명한다.

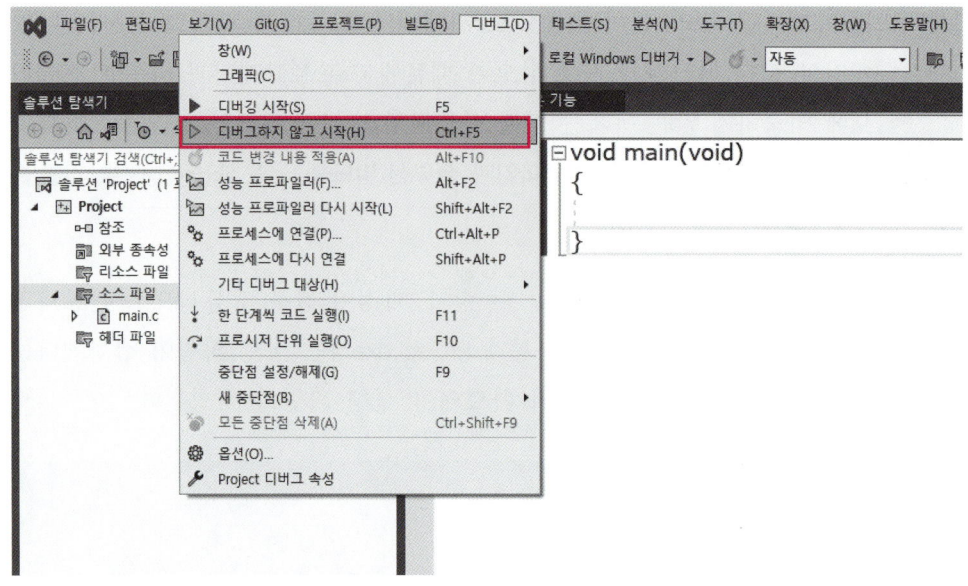

그림 1-30 실행 시작 메뉴

실행 파일이 정상적으로 만들어져 있는 상태에서 **디버그하지 않고 시작**을 누르면 그림 1-31과 같이 별도의 디버그 콘솔 창이 나타난다. 소스코드를 작성한 프로그램의 최종 결과를 시각적으로 확인할 수 있는 창이다.

그림 1-31 실행 창 결과

현재는 프로그램이 정상적으로 컴파일됐지만 실행될 수 있는 최소한의 코드만 포함하고 있으므로 별다른 출력 데이터가 없는 상태다. 출력 데이터가 있을 경우 콘솔 창에 표시된 경로 윗줄에 출력 데이터가 표시된다.

실행 결과까지 확인했으니 버그가 발생하지 않았다면 프로그래밍의 일련의 과정이 모두 종료됐다. 다만 윈도우 폴더에 변경된 점을 확인하고 넘어가자. 윈도우 폴더의 솔루션 파일이 있던 경로를 보면 그림 1-32와 같이 x64라는 폴더가 새로 생성돼 있음을 알 수 있다. 이는 **컴파일과 솔루션 빌드 과정에서 만들어진 폴더와 파일**이다.

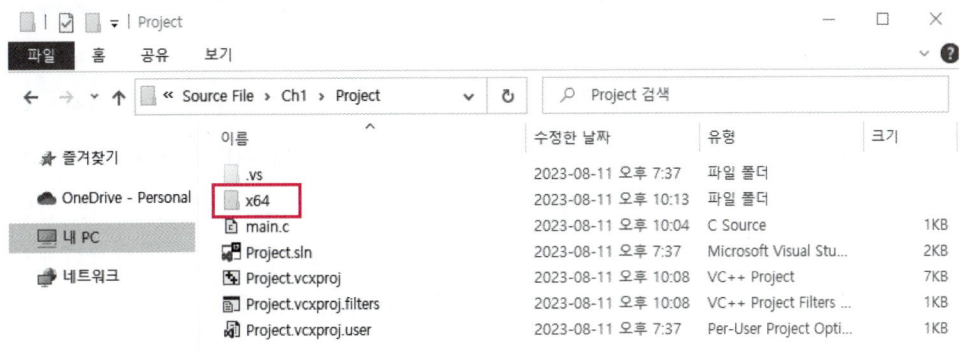

그림 1-32 윈도우 폴더에 컴파일과 솔루션 빌드에 의해 생성된 화면

x64 ▶ Debug 폴더에 들어가면 그림 1-33과 같이 디버그 ▶ 디버그하지 않고 시작에서 실행했던 실행 파일(Project.exe)이 보인다. 실행 파일 외에도 오브젝트 파일이나 링크 파일 등도 존재함을 확인할 수 있다.

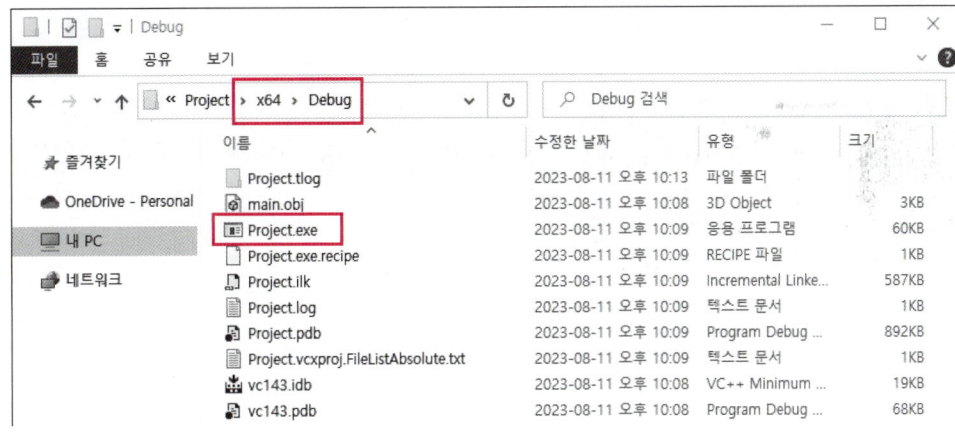

그림 1-33 윈도우 폴더의 실행 파일 위치

실행 파일까지 만들어졌다는 건 이제 소스코드를 제외하고 솔루션 빌드를 통해 만들어진 실행 파일만 전달하면 다른 PC에서도 독립적으로 프로그램이 실행될 수 있다는 것을 의미한다. 프로그램을 개발할 때 리소스 파일을 포함했다면 실행 파일과 함께 나오는 리소스 파일까지 당연히 같이 전달해야 한다.

그런데 하필이면 왜 x64와 Debug 폴더가 만들어질까? 프로그래머라면 사소한 것 하나도 놓치면 안 된다. 그림 1-34와 같이 비주얼 스튜디오에 디폴트 빌드 세팅이 돼 있기 때문이다. 세팅을 변경하고 솔루션 빌드를 완료하면 해당되는 폴더가 생성된다.

x64는 64비트 윈도우를 대상으로 한 세팅이며, x86은 32비트 윈도우를 대상으로 한 세팅이다. 다음으로 Debug는 디버그 모드로 실행 파일에 디버깅 정보를 포함하지만 빌드에서 나온 파일의 용량이 크고 속도가 느리다는 단점이 있다. 반면 Release는 릴리스 모드로, 실행 파일에 디버깅 정보를 없애고 코드를 최적화해서 빌드에서 나온 파일의 용량을 줄이고 속도도 빠르다는 장점이 있다.

정리하면 개발하는 단계에는 디버그 모드로 세팅해서 솔루션 빌드를 진행하고, 테스트 과정을 거쳐 아무런 문제가 없다고 판단했을 때 릴리스 모드로 변경해 빌드한 후 프로그램을 배포 또는 출시하게 된다. 아무리 C 프로그래밍에 대한 이론을 배웠다고 할지라도 이러한 기본적인 지식이 없다면 프로그래밍을 배웠다고 하기 어렵다.

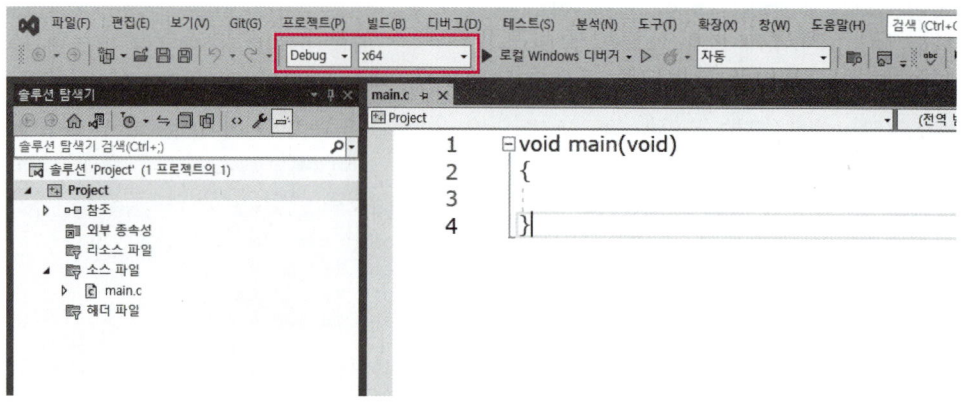

그림 1-34 비주얼 스튜디오의 빌드 세팅

앞으로 수많은 코드를 작성하면서 '컴파일 → 솔루션 빌드 → 실행' 과정을 끊임없이 반복해야 하니 단축키에 반드시 익숙해지는 것이 좋다. 컴파일 과정을 정식적으로 수행한다고 한다면 코드 완성 후 '컴파일(Ctrl + F7) → 솔루션 빌드(F7) → 실행(Ctrl + F5)'을 순차적으로 누르면 된다. 디버깅을 하고 싶다면 'Ctrl + F7 → F7 → F5'를 순차적으로 누르면 된다. 앞으로 이 과정은 예제에서 설명하지 않고 넘어가니 꼭 기억하자.

1-3-7 C 프로그래밍의 시작점: main 함수

지금까지 코드 작성, 컴파일, 솔루션 빌드, 실행 파일 실행이 정상적으로 진행됐으니 큰 문제가 없었지만, 코드 작성 단계에서 C 프로그래밍이 성립하기 위한 최소한의 코드가 왜 'main 함수'인지 확인하고 넘어갈 필요가 있다. C 프로그래밍은 절차적 프로그래밍이라고 했으니 이름과 무관하게 아무 함수만 존재하면 되지 않을까? 그림 1-35와 같이 test로 함수명을 변경했다. 함수명이 연한 갈색으로 표시되니 정상적으로 함수로 인식되고 있는 상태다.

그림 1-35 소스 파일에서 main 함수 대신 test 함수로 변경

컴파일을 수행하면 그림 1-36과 같이 정상적으로 컴파일이 성공한 것을 알 수 있다. 즉 main.c 소스 파일이 정상적으로 기계어로 변환돼 오브젝트 파일이 만들어진 상태다.

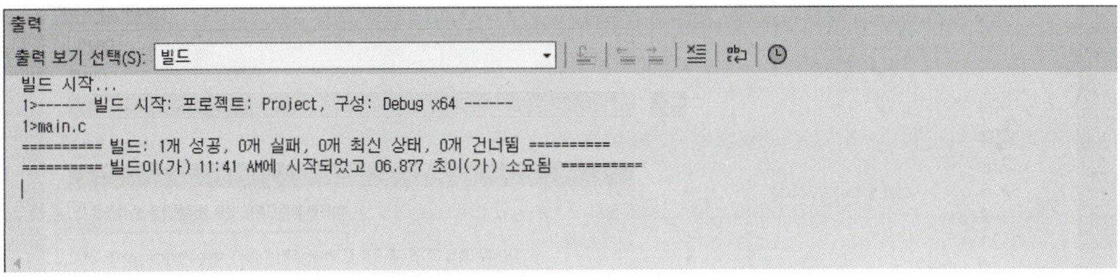

그림 1-36 main 함수가 없어도 성공하는 컴파일

솔루션 빌드를 수행하면 그림 1-37과 같이 링크 에러가 발생하고 프로젝트 빌드를 실패했다는 메시지가 나타난다. '1-2-4 C 프로그래밍을 수행하는 7단계' 절에서 링크를 설명하면서 다음과 같이 설명했다.

> "링크Link 과정은 오브젝트 파일에 프로그램의 부팅 과정 중 첫 번째로 실행되는 스타트업 코드Startup Code를 결합해서 프로그램이 실행될 수 있게 한다. 링커Linker는 C 프로그래밍 소스코드의 시작점이 되는 'main 함수'를 호출해서 사용된 표준 라이브러리를 본래의 코드로 바꿔 완성된 형태로 정비해 '프로그램이 시작될 수 있게 연결'한다. 아무런

문제없이 링크 과정까지 끝나면 프로그램의 실행 파일Executable File이 만들어지게 된다."

C 프로그래밍에서 main 함수는 프로그램의 시작점이면서 반드시 1개만 존재해야 하는 함수다. main 함수가 없다면 컴파일에 성공해서 이미 오브젝트 파일이 있다고 할지라도 링크 과정에서 에러가 발생하며 실행 파일이 만들어지지 않게 된다. 따라서 C 프로그래밍이 성립하기 위한 최소한의 코드라고 했다. 이제 우리는 모든 예제에 main 함수가 반드시 포함되는 이유를 이해하게 됐다.

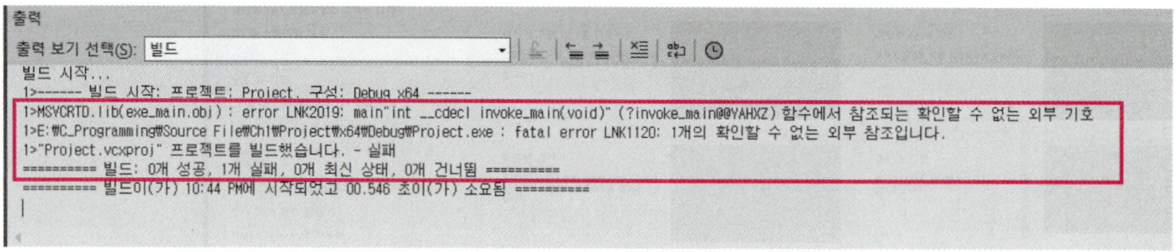

그림 1-37 main 함수가 없으면 발생하는 링크 에러

그렇다면 그림 1-38과 같이 main 함수를 2개 만들면 어떻게 될까? C 프로그래밍의 시작점인 main 함수가 2개가 된다면 어디부터 시작해야 할지 컴파일러가 구분할 수 없어 에러가 발생할 것을 예상할 수 있다.

그림 1-38 main 함수를 2개 작성

실제 컴파일을 수행하면 그림 1-39와 같이 2가지 에러가 발생한다. 에러가 발생하면 가장 먼저 에러가 발생한 위치를 확인할 필요가 있다. main(1,6)과 main(6,6)이 에러가 발생한 위치를 컴파일러가 표시한 것이다. 앞의 숫자는 에러가 발생한 코드의 줄 번호(라인 또는 행)이고 뒤의 숫자는 해당 줄 번호의 문자 순서(열)다. 즉, main(1,6)은 첫 번째 행의 6번째 열에서 에러가 발생했다는 의미다. 첫 번째 줄 번호에서 main이라는 키워드의 m 앞에서 에러가 발생한 상황이다.

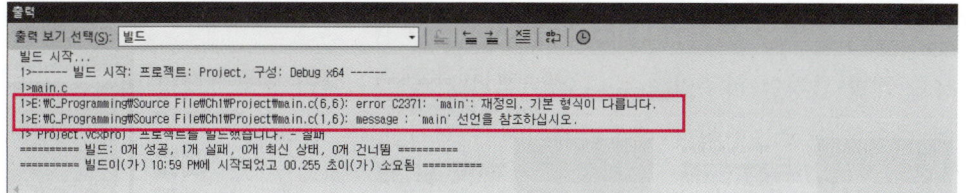

그림 1-39 main 함수가 2개일 때 발생하는 에러

에러가 발생한 위치를 파악했다면 이제 에러의 내용 또는 에러 코드를 파악해야 한다. main(6,6)의 다음에 있는 'error C2371'이 바로 에러 코드다. 동일한 함수명을 가진 함수가 중복돼 있다고 경고를 하는 것이다.

에러 코드가 존재한다면 에러 코드로 인터넷을 검색해보면 해결책을 찾기 수월하다. 이 에러의 해결법은 여러 가지가 있겠지만 프로그램 작성 목적에 따라 하나의 함수명을 다른 것으로 변경하든지, main 함수를 하나 지워 프로젝트 내에 하나만 존재하게 한 후 다시 컴파일을 수행하면 에러가 사라질 것이다.

간단한 에러라면 에러가 발생한 행에서 문제를 수정해서 대부분 컴파일 에러를 수정할 수 있지만, 모든 컴파일 에러가 반드시 에러가 발생한 코드의 행에 원인이 있다고 생각해서는 안 된다.

코드가 복잡해지면 다른 코드에서의 문제의 결과로 컴파일러가 해당 줄 번호에 문제가 있다고 경고를 하는 경우도 있기 때문이다. 이 책의 범위를 넘어서는 부분이나 컴파일 에러에 대한 고정 관념을 가지면 굉장히 위험하므로 참고적으로 언급하고 넘어간다.

프로그래머로서 빠르게 성장하려면 고의적으로 다양한 에러를 내보고, 해당 에러의 원인을 이해하고, 에러의 해결법을 체득해야 한다. 이러한 경험이 쌓여 결국 프로그래머로서 귀중한 경험이 되기 때문에 이 책에서는 앞으로 기회가 될 때마다 다양한 컴파일 에러를 소개할 것이다.

1-3-8 비주얼 스튜디오 추천 단축키

통합 개발 환경인 비주얼 스튜디오만 설치돼 있으면 여러 프로그래밍 언어를 사용해 다양한 프로그램이나 애플리케이션을 제작할 수 있다.

그래픽 디자이너에게 있어 가장 기본이 되는 툴이 포토샵이라면 프로그래머에게 가장 기본이 되는 툴이 비주얼 스튜디오다. 그래픽 디자이너는 그림을 잘 그리는 것도 중요하지만 포토샵의 활용법을 모르면 툴에서 제공하는 기능을 활용하지 못해 반복 작업을 일일이 직접 수행해야 한다. 동일하게 프로그래머에게 있어서도 비주얼 스튜디오의 활용법을 모른다면 그만큼 반복적인 작업을 프로그래머가 직접 수행해야 되므로 작업 효율이 낮아질 수밖에 없다.

비주얼 스튜디오의 메뉴는 마이크로소프트의 비주얼 스튜디오 설명서에 있으니 궁금한 메뉴가 있을 경우 찾아보면 된다. 중요한 건 직접 메뉴를 사용해봐야 익숙해진다는 것이다. 메뉴에 대한 이해도 중요하지만 프로그래밍은 많은 시간 책상 앞에서 시간을 보내야 하는 작업이므로 단축키를 잘 활용할수록 편해진다. 다만 아무리 단축키를 잘 안다고 해도 프로그래머는 논리적 사고와 프로그래밍을 수행하는 능력이 가장 중요하다는 본질은 변하지 않는다. 단축키는 코드 작성을 좀 더 수월하게 해주는 보조적인 기능일 뿐이다.

비주얼 스튜디오의 모든 단축키를 정리하면 상당한 분량이 나온다. 인터넷에도 쉽게 찾아볼 수 있는데, 자주 사용하는 단축키와 그렇지 않은 단축키가 혼재돼 있어 프로그래밍과 비주얼 스튜디오에 익숙하지 않다면 어떤 단축키에 우선 익숙해지는 것이 좋을지 모를 수밖에 없다. 추천하는 필수적인 단축키를 최소화해서 카테고리별로 정리했다. 다른 단축키도 알아 두면 도움이 되지만, 이 단축키는 반드시 익숙해지는 편이 좋다.

2장부터 코드를 작성할 때 충분히 활용할 수 있도록 단축키가 기억나지 않을 때마다 돌아와서 하나씩 시도해보면 금방 익숙해진다. 특히 굉장히 강력한 기능이나 생각보다 잘 활용하는 사람이 적은 기능도 있다. 특별히 추천하는 항목은 단축키 뒤에 (*) 표시를 했다.

표 1-1 편의 기능

단축키	설명
Shift + Alt + Enter	전체화면 보기
Ctrl + Q (*)	기능 검색(모든 검색 기능 통합)

표 1-2 프로젝트 및 파일

단축키	설명
Ctrl + S	파일 저장
Ctrl + Shift + S	모두 저장
Ctrl + O	기존 파일 열기
Ctrl + Shift + O	기존 프로젝트 열기
Ctrl + F4 (*)	현재 선택된 파일(탭) 닫기

표 1-3 코딩 및 편집

단축키	설명
Ctrl + Space (*)	코드 작성 중 명령어 자동 완성
Ctrl + K + S (*)	코드 감싸기로 제공하는 틀을 편하게 만들기(조건문, 반복문, 분기문, try catch문, 전처리기 등 폭넓게 제공)
Alt + Enter (*)	(함수 선언부 커서) 함수 정의부 자동 완성 또는 (함수 정의부 커서) 함수 선언부 자동 완성(Alt + Enter의 다양한 기능 중 하나)
Ctrl + ←→ (*)	단어 단위 커서 이동
Ctrl + Shift + ←→ (*)	단어 단위 커서 이동(드래그되면서)
Ctrl +] (*)	( ) 또는 { } 괄호 끝/앞으로 이동
Ctrl + K + C	주석 처리
Ctrl + K + U	주석 해제
Ctrl + U	소문자 변환
Ctrl + Shift + U	대문자 변환

(이어짐)

단축키	설명
F12 or Ctrl + 클릭 (*)	함수 정의부로 이동(함수 선언부에서)
Ctrl + Shift + G or Ctrl + 클릭	파일로 이동(include 문 등에서)
Ctrl + - (*)	뒤로 탐색(이전 커서로 이동)
Ctrl + Shift + - (*)	앞으로 탐색(이후 커서로 이동)
Ctrl + G	줄 번호 바로 이동
Alt + 마우스 드래그 또는 Alt + Shift + ↑↓ (*)	열 모드 편집
Ctrl + D (*)	(커서 기준) 선택한 라인 밑의 줄에 복제
Ctrl + K + F (*)	Ctrl + A로 전체 선택 후 수행하면 자동 정렬

표 1-4 컴파일, 빌드, 디버깅

단축키	설명
Ctrl + F7	컴파일
F7	솔루션 빌드
Ctrl + F5	(디버깅하지 않고) 시작=실행
F5	(디버깅 모드) 시작=실행
Shift + F5 (*)	(디버깅 모드) 중지
Ctrl + F10	지정된 커서까지 실행
F9 (*)	중단점 설정 및 해제
Ctrl + Shift + F9 (*)	모든 중단점 삭제
F10 (*)	디버깅 프로시저 단위 실행(함수 안으로 들어가지 않음)
F11 (*)	디버깅 줄 단위 실행(함수 안까지 들어 감)
Shift + F11	(디버깅 시) 현재 함수 빠져나오기
Shift + F9	(디버깅 시) 조사식에서 실시간 값 확인

> **세이브 포인트: 개념 정리**

비주얼 스튜디오 구성
- **솔루션**: 비주얼 스튜디오에서 제공하는 하나 이상의 프로젝트를 구성하기 위한 컨테이너
- **프로젝트**: 하나의 프로그램을 만들기 위한 다수의 소스 파일, 헤더 파일, 리소스 파일로 구성
- **소스 파일**: 텍스트 편집기를 통해 프로그래머가 실제 코드를 작성하는 파일
- **헤더 파일**: 컴파일러에 의해 다른 소스 파일의 가장 위에 포함되는 특정한 목적을 가진 소스 파일의 일종
- **리소스 파일**: 이미지, 사운드, 텍스트, 동영상 등과 같이 소스코드에 연결하기 위해 추가한 독립 실행형 파일

비주얼 스튜디오에서의 흐름
- 솔루션 및 프로젝트 생성
- 소스 파일 및 헤더 파일 생성
- 코드 작성
- 컴파일과 솔루션 빌드
- 실행 파일 실행

2장

C 프로그래밍의 구조와 흐름

2-1 프로그래밍을 하는 기본 단위와 시작점
2-2 프로그래밍에 필요한 기초 개념
2-3 프로그래밍의 기본 구조와 흐름
2-4 실무를 대비한 프로그래밍 구조
2-5 디버깅

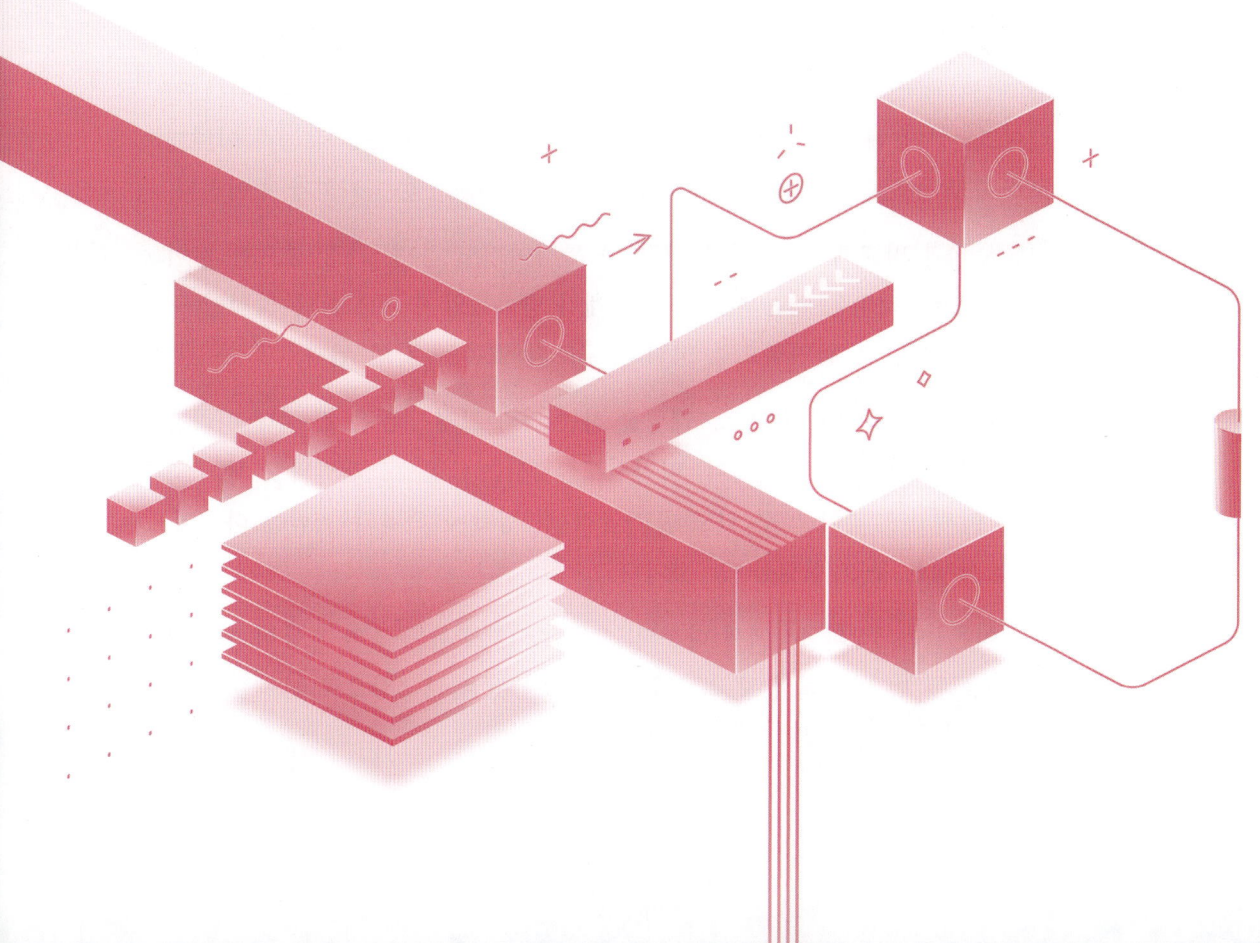

2장에서는 C 프로그래밍의 전체적인 구조와 흐름을 이해할 수 있도록 기본적인 핵심 개념들만 간략히 소개하면서 C 프로그래밍의 처음부터 끝까지 빠르게 체험하도록 기회를 제공하는 데 목적이 있다. 한 번만이라도 C 프로그래밍의 처음부터 끝까지 진행되는 흐름을 경험하면 이후 배우게 될 세부적인 개념이 상대적으로 쉽게 이해될 것이다.

원칙적으로 2장 전체를 하나의 흐름으로 나열하는 것이 맞지만 모든 항목을 동일하게 나열하면 목차가 길어져 보기 불편하므로 5개의 절로 구분해 계층을 나눈 후 세부 목차를 분리했다. 보기 쉽게 세부 목차를 분리했을 뿐 2장 전체가 하나의 흐름으로 진행된다고 생각하자.

지금까지의 많은 프로그래밍 책이 한국 교육의 문제점인 주입식 교육처럼 전체적인 구조와 흐름을 이해시키려 하지 않고 공백 채우기 연습 문제를 내거나 세부적인 내용을 외우게 하는 식으로 제공했다. 이런 방식으로 프로그래밍을 배우게 되면 이론만큼은 자세히 알 수 있지만, 실질적으로 프로그래밍을 못하는 프포자가 될 가능성이 높다.

영어를 배울 때 5 형식과 같은 영어 문장의 구조와 흐름을 모른 채 수많은 단어와 프레이즈만 외워봐야 영어를 구사할 수 없는 것과 동일한 이치다. 최소한의 단어와 프레이즈만 사용해서라도 먼저 영어 문장이 어떤 구조와 흐름을 갖는지 이해해야 비로소 수많은 단어와 프레이즈를 외운 것을 활용할 수 있는 기회가 주어진다.

2장은 다른 책과 비교해서 이 책의 가장 큰 특징이기도 하며, 가장 중요한 장이 될 것이다. 프로그래밍은 인간의 사고를 기계가 받아들일 수 있도록 논리적인 구조에 의해 이뤄지므로 필연적으로 명확한 구조와 흐름을 갖게 된다.

전체 구조와 흐름을 이해하고 프로그래밍을 하는 것과 그렇지 않은 건 절대 따라잡을 수 없을 정도의 차이로 발전된다. 따라서 2장에서는 C 프로그래밍의 전체 구조와 흐름을 이해하고 넘어갈 수 있도록 가급적 한 항목에 하나의 개념을 다루며, 가능한 한 상세한 부연 설명을 할 것이다.

세부적인 이론들은 3장과 4장에서 다룬다. C 프로그래밍의 구조와 흐름이 이해될 때까지 2장을 몇 번 반복해서 보고, 충분히 이해가 됐을 때 3장으로 넘어갈 것을 권장한다. 3장 이후에는 이론에 중점을 둘 것이므로 2장과 같이 프로그래밍 전반에 도움이 될 만한 부연 설명을 하기 어렵다. 그러므로 2장을 확실히 이해하고 넘어가는 것을 추천한다. 3장부터 나오는 예제는 모두 2장에서 세운 규칙을 기준으로 이뤄질 것이다.

2-1 프로그래밍을 하는 기본 단위와 시작점

2-1-1 프로그램, 함수, 명령문

다수의 프로그램을 포함하는 솔루션이라는 개념은 프로그래밍 자체의 공통적인 개념이 아닌 비주얼 스튜디오에서 다수의 프로젝트를 관리하고자 제공하는 개념에 불과하다. 그러므로 일반적인 프로그래밍의 전체 구조를 이해하는 데 있어 솔루션의 개념은 불필요하다.

먼저 프로그램의 구조부터 알아보자. C로 만들어진 프로그램은 그림 2-1과 같이 `main` 함수 하나를 포함한 다수의 함수[Function]로 구성되며, 함수는 다시 다수의 명령문[Statement]으로 구성된다.

다시 말하면 프로그래머는 '명령문'들의 집합으로 하나의 기능을 가진 '함수'를 만들고, 기능별로 작성된 함수들의 집합으로 '프로그램'을 만드는 과정을 거치게 된다. 결과적으로 프로그래머는 명령문을 기준으로 프로그래밍을 수행하게 된다. '명령문이 프로그래밍을 하기 위한 최소 단위'라고 이해하면 편하다.

그림 2-1 C 프로그램의 기본 구조

명령문이란 컴파일러가 이해하고 인식할 수 있도록 프로그래머가 내리는 지시라고 볼 수 있다. 프로그래밍 언어에 따라 명령문에 대한 규칙이 다르므로, 프로그래밍 언어의 이론이 대부분 이 명령문을 학습하는 데 초점을 맞추고 있다.

명령문에는 선언 명령문(선언문), 대입 명령문(대입문), 제어문(분기문, 반복문, 점프문 등), 함수 호출문, 리턴 명령문 등이 있으며, 다양한 명령문을 활용해서 자신이 원하고자 하는 기능을 완성해간다.

그림 2-1의 C 프로그램 구조를 이해했다면 대부분의 C 프로그래밍 책에서 main 함수에서만 모든 코드를 작성해왔던 것이 얼마나 잘못된 고정 관념을 불러일으키는 위험한 학습법이었는지 눈치 채기 시작할 것이다. 절차적 프로그래밍의 핵심 철학에 반하는 최악의 코드이며, 실무 프로그래밍에서 절대 사용해서는 안 되는 코드 작성법을 수많은 학생이 오랜 기간 예제로 배워왔던 것이다. 코드를 작성하는 과정에 명령문의 집합이 하나의 기능으로 분리할 수 있는 시점이 되면 반드시 별도의 함수로 분리하는 버릇을 들이는 것이 좋다. 그것이 모든 프로그래밍의 가장 기초적인 철학이다.

참고로 한국의 프로그래밍 교육처럼 이론에 학습의 초점을 맞추면 다른 프로그래밍 언어를 새롭게 배우기 어렵게 되는 반면, 북미나 유럽의 프로그래밍 교육처럼 프로그래밍의 개념과 철학에 학습의 초점을 맞추면 프로그래밍의 언어별 명령문 규칙의 차이만 새롭게 배우면 되므로 수월하게 다른 프로그래밍 언어를 체득하게 된다. 이는 다양한 언어를 활용할 수 있는 뛰어난 프로그래머로 성장하는 기반이 된다.

명령문을 작성하는, 즉 나무를 보는 법만 가르쳐서는 안 되고 명령문들로 함수를 만들고, 함수들로 프로그램을 만들 수 있는, 그리고 그러한 그림을 설계할 수 있는 숲을 보는 법을 가르쳐야 국가 차원에서도 뛰어난 프로그래머를 양성할 수 있는 환경이 마련된다.

2-1-2 키워드와 식별자

키워드는 명령문 작성에서 활용할 수 있도록 C 프로그래밍 언어에서 제공하는 어휘라고 볼 수 있다. 이미 만들어져 제공되는 어휘이기 때문에 사용자 정의로 동일하게 만들려고 하면 컴파일러는 신택스 에러를 발생시켜 이미 사용되고 있는 키워드라고 경고한다. 이미 사용되고 있는 주요 키워드이니 사용자 정의로 만들 수 없게 규정하고 있다.

C99 표준의 대표적인 키워드를 표 2-1과 같이 정리했다. 앞으로 이러한 키워드를 활용해서 다양한 명령문을 작성하게 될 것이다. 다양한 명령문을 작성하기 위해 각 키워드를 어떻게 활용해야 하는지, 어떤 규칙을 지켜야 하는지 이해해야 하므로, 3장부터 키워드를 하나하나 배운다. 프로그래밍의 기본인 명령문을 작성하려면 먼저 주요 키워드부터 알아야 한다.

식별자는 C 프로그래밍 언어가 이미 사용하고 있거나 사용할 것을 예약해둔 어휘로, 제공되는 표준 라이브러리 함수의 이름이 대표적이다. 이미 특정한 목적을 가지고 만들어진 어휘들이므로 사용자 정의로 변수나 함수에 동일한 이름을 붙이지 않도록 사용하지 못하게 해둔 것이다.

'1-3-4 코드 작성' 절의 예시 코드에서 등장했던 **void**가 바로 C 프로그래밍 언어에서 제공한 키워드다. 프로그래밍 언어의 이론을 배운다는 건 바로 키워드들이 어떤 의미를 갖고, 어떻게 활용해야 하는지를 배우고, 키워드들을 활용해서 원하는 명령문을 작성하는 노하우를 습득하는 것이다.

표 2-1 C99 대표적인 표준 키워드

C99 표준의 대표적 키워드			
auto	break	case	char
const	continue	default	do
double	else	enum	extern
float	for	goto	if
inline	int	long	return
short	signed	sizeof	static
struct	switch	typedef	union
unsigned	void	volatile	while

2-1-3 main 함수의 C99 표준 작성법

명령문과 키워드에 대해 알아봤으니 이제 본격적으로 코드를 작성해볼 수 있다. '1-3-4 코드 작성' 절에서 main 함수를 소개했지만 C99 표준이 아닌 키워드를 최소로 사용하기 위한 단순한 형태의 컴파일 가능한 코드로 소개했다. 따라서 앞서 소개했던 코드를 실제 프로그래밍에서 사용해서는 안 된다.

C99 표준에 따라 작성한 main 함수는 예제 코드 Ex2-1과 같다. 앞으로 모든 예제의 main 함수는 C99 표준에 따라 작성할 것이다. 중복되는 내용이 일부 있을지라도 앞으로 등장하는 모든 예제를 눈으로만 보지 말고, 반드시 직접 '코드 작성 → 컴파일 → 솔루션 빌드 → 실행 파일 실행'까지 진행해서 프로그래밍의 단계와 흐름을 몸으로 익히자.

{ }가 시작되는 2행 다음의 3행은 컴파일러가 자동으로 들여쓰기를 시행해서 몇 칸 뒤부터 시작한다. 코드의 가독성을 높여주기 위함이다. 비주얼 스튜디오의 기본 옵션에서는 자동으로 탭^{Tab}만큼 거리를 띄워 코드의 가시성을 높여준다. 탭을

몇 칸으로 할지 사용자가 지정할 수도 있다. { }가 종료되면 다시 들여쓰기도 시행되지 않는다.

Ex2-1 / main.c

```
01   int main(void)
02   {
03       return 0;
04   }
```

C99 표준에 맞게 작성된 main 함수는 int, void, return이라는 3가지 키워드를 활용해 작성됐으며, 리턴 명령문 1개로 구성돼 있다. 3가지 키워드를 여기서 한꺼번에 상세히 설명하기는 어려우니, 여기서는 대략 어떤 기능을 하는 키워드인지만 이해하면 충분하다.

간혹 일부 C 프로그래밍 책에서는 1행의 코드를 다음과 같이 void를 생략한 채 작성한 경우가 있는데, C99 표준을 따르지 않는 예전 방식의 코드이므로 해당 방식으로 학습하는 걸 권장하지 않는다. 이후 배울 사용자 정의 함수는 소괄호 ( ) 안의 void를 생략할 수 있지만 main 함수는 C99 표준에 따라 void를 명시한다.

void를 명시하지 않아도 비주얼 스튜디오에서는 아무런 문제없이 컴파일에 성공은 하지만, 일부 컴파일러에서는 해당 형식을 지원하지 않는다. 해당 코드를 에러 없이 지원하는 컴파일러를 사용한다고 할지라도 표준을 위반한 코드는 사용하지 않는 것이 원칙이다. C 프로그래밍에서는 최대한 C99 표준을 지키는 것이 좋다.

```
01   int main()
```

'1-1-3 프로그래밍 = 데이터 + 알고리듬' 절에서 프로그래밍은 데이터와 알고리듬으로 구성된다고 했다. 그리고 데이터는 입력 데이터와 출력 데이터로 구분되며, 입력 데이터를 알고리듬에 넣어 출력 데이터를 도출하는 것이 프로그래밍의 흐름이면서 함수의 구조라고 했다.

함수의 원형에서 입력 데이터를 **매개변수**^{parameter}라고 하며, 출력 데이터를 반환값 또는 **반환값**$^{return\ value}$이라고 한다. '3-6 사용자 정의 함수' 절에서 상세히 설명하기 전에는 이해하기 어렵지만 용어는 빠른 시점에 익숙해질 필요가 있다. 일반적으로 정식 용어를 사용하겠지만, 설명의 편의상 함수의 입력 데이터인 '매개변수'를 'Input', 출력 데이터인 '반환값'을 'Output'으로 표기할 경우가 있을 것이다.

```
01    int main(void)
```

함수의 실체에 해당되는 구현부는 머리^{header}와 몸체^{body}로 구성된다. 예제 코드 Ex2-1의 1행이 '함수의 머리'에 해당된다. main 뒤에 ( )가 붙어 있는 것으로 'main( )'이 함수라는 것을 나타낸다. ( ) 안에 있는 void가 매개변수의 형식이며, main( ) 앞에 있는 int가 반환값의 형식이다.

void는 '비어 있다'는 뜻으로 매개변수에 대한 형식이 특별히 없다는 의미이며, int는 정수로 반환값을 내보낸다는 의미다. 프로그래밍은 애매모호한 것을 피하고 가능한 한 정확히 지시해주는 것이 원칙이므로 없으면 없다는 키워드를 명시하는 것이 바람직하다. 아직 코드를 작성하지 않고 가능성을 열어놓은 것인지, 실제 데이터가 없는지 컴파일러는 판단할 수 없기 때문이다.

```
02    {
03        return 0;
04    }
```

2 ~ 4행은 '함수의 몸체'로서 { }로 시작과 끝이 정해져 있으며, 3행은 return이라는 키워드를 활용한 리턴 명령문으로 작성돼 있다. 그래서 명령문 1개로 이뤄진 함수라는 것이다. return 다음에 있는 숫자 0은 정수이며, 반환값이 된다. 함수의 머리에 있는 정수형 데이터 형식인 int와 쌍을 이뤄야 한다.

정리하면 C99 표준에 따른 main 함수는 매개변수는 없으며, 정수 0을 반환값으로써 운영체제에 전달하는 것을 표준 형식으로 지정하고 있다. 프로그래머가 원하는 기능은 2행과 3행 사이에 명령문을 추가로 작성하면 되며, 리턴 명령문을 마지막 명령문으로 유지한다.

정수 0을 반환하면 운영체제는 main 함수가 정상적으로 종료됐다는 것을 인식한다. 이후 다시 상세히 설명하겠지만 대부분의 함수는 '구현부'와 '호출부'가 쌍으로 존재한다. 구현부는 함수의 실체를 구현하는 부분이며, 호출부는 구현된 함수를 특정 시점에 부르는 부분이다.

그러나 main 함수의 경우 프로그램의 시작점이자 운영체제가 호출하는 특수한 함수이므로 코드상 별도의 호출부가 존재하지 않는다.

참고로 '함수의 구현부'에서 입력 데이터는 '매개변수'라는 용어로 사용하고, '함수의 호출부'에서 입력 데이터는 '인자^{argument}'라는 용어를 사용한다. 매개변수는 변수의 선언 명령문과 같은 메모리 공간의 역할을 하며, 인자는 초기화 값과 같은 데이터 값의 역할을 하므로 용어를 분리한 것이다. 상세한 내용은 해당 항목들에서 천천히 소개하겠다.

2-1-4 컴파일러가 인식하는 명령문의 종료

main 함수의 C99 표준 작성법을 배웠으니 이제야 원하는 코드를 직접 추가해볼 차례다. 명령문을 직접 작성할 때 반드시 주의해야 할 것은 컴파일러가 명령문의 종료를 인식할 수 있도록 규정을 지키는 것이다.

컴파일러는 인간이 아니므로 프로그래머가 어디까지 하나의 명령문으로 생각하는지 알 수 없다. 그렇기 때문에 명령문의 종료를 명확히 지정해주지 않으면 컴파일러는 신택스 에러를 내서 경고한다. 마치 한국어 문장에서 마침표가 없으면 AI 번역기가 어디까지 하나의 문장인지 모르는 것과 동일하다.

C 프로그래밍 언어에서 명령문의 종료는 2가지 방식으로 표현한다.

첫째, 하나의 명령문은 마지막에 세미콜론(;)을 붙여 컴파일러에게 종료를 알린다. 주의할 점은 하나의 명령문을 줄 바꿈으로 여러 줄로 작성해도 세미콜론(;)까지를 하나의 명령문으로 인지한다.

둘째, 하나 이상의 명령문 집합을 { }로 묶어 컴파일러에게 종료를 알린다. { }의 닫기 시점에 명령문 집합이 종료된다.

예제 코드 Ex2-1에서 이미 컴파일러가 인식할 수 있도록 명령문의 종료를 규정에 맞게 사용하고 있었지만, 다음의 예제 코드 Ex2-2에서 다시 한 번 확인해보자.

Ex2-2 / main.c

```
01    int main(void)
02    {
03        1 + 2;
04
05        return 0;
06    }
```

예제 코드 Ex2-2에서 세미콜론(;)은 2개가 있다. 1 + 2의 뒤에 있는 것과 return 0의 뒤에 있는 것이다. 1 + 2의 결과를 별도의 데이터에 저장하지도 않았고, 프로그래머가 확인할 수 있게 출력하지도 않았으니 결과를 눈으로 확인하는 것은 불가능하지만, 컴파일러 내부적으로 프로그램이 실행되고 있는 동안 정상적인 결과는 유지된다.

3행과 5행 끝에 세미콜론이 있기 때문에 컴파일러는 1 + 2가 하나의 명령문이라는 것을 인지하고 세미콜론 전까지의 내용을 해석해서 수행한다. return 0의 뒤에도 세미콜론이 있어 운영체제에 0이라는 정수를 반환해주는 명령문이 종료됐다고 인지한다.

그리고 세미콜론 외에 명령문의 종료를 나타내는 또 하나의 방법이 있다. 함수의 구현부는 머리와 몸체가 있고, 몸체는 { }로 구성돼 있다고 했다. 바로 이 { }가 끝나는 '닫기' 시점이 컴파일러가 명령문 집합이 종료됐다고 인식하는 지점이다. 함수의 몸체가 { }로 묶여 있는 것은 전부 이유가 있었던 것이다. 함수는 독립적인 기능을 구현하기 위한 명령문의 집합이다.

함수의 몸체 외에도 앞으로 많은 곳에서 { }를 보게 될 것이다. 함수 내부에 명령문을 작성할 때도 명령문의 집합을 표현하고자 { }를 자주 사용하게 될 것이다.

실무에서는 보통 팀으로 프로그래밍을 하게 되므로 다른 사람이 이해하기 쉽게 코드를 작성하는 능력이 필수적으로 요구된다. 처음 프로그래밍을 배울 때부터 가독성 높은 코드를 몸에 익히는 것이 중요하므로 기본적으로 각 명령문마다 하나의 행으로 작성하며, 줄 번호가 길어져도 아무런 문제가 없으니 코드의 의미에 따라 적당히 한 줄을 띄는 것이 좋다. 4행이 바로 가독성을 위해 의도적으로 한 줄을 띈 것이다.

세미콜론이 정말 명령문의 종료를 의미하는지 확인해보고자 예제 코드 Ex2-2를 다음과 같이 조금 변경해봤다. **1 + 2;**라는 한 줄로 작성된 하나의 명령문을 줄 번호를 바꿔가며 작성했다. 인간인 프로그래머가 보기에 굉장히 읽기 불편하지만, 컴파일러 입장에서는 앞의 코드와 아무런 차이가 없다고 판단한다. 줄 번호는 프로그래머가 코드를 읽기 편하게 구분하기 위한 것이며, 컴파일러는 세미콜론이나 { }의 닫기가 있어야 비로소 명령문의 종료로 인식할 뿐이다.

```
01  int main(void)
02  {
03      1
04      +
05      2
06      ;
07
08      return 0;
09  }
```

2-1-4-1 에러 코드: C2143

예제 코드 Ex2-2에서 다음의 코드처럼 3행과 5행 끝의 세미콜론을 지우고 컴파일하면 어떤 에러가 발생할까? 명령문의 종료를 규정대로 작성하지 않는 에러는 생각 외로 초보자들이 많이 저지르는 실수이므로 에러가 어떻게 발생하는지, 어떤 에러 코드가 나오는지, 에러를 어떻게 수정하는지 빠른 시기에 익숙해지는 것이 좋다.

그를 위해서는 프로그래밍을 배우는 단계에서는 호기심을 갖고 일부러 많은 에러를 의도적으로 내보고 직접 확인하고 수정하는 것만큼 좋은 훈련이 없다. 프로그래밍은 영어와 동일하게 많은 실수를 하고 직접 수정해본 만큼 경험이 쌓인다.

이 책에서는 프포자가 실수하기 쉬운 코드를 빠른 시기에 눈으로 확인하고자 기회가 될 때마다 의도적으로 에러를 발생시켜 볼 것이다. 누구보다 빠르게 프로그래밍을 체득하는 가장 좋은 방법은 호기심을 갖고 일부러 에러를 내보고 직접 수정해보는 것이다.

책에서 제공된 예제만 모범생처럼 그대로 외워봐야 예제와 동일한 코드만 작성할 수 있는 프로자가 될 뿐이다. 이러한 특징도 사소한 실수라도 절대 하면 안 된다고 가르치는 한국 교육의 문제에서 기인한다. 이러한 교육 방식과 프로그래밍 교육은 상성^{相性}이 매우 좋지 않으니 실수를 많이 한다고 자책할 필요 없으며, 오히려 그 실수를 통해 경험을 쌓기를 바란다.

```
01    int main(void)
02    {
03        1 + 2
04
05        return 0
06    }
```

3행과 5행의 세미콜론을 지우고 컴파일을 수행하면 그림 2-2와 같이 2개의 에러가 발생한다. main.c(5,2)라는 메시지는 소스 파일 main.c에서 5행 2열(탭도 하나의 문자로 인식)의 시작점, 즉 return 앞에서 C2143 에러가 발생했다는 것을 의미한다. 키워드가 등장했는데, 키워드 앞에서 명령문이 종료되지 않았으니 문제가 있다고 컴파일러가 경고를 해준 것이다.

다음으로 6행 1열에, 즉 }의 앞에서 에러가 발생했다. 명령문 집합의 종료인 { }의 닫기가 등장했는데, 그 앞에 한 줄로 작성된 명령문이 종료되지 않았으니 에러를 발생시켰다.

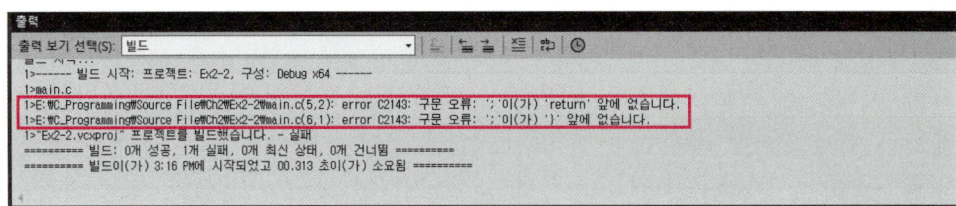

그림 2-2 C2143 에러

분명 코드를 기준으로는 3행 끝의 세미콜론을 지웠는데, 컴파일러는 5행에서만 에러가 발생했다고 알려준다. 이것이 앞서 언급했던 주의 사항이다. 현재 상태에서는 3행의 1 + 2 다음에 세미콜론이 없어도 3행에서 에러가 발생하지 않았다. 이는 컴파일러가 지금 코드만 봐서 1 + 2와 return 0가 논리적으로 1개의 명령문인지,

2개의 명령문인지 판단할 수 없기 때문이다. 따라서 키워드가 존재하는데, 명령문의 종료가 없는 확실히 문제가 있는 행에 에러를 발생시켰다.

컴파일러의 에러 코드를 분석하고 해결법을 찾는 건 결국 프로그래머라는 점을 결코 잊어서는 안 된다. 에러 메시지에 표시된 행과 열은 컴파일러가 최종적으로 문제가 되는 지점(결과)을 안내해주는 것에 불과하며, 실제 수정해야 하는 '원인이 되는 코드'는 에러 메시지와 다르게 전혀 다른 곳에도 얼마든지 존재할 수 있다는 점을 이해하는 것이 코드 수정의 기초가 된다. 이러한 특징 때문에 프로그래밍이 어렵다고 하는 것이며, 이러한 문제를 빠르고 정확하게 해결해야 경험이 쌓여 조금씩 프로그래머의 길로 들어서게 된다.

> **세이브 포인트: 개념 정리**
>
> **프로그램의 구조 및 용어**
> - **C로 만들어진 프로그램의 구조:** main 함수 하나를 포함한 다수의 함수들로 구성되며, 함수는 다시 다수의 명령문(Statement)들로 구성
> - **명령문:** 프로그래밍을 하기 위한 최소 단위
> - **키워드:** 명령문 작성에서 활용할 수 있도록 프로그래밍 언어에서 제공하는 어휘
> - **식별자:** 프로그래밍 언어가 이미 사용하고 있거나 사용할 것을 예약해둔 어휘
>
> **명령문의 종료**
> - **하나의 명령문:** 마지막에 세미콜론(;)을 붙여 컴파일러에게 종료를 알리며, 세미콜론까지를 하나의 명령문으로 인지
> - **하나 이상의 명령문 집합:** { }로 묶어 컴파일러에게 종료를 알리며, { }의 닫기 시점에 명령문 집합이 종료

> **세이브 포인트: 형식 정리**
>
> **main 함수의 C99 표준 작성법**
> ```
> 01    int main(void)
> 02    {
> 03        return 0;
> 04    }
> ```

2-2 프로그래밍에 필요한 기초 개념

2-2-1 표준 라이브러리 함수

'1-1-5 표준 라이브러리와 사용자 정의' 절에서 모든 프로그래밍은 표준 라이브러리와 사용자 정의를 조합해서 만든다고 했었다. 프로그래밍 언어의 이론을 배워 사용자 정의를 새롭게 작성하는 것도 중요하지만, 기본적으로 제공되는 표준 라이브러리와 API를 폭넓게 적절히 활용하는 능력이야 말로 프로그래밍에서 우선시되는 기초 소양이라는 걸 결코 간과해서는 안 된다.

프로그래머가 모든 코드를 처음부터 하나하나 작성하는 건 현실적으로 불가능하고 너무나도 비효율적이기 때문이다. 새로 만드는 방법을 가르치기 전에 먼저 기존에 있는 것을 잘 활용하는 걸 가르쳐야 하는 것이 세상의 이치다.

일반적인 프로그래머는 원하는 기능을 가진 프로그램이나 게임과 같은 콘텐츠를 효과적으로 만드는 것을 목적으로 프로그래밍을 수행하므로, 프로그래밍 언어의 표준 라이브러리나 게임 엔진 자체를 직접 만들 필요는 없다. 다양한 프로그램과 게임이 빠르게 만들어지도록 미리 필요한 표준 라이브러리와 API를 제공하는 것이 프로그래밍 언어와 게임 엔진이기 때문이다.

모든 프로그래머가 백지부터 모든 것을 일일이 만들어야 한다면 지구상에 프로그래밍을 수행할 수 있는 사람도 극히 적어질 것이고, 간단한 프로그램 개발에도 막대한 시간이 소요될 것이다.

'C 표준 라이브러리'는 미리 만들어진 다양한 '헤더 파일'에 정의돼 제공된다. 다시 말해 헤더 파일에 함수의 구현부가 이미 존재하므로 프로그래머는 필요로 하는 표준 라이브러리 함수의 호출부만 규정에 맞게 함수 호출 명령문으로 코드에 작성하면 된다. C 표준 라이브러리 중에 앞으로 자주 사용할 헤더 파일을 표 2-2와 같이 몇 가지 정리했다.

표 2-2 자주 사용하는 C 표준 라이브러리 API

헤더 파일명	주요 내용
stdio.h(Standard Input/Output library)	핵심 입력과 출력 함수들을 정의
stdlib.h(Standard Library)	범용 유틸리티: 메모리 할당, 프로세스 제어, 숫자 변환 함수, 랜덤 숫자 생성 함수들을 정의
math.h	일반적인 수학 함수들을 정의
string.h	문자열 처리 함수들을 정의
limits.h	정수 데이터형의 최솟값, 최댓값 등을 정의
float.h	실수 데이터형의 최솟값, 최댓값 등을 정의
stdbool.h	C99 신규 데이터형인 불리언 데이터형 정의

앞으로 필요한 기능을 구현하고자 표 2-2에 소개한 헤더 파일 외에도 다른 헤더 파일을 직접 찾아 사용할 수 있는 능력을 기를 필요가 있다. 이 책에서는 기초적인 이론을 다루므로 대부분 7가지 헤더 파일을 주로 사용할 것이다. C 프로그래밍을 하면서 최소한 이 7개 헤더 파일은 상황에 따라 활용할 수 있어야 한다.

2-2-2 전처리기 지시자: #include

그렇다면 C 표준 라이브러리에서 제공하는 헤더 파일을 직접 작성하는 코드에서 사용하려면 어떻게 불러와야 할까? 이미 만들어져 제공되는 헤더 파일을 내 코드에서 사용할 수 있게 불러오기 위한 기능이 필요한 시점이다.

작업하고 있는 소스코드에 다른 파일을 불러오려면 전처리기^{Preprocessor} 지시자 중 하나인 #include를 사용하면 된다. #으로 시작하는 것이 전처리기 지시자라는 의미다. 따라서 #include로 시작하는 행은 C 프로그래밍 언어의 명령어가 아닌 컴파일러의 전처리기에서 사용하는 지시자라는 점에 유의하자.

'1-2-4 C 프로그래밍을 수행하는 7단계' 절에서 컴파일 단계 안의 세부 단계로 전처리를 소개했다. 전처리기는 프로그램이 컴파일될 때 컴파일 이전에 실행되는 사전 준비 단계다. 즉, 본격적으로 코드를 컴파일하기 전에 미리 만들어진 파일 내용으로 대체해서 이후 컴파일될 코드에 표준 라이브러리 파일 안에 포함된 모든 코드를 적용시키겠다는 의미다. 전처리기는 컴파일 단계 전에 실행되므로 main 함수의 몸체인 { } 밖이면서 가장 먼저 실행돼야 하므로 맨 윗부분에 해당되는 영역에 추가한다.

Ex2-3 / main.c

```
01  #include <stdio.h>
02  #include <stdlib.h>
03  #include <string.h>
04  #include <math.h>
05
06  int main(void)
07  {
08      return 0;
09  }
```

예제 코드 Ex2-3에서 #include라는 전처리기 지시자를 활용해 C 프로그래밍에서 자주 사용되는 4가지 헤더 파일을 main 함수 위에 포함시켰다. #include 뒤의 홑화살괄호(< >) 안에 헤더 파일명을 추가함으로써 해당 헤더 파일에서 제공하는 미리 만들어진 모든 함수를 통째로 복사한 상태가 되므로, 헤더 파일의 함수들 중 원하는 함수를 소스 파일 main.c에서 사용할 수 있게 됐다.

프로그래머의 눈으로는 보이지 않지만 컴파일러가 컴파일 단계에서 해당 헤더 파일의 모든 함수를 대체해준다. 정리하면 사용하고자 하는 표준 라이브러리의 함수가 있으면 선제적으로 해당 함수가 정의된 헤더 파일을 #include를 통해 추가하면 된다. 표준 라이브러리에서 제공된 함수를 사용했는데, 필요한 헤더 파일을 추가하지 않는다면 컴파일러는 해당 API의 정체를 알 수 없기에 에러를 발생시킬 것이다.

예제 코드에서는 예시로 보여주고자 함수의 몸체에서 아직 표준 라이브러리에서 제공된 함수가 없음에도 4가지 헤더 파일을 추가했다. 일반적으로 코딩에서 필요하지 않는 헤더 파일을 코드에 추가할 필요는 없다. 필요한 것만 최소한 사용하는 것이 프로그래밍의 미덕이다.

이후 헤더 파일을 설명할 때 상세히 언급하겠지만, 전처리기 지시자 #include를 규정에 맞게 활용하는 2가지 형태가 있다. '표준 라이브러리에서 제공하는 헤더 파일'을 포함하려고 한다면 파일명을 홑화살괄호(< >)로 감싸면 되며, '사용자가 만든 헤더 파일'을 포함하려고 한다면 '큰따옴표(" ")'로 감싸면 된다. 사용자가 만든 헤더 파일을 포함하는 예제 코드는 '2-4-2 사용자 정의 헤더 파일 생성' 절에서 소개한다.

한편 #include를 통해 포함된 헤더 파일의 내용이 궁금한데, 어떻게 하면 파일의 내용을 볼 수 있을까? '1-3-8 비주얼 스튜디오 추천 단축키' 절에서 설명했듯 헤더 파일에 커서를 두고 Ctrl + Shift + G 또는 Ctrl + 클릭으로 해당 헤더 파일을 열 수 있다.

4가지 헤더 파일을 순차적으로 열어 확인해보면 앞으로 배울 다양한 표준 라이브러리 함수를 미리 확인할 수 있다. 해당 함수를 코드 내에서 사용하려면 해당 함수가 포함된 헤더 파일을 #include로 포함시켜야 한다는 의미를 이제 이해할 수 있을 것이다. 이것이 표준 라이브러리를 사용하기 위한 사전 작업이다.

2-2-2-1 윈도우 API 활용

국내의 상당수 프로그래머는 OS를 윈도우로 사용하며, 비주얼 스튜디오를 통합 개발 환경으로 사용한다. 윈도우에서 비주얼 스튜디오를 통해 C 프로그래밍을 한다면 C 표준 라이브러리 이외에도 당연히 윈도우 API를 같이 활용할 수 있다는 점을 이해할 필요가 있다. 프로그래밍 실무에서는 기존에 만들어진 다양한 파일을 활용해서 최소한의 시간 안에 효과적인 프로그래밍을 수행해야 하기 때문이다.

기존에 만들어진 것이 있다면 최대한 활용해서 최소한의 시간 안에 구현할 수 있어야 뛰어난 프로그래머라고 할 수 있다. 기존 파일 및 코드를 추가하거나 변경해서 사용하는 능력이 필수적으로 요구되며, 그러기 위해 먼저 기존의 것 중 필요한 부분을 찾을 수 있는 리서치 능력이 필요하다. 당연히 다양한 API를 섞어 사용해도 되므로, 많은 경험과 지식을 가진 프로그래머는 그만큼 여러 API를 자신의 코드에 맞도록 재활용해서 쉽게 작업하게 된다.

예를 들어 프로그래머가 윈도우 환경에서 C 프로그래밍을 수행하는데, 특정 상황에서 사용자에게 빠르게 대응할 수 있도록 텍스트가 아닌 사운드로 경고음을 내고 싶은 상황이라고 가정하자. 비프음(경고음)을 내는 함수를 C 표준라이브러리에서 찾으려 했으나 비프음은 사운드 설정이 된 OS인 윈도우에서 발생하기에 C 표준 라이브러리에는 존재하지 않고 윈도우 API에 있음을 리서치로 찾게 됐다.

윈도우 API의 함수 Beep를 통해 윈도우에서 비프음을 낼 수 있으며, 함수 Beep는 매개변수로 음파, 대기시간이라는 2개의 정수를 필요로 한다는 것을 확인했다. 다음으로 함수 Beep를 코드에서 사용하기 위해 우선적으로 전처리기에 '헤더 파일 Windows.h'를 추가해야 한다. 이러한 기능을 구현하고자 예제 코드 Ex2-4와 같이 작성할 수 있다.

Ex2-4 / main.c

```
01  #include <Windows.h>
02
03  int main(void)
04  {
05      Beep(500, 500);
06
07      return 0;
08  }
```

함수 Beep는 윈도우 API에 이미 구현돼 있는 함수이므로 프로그래머가 구현부를 직접 작성할 필요 없이 1행처럼 #include로 헤더 파일을 포함한 후 함수의 몸체 내에서 원하는 시점에 함수의 호출부만 규정에 맞게 작성하면 된다.

함수 Beep의 매개변수는 음파와 대기시간 2가지로 순서대로 정수를 입력하면 된다. 함수 Beep의 세부 내용을 확인해보고 싶다면 Windows.h를 Ctrl + 클릭한다. 비주얼 스튜디오 텍스트 편집기 창의 오른쪽 탭에 utilapiset.h라는 헤더 파일이 열리면서 함수 Beep의 세부 정보를 확인할 수 있다. 헤더 파일을 확인할 생각이 없고 함수 Beep의 원형에서 매개변수와 반환값만 간략히 확인하고 싶은 경우 함수 Beep에 마우스 커서를 가져가면 팝업 창으로 요구되는 매개변수와 반환값 형태가 간략히 표시된다.

첫 번째 매개변수인 음파로는 '도레미파솔라시도' 등과 같은 음의 높낮이를 지정할 수 있으며, 두 번째 매개변수인 대기 순서로 음의 길이를 조정할 수 있다. 매개변수를 잘 조정해서 함수 Beep를 여러 개 사용하면 마치 음악과 같이 연주되도록 코드를 작성할 수도 있다. 하지만 예제 코드 Ex2-4에서는 단순히 윈도우 비프음으로 경고를 내고자 했으므로 특별한 의미가 없는 적당한 수치를 사용했다.

이 예제 코드를 통해 알려주고자 하는 요점은 C 프로그래밍 언어를 배운다고 해서 반드시 C 표준 라이브러리만 사용해야 한다는 고정 관념을 버리고, 활용할 수 있는 것을 직접 찾아 코드에 적용할 수 있는 능력을 길러야 한다는 점이다.

2-2-3 데이터형의 기본 분류

몇 가지 예제를 살펴보면서 프로그래밍이 데이터와 알고리듬으로 이뤄진다는 것을 확인했다. 예제 코드 Ex2-2에서 사용된 1, 2, 0은 데이터이며, 예제 코드 Ex2-4에서 함수 Beep는 알고리듬이고 500, 500, 0은 데이터에 해당된다. 알고리듬을 대표하는 함수는 이후에 살펴보기로 하고, 먼저 간단히 설명 가능한 데이터부터 살펴본다.

프로그래밍의 데이터를 살펴보기 전에 우리가 현실에서 사용하는 데이터에는 어떤 분류가 있는지 떠올려보자. 우리가 글을 작성할 때 사용하는 데이터는 크게 '문자'와 '숫자' 2가지가 있다.

숫자는 사물 등의 수를 표기하기 위한 기호 또는 문자로, 엄격히 말하면 문자 중 하나다. 그러나 한글, 알파벳, 한자, 히라가나와 같은 문자는 국가별로 사용하는 언어에 따라 달라지지만, 숫자는 대부분의 국가에서 공통적으로 아라비아 숫자를 사용한다. 언어 전달을 위해 사용되는 문자와 수를 세기 위한 숫자는 쓰임새가 전혀 다르기 때문에 우리는 보편적으로 문자와 숫자를 다른 데이터 형태라고 인식한다. 이러한 인식은 대부분의 프로그래밍 언어를 만들 때도 그대로 반영됐다.

프로그래밍에서 사용되는 데이터를 영어로는 'Data Type'이라고 하며 한국어 번역에 따라 '데이터형' 또는 '자료형'으로 표기한다. 일반적으로는 자료형이라는 표현을 더 많이 사용하지만, 이 책에서는 데이터형으로 통일해서 표기한다. 대부분의 사전에서 Data를 '데이터'라고 그대로 번역하고 있고, Data의 의미에 자료, 사실, 정보 등 여러 세부적 의미가 포함돼 있는데, 그중 하나에 불과한 자료형이라고 특정 짓기에는 데이터의 전체 의미를 포함하기 어렵기 때문이다. 자료, 사실, 정보 등의 세부적 의미가 모두 포함된 데이터 자체를 사용하는 것이 본래 의미에 맞다고 봤다.

데이터형은 프로그래밍 언어에서 여러 종류의 데이터를 식별하고자 정의한 분류다. 프로그래밍에서는 컴파일러가 인식할 수 있게 뭐든지 가능한 한 명확히 정해주는 것이 좋다고 했었다. 따라서 대부분의 프로그래밍 언어에서는 표 2-2와 같이 데이터형에서부터 문자와 숫자를 정확히 분리해서 제공하며, 프로그래밍 언어에서 제공되는 데이터인지, 사용자가 만들게 한 것인지도 구분해서 사용한다.

표 2-2 대부분 프로그래밍 언어에서 사용되는 데이터형의 기본 분류

데이터형의 기본 분류			
프로그래밍 언어에서 규정된 데이터형	문자	문자(단일 문자)	
		문자열(복수의 문자로 구성)	
	숫자	정수	
		실수	
사용자 정의로 만들 수 있는 데이터형	문자들의 그룹		
	숫자들의 그룹		
	문자와 숫자들의 그룹		
기타			

표 2-2에서 알 수 있듯 프로그래밍에서 사용되는 데이터형은 크게 프로그래밍 언어에서 규정된 데이터형과 이를 바탕으로 사용자 정의로 만들 수 있는 데이터형 2개가 있다. 사용자 정의로 만들 수 있는 데이터형도 결국 프로그래밍 언어에서 규정된 데이터형을 기반으로 그룹을 지어 조합하는 것에 불과하다는 점에 유의할 필요가 있다. 프로그래밍 언어에서 규정한 데이터형 외에 전혀 새로운 데이터형을 만들 수는 없다.

사용자 정의 데이터형은 예를 들어 게임에서 등장하는 캐릭터 스테이터스^{character status}를 하나의 데이터형으로 만든다고 생각하면 쉽다. 캐릭터의 HP, MP, 공격력, 방어력, 근력, 민첩 등 여러 개의 숫자로 구성된 집합을 하나의 사용자 정의 데이터형으로 정의해 놓으면 다른 캐릭터를 구현할 때도 동일하게 하나의 데이터형만 사용하면 되니 반복적인 코드 작성도 줄어들고 캐릭터 수를 늘려야 할 때 구현도 편할 것이다.

프로그래밍 언어에서 규정된 데이터형도 역시 크게 문자와 숫자로 구분된다. 문자는 하나의 문자로 구성된 단일 문자와, 복수의 문자로 구성된 문자열을 메모리 최

적화를 위해 구분하는 것이 일반적이다. 'a'는 문자이며, 'apply'는 문자열이다. 숫자는 수학 시간에 배운 것처럼 소수점이 없는 자연수인 정수와 소수점이 존재하는 실수로 구분한다.

이후 '3-13 문자열' 절에서 문자열를 상세히 배우겠지만 여기서 C 프로그래밍 언어의 불편한 점 중 하나가 부각된다. C 프로그래밍 언어에서는 제공되는 데이터형에 문자열이 존재하지 않는다. 단일 문자 데이터형을 활용해 문자열을 구현해야 하다 보니 원하는 문자열을 표현하기 위해 문자열 관련 코드를 매번 불편하게 직접 작성해야 한다. 원하는 기능을 구현해야 할 시간도 부족한데 문자열을 표현하기 위해 불필요한 시간 소모가 많아진다. 반면 C++나 C#에는 문자열 전용 데이터형이 존재하므로 문자열에 대한 처리가 굉장히 편해졌다.

현실의 숫자와 동일하게 프로그래밍에서도 정수(1)를 실수(1.0)의 데이터형으로 표현할 수도 있겠지만 매번 사용하지도 않을 소수점을 저장해야 하니 그만큼 메모리가 비효율적으로 사용될 것이다. 프로그래밍에서 사용되는 모든 데이터는 메모리에 올라가기 때문이다. 즉, 데이터형에 따라 적절한 크기를 지정해줘야 메모리의 낭비를 막고 프로그램의 최적화를 할 수 있게 된다. '3-2 데이터형' 절에서 데이터형을 자세히 소개하겠지만, 이러한 이유 때문에 프로그래밍 언어에서는 데이터형을 세부적으로 분류한 것이다.

혹자는 정수를 실수로도 표현할 수 있으니 일일이 고민하지 말고 전부 크기가 큰 데이터형으로 사용하면 편하지 않을까라고 가볍게 생각할 수도 있다. 프로그래밍에서 사용되는 데이터는 호환되는 좀 더 큰 공간을 가진 데이터형에 넣을 수도 있겠지만, 이러한 사소한 것들이 쌓여 최적화에 좋지 않은 영향을 미치게 되며, 프로그래밍이 가진 철학에 반하므로 결코 추천하지 않는다.

최적화되지 않은 게임은 게이머에게 어떤 평가를 받는가? 최적화에 실패한 프로그램이나 게임을 만드는 프로그래머가 되고 싶은가? 최적화를 하려면 모든 것을 필요한 것만큼 최소화해서 사용한다는 프로그래밍의 철학을 가능한 한 지키려고 노력할 필요가 있다.

제대로 된 습관을 들이지 못했거나 잘못된 습관을 가진 프로그래머는 최적화 단계에서 거의 모든 코드를 뜯어 고쳐야 하는 고통을 겪게 될 가능성이 높다. 그만큼 처음 프로그래밍을 배울 때 업계의 기준에 맞게 제대로 배워야 나중에 고생을 덜한다.

> **세이브 포인트: 개념 정리**

표준 라이브러리 함수
- C 표준 라이브러리는 미리 만들어진 다양한 '헤더 파일'에 정의돼 제공
- 헤더 파일에 함수의 구현부가 이미 존재하므로 프로그래머는 필요로 하는 표준 라이브러리 함수의 호출부만 규정에 맞게 함수 호출 명령문으로 코드에 작성

표준 라이브러리 사용하기
- 작업하고 있는 소스코드에 다른 파일을 불러오려면 전처리기(Preprocessor) 지시자 중 하나인 `#include`를 사용
- 표준 라이브러리에서 제공하는 헤더 파일을 포함하려고 한다면 파일명을 '홑화살괄호 〈 〉'로 감싸면 되며, 사용자가 만든 헤더 파일을 포함하려고 한다면 '큰따옴표("")'로 감싸면 됨

데이터 기본 분류
- 프로그래밍에서 사용되는 데이터를 영어로는 'Data Type'이라고 하며 한국어 번역에 따라 데이터형 또는 자료형으로 표기하지만, 이 책에서는 '데이터형'으로 통일해서 표기
- 프로그래밍에서 사용되는 데이터형은 크게 프로그래밍 언어에서 규정된 데이터형과 이를 바탕으로 사용자 정의로 만들 수 있는 데이터형 2개가 존재
- 프로그래밍 언어에서 규정된 데이터형은 문자(문자, 문자열)와 숫자(정수, 실수)로 분류

2-3 프로그래밍의 기본 구조와 흐름

2-3-1 표준 출력 함수

2-3-1-1 원하는 표준 라이브러리를 찾아가는 과정

코드에서 표준 라이브러리를 추가해서 사용하는 방법을 배웠으니 이제 원하는 기능을 구현하기 위해 표준 라이브러리도 가져올 수도 있고, 직접 사용자 정의 코드를 작성할 수도 있게 됐다. 아직 정식적으로 C 프로그래밍 언어에서 규정한 키워드들을 배우지 않았으니 키워드가 필요 없는 간단한 코드부터 작성해보자.

예제 코드 Ex2-2의 3행에서 '1 + 2'라는 2개의 숫자를 더하는 알고리듬을 1줄의

명령문으로 작성했다. 당시에는 눈으로 확인할 수 없어 실제 정상적으로 작동하는지 알 수 없었지만, 이제는 필요한 표준 라이브러리를 가져오는 방법을 배웠으므로 결과를 화면에 출력해보자는 목표를 세울 수 있다.

모든 프로그래밍은 작은 목표를 세우고, 설계하고, 구현하고, 테스트하는 것의 반복이며 이러한 반복을 통해 큰 목표에 점차적으로 도달하게 된다. 프로그래밍은 한 번에 큰 목표에 도달하려고 급한 마음을 먹으면 절대 안 된다.

프로그래머가 원하는 기능을 구현하기 위해 먼저 해야 할 일은 놀랍게도 코드를 작성하는 것이 아니라 '정보를 찾는 것'이다. 프로그래밍 전체에 걸쳐 굉장히 기본적이고 중요한 것임에도 어떤 책에서도 알려주지 않을 뿐만 아니라 언급조차 하지 않는다. 가장 먼저 표준 라이브러리에 원하는 기능을 제공하는 것이 있는지 리서치해서 확인하는 것부터 시작해야 한다.

기존에 사용할 수 있는 것이 있다면 사용법을 익혀서 사용하면 될 일을 기존의 것을 사용할 수 있다는 발상조차 없이 무작정 직접 코드부터 작성하려고 하면 아무것도 안 된다. 기존의 프로그래밍 책들이 대부분 무작정 따라 하라는 방식으로 가르쳐왔기에 발생하는 문제 중 하나다. 프로그래밍은 사소한 것 하나라도 스스로 전부 이해하려고 노력해야 비로소 직접 새로운 코드를 작성할 수 있지 외우거나 따라 해본다고 체득할 수 있는 영역이 결코 아니다.

프로그래밍 관련 정보를 찾는 가장 확실한 방법은 해당 프로그래밍 언어나 엔진에서 제공하는 표준 라이브러리 또는 API에 직접 들어가서 확인하거나 API 리스트가 정리된 문서나 웹 페이지 등을 찾아보는 것이다. C 프로그래밍 언어는 굉장히 오래된 언어이고, 현재는 특정 분야에서만 사용하므로 지금 시점에 깔끔하게 정리된 정보를 찾기는 어렵다. 과거 C 프로그래밍 언어가 인기 있었을 때의 두꺼운 책을 구하는 것도 방법이지만 절판된 책이 많아 현실적이지 않다.

잘 써진 책만큼 세부적이고 깔끔하게 정리된 정보를 찾기는 어렵지만 현재 시점에 가장 편하고 현실적인 방법은 인터넷에서 정보를 찾는 것이다. C 프로그래밍 언어는 인터넷에 방대한 자료가 쌓여 있으니 검색 엔진에서 찾아봐도 대부분의 정보를 찾을 수 있다. 예를 들어 구글 크롬에 'C 프로그래밍 언어 화면 출력 함수'라고 원하는 목표를 정리해서 검색하면 함수 `printf`를 사용하면 된다는 수많은 정보가 나온다. 이제 함수 printf를 사용하기 위해 필요한 것과 사용법을 익히면 된다.

기존 사용자가 많은 프로그래밍 언어를 초보자도 배우기 쉽다는 이유가 바로 여기에 있다. 예를 들어 유니티는 배우기 쉽고, 언리얼이 배우기 어려운 건 엔진 자체의 규모와 복잡도도 엄청 차이 나지만, 언리얼이 원하는 정보를 찾기 어렵다는 것도 큰 몫을 한다. 유니티에 비해 사용자도 적고, 중요한 정보는 대부분 해외의 비공개 개발자 커뮤니티에서 이뤄지기 때문이다.

이렇게 표준 라이브러리 또는 API에서 원하는 기능을 리서치하고 찾을 수 있는 능력을 프로그래머가 가져야 하는 첫 번째 소양으로 본다. 아무리 이론을 배웠다고 해봐야 원하는 정보를 찾을 능력이 없다면 더 이상 성장하지 못하고 배운 것만 쓸 수 있다는 의미이기 때문이다. 이렇게 간단하면서 중요한 과정을 제대로 소개해준 책이나 자료가 없다는 것이 한탄스러울 정도다.

다시 본론으로 돌아와서 우리는 '1 + 2'의 결과를 화면에 띄워 확인하고 싶다는 목표를 설정했고, 리서치 결과 함수 printf를 사용하면 된다는 것을 알았다. printf는 'Print Formatted'의 약자로, 한국어로는 '프린트에프'라고 읽으면 된다.

함수 printf는 표준 라이브러리에서 제공하는 출력 함수 중 하나로, 좀 더 정확히 표기하면 '범용 표준 출력 함수'다. 여기서 표준이란 프로그래밍을 하면서 명령을 내릴 수 있는 '콘솔 화면(윈도우 기준: 명령 프롬프트)' 또는 '콘솔 창'에 출력된다는 의미다. 이 용어만 봐도 범용이 아닌 특정 목적의 출력 함수도 있으며, 화면이 아닌 다른 곳에 출력하는 함수도 있을 것이라는 직감이 들 것이다.

표 2-2로 돌아가서 확인해보면 핵심적인 입력과 출력 함수들을 정의한 헤더 파일은 stdio.h라고 추측해볼 수 있다. 아니라고 걱정할 건 없다. 다른 헤더 파일도 찾아보면 그만이니 직접 찾아보면서 경험을 누적시키는 것이 중요하다.

stdio는 Standard Input/Output library(표준 입출력 라이브러리)의 약어로, C 프로그래밍에 필요한 대부분의 입출력 함수를 정의하고 있다. 모든 프로그래밍 교육에서 스스로 찾아가는 과정을 이해하고 직접 찾을 수 있는 능력을 기르는 것이 코드를 작성하는 것보다 우선시돼야 한다.

2-3-1-2 표준 출력 함수: printf( )

Ex2-5 / main.c

```
01  #include <stdio.h>
02
03  int main(void)
04  {
05      printf("%d", 1 + 2);
06
07      return 0;
08  }
```

표준 출력 결과는 다음과 같다.

```
3
```

지금쯤 헤더 파일 stdio.h에 함수 printf가 정말 있는지 확인하고 싶은 생각이 들었다면 이 책의 철학에 맞게 아주 잘 따라오고 있다는 좋은 신호다. 예제 코드 Ex2-5와 같이 1행에 #include <stdio.h>라고 추가하면서 나머지 코드를 작성한다. 그리고 앞서 배운 것 같이 stdio.h 부분을 Ctrl + 클릭으로 헤더 파일을 열어본다.

새로운 탭으로 stdio.h가 열리니 이 파일에서 Ctrl + F를 눌러 printf를 검색해보면 stdio.h에 함수 printf가 존재한다는 것을 알 수 있다. 지금 상세한 코드 내용은 알 수 없겠지만, 어떻게 사용해야 하는지 형식과 규정이 적혀져 있다고 기억해두자. 이제 소스 파일 main.c의 1행에 헤더 파일 stdio.h를 추가하면 출력 함수 printf를 쓸 수 있다.

5행에서 'printf('라고 printf 다음에 '('를 작성하는 순간 자동으로 ')'가 생겨 함수의 종료를 작성해주며, 동시에 팝업 창으로 inline int __cdecl printf(const char *const _Format, ...)라는 함수의 원형 정보가 나온다. 이것을 설명하려면 동시에 너무 많은 개념을 설명해야 하니 지금은 함수 printf를 사용하기 위한 형식이고, 이 형식은 반드시 지켜야 하는 것이라고 생각하고 넘어가자. 헤더 파일 stdio.h가 추가되면서 컴파일러는 함수 printf라는 존재를 알게 됐고, 사용할 수 있는 함수라는 것을 인식한 동시에 사용법까지 안내해준 것이다.

함수 `printf`는 콤마(,)를 기준으로 2개의 매개변수를 갖고 있다. 첫 번째 매개변수는 큰따옴표(" ") 안에 감싸여 있으며, %로 시작하는 %d를 '형식 지정자Format Specifier'라고 한다. %d는 10진수 정수로 출력하기 위한 형식 지정자다. 두 번째 인자 1 + 2를 첫 번째에서 지정한 형식에 따라 출력한다. 즉, 3이라는 결과를 10진수 정수 표현으로 출력하라는 의미다. 형식 지정자에는 꽤 다양한 형태가 있으며, 상세한 내용은 '3-4-4 범용 입출력 함수' 절에서 설명한다.

실행까지 완료하면 표준 출력으로 3이라는 결과를 확인할 수 있다. 예제 코드 Ex2-2에서는 1 + 2가 정상적으로 수행됐는지 알 수 없었지만 예제 코드 Ex2-5에서는 컴파일 후 실행을 하는 것으로 표준 출력 함수 `printf`를 통해 화면에 결과를 띄워 눈으로 확인할 수 있다.

아주 간단한 코드지만 우리는 스스로 하고자 하는 작은 목표를 설정하고, 원하는 함수를 찾고, 표준 라이브러리를 적용하고, 실제 코드를 작성해 결과까지 화면에서 확인했다. 특히 그 무엇보다 중요한 건 우리가 세웠던 목표를 실제 프로그램 내의 행동으로 결과가 도출되게 한 5행이 이 예제 코드의 '핵심 코드'라는 것이다. 어떤 결과를 도출하고자 하는지가 핵심 코드를 통해 구현되는 것이 프로그래밍이다.

예제 코드 Ex2-5부터는 '핵심 코드'에 해당되는 행은 강조 표시를 할 것이다. 책의 예제 코드이므로 데이터를 확인하는 목표를 가진, 출력하는 코드가 해당되는 경우가 많겠지만 반드시 출력하는 코드만이 핵심 코드가 되는 것은 아니다. 원하는 데이터를 가공하는 것이 목표이고, 단지 그 데이터를 보조적으로 출력하는 경우라면 데이터를 가공하는 코드가 핵심 코드가 될 것이다.

앞으로 모든 예제 코드를 1행부터 분석하려고 하지 말고 반드시 핵심 코드에서부터 어떻게 확장된 코드인지 분석하는 습관을 기르자. 다른 코드들은 핵심 코드에서 원하는 결과를 도출하기 위해 만들어진 과정이자 보조적인 역할을 수행할 뿐이다. 결과를 도출하기 위해 변수가 필요하면 그제야 변수의 선언 명령문을 작성하면 된다.

게다가 프로그래밍은 표준 라이브러리와 사용자 정의를 조합해서 만드는 것에 불과하다는 사실을 직접 체험했다. 지금까지의 기본 개념만 정확히 이해했다면 이제는 표준 라이브러리에 무엇이 있고, 어떤 키워드가 있고, 어떻게 사용하면 되는지 하나씩 배우는 과정만 남았다.

2-3-1-3 에러 코드: LNK2019, LNK1120

예제 코드 Ex2-5에서 1행의 전처리기 부분을 지우면 어떻게 될까? 컴파일은 문제 없이 성공하나 솔루션 빌드할 때 LNK2019와 LNK1120이라는 에러가 발생한다. 이 에러들은 '1-3-7 C 프로그래밍의 시작점: main 함수' 절에서 `main` 함수가 없었을 때 예제에서 발생했던, 이미 알고 있는 에러 코드다. 단, 주의할 점은 결과적으로 에러 코드는 같지만 에러의 원인과 에러 메시지는 구체적으로 다르다는 것이다. 원인은 다르지만 얼마든지 동일한 에러 코드가 나올 수 있다는 점에 유의하자.

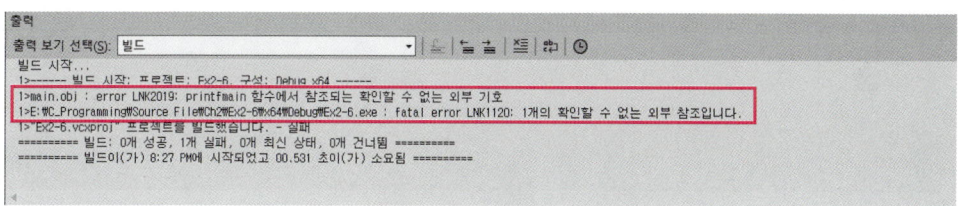

그림 2-3 LNK2019, LNK1120 에러

컴파일 규정에는 문제가 없으니 함수 `printf`를 정상적으로 컴파일했지만, 컴파일 러는 함수 `printf`가 무엇을 하는 함수인지 모른다. 그러니 표준 라이브러리를 본 래의 코드로 바꾸는 링크 단계에서 대체할 코드를 모르니 에러가 발생한 것이다. 확인할 수 없는 외부 참조이니 정체를 알려달라는 내용이다.

이 에러는 다양한 표준 라이브러리를 사용하다 보면 굉장히 빈번히 겪게 되는 에러다. 원하는 함수나 매크로 등을 사용했는데, 해당 함수나 매크로 등을 사용 하기 위해 필요한 표준 라이브러리를 추가해주지 않았을 경우 대부분의 프로그 래밍 언어 및 게임 엔진에서 에러 코드가 다를 뿐 비슷한 형태로 에러를 발생시 킨다.

2-3-1-4 데이터형 기본 분류 출력

Ex2-6 / main.c

```
01  #include <stdio.h>
02
03  int main(void)
04  {
05      printf("%c\n", 'A');
06      printf("%s\n", "Test");
07      printf("%d\n", 1 + 2);
08      printf("%f", 2.2 + 4.5);
09
10      return 0;
11  }
```

표준 출력은 다음과 같다.

```
A
Test
3
6.700000
```

'2-2-3 데이터형의 기본 분류' 절에서 데이터형의 기본적인 분류를 배웠으니 표준 출력 함수를 활용해서 확인해본다. 예제 코드 Ex2-6과 같이 작성하자. 아직 함수 printf의 형식을 배우지 않았으니 대략 어떤 느낌인지만 알면 충분하다. 데이터형의 기본 분류에 따라 순서대로 문자, 문자열, 정수, 실수를 출력해봤다. 함수 printf는 다양한 데이터형에 대응되므로 '범용' 표준 출력 함수라고 한다. 코드를 작성할 때는 큰따옴표(" ")와 작은따옴표(' ')까지 정확히 입력해야 한다.

함수 printf 내부에 있는 '역슬래시(\)'는 보통 키보드의 Enter 키 위에 '\'라고 돼 있는 키를 누르면 된다. 윈도우에서는 폰트에 따라 어느 한 쪽으로 표기되지만 비주얼 스튜디오에서는 역슬래시(\)로 표기된다. '\n'은 '역슬래시 n'이라고 읽으며, 출력 함수에서 사용하는 제어 문자^{Control Character}로 출력 결과를 한 줄 띄우겠다는 의미다. 즉, 워드에서 Enter 키를 누른 것과 동일한 효과다. 제어 문자는 '3-4-1 제어 문자' 절에서 상세히 다룬다.

코드를 자세히 살펴보면 문자, 문자열, 정수, 실수 순서대로 **%c, %s, %d, %f**라는 다른 형식 지정자를 사용하고 있다는 것을 눈치 챘 것이다. 구체적인 것은 아직 몰라도 C 프로그래밍 언어에서 문자, 문자열, 정수, 실수를 다른 데이터형으로 규정해서 분리해 사용하고 있다는 점을 확인할 수 있다. 다시 말해 앞으로 C 프로그래밍에서도 문자, 문자열, 정수, 실수 4가지를 기본으로 다룰 것이다.

2-3-2 변수의 선언 명령문

'1-1-4 절차적 프로그래밍 vs 객체지향 프로그래밍' 절에서 데이터를 대표하는 것이 '변수'이고, 알고리듬을 대표하는 것이 '함수'라고 했다. 절차적 프로그래밍인 C 프로그래밍은 '함수'를 기준으로 이뤄지므로 먼저 표준 라이브러리 함수를 사용하는 방법부터 설명했다. 사용자 정의 함수를 만드는 간략한 방법은 곧 배울 것이다. 지금까지 `main` 함수나 함수 `printf`를 배웠으니 이제 데이터를 대표하는 변수에 대해 알아볼 차례다.

절차적 프로그래밍에서 변수는 원하는 함수를 효율적으로 구현하기 위해 보조적인 역할을 한다. 객체지향 프로그래밍에서는 반대로 변수로 선언될 객체(클래스)를 효율적으로 구현하기 위해 멤버 함수들이 보조적인 역할을 한다.

변수는 데이터를 대표하는 만큼 프로그래밍 전반에 걸쳐 굉장히 중요한 개념이다. 간단히 설명하고 넘어갈 만한 사안이 아니다. 변수의 개념을 제대로 설명하지 않고 대충 넘어가면 프로그래밍하는 내내 고생하게 된다.

프로그래밍에서 변수란 데이터를 메모리에 저장하는 '공간'이다. 공간이라는 특성상 '크기'와 '주소'를 갖고 있다. 수학에서 변수는 변하는 값을 나타내는 문자라는 의미지만, 프로그래밍에서 변수는 변하는 값을 담아두는 '공간'이다. 용어가 변수라고 돼 있어 흔히 변하는 수, 즉 숫자를 의미하는 것이 아닌지 오해할 수 있지만, 이러한 수학에서 비롯된 용어의 오해에서 벗어나지 못하면 프로그래밍이 굉장히 어려워지기 시작한다. 수학과 프로그래밍은 비슷한 용어를 사용해도 개념이 다른 것들이 있다.

프로그래밍에서 변수는 메모리에서 사용되는 공간이라고 이해해야 한다. 따라서 변수는 크기가 존재하며, 앞서 배웠던 각 데이터형에 맞도록 적절한 크기를 선정해야 한다. 우리가 PC를 조립할 때 메인보드에 끼우는 메모리 카드의 용량이 바로 이 메모리다. 메모리는 하드 디스크에 비해 가격도 비싸고 용량의 한계가 명확하므로 변수를 쓸데없이 크게 선언하면 메모리를 낭비하는 비효율적이고 무거운 프로그램이나 게임이 만들어진다.

다음으로 해당 변수가 메모리의 어디에 저장되는지 알아야 데이터를 저장 및 불러오기를 할 수 있으므로 변수가 선언되면 자동으로 주소가 지정된다. 주소가 지정됐으니 변수의 '주소'는 물론 주소가 가리키고 있는 '데이터'도 원할 때 저장하고 불러올 수 있다. 그래서 변수는 공간의 개념이라는 것이다. 정리하면 메모리의 주소를 기준으로 프로그램이 실행되는 도중에 상황에 따라 데이터를 동적으로 바꾸고 싶을 때 변수를 선언하게 된다.

도서관 같이 방대한 자료를 저장해야 할 때 인간은 어떤 방식을 사용하는가? 책이름을 기준으로 분류하면 분야가 다른 책들이 섞이게 되므로 매우 불편하다. 따라서 도서관에서는 분류별로 책을 나눈 후 '인덱스'를 기준으로 배치한다. 인덱스만 알면 원하는 책이 어디에 위치해 있는지 찾아갈 수 있기 때문이다. 도서관에서 빌린 책에 복잡한 기호로 적혀 있는 것이 인덱스고, 도서관에서 책을 빌리려고 검색하면 인덱스가 나오고, 우리는 인덱스를 기준으로 원하는 책을 찾아가게 된다.

책이 파손돼 동일한 책이지만 새 책으로 교체돼야 할 때 또는 책의 내용이 수정돼 2판이 나와 책이 교체돼야 할 때도 인덱스는 그대로 두고 데이터인 책만 바꾸면 된다. 실제 책이 바뀌었지만 인덱스로 관리하니 관리자도 책을 새롭게 등록하기 위해 번거로운 작업을 하지 않아도 되고, 방문자들은 이전 책과 새 책을 따로 찾을 필요가 없이 인덱스만 찾으면 원하는 최신의 책을 찾을 수 있으니 아무런 불편함이 없다. 관리자가 새 책에 기존 인덱스만 옮겨 붙이면 된다.

바로 '도서관의 인덱스'가 '변수의 주소'다. 변수의 주소만 알면 쉽게 저장 및 불러오기를 할 수 있다. 이 개념이 C 프로그래밍 언어에서 많은 프로그래머가 가장 어려워하는 주소와 포인터 변수의 개념으로 연결된다.

프로그래밍에서는 데이터인 변수(책) 자체를 가져올 수도 있지만, 그 데이터 값이 상황에 따라 바뀔 수 있으니 변수의 주소(인덱스)를 가져오는 방법이 프로그래밍 관점에서 더 확실할 경우가 있다. 변수의 주소에 해당되는 인덱스가 가리키는 실제 데이터를 가져오도록 명령할 수 있는 것이 바로 포인터 변수일 뿐이다.

변수의 주소에 '3-11-1 주소 연산자(&)와 간접 참조 연산자(*)' 절에서 배울 간접 참조 연산자(*, 애스터리스크)를 붙이면 실제 데이터가 된다는 간단한 내용이다. 정리하면 책을 가져오는 방법은 직접 책을 가져오는 방법도 있지만, 간접적으로 인덱스를 통해 책을 가져오는 방법이 있다.

다음으로 변수의 개념은 알겠는데, "왜 변수를 추가한다고 하지 않고 선언한다고 할까?" 변수를 메모리에 할당하려면 변수를 선언해야 하는데, 선언Declaration이란 모두가 알 수 있게 미리 공표한다는 의미다. 변수는 메모리의 공간을 할당받으므로 서로 주소가 충돌되지 않게 '미리' 컴파일러에게 확실하게 알려야 한다. 이것이 변수의 선언 명령문이다. 더 쉽게 말하면 미리 찜을 했으니 건드리지 말아달라고 모두에게 들리게 소리치는 것이다.

예제 코드 Ex2-7은 예제 코드 Ex2-5를 좀 더 프로그래밍의 철학에 적합하게 변수를 선언해서 작성한 것이다. 쉽게 이해를 돕기 위해 변수의 의미에 맞게 값을 변경했다. 캐릭터의 힘에 무기의 공격력을 더한 캐릭터의 최종 공격력을 출력하는 것이 전부인 코드다. 캐릭터의 공격력을 계산하려고 했지만 별도로 캐릭터의 공격력은 변수로 선언하지 않고 그대로 더한 값을 출력한 예다. 그렇기 때문에 나중에 캐릭터의 공격력을 다시 불러오려면 매번 처음부터 다시 계산해야 한다.

Ex2-7 / main.c

```
01    #include <stdio.h>
02
03    int main(void)
04    {
05        int iCharacterStrength = 16;
06        int iWeaponAttack = 5;
07
08        printf("%d", iCharacterStrength + iWeaponAttack);
09
10        return 0;
11    }
```

표준 출력은 다음과 같다.

```
21
```

예제 코드 Ex2-5에 비해 5행과 6행이 추가됐고, 8행의 두 번째 항목이 숫자가 아닌 변수의 합으로 바뀌었다. 5행과 6행이 바로 변수의 선언 명령문이다. 변수 선언문을 살펴보면 16이나 5라는 초기화 값이 포함된 3가지의 영역으로 작성했지만 기존 책들은 초기화 값이 없는 다음의 코드처럼 작성하는 경우가 많다.

```
05      int iCharacterStrength;
06      int iWeaponAttack;
```

5행을 기준으로 변수의 선언 명령문을 3가지 영역으로 구분해서 정리해보자.

- **int**: 정수를 표현하기 위한 '데이터형을 알리는 키워드' 중 하나
- **iCharacterStrength**: 변수명
- **16**: 초기화 값

변수의 선언 명령문

```
데이터형 변수명;
데이터형 변수명 = 초기화 값;
```

기본적인 변수의 선언 명령문은 초기화 값 영역을 제외한 변수명까지다. 다시 말해 데이터형을 알리는 키워드 하나를 지정하고, 1칸을 띄고, 변수명을 작성하는 것이 기초적인 변수의 선언 명령문이다.

'데이터형을 알리는 키워드'는 변수를 찍어내기 위해 공장에 존재하는 '틀'이라고 생각하고, '변수'는 틀에서 찍혀 나온 '박스'라고 생각하면 이해하기 쉬울 것이다. 공장에서 int라는 크기와 모양을 가진 틀로 박스를 만들었고, 그 박스의 이름을 iCharacterStrength로 명명한 것이다. 물론 공장의 틀을 활용해서 동일한 크기의 다수의 박스를 제작할 수 있다.

다만 귀찮다고 박스의 이름표에 a, x 등으로 작성해 놓는다면 나중에 다시 찾으려

할 때 박스에 뭐가 들었는지 모를 것이다. 박스는 사물을 담아두기 위한 주소와 공간을 갖고 있으며, 박스를 관리하기 쉽게 박스에 붙여 놓은 '이름표'가 바로 '변수명'이다. 따라서 변수명이나 함수명을 대충 짓는 건 굉장히 안 좋은 습관이다. 변수는 프로그래머가 컴파일러에게 사용하겠다고 한 박스다. 따라서 정리의 책임 또한 프로그래머에게 있다.

틀이 있다면 무한정 박스를 찍어낼 수 있다. 그래서 C 프로그래밍 언어에서는 여러 크기와 모양을 가진 틀(데이터형을 알리는 키워드)을 제공하고, 프로그래머는 그 틀을 선택적으로 활용해서 필요한 박스(변수)를 만들고, 만들어진 박스(변수)를 알기 쉽게 관리하도록 이름표(변수명)을 붙인다. 정리하면 '변수의 선언 명령문은 틀을 결정하고, 틀에서 찍어낸 박스에 이름을 정해서 다른 박스들이 놓인 위치와 겹치지 않게 공표하는 과정'이다.

공장에 있는 틀은 사용자(프로그래머)가 쉽게 건드릴 수 없다. 특수한 상황에 허가를 받아야만 직접 건드릴 수 있다. 특수한 예외 상황을 제외하고 프로그래머는 틀에서 만들어낸 박스를 갖고 데이터를 관리한다.

객체지향 프로그래밍에서 자리 잡은 개념이지만 박스 또는 선언된 변수를 '인스턴스^{instance}'의 개념으로 볼 수 있다. 보통 공장에 있는 틀을 직접 들고 와서 작업을 할 수는 없으니 실제로 사용할 수 있게 만들어진 '복제품'이라고 보면 된다. 프로그래밍에서 인스턴스는 굉장히 중요한 개념이니 꼭 기억하자.

변수의 선언 명령문을 이해하기 쉽게 먼저 초기화 값을 제외하고 설명했다. 그런데 "왜 변수의 선언 명령문에서 초기화를 했을까?" 변수를 선언한다는 것은 메모리에 공간을 할당하는 것이라고 했다. 그런데 해당 공간에 아무것도 없는데, 누군가 해당 데이터를 가져오고 싶다고 요청하면 컴파일러는 어떻게 반응할까? 무슨 데이터를 갖고 있는지 모르니 그냥 랜덤으로 값을 전달하게 되고, 이에 따라 프로그램에 끔찍한 상황이 발생하기도 한다. 이런 문제가 게임이 갑자기 꺼지는 크래시^{Crash} 현상을 발생시키는 대표적인 원인이다. 그리고 랜덤하게 전달되는 의미 없는 값을 '쓰레기 값$^{Garbage\ Value}$'이라고 한다.

따라서 실무에서 프로그래밍을 해본 사람이라면 변수의 초기화가 얼마나 중요한지 뼈저리게 알고 있으며, 변수의 초기화를 하지 않는 신입을 보면 정말 정신이 바짝 들도록 크게 혼낸다. 예측하지 못하는 버그가 나오기 쉽고, 발생하는 문제조차 랜덤하게 나타나기 때문에 수정하는 것이 너무 힘들다. 그만큼 변수를 초기화하지 않는 건 프로그래머에게 있어 최악의 습관 중 하나다.

변수의 초기화를 하지 않는 건 컴파일 규정에 어긋나는 건 아니지만 실무에서 변수의 초기화는 반드시 해야 하는 필수 규정으로 삼는다. 따라서 변수라는 개념을 배우는 시점부터 변수를 초기화하는 예제로 공부해야 하며, 몸에 배도록 버릇을 들여야 한다. 변수의 초기화를 신경 쓰지 않는 예제 코드를 제공하는 자료나 책으로 공부했다면 이미 치명적으로 나쁜 버릇을 최소한 하나 이상 갖고 있는 셈이다.

> **팁**
>
> **이 책에서 채택한 변수명 네이밍 표기법**
> - 이 책은 기본적으로 헝가리안 표기법과 파스칼 표기법을 채택해서 작성됐다. 표기법에 대한 설명과 이 표기법들을 채택한 상세한 이유는 '3-3-1 변수의 선언' 절에서 다룬다.
> - 헝가리안 표기법은 변수명을 보는 것으로 데이터형을 알 수 있다는 장점이 있는 반면, 코드의 가독성을 떨어트린다는 단점이 있어 실무에서도 사용 여부에 대한 찬반양론이 팽팽하다.
> - 프로그래밍을 배우는 초보자를 위한 책이므로 데이터형에 대한 충분한 훈련이 필요하다고 판단했으며, 헝가리안 표기법을 알고 사용하지 않는 것과 모르는 것에는 큰 차이가 있으므로 많은 고민 끝에 헝가리안 표기법을 채택했다.
> - 헝가리안 표기법을 사용해서 배울 경우 이후 본인의 판단에 따라 사용할 수도 있고, 접두어를 제외해서 사용하지 않기도 수월하므로 헝가리안 표기법을 배우는 것이 초보자에게 더욱 유리하다고 판단했다.

2-3-2-1 변수의 선언 명령문은 어디에 작성해야 하는가?

그렇다면 변수의 선언 명령문은 코드 어디에 위치해야 할까? 가장 기본적인 건 사용하고자 하는 함수의 몸체인 { } 안에 위치해야 컴파일러가 인지할 수 있다. 다음으로 선언의 의미를 되돌아보면 정답이 이미 나와 있다. 예제 코드 Ex2-7과 같이 다른 명령문이 나오기 전에 변수를 '선언'하는 것이 C 프로그래밍 언어의 철학이며 정석이다.

하지만 이러한 규정은 하나의 소스 파일에서 코드가 길어지기 시작하면 변수를 선언할 때마다 코드의 윗부분으로 이동하고 다시 작성하던 아래 코드로 돌아가야 하니 불편하다고 느끼는 사람이 많아졌다.

그래서 이후에 등장한 C++에서는 변수의 선언문 위치를, 변수가 실제로 사용되기 전이라면 어디라도 위치할 수 있도록 편의성을 높였다. 다른 명령문들 사이에 있어도 되며, 변수가 사용되기 전이라면 함수 내부에 어디서든 변수를 선언해도 규정상 문제가 되지 않는다. 이러한 C++의 관행을 가져와 C에서도 C99에 반영해 변수의 선언문 위치를 항상 함수 내부에서 위가 아니더라도 컴파일이 되도록 변경했다. 실제 예전 버전의 비주얼 스튜디오는 변수의 선언을 반드시 함수 내부에서 위에 해야 했지만, 이러한 변경점이 적용된 버전에서는 융통성 있게 위치를 변경할 수 있도록 반영됐다.

이러한 편의성 개선으로 인해 대규모 팀 프로젝트를 경험해보지 않는 경우 예제 코드 Ex2-8과 같이 사용할 변수를 활용하기 바로 직전에 선언하면 더 편하다고 느낄 수 있다. 캐릭터의 힘과 무기 공격력을 합한 숫자를 단순히 출력하기보다 캐릭터의 힘과 무기의 공격력이 제대로 돼 있는지 각각 확인하기 위해 출력 함수를 6행과 9행에 추가한 예다.

Ex2-8 / main.c

```c
01  #include <stdio.h>
02
03  int main(void)
04  {
05      int iCharacterStrength = 16;
06      printf("%d\n", iCharacterStrength);
07
08      int iWeaponAttack = 5;
09      printf("%d\n", iWeaponAttack);
10
11      printf("%d", iCharacterStrength + iWeaponAttack);
12
13      return 0;
14  }
```

표준 출력은 다음과 같다.

```
16
5
```

21

하지만 이렇게 코드를 작성할 경우 코드가 길어지면 변수 몇 개를 어떤 데이터형으로 선언하고 있는지, 한눈에 알기 어렵다는 치명적인 단점이 생긴다. 변수들이 메모리의 크기를 결정하므로 코드 내에 이리저리 분산돼 있으면 체계적으로 변수를 관리하지 않게 되고, 조금이라도 필요하다고 생각하면 큰 고민 없이 변수를 선언해 메모리를 낭비하는 경향이 생긴다. 더 나아가 팀으로 프로그래밍을 할 경우 이런 코드는 다른 사람이 동일한 역할을 하는 변수를 다른 변수명으로 또 만들 가능성도 높으므로 실무 관점에서 매우 좋지 않다.

코드를 작성하는 과정에서 조금 불편할 수 있지만 전체 코드를 관리하기 수월하고, 설계하기 유리하고, 유지 보수하기 좋고, 팀으로 작업하는 데 있어 서로 간의 실수를 줄이는 방법을 선택하는 것이 좋다. 즉, 변수의 선언 명령문을 함수의 가장 윗부분에 '먼저' 선언하는 것이 압도적으로 이점이 많다. 선언이라는 용어에는 다 깊은 뜻이 있다. 이러한 노하우를 정리해서 실제 실무에서도 활용할 수 있는 '2-4-5 소스코드의 영역 구분' 절에서 정리했으니 참고하길 바란다.

C 프로그래밍 언어는 편의성을 위해 융통성을 발휘했지만 근간이 되는 철학으로, 안정성과 호환성을 위해 규정을 지키는 것에 대해 강조하고 있다. 따라서 '2-4-1 사용자 정의 함수' 절에서도 소개하겠지만, 변수만이 아니라 함수의 경우도 윗부분에 먼저 선언을 하고 이후에 구현하는 것을 기본 골자로 하고 있다. 업계에서도 아래의 코드와 같이 변수의 선언은 다른 명령문의 윗부분에 별도로 한눈에 보기 좋게 정리해서 작성하는 것을 권장한다.

이 책에서도 모든 변수의 선언 명령문은 특별한 사유가 있지 않는 한 선언이라는 용어에 맞게 함수 내부의 가장 위에 작성할 것이다. 예제 코드 Ex2-9를 다음과 같이 수정하는 것이 좋다.

```
05      int iCharacterStrength = 16;
06      int iWeaponAttack = 5;
07
08      printf("%d\n", iCharacterStrength);
```

```
09        printf("%d\n", iWeaponAttack);
10
11        printf("%d", iCharacterStrength + iWeaponAttack);
```

2-3-2-2 왜 변수를 선언하는가?

변수에 대해 상세히 설명하고 있는데, 아직 '왜'가 남아있다. 이 책에서는 매우 중요한 개념이 나올 때마다 이 질문을 던질 예정이다. "우리는 왜 변수를 선언하는가?" 왜 변수를 사용하는지 모른 채 따라 하기 식으로 무작정 변수를 선언해봐야 변수를 정확히 사용하기 어렵다. 따라서 변수의 의미보다 변수를 왜 선언하는지 이해하는 것이 중요하다.

변수를 선언한다는 것은 데이터형의 크기만큼 메모리를 사용하겠다는 것이다. 예제 코드 Ex2-9의 7행과 같이 이후에 사용하지 않는 변수를 선언했다면 최적화에 반하게 된다. 코드를 작성하는 과정에서는 컴파일 문제도 없고, 규정에 위반되지도 않는다. 그러니 나중에 사용할 가능성이 조금이라도 있는 변수들을 한 번에 미리 만들어 놓으면 편할 것이라고 생각하고, 일단 왕창 선언해 두자고 할 수 있겠지만 그만큼 메모리를 아무 의미 없이 사용하는 것이다.

즉, 변수 **iEnemyStrength**는 이후 코드에 사용되지 않으니 아무런 역할도 하지 않는 메모리만 낭비하고 있는 변수다. 변수 **iEnemyStrength**를 실제 사용하는 코드를 작성하지 않는 이상 7행은 삭제돼야 한다.

Ex2-9 / main.c

```
01    #include <stdio.h>
02
03    int main(void)
04    {
05        int iCharacterStrength = 16;
06        int iWeaponAttack = 5;
07        int iEnemyStrength = 0;
08
09        printf("%d", iCharacterStrength + iWeaponAttack);
10
11        return 0;
```

```
12    }
```

표준 출력은 다음과 같다.

```
21
```

변수를 선언하는 의미는 간단하다. '나중에 다시 활용하기 위해 저장'해 두는 것이다. 나중에 다시 쓸 일이 있으니 변수에 저장을 하고, 앞으로 필요할 때마다 쉽게 꺼내 쓰겠다는 것이 변수 선언의 이유다. 즉, 다시 쓸 가능성이 있는 데이터를 별도의 변수로 선언해야 한다. 아무 데이터나 변수로 선언하는 것이 아니다.

다만 실무에서는 최적화와 가독성이라는 2가지 핵심 철학이 서로 충돌하는 경우가 있다. 팀 프로젝트에 적합한 가독성 있는 코드를 작성하기 위해 복잡한 1줄 코드를 몇 개의 변수를 더 선언해서라도 여러 줄로 나눠 작성하는 경우가 있다. 변수를 추가로 선언한 만큼 메모리를 소모하기는 하지만, 다른 팀원이 쉽게 분석하고 수정하기 쉽도록 가독성 있는 코드를 작성하는 것은 유지 보수에 굉장한 도움이 되기 때문이다.

앞으로의 예제 코드에서 이와 같은 경우에 해당된다면 변수를 몇 개 더 선언해서라도 가독성 있는 코드를 작성할 것이다. 프로그래머는 코드를 짧고 어렵게 작성하는 걸 자랑스럽게 생각해서는 안 된다. 동일한 기능을 구현하면서도 가능한 한 누구나 보기 쉽고 알기 쉽게 구현하는 것이 진정한 실력이다. 혼자만 알 수 있는 어려운 코드를 작성하는 버릇을 들이면 게임 개발과 같이 팀 프로젝트가 필수적인 분야에서는 선호하지 않게 된다.

2-3-3 대입 명령문

2-3-3-1 =은 수학에서 사용하는 등호의 개념이 아니다!

변수의 선언 명령문 다음으로 프로그래밍에서 알고리듬을 구현하는 데 빈번하게 활용되는 대입 명령문을 알아볼 차례다. 앞서 '2-3-2 변수의 선언 명령문' 절에서 변수를 초기화하는데 사용했던 '= 연산자'를 프로그래밍을 모르는 입장에서는 수학의 '등호 기호'라고 인식할 것이다. 예를 들면 예제 코드 Ex2-9의 5행을 "iCharacterStrength는 16과 같다."라고 인식하게 되는데, 이러한 인식을 깨지 않는 이상 프로그래밍이 어려워진다.

프로그래밍에서 '='은 수학의 등호 기호와 동일한 개념이 아닌, '대입 연산자'로 규정돼 있다. 따라서 전혀 다른 의미를 가지며 전혀 다른 역할을 수행한다. 대입 연산자(=)는 오른쪽 값(RV, Right Value)을 왼쪽 값(LV, Left Value)에 저장하는 역할을 한다. 즉, 오른쪽 박스에 있는 내용물을 왼쪽 박스에 통째로 넣어달라는 명령문을 수행하기 위한 연산자다. 앞으로 편의를 위해 Right Value를 RV로, Left Value를 LV로 축약해서 칭하겠다.

예제 코드 Ex2-9의 5행을 프로그래밍의 관점에서 설명하면 "16이라는 정수를 정수 데이터형을 가진 변수 iCharacterStrength에 저장(할당)한다."고 봐야 한다. 이제 대입 연산자의 개념을 알았으니 변수의 선언 명령문에서 초기화를 했던 것도 이해가 될 것이다. 변수를 선언하는 동시에 안전하게 원하는 값까지 대입해서 초기화까지 끝낸 것이다.

2-3-3-2 대입 명령문

Ex2-10 / main.c

```c
01    #include <stdio.h>
02
03    int main(void)
04    {
05        int iCharacterStrength;
06        int iWeaponAttack;
07
08        iCharacterStrength = 16;
09        iWeaponAttack = 5;
10
11        iCharacterStrength = iCharacterStrength + 1;
12
13        printf("%d", iCharacterStrength + iWeaponAttack);
14
15        return 0;
16    }
```

표준 출력은 다음과 같다.

```
22
```

대입 연산자를 알아봤으니 이제 실제 대입 연산자를 활용한 대입 명령문을 작성해 볼 차례다. 예제 코드 Ex2-10의 5행과 6행이 변수의 선언 명령문이고, 8행과 9행이 대입 명령문으로 구성돼 있다.

대입 명령문의 형식은 간단하다. 'LV = RV;'라는 형식을 지키면 되고, RV의 '값'을 LV의 메모리 '공간'에 저장(할당), 즉 덮어쓰라는 명령문이다. RV를 LV의 메모리에 덮어썼으니 결과적으로 해당 명령문이 끝난 시점에는 LV와 RV가 동일한 상태다. 그렇기 때문에 프로그래밍에서 =라는 기호를 착안해 연산자로 사용한 것이다. 하지만 결과만 수학의 등호와 동일할 뿐 개념과 수행되는 과정은 전혀 다르므로 주의해야 한다.

대입 명령문

```
Left_Value = Right_Value;
```

초기화하지 않은 변수의 선언 명령문 이후에 바로 대입 연산자를 활용해 데이터를 넣어주면 초기화와 동일한 효과를 가진다. 즉, 예제 코드 Ex2-9의 5행을 예제 코드 Ex2-10의 5행과 8행으로 명령문을 나눠 작성할 수 있다. 예제 코드 1줄을 2줄로 풀어서 쓴 것이다. 2가지 표현 모두 장단점이 있으니 상황에 따라 사용하면 된다. 이것을 '대입 명령문을 활용한 변수 초기화'라고 한다.

변수의 선언 명령문인 6행과 대입 명령문인 8행 사이에 변수 iCharacterStrength 와 iWeaponAttack을 사용하려고 한다면 컴파일러는 솔루션 빌드 과정에서 '에러 C4700'을 낼 것이다. 아직 초기화되지 않은 변수를 사용하려고 시도하는 걸 사전에 에러를 발생시켜 차단한 것이다.

다음으로 11행의 대입 명령문을 살펴보자. 이 명령문은 변수의 초기화와는 무관하다. 대입 명령문의 의미를 확실히 전달하기 위해 추가한 명령문이다. 변수명을 제외하고 이를 간단히 표현하면 x = x + 1;가 된다. 대입 연산자의 개념을 제대로 이해하지 못한 채 수학의 등호 기호 개념에서 이 명령문을 보면 도저히 이해가 되지 않는다. 정수로 이뤄진 x가 어떻게 x + 1과 같을 수 있는지 혼란스러울 것이다.

```
11        iCharacterStrength = iCharacterStrength + 1;
```

하지만 대입 연산자의 의미로 설명하면 전혀 어렵지 않다. 최종적으로 메모리에 저장을 해야 하니 LV에는 '박스'만 올 수 있고, RV에는 해당 박스에 있는 '값' 또는 값 자체인 '리터럴'이 올 수 있다. 즉, 이 명령문은 "박스 x에 있는 값을 꺼내 1을 더한 후 다시 박스 x에 넣는다."는 의미다. 'RV는 데이터를 불러오는 동작이고, LV는 데이터를 저장하는 동작'이기에 결국 LV가 메모리를 관리하는 중요한 변수다. 이 개념을 이해하지 못하면 앞으로 모든 예제 코드를 이해할 수 없게 된다.

이와 같이 대입 연산자의 본래 기능은 메모리 주소가 할당된 변수에 원하는 값을 저장하기 위함이다. 이러한 특징을 변수의 초기화에도 활용하고 있을 뿐이다.

그렇다면 다음의 코드와 같이 5행과 6행의 변수 선언 명령문에서 미리 안전하게 0으로 초기화를 하고, 이후 대입 명령문에서 원하는 값을 대입해서 추가로 초기화를 하는 건 어떨까? 이와 같이 코드를 작성해도 아무런 문제는 없다. 분명 돌다리도 두드려보려는 코드임은 맞지만 현재 비주얼 스튜디오에서는 대입 명령문을 활용해서 변수를 초기화하기 전에 변수를 사용하면 에러를 발생시키고 있기 때문에 굳이 이런 코드를 작성할 필요는 없다. 다만 에러를 발생시켜주지 않는 오래된 컴파일러를 쓴다고 하면 실수를 방지할 수 있는 코드이기는 하다.

```
05        int iCharacterStrength = 0;
06        int iWeaponAttack = 0;
07
08        iCharacterStrength = 16;
09        iWeaponAttack = 5;
```

이 책에서는 변수의 선언 명령문과 동시에 초기화하는 것과 명령문을 분리해서 대입 명령문을 활용해 변수를 초기화하는 것을 동일하게 보고 있으므로 둘 중에 하나만 선택해서 작성하기를 권장한다.

대입 명령문이 실제 코드에서 어떻게 사용되는지 알아보기 위해 예제 코드 Ex2-11을 소개한다. 조금 어려울 수 있으나 반드시 이해하고 넘어가야 하는 부분이다.

Ex2-11 / main.c

```c
01  #include <stdio.h>
02
03  int main(void)
04  {
05      int iCharacterStrength = 16;
06      int iWeaponAttack = 5;
07      int iCharacterAttack = 0;
08
09      iCharacterAttack = iCharacterStrength + iWeaponAttack;
10
11      printf("Damage: %d", iCharacterAttack * 10);
12
13      return 0;
14  }
```

표준 출력은 다음과 같다.

```
Damage: 210
```

9행에서는 변수 **iCharacterAttack**에 다른 2개 변수의 합을 저장한다. 이는 변수의 초기화로 활용한 대입 명령문과는 상황이 다르다. 대입 명령문의 본래 목적에 맞게 사용된 예다. 따라서 안전을 위해 7행에서 변수를 선언하는 시점부터 **0**으로 초기화를 했다. 2개의 변수의 합이 이뤄지는 과정에 어떤 문제가 생길지 모르며, 초기화하는 명령문이 아닌 실제 알고리듬을 구현하고 있기 때문이다. 7행에서 **0**으로 초기화해두고, 9행에서 결과를 덮어쓰면 되니 매우 안전한 코드다.

```
09      iCharacterAttack = iCharacterStrength + iWeaponAttack;
```

이제 9행에서 계산이 진행되는 과정에 문제가 발생해도 변수 **iCharacterAttack**이 이미 **0**으로 초기화돼 있으니 초기화를 하지 않아 발생하는 문제가 생길 가능성이 없어졌다. 게다가 덤으로 변수 iCharacterAttack을 출력했을 때 결과가 0이 아니어야 하는데, 0이라면 두 변수를 더하는 과정에 문제가 있어 저장되지 않았다는 것도 부가적으로 알 수 있다는 장점도 있다.

그것도 프로그램이 크래시나지도 않는 상태에서 확인할 수 있으니 테스트도 쉽고 코드를 수정하기도 쉽다. 따라서 변수에 따라 의도적으로 초기화를 -1과 같은 특이한 값으로 지정하는 경우도 있다.

다음으로 11행을 살펴보자. 앞서 가독성을 위해 추가로 변수 선언을 하는 경우가 있었다고 했던 걸 기억할 것이다. 물론 7행에서 변수 iCharacterAttack의 선언 명령문도 하지 않고, 9행에서 대입 명령문을 사용하지 않고 다음과 같이 바로 11행에 통합하는 코드를 작성할 수도 있다. 아무런 문제도 없는 코드다. 게다가 코드도 짧아지고 사용하는 변수도 3개에서 2개로 바뀌었으니 메모리 관리 관점에서도 좋다.

```
11      printf("Damage: %d", (iCharacterStrength + iWeaponAttack) * 10);
```

그러나 굳이 변수 iCharacterAttack을 추가로 선언해서 사용한 2가지 이유가 존재한다.

첫째, 캐릭터의 힘과 무기 공격력을 더한 캐릭터의 공격력은 이후 알고리듬을 작성할 때 다시 사용될 가능성이 높다고 판단했다. 이후 작성할 코드에서 캐릭터의 공격력을 가져오고 싶을 때마다 매번 캐릭터의 힘과 무기 공격력을 더하면 굉장히 불편할 것이기 때문이다. 즉, 캐릭터의 공격력은 이후 재활용될 가능성이 높으니 별도의 변수로 선언을 했다.

둘째, 현재 기준으로 11행 정도이면 큰 문제가 없지만 캐릭터의 공격력에 10을 곱한 데미지를 계산하는 공식이 더 복잡하게 바뀐다면 가독성에 문제가 되기 때문에 이를 미리 방지하기 위해 코드 몇 줄이 추가되지만 진행 과정을 보기 쉬우면서도 디버깅하기 쉽게 분리해 놓은 것이다.

1줄에 여러 기능이 동시에 작성돼 있는 코드는 어느 과정에서 문제가 발생했는지 알기 어렵기 때문에 디버깅에 굉장히 취약하다. 문제가 생기면 그 때야 비로소 과정별로 코드를 몇 줄로 분리할 것이다. 그 시점에 코드를 다시 분석하고 분리하다가 실수를 할 수 있으니 미리 가독성 있고 명확한 코드를 작성하는 것도 프로그래밍 노하우다. 실무에서 프로그래밍에 익숙한 경험자들이 마음만 먹으면 훨씬 간략한 코드를 작성할 수 있지만, 디버깅과 팀 프로젝트를 위해 코드를 쉽게 작성하는 건 전부 합당한 이유가 있다.

주의할 점은 가독성과 메모리 최적화 사이에 충돌이 발생했을 때 어떤 것을 선택해야 한다는 정답이 존재하지 않는다는 것이다. 장단점이 서로 명확하다. 1줄에 어느 정도의 복잡도를 가진 코드를 함께 작성할 것인지, 변수를 분리할 것인지, 말 것인지는 상황에 따라 다르게 구현할 수밖에 없다. 이러한 것들이 실제 프로그래밍 실무에서 얻을 수 있는 노하우들이다.

2-3-3-3 하드 코딩은 최대한 피해야 한다

마지막으로 프로그래머라면 가능한 한 피해야 하는 '하드 코딩'에 대해 알아보자. 예제 코드 Ex2-11에서는 변수의 선언 명령문에서 초기화하는 부분을 제외하면 11행의 10이 유일한 숫자다. 변수에 저장하지 않고 데이터를 코드에 바로 사용하는 것을 하드 코딩^{hard coding}이라고 한다.

데미지를 계산하기 위해 캐릭터의 공격력에 곱한 배율인 10은 게임에서 변할 가능성이 절대 없을까? 10과 같이 코드상에 변수 선언문 없이 데이터를 그대로 작성하면 값을 수정할 때마다 실수를 할 가능성인 높아진다. 코드가 길어져서 배율을 의미하는 10을 코드에서 100번 사용한다고 해보자. 그런데 추후에 게임 디자인 관점에서 이 값을 15로 바꿔야 하는 상황이 발생했다.

미리 변수로 선언을 했다면 변수의 초깃값만 바꾸면 되므로 딱 1줄만 수정하면 된다. 그러나 변수로 선언하지 않고 하드 코딩했기 때문에 정수인 10이 사용된 100군데를 하나도 빠짐없이 모두 동일하게 15로 변경해야 한다. 인간인 이상 당연히 실수가 일어날 가능성이 높지 않겠는가? 이건 하드 코딩의 위험성 중에 극히 일부에 불과할 정도로, 하드 코딩은 프로그래밍에서 치명적인 습관이다.

기존 프로그래밍 책들은 대부분 굉장히 중요한 개념인 변수, 선언 명령문, 대입 명령문을 각각 몇 페이지 내로 부실하게 설명하고 있다. 게다가 코드가 길어져서 보기 좋지 않다는 이유로 오히려 마치 프로그래밍의 정석이 하드 코딩인 것처럼 상당수의 예제 코드를 제공하고 있다.

심각한 건 프로그래밍을 배우는 초보자들이 이러한 책으로 공부하면서 안 좋은 습관이 하나도 아닌 다수가 몸에 배어버린다는 점이다. 더 무서운 건 하드 코딩과 같이 절대 해서는 안 되는 걸 프로그래밍의 정석이라고 착각하는 것이다. 아예 모른다면 새로 배우면 되지만 처음부터 잘못 배워 잘못된 습관에 익숙해져 있다면 막대한 시간과 노력을 투자해도 결코 고치기 쉽지 않다.

실제 경험 많은 프로그래머들은 신입 프로그래머들의 잘못된 습관을 고치는 데 걸리는 시간보다 기억을 리셋하고 새롭게 배우는 것이 훨씬 적은 시간이 들어간다는 농담을 하기도 한다. 다만 학생들에게 있어서는 농담으로 넘어갈 문제가 아니다. 실제 취업에서 굉장히 큰 영향을 주기 때문이다. 이상한 버릇이 있는 조금 실력 있어 보이는 지원자를 뽑을 바에야 차라리 지금은 실력이 조금 부족해 보여도 프로그래밍을 체계적으로 배운 것 같은 지원자를 압도적으로 선호한다. 실제 합격이 결정된 후 팀에서 실무를 가르치면 아주 빠른 시간에 많은 것을 가르칠 수 있기 때문이다.

2-3-4 표준 입력 함수

2-3-4-1 사용자를 고려한 프로그램

표준 출력 함수를 활용해서 선언 명령문과 대입 명령문을 배웠으니, 이제 표준 출력 함수와 쌍이 되는 표준 입력 함수를 알아본다. 입력 함수는 데이터의 주소 개념이 들어가기 때문에 출력 함수에 비해 설명하기 상당히 까다롭고, 간단한 코드를 작성하는 데 필수는 아니므로 이론을 중심으로 다루는 책에서는 입력 함수 장을 제외하고 직접 대입 명령문을 활용해 입력 데이터를 임의적으로 넣을 뿐 입력 함수를 자주 사용하지 않는다.

그러나 프로그래밍에서 사용자에게 입력을 받도록 구현한다는 건 사소해 보이지만 굉장히 중요한 의미를 지닌다. 프로그래머가 자체적으로 코드에 입력 데이터를 넣은 것과 다르게 사용자마다 다른 입력을 받을 수 있도록 구현한다는 건 결국 프로그램을 사용자에게 배포한다는 걸 가정한 것이기 때문이다. 배포를 하려면 그만큼 많은 공을 들여야 하고, 그만큼 자연스럽게 고수준의 코드를 작성하게 된다.

프로그래밍 언어 이론 책의 대부분은 성격상 출력 함수를 위주로 예제 코드를 구성하며, 입력 함수는 입력 함수를 소개하는 장에서만 자주 잠깐 언급할 뿐 그 외에는 거의 사용하지 않는다. 사용자에게 입력 데이터를 받아야 의미 있는 상황에서 임의적으로 코드에 입력 데이터를 넣는 것으로 대체하면 혼자서 연습하고 버려지는 코드가 되기 쉽다. 모든 프로그램에서 입력 함수를 사용할 필요는 없지만, 가급적 사용자에게 배포할 수 있다는 개념을 초기부터 가지기 위해 입력 함수에 대한 이해가 반드시 필요하며, 필요한 경우 회피하지 말고 사용해서 익숙해질 필요가 있다.

실생활에서 사용자에게 입력 정보를 받아야 한다면 보통 어떻게 하는가? 미리 엑셀, 워드 같은 파일이나 구글 시트 등에 사용자가 작성할 칸을 만들어두고, 그 칸에 내용이 아닌 그 칸이 몇 번째 항목인지 '위치'를 기억해둘 것이다. 그래야 수많은 사용자가 작성한 내용을 취합해서 가져오기 편하다. 사용자마다 다르게 작성하게 되는 내용(데이터)에 관심을 갖기보다 칸의 '시작 위치(주소)'를 기준으로 사용자의 입력 데이터를 가져오게 된다.

C 프로그래밍 언어의 입력 함수도 동일하게 동작한다. 사용자가 입력한 데이터는 변수에 직접적으로 대입할 수 없다. 사용자가 입력하는 시점에는 어느 정도의 크기일지 어떤 데이터일지 예측할 수 없기 때문이다. 그렇기 때문에 메모리의 시작 주소에서부터 입력된 데이터의 크기만큼 저장(할당)되게 된다.

그런데 바로 이 특징이 입력 함수가 어렵고 까다로운 점이다. 프로그래머가 직접 대입 명령문을 활용해서 데이터를 입력하면 변수에 데이터를 넣는 시점에 이미 어떤 값이 들어가는지 알고 있으므로 자연스럽게 적당한 크기를 가진 데이터형을 선택하고 규정에 맞는 데이터를 변수에 넣게 된다.

그러나 입력에 제약을 줄 수 있겠지만 사용자에게 입력할 수 있는 권한을 넘겨주면 각 사용자가 어떤 데이터를 입력하게 될지 아무도 모른다. 얼마든지 장난으로 기상천외한 입력 데이터를 넣어볼 수도 있다. 그렇기 때문에 프로그램을 배포해 사용자에게 데이터를 입력받으려면 프로그램에 문제가 생기지 않게 수많은 '예외 처리'를 해야만 한다.

그렇기 때문에 동일한 기능을 구현한다고 할지라도 입력 함수로 데이터를 받아올 때 구현해야 할 코드의 양이 엄청나게 많아진다. 가능한 한 발생할 수 있는 모든 문제를 사전에 예외 처리해야 하기 때문에 생각하면 할수록 끝이 없이 코드가 늘어난다. 그래서 사용자를 고려한 프로그램을 작성해보면 프로그래밍 실력이 빠르게 늘어난다고 했던 것이다.

2-3-4-2 표준 입력 함수: scanf( )

출력 함수를 대표하는 건 표준 출력 함수인 printf였다. 이와 대비되는 표준 입력을 대표하는 건 표준 입력 함수인 scanf다. '스캔에프'라고 읽는다. 함수 scanf 또한 헤더 파일 stdio.h에 존재하니 동일하게 전처리기로 추가하면 사용할 수 있다. 이미 헤더 파일 stdio.h를 추가했다면 별도의 과정 없이 사용할 수 있다.

함수 scanf는 키보드에서 사용자가 입력한 값을 주소 기준으로 받아와서 변수에 저장하는 함수다. 원하는 값을 입력하고 Enter 키를 누르면 시작 주소를 기준으로 Enter 키가 눌리기 전까지의 값을 데이터의 크기만큼 저장한다.

예제 코드 Ex2-12는 예제 코드 Ex2-7과 예제 코드 Ex2-11을 기반으로 프로그래머가 대입 연산자를 통해 직접 변수의 초기화 값을 넣지 않고, 대신 소비자에게 입력 데이터를 받을 수 있도록 코드를 추가했다. 다만 안전성 확보를 위해 변수의 선언 명령문에 0으로 초기화를 했다. 너무 복잡해질 수 있어 사용자의 입력을 제한하는 코드는 추가하지 않았다. 많은 지식이 있어야 제대로 된 예외 처리 코드를 작성할 수 있으므로 지금 설명할 단계가 아니다.

Ex2-12 / main.c

```
01    #define _CRT_SECURE_NO_WARNINGS
02
03    #include <stdio.h>
04
05    int main(void)
06    {
07        int iCharacterStrength = 0;
```

```
08        int iWeaponAttack = 0;
09        int iCharacterAttack = 0;
10        int iDamageMagnification = 10;
11
12        scanf("%d", &iCharacterStrength);
13        scanf("%d", &iWeaponAttack);
14
15        iCharacterAttack = iCharacterStrength + iWeaponAttack;
16
17        printf("%d", iCharacterAttack * iDamageMagnification);
18
19        return 0;
20    }
```

표준 출력은 다음과 같다.

```
16(Enter 키)    ← '출력 창에 직접 입력'
10(Enter 키)    ← '출력 창에 직접 입력'
260
```

코드를 제대로 작성했더라도, 12행과 13행의 함수 scanf에 녹색 물결무늬 밑줄이 생겨 보일 것이다. 왜 이런 문제가 발생하는지 이후 설명할 테니 지금은 무시하고 넘어가자.

실행해서 출력 창이 뜨면 화면에 아무것도 보이지 않는데, 이 화면이 정상이다. 사용자 입력을 대기하고 있는 상태다. 예제 코드 아래에 정리한 표준 출력에서 '출력 창에 직접 입력' 항목은 사용자가 직접 해당 내용을 입력해야 하는 부분이다. 16을 입력하고 Enter 키를 누른다. 그러면 다음 줄로 내려간다. 다시 10을 입력하고 Enter 키를 누른다.

그러면 표준 출력과 같이 세 번째 줄에 260이 출력될 것이다. 사용자에게 2개의 입력 데이터를 받는 코드이니 입력 데이터를 2번 받도록 구현됐으며, Enter 키를 총 2번 누르는 순간 2개의 함수 scanf가 종료되고 함수 printf가 호출된다.

예제 코드 Ex2-7과는 2가지 부분이 다르다.

첫째, 1행에 #define _CRT_SECURE_NO_WARNINGS라는 코드가 추가됐다. define 앞에

#가 붙어있으니 전처리기 지시자 중 하나라는 것을 알 수 있다. 아직 전처리기를 상세히 설명하지 않았으니 간략히만 소개하고 넘어간다. #define은 매크로명을 만들어 파일에 정의하는 역할을 한다.

즉, 1행을 추가함으로써 소스 파일 main.c는 _CRT_SECURE_NO_WARNINGS라는 매크로가 정의됐다는 의미다. 원하는 기능을 구현하는 데 필요한 코드가 아닌데, 이 코드가 왜 추가됐는지는 '2-3-4-3 함수 scanf의 위험성' 절에서 설명한다.

```
01    #define _CRT_SECURE_NO_WARNINGS
```

둘째, 12행과 13행을 표준 입력 함수인 함수 scanf를 활용해서 작성됐다. 대입 명령문으로 직접 데이터를 입력하지 않고 사용자에게 데이터를 받을 수 있게 대체했다. 함수 scanf와 함수 printf의 차이점은 변수 앞에 '주소 연산자(&)'가 등장하는 것이다. 다시 말해 사용자가 입력한 데이터를 변수 자체가 아닌 해당 변수의 '시작 주소'를 기준으로 변수에 저장한다는 의미다.

```
12        scanf("%d", &iCharacterStrength);
13        scanf("%d", &iWeaponAttack);
```

12행과 13행에서 주소 연산자(&)를 지우면 어떻게 될까? 실행까지 정상적으로 진행되므로 아무런 문제가 없는 것처럼 보이지만 실제 숫자를 입력하면 별도로 띄워진 팝업 창에 Debug Assertoin Failed!라는 실패 메시지가 나온다. 사용자가 입력한 1이나 4와 같은 메모리 주소는 찾을 수 없으니 어떤 주소에 저장해야 될지 몰라 정상적으로 저장하지 못했다는 의미다.

앞서 사용자가 어떤 데이터를 입력할지 모르니 변수에 직접 저장할 수 없고 시작 주소를 기반으로 변수에 저장할 수밖에 없다고 했던 걸 기억할 것이다. 논리적으로 이해하면 외울 필요 없이 아주 당연한 것이니 외우지 말고 이해해야 한다. "설명하기 까다로우니 일단 함수 printf와 달리 함수 scanf에는 규정상 &를 붙여야 한다."고 단순하게 외우고 넘어가면 주소나 포인터 변수 관련 내용이 나올 때마다 모든 내용을 일일이 외워야 한다. 프로그래밍 교육에 맞지 않는 최악의 교육 방법이다.

'1-1-3 프로그래밍 = 데이터 + 알고리듬' 절에서 프로그래밍의 기본 개념이자 흐름이 '입력 데이터 → 알고리듬 → 출력 데이터'라고 했다. 2장에서 지금까지 다양한 개념을 소개한 건 바로 예제 코드 Ex2-12를 설명하기 위해서다.

12행~13행에서 2개의 입력 데이터를 받아 각각의 변수에 저장하고, 15행에서 2개의 변수를 더하는 알고리듬을 추가하고, 17행에서 그 결괏값에 데미지 배율을 곱해서 출력 데이터로 화면에 출력했다. 이 일련의 흐름에 되도록 빨리 익숙해지는 것이 매우 중요하다. 모든 프로그래밍은 결국 이 흐름으로 이뤄진다고 해도 과언이 아니기 때문이다. 추가적으로 예제 코드 Ex2-11에서 문제가 됐던 하드 코딩도 없앴다.

2-3-4-3 함수 scanf의 위험성

1행은 원하는 기능을 구현하기 위해 필요한 코드가 아니라고 했다. 그렇다면 이 코드는 왜 추가했을까? 이 코드를 지우면 어떻게 될까?

1행을 지우고 다시 컴파일을 시도하면 컴파일 단계에서부터 12행과 13행에 각각 '에러 C4996'이 발생한다. 이 함수는 안전하지 않으니 다른 안전한 함수로 대체하거나 매크로 _CRT_SECURE_NO_WARNINGS를 코드에 정의하라는 메시지다. 즉, 보안 검사를 통과하지 못했으니 진입할 수 없다는 경고다.

왜 이런 문제가 발생했을까? 그건 함수 scanf에 위험성이 있다는 것을 C 프로그래밍 언어의 규정을 만든 사람들도 알고 있기 때문에 이를 경고하기 위해 컴파일러에 에러가 나도록 안전장치를 마련해 놓은 것이다.

함수 scanf는 설계 단계부터 사용자가 입력하는 데 제한을 두지 않게 만들어졌다. 따라서 변수의 크기를 벗어나는 입력 데이터가 들어올 경우 심각한 문제가 발생할 수 있으므로 위험하니 가급적 사용하지 말라는 것이다. 함수 scanf는 Enter 키를 입력하기 전까지 모든 값을 입력받는다고 했다. 즉, 백지 수표와 같이 너무나 위험한 함수다.

함수 scanf보다 사용법이 복잡한 반면 안전한 입력 함수가 있지만 해당 함수를 설명하려면 많은 것을 설명해야 하니 '3-4 표준 입출력' 절에서 설명하기 전까지 울며 겨자 먹기로 사용할 수밖에 없다. 반드시 기억해야 할 것은 실제 상용 프로그램을 만들 때는 사용해서는 안 된다는 것이다.

함수 scanf의 컴파일 에러를 회피하려면 보안 검사를 무시할 수 있는 프리 패스를 갖고 가면 되는데, 동일한 결과지만 2가지 방법으로 해결할 수 있다.

첫째, 예제 코드 Ex2-12에서 소개했듯이 전처리기 #include 위인 소스 파일의 가장 위에 #define _CRT_SECURE_NO_WARNINGS를 추가하는 방법이다. 반드시 파일의 가장 위에 작성해야 한다.

둘째, 코드에 작성하지 않고 비주얼 스튜디오의 속성에 추가하는 방법이 있다. 새롭게 만드는 파일마다 매번 해당 코드를 작성하는 것이 귀찮다면 비주얼 스튜디오 세팅에 입력해 놓는 것으로 불편함이 줄어든다.

솔루션 탐색기의 해당 소스 파일에서 마우스 오른쪽 버튼을 클릭하고 속성을 선택한다. 이후 그림 2-4와 같이 나오는 창에서 C/C++ ▶ 전처리기 ▶ 전처리기 정의의 오른쪽 체크박스를 눌러 편집을 선택한다.

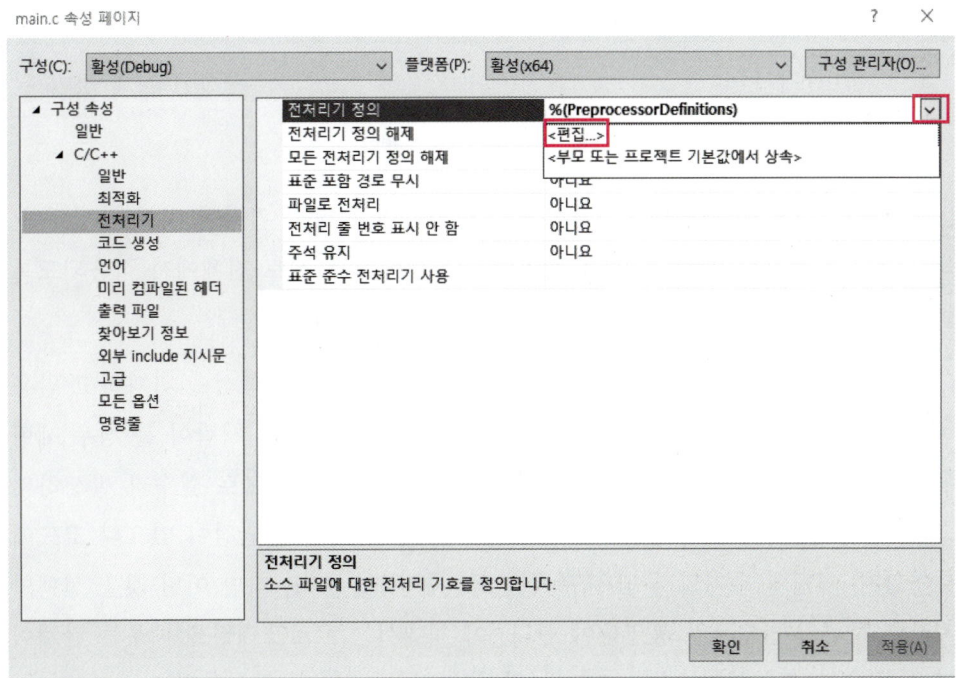

그림 2-4 전처리기 정의 선택

2장 C 프로그래밍의 구조와 흐름 | 159

이후 그림 2-5와 같이 나오는 창에 _CRT_SECURE_NO_WARNINGS를 입력하고 확인을 클릭하면 코드에 직접 추가하지 않아도 해당 파일에 전처리기가 반영된다.

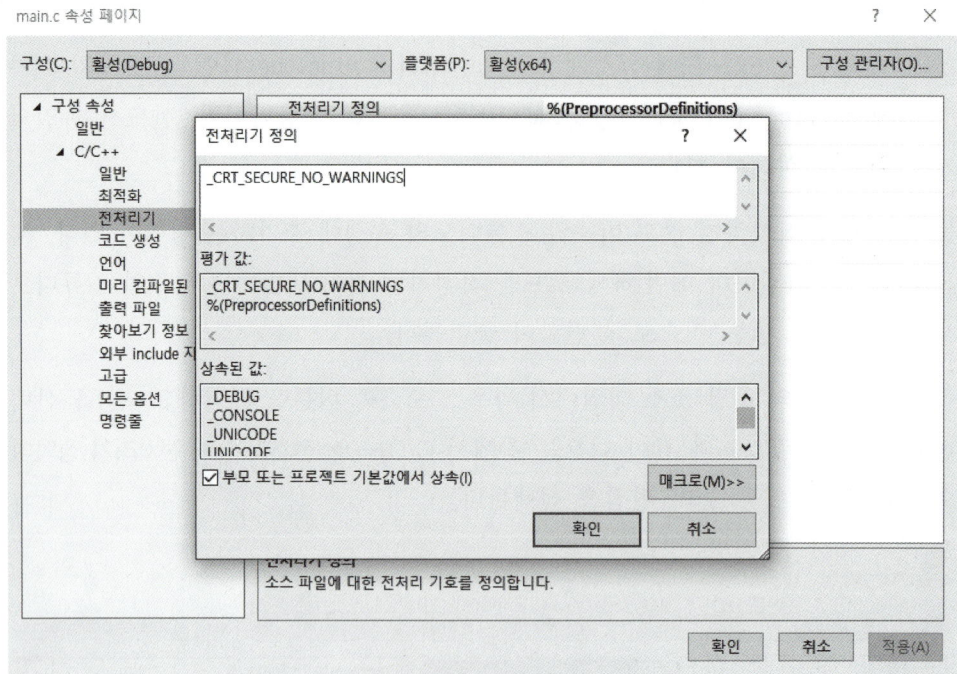

그림 2-5 전처리기 정의 편집

비주얼 스튜디오의 속성에서 전처리기를 정의하면 굉장히 편리한 것이 사실이다. 특히 '2-4-6 템플릿 제작' 절에서 설명할 템플릿에 프로젝트 전체에서 적용되도록 반영해 놓으면 이후 작업할 때 다시 생각할 필요도 없다.

그러나 코드에 추가하지 않아도 되는 만큼 함수 scanf의 위험성을 간과하고 남용할 가능성이 높아진다. 또한 팀 프로젝트와 같이 코드를 다른 사람이 볼 경우 세팅에 설정해 놓으면 코드에서는 해당 전처리기를 볼 수 없으므로 실수가 발생하기 쉽다. 따라서 한 쪽이 무조건 좋다고만 볼 수 없다. 각자 장단점이 있으니 코드에 추가할지, 세팅에 추가할지 팀 내부에서 정하는 것이 좋다. 다만 어떤 것을 선택할지라도 하나의 방법으로 통일해야 한다. 이 책에서는 프로그래밍을 배우는 단계이므로 눈으로 확인하기 쉽게 코드에 직접 작성하는 걸로 통일한다.

이 2가지 방법 중 하나를 선택하면 함수 scanf를 코드에 사용해도 솔루션 빌드가 정상적으로 성공하고 실행도 가능하다. 다만 아직도 함수 scanf를 사용한 행에는 녹색 물결무늬 밑줄이 표시되며, 마우스 오버를 하면 '경고 C6031'로 반환값이 무시됐다는 경고를 한다. 경고는 위험성을 알리는 역할을 수행한다. 에러와 달리 수정하지 않는다고 실행이 불가능하지는 않는다. 스스로 수정할 것인지 놔둘 것인지 판단해야 한다.

함수 scanf는 사용자가 입력한 데이터를 크기와 무관하게 저장하는 굉장히 위험한 함수이므로 공부하는 과정에서 사용하되 연습 코드 외에 사용을 피해야 한다.

> **세이브 포인트: 개념 정리**
>
> **프로그래밍의 흐름**
> - 모든 프로그래밍은 작은 목표를 세우고, 설계하고, 구현하고, 테스트하는 것의 반복이며 이러한 반복을 통해 큰 목표에 점차적으로 도달하는 것이다.
> - 프로그래머가 원하는 기능을 구현하기 위해 먼저 해야 할 일은 코드를 작성하는 것이 아니라 '정보를 찾는 것'부터 시작하는 것이다.
> - 프로그래밍은 '핵심 코드'에서부터 시작해 점차 확장하는 것이다.
> - **핵심 코드**: 세웠던 목표를 실제 프로그램 내의 행동으로 결과가 도출되게 만드는 코드다.
>
> **변수**
> - **변수**: 데이터를 메모리에 저장하는 '공간'이며, 공간이라는 특성상 '크기'와 '주소'를 갖고 있다.
> - **변수의 주소**: 변수가 선언되면 자동적으로 주소가 지정되며, 주소는 변수의 위치를 가리킨다.
> - **변수의 선언 명령문**: 메모리 공간을 할당받은 주소가 서로 충돌되지 않게 '미리' 컴파일러에게 알리는 명령문이다.
> - **데이터형을 알리는 키워드**: 변수를 찍어내기 위해 공장에 존재하는 '틀'이며, '변수'는 틀에서 찍혀 나온 '박스'다.
> - **변수를 선언하는 의미**: 나중에 다시 활용하기 위해 저장해 두는 것이다.
>
> **대입 명령문**
> - **대입 연산자(=)**: 오른쪽 값(RV, Right Value)을 왼쪽 값(LV, Left Value)에 저장하는 역할을 한다.
> - **대입 명령문**: RV의 '값'을 LV의 메모리 '공간'에 저장(할당)하라는 명령문이다.

> **세이브 포인트: 형식 정리**
>
> **변수의 선언 명령문**
> 데이터형 변수명;
> 데이터형 변수명 = 초기화 값;
>
> **대입 명령문**
> Left_Value = Right Value;

2-4 실무를 대비한 프로그래밍 구조

지금까지 하나의 파일에서 모든 코드를 작성한다고 가정했을 때 '입력 데이터 → 알고리듬 → 출력 데이터'의 흐름을 완성했고, '핵심 코드'에서부터 코드를 확장하면 된다는 것을 이해했으니 프로그래밍의 핵심 프로세스는 이해한 것이다.

이것만 이해해도 프로그래밍의 절반은 이해한 것이다. 이제는 원하는 결과를 좀 더 정교하게 얻기 위해 조금씩 코드를 확장해가는 것뿐이다. 다만 실무에서 활용할 수 있는 진정한 프로그래밍의 골격을 이해하려면 추가적으로 크게 2가지를 이해할 필요가 있다.

첫째, 함수를 기준으로 프로그래밍을 하는 절차적 프로그래밍에서 사용자 정의 함수를 만드는 것, 이것이 기능을 구현하는 알파이자 오메가다.

둘째, 사용자 정의 함수를 여러 개 만들다 보면 결코 하나의 소스 파일에서만 모든 코드를 작성할 수 없는 시점이 찾아온다. 당연히 여러 개의 파일로 코드를 나눠서 작성해야 하며, 더 바람직한 건 본격적으로 코드를 작성하기 이전 단계부터 체계적으로 전체 구조를 설계할 수 있어야 한다. 파일을 몇 개로 분리할지, 각 파일에 어떤 함수를 포함할지 등 설계를 한 후 작업자를 분배해 프로그래밍을 시작하게 된다.

하나의 소스 파일에서 모든 코드를 작성하는 건 변수를 초기화하지 않는 것과 비견될 정도로 기존 프로그래밍 교육에서 당연한 것처럼 가르쳐왔던, 절대 피해야 할 끔찍한 습관이다. 지금부터는 사용자 정의 함수를 만드는 방법과 실무를 대비해 파일을 어떻게 나눠서 관리하는지 핵심만 알아본다.

2-4-1 사용자 정의 함수

변수와 표준 라이브러리에서 제공하는 함수를 사용해서 프로그래밍의 '입력 데이터^{Input} → 알고리듬 → 출력 데이터^{Output}'를 구현해봤다. 다음으로 프로그래밍의 근간이자 핵심인 사용자 정의 함수를 만들 차례다.

함수는 '기능을 수행하는 코드 단위'이므로 모든 프로그래밍은 하나의 기능을 하나의 함수로 구현하는 것을 원칙으로 한다. 하나의 기능을 하나의 함수로 만들어놓으면 본인 스스로나 다른 사람이 해당 함수를 재활용할 수 있기 때문에 생산성이 크게 늘어난다.

절차적 프로그래밍에서는 함수를 중심으로 절차적으로 실행되므로 사용자 정의 함수를 만드는 것이 프로그래밍의 거의 전부라고 할 수 있을 정도다. 따라서 C 프로그래밍 언어에서 포인터 변수나 2차원 배열 등은 기본 개념만 알아도 충분하다고 본다. 그러한 개념은 실전에서 몇 번 사용해보면 금세 이해된다. 필요한 시점에 리서치해서 사용해도 큰 문제는 없다. 프로그래밍을 좀 더 수월하게 하기 위한 보조적인 기능이기 때문이다.

다만 무슨 일이 있더라도 프로그래밍 과정에서 하나의 기능을 가진 코드를 작성하면 그 코드를 사용자 정의 함수로 분리할 수 있는 능력만큼은 갖춰야 한다. 하나의 기능을 하나의 함수로 만드는 것은 모든 프로그래밍의 근간이므로 사용자 정의 함수를 만들지 못하면서 부수적인 이론을 잘 알아봐야 아무런 소용이 없다.

사용자 정의 함수를 만들어보기 전에 배워왔던 예제 코드를 활용해서 사용자 정의 함수를 만들어볼 만한 코드를 작성해봤다. 예제 코드 Ex2-13은 예제 코드 Ex2-11을 기준으로 배워왔던 개념을 활용했다. 지금까지의 코드에 비해 길어 보이지만 이미 전부 알고 있는 내용을 합친 것에 불과하다.

Ex2-13 / main.c

```
01    #define _CRT_SECURE_NO_WARNINGS
02
```

```c
03  #include <stdio.h>
04
05  int main(void)
06  {
07      int iCharacterLevel = 0;
08
09      int iCharacterStrength = 16;
10      int iWeaponAttack = 5;
11      int iCharacterAttack = 0;
12      int iDamageMagnification = 10;
13      int iTotalDamage = 0;
14
15      printf("Enter your character's level\n");
16      scanf("%d", &iCharacterLevel);
17      printf("Player Character Level: %d\n", iCharacterLevel);
18
19      iCharacterAttack = iCharacterStrength + iWeaponAttack;
20      iTotalDamage = iCharacterAttack * iDamageMagnification;
21
22      printf("Character Attack: %d\n", iCharacterAttack);
23      printf("Total Damage: %d\n", iTotalDamage);
24
25      return 0;
26  }
```

표준 출력은 다음과 같다.

```
Enter your character's Level
7(Enter 키)      ← '출력 창에 직접 입력'
Enter your character's Level: 7
Character Attack: 21
Total Damage: 210
```

예제 코드 Ex2-13에서 7행과 9행 사이에 1줄을 띤 이유는 7행의 변수 선언 명령문과 9행에서 13행까지의 변수 선언 명령문이 관련성이 없이 전혀 다른 기능을 담당하고 있으므로 가독성을 높이기 위해 의도적으로 구분한 것이다. 다양한 기능과 관여된 변수들이 혼잡하게 섞여 있을 경우 가독성도 떨어지고 유지 보수가 어려워진다. 이러한 사소한 것들이 이후 함수를 쉽게 분리하기 위한 토대가 된다. 1줄을 띤다고 해서 프로그램 최적화에 문제가 생기는 것도 아니니 가독성을 위해 적당히 상황마다 1줄을 띄는 것도 좋다. 어디에서 1줄을 띄는지도 프로그래밍 노하우 중 하나다.

예제 코드 Ex2-13을 살펴보면 **main** 함수 안에 작성된 코드에는 크게 2가지 기능이 있다는 것을 알 수 있다. 첫째, 캐릭터 레벨을 입력받아 그대로 출력하는 기능이다. 둘째, 데미지를 계산해서 출력하는 기능이다. 이 2가지 기능은 상호 독립적이고, 각각 단 하나의 기능만 수행하므로 별도의 사용자 정의 함수로 분리하는 것이 좋다.

Ex2-14 / main.c

```
01  #define _CRT_SECURE_NO_WARNINGS
02
03  #include <stdio.h>
04
05  void Character_Level_IO();
06  void Damage_Calculate();
07
08  int main(void)
09  {
10      Character_Level_IO();
11      Damage_Calculate();
12
13      return 0;
14  }
15
16  void Character_Level_IO()
17  {
18      int iCharacterLevel = 0;
19
20      printf("Enter your character's level\n");
21      scanf("%d", &iCharacterLevel);
22      printf("Player Character Level: %d\n", iCharacterLevel);
23  }
24
25  void Damage_Calculate()
26  {
27      int iCharacterStrength = 16;
28      int iWeaponAttack = 5;
29      int iCharacterAttack = 0;
30      int iDamageMagnification = 10;
```

```
31      int iTotalDamage = 0;
32
33      iCharacterAttack = iCharacterStrength + iWeaponAttack;
34      iTotalDamage = iCharacterAttack * iDamageMagnification;
35
36      printf("Character Attack: %d\n", iCharacterAttack);
37      printf("Total Damage: %d\n", iTotalDamage);
38  }
```

예제 코드 Ex2-14는 예제 코드 Ex2-13과 완전히 동일하게 동작하는 코드로, 사용자 정의 함수 2개를 만들어서 기능을 분리했을 뿐이다. 가독성도 높아졌고, 함수별로 독립적으로 작동하니 버그가 발생했을 때도 대응하기 수월하게 변했다. 또한 이후 동일한 코드를 반복적으로 사용해야 한다면 조금 있다가 배울 함수의 호출만 여러 번 해주면 되므로 작성해야 할 코드가 급격히 줄어든다. 이와 같이 전반적으로 훨씬 체계적이고 구조화된 코드라는 걸 느낄 것이다. 작업자가 다수라면 함수별로 독립적으로 구현을 진행해도 되니 팀 프로젝트에도 적합한 형태다.

함수 안의 내용은 예제 코드 Ex2-13과 완전 동일하므로 어떤 코드가 함수로 분리됐는지 주목하자. 중요한 건 '하나의 기능을 하나의 사용자 정의 함수로 만드는 방법'과 '함수의 선언부, 구현부, 호출부' 3가지가 무엇인지 이해하는 것이다.

C 프로그래밍 언어에서 함수는 3가지 영역을 갖고 있으며, 컴파일러가 인지하는 순서는 '선언부 → 구현부 → 호출부'지만, 프로그래머가 코드를 작성하는 순서는 '구현부 → 선언부 → 호출부'가 보편적이다. 구현부를 작성하면서 매개변수와 반환값이 바뀌면 선언부도 동일하게 매칭시켜줘야 하기 때문이다.

1) 함수의 선언부

```
05  void Character_Level_IO();
06  void Damage_Calculate();
```

함수의 선언부는 main 함수의 몸체 밖이면서 위에 위치해 컴파일러에서 해당 함수를 사용할 것이라고 미리 알려주는 역할을 한다. 변수의 선언 명령문과 비슷한 개념이다. 함수명 또한 변수명과 동일하게 분리한 기능을 대표할 수 있도록 명확히 작성해야 한다.

함수명 네이밍에서 단어와 단어 사이에서 단어의 첫 글자를 대문자로 작성하는 것으로 구분했으며, 예제 코드 Ex2-14에서 2장이 종료될 때까지는 언더스코어(_)를 추가적으로 사용해서 단어를 명확히 구분했다. 변수명 또는 함수명 네이밍에서 단어를 구분하기 위해 언더스코어를 사용할 수 있는 것을 보여주기 위한 예시이며, 3장부터는 보편적인 네이밍 표기법에 따라 함수명의 단어 사이를 언더스코어를 붙이지 않고, 첫 문자를 대문자로 표기하는 것으로 단어를 구분할 것이다. 언더스코어를 사용하든 사용하지 않든 2가지 방법 모두 사용되므로 선택의 문제다. 네이밍은 '3-3-1 변수의 선언' 절에서 상세히 다룬다.

일반적으로 함수의 몸체 안에서만 메모리가 유지되는 '지역 영역'에 존재하는 '변수'와 달리 '함수'는 전처리기 다음의 '전역 영역'에 작성하는 것이 보편적이다. 그래야 사용 범위에 제한 없이 파일 내의 모든 곳에서 사용할 수 있기 때문이다. 따라서 main 함수 밖에서 작성한 것이다. 함수의 선언부에는 해당 함수의 머리만 작성하면 된다. 5행과 6행이 해당된다. 주의할 점은 1줄로 이뤄진 코드이므로 명령문의 종료를 { } 대신 세미콜론(;)으로 알린다는 것이다.

2) 함수의 구현부

```
16  void Character_Level_IO()
17  {
18      int iCharacterLevel = 0;
19
20      printf("Enter your character's level\n");
21      scanf("%d", &iCharacterLevel);
22      printf("Player Character Level: %d\n", iCharacterLevel);
23  }
24
25  void Damage_Calculate()
26  {
27      int iCharacterStrength = 16;
28      int iWeaponAttack = 5;
29      int iCharacterAttack = 0;
30      int iDamageMagnification = 10;
31      int iTotalDamage = 0;
```

```
32
33      iCharacterAttack = iCharacterStrength + iWeaponAttack;
34      iTotalDamage = iCharacterAttack * iDamageMagnification;
35
36      printf("Character Attack: %d\n", iCharacterAttack);
37      printf("Total Damage: %d\n", iTotalDamage);
38  }
```

함수의 구현부는 실제 하나의 기능을 가진 알고리듬을 '구현'하는 실체에 해당되는 영역이다. 우리가 main 함수에서 작성했던 코드 중 하나의 기능으로 분리할 수 있다고 판단한 코드의 집합을 별도의 함수로 분리한 것에 불과하다.

함수의 구현부는 머리와 몸체가 모두 완벽히 존재해야 하며, 선언부와 함수의 머리가 완벽히 일치해야 한다. 코드의 집합으로 이뤄져 있으며 함수의 몸체가 이미 { }로 이뤄져 있으니 세미콜론(;)은 추가로 필요 없고 { }만 제대로 열고 닫으면 된다.

예제 코드에서 2가지 함수는 모두 입력^{Input}인 매개변수와 출력^{Output}인 반환값이 없으니 void를 사용했다. 함수의 유형은 '3-6-3 함수의 4가지 유형' 절에서 상세히 설명하니 지금은 사용자 정의 함수를 만드는 방법에 집중하자. 16행에서 23행까지 함수 Character_Level_IO로, 25행에서 38행까지가 함수 Damage_Calculate로 분리했다.

3) 함수의 호출부

```
10      Character_Level_IO();
11      Damage_Calculate();
```

함수의 호출부는 함수의 구현부에서 구현했던 실체를 실질적으로 '사용'하는 영역이다. 함수의 구현부만 작성하고 호출부를 작성하지 않으면 프로그램에서는 실질적으로 아무런 행동을 하지 않는 것이다.

표준 라이브러리에서 제공하는 함수는 이미 선언부와 구현부가 존재하므로 우리는 호출부만 코드에 사용했던 것이다. 호출부는 구현부의 코드를 원하는 시점에 불러오는 역할을 수행한다. 10행과 11행이 해당된다.

프로그래머가 코드를 작성하는 순서는 '구현부 → 선언부 → 호출부'라고 했다. 먼저 하나의 기능을 대표할 수 있는 함수명을 정해서 실제 알고리듬을 구현부로 작성하고, 구현부의 머리에 맞게 선언부의 머리를 일치시켜 작성한다. 이후 구현부를 다듬는다. 구현부에 기능이 구현되면 이후 원하는 시점에 호출부를 작성하는 것이 함수 작성의 흐름이다. 즉, 간략화하면 함수의 흐름은 '구현부 → 호출부'라고 할 수 있다.

객체지향 프로그래밍으로 넘어가기 전에 절차적 프로그래밍을 배워야 한다고 했던 이유가 바로 여기에 있다. 절차적 프로그래밍은 코드를 작성해 가면서 하나의 기능을 가진 코드의 집합이 있으면 사용자 정의 함수로 분리해 가면서 코드를 작성해 간다. 다시 말해 함수를 만들어가는 연습이 자연스럽게 되는 것이다. 그러나 객체지향 프로그래밍은 코드를 작성하기 전의 설계 단계부터 필요한 함수들을 설계하고, 함수인 채로 바로 구현하게 된다. 그렇기 때문에 사용자 정의 함수를 만들 수 있는 능력이 없다면 객체지향 프로그래밍을 시작하기조차 어려운 것이다.

이 시점부터 예제 코드 Ex2-17까지의 코드는 함수의 내용보다 '전체 구조'를 이해하는 데 집중하자. 그러므로 함수 내의 코드와 입출력 결과를 완전히 동일하게 진행할 것이다. 표준 입력과 출력의 결과도 완전히 동일하므로 생략한다. 함수 내의 코드 또한 동일하므로 코드 전체 구조를 보기 수월하게 함수 내의 코드를 '...'으로 표기한다.

2-4-1-1 에러 코드: C2371

함수의 선언부, 구현부, 호출부 중에 구현부와 호출부는 의미상 반드시 존재할 수밖에 없다. 함수의 '실체'와 '사용'하는 영역이기 때문이다. 그러나 얼핏 선언부는 일종의 불편함을 주는 규정으로 보일 수 있다. 함수의 선언부는 컴파일러에게 앞으로 사용할 함수가 있으니 놀라지 않게 미리 알려주는 역할을 한다.

하지만 변수의 선언부와 달리 필수가 아닌 경우가 있다. 필수는 아니라고 했으니 선언부를 삭제한다면 어떻게 될까? 함수의 선언부인 5행과 6행을 다음과 같이 삭제했다.

'경고 C4013'과 함께 '에러 C2371'이 발생한다. 경고에서는 "정의되지 않았습니다."라고 하며, 에러에서는 "재정의. 기본 형식이 다릅니다."라는 메시지가 뜬다. 간단히 말하면 컴파일러가 해당 함수가 뭐하는 건지 모른다는 것이다. 현재 구현부와 호출부만 존재하는데, 실체인 구현부가 호출부보다 아래에 있기에 호출이 된 시점에 함수의 실체를 몰라 잘못 재정의된 것이 아닌지 의심하는 메시지다. 지금 코드로는 컴파일이 실패한다.

```
01  #define _CRT_SECURE_NO_WARNINGS
02
03  #include <stdio.h>
04
05  int main(void)
06  {
        ...
11  }
12
13  void Character_Level_IO()
14  {
        ...
20  }
21
22  void Damage_Calculate()
23  {
        ...
35  }
```

그렇다면 선언부를 작성하지 않고 정상적으로 실행하게 할 수 있는 방법이 있을까? 방법은 생각보다 간단하다. 컴파일러에게 선언부 대신 실체를 미리 알려주면 된다. 즉, 다음의 코드와 같이 함수의 선언부가 없더라도 구현부를 호출부가 호출되기 전에 작성해주면 된다.

선언부는 없지만 컴파일러가 함수의 구현부를 인지했기에 밑의 호출부에서 해당 함수를 사용해도 아무런 문제가 되지 않는다. 이제 컴파일과 실행까지 정상적으로 완료된다.

```
01  #define _CRT_SECURE_NO_WARNINGS
```

```
02
03   #include <stdio.h>
04
05   void Character_Level_IO()
06   {
         ...
12   }
13
14   void Damage_Calculate()
15   {
         ...
27   }
28
29   int main(void)
30   {
         ...
35   }
```

이와 같이 함수의 선언부 없이 사용자 정의 함수를 작성할 수 있다. 그러나 C 프로그래밍 언어의 철학과 실무에서 코드 관리를 고려해 변수의 선언 명령문은 함수의 윗부분에 정리한다고 했던 걸 기억할 것이다. 함수의 선언부도 동일하다. C 프로그래밍 언어는 안정성 및 이식성을 위해 변수는 물론 함수도 모두 사전에 선언하는 것을 기본적인 철학으로 갖고 있다.

또한 이후 '2-4-2 사용자 정의 헤더 파일 생성' 절에 설명할 사용자 정의 헤더 파일이나 '2-4-3 기능별 파일 분리' 절에서 소개할 기능별 파일 분리를 한다고 가정하면 실질적으로 함수의 선언부를 사용하지 않을 수 없게 된다. 함수의 선언부를 작성하지 않고 main 함수 위에 구현부를 작성하는 것만으로도 하나의 소스 파일에서 모든 코드를 작성하는 나쁜 습관을 갖고 있다는 것을 의미하므로, 가능하긴 하지만 결코 추천하지 않는다.

이 책은 한 번 작성하고 버려질 예제 코드가 아닌 정식적인 프로그램을 짤 수 있는 능력을 길러주는 것이 목표이므로, 앞으로 함수의 선언문을 반드시 추가하고, 함수의 구현부는 main 함수 아래에 작성하는 것을 원칙으로 한다. 자세한 설명은 '2-4-5 소스코드의 영역 구분' 절에서 다룬다.

2-4-2 사용자 정의 헤더 파일 생성

프로그래밍을 하다 보면 사용자 정의 함수가 점차 추가되고 코드가 길어지기 시작하면서 main 함수 위에 다수의 전처리기와 함수의 선언부가 생길 것이다. 소스 파일을 열었을 때 어떤 기능이 구현돼 있는지 빠르게 확인하고 싶은데, 밑으로 꽤 내려야 함수의 구현부가 등장한다면 가독성도 떨어지고 새로운 코드를 작성하기에도 굉장히 불편할 것이다.

따라서 C 프로그래밍 언어에서는 함수의 구현부가 작성되기 이전 부분을 헤더 파일로 분리하는 방법을 제공한다. 헤더 파일은 이후 다양한 소스 파일에서 공통적으로 사용될 전처리기, 전역 변수, 함수의 선언부 등을 별도로 분리해, 소스 파일에서 레퍼런스 형태로 가져올 수 있게 만든 소스 파일 중 하나다. 헤더 파일은 파일 확장자를 '.h'로 사용한다. 소스 파일 중 하나지만 함수의 구현부는 포함하지 않으므로 일반적으로 헤더 파일과 소스 파일을 다른 용도를 가진 별도의 파일로 인식한다.

헤더 파일은 다수의 소스 파일에 전처리기 #include를 활용해 추가할 수 있다는 특징이 있다. 다시 말해 여러 소스 파일에서 공통적으로 사용되는 겹치는 부분을 하나의 헤더 파일로 분리해서 관리하면 새 소스 파일마다 헤더 파일에 포함된 코드를 반복적으로 작성할 필요가 없어지고, 트리 구조의 체계를 잡을 수 있다는 점이 장점이다.

팀 프로젝트에서도 중요 헤더 파일을 몇 개 정리해 놓으면 다수의 프로그래머가 일일이 헤더 파일을 만들 필요 없이 이미 팀에서 만들어 놓은 헤더 파일을 가져다 사용하기만 하면 된다.

하나의 소스 파일만으로 코드를 작성하는 건 심각하게 안 좋은 버릇이라고 했다. 최소한 이후 공통적으로 사용될 가능성이 있는 main 함수 윗부분은 헤더 파일로 분리해서 관리하는 것이 좋다. 코드를 작성할 수 있는 파일은 소스 파일과 헤더 파일 2개라는 점을 빠른 시점에 이해하고, 간단한 예제 코드를 작성하더라도 코드 전체의 체계를 잡는 연습을 할 필요가 있다.

헤더 파일을 만드는 방법은 기본적으로 소스 파일을 추가했던 방식과 거의 비슷하다. 비주얼 스튜디오의 솔루션 탐색기 창에서 헤더 파일이라고 돼 있는 항목에서 오른쪽 클릭을 한다. 추가 ▶ 새 항목을 선택하고 헤더 파일(.h)라는 항목을 클릭한 후 이름에 main.h라고 입력하고 추가 버튼을 누른다.

헤더 파일이 생성되면 비주얼 스튜디오는 맨 위에 #pragma once라는 전처리기 코드를 자동으로 추가한다. 비주얼 스튜디오 버전이 달라 추가되지 않았다면 직접 추가하면 된다. 이 코드는 헤더 파일이 중복 선언되는 것을 방지하고자 1번만 포함되게 해준다. 다시 말해 어떤 소스 파일에서 이미 main.h를 호출했는데, 다른 코드에서 main.h를 다시 호출하려고 할 경우 #pragma once가 있으면 두 번째 호출은 무시함으로써 헤더 파일의 코드가 1번만 포함되게 해준다.

예제 코드 Ex2-15는 예제 코드 Ex2-14의 코드 중 main 함수 윗부분에 해당되는 1 ~ 6행을 헤더 파일 main.h로 분리했다. 예제 코드 Ex2-15에서 헤더 파일 main.h의 1행은 헤더 파일을 생성할 때 자동으로 생성되며, 그 외는 예제 코드 Ex2-14의 코드와 동일하다.

다음으로 소스 파일 main.c의 1행에서 새로 만든 사용자 정의 헤더 파일을 가져온다. 사용자 정의 헤더 파일이기 때문에 #include에서 홑화살괄호 < >가 아닌 '큰따옴표(" ")'로 불러온다.

소스 파일 main.c에서 헤더 파일 main.h를 가져오라고 했으니 컴파일 단계에서 헤더 파일 main.h의 모든 내용이 소스 파일 main.c의 가장 위에 대체된다. 즉, 예제 코드 Ex2-15와 예제 코드 Ex2-14는 헤더 파일과 소스 파일로 분리해서 앞으로 작성될 코드를 고려해 체계화했을 뿐 동일한 코드다.

3장부터 모든 예제 코드는 최소한 헤더 파일 1개와 소스 파일 1개로 분리할 것이다. 이 책을 마무리하는 시점에는 이 구조에 익숙해지고 싶지 않아도 자연스럽게 체득되도록 구성할 것이다.

Ex2-15 / main.h

```
01  #pragma once
02
03  #define _CRT_SECURE_NO_WARNINGS
04
```

```
05  #include <stdio.h>
06
07  void Character_Level_IO();
08  void Damage_Calculate();
```

Ex2-15 / main.c

```
01  #include "main.h"
02
03  int main(void)
04  {
        ...
09  }
10
11  void Character_Level_IO()
12  {
        ...
18  }
19
20  void Damage_Calculate()
21  {
        ...
33  }
```

2-4-3 기능별 파일 분리

2-4-3-1 소스 파일 분리

헤더 파일과 소스 파일만 분리해서 사용해도 하나의 소스 파일에서 코드를 작성하는 것보다 비교하기 어려울 정도로 막대한 장점을 갖게 된다. 하지만 우리는 한 단계 위의 체계적인 프로그래밍을 하기 위해 몇 단계 더 나아갈 필요가 있다. 다음으로 기능별로 소스 파일을 분리해본다.

예제 코드 Ex2-15의 소스 파일 main.c는 2개의 사용자 정의 함수를 포함한다. 과연 함수 Character_Level_IO와 함수 Damage_Calculate는 동일한 기능의 범주로 볼 수 있을까? 물론 하나의 소스 파일에 작성할 수도 있겠지만, 앞으로 캐릭터의 다른 항목을 입력받는 부분이 대거 추가되고, 데미지 외의 다른 수치들을 계산해야 하는 사용자 정의 함수가 다수 추가될 예정이라면 소스 파일 main.c에 캐릭터 항목을 입력받는 함수와 수치를 계산하는 함수가 뒤죽박죽 섞이게 될 것이다.

프로그래밍의 기초 단위인 함수도 하나의 기능을 갖도록 분리했다면 사용자 정의 함수의 집합이 하나의 큰 기능을 갖게 되면 이를 다시 별도의 소스 파일로 분리하는 과정을 거친다.

예제 코드 Ex2-16은 예제 코드 Ex2-15와 동일한 기능을 갖지만, 1개의 헤더 파일과 3개의 소스 파일로 분리했다. 소스 파일 3개는 모두 동일하게 헤더 파일 main.h를 불러오고 있다. 헤더 파일을 분리하지 않았다면 3개의 소스 파일에 모두 동일한 코드를 반복해서 작성해야 됐지만, 이제는 헤더 파일을 불러오는 것으로 새로운 소스 파일에서도 1줄만 추가하면 헤더 파일 main.h의 코드를 그대로 가져올 수 있다.

Ex2-16 / main.h

```
01  #pragma once
02
03  #define _CRT_SECURE_NO_WARNINGS
04
05  #include <stdio.h>
06
07  void Character_Level_IO();
08  void Damage_Calculate();
```

Ex2-16 / main.c

```
01  #include "main.h"
02
03  int main(void)
04  {
05      Character_Level_IO();
06      Damage_Calculate();
07
08      return 0;
09  }
```

Ex2-16 / Character.c

```
01  #include "main.h"
02
03  void Character_Level_IO()
04  {
        ...
10  }
```

Ex2-16 / DataCalculate.c

```
01  #include "main.h"
02
03  void Damage_Calculate()
04  {
        ...
16  }
```

함수 Character_Level_IO는 앞으로 추가될 가능성이 있는 캐릭터 관련 항목의 입출력 함수의 구현부들을 한곳에 모으기 위해 소스 파일 Character.c로 분리했다. 함수 Damage_Calculate는 앞으로 추가될 가능성이 있는 수치 관련 계산 함수의 구현부들을 한곳에 모으기 위해 소스 파일 DataCalculate.c로 분리했다.

이렇게 설계하면 헤더 파일 main.h에 Character.c에 존재하는 함수의 선언부와 DataCalculate.c에 존재하는 함수의 선언부가 모두 포함돼 있기 때문에 Character.c에서 DataCalculate.c의 함수를 호출할 수도 있으며, 반대로 DataCalculate.c에서 Character.c의 함수를 자유롭게 호출할 수도 있게 됐다. 이렇게 체계적으로 파일을 분리해서 대규모 프로젝트에 적합한 구조를 만들려면 함수의 선언부가 필요했던 것이다. C 프로그래밍 언어의 철학에 맞게 함수의 선언부가 생긴 만큼 선언부를 작성하는 것이 귀찮다고 생각해서는 안 된다.

이제 다시 소스 파일 main.c를 확인해보자. 프로그래밍 전체의 기능을 구현하기 위해 '각 기능별 함수들의 호출부를 사용하는 깔끔한 코드'만 남는다. 게다가 하나의 기능별로 사용자 정의 함수를 구현해서 분리했으므로 **main** 함수 내의 호출되는 함수명만 순서대로 봐도 전체 프로그램이 어떤 과정을 거쳐 실행될지 코드 분석 없이도 한눈에 이해할 수 있게 됐다. 이후에 소개할 주석을 추가하지 않게 될 만큼 가독성이 높은 코드가 됐다.

기능별 각 소스 파일을 분리함으로써 프로그래밍의 체계화, 코드 가독성 증가, 버그가 발생했을 때 찾아야 하는 범위 한정, 팀 프로젝트에서 소스 파일로 나눠 작업자 분배 가능 등 나열하기 어려울 정도의 압도적인 장점이 생겼다.

그럼에도 아직도 하나의 소스 파일에서 코드를 작성할 것인가? 프로그래밍 언어를 이미 배웠다고 하면서 지금까지 하나의 소스 파일에서 코드를 작성해왔다면 첫 단추부터 잘못 끼워서 이미 끝까지 간 것이다. 모든 단추를 풀고 다시 처음부터 단추를 맞출 수밖에 없는 최악의 상황이다.

참고로 여러 개의 파일로 코드를 분리하면 원하는 파일로 쉽게 이동하는 방법을 알고 있어야 편리하다. 파일을 일일이 찾아 열기는 힘들다. 함수의 선언부나 구현부의 머리에서 오른쪽 클릭하면 메뉴가 나오는데, 정의로 이동[F12]과 선언으로 이동 [Ctrl + Alt + F12]이라는 메뉴가 존재한다.

즉, 다른 파일로 분리돼 있다고 할지라도 선언부에서 바로 구현부로, 구현부에서 바로 선언부로 즉각 이동 가능하니 파일을 여러 개로 분리했더라도 아무런 문제가 없다. 선언부나 구현부의 머리에서 Ctrl + 클릭하면 메뉴를 띄우지 않고 바로 선언부와 구현부를 상호 이동할 수 있다.

헤더 파일과 소스 파일을 분리할 수 있게 되고, 이에 따라 선언부와 구현부를 자유자재로 이동할 수 있게 되면 단순한 예제 코드를 작성하는 연습에서 머물지 않고 실무 프로그래밍을 시작하기 위한 단계에 돌입했다고 볼 수 있다. 여기까지 본격적인 프로그래밍을 함에 있어 필수적인 부분이니 익숙해질 때까지 아무리 간단한 예제를 연습한다고 할지라도 반복 시행하기를 권한다.

2-4-3-2 대형 프로그램 작성을 위한 파일 구조 예시

앞서 기능별로 헤더 파일과 소스 파일을 분리해 프로그래밍을 체계화했다. 대형 프로그램을 만들려고 하면 앞서 설명했던 것보다 한 단계 더 파일을 세분화할 필요가 있다. 이 책을 기준으로 할 때 필수적인 부분은 아니기에 참고로 보길 바란다. 다만 실무에서 이 정도 설계는 기본적으로 요구된다.

예제 코드 Ex2-17은 기능별 소스 파일을 분리한 후 해당 소스 파일에만 해당되는 쌍이 되는 헤더 파일을 만들어 소스 파일 간 독립성을 유지했다. 다만 각 소스 파일의 함수들을 사용하는 main.c에서는 각 헤더 파일을 추가해야 한다. 물론 전처리기로 추가해야 하는 헤더 파일들이 많아지면 이를 관리하기 위한 별도의 헤더 파일을 추가적으로 만들 수 있다.

Ex2-17 / main.h

```
01  #pragma once
02
03  #define _CRT_SECURE_NO_WARNINGS
04
05  #include <stdio.h>
```

Ex2-17 / main.c

```
01  #include "main.h"
02
03  #include "Character.h"
04  #include "DataCalculate.h"
05
06  int main(void)
07  {
         ...
12  }
```

Ex2-17 / Character.h

```
01  #pragma once
02
03  #include "main.h"
04
05  void Character_Level_IO();
```

Ex2-17 / Character.c

```
01  #include "Character.h"
02
03  void Character_Level_IO()
04  {
```

```
        ...
10  }
```

Ex2-17 / DataCalculate.h

```
01  #pragma once
02
03  #include "main.h"
04
05  void Damage_Calculate();
```

Ex2-17 / DataCalculate.c

```
01  #include "DataCalculate.h"
02
03  void Damage_Calculate()
04  {
        ...
16  }
```

예제 코드 Ex2-16에서는 공통으로 헤더 파일 main.h를 가져오므로 각각의 소스 파일들끼리 함수를 호출할 수 있는 구조지만, 예제 코드 Ex2-17에서는 각 소스 파일을 독립적으로 유지하는 것을 중시했기에 다른 소스 파일에 있는 함수를 기본적으로 호출할 수 없다. 불러오고자 한다면 원하는 함수가 있는 소스 파일과 쌍을 이루는 헤더 파일을 추가해야 한다.

다수의 헤더 및 소스 파일을 어떤 구조로 설계하는지에 따라 코드를 작성하는 스타일과 이후 프로그래밍의 방향성이 크게 달라진다. 설계를 잘못하면 추가로 동일한 기능을 구현하는 데 몇 배 이상 복잡하게 구현하거나 구현 자체가 불가능한 상황이 발생하기도 한다.

그러므로 본격적인 프로그래밍은 일단 코드를 작성해가면서 구조를 잡는 것이 아니라 코드를 작성하기 전에 반드시 많은 고민을 한 후 기본적인 설계를 한 후에 비로소 코드를 작성하는 것이다. 설계에 정답은 존재하지 않기 때문에 구현해야 하는 프로그램에 맞는 적합한 설계가 필요하며, 이 설계를 잘하는 프로그래머가 뛰어난 프로그래머로 인정받는다.

현재 단계에서 어려울 수 있지만 실무에서 기능별로 파일과 함수를 분리해 설계하는 것을 알려주기 위해 다수의 헤더 파일과 소스 파일을 분리하는 것까지 살펴봤다. 실무에서 하나의 소스 파일에서 모든 코드를 작성하는 프로그램은 절대 존재할 수 없으므로, 코드가 길어지면 헤더와 소스 파일을 자연스럽게 분리할 수밖에 없다.

집필하는 과정에서도 하나의 소스 파일에 모든 코드를 작성하면 집필도 매우 편하고, 설명도 편하고, 예제 코드를 만들기도 편하고, 페이지 수도 줄어들고, 출판사에서 편집하기도 편하다. 그러나 프로그래밍 교육 관점에서는 최악이다. 예제 코드에서 파일을 분리함으로써 집필에 들어가는 노력이 몇 배가 늘어난다. 신경 써야 할 것이 한두 가지가 아니기 때문이다.

그럼에도 이 책은 지금까지의 프로그래밍 교육의 문제점을 개선하기 위해 기획된 만큼 최소한 헤더 파일과 소스 파일만큼은 분리하려고 노력했다. 물론 사용자 정의 함수를 더 분리하고 소스 파일을 더 분리할 수 있는 예제 코드도 많지만, 너무 과도한 분리는 학습에 방해가 될 수 있으므로 적당한 수준을 지키려고 했다. 예제 코드를 좀 더 좋은 코드로 개선하는 건 이 책의 끝까지 도달한 독자의 몫으로 남겨 놓는다.

2장에서는 실무에서 사용하는 프로그래밍의 구조와 흐름을 설명하고, 3장부터 이러한 구조와 흐름을 기반으로 해서 예제 코드를 제공한다. 이렇게 체계화된 구조를 통해 이론을 배우고 익숙해져야 프로그래밍에 대한 체계가 잡히고, 이론이 끝난 후에 실질적인 프로그래밍이 가능한 영역에 도달할 사람이 늘어나기 때문이다.

2-4-4 주석문

프로그래밍이 어떤 형태로 체계화되는지 살펴봤다. 이렇게 파일 구조를 잡고, 체계화를 하는 근본적인 이유 중 하나는 팀에서 다수의 프로그래머가 동시에 작업을 하기 위함이다. 프로그래밍은 처음부터 혼자만의 코드를 작성하는 습관이 들어서는 안 되며, 항상 다른 프로그래머가 자신의 코드를 수정할 가능성이 있으며, 반대로 본인이 다른 프로그래머의 코드를 수정할 수 있다고 가정해야 한다.

프로그래밍 언어가 일반적인 언어와 가장 큰 차이점은 국가와 문화를 떠나 해당 프로그래밍 언어를 알고 있다면 전 세계 누구든지 코드로 소통이 가능하다는 점이다. 다만 변수명, 함수명, 파일명을 비롯해 코드 자체에 그 사람의 실력과 성격이 고스란히 드러난다. 코드를 통해 서로 이해할 수 있는 것은 맞지만 코드만으로는 한계가 존재하는 것도 사실이다. 컴퓨터와 소통하기 위해 작성한 코드이기 때문에 인간 사이의 소통에는 당연히 한계가 따른다. 따라서 코드 안에 코드가 아닌 일반적인 언어로 설명을 해줘야 할 경우가 발생한다.

코드 안에서 한국어, 영어, 일본어와 같이 일반적인 언어로 설명을 추가할 수 있도록 대부분의 프로그래밍 언어는 '주석문'을 제공한다. 보편적으로는 그냥 '주석' 또는 '코멘트'라고 부른다. 프로그래밍에서 주석은 코드 내용을 일반 언어로 메모해서 서로 공유하기 위한 목적으로 만들어졌다.

주석은 인간의 기준으로는 코드에 포함돼 있는 것처럼 보이지만 컴파일러는 주석을 읽을 수 없다. 주석 처리돼 있는 부분은 컴파일 단계에서 코드로 인정하지 않고 제외한다. 즉, 주석은 프로그래머끼리만 볼 수 있는 소통을 위한 코드다.

C 프로그래밍 언어에서 제공하는 주석의 종류는 2개다. 처음에 '/* */'의 형태만 제공했지만, C99에서 '//'가 추가됐다. 예제 코드 Ex2-18은 예제 코드 Ex2-13의 코드에 2가지 방식의 주석을 추가했다.

Ex2-18 / main.c

```
01  #define _CRT_SECURE_NO_WARNINGS
02
03  /* This program receives the character's level from the user,
04     calculates damage, and outputs it. */
05
06  #include <stdio.h>
07
08  int main(void)
09  {
10      int iCharacterLevel = 0;
11
12      int iCharacterStrength = 16;
13      int iWeaponAttack = 5;
14      int iCharacterAttack = 0;
15      int iDamageMagnification = 10;
```

```
16          int iTotalDamage = 0;
17
18          // Character Level IO
19          printf("Enter your character's level\n");
20          scanf("%d", &iCharacterLevel);
21          printf("Player Character Level: %d\n", iCharacterLevel);
22
23          // Damage Calculate
24          iCharacterAttack = iCharacterStrength + iWeaponAttack;
25          iTotalDamage = iCharacterAttack * iDamageMagnification;
26
27          //printf("Character Attack: %d\n", iCharacterAttack);
28          printf("Total Damage: %d", iTotalDamage);
29
30          return 0;
31      }
```

'/* */' 형태는 3행에서 4행처럼 다수의 줄에 주석을 달 수 있다는 장점이 있다. 당연히 1줄로도 가능하다. 다만 주석을 달고자 하는 맨 앞과 맨 뒤에 기호를 작성해야 하므로, 주석을 자주 변경해야 하는 상황에서 불편하다.

반면 '//' 형태는 18행과 23행처럼 1줄에만 주석을 달 수 있지만, 대신 앞에만 기호를 작성하면 되므로 굉장히 편리하다. 여러 줄에 주석을 달 때도 매 줄마다 '//'를 달 수도 있지만, 주석을 달아야 하는 코드가 많다면 불편하다. 정리하면 상황에 따라 2개의 형태 모두를 사용할 수 있어야 한다.

주석은 영어, 한국어 등으로 일반 언어를 사용해서 해당 코드를 왜 작성했는지, 주의할 점 등을 설명하기 위한 것이 본래의 용도다. 프로그래밍은 파일명부터 시작해 변수명, 함수명 등 모든 것을 영어로 하는 것이 좋다고 했었다. 윈도우에서도 언어팩을 설치하지 않을 경우 해당 언어로 작성된 파일을 읽을 수 없기 때문에 프로그램이 해당 파일을 불러오지 못해 실행조차 되지 않는 경우도 발생하고, 프로그램이 실행되는 도중에 문제가 발생하기도 한다.

따라서 프로그래밍 세계에서는 호환성을 위해 영어를 사용한다. 다만 인간 사이의 소통을 위해 만들어진 주석은 예외에 속한다. 주석도 영어를 사용하면 해외 개발자들과 소통할 수 있다는 장점이 있으나 국내 프로그래머들끼리 빠르고 정확하게 소통하기 위해 주석만큼은 한국어를 사용하는 것이 보편적이다. 모든 팀원이 영어를 잘하는 것도 아니며, 어설픈 영어는 오히려 더 큰 혼란을 주기 때문이다.

아직 설명하지 않은 부분이 있다. 바로 27행이다. 혹시 오타가 나서 주석을 단 것이 아닌가 생각할 수 있겠지만 실무에서 활용되는 가장 핵심적인 주석의 사용 방법을 알려주기 위함이다.

실무에서 주석의 가장 큰 용도는 주석의 본래 목적인 다른 프로그래머와 소통을 위해 일반 언어로 내용을 메모하는 것만이 아니다. 실제 실무에서 프로그래밍을 하면서 주석을 가장 많이 쓰는 경우는 27행과 같이 일부 코드를 일시적으로 마치 없는 것처럼 해서 '테스트'하기 위함이다.

주석 처리를 하면 컴파일러는 코드를 읽지 못하므로, 프로그래머에게는 보이지만 컴파일러는 인식하지 못하는 상태가 된다. 즉, '코드를 지우지 않고도 마치 해당 코드가 없는 것처럼 테스트'를 해볼 수 있다. 다시 사용하고자 한다면 주석을 해제하면 그만이다. 이 노하우는 가장 기본적인 프로그래밍 노하우에 해당되지만, 이론이 아니므로 기존 책에서는 소개조차 되지 않는다. 현재 27행은 주석 처리돼 있으므로 캐릭터의 공격력은 출력 창에 출력되지 않는다.

예를 들어 하나의 함수에서 버그가 발생했는데, 정확히 어느 행에서 버그가 발생했는지 애매모호하다. 그럴 때 본격적인 디버깅을 하기에 앞서 주석을 추가하고 지우기를 반복하면서 문제가 생긴 범위를 빠르게 좁힐 수 있다. 버그가 예상되는 행에 주석 처리를 한 후에 문제가 사라졌는데, 다시 주석을 해제한 후 버그가 발생한다면 해당 행에 문제가 있을 가능성이 높다는 의미다.

이와 같이 프로그래머는 코드를 작성하는 과정에서 코드를 빠르게 테스트하기 위해 본래 주석이 만들어진 목적과 다르게 활용한다. 실무에서는 너무나도 기초적인 노하우지만 수년 동안 대학에서 프로그래밍을 전공했다는 학생들조차 이러한 기초적인 지식 없이 취업 준비를 하는 경우를 수없이 많이 봤다.

그만큼 지금까지의 프로그래밍 교육은 프로그래밍을 직접해보는 실습이 아닌 이론만 외우는 수업에만 머물러 있다. 실제 프로그래밍을 해보면 이 노하우는 반드시 익숙해져야 할 주석의 활용 방법이라는 걸 바로 느낄 수 있을 것이다.

2-4-5 소스코드의 영역 구분

하나의 헤더 파일과 하나의 소스 파일로 구분하는 것을 앞으로 이 책에서 작성할 예제 코드의 기준점으로 삼고, 필요한 경우 소스 파일을 분리하는 방향으로 진행할 예정이다. 그렇다면 이제 하나의 소스 파일 안에서도 코드 작성 규칙을 정할 차례다.

소스 파일에서 코드를 어떻게 작성할 것인지 정답은 없으나 프로그래밍을 체계적으로 배워갈 수 있게 추천하는 '소스코드의 영역'을 예제 코드 Ex2-19와 같이 주석을 활용해 정리했다. 프로그래머 간 정보 공유를 위해 이러한 방식으로 주석을 달게 된다는 점도 참고하자. 앞으로의 예제 코드에도 주석을 달면 좋겠지만 코드가 몇 배 길어져 책 편집이 매우 어려워지므로 안타깝지만 예제 코드에는 최소한의 꼭 필요한 주석만 달기로 했다.

Ex2-19 / main.c

```
01   /* ------------------------------------------ */
02   // 1) 전처리기 영역
03   /* ------------------------------------------ */
04
05   /* ------------------------------------------ */
06   // 2) 전역 영역
07   /* ------------------------------------------ */
08   void UserDefined_Function();
09
10   /* ------------------------------------------ */
11   // 3) main 함수 영역
12   /* ------------------------------------------ */
13   int main(void)
14   {
15       /* ------------------------------------------ */
16       // 변수의 선언 명령문 및 초기화
17       /* ------------------------------------------ */
18
19       /* ------------------------------------------ */
20       // 프로그램 전체에 대한 알고리듬 구현
21       /* ------------------------------------------ */
22
23       return 0;
```

```
24      }
25
26      /* ------------------------------------------ */
27      // 4) 사용자 정의 함수 영역
28      /* ------------------------------------------ */
29      void UserDefined_Function()
30      {
31              /* ------------------------------------------ */
32              // 변수의 선언 명령문 및 초기화
33              /* ------------------------------------------ */
34
35              /* ------------------------------------------ */
36              // 함수에 대한 알고리듬 구현
37              /* ------------------------------------------ */
38      }
```

이 책의 3장부터 소스코드의 영역 구분을 예제 코드 Ex2-19와 같이 크게 4가지로 구분해서 부를 것이다. 앞으로 "전처리기 영역에 해당 코드를 작성한다."는 식으로 설명이 이뤄질 경우가 있으니 이 영역 구분을 반드시 기억해야 코드 작성이 수월할 것이다. 4가지 영역을 간략히 설명하면 다음과 같다.

첫째, '전처리기 영역'에는 표준 라이브러리를 활용하기 위한 전처리나 매크로 등을 정의하는 코드를 작성한다. '3-9 전처리기' 절에서 소개하겠지만 PC 버전 게임과 모바일 버전 게임을 동시에 만들어야 한다면 전처리기를 이용해서 플랫폼별로 컴파일러에게 다른 코드가 동작되도록 구현할 수도 있다.

둘째, '전역 영역'에는 대표적으로 함수의 선언부를 작성한다. 그 외 '3-3-4 변수의 종류' 절에서 배울 전역 변수 등을 선언한다. 해당 소스 파일 전체에 영향을 줘야 하는 코드를 작성한다.

셋째, 'main 함수 영역'은 프로그램의 시작점이 된다. C 프로그래밍은 반드시 하나의 main 함수를 포함해야 하므로 기본이 되는 소스 파일에 main 함수를 작성해야 하며, main 함수부터 프로그래밍이 실행된다. main 함수 내에서는 변수의 선언 명령문 및 대입 명령문을 활용한 초기화를 하는 부분과, 프로그램 전체에 알고리듬을 구현하는 부분을 시각적으로 명확히 구분해서 코드를 작성하는 것을 원칙으로 삼겠다.

넷째, '사용자 정의 함수 영역'은 main 함수에서 작성된 코드의 집합이 하나의 기능을 갖게 되면 별도의 함수로 분리할 때 구현부를 추가하는 영역이다. main 함수 영역 아래인 사용자 정의 함수 영역에 새롭게 추가된 함수의 구현부를 추가한 후 전역 영역에 함수의 선언부를 추가한다. 새로 추가된 함수는 기본적으로 가장 밑에 추가하며, 기존에 만들어진 사용자 정의 함수와 연관성이 있을 경우 본래 작성돼 있는 함수의 근처로 보기 쉽게 배치할 수 있다는 것을 원칙으로 삼겠다.

2-4-6 템플릿 제작

2장에서 총 19개의 예제 코드를 소개했다. 19개의 예제 코드를 직접 작성해온 독자라면 이제 슬슬 반복적인 초반 작업이 지루해지면서 어떻게 하면 쉽게 작업할 수 있을지 고민하기 시작할 때다. "프로젝트 폴더를 복사해서 이름을 바꾸면 되지 않을까?", "반복되는 코드를 메모장에 저장할까?"라는 고민을 시작했다면 굉장히 바람직한 현상이다.

지금까지 직접 코드를 작성하지 않고 눈으로만 봤다면 지금 시점에 프로그래머가 되기 위해 가장 필수적인 감정을 느끼지 못했을 것이다. 프로그래머가 되기 위해서는 반드시 직접 경험을 해봐야 하는 괴로움이 여럿 존재하는데, 이러한 경험은 본인이 스스로 코드를 작성해보지 않는 이상 아무리 프로그래밍 언어 책을 수십 번 봐도 평생 느낄 수 없다.

눈으로만 코드를 봐왔다면 지금이라도 늦지 않았으니 2장의 처음으로 돌아가서 19개의 예제 코드를 직접 만들어가며 반드시 손수 코딩해보는 걸 권한다. 굉장히 중요한 분기점이다. 지금 순간 돌아가지 않고 다음으로 진행한다면 이제 되돌릴 수 없다.

19개의 예제 코드를 직접 작성해왔다면 솔루션 및 프로젝트를 19개 만들었을 것이며, 매 프로젝트에 동일하게 19개의 소스 파일 main.c를 생성했으며, 비슷한 전처리기를 추가하고, 19개의 main 함수를 작성했을 것이다. 이에 대한 해결책을 2장 시작 부분에서 의도적으로 제시하지 않는 건 이러한 과정을 몸소 체험하는 과정이 반드시 필요하며, 그 무엇보다 중요하다고 판단했기 때문이다.

독자 중 누군가는 이미 main 함수의 일부 틀을 메모장에 복사해 놓고 새 프로젝트를 만들 때 사용하는 경우도 있을 것이다. 반복적인 행위를 최소화하려는 것이 프로그래머가 가져야 할 가장 필수적인 감정이기 때문이다. 이러한 감정을 갖고 해결책을 스스로 찾아가는 과정이 프로그래머가 성장하는 과정 그 자체다.

그렇기 때문에 헤더 파일이 나온 것이며, 절차적 프로그래밍의 핵심인 사용자 정의 함수가 등장하게 된 것으로, 객체지향 프로그래밍에서 클래스의 상속이라는 개념이 나온 것이다. 프로그래밍의 기저에는 반복되는 귀찮음을 해결하기 위한 방법을 찾는다는 개념이 담겨있다. 반복되는 코드를 줄이려고 노력해 온 것 자체가 프로그래밍의 발전 과정이기 때문이다.

즉, 프로그래머는 귀찮은 부분이 발생하면 자신을 포함 다른 사람도 이를 편하게 사용할 수 있게끔 일부 기능을 '표준화'하고 '모듈화'하는 사람이다. 프로그래머의 존재 가치가 바로 이 점에 있다. 스스로 반복적인 작업을 해봄으로써 반복적인 작업을 줄여야 하겠다는 심리적인 동기를 가질 필요성이 있다. 지금까지 직접 프로그래밍을 하지 않았다면 프로그래머의 존재 가치를 스스로 경험보지 못했으니 프로그래머가 아닌 포자가 될 분기를 선택한 것이다.

그렇다면 지금까지 19번이나 반복된 비슷한 과정을 쉽게 작업할 수 있는 방법은 없을까? 당연히 있다. 프로그래머의 세계에서 이러한 귀찮은 과정을 그냥 둘리 없기 때문이다. 비주얼 스튜디오에서는 반복적인 작업을 '템플릿'으로 만들어 다음부터 쉽게 사용할 수 있게 제공한다.

앞서 지금 시점이 중요한 분기점이라고 했다. 스스로 19개 예제 코드를 모두 작성해봤고 반복적인 작업이 귀찮고 불편하니 해결 방법을 찾고자 하는 마음이 진정으로 들었다면 템플릿을 찾아볼 때다. 아직 그런 마음이 들지 않았다면 이 책이 끝날 때까지 템플릿을 의도적으로 사용하지 않는 것도 실력이 빠르게 느는 좋은 방법이다.

프로그래머는 직업 특성상 반복적인 작업을 끊임없이 하게 된다. 반복 작업에 익숙해지는 것도, 그리고 내성이 생기는 것도 프로그래머에게 있어 상당한 강점이 된다.

템플릿은 본인이 어느 정도 틀을 갖는 코드까지 작성한 후 저장한 다음, 필요할 때 불러와 그 시점부터 그대로 사용할 수 있게끔 하는 기능이다. 예를 들면 게임에서 FPS와 RPG를 만들기 위해 필요한 기본 기능은 엄청나게 다르다. 어느 정도 경험이 많은 프로그래머라면 장르별로 기본 틀을 만들어 놓고 템플릿으로 저장해서 새로운 프로젝트를 시작할 때 활용할 것이다. 템플릿 업데이트만 잘해도 프로젝트를 처음 만들어야 할 때 들어가는 반복 작업을 상당수 줄일 수 있다. 이제 비주얼 스튜디오에서 템플릿을 저장하고 불러오는 방법을 알아보자.

1) 템플릿을 만들려면 먼저 스스로 생각하는 반복적으로 작성될 작업까지의 틀을 구성할 필요가 있다. 배워왔던 것을 토대로 예제 코드 C_Template을 작성한다. 소스 파일 main.c와 헤더 파일 main.h를 만들고 다음과 같이 코드를 작성한다.

앞으로 3장에서 작성하는 예제 코드는 아무리 간단한 코드라 할지라도 main 함수에는 가급적 함수의 호출부를 기준으로 한 간략한 코드만 남길 예정이므로 구현하고자 하는 알고리듬은 사용자 정의 함수의 구현부에서 작성할 것이다. 사용자 정의 함수의 머리는 이후 상황에 맞게 수정 또는 복사해서 사용하면 된다.

함수를 어디서 호출할지는 상황에 따라 달라지므로 템플릿에서는 함수의 호출부를 포함하지 않았다. 따라서 이 템플릿을 사용할 때는 사용자 정의 함수의 호출부를 어디에 위치시킬지 고민해서 반드시 추가로 작성해줘야 한다.

C_Template / main.h

```
01  #pragma once
02  #define _CRT_SECURE_NO_WARNINGS
03  #include <stdio.h>
04
05  void UserDefinedFunction();
```

C_Template / main.c

```
01  #include "main.h"
02
03  int main(void)
04  {
```

```
05
06      return 0;
07  }
08
09  void UserDefined_Function()
10  {
11
12  }
```

2) 템플릿으로 저장할 코드 작성이 끝나면 템플릿으로 만들 차례다. 비주얼 스튜디오의 메뉴 **프로젝트 ▶ 템플릿 내보내기**를 선택하면 그림 2-6과 같은 창이 나타난다. 프로젝트 전체를 템플릿으로 만들 예정이므로 **프로젝트 템플릿**을 그대로 놔둔다. 템플릿을 만들 원본 프로젝트 항목에는 템플릿으로 사용할 원본 프로젝트명이 기본적으로 선택돼 있다. 확인만 하고 다음 버튼을 누른다.

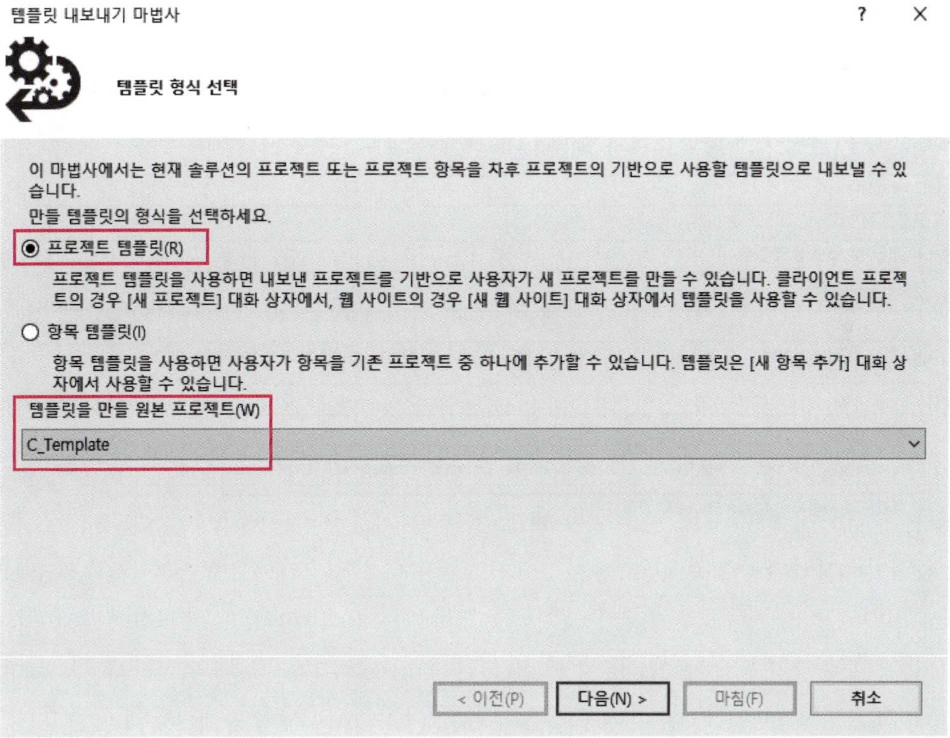

그림 2-6 프로젝트 템플릿 내보내기

3) 템플릿 형식을 선택한 후에는 그림 2-7과 같이 템플릿의 옵션을 선택하는 창이 나온다. 이 창에서도 별도로 수정할 건 없고, 템플릿 이름과 출력 위치만 확인한다. **템플릿 설명** 항목에는 어떤 템플릿인지 코멘트를 기록할 수 있다. 출력 위치는 원하는 폴더 경로를 지정할 수 없는 것이 단점이지만 **출력 파일 폴더에 탐색기 창 표시가** 기본적으로 체크돼 있으므로 마침 버튼을 누른다.

최종적으로 템플릿 생성이 완료되면 **출력 파일 폴더에 탐색기 창 표시**에 체크를 한 것에 의해 템플릿 zip 파일이 있는 'C:\Users\[윈도우 ID]\OneDrive\문서\Visual Studio 2022\My Exported Templates' 경로의 폴더가 자동으로 열린다.

템플릿 파일은 반드시 별도의 안전한 드라이브에 백업을 하는 걸 권장한다. 갑작스럽게 윈도우를 재설치해야 하는 상황이나 C 드라이브에 접근하지 못하는 상황이 발생할 때 공들여 만들어 놓은 템플릿도 사라질 위험이 있다.

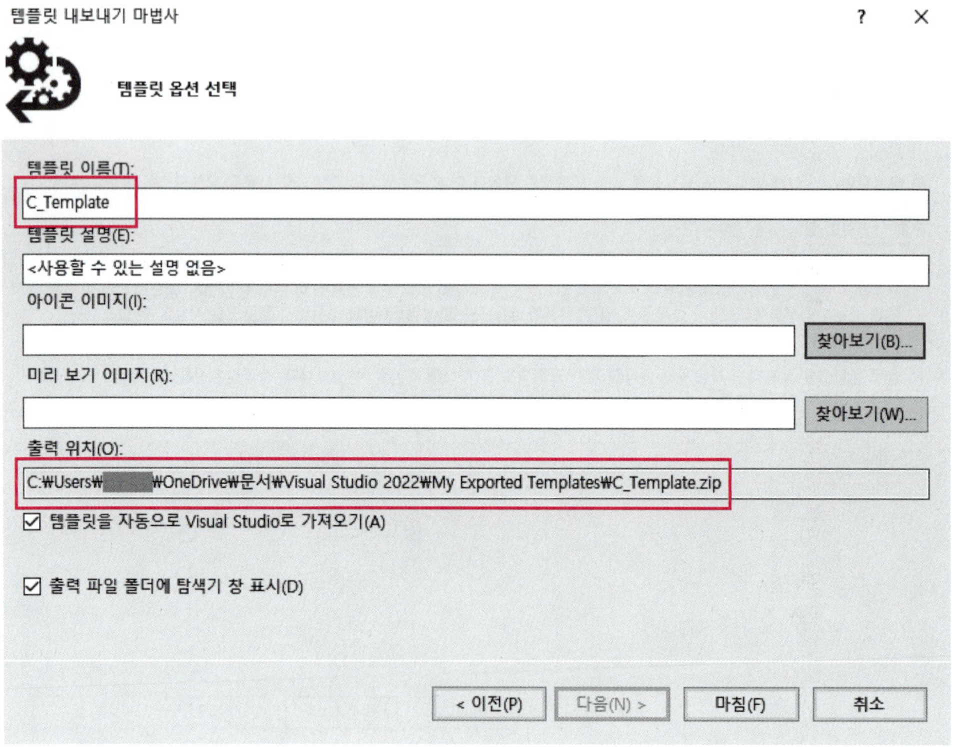

그림 2-7 프로젝트 템플릿 옵션 선택

4) 템플릿 생성이 완료됐으니 앞으로 새로운 예제 코드를 만들려면 새 프로젝트 만들기 창에서 빈 프로젝트를 선택하는 것이 아닌, 가장 위에 손수 만들어 놓은 C_Template를 선택하고 다음 버튼을 누르면 된다.

이후 기존에 배웠던 대로 원하는 이름을 지정해서 생성하면 된다. 실제 생성된 솔루션에 들어가 보면 템플릿에서 저장했던 그 시점 그대로 만들어진다. 실무에서 템플릿은 1번만 만들고 끝나는 것이 아니다. 프로젝트가 진행되는 과정에서 틀이 조금씩 변경되기 때문에 템플릿을 꾸준히 백업, 버전 관리, 업데이트를 해둘 필요가 있다. 템플릿만 잘 활용해도 생산성이 크게 증가한다.

참고로 C_Template을 활용해서 솔루션을 1번이라도 만들면 그림 2-8의 왼쪽에 있는 최근 프로젝트 템플릿(R)에 C_Template이 등장한다. 오른쪽의 핀 같은 모양을 클릭하면 고정할 수 있으니 앞으로 반복적으로 사용하기 수월하게 된다.

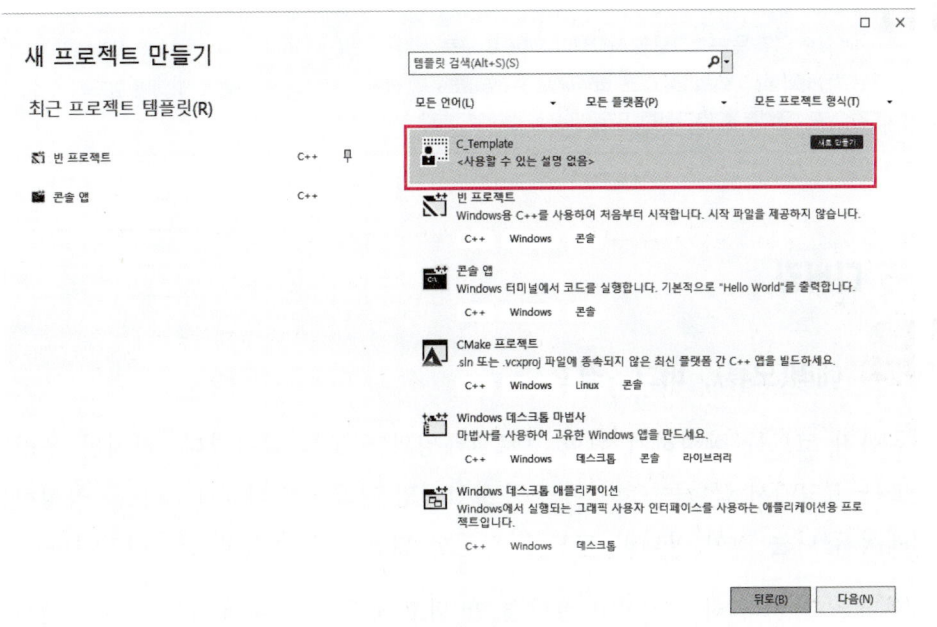

그림 2-8 템플릿으로 새 프로젝트 만들기

> **세이브 포인트: 개념 정리**
>
> **실무를 대비한 프로그래밍의 구조**
> - **사용자 정의 함수 분리:** 모든 프로그래밍은 하나의 기능을 하나의 함수로 구현하는 것을 원칙으로 하며, 함수는 선언부, 구현부, 호출부라는 3가지 영역을 갖고 있다. 프로그래머가 코드를 작성하는 순서는 '구현부 → 선언부 → 호출부'가 보편적이다.
> - **헤더 파일 분리:** 여러 소스 파일에서 공통적으로 사용되는 겹치는 부분을 하나의 헤더 파일로 분리해서 관리하면 새 소스 파일마다 헤더 파일에 포함된 코드를 반복적으로 작성할 필요가 없어지고, 트리 구조의 체계를 잡을 수 있다는 점이 장점이다.
> - **소스 파일 분리:** 프로그래밍의 기초 단위인 함수도 하나의 기능을 갖도록 분리했다면 사용자 정의 함수의 집합이 하나의 큰 기능을 갖게 되면 이를 다시 별도의 소스 파일로 분리하는 과정이 필요하다.
>
> **소스코드의 영역 구분**
> - '전처리기 영역'에는 표준 라이브러리를 활용하기 위한 전처리기나 매크로 등을 정의하는 코드를 작성한다.
> - '전역 영역'에는 대표적으로 함수의 선언부, 전역 변수 등 해당 소스 파일 전체에 영향을 줘야 하는 코드를 작성한다.
> - 'main 함수 영역'은 프로그램의 시작점이 되며, C 프로그래밍은 반드시 하나의 main 함수를 포함해야 한다.
> - '사용자 정의 함수 영역'은 main 함수에서 작성된 코드의 집합이 하나의 기능을 갖게 되면 별도의 함수로 분리할 때 구현부를 추가하는 영역이다.

2-5 디버깅

2-5-1 에러(오류), 버그, 경고

지금까지 코드를 작성하기 위한 프로그래밍의 구조를 알아봤다. 하지만 우리의 목표는 코딩에서 끝나는 것이 아닌 프로그래밍 전체이기 때문에 코드를 작성하는 것에서 끝나는 것이 아니라 코드를 작성한 다음부터 본격적으로 시작된다.

예제 코드를 따라 하기만 하고 끝나면 안 되고 배운 것을 활용해서 본인이 생각하는 기능을 가진 프로그램을 만들 수 있어야 하기 때문이다. 그러려면 본인이 작성한 코드의 문제점을 스스로 찾고 수정할 수 있는 능력이 필수적으로 요구된다.

프로그램이나 게임을 개발하다 보면 수많은 에러 메시지와 버그가 발생하는데, 이를 고치지 못한다면 완성됐다 할 수 없으므로 '진정한 프로그래밍은 코드를 수정하는 디버깅 단계부터 시작'된다고 해도 과언이 아니다. 발생된 에러와 버그를 수정해서 최종적으로 완성했을 때 비로소 프로그래밍 단계가 완료됐다고 할 수 있다.

1) 에러(오류)

'에러^{error}'란 프로그램 처리 과정에서 예상하지 못한 결과 또는 원하는 적절한 결과를 얻지 못해 발생하는 것이다. 컴파일 단계에서 발생하는 컴파일 에러, 프로그램이 실행되는 단계에서 발생하는 런타임 에러 등이 있다. '1-2-4 C 프로그래밍을 수행하는 7단계' 절에서 소개했듯이 프로그래밍의 이론적 관점에서 에러를 크게 '신택스 에러'와 '시맨틱 에러'로 구분한다.

신택스 에러는 C 프로그래밍 언어의 '규정을 따르지 않았을 때' 발생하는 에러로, 영어의 문법 오류와 비슷한 개념이라고 했었다. 규정에 맞지 않아 발생하는 에러이므로 신택스 에러에 대해 컴파일러는 컴파일 에러를 발생시킨다. 가장 대표적인 것이 오타, 누락, 맞춤법 틀림으로 인한 에러다. 신택스 에러는 컴파일러에서 에러 코드 및 메시지를 발생시켜주므로 에러 코드를 보고 비교적 쉽게 해결할 수 있다.

반면 시맨틱 에러는 C 프로그래밍 언어의 규정을 완벽히 따른 상태로 컴파일도 되고 실행까지 되지만 '의미상의 결함'을 가진 에러다. 의도하지 않은 잘못된 결과를 도출하는 것이 대표적이다. 컴파일 단계에서 에러가 발생하지 않기 때문에 에러 코드도 발생하지 않으므로, 논리적으로 왜 에러가 발생하는지 프로그래머가 자력으로 직접 찾아야 한다.

2) 버그

다음으로 '버그^{bug}'는 프로그램상의 결함으로 인해 잘못된 결과를 도출하거나, 오작동하거나, 에러가 발생하는 모든 것을 포함한 넓은 개념이다. 프로그래머가 보기엔 잘못된 결과가 아니지만 요청자가 원하는 결과가 아니라고 하면서 수정을 요청하는 것 또한 버그에 속한다고 볼 수도 있다. 그렇기 때문에 버그는 다양한 원인으로 발생하며, 다양한 결과를 발생시키는 굉장히 포괄적인 개념이다. 버그의 본래 의미로는 신택스 에러 및 시맨틱 에러도 포함되며, 그 외에 인간의 의도와 맞지 않는 모든 것이 해당된다.

그런데 실무에서 쓰이는 버그라는 용어는 신택스 에러로 인해 발생하는 컴파일 에러는 일반적으로 고려 대상이 되지 않는다. 실무에서 의미하는 버그는 프로그램을 사용자에게 배포했고 사용자가 프로그램을 사용하는 단계에서 발생하는 문제이기 때문에 프로그램을 실행조차 하지 못하는 문제는 애초에 배제된다. 배포를 위해 당연히 프로그램이 실행되는 걸 가정하기 때문이다. 컴파일이 실패하면 다른 누군가에게 프로그램을 전달할 수도 없으니 테스트를 진행할 수도 없고 버그 리스트를 받을 수도 없는 상황이므로 신택스 에러는 버그로 취급하지도 않는다.

실무를 하는 프로그래머에게 있어 신택스 에러를 해결하지 못하는 건 절대 있을 수 없는 일이다. 버그가 있다는 건 감안할지라도 정상적으로 프로그램을 실행하는 단계조차 도달하지 못하는 사람을 프로그래머로 고용할 회사는 세상에 단 하나도 없을 것이다. 간단한 영어 문법조차 틀리는 사람을 통역사로 고용하지 않는 것과 동일하다.

예제 코드를 보고 코드를 작성하는 건 아무나 할 수 있다. 그러나 요청 사항에 맞게 인간의 의도까지 파악해서 프로그램을 구현하고 수정해서 완성에 도달하는 건 아무나 할 수 있는 것이 아니다. 그렇기 때문에 프로그래머가 존재한다. 포괄적인 의미를 가진 버그를 거의 대부분 수정해 사용자가 만족할 수 있을 수준으로 프로그램을 만들 수 있어야 비로소 프로그래머라고 인정받는다. 그래서 "디버깅을 못하면 프로그래머가 아니다."는 말이 나온 것이다.

3) 경고

컴파일러는 '경고^{warning}' 메시지를 발생시키기도 한다. 에러 메시지는 프로그램을 실행하기 위한 필수적인 것이 결여될 정도의 심각한 문제이므로 컴파일러가 컴파일 에러를 발생시키며 에러를 수정하기 전까지 프로그램을 실행하지 못하게 막는다.

반면 경고 메시지는 코드 작성 규칙상 문제가 존재하지만 프로그램을 실행하지 못할 정도는 아니라고 판단해 출력 창에 경고를 한다. 경고와 에러를 명확히 구분하는 것도 중요하지만, 경고는 프로그램이 실행되므로 자칫 인지하지도 못한 채 넘어가는 경우가 빈번하다는 점에 유의할 필요가 있다.

경고 메시지 중에 무시해도 괜찮을 정도로 많이 알려진 것도 일부 존재하지만 대부분의 경고 메시지는 잠재적인 버그로 연결될 가능성이 높기 때문에 가능한 한 경고도 해결하려고 노력해야 하며, 일부 경고를 무시한다고 할지라도 최소한 해당 경고가 어떤 문제로 발생하는지 정확히 파악하고 있어야 한다.

2-5-2 디버깅의 개념

2-5-2-1 디버깅은 고급이 아닌 기초 기술이다

'디버깅debugging'이란 프로그램을 개발하는 과정에서 발생하는 에러와 버그를 수정하는 과정이다. 디버깅은 왜 해야 하는가? 앞에서 언급한 컴파일이 정상적으로 되고 실행도 되지만 인간이 원하는 대로 구현되지 않았을 때 비로소 디버깅이 필요하다.

컴파일러는 규정이 틀린 것은 아니니 에러를 발생시켜 주지도 않고, 에러를 발생시켜 주지 않으니 정확한 원인을 모르기 때문이다. 즉, 버그가 발생한 정확한 원인부터 찾는 것이 디버깅의 시작이다. 코드의 수정은 그 이후의 문제다. 디버깅이 어려운 건 구현이 됐는지 안 됐는지에 대한 문제가 아닌, 구현이 됐다고 할지라도 인간의 마음에 들지 않는 심리적인 부분까지 만족할 때까지 수정해야 하기 때문이다.

이러한 특성은 게임 프로그래밍이 다른 프로그래밍에 비해 압도적으로 난이도가 높은 것과 연결된다. 게임 프로그래밍만큼 디버깅이 어려운 프로그래밍 분야는 없다고 해도 과언이 아니다. 일반 IT에서는 요청 사항에 따라 기능을 구현하고 정상적으로 결과만 나오면 대부분 작업이 종료된다.

그러나 게임은 기술, 예술, 문화 등이 모두 포함된 콘텐츠이자 미디어이기 때문에 아무리 정상적으로 결과가 나왔다고 할지라도 수만 가지 이유를 들어 마음에 안 든다고 할 수 있다. 결과가 나왔다는 건 테스트를 할 수 있는 환경이 만들어졌다는 걸 의미할 뿐 시작에 불과한 것이다. 대부분은 왜 마음에 안 드는지 정확히 설명도 못하는 상황이 태반인데, 이러한 문제의 원인을 찾아 해결해야 하므로 게임 프로그래밍은 난이도가 굉장히 높을 수밖에 없다.

디버깅은 원하는 결과를 얻기 위해 코드를 수정하는 과정도 포함되므로, 디버깅을 못한다는 건 프로그래밍을 아직 완료하는 단계까지 도달하지 못했다는 것이다. 많은 프로그래밍 책에서 디버깅은 프로그래밍의 고급 기술이라고 칭하며, 나중에 배워도 되니 간략히 언급만 하고 넘어가겠다고 한다. 그러나 디버깅을 못하면 스스로 코드를 수정할 수 없게 되고 교재의 예제를 따라할 수밖에 없게 된다.

디버깅은 넘어가도 된다는 책은 개인적으로 추천하기 어렵다. 이런 상황이니 프로그래밍 언어 책 몇 권을 보더라도 제공된 예제 코드를 분석할 수 있을 뿐 스스로 새로운 기능을 구현하기 위한 코드를 작성하지 못하는 프포자가 양산돼 왔던 것이다.

흔히 디버깅을 못하는 사람들은 간단한 컴파일 에러가 발생해도 교재를 보고 잘못 작성한 부분이 있는지 양쪽의 코드를 뚫어지게 보고 비교한다. 그러나 코드가 조금만 길어지고 구조가 복잡해지면 코드를 눈으로 보고 버그를 찾는 건 사막에서 바늘을 찾는 것보다 어려울 수 있다. 프로그래밍은 암호학이 아니다. '디버깅은 프로그래머가 지녀야 할 매우 기초적인 능력'이다. 결코 프로그래밍의 고급 기술이 아니다.

디버깅을 할 수 있는 시점부터 비로소 자신이 원하는 대로 코드를 수정할 수 있으므로 본격적인 프로그래밍 실습이 가능한 수준이 된다. 디버깅을 못하면 코드를 완성할 수 없는데, 디버깅은 고급 기술이니 나중에 하라는 건 프로그래밍을 가르치면서 완성하는 방법을 알려주지 않는 것과 동일하다.

디버깅은 지속적으로 사용해서 가능하면 빠른 시기에 반드시 익숙하게 다룰 수 있어야 한다. 앞으로 발생하는 모든 버그는 눈으로 코드를 비교하지 말고 디버깅을 통해 스스로 해결하려고 노력할 필요가 있다. 그런 과정에서 프로그래밍 실력이 크게 늘어나는 것을 체감할 것이다.

2-5-2-2 상황에 맞는 디버깅 방법 선택

실무 프로그래밍에서는 다양한 종류의 버그를 수정하기 위해 여러 방식의 디버깅 방법이 고안돼 왔다. 상황에 따라 사용할 수 있는 디버깅 방법이 있고, 그렇지 못한 방법이 존재하기 때문이다. 현 시점에서 상당히 어려울 수 있는 내용이지만 프로그래밍의 전체적인 윤곽을 그릴 수 있도록 참고로 설명한다.

개발 단계에 따라 어떤 디버깅 방법을 택하는지 미리 알면 프로그래밍이 어느 정도 익숙하게 된 수년 후에 기억이 나면서 크게 도움이 될 것이다. 디버깅은 다음과 같이 어느 개발 단계까지 진행됐는지에 따라 다른 방법을 사용한다.

1) 프로그램을 멈추고 데이터를 확인할 수 있는 경우

데이터가 동적으로 변하지 않는 상황에서는 원하는 시점에 프로그램을 멈추고 적합한 데이터가 있는지 확인할 수 있다. 가장 대표적인 방법은 비주얼 스튜디오에서도 제공하는 '중단점'을 활용한 디버깅이다. 웬만한 통합 개발 환경, 게임 엔진에서 모두 제공되는 디버깅의 가장 기초적인 시스템이다.

예를 들어 게임이 실행되는데, 캐릭터의 레벨이 이상하게 표기되는 버그가 있다고 가정한다. 캐릭터의 레벨은 경험치 게이지가 꽉 찬다는 조건이 없는 이상 게임이 실행되는 과정에서 동적으로 수치가 변하지 않는다. 이럴 경우 캐릭터의 레벨을 표기하는 코드를 찾아 중단점을 설정해 캐릭터 레벨 수치가 어떻게 돼 있는지 확인할 수 있다. '중단점을 활용한 디버깅'은 디버깅의 가장 기초가 되는 방법이므로, 이후 항목에서 디버깅하는 간략한 과정을 소개한다.

2) 프로그램이 실행되는 과정에서 데이터를 확인해야 하는 경우

중단점을 활용해 디버깅을 하려면 데이터가 동적으로 변하지 않는 상황이어야 한다. 중단점으로 프로그램을 멈추면 데이터도 변하지 않기 때문에 데이터가 변하는 상황을 재현할 수 없다.

하지만 실시간으로 값이 변하는 데이터에 버그가 발생했을 경우에도 프로그래머는 확인을 해야 수정 방향성을 정할 수 있다. 특정 시점에 값을 확인하기 어렵고 프로그램이 실행되는 과정 중 변화하는 것을 확인할 필요가 있을 경우에는 '로그를 찍는 디버깅'을 채택한다.

예를 들어 <뱀파이어 서바이벌>과 비슷한 게임을 만든다고 가정하고 적들이 스폰되는 위치의 범위를 지정했는데, 지정된 범위 밖에서 스폰되는 버그가 발생했다. 수많은 적이 스폰되는 상황이니 적이 스폰될 때마다 프로그램을 멈추고 데이터를 확인하는 건 현실적으로 무리다.

이럴 경우 적이 스폰될 때 게임 화면에 적이 스폰되는 위치를 출력하도록 디버그용 코드를 추가하면 어떤 상황에서 잘못된 데이터가 들어오는지 실시간으로 확인할 수 있다.

로그를 처음 찍을 때는 프로그램이 실행되는 함수의 순서를 명확히 찾기 위해 함수의 맨 앞과 맨 뒤에 로그를 찍어 로그를 보고 어떤 함수의 어떤 부분까지 실행됐는지 파악한다. 대략적인 위치를 찾으면 필요 없어진 로그들을 지우고 세부 로그를 찍기 시작한다.

즉, 로그는 처음에는 큰 단위로 찍어보고, 범위를 좁혀가면서 기존 로그를 지우고 새로 로그를 찍는 것을 굉장히 많이 반복해야 하는 반복 작업 강도가 매우 높은 디버깅 방법이다. 따라서 로그를 작성하는 방법도 노하우가 존재한다.

가장 간단한 방법 중 하나가 디버그 모드에서만 동작하는 출력 함수를 활용해서 프로그램이 실행되는 과정에서도 원하는 값들을 출력해서 눈으로 확인하는 것이다. 디버그 모드에서만 동작하는 함수를 사용했으니 릴리스 모드로 빌드하면 컴파일러가 디버그용 코드를 포함하지 않아 사용자에게 전달되는 버전에는 제외되므로 안전하다. 프로그램을 멈춰 중단점을 찍을 수 없는 상황이니 로그로 대신해서 프로그램 실행 중에 원인이 되는 코드를 찾아가는 방법이다.

3) 개발이 완료돼 배포가 된 버전에서 데이터를 확인해야 할 경우

개발 단계가 아닌 배포 또는 출시가 돼서 릴리스 모드로 빌드된 배포 버전에 버그가 발생했을 경우도 있다. 디버그 모드로 빌드했을 때는 정상적으로 동작하는데, 릴리스 모드로 빌드했을 때만 발생하는 버그는 디버그 정보가 포함되지 않은 상태이므로 디버깅하는 것이 상상을 초월할 정도로 까다롭다.

이때 사용하는 디버깅 방법에는 '로그를 파일로 출력하게 구현하는 방법'과 '디버깅 툴'을 활용하는 방법이 있다. 로그를 찍는 디버깅 방법은 개발 과정에서는 디버그 모드에서만 동작하는 코드를 추가해서 비교적 쉽게 로그를 찍을 수 있지만, 개발이 끝난 릴리스 모드로 빌드된 상태라면 로그 파일을 출력할 수 있게 별도로 구현을 해야 한다.

그리고 정식 배포 버전과 명확히 분리해서 관리해야 하므로 프로젝트 원본은 그대로 두고 별도의 복사본에서 작업하는 걸 권장한다. 버그가 수정되면 로그를 찍은 파일이 유출되지 않도록 로그를 찍은 버전을 철저히 파기 또는 별도 보관할 필요가 있다.

디버깅 툴은 추가로 디버깅 전용 프로그램을 설치해서 디버깅을 시도하는 방법이다. 별도의 디버깅 툴을 사용할 정도의 수준까지 도달했다면 이미 충분한 경험을 쌓은 프로그래머일 테니 초보자를 위한 이 책에서의 설명은 생략한다.

> **팁**
>
> **디버그 모드와 릴리스 모드**
> - 비주얼 스튜디오의 메뉴바를 보면 기본적으로 'Debug'와 'x64'가 선택돼 있는 걸 볼 수 있다. 이 2가지 옵션을 합쳐 '빌드 모드'라고 한다. '디버그 모드'와 '릴리스 모드'를 선택할 수 있고, 지원하는 윈도우의 비트 버전을 선택할 수 있다. '1-3-6 실행 파일 생성' 절에서 설명했던 실행 파일의 폴더 구조가 바로 이 빌드 모드를 기준으로 만들어진다.
> - **디버그(Debug) 모드:** 'Debug'를 선택하면 디버그 모드가 되며, 실행 파일에 디버깅 정보가 포함되지만 그만큼 용량도 크고 최적화가 돼 있지 않다. 실행 파일도 Debug 폴더에 생성된다. 개발하는 과정에서는 항상 디버깅을 할 수 있다고 가정하고 일반적으로 디버그 모드로 빌드를 진행한다.
> - **릴리스(Release) 모드:** 'Release'를 선택하면 릴리스 모드가 되며, 실행 파일에 디버깅 정보가 제거되는 만큼 용량도 줄고 최적화가 된다. 실행 파일도 Release 폴더에 생성된다. 개발이 끝나고 배포를 하려는 시점부터 릴리스 모드로 빌드를 진행한다. 디버깅 정보가 포함된 버전을 배포할 경우 해킹에 쉽게 노출되므로 배포를 할 때는 안전성과 최적화를 위해 반드시 릴리스 모드로 변경한 후 빌드를 진행해야만 한다.
> - 'x64'는 64비트 버전의 윈도우에서 동작하기 위한 프로그램을 만들 때 선택하며, 'x86'은 32비트 버전의 윈도우에서 동작하기 위한 프로그램을 만들 때 선택한다.

2-5-3 중단점을 활용한 디버깅 실습

디버깅에는 여러 방법이 있지만 '중단점을 활용한 디버깅'만큼은 현 시점에서도 반드시 알아야 한다. 코드를 원하는 대로 수정하고 프로그램을 완성하기 위해 디버깅은 선택이 아닌 '필수'다.

중단점을 활용한 디버깅을 스스로 활용될 수 있는 수준이 될 때까지 별도의 리서치를 하더라도 반드시 몸에 익힐 필요가 있다. 기능을 사용하는 걸 배우는 분량은 굉장히 짧다. 디버깅은 스스로 많이 시도해보려고 하는 마음가짐이 있어야 비로소 체득할 수 있다는 것을 반드시 기억하자.

이 책에서는 본격적인 이론을 배우기 전에 2장의 마지막에서 중단점을 활용한 디버깅이 어떻게 이뤄지는지 소개한다. 3장에서 예제 코드를 직접 작성해가면 에러와 버그가 꽤 발생할 것이다. 기계가 아닌 이상 눈으로만 보고 한 치의 오차 없이 모든 코드를 동일하게 입력할 수는 없기 때문이다.

이러한 상황을 디버깅으로 스스로 해결할 수 있는 능력을 길러야 앞으로 프로그래밍을 할 수 있다. 예제 코드를 뚫어지게 쳐다보고 비교해서 오타나 잘못 작성된 코드를 찾아봐야 암호를 찾는 방법으로 해결했을 뿐 프로그래밍 실력은 전혀 늘지 않는다.

예제 코드 Ex2-14를 기준으로 디버깅을 하는 과정을 하나하나 순서를 따라가며 설명한다. 책의 컨셉과 분량상 딱 1번만 다룰 수 있으므로 가급적 상세하게 설명하겠다.

중단점은 디버깅을 하는 용도로 사용되지만 덤으로 '프로그램이 실행되는 과정'을 완벽히 이해할 수 있게 도와준다. 중단점에 대한 기능을 알려주는 건 매우 간단하다. 실제로 사용할 수 있는지는 스스로에게 달려있다. 이 예제로 이해가 안 된다면 스스로 검색 엔진이나 유튜브를 통해서라도 방법을 확실히 익히고 3장으로 넘어갈 것을 권한다.

1) 예제 코드 Ex2-14를 열어 그림 2-9와 같이 10행, 18행, 27행, 34행에 중단점을 설정한다. 중단점을 설정하는 방법은 해당 행을 클릭해서 커서를 두고 F9를 누르면 된다. 중단점을 해제하고 싶으면 다시 한 번 F9를 누르면 된다.

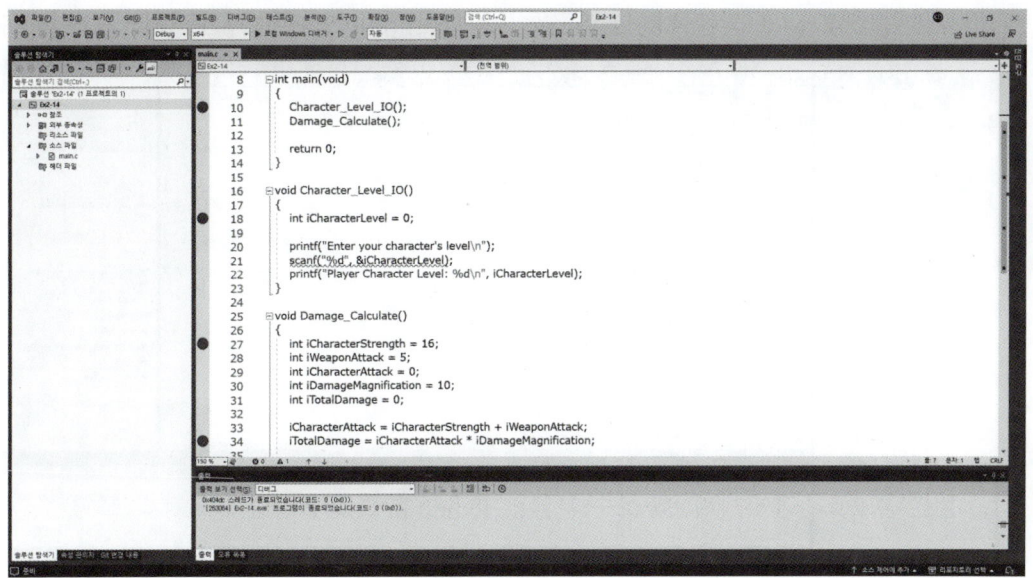

그림 2-9 중단점 설정

중단점은 상황에 따라 온/오프하는 스위치 개념이라고 생각하면 좋다. main 함수를 포함해서 3개의 함수가 어떤 순서로 호출되는지 알기 쉽게 설명하기 위해 주로 함수의 시작 부분에 중단점을 설정했다.

2) 중단점을 설정했으니 이제 실행해 프로그램에서 데이터가 돌아가는 상태를 만들 차례다. 지금까지 Ctrl + F5로 실행했지만 디버깅을 하려면 비주얼 스튜디오 메뉴바의 디버그 ▶ 디버깅 시작을 누르면 된다. 디폴트 단축키는 F5다.

F5를 누르면 출력 창이 뜨기는 하지만 아무런 메시지가 나오지 않고 그림 2-10과 같이 비주얼 스튜디오의 화면 구성이 바뀌면서 10행에 노란색 화살표가 생긴 걸 확인할 수 있다. 우리가 설정한 4개의 중단점 중 가장 먼저 실행되는 코드에서 중단된 것이다.

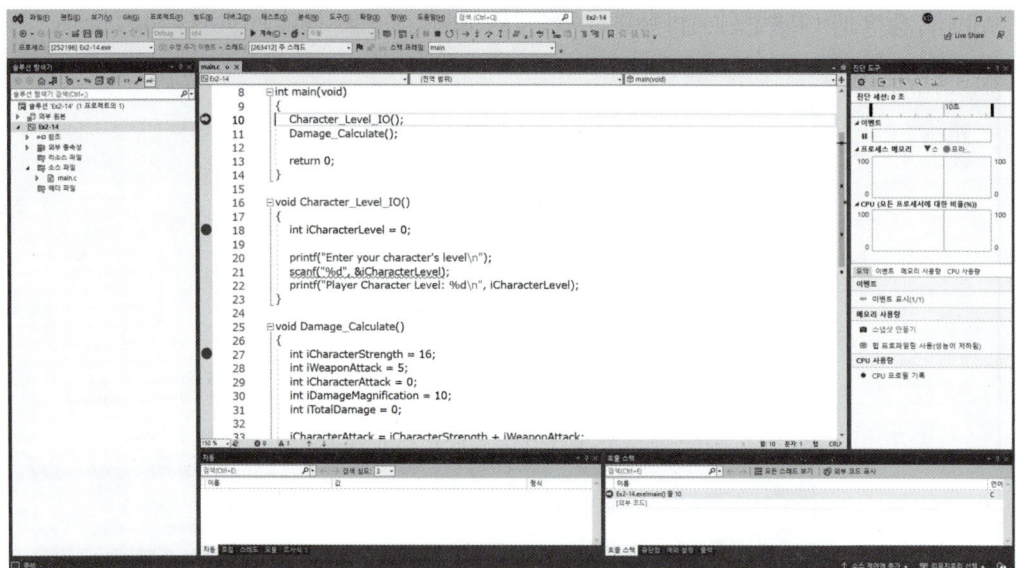

그림 2-10 프로그램이 중단점에 멈춰 디버그 상태로 화면이 바뀐 상황

중요한 점은 현재 프로그램은 10행을 실행하기 '직전'에 중단된 상태로, 정확하게 9행의 '{'까지 실행된 상태다. 10행에 중단돼 멈춰 있다고 10행이 이미 실행됐다고 오해해서는 안 된다. 비주얼 스튜디오는 디버깅 상태로 돌입하면 **진단 도구**, **자동**, **호출 스택** 창을 추가로 보여줘서 디버깅이 수월한 환경을 제공한다.

3) 프로그램이 중단점에 멈췄으니 이제 1줄씩 코드를 확인하면서 데이터를 눈으로 직접 확인할 수 있는 환경이다. 디버깅 상태에서 코드를 진행할 수 있는 방법은 크게 3가지다. 첫째, **디버그 ▶ 한 단계씩 코드 실행**은 한 줄마다 내려가는 것으로 디폴트 단축키는 F11이다. 둘째, **디버그 ▶ 프로시저 단위 실행**은 하나의 함수 단위로 점프하는 것으로, 디폴트 단축키는 F10이다. 셋째, 디버깅 실행인 F5를 누르면 다음 중단점까지 바로 점프한다.

디버깅이 처음이니 지금은 F11을 눌러 코드를 1줄씩 천천히 넘어가본다. F11을 누르면 그림 2-11과 같이 17행으로 노란색 화살표가 이동한다. `main` 함수인 10행에서 `Character_Level_IO` 함수를 호출했으니 `Character_Level_IO` 함수 구현부의 맨 처음으로 이동한 것을 디버깅을 통해 눈으로 직접 확인할 수 있게 됐다.

202

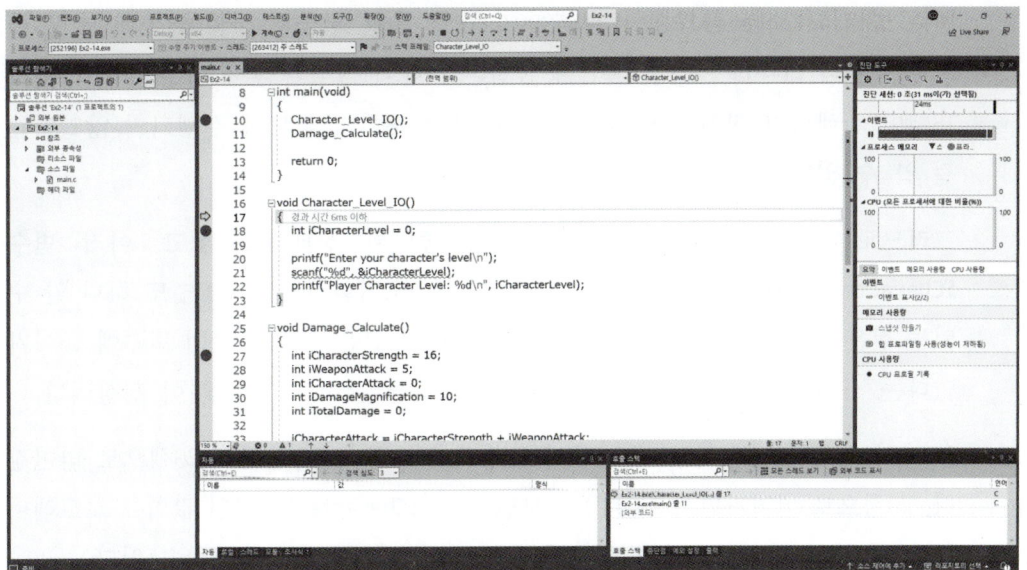

그림 2-11 17행 실행 직전에 멈춘 상태

4) 다시 한 번 F11을 누르면 노란색 화살표가 그림 2-12와 같이 18행으로 넘어간다. 중단점을 활용한 디버깅에서 굉장히 주의해야 할 점을 설명할 차례가 왔다. 18행에 멈춰 있는 상황에서 코드의 아래에 있는 **자동** 창을 보자.

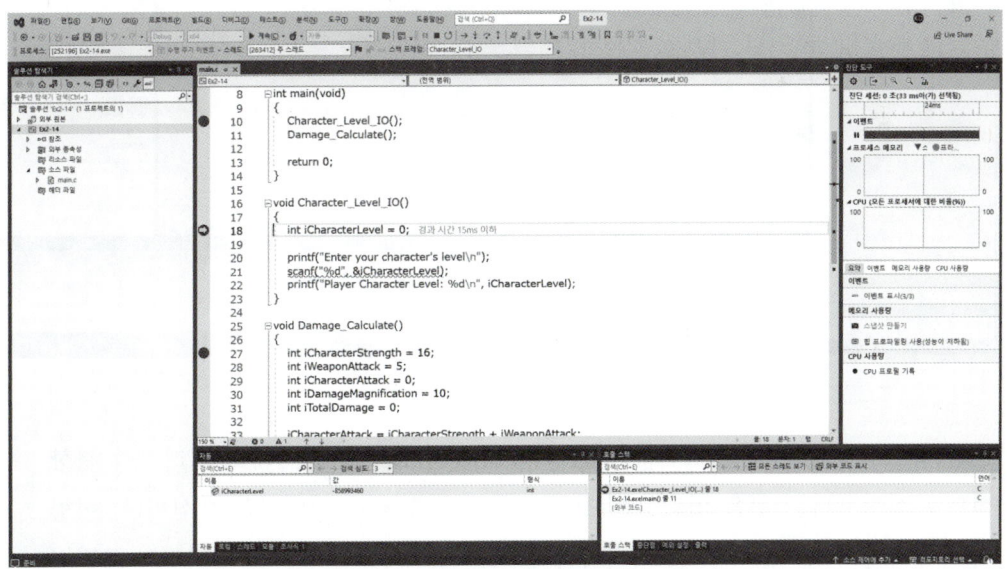

그림 2-12 18행 실행 직전에 멈춘 상태

변수 iCharacterLevel의 값이 '-858993460'인 것을 확인할 수 있다. 이 상황을 인지하는 것이 너무나도 중요하다. 중단점은 18행이 실행된 후에 멈춘 것이 아니라 18행이 실행되기 직전에 멈춰 있으므로 아직 18행의 코드가 실행되지 않았다는 걸 알 수 있다.

그러므로 중단점은 해당 행의 '직전'에 중단된 상태라고 했고, 아직 변수 iCharacterLevel은 대입 연산자로 인해 0으로 초기화되지 않았다. 또 하나 알 수 있는 점은 초기화를 하지 않으면 '-858993460'과 같은 쓰레기 값이 변수에 들어가 있다는 점이다. 쓰레기 값이므로 독자마다 다른 값이 나오는 것이 정상이다.

5) 다시 한 번 F11을 누르면 노란색 화살표가 그림 2-13과 같이 20행으로 넘어간다. 20행으로 넘어가면서 자동 창을 보면 변수 iCharacterLevel의 값이 프로그래머가 초기화한 '0'으로 변하면서 빨간색으로 표기가 바뀐 것을 알 수 있다.

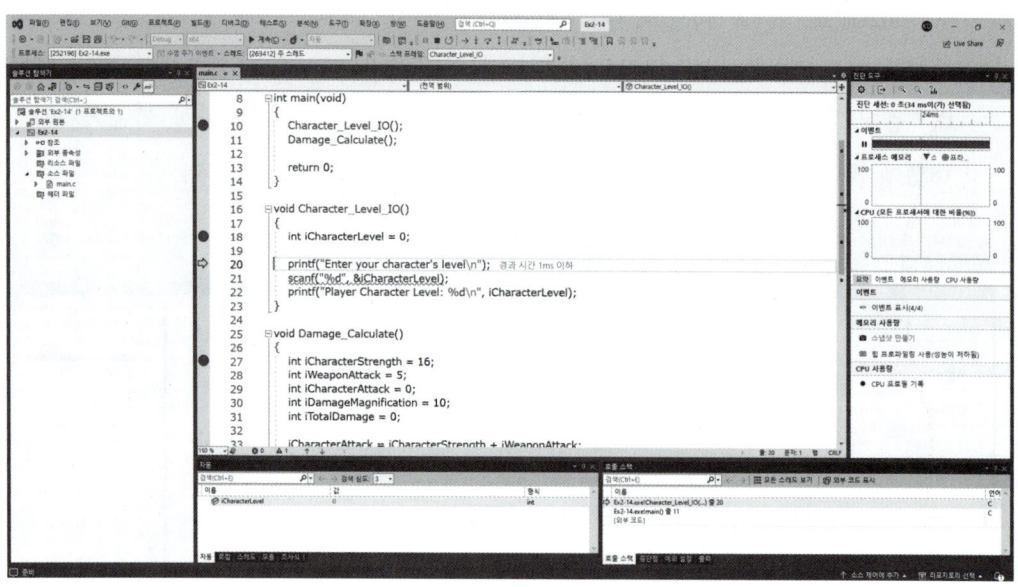

그림 2-13 20행 실행 직전에 멈춘 상태

결론적으로 노란색 화살표가 값을 확인하기 위한 코드보다 아래로 내려가야 정상적으로 실행됐다는 점을 이해하는 것이 중단점을 활용한 디버깅의 핵심이다. 이렇게 데이터가 변해가는 과정을 하나하나 살펴볼 수 있는 것이 바로 디버깅의 목적이다. 데이터 값을 실제로 눈으로 확인하면서 논리적으로 문제가 있다고 판단되면 어떤 코드에서 잘못됐는지 찾아 수정하는 방법을 찾는 과정이다.

6) 다시 한 번 F11을 누르면 노란색 화살표가 21행으로 넘어간다. 비주얼 스튜디오에서는 노란색 화살표만 이동해서 변한 것이 없는 것처럼 보이지만, 그림 2-14와 같이 별도로 띄워진 출력 창에 20행의 출력 함수 내용이 표시됐다는 것을 직접 확인할 필요가 있다.

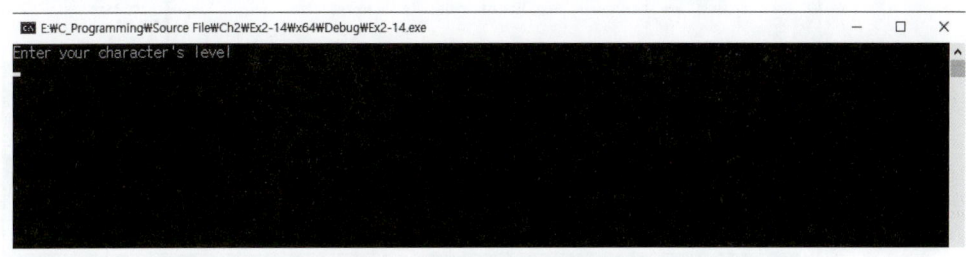

그림 2-14 21행 실행 직전에 멈춘 상태

중단점을 제대로 이해했다면 지금 아무리 입력해봐야 입력한 숫자가 화면에 표시되지 않는다는 걸 이해할 수 있다. 21행의 직전에 멈춰 있으니 20행의 함수 printf는 실행이 끝났지만 아직 21행의 함수 scanf는 실행되지 않았다.

다음 과정에서 중요한 변수 iCharacterLevel의 주소인 &iCharacterLevel이 어떻게 변할지 주목하자.

7) 다시 한 번 F11을 누르면 노란색 화살표가 22행으로 넘어가면서 그림 2-14의 출력 창이 윈도우의 가장 앞으로 뜨면서 커서가 깜빡이는 것을 확인할 수 있다. 이제 21행이 완료되면서 데이터를 입력받을 수 있는 상황이 됐다는 의미다. 본래 예제 코드와 동일하게 테스트하기 위해 7을 입력하고 Enter 키를 누른다. Enter 키를 누르는 순간 다시 그림 2-15와 같이 비주얼 스튜디오로 넘어온다.

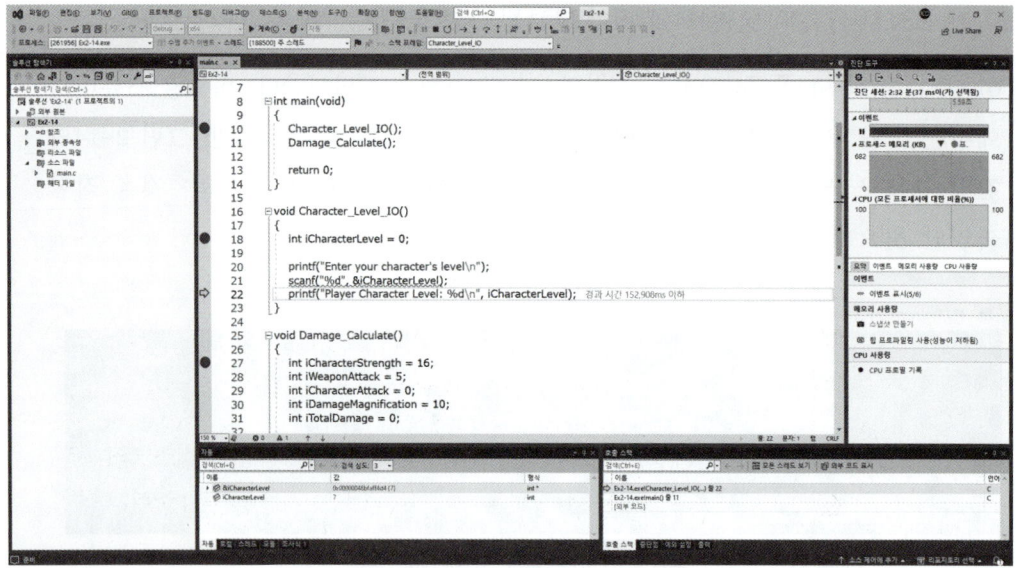

그림 2-15 22행 실행 직전에 멈춘 상태

자동 창을 보면 변수 **iCharacterLevel**은 사용자가 입력한 숫자가 그대로 들어가 있고, **&iCharacterLevel**에는 '**0x00000048bfaff4d4 {7}**'이라는 값이 들어가 있다. 이 숫자는 메모리의 주소를 의미하므로 독자마다 다르게 표시될 것이다.

여기서 한 가지 더 확인할 건 바로 **&iCharacterLevel**의 왼쪽 화살표를 눌러보면 데이터 7이 보일 것이다. 이것이 바로 주소와 실제 데이터의 관계를 눈으로 직접 확인할 수 있는 방법인 것이다. 주소 **&iCharacterLevel**에는 정상적으로 7이라는 데이터가 입력됐다. 데이터를 변수에 바로 추가한 것이 아니라 변수의 주소를 기준으로 입력됐다는 점에 주목해야 한다. 주소 값이 이러니 함수 **scanf**에 주소 연산자(**&**) 없이 변수에 바로 1과 4와 같은 정수를 입력하면 에러가 났던 것이다.

8) 이제 F11을 2번 누르면 노란색 화살표가 그림 2-16과 같이 11행으로 넘어가면서 함수 **Character_Level_IO**가 정상적으로 종료되고 함수 **Data_Calculate**에 들어가기 직전인 상황이다.

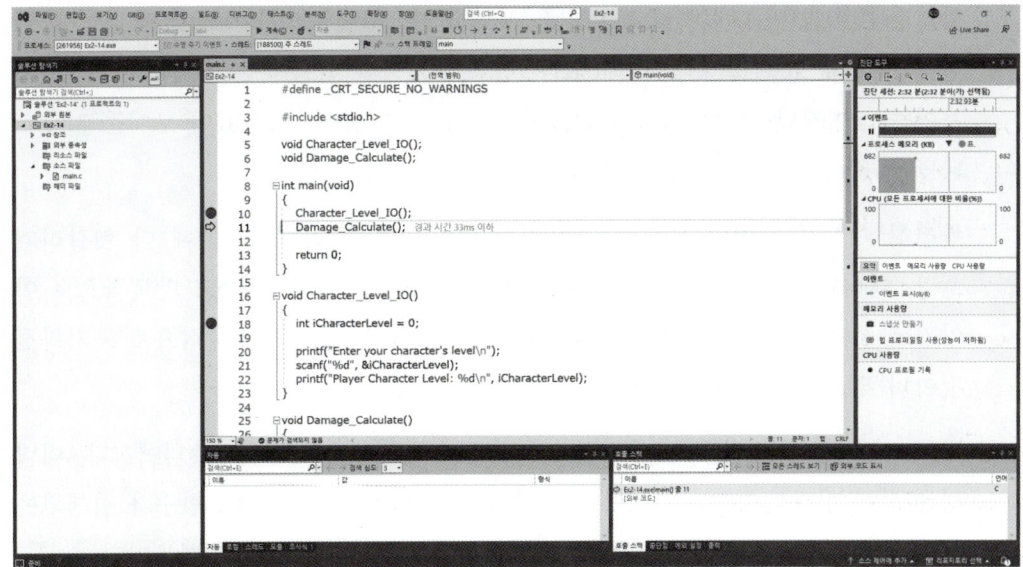

그림 2-16 11행 실행 직전에 멈춘 상태

9) 이제 한 줄씩 넘어갈 의미가 없으니 중단점들을 기준으로 빠르게 점프해본다. F5를 누르면 노란색 화살표가 그림 2-17과 같이 27행으로 넘어간다.

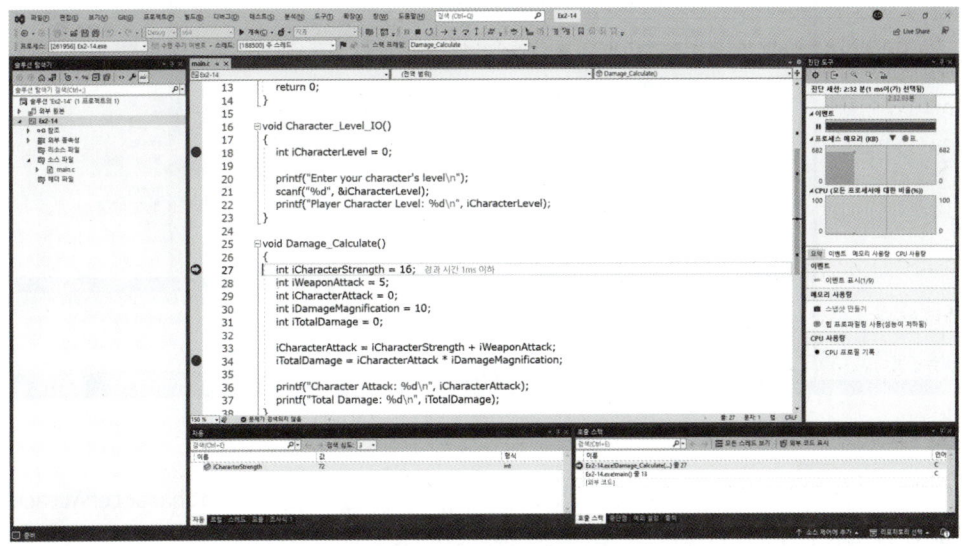

그림 2-17 27행 실행 직전에 멈춘 상태

확인할 것이 없어 보이지만 자동 창을 보면 변수 iCharacterStrength의 값이 16이 아닌 72로 돼 있는 걸 확인할 수 있다. 갑자기 72는 어디서 나온 것인가? 의미 있어 보이는 값이지만 당황할 필요는 없다. 단지 쓰레기 값이 의미 있어 보이는 값으로 나왔을 뿐이다. 쓰레기 값이니 물론 독자마다 다를 것이다.

완전히 이상한 값이면 오히려 인지하기 쉽지만 이런 값이 나올 때 더 헷갈리기 쉽다. 이러한 문제가 있기 때문에 변수의 초기화는 반드시 하라고 반복적으로 이야기한 것이다. F11을 한 번 눌러 28행으로 넘어가면 당연히 정상적으로 초기화될 것이니 당황할 필요는 없다.

10) 다시 F5를 누르면 노란색 화살표가 그림 2-18과 같이 34행으로 넘어간다. 디버깅을 통해 실질적으로 확인하고 싶었던 코드가 바로 34행이었다. 함수가 실행되는 순서를 보기 위한 중단점이 아닌 알고리듬을 다루는 코드이기 때문이다.

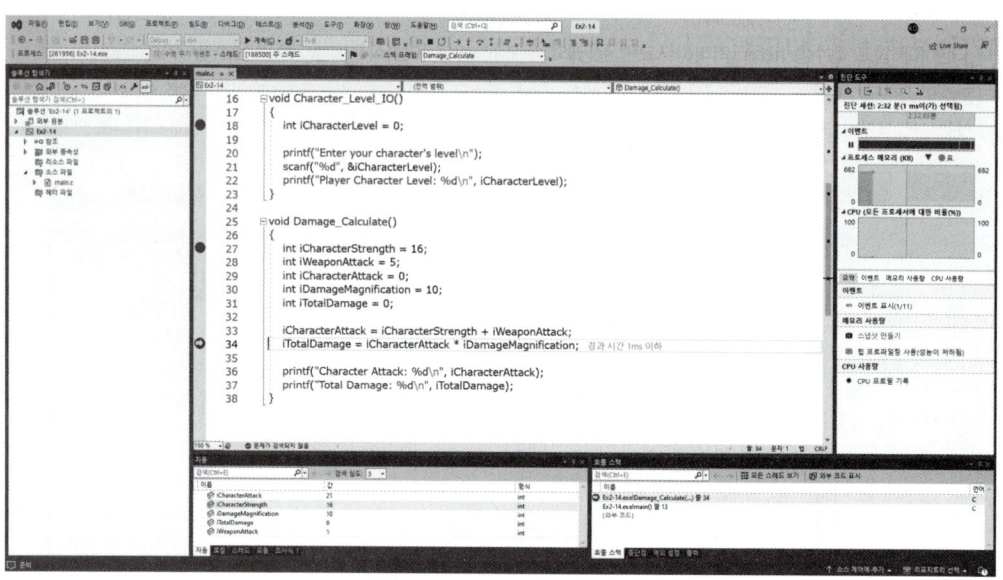

그림 2-18 34행 실행 직전에 멈춘 상태

5개의 변수가 정상적으로 초기화된 것을 확인할 수 있으며, 변수 iCharacterAttack은 정상적으로 계산됐지만 아직 변수 iTotalDamage는 계산되기 전 초기화 값으로 유지되고 있음을 확인한다. 변수 iTotalDamage에 정상적인 수치가 들어왔는지 확인하고 싶어 34행에 중단점을 설정했으나 아직 34행이 실행되기 직전이니 확인할 수 없고 다음 줄로 넘어가야 확인이 되는 상황이다.

여기서 중단점을 활용한 디버깅에 필요한 중요한 노하우가 무엇인지 이해할 수 있다. 디버깅으로 원하는 값을 확인하고 싶다면 반드시 해당 행이 아닌 상황에 따라 의도적으로 중단점의 위치를 조금씩 바꿀 필요가 있다.

또한 중단점을 설정하기 원하는 코드의 위 또는 아래에 코드가 없다면 당황할 필요 없다. 중단점을 잡기 위해 아무런 의미가 없는 출력 함수와 같은 테스트용 코드를 추가해서 중단점을 잡는 것도 디버깅을 하기 위한 실전 노하우다.

11) 이제 마지막으로 F5를 한 번 누르면 프로그램이 실행된다. 더 이상 멈출 중단점을 설정해두지 않았기 때문이다. 출력 창으로 이동하면 지금껏 실행했던 것과 동일한 결과가 나와 있다. 중단점을 활용해 디버깅을 하면서 각 행이 실행되는 시점에 데이터가 어떻게 들어가 있는지 세밀하게 확인 가능했다.

덤으로 main 함수부터 시작해 함수들이 어떤 순으로 호출되고 다시 main 함수로 돌아오는지도 눈으로 확인했다. 그리고 어떤 시점에 어떤 메모리에 어떤 데이터가 들어가 있고 변하는지도 확인할 수 있었다.

이것이 디버깅의 힘이다. 그러므로 프로그래밍을 원하는 만큼 수정해서 완료하기 위해 디버깅은 하면 좋은 것이 아니라 반드시 해야 한다는 것을 이해한 것으로, 엄청난 성과라 할 수 있다. 참고로 디버깅이 실행되는 도중에 디버깅을 중단하고자 한다면 Shift + F5를 누르면 된다.

11가지의 단계를 거쳐 간략하게 실제 디버깅이 이뤄지는 과정을 살펴봤다. 중단점은 디버깅을 하는 중간에도 추가적으로 온/오프할 수 있다. 좀 더 세부적으로 보고 싶은 부분이 있다면 중단점을 추가로 설정하면 되고, 이미 아무런 문제가 없다고 확인된 부분에 대해서는 중단점을 해제하면서 문제를 정확히 파악하는 것이 중단점을 활용한 디버깅이다.

이제 주요 기능 설명은 끝났으니 부가적인 기능은 직접 찾아보면 되며, 더 중요한 건 이제 스스로 반복해서 디버깅을 체득하는 과정만 남았다. 디버깅에 익숙해지는 방법은 누구도 가르칠 수 없다. 본인의 의지에 달려있을 뿐이다.

이것으로 2장이 끝났다. 이 책도 C 프로그래밍 언어의 이론을 설명하는 것에 초점을 맞추고 있으므로 3장부터 본격적인 이론을 학습한다. 다른 프로그래밍 책이었다면 프로그래밍의 개념을 설명하는 데 길어봐야 20 ~ 30페이지 정도를 할애하고 지금 페이지 정도에는 이미 배열이나 포인터 변수와 같은 어려운 이론을 한참 배우고 있을 시기다.

그러나 초반에 시간을 투자해서라도 프로그래밍의 기본 개념, 전체 구조와 흐름, 디버깅을 충분히 이해하고 본격적인 이론을 학습해야 독자들이 프포자가 되지 않을 가능성이 높다고 판단했고, 그것이 이 책을 집필하게 된 핵심 이유다.

프로그래밍에 대한 전체적인 개념 설명이나 실무 노하우에 대한 세부적인 이야기가 궁금한 독자도 있을 것이다. 아쉽지만 책의 컨셉상 2장에서 일부 다룬 것이 한계다. 지금도 상당한 분량의 책인데, 이론을 다루는 장에서 개념이나 노하우를 세부적으로 다루면 도저히 한 권의 책으로 낼 분량이 아니다. 3장부터는 1장과 2장에서 배운 개념과 구조를 토대로 이론 설명에 초점을 맞춘다.

> **세이브 포인트: 개념 정리**
>
> **에러, 버그, 경고**
> - **에러(Error)**: 프로그램 처리 과정에서 예상하지 못한 결과 또는 원하는 적절한 결과를 얻지 못해 발생하는 것으로 '신택스 에러'와 '시맨틱 에러'로 구분한다.
> - **버그(Bug)**: 프로그램상의 결함으로 인해 잘못된 결과를 도출하거나, 오작동하거나, 에러가 발생하는 모든 것을 포함한 넓은 개념이다.
> - **경고(Warning)**: 코드 작성 규칙상 문제가 존재하지만 프로그램을 실행하지 못할 정도는 아니라고 판단해 출력 창에 경고한다.
>
> **디버깅의 중요성**
> - **디버깅(Debugging)**: 프로그램을 개발하는 과정에서 발생하는 에러와 버그를 수정하는 과정이다.
> - 진정한 프로그래밍은 코드를 수정하는 디버깅 단계부터 시작된다.
> - 디버깅은 프로그래머가 지녀야 할 매우 기초적인 능력이다.

3장

C 프로그래밍의 기본

3-1   리터럴
3-2   데이터형
3-3   변수와 상수
3-4   표준 입출력
3-5   기본 연산자
3-6   사용자 정의 함수
3-7   제어 명령문
3-8   사용자 정의 데이터형
3-9   전처리기
3-10   1차원 배열
3-11   포인터 변수
3-12   동적 메모리
3-13   문자열
3-14   파일 입출력
3-15   프로그래밍 8가지 지침

3장에서는 C 프로그래밍의 기본 이론을 살펴본다. C++와 C#으로 넘어가기 위해 C를 배우고 있더라도 3장까지의 이론만이라도 반드시 충분히 체득한 후 넘어가는 걸 강력히 권장한다.

모든 프로그래밍은 데이터와 알고리듬으로 이뤄져 있으며, 데이터와 알고리듬도 각각 표준 라이브러리와 사용자 정의로 구분할 수 있다고 했다. 이 책에서 제공한 프로그래밍의 기초 개념이 자리 잡으면 이제 어떤 프로그래밍 언어 책의 목차만 봐도 그림 1-5에서 설명한 사분면 중 어디에 속하는지 이해할 수 있는 힘이 생긴다.

별 것 아닌 것처럼 보이지만 퍼즐 조각 하나하나만 봐왔던 지금까지와 달리 프로그래밍이라는 하나의 완성된 그림 형태를 상상하며 퍼즐을 맞출 수 있는 능력을 얻게 된 것이다. 배우고 있는 개념이 무엇을 하기 위한 것인지, 무엇을 할 수 있는 것인지 알고 배워야 전체 그림을 상상하면서 퍼즐 조각을 맞출 수 있다.

파편적으로 나눠진 개념들을 아무리 깊게 배워봐야 하나로 연결되지 못해 결국 프로그래밍이란 무엇인지 이해하지 못한 채로 이론 학습이 끝나버린다. 몇 달이라는 시간을 들여 열심히 공부해서 1권의 책을 끝냈는데도 프로그래밍이 무엇인지 감도 안 잡히니 적성에 안 맞는 것 같이 느껴지고 결국 프포자의 길로 들어서게 된다.

우리는 퍼즐을 맞출 때 어떻게 해야 빠르고 쉽게 맞출 수 있을까? 아주 간단하다. 가장 먼저 4개의 모서리에 배치될 2면이 평평한 퍼즐 조각을 찾는다. 다음으로 1면이 평평해 외각으로 배치될 퍼즐 조각들만 모아 전체적인 틀을 먼저 만들고, 전체 그림의 규모와 배치를 가늠한다. 그런 다음 전체적인 그림을 예상하면서 연결하기 쉬운 조각들을 점차적으로 그룹화해서 완성해간다.

왜 이러한 당연한 방식을 수십 년간 지속돼 온 프로그래밍 학습에서는 활용해오지 않았는가? 퍼즐이 어디에 배치될지도 모르는데, 각각의 퍼즐 하나의 유래, 개념, 사용법, 활용법을 아무리 깊게 알려줘 봐야 결국 퍼즐을 맞추는 데 도움이 되지 않는다. 퍼즐을 맞출 수 있는 방법을 알려줘야 하는데, 퍼즐 하나하나의 상세 이력만 알려줬으니 아무리 시간을 쏟아 부어도 퍼즐이 완성되지 않았던 것이다.

결론적으로 프로그래밍 책에서 정리된 목차의 대부분은 그림 1-5의 사분면 중 하나에 해당된다. 물론 전처리기와 같이 사분면에 해당되지 않는 일부 항목도 존재하지만 대부분의 프로그래밍 이론은 사분면의 어디에 위치하는지 이해하는 것부터 시작할 필요가 있다.

예를 들어 '표준 입출력 함수'를 다루는 목차는 '알고리듬'을 구현하기 위해 제공되는 '표준 라이브러리'를 활용하는 방법을 알려주는 부분이며, '구조체'를 다루는 목차는 복합적인 '데이터'를 다루기 위해 '사용자 정의'로 데이터형을 만드는 방법을 알려주는 부분이다.

앞으로 새로운 목차가 시작될 때마다, 어떤 타입의 퍼즐인지부터 파악하고 그 후 세부적인 내용을 살펴보는 습관을 들이자.

2장에서 살펴본 C 프로그래밍의 구조와 흐름을 통해 프로그래밍이라는 전체 그림의 형태를 대략적으로 그릴 수 있게 됐다. 이를 충분히 이해하고 있다는 가정하에, 3장의 기본 이론은 데이터를 다루는 것부터 시작한다. 목차를 보고 퍼즐 타입이 무엇인지, 어디에 배치할지 파악하면 이제 그 퍼즐 조각 하나하나를 어떻게 활용하는지 구체적으로 배울 차례다.

프로그래밍은 메모리라는 '공간'에 적당한 '값'을 변경해가며 원하는 결과를 도출하는 과정이다. C 프로그래밍의 기본 단위는 알고리듬을 만드는 함수라고 하지만 그건 인간인 프로그래머의 관점일 뿐이며, 기계의 관점에서 프로그램은 단지 데이터의 집합일 뿐이다. 결국 프로그래머는 메모리 공간을 잘 제어할수록 알고리듬을 편하게 구현할 수 있다. 따라서 경력이 쌓인 프로그래머일수록 데이터 제어의 중요성을 실감하게 된다.

프로그래밍에서 데이터를 이해하려면 '리터럴^{Literal}', '변수^{Variable}', '상수^{Constant}'라는 3가지 개념과 그 차이점을 명확히 알아야 한다. 리터럴이라는 개념을 다루는 프로그래밍 책이 많은 건 아니라 생소할 수 있겠지만 아주 간단한 개념이다.

문제는 상수와 리터럴의 개념을 혼재하는 관점으로 설명하는 책이 많아, 이 경우 상수가 무엇인지 정확히 이해하지 못하거나 오해하고 넘어가는 경우가 많다. 프로그래밍에서 리터럴, 변수, 상수를 통해 데이터 제어가 이뤄지므로 이 3가지 개념을 명확히 하지 않고 다음으로 넘어가면 데이터와 관련된 매 순간마다 고통스럽게 된다.

이 책에서는 프로그래밍의 데이터 개념을 쉽게 이해할 수 있게 변수와 상수는 '메모리 공간(박스)'이며, 리터럴은 '데이터 값'이라는 관점에 따른다. 즉, 리터럴도 리터럴 상수라는 상수 중 하나의 개념으로 보는 관점을 채택하지 않고 상수와 리터럴을 별도의 개념으로 취급할 것이다.

리터럴과 상수가 같다는 관점도 있으나 채택하지 않는다. 실제 많은 책이 이 관점을 채택하고 있다. 그러나 이 관점의 가장 큰 문제는, 변수는 메모리 공간인데 상수는 데이터 값이 되므로 초보자가 많은 혼란을 겪게 된다는 점이다. 동일하게 '0수'라는 용어가 있는데, 하나는 공간이고 하나는 값이니 이해도 어렵고, 특히 대입 명령문을 설명할 때 논리적으로 말이 되지 않는다. 심지어 비주얼 스튜디오에서도 한국어 번역으로 리터럴과 상수를 같다는 관점으로 번역해서 에러나 경고 메시지를 이해하기 어려울 경우가 있으니 이를 고려해서 재해석하는 것이 좋다.

리터럴은 '데이터의 값 그 자체'를 의미한다. 박스 안에 들어갈 수 있는 다양한 물체다. 리터럴은 데이터 값이므로 공간의 개념이 아니며 당연히 주소의 개념이 존재하지 않는다. 정수, 실수, 문자, 문자열 자체가 바로 리터럴이다. 따라서 프로그래머는 리터럴을 상황에 따라 변수와 상수라는 공간에 할당한다(박스에 넣는다).

변수는 '프로그램이 실행되는 도중에 값이 변경될 데이터를 메모리에 저장하는 공간'이며, 상수는 '프로그램이 실행되는 도중에 값이 변경되지 않게 데이터를 메모리에 저장하는 공간'이다. 변수와 상수의 차이점은 '프로그램 실행 도중'에 데이터 값을 변경할 수 있는가 없는가에 달려있다.

다시 말해 상수라는 공간에 들어있는 초기 데이터 값을 프로그램이 실행되기 전에 코드에서 변경하는 건 아무런 문제가 없다는 의미다. 모든 상황에서 절대 데이터 값이 변경되지 않는 것이 상수가 아니다.

그러므로 이 관점에서 리터럴은 상수가 아니다. 프로그램 실행 도중에 박스에 들어가 있는 값이 변경되지 않도록 막고자 할 때 변수가 아닌 상수라는 공간을 선언한다. 박스에는 실행 중에만 동작하는 Lock을 설치했다고 생각하면 쉽다. '변수와 상수 둘 다 메모리 공간(박스)이라고 이해하는 것이 프로그래밍의 데이터를 이해하기 위한 첫 단추다.

용어만 보고 수학의 개념을 가져와 '변수는 변하는 값, 상수는 변하지 않는 값'이라고 생각하는 순간 모든 게 혼란스럽게 된다. 수학에서는 메모리라는 물리적 공간이라는 개념도 제약도 없기 때문에 공간이 아닌 값 자체를 도출하는 데 집중한다. 그러나 프로그래밍은 데이터 값을 넣을 물리적인 한계가 존재하는 메모리 공간을 기반으로 이뤄지며, 그 메모리 공간을 관리하는 것이 프로그래밍의 기초 중 하나라 할 수 있다.

3-1 리터럴

C 프로그래밍 언어에서 사용되는 리터럴은 '문자', '문자열', '정수', '실수' 리터럴로 구분할 수 있다. 각 리터럴마다 특수한 표현법이 존재하거나 특정 접미사를 붙이는 경우가 있으므로 구분해서 하나씩 살펴본다.

아직 데이터형을 배우지 않았으므로 리터럴 자체에 집중하도록 이 부분은 변수의 선언문 없이 하드 코딩하지만, 우리는 이미 하드 코딩의 위험성을 인지하고 있으니 이후 데이터형을 배우면 변수를 선언하는 형태로 코드를 스스로 변경할 수 있어야 한다.

3-1-1 문자 리터럴

3-1-1-1 문자 리터럴 표현법

Ex3-1 / main.h

```
01  #pragma once
02  #define _CRT_SECURE_NO_WARNINGS
03  #include <stdio.h>
04
05  void CharacterPrint();
```

Ex3-1 / main.c

```c
01  #include "main.h"
02
03  int main(void)
04  {
05      CharacterPrint();
06      return 0;
07  }
08
09  void CharacterPrint()
10  {
11      printf("%c\n", 'A');
12      printf("%c\n", 'b');
13
14      printf("%d\n", 'A');
15      printf("%d\n", 'b' + 1);
16
17      //printf("%c\n", 'abcd');
18      //printf("%c\n", 'abcde');
19  }
```

표준 출력은 다음과 같다.

```
A
b
65
99
(17행 주석해제시) d
```

1) 문자 리터럴 표현법

예제 코드 Ex3-1에서 문자 리터럴을 출력하기 위해 표준 출력 함수 printf를 사용했다. 11행과 12행에서 첫 번째 인자에는 '형식 지정자 %c'를 사용해서 '문자'를 출력할 수 있게 했다. 두 번째 인자에는 작은따옴표(' ') 안에 출력하고자 하는 문자를 작성했다. 단일 문자를 출력하려면 반드시 작은따옴표로 문자를 감싸야 한다. 이것이 문자 리터럴을 사용하기 위한 특수한 표현법이다.

11행의 'A'를 "A"처럼 큰따옴표(" ")로 바꾸면 컴파일러는 녹색 물결무늬 밑줄로

"문자가 아닌 항목이 전달됐다."는 경고를 발생시킨다. 큰따옴표는 문자열 리터럴 표현법이므로 명확히 구분해서 사용해야 한다. 다음으로 따옴표 없이 단순히 A로 바꾸면 "선언되지 않은 식별자입니다."라는 '에러 C2065'가 발생한다.

17행과 18행은 문제가 있는 코드라 주석 처리를 한 상태다. 다음 코드와 같이 17행의 주석을 해제하고 컴파일하면 d라는 출력 결과가 추가로 나온다. 'abcd'라는 단일 문자는 존재하지 않으므로, 다룰 수 있는 크기상 마지막 문자인 d가 출력됐지만 이는 결코 정상적인 결과는 아니다.

18행의 주석을 해제하면 빨간색 물결무늬 밑줄로 "문자 상수에 문자가 너무 많습니다."라는 에러가 발생한다. 우리는 리터럴과 상수를 명확히 구분하는 관점을 따른다고 했으니 이 에러 메시지는 "문자 리터럴에 문자가 너무 많다."라고 이해하는 것이 맞다. 18행에서는 문자 5개로 이뤄진 문자열을 마치 단일 문자인 것처럼 출력하고자 하니 문제가 발생한 것이다. 이러한 에러 메시지가 발생한 이유는 '3-2 데이터형' 절에서 데이터형의 크기를 배우면 이해할 수 있게 된다. 결론적으로 '작은따옴표'와 '단일 문자'는 하나의 쌍이라는 것만 기억하면 된다.

```
17      printf("%c\n", 'abcd');
18      printf("%c\n", 'abcde');
```

2) 문자도 시스템 내부에서 숫자의 개념으로 제어

11행과 12행은 정상적으로 원하는 출력 결과를 얻었다. 반면 14행과 15행은 '정수'를 출력하게 해주는 '형식 지정자 %d'를 사용했다. 문자도 시스템 내부적으로 정수로 돼 있다는 것을 설명하기 위해 의도적으로 작성한 코드다.

```
14      printf("%d\n", 'A');
15      printf("%d\n", 'b' + 1);
```

출력 결과로 나오는 숫자는 아스키[ASCII, American Standard Code for Information Interchange] 코드표에 나오는 정수로 된 숫자다. 아스키 코드는 문자를 숫자에 매핑해서 관리하는 집합체다. 컴퓨터는 최종적으로 0과 1로 구성된 숫자만 인식할 수 있으므로, 문자를 특정 숫자에 매핑해서 저장한 후 대체해서 사용하고 있었던 것이다. 다시 말해서 문자도 본래 숫자이니 매핑된 정수로도 출력할 수 있다는 의미다.

이 특징은 문자 리터럴을 제대로 이해하는 데 필수적이다. C 프로그래밍 언어의 문자는 실제 인간이 사용하는 문자와 다르게 정수의 개념에서 더하거나 뺄 수 있다는 의미다. 이러한 특징을 활용해서 프로그램 실행 도중에도 문자를 제어하게 된다.

대표적인 예가 대문자를 소문자로 변경하기 위해 문자에 32를 더하고, 소문자를 대문자로 변경하기 위해 문자에서 32를 빼는 것이다. 문자 리터럴은 상황에 따라 출력을 문자로 할 것인지, 정수로 할 것인지를 선택할 수 있지 근본은 정수로 된 숫자라는 점이 중요하다. 다만 문자 그대로 인식되려면 작은따옴표 안에 작성해야 한다는 문자 리터럴 표현법에 따라야 한다.

아스키 코드표는 인터넷에서 쉽게 찾아볼 수 있으나 어떤 환경에서도 확인할 수 있도록 '부록, 아스키 코드표'에 정리했다. 2의 7승인 128개의 문자 및 약자가 매핑돼 있다. 아스키 코드표를 보면 대문자와 소문자 간 변경을 위해 왜 32를 더하고 뺐는지 알 것이다.

아스키 코드표에 집중하기보다 문자가 원래 숫자로 돼 있고, 매핑돼 사용되고 있다는 사실에 주목할 필요가 있어 아스키 코드표는 본문이 아닌 부록으로 분리했다. 필요할 때 찾아보면 되는 정보이지 주된 학습 대상이 아니기 때문이다. 아스키 코드표를 외우느라 시간 낭비할 필요 없다. 집중해야 할 것과 부수적인 것만 분별해줘도 학습 효과가 급격히 늘어난다.

'부록, 아스키 코드표'의 10진수를 기준으로 'A'는 65에 매핑돼 있으며, 'b'는 98에 매핑돼 있고, 'c'는 99에 매핑돼 있다. 따라서 14행은 65가 출력됐고, 15행은 99가 출력됐다. 15행의 형식 지정자를 %d에서 %c로 변경한다면 99에 매핑돼 있는 'c'가 출력될 것이라는 걸 쉽게 추측할 수 있다. 반대로 97을 형식 지정자 %c로 출력하면 'a'가 나오듯 '부록'의 숫자를 통해 원하는 문자를 출력할 수 있어야 문자를 제대로 제어할 수 있게 된다.

3-1-2 문자열 리터럴

3-1-2-1 문자열 리터럴 표현법

Ex3-2 / main.h

```
01  #pragma once
02  #define _CRT_SECURE_NO_WARNINGS
03  #include <stdio.h>
04
05  void StringPrint();
```

Ex3-2 / main.c

```
01  #include "main.h"
02
03  int main(void)
04  {
05      StringPrint();
06      return 0;
07  }
08
09  void StringPrint()
10  {
11      printf("%s\n", "A");
12      printf("%s\n", "Hello World!");
13
14      printf("%s", "Hello");
15      printf("%s\n", "World!");
16
17      printf("%s", "Hello ");
18      printf("%s\n", "World!");
19
20      printf("%s ", "Hello");
21      printf("%s\n", "World!");
22  }
```

표준 출력은 다음과 같다.

```
A
Hello World!
```

```
HelloWorld!
Hello World!
Hello World!
(커서 위치)
```

1) 문자열 리터럴 표현법

예제 코드 Ex3-2에서 문자열 리터럴을 출력하기 위해 표준 출력 함수 printf를 사용했다. 첫 번째 인자에는 '형식 지정자 %s'를 사용해서 '문자열'을 출력할 수 있게 했다. 두 번째 인자에는 큰따옴표 안에 출력하고자 하는 문자열을 작성했다. 문자열을 출력하려면 반드시 '큰따옴표'로 문자열 전체를 감싼다. 문자 리터럴과 구분된 문자열 리터럴 표현법이다.

11행의 "A"를 'A'처럼 작은따옴표로 바꾸면 컴파일러는 녹색 물결무늬 밑줄로 "문자열은 주소여야 한다."는 경고를 발생시킨다. '3-13 문자열' 절에서 다시 설명하겠지만 C 프로그래밍에서 문자열은 컴파일러 입장에서 명확한 크기를 파악하기 어려우므로 값 자체를 가져오기 어렵고 대신 시작 주소를 기준으로 가져온다. 그래서 문자열의 주소를 제공해달라는 경고 메시지가 나왔다.

11행은 문자열의 특징을 알려주기 위해 작성한 코드다. 형식 지정자 %s와 큰따옴표를 사용해서 문자열 리터럴 표현법을 따랐지만, A라는 단일 문자만 출력했다. 다시 말해 '문자열은 단일 문자를 포함한 하나 이상의 문자의 집합'을 의미한다. 다만 문자는 숫자 개념으로 제어되는 것과 다르게 문자열은 문자열 자체의 시작 주소를 기반으로 통째로 관리된다는 차이점이 존재한다는 점에 유의해야 한다.

```
11        printf("%s\n", "A");
```

예제 코드 Ex3-2에서 11행의 "A"와 예제 코드 Ex3-1에서 11행의 'A'는 인간의 눈으로 보기에 별 차이 없어 보이지만 메모리에 저장되는 시점에 굉장히 큰 차이가 발생한다. 'A'는 문자 리터럴로 딱 1개의 문자로 저장되지만 "A"는 문자열 리터럴이므로 '문자열 끝에 문자열의 종료'를 알리는 제어 문자 '\0'가 자동으로 추가돼 최종적으로 2개의 문자가 저장된다. 즉, 문자열은 인간이 눈으로 보이는 문자보다 실제 1개를 더해 저장된다. 이는 문자열을 이해하는 데 굉장히 중요한 개념이다.

12행은 프로그래밍의 전통인 'Hello World!'를 출력한 코드다. 여기서 중요한 점은 2가지다. 먼저 공백(스페이스)도 아스키 코드표에 존재하듯 문자열 리터럴에 그대로 포함된다는 사실이다.

다음으로 이제 함수 printf의 첫 번째 인자도 큰따옴표였다는 것을 눈치 채야 한다는 점이다. 함수 printf는 두 번째 인자를 첫 번째 인자의 형식 지정자에 맞게 바꿔주고, 큰따옴표로 돼 있는 모든 내용을 출력하라는 함수인 것이다.

즉, 두 번째 인자인 `'Hello World!'`를 %s의 위치에 대입하고, 큰따옴표 안에 있는 `'Hello World!\n'` 전체를 출력한다. 함수 printf의 첫 번째 인자는 문자열 형식으로 정보를 받고 있었다.

```
12      printf("%s\n", "Hello World!");
```

14행과 15행을 살펴보면 'Hello'와 'World!' 사이에 공백이 존재하지 않음을 알 수 있다. 공백도 엄연히 하나의 문자이므로 프로그래머가 명시할 필요가 있다. 공백을 표기하는 방법은 여러 방법이 있다.

17행과 18행처럼 두 번째 인자인 `'Hello '`에 공백을 포함시키는 방법도 존재하며, 20행과 21행처럼 첫 번째 인자인 `'%s '`에 공백을 포함시킬 수도 있다. 다양한 방법을 활용해 결과를 도출할 수 있으니 개념 자체를 이해하는 것이 중요하다.

```
14      printf("%s", "Hello");
15      printf("%s\n", "World!");
16
17      printf("%s", "Hello ");
18      printf("%s\n", "World!");
19
20      printf("%s ", "Hello");
21      printf("%s\n", "World!");
```

2) 문자열은 전용 데이터형이 없다

C 프로그래밍 언어에서 문자열 리터럴은 사용 가능하지만, 이후 소개할 '3-2 데이터형' 절에서 문자열 전용 데이터형은 존재하지 않는다고 설명할 것이다. 프로그래밍 세계에서 이건 굉장히 치명적인 단점이다. 사용할 수 있는 건 반드시 그에 따른 기준과 형식을 제공하는 것이 원칙이다.

이러한 불균형으로 인해 C 프로그래밍 언어에서 문자열은 문자열 자체로 직접 제어할 수 없고, 단일 문자들의 집합으로 상정해 까다롭게 제어할 수밖에 없다. 동일한 데이터형이 다수 필요할 때 활용되는 배열 또는 포인터 변수의 개념으로 문자열을 간접적으로 제어하다 보니 다양한 문제가 발생하게 된다.

문자열을 문자의 개념으로 제어하기 위해 원하는 기능에 따라 수많은 함수가 요구되므로 C 프로그래밍에서 문자열은 결코 다루기 편한 리터럴이 아니다. C 프로그래밍 언어가 많은 문자열을 출력해야 하는 분야에서 거의 사용되지 않는 이유는 실질적인 기능 구현에 앞서 문자열을 제어하기 위한 코드를 프로그래머가 처음부터 일일이 작성해야 하는 번거로움이 있기 때문이다.

따라서 C 프로그래밍 언어에서 문자열을 제어하는 함수들을 그다지 중요하게 볼 필요는 없다는 입장이다. 문자열 전용 데이터형이 존재하는 다른 객체지향 프로그래밍 언어에서는 문자열을 제어하기 위해 큰 노력을 할 필요가 없이 문자열 자체를 쉽게 사용할 수 있기 때문이다.

또한 문자열 내부에서 하나씩 제어하기보다 문자열 자체를 원하는 것으로 교체하는 것이 빠르고 정확하다. 우리는 문자열을 구현하고자 하는 것이 아니라 특정 문자열을 원할 때 출력하고 싶을 뿐이며, 실질적인 기능 구현에 시간을 할애하는 것이 효과적이다.

C 프로그래밍 언어만 사용해야 하는 분야에서 프로그래머로 활동하려면 문자열 제어 함수들을 충분히 익히는 것이 좋지만 객체지향 프로그래밍으로 넘어가기 위해 C 프로그래밍 언어를 배우고 있다면 문자열 제어 함수들은 기본적인 개념만 알고 나중에 필요한 함수를 찾을 수 있을 정도로 넘어가도 충분하다.

3-1-1 정수 리터럴

3-1-3-1 정수 리터럴 표현법

Ex3-3 / main.h

```
01  #pragma once
02  #define _CRT_SECURE_NO_WARNINGS
03  #include <stdio.h>
04
05  void IntegerPrint();
```

Ex3-3 / main.c

```
01  #include "main.h"
02
03  int main(void)
04  {
05      IntegerPrint();
06      return 0;
07  }
08
09  void IntegerPrint()
10  {
11      printf("%d\n", 20);
12
13      printf("%o\n", 20);
14      printf("%x\n", 20);
15
16      printf("0%o\n", 20);
17      printf("0x%X\n", 20);
18
19      printf("%d\n", 024);
20      printf("%d\n", 0x14);
21  }
```

표준 출력은 다음과 같다.

```
20
24
14
```

```
024
0x14
20
20
(커서 위치)
```

예제 코드 Ex3-3에서 정수 리터럴을 출력하기 위해 표준 출력 함수 printf를 사용했다. 첫 번째 인자에는 '형식 지정자 %d, %o, %x, %X'를 사용해서 '정수'를 출력했다. %d는 10진수, %o는 8진수, %x와 %X는 16진수를 표현하기 위한 형식 지정자로, %x는 알파벳 부분을 소문자로 출력하고 %X는 알파벳 부분을 대문자로 출력한다. 두 번째 인자에는 10진수, 8진수, 16진수의 정수를 표기법에 맞게 작성할 수 있다.

10진수, 8진수, 16진수의 예시는 '부록, 아스키(ASCII) 코드표'에서도 확인할 수 있다. 10진수는 1에서 9까지의 수로 구성하며 10번째 되는 숫자에 단위를 올리는 방식이며, 8진수는 1~7, 16진수는 1~9와 A~F의 수로 구성해 각각 8번째와 16번째 숫자에 단위를 올린다.

컴퓨터 내부적으로는 2진수로 저장되지만 프로그래머는 코드상 표준 출력 함수 printf를 통해 10진수, 8진수, 16진수를 서로 전환할 수 있다. 16진수의 경우 아티스트나 고전 비디오 게임을 즐겼던 게이머라면 익숙할 것이다. 포토샵의 색상 코드나 비디오 게임의 액플 코드가 바로 'FFFFFF'와 같은 16진수를 활용하고 있다.

11행은 첫 번째 인자와 두 번째 인자 모두 10진수를 기준으로 작성했다. 13행과 14행에서 두 번째 인자는 10진수이지만 첫 번째 인자는 각각 8진수와 16진수의 형식 지정자를 사용했다. 그 결과 10진수가 8진수인 24와 16진수인 14로 출력됐다.

```
11      printf("%d\n", 20);
12
13      printf("%o\n", 20);
14      printf("%x\n", 20);
```

그런데 문제가 생겼다. 24와 14는 10진수가 아니기 때문에 8진수와 16진수라는 표기가 별도로 필요하다. 진수 표기가 없으면 우리는 24는 10진수 24, 14는 10진수 14로 인식하기 때문이다. 그러므로 16행과 17행처럼 첫 번째 인자에 '0'과 '0x'를 의도적으로 붙여서 각각 8진수와 16진수 정수 표기법에 따라 출력했다. 출력 결과를 일반적인 진수 표기에 맞춰 가공한 것에 불과하다.

```
16      printf("0%o\n", 20);
17      printf("0x%X\n", 20);
```

다음으로 19행과 20행은 반대로 두 번째 인자에 10진수가 아닌 8진수와 16진수를 넣었고, 10진수로 출력되게 했다. 그 결과 8진수 **024**와 16진수 **0x14**가 모두 10진수 **20**이라는 것을 확인할 수 있었다. C 프로그래밍에서는 8진수, 10진수, 16진수를 쌍을 맞춰 정상적으로 출력할 수 있으며, 다른 진수로 얼마든지 출력을 변환할 수도 있다.

여기서는 다양한 표현법을 소개하기 위해 10진수 외 8진수와 16진수의 예를 들었지만 실제 대부분의 프로그래밍에서 정수는 '형식 지정자 **%d**'와 '10진수'를 표준으로 사용한다는 점을 기억하자. 8진수와 16진수는 참고 정도로 알아두면 충분하다.

```
19      printf("%d\n", 024);
20      printf("%d\n", 0x14);
```

3-1-3-2 정수 리터럴 접미사

Ex3-4 / main.h

```c
01   #pragma once
02   #define _CRT_SECURE_NO_WARNINGS
03   #include <stdio.h>
04
05   void IntegerSuffix();
```

Ex3-4 / main.c

```c
01   #include "main.h"
02
03   int main(void)
04   {
05       IntegerSuffix();
```

```
06        return 0;
07    }
08
09    void IntegerSuffix()
10    {
11        printf("%d\n", -100);
12        printf("%ld\n", -100L);
13        printf("%lld\n", -100LL);
14
15        printf("%u\n", 100U);
16        printf("%lu\n", 100UL);
17        printf("%llu\n", 100ULL);
18    }
```

표준 출력은 다음과 같다.

```
-100
-100
-100
100
100
100
(커서 위치)
```

정수와 실수 리터럴은 숫자의 '크기'라는 개념이 존재하기 때문에 '리터럴 접미사'가 붙는다. 100 단위를 상정한 정수와 1조 단위를 상정한 정수는 표기할 숫자의 개수가 다르니 당연히 메모리에 저장해야 할 크기가 다를 수밖에 없다.

메모리는 물리적인 한계가 존재하며 메모리 용량은 곧 비용을 의미하기 때문에 프로그래밍에서 무작정 큰 숫자를 사용할 수는 없다. 따라서 C 프로그래밍에서 정수와 실수는 데이터형의 크기가 있으며, 이 데이터형에 들어갈 정수와 실수 리터럴도 어떤 크기를 설정했는지 리터럴 접미사로 표기하도록 규정하고 있다. 무조건 큰 숫자에만 리터럴 접미사를 붙이는 것은 아니며 어느 정도의 크기까지 고려하고 있는지에 따라 적합한 접미사를 붙인다.

아직 데이터형을 배우기 전이므로 리터럴 접미사를 중심으로 어떤 데이터형 및 형식 지정자와 매칭되는지 살펴보고, '3-2 데이터형' 절에서 데이터형을 배운 뒤

다시 돌아와서 재확인하는 것이 좋다. 표 3-1과 같이 10진수는 데이터형, 형식 지정자, 리터럴 접미사를 일치시켜서 사용하는 것을 원칙으로 하고 있다.

예제 코드 Ex3-4의 11행 ~ 17행과 표 3-1의 6개 항목이 서로 매칭되도록 정리했다. 11행은 표 3-1의 첫 번째 행과 매칭된다. 데이터형 int와 형식 지정자 %d를 사용할 때 리터럴 접미사는 생략된다는 것을 알려준다. 이것이 정수 리터럴을 표기하는 표준으로 규정됐기 때문에 생략한 것이다.

int, long, long long으로 갈수록 큰 정수를 담을 수 있으며, unsigned는 음수가 없는 정수를 의미한다. 음수가 없는 만큼 양수로 2배 큰 정수를 사용할 수 있다. 상세한 크기는 '3-2 데이터형' 절에서 다룬다.

고전 게임을 즐겼던 게이머라면 아이템의 최대 개수가 256개(2의 8승)보다 하나 적은 '255'개이거나 최대 데미지가 65,536(2의 16승)보다 하나 적은 '65,525'라는 2의 거듭제곱으로 표현된 숫자를 본 적 있을 것이다. 크기를 세는 시작점이 1이 아닌 0부터 시작했기에 하나씩 적은 숫자가 최대 수치로 작성된 것이다. 이 수치가 나온 이유는 데이터형에서 직접 예제 코드의 결과로 확인할 수 있다. 이러한 결과는 정수 리터럴을 최소한의 크기로 저장해서 메모리를 절약하기 위해 작성된 코드에서 비롯된 것이다.

리터럴 접미사는 대문자와 소문자 모두를 사용할 수 있지만 이 책에서는 '정수 리터럴'은 '대문자'로 통일해서 표기한다.

표 3-1 정수 리터럴 접미사

데이터형	형식 지정자	리터럴 접미사
int	%d	〈생략〉
long	%ld	L 또는 l
long long	%lld	LL 또는 ll
unsigned int	%u	U 또는 u
unsigned long	%lu	UL 또는 ul
unsigned long long	%llu	ULL 또는 ull

3-1-4 실수 리터럴

3-1-4-1 실수 리터럴 표현법

Ex3-5 / main.h

```
01  #pragma once
02  #define _CRT_SECURE_NO_WARNINGS
03  #include <stdio.h>
04
05  void RealNumberPrint();
```

Ex3-5 / main.c

```
01  #include "main.h"
02
03  int main(void)
04  {
05      RealNumberPrint();
06      return 0;
07  }
08
09  void RealNumberPrint()
10  {
11      printf("%f\n", 0.001);
12      printf("%f\n", 1.0e-3);
13      printf("%f\n", 1.0E-3);
14
15      printf("%e\n", 1.0E-3);
16  }
```

표준 출력은 다음과 같다.

```
0.001000
0.001000
0.001000
1.000000e-03
(커서 위치)
```

예제 코드 Ex3-5에서 실수 리터럴을 출력하기 위해 표준 출력 함수 printf를 사용했다. 첫 번째 인자에는 '형식 지정자 %f, %e'를 사용해서 '실수'를 출력했다. %f와 %lf가 '소수점 표기법'이고, %e와 %le가 '지수 표기법'이다. 두 번째 인자에도 소수점 표기법과 지수 표기법으로 실수를 작성할 수 있다.

11행은 소수점 표기법으로 작성한 실수를 소수점 표기법으로 출력하고 있으며, 12행과 13행은 지수 표기법으로 작성한 실수를 소수점 표기법으로 변환해서 출력했다. 마지막으로 15행은 지수 표기법으로 작성한 실수를 지수 표기법으로 출력했다. 실수 리터럴도 첫 번째 인자와 두 번째 인자를 쌍을 맞춰 정상적으로 출력할 수 있으며, 다른 표기법으로 변환할 수도 있다.

실수 리터럴은 소수점 표기법을 기본적으로 사용하지만 지수 표기법을 사용하는 경우도 있으므로 2가지 표기법을 모두 활용할 수 있도록 익숙해지는 것이 좋다.

3-1-4-2 실수 리터럴 접미사

Ex3-6 / main.h

```
01  #pragma once
02  #define _CRT_SECURE_NO_WARNINGS
03  #include <stdio.h>
04
05  void RealNumberSuffix();
```

Ex3-6 / main.c

```
01  #include "main.h"
02
03  int main(void)
04  {
05      RealNumberSuffix();
06      return 0;
07  }
08
09  void RealNumberSuffix()
10  {
11      printf("%f\n", 0.001f);
12      printf("%lf\n", 0.001);
13      printf("%lf\n", 0.001l);
14  }
```

표준 출력은 다음과 같다.

```
0.001000
0.001000
0.001000
(커서 위치)
```

예제 코드 Ex3-6의 11 ~ 13행과 표 3-2의 3개 항목이 서로 매칭되도록 정리했다. 11행은 데이터형 float와 형식 지정자 %f를 사용할 때 리터럴 접미사는 f 또는 F가 붙는다는 것을 알려준다. double과 형식 지정자 %lf가 실수 리터럴을 표기하는 표준으로 규정됐기 때문에 리터럴 접미사가 생략된다.

그러므로 예제 코드 Ex3-5의 11 ~ 15행은 엄격히 말해 정확한 표기법을 따르지 않은 것이다. 소수점 표기법이든 지수 표기법이든 float와 형식 지정자 %f를 사용했으니 예제 코드 Ex3-6의 11행과 같이 실수 리터럴 끝에 리터럴 접미사 f를 붙여야 올바른 표기법이 된다. 리터럴 접미사 표기를 생각보다 잊어버리기 쉽다는 것을 알려주기 위한 의도적인 예제 코드이니 앞으로는 적합한 리터럴 접미사를 붙이는 것을 원칙으로 한다.

float, double, long double로 갈수록 큰 실수를 담을 수 있다. 상세한 크기는 역시 '3-2 데이터형' 절에서 다룬다.

실수는 정수와 다르게 unsigned 형태가 별도로 존재하지 않는다. 리터럴 접미사는 대문자와 소문자 모두를 사용할 수 있지만, 이 책에서는 시각적으로 구분하기 수월하도록 '정수 리터럴'은 '대문자'를, '실수 리터럴'은 '소문자'로 통일해서 사용할 것이다. 일반적으로는 대문자나 소문자를 편하게 사용해도 큰 문제는 없다. 다만 하나로 통일해서 사용하자.

C 프로그래밍 언어에서 정수 리터럴의 표준을 int, 실수 리터럴의 표준을 double로 규정했다. 그러나 실제 업계에서는 메모리를 절약해서 사용하는 것을 원칙으로 하기 때문에 정수는 int, 형식 지정자 %d, 리터럴 접미사를 생략한다. 실수는 float, 형식 지정자 %f, 리터럴 접미사 f를 기본적으로 사용한다. 큰 숫자가 필요할 경우에만 데이터형의 크기가 큰 것을 선택한다.

간단히 정리하면 앞으로 주로 정수는 10진수로 접미사 없이 사용하며, 실수는 소수점 표기법에 따라 접미사 f를 붙여 사용하게 될 것이다.

표 3-2 실수 리터럴 접미사

데이터형	형식 지정자	리터럴 접미사
float	%f	f 또는 F
double	%lf	〈생략〉
long double	%lf	l 또는 L

> **세이브 포인트: 개념 정리**
>
> **리터럴, 변수, 상수**
> - **리터럴(Literal)**: 데이터의 '값' 그 자체를 의미한다.
> - **변수(Variable)**: 프로그램이 실행되는 도중에 값이 변경될 데이터를 메모리에 저장하는 '공간'이다.
> - **상수(Constant)**: 프로그램이 실행되는 도중에 값이 변경되지 않도록 데이터를 메모리에 저장하는 '공간'이다.

> **리터럴 구분**
> - **문자 리터럴**: 단일 문자로, 문자에 작은따옴표(' ')를 감싸는 표현법을 사용하며, '형식 지정자 %c'를 사용해서 출력. 문자도 시스템 내부에서 숫자의 개념으로 제어한다는 것에 주의한다.
> - **문자열 리터럴**: 단일 문자를 포함한 하나 이상의 문자의 집합으로, 문자열에 큰따옴표("")를 감싸는 표현법을 사용하며, '형식 지정자 %s'를 사용해서 출력한다.
> - **정수 리터럴**: 수학에서 정의된 정수로, '형식 지정자 %d, %o, %x, %X'를 사용해서 출력한다. 10진수, 8진수, 16진수로 표현 가능하다. 정수 리터럴 접미사가 존재한다.
> - **실수 리터럴**: 수학에서 정의된 정수로, '형식 지정자 %f, %e'를 사용해서 출력한다. 하나의 실수를 소수점 표기법 또는 지수 표현법으로 표현 가능하다. 실수 리터럴 접미사가 존재한다.

3-2 데이터형

앞서 C 프로그래밍 언어에서 사용되는 데이터 값 자체를 의미하는 리터럴을 배웠다. 리터럴은 프로그래머가 직접 코드에 작성할 수도 있으며, 입력 함수를 활용해서 사용자에게 값을 받을 수도 있다. 다만 리터럴만으로는 프로그램 실행 중 메모리에 저장되지 않고 알고리듬 내부적으로만 동작하고 사라지므로 해당 리터럴을 보관해서 나중에 다시 사용하려면 '변수'와 '상수'라는 '메모리 공간'에 저장을 할 필요가 있다.

게다가 리터럴을 메모리에 넣지 않고 바로 사용하는 건 하드 코딩으로 연결되므로 가급적 피하는 것이 좋다고 했었다. 변수를 선언하지 않으면 그만큼 예제 코드의 줄이 줄어들어 책을 편집하기에는 편할 수 있지만, 기초를 배우는 단계에서 프로그래밍 세계에서 최악의 습관이라고 하는 하드 코딩에 습관이 들면 이후에 쉽게 고쳐지지 않는다. 예제 코드가 조금 길어진다고 해도 하드 코딩을 가급적 피하고 프로그래밍의 기본 철학을 따르는 예제 코드를 제공할 것이다. 프로그래밍에서 하드 코딩만 하지 않는 습관을 들여도 다른 책에서는 결코 얻을 수 없는 엄청난 자산을 갖고 시작하는 것이다.

변수와 상수라는 메모리 장소를 확보하기 위해 선언 명령문을 작성하면 됐다. '2-3-2 변수의 선언 명령문' 절에서 "데이터형을 알리는 키워드는 변수를 찍어내기 위해 공장에 존재하는 '틀'이고, 변수는 틀에서 찍혀 나온 인스턴스인 '박스'다."라고 정리했다. 선언 명령문을 작성하려면 데이터형(틀)과 변수명(박스에 붙인 이름표)이라는 최소 2개의 항목이 필요하다.

만들어진 박스를 본격적으로 다루기 전에 우선 어떤 크기를 가진 틀을 활용해서 박스를 만들지 결정해야 하므로 리터럴 다음으로 데이터형에 대해 이해해야 한다. 본격적으로 박스를 대량으로 만들기 전에 공장에서 어떤 틀을 사용해서 박스를 만들지 결정하는 과정이 프로그래밍에서는 데이터형을 결정하는 과정이다. 변수의 선언 명령문을 작성하기 이전에 해야 할 건 변수에 들어갈 예정인 리터럴의 크기에 맞는 데이터형을 결정하는 것이다.

이와 같이 리터럴과 데이터형은 서로 크기를 맞춰야 하므로 아주 밀접한 관계를 갖고 있기 때문에 연달아 비교해서 볼 수 있도록 리터럴 다음에 데이터형을 배울 수 있게 목차를 배치했다. 각 데이터형이 끝날 때마다 해당 데이터형과 쌍을 이루는 리터럴로 돌아가 복습하면 리터럴과 데이터형의 관계를 확실히 이해하게 될 것이다.

리터럴과 데이터형에서 공통적으로 가장 중요한 건 바로 '크기'다. 크기를 나타내기 위해 최솟값에서 최댓값까지라는 '범위'가 존재한다. 데이터 값 자체인 리터럴이 어느 정도의 크기인지에 따라 리터럴을 담을 데이터형의 크기를 결정해야 하기 때문이다.

아무리 의미 있는 리터럴이라고 할지라도 데이터형이 해당 리터럴을 충분히 담을 만한 크기가 아니라면 데이터형이라는 틀에서 만들어진 변수를 정상적으로 메모리라는 박스에 저장할 수 없게 된다. 즉, 프로그래머의 의도와 다른 값이 저장되게 되며, 이는 곧 상상을 초월한 수많은 버그로 연결된다.

게다가 프로그램을 최적화하려면 무작정 큰 데이터형을 사용해서는 안 되며, 리터럴을 담을 수 있는 크기이면서 가급적 크기가 작은 데이터형(틀)을 찾는 것부터 시작해야 한다. 그렇기 때문에 데이터형의 크기와 범위를 반드시 이해하고 있어야 한다.

그렇다면 우리는 메모리 데이터의 '단위'를 알아야 지금까지 언급됐던 메모리의 크기를 이해할 수 있게 된다. 컴퓨터를 사용하면서 저장 용량에 가장 민감한 건 바로 게임의 용량(크기)일 것이다. 다른 프로그램이야 용량이 커봐야 그렇게 크지 않지만 게임은 여러 개를 설치하게 되며, 용량이 상대적으로 매우 크기 때문이다.

게임 파일 용량은 메모리의 크기가 아닌 SSD나 HDD와 같은 하드 드라이브의 용량이지만 메모리와 동일한 단위를 사용하고 있으므로 다음의 예시도 쉽게 이해할 수 있을 것이다. 2024년 기준으로 100GB^{GigaByte}가 훌쩍 넘는 게임이 많아지고 있다. 여기서 사용되는 기가바이트가 데이터 단위 중 하나다.

SSD나 HDD 외에도 메모리라고 부르는 RAM$^{Random\ Access\ Memory}$의 용량이나 비디오 카드 VRAM의 용량도 동일한 데이터 단위를 쓰고 있기에 컴퓨터에 조금이라도 관심이 있다면 최소한 1번은 들어봤을 것이다. 윈도우에서는 다양한 프로그램이 동시에 동작하기 때문에 RAM이나 VRAM을 많이 잡아먹는 게임이나 프로그램을 흔히 무겁다고 표현한다.

프로그래밍을 하려면 우선 이 데이터 단위를 명확히 이해하고 있어야 한다. 프로그래머는 변수나 상수를 선언하는 것으로 메모리의 용량을 관리하게 되며, 그림 파일이나 사운드 파일 등을 추가한 만큼 텍스트로 구성된 코드의 용량과 함께 파일의 용량이 정해지는 것을 항상 신경 써야 한다.

C 프로그래밍 기초 과정에서는 그림 파일 등을 사용할 필요가 없으므로 우리는 파일 용량은 크게 신경 쓸 필요 없이 메모리 용량에만 주의를 기울이게 될 것이다. 그러나 이후 유니티와 언리얼 같은 상용 엔진을 다루게 되면 메모리 용량만 아니라 파일 용량도 신경 써서 최적화해야 한다.

이제 본격적으로 데이터 단위를 소개하겠다. 컴퓨터는 내부적으로 0과 1로만 구성된 숫자로 표현된다고 했었다. 컴퓨터 데이터의 가장 작은 단위는 '비트^{Bit}'로 바로 0과 1 둘 중에 하나만 저장할 수 있는 작은 공간이다. 즉, 0 또는 1로 구성된 1자릿수의 데이터 공간을 의미한다.

다음으로 '바이트^{Byte}'는 컴퓨터 데이터의 가장 표준적인 단위다. '8비트가 1바이트'가 된다. 즉, 0과 1로 구성된 '01010101'과 같은 여덟 자릿수의 데이터다. 따라서 1바이트는 256$_{(2의 8승)}$개의 비트 패턴을 표현할 수 있다.

이러한 방식으로 2바이트는 16비트$_{(2*8비트)}$로 65,536$_{(2의 16승)}$개의 비트 패턴을 표현할 수 있다. 얼핏 1바이트와 2바이트는 큰 차이가 없어 보이지만 2의 거듭제곱으로 계산되므로 1바이트의 차이는 엄청나게 큰 크기 차이로 연결된다는 점에 유의해야 한다.

데이터 단위를 설명한 김에 조금 큰 데이터 단위까지 살펴보자. 컴퓨터의 '표준 데이터 단위는 바이트'이며, 아무리 작은 비트를 사용했다고 할지라도 표준 단위인 1바이트가 사용된다. 비트를 기준으로 계산하려면 바이트에 8$_{(2의 3승)}$을 다시 곱해야 한다는 점에 유의하자.

'1킬로바이트$^{KB, KiloByte}$'는 1024바이트를 의미한다. 1000을 의미하는 킬로에서 용어를 빌려왔지만 컴퓨터의 데이터 단위는 2의 거듭제곱의 형태로 사용되므로 정확히는 2의 10승$_{(1,024)}$ 바이트가 1킬로바이트다.

'1메가바이트$^{MB, MegaByte}$'는 2의 20승 바이트이며, '1기가바이트$^{GB, GigaByte}$'는 2의 30승 바이트이며, '1테라바이트$^{TB, TeraByte}$'는 2의 40승 바이트다.

현 시점에서 파일 용량과 연관되는 하드 드라이브는 테라바이트가 평범할 정도로 빠르게 용량이 증가하고 가격도 상대적으로 높지 않다. 그렇기 때문에 프로그래머 입장에서 파일 용량을 최적화하는 데 사활을 걸 필요가 없는 시대가 왔다. 그래서 최신 게임의 용량이 불필요하게 큰 것이 많다. 반면 메모리는 아직 기가바이트에 머물러 있을 정도로 상대적으로 용량에 자유롭지 못하고 가격도 비싸다. 그렇기 때문에 프로그래머는 메모리 관리에 상당히 신중을 기해야 한다.

정리하면 앞으로 언급할 데이터형의 단위 기준은 '바이트'가 될 것이다. 바이트가 늘어남에 따라 요구되는 공간이 기하급수적으로 늘어나기 때문에 C 프로그래밍 언어에서는 '다양한 크기의 데이터형을 제공해서 최소한의 메모리를 사용하도록 권장'하고 있다. 데이터형을 고민하기 싫으니 무조건 크기가 큰 데이터형을 쓰겠다는 건 프로그래밍의 기본 철학에 반하는 나쁜 버릇이다.

바이트를 구성하는 비트 개념을 알면 컴퓨터의 내부 사정을 명확히 알게 되므로 도움이 되는 건 맞지만, 코드를 작성하는 데 필수는 아니므로 학습의 흐름을 부드럽게 하기 위해 비트 관련 설명은 '4-1 리터럴 응용' 절과 '4-2 연산자 응용' 절로 분리한다. 3장에서는 기본적인 코드를 통해 스스로 사고해서 작성할 수 있는 힘을 기르는 것에 집중한다.

3-2-1 문자 데이터형

3-2-1-1 문자 데이터형

표 3-3 문자 데이터형

데이터형	형식 지정자	크기	범위(최솟값~최댓값)	
char	%c	1바이트(8비트)	최솟값: -128	최댓값: 127
unsigned char	%c	1바이트(8비트)	최솟값: 0	최댓값: 255

문자 데이터형의 종류, 형식 지정자, 크기, 범위(최솟값~최댓값)를 정리하면 표 3-3과 같다. 형식 지정자는 '3-1 리터럴' 절에서 이미 배웠다. 데이터형에 주목하면서 데이터형과 형식 지정자를 매칭시키는 것이 우선 중요하다.

데이터형의 크기와 범위는 앞으로 예제 코드를 통해 직접 확인할 것이다. 수치 자체를 외울 필요는 없지만 데이터형마다 대략 어느 정도의 크기와 범위를 갖고 있는지 몸소 체험해봐야 이후에 적합한 데이터형을 선택할 수 있는 힘이 생긴다.

표의 정리된 크기와 범위를 이후의 예제 코드에서 직접 확인할 수 있으니 예제 코드가 끝날 때마다 표로 돌아봐 확인해보기를 권장한다.

문자 리터럴을 배우면서 컴퓨터는 아스키 코드를 통해 문자를 숫자에 매핑해서 관리한다고 했다. 문자도 내부적으로 결국 숫자이므로 문자 데이터형은 내부적으로 정수 데이터형으로 동작된다. 다만 문자 데이터형에서는 형식 지정자와 리터럴을 문자 표현법에 맞춰 사용하며, 정수 데이터형에서는 정수 표현법에 맞춰 사용한다.

char과 같이 데이터형에 unsigned가 없는 건 앞에 signed가 생략된 데이터형이다. 'signed'는 부호를 가진다는 의미이므로 양수, 0, 음수가 구분돼 있는 정수를 의미하고, 'unsigned'는 부호를 갖지 않는다는 의미이므로 0과 양수만 존재하는 정수를 의미한다. signed는 보통 생략하지만 C90 규정에서 추가됐기에 명시할 수도 있다.

문자 데이터형에서도 unsigned를 사용할 수는 있지만 '부록. 아스키(ASCII) 코드표'에서 확인할 수 있듯이 0부터 127까지 총 128개의 숫자가 문자에 매핑돼 있으므로 큰 의미는 없다고 볼 수 있다. char이든 unsigned char이든 문자 데이터형에서는 0 ~ 127의 매핑된 문자를 활용하게 된다. 그러므로 문자 데이터형은 char만 사용하는 것이 편하다.

그러나 정수 데이터형에서는 음수, 0, 양수 모두 사용되기 때문에 char와 unsigned char 모두 본래의 범위대로 활용할 수 있다.

Ex3-7 / main.h

```
01  #pragma once
02  #define _CRT_SECURE_NO_WARNINGS
03  #include <stdio.h>
04
05  void CharacterDataType();
```

Ex3-7 / main.c

```
01  #include "main.h"
02
03  int main(void)
04  {
```

```
05      CharacterDataType();
06      return 0;
07  }
08
09  void CharacterDataType()
10  {
11      char chSample1 = 'S';
12      unsigned char chUSample2 = 'x';
13
14      char chSample3 = 83;
15      unsigned char chUSample4 = 120;
16
17      char chSample5 = '7';
18      char chSample6 = 7;
19
20      printf("%c\n", chSample1);
21      printf("%c\n", chUSample2);
22
23      printf("%c\n", chSample3);
24      printf("%c\n", chUSample4);
25
26      printf("%c\n", chSample5);
27      printf("%c\n", chSample6);
28  }
```

표준 출력은 다음과 같다.

```
S
x
S
x
7
(윈도우 경고음)
```

예제 코드 Ex3-7에서 문자 데이터형은 11행 및 12행과 같이 표 3-3의 데이터형을 활용해서 변수를 선언할 수 있다. 초깃값으로 지정한 문자 리터럴은 '부록, 아스키 (ASCII) 코드표'에 있는 대문자, 소문자, 숫자, 특수기호, 연산자 등을 문자 표현법에 따라 작은따옴표로 감싸면 된다.

문자를 숫자로 매핑하고 있으니 14행 및 15행과 같이 해당 문자에 매핑돼 있는 정수를 초깃값으로 지정해도 동일한 결과를 얻을 수 있다. 20행 ~ 24행에서 알 수 있듯이 문자 리터럴을 초기화 값으로 하든 정수 리터럴을 초기화 값으로 하든 동일하게 각각 대문자 S와 소문자 x가 출력된다. 해당 문자를 출력하려면 작은따옴표로 문자를 작성해도 되며, '부록. 아스키(ASCII) 코드표'를 보고 10진수, 8진수, 16진수와 같이 정수를 초기화 값으로 작성할 수도 있다.

```
11    char chSample1 = 'S';
12    unsigned char chUSample2 = 'x';
13
14    char chSample3 = 83;
15    unsigned char chUSample4 = 120;
```

17행과 18행은 문자 데이터형을 제대로 이해하고 있는지 확인할 수 있는 예다. 17행은 숫자 7을 문자로 출력한 것이다. '부록. 아스키(ASCII) 코드표'의 10진수를 기준으로 하면 55에 매핑돼 있는 7이라는 문자 리터럴이다. 따라서 정상적으로 7이라는 문자가 출력됐다.

반면 18행은 정수 7이 매핑돼 있는 문자를 출력하라는 의미다. 이때 7은 정수 리터럴이다. '부록. 아스키(ASCII) 코드표'의 10진수를 기준으로 하면 '7에 매핑돼 있는 BEL이라는 문자'를 출력해야 한다. BEL은 시스템 경고음을 내라는 의미다. 따라서 표준 출력에 문자가 출력되는 대신 윈도우 경고음이 들린 것이다.

```
17    char chSample5 = '7';
18    char chSample6 = 7;
```

이제 본격적인 코드 작성을 위해 변수명 네이밍에도 신경을 써야 할 시기다. 이 책은 변수명의 접두어에 데이터형 또는 키워드의 일부를 소문자로 표기하고, unsigned의 경우 대문자 U를 추가했으며, 단어들의 첫 글자는 대문자로 나머지는 소문자로 작성해 단어를 구분하는 것을 변수명 네이밍의 기준으로 삼는다. 이 책에서 규정한 네이밍과 이유는 '3-3 변수와 상수' 절에서 자세히 설명한다.

3-2-1-2 데이터형의 크기

Ex3-8 / main.h

```
01  #pragma once
02  #define _CRT_SECURE_NO_WARNINGS
03  #include <stdio.h>
04
05  void DataTypeSize();
```

Ex3-8 / main.c

```
01  #include "main.h"
02
03  int main(void)
04  {
05      DataTypeSize();
06      return 0;
07  }
08
09  void DataTypeSize()
10  {
11      int iSize1 = sizeof(char);
12      int iSize2 = sizeof(unsigned char);
13
14      printf("char의 크기: %d Byte\n", iSize1);
15      printf("unsigned char의 크기: %d Byte\n", iSize2);
16  }
```

표준 출력은 다음과 같다.

```
char의 크기: 1 Byte
unsigned char의 크기: 1 Byte
(커서 위치)
```

표 2-1에서 소개했던 **sizeof**를 통해 데이터의 크기를 측정할 수 있다. **sizeof**는 연산자의 역할을 수행하므로 상세한 사용법은 기본 연산자 장의 '3-5-8 sizeof 연산자' 절에서 다룬다.

sizeof의 기본 기능은 데이터형 등의 크기를 코드로 확인할 수 있다는 것이다.

그러나 sizeof 연산자는 단순히 데이터의 크기를 측정하는 기능에 활용되기보다 데이터의 크기를 기준으로 조건을 작성하거나 분모로 나누는 데 활용되므로 sizeof의 '활용법'을 익히는 것이 더 중요하다.

예제 코드 Ex3-8에서 11행과 12행은 sizeof 뒤의 괄호 안에 각 데이터형을 넣는 것으로, 데이터형의 크기를 바이트 단위의 정수로 도출할 수 있다. 이 값을 변수에 저장해서 이후 14행 ~ 15행에서 출력할 때는 값이 저장된 변수를 대신 사용했다.

14행 및 15행과 같이 출력하면 표 3-3에서 정리한 데이터형의 크기와 동일하다는 것을 알 수 있다. 크기라는 수치를 외우지 말고 코드에서 어떻게 하면 데이터형의 크기를 구할 수 있는지 아는 것이 더 중요하다. 프로그래머라면 데이터형의 크기가 기억나지 않을 때 책을 찾아보기보다 간단히 코드를 작성해 직접 확인해보면 되기 때문이다.

3-2-1-3 범위: 최솟값과 최댓값

Ex3-9 / main.h

```
01  #pragma once
02  #define _CRT_SECURE_NO_WARNINGS
03  #include <stdio.h>
04  #include <limits.h>
05
06  void DataTypeMinMax();
```

Ex3-9 / main.c

```
01  #include "main.h"
02
03  int main(void)
04  {
05      DataTypeMinMax();
06      return 0;
07  }
08
09  void DataTypeMinMax()
10  {
11      char chValue1Min = CHAR_MIN;
```

```
12        char chValue1Max = CHAR_MAX;
13
14        unsigned char chUValue2Min = 0;
15        unsigned char chUValue2Max = UCHAR_MAX;
16
17        printf("char: %d ~ %d\n", chValue1Min, chValue1Max);
18        printf("unsigned char: %d ~ %d\n", chUValue2Min, chUValue2Max);
19    }
```

표준 출력은 다음과 같다.

```
char: -128 ~ 127
unsigned char: 0 ~ 255
(커서 위치)
```

데이터형의 크기는 결국 '최솟값부터 최댓값까지'라는 '범위'로 바꿔 표현할 수 있다. 최솟값에서 최댓값에 이르는 범위를 계산하면 결국 크기이기 때문이다. 문제는 여러 데이터형의 최솟값과 최댓값은 도저히 외우기 어려운 숫자로 구성돼 있다.

따라서 프로그래머는 정수 데이터형의 최솟값과 최댓값이 필요할 때 어디에 됐는지도 모르는 책을 찾아 정수를 보고 입력할 필요 없이 프로그래머답게 '헤더 파일 limits.h'에 있는 정의된 매크로를 활용하면 된다.

표 2-2에서 소개했던 헤더 파일 limits.h는 정수 데이터형의 최솟값, 최댓값 등을 매크로로 정의하고 있다. 문자 데이터형도 정수 데이터형으로 볼 수 있으므로 별도로 문자 데이터형에 대한 매크로가 정의된 헤더 파일은 존재하지 않는다.

정수 데이터형의 최솟값, 최댓값에 대한 매크로를 코드에서 사용하고자 한다면 예제 코드 Ex3-9에서 헤더 파일 main.h의 4행과 같이 헤더 파일 limits.h를 추가하면 된다.

```
04    #include <limits.h>
```

unsigned 데이터형의 최솟값은 공통적으로 0이므로 별도로 매크로로 정의돼 있지 않다. 코드에서 직접 0으로 작성하면 된다. 헤더 파일 limits.h에 직접 들어가 보는 것이 좋으며 11행, 12행, 15행에 사용한 매크로에 마우스 오버를 해보면 정의돼 있는 수치를 확인할 수 있다.

표준 출력에서 최솟값과 최댓값을 1줄에 출력하는 것이 보기 좋기 때문에 함수 printf에서 2개의 형식 지정자와 2개의 변수를 지정해서 출력했다. 17행을 기준으로 변수 cValue1Min에 들어있는 리터럴이 형식 지정자의 첫 번째 %d의 위치에 출력되며, 변수 cValue1Max에 들어있는 리터럴이 형식 지정자의 두 번째 %d의 위치에 출력된다.

3-2-1-4 언더플로와 오버플로

Ex3-10 / main.h

```
01  #pragma once
02  #define _CRT_SECURE_NO_WARNINGS
03  #include <stdio.h>
04  #include <limits.h>
05
06  void DataTypeFlow();
```

Ex3-10 / main.c

```
01  #include "main.h"
02
03  int main(void)
04  {
05      DataTypeFlow();
06      return 0;
07  }
08
09  void DataTypeFlow()
10  {
11      char chUnderflow1 = CHAR_MIN - 1, chOverflow1 = CHAR_MAX + 1;
12      unsigned char chUUnderflow2 = 0 - 1, chUOverflow2 = UCHAR_MAX + 1;
13
14      printf("%d ~ %d\n", chUnderflow1, chOverflow1);
15      printf("%d ~ %d\n", chUUnderflow2, chUOverflow2);
16  }
```

표준 출력은 다음과 같다.

```
127 ~ -128
255 ~ 0
(커서 위치)
```

예제 코드 Ex3-10에서는 헤더 파일 limits.h에 정의된 최솟값, 최댓값 매크로를 활용해서 정수 데이터형의 '언더플로^{Underflow}'와 '오버플로^{Overflow}'를 알아본다.

변수의 선언 명령문에서 동일한 데이터형을 가진 복수의 변수를 쉼표(,)로 구분해 1줄에서 선언 및 초기화할 수 있다. 11행과 12행은 각각 1줄에 2개의 변수를 선언하고 변수마다 초기화 값을 저장했다.

unsigned 데이터형의 경우 0부터 시작하므로 더 쉽게 이해할 수 있으므로 unsigned 데이터형부터 설명한다. '언더플로는 최솟값보다 작은 값이 들어오면 발생'하는 현상으로, 12행을 기준으로 최솟값 0에서 1을 뺐는데 결과는 -1이 아닌 한 바퀴 돌아 최댓값인 255가 나왔다. 반대로 '오버플로는 최댓값보다 큰 값이 들어오면 발생하는 현상'으로 12행을 기준으로 최댓값 255에서 1을 더했는데 결과는 256이 아닌 최솟값인 0이 나왔다.

unsigned 데이터형이 아닌 11행을 기준으로도 살펴보자. 최솟값 -128에서 1을 뺐는데, 결과는 -129가 아닌 127이 나왔다. 반대로 최댓값 127에서 1을 더했는데, 결과는 128이 아닌 -128이 나왔다.

정리하면 언더플로와 오버플로는 데이터형의 지정된 범위를 벗어난 값이 들어왔을 때 발생한다. 정수 데이터형에서 언더플로와 오버플로를 이해하려면 먼저 최솟값과 최댓값이 프로그래밍 내부에서 어떻게 구현돼 있는지 알아야 한다.

밧줄 하나를 준비했다고 가정하자. 밧줄의 시작점에 최솟값을 위치시키고 끝점에 최댓값을 위치시킨 후 줄의 시작과 끝을 붙여 원을 만들었다고 생각하면 쉽게 이해할 수 있다. 최솟값보다 작은 값은 최솟값을 넘어 최댓값의 방향으로 밀리며, 최댓값보다 큰 값은 최댓값을 넘어 최솟값의 방향으로 밀리게 된다. 따라서 정수 데이터형의 언더플로는 최솟값에서 값을 빼면 발생하며, 오버플로는 최댓값에서 값을 더하면 발생한다.

언더플로와 오버플로의 무서운 점은 컴파일러가 경고는 해도 에러를 발생시켜 컴파일을 중단시키지는 않는다는 것이다. 따라서 코드가 길어지고 변수가 많아지면 일일이 인지하기 어렵다. 에러가 발생하지 않았는데 의도와 다른 값이 변수에 저장되기 때문에 프로그래머가 예측하지 못하는 수많은 문제가 발생할 수 있다. 더욱 심각한 건 프로그래머가 직접 수치를 계산해 보기 전까지 마치 정상적인 숫자처럼 보이기도 하므로 디버그를 하는 과정에서도 인지하기 어렵다.

따라서 언더플로와 오버플로를 사전에 차단하기 위해 실무에서는 이후 '3-7 제어 명령문' 절에서 배울 제어 명령문 중 하나인 분기문을 통해 '예외 처리 코드'라는 것을 추가한다. 예외 처리 코드란 코드상 예외가 발생할 수 있는 상황을 대비해 예외 발생 시 어떻게 동작해야 하는지 작성한 코드를 의미한다.

문제는 모든 변수에 최솟값과 최댓값에 대한 예외 처리 코드를 추가하기엔 너무 비효율적이고 끝이 없다는 것이다. 따라서 중요한 변수를 대상으로 선택적으로 예외 처리 코드를 추가하게 된다. 어떤 변수를 대상으로 예외 처리 코드를 추가할지도 결국 프로그래밍 노하우에 해당된다.

3-2-1-5 문자열 저장

Ex3-11 / main.h

```
01  #pragma once
02  #define _CRT_SECURE_NO_WARNINGS
03  #include <stdio.h>
04
05  void StringNoDataType();
```

Ex3-11 / main.c

```
01  #include "main.h"
02
03  int main(void)
04  {
05      StringNoDataType();
06      return 0;
07  }
08
```

```
09   void StringNoDataType()
10   {
11       char arrCharName[] = "Cloud Strife";
12
13       printf("%s\n", arrCharName);
14       printf("%s\n", &arrCharName[0]);
15   }
```

표준 출력은 다음과 같다.

```
Cloud Strife
Cloud Strife
(커서 위치)
```

예제 코드 Ex3-11에서는 문자 데이터형과 배열을 활용한 문자열 저장을 간략히 알아본다. 이전에 여러 번 C 프로그래밍 언어에서는 문자열 리터럴은 사용하도록 허용하고 있지만, 문자열 전용 데이터형은 제공하지 않는다고 했었다. 그렇기 때문에 문자 데이터형에 배열 등 별도의 개념을 우회적으로 활용해서 문자열을 저장하게 된다.

독립된 전용 데이터형이 아닌 다른 목적을 위해 만들어진 기능을 빌려서 활용하고 있기 때문에 C 프로그래밍 언어에서 문자열 관리는 매우 불편하고 실수하기 쉽게 돼 있다. 배열은 이후 '3-10 1차원 배열' 절에서 자세히 배우겠지만 배열을 본래의 기능은 동일한 데이터형의 변수가 다수 필요하게 될 때 반복적인 코드를 줄이기 위해 하나의 묶음으로 만들어주는 것이다.

11행의 문자열 리터럴인 'Cloud Strife'라는 캐릭터명을 문자 리터럴로 표현하려면 공백 문자를 포함해서 char 데이터형 12개의 크기만큼 필요한 것처럼 보일 것이다. 그러나 컴파일러가 문자열의 끝을 알아야 하기 때문에 실질적으로는 마지막에 보이지 않는 char 데이터형 1개의 크기만큼 늘어나서 확보된다.

마지막에 추가되는 문자는 '부록, 아스키(ASCII) 코드표'의 'NUL'로 '널 문자$^{Null\ Character}$'라고 한다. 값이 존재하지 않는 무^{無}라는 의미로, 일반적으로 'NULL'이라고 사용한다. 공백을 의미하는 Space와도 다른 것이다. NULL은 배열 내부 요소에 표기할 때 '\0'으로 표기한다. 즉, 11행의 배열은 문자열 리터럴의 문자수에 1을 더한 문자 13개분의 크기를 갖게 된다. 전용 문자열 데이터형이 없으니 프로그래머가 일일이 신경 써야 하는 이러한 복잡한 규칙이 많아진다.

문자열의 경우 NULL을 발견하기 전까지 문자열의 정확한 길이를 알 수 없기 때문에, 컴파일러는 프로그램이 시작되는 단계에서 문자열 리터럴 자체를 직접적으로 가져오지 않고, 문자열의 시작 주소(위치)를 기준으로 인식해서 프로그램이 실행되는 도중에 NULL을 발견하면 그제야 문자열의 크기를 계산해서 인식한다.

13행과 14행의 함수 printf의 두 번째 인자는 모두 배열 arrCharName의 시작 주소를 가리키고 있다. 배열명 arrCharName 또는 배열의 첫 번째 요소 arrCharName[0]에 주소 연산자(&)를 붙이는 것으로 배열의 시작 주소를 가리키게 된다. 문자열은 값 자체가 아닌 시작 주소를 기준으로 사용된다.

아직 배열을 배우기 전이므로 구체적인 내용은 몰라도 되며, 지금은 C에는 문자열 전용 데이터형이 없기 때문에 배열 등의 다른 기능을 활용해서 문자열을 저장한다는 것만 기억하자. 따라서 문자열은 데이터형에서 별도의 목차가 존재하지 않으며, '3-2-1 문자 데이터형' 절의 항목 중 하나로 문자열 저장이라고 정리했다.

3-2-2 정수 데이터형

3-2-2-1 정수 데이터형

표 3-4 정수 데이터형(OS: 윈도우 기준)

데이터형	형식 지정자	크기	범위(최솟값~최댓값)	
char	%d	1바이트(8비트)	최솟값: -128	최댓값: 127
short	%d	2바이트(16비트)	최솟값: -32,768	최댓값: 32,767
int	%d	4바이트(32비트)	최솟값: -2,147,483,648	최댓값: 2,147,483,647
long	%ld	4바이트(32비트)	최솟값: -2,147,483,648	최댓값: 2,147,483,647

(이어짐)

데이터형	형식 지정자	크기	범위(최솟값~최댓값)	
long long	%lld	8바이트(64비트)	최솟값: -9,223,372,036,854,775,808	최댓값: 9,223,372,036,854,775,807
unsigned char	%u	1바이트(8비트)	최솟값: 0	최댓값: 255
unsigned short	%u	2바이트(16비트)	최솟값: 0	최댓값: 65,535
unsigned int	%u	4바이트(32비트)	최솟값: 0	최댓값: 4,294,967,295
unsigned long	%lu	4바이트(32비트)	최솟값: 0	최댓값: 4,294,967,295
unsigned long long	%llu	8바이트(64비트)	최솟값: 0	최댓값: 18,446,744,073,709,551,615

정수 데이터형의 종류, 형식 지정자, 크기, 범위(최솟값~최댓값)를 정리하면 표 3-4와 같다. 데이터형 중에 정수 데이터형의 종류가 가장 많으니 데이터형과 형식 지정자 매칭에 주의를 기울일 필요가 있다.

정수 데이터형의 크기와 범위는 데이터형 중에서 유독 중요한 의미를 갖고 있다. 프로그래밍을 진행하면서 어떤 데이터형을 사용해야 할지 가장 고민해서 선택하게 되므로 크기, 최솟값, 최댓값에 대해 대략 어느 정도의 범위인지 인지하는 것이 좋다. 예를 들어 int의 범위는 대략 -21억에서 21억까지 허용된다는 정도를 기억해두는 것이 좋다.

문자 데이터형에서 등장했던 char과 unsigned char이 가장 작은 크기의 정수 데이터형이다. 정수 표현법에 맞춰 형식 지정자를 %d 또는 %u로 사용하면 문자와 다르게 데이터형이 가진 본래의 크기에 맞는 정수를 담을 수 있다.

정수 데이터형은 signed가 생략된 것과 unsigned가 붙은 것이 쌍으로 존재한다. unsigned int의 경우 0에서 대략 42억 후반부까지 허용된다. 정수 데이터형에서는 unsigned의 여부가 데이터형 선택에서 큰 의미를 가진다.

게임에서 경험치와 데미지 등의 큰 데이터형이 필요할 때 음수를 표현할 필요가 결코 없다면 unsigned가 붙은 데이터형의 최댓값이 2배이므로 좀 더 유리하다. 예를 들어 30억의 정수를 담기 위해 8바이트인 long long보다 4바이트인 unsigned int를 사용하는 것이 메모리 관리 측면에서 좋다.

정수나 실수 데이터형의 크기 중에 OS가 32비트인지 64비트 플랫폼인지에 따라 크기가 다른 것이 존재한다. 정수 데이터형에서는 long의 크기가 달라진다. 이 책에서는 기본 윈도우 OS를 기준으로 설명하며 OS나 플랫폼에 따라 다른 크기에 대해 설명하면 오히려 머리만 복잡해지기만 하니 제외한다. 다른 OS나 플랫폼에서 프로그래밍을 한다면 크기와 범위를 제공된 예제 코드를 참조해서 직접 확인해 보면 된다.

Ex3-12 / main.h

```
01  #pragma once
02  #define _CRT_SECURE_NO_WARNINGS
03  #include <stdio.h>
04
05  void IntegerDataType();
```

Ex3-12 / main.c

```
01  #include "main.h"
02
03  int main(void)
04  {
05      IntegerDataType();
06      return 0;
07  }
08
09  void IntegerDataType()
10  {
11      char chSample1 = -120;
12      short sSample2 = -25000;
13      int iSample3 = -987654321;
14      long lSample4 = -987654321L;
15      long long llSample5 = -987654321987654321LL;
16
17      unsigned char chUSample6 = 120U;
```

```
18      unsigned short sUSample7 = 25000U;
19      unsigned int iUSample8 = 987654321U;
20      unsigned long lUSample9 = 987654321UL;
21      unsigned long long llUSample10 = 987654321987654321ULL;
22
23      printf("%d\n", chSample1);
24      printf("%d\n", sSample2);
25      printf("%d\n", iSample3);
26      printf("%ld\n", lSample4);
27      printf("%lld\n", llSample5);
28
29      printf("%u\n", chUSample6);
30      printf("%u\n", sUSample7);
31      printf("%u\n", iUSample8);
32      printf("%lu\n", lUSample9);
33      printf("%llu\n", llUSample10);
34  }
```

표준 출력은 다음과 같다.

```
-120
-25000
-987654321
-987654321
-987654321987654321
120
25000
987654321
987654321
987654321987654321
(커서 위치)
```

예제 코드 Ex3-12에서 정수 데이터형은 11행 ~ 15행과 같이 unsigned가 붙지 않은 데이터형과 17행 ~ 21행과 같이 unsigned가 붙은 데이터형으로 크게 구분된다. unsigned가 붙지 않은 데이터형은 음수를 담을 수 있다는 장점이 있지만 그만큼 양수의 최댓값이 크지 않다.

반면 unsigned가 붙은 데이터형은 음수를 담을 수 없지만 0부터 시작해서 unsigned가 붙지 않은 데이터형에 비해 양수의 최댓값을 2배까지 담을 수 있다. 따라서 어느 정도 범위의 정수를 변수에 담을 것인지에 따라 10개의 정수 데이터형 중에서 선택하게 된다.

정수 리터럴은 기초를 배우는 단계에서 적합한 접미사를 붙이는 것을 신경 써서 연습하는 것이 좋다. 일반적으로 정수 리터럴은 실수 리터럴에 비해 접미사를 붙이는 것을 까먹는 경우가 많은데, 이는 일반적인 프로그래밍에서 접미사를 붙여야 할 정도의 큰 정수를 자주 사용하지 않기 때문이다. 특히 unsigned가 붙지 않은 데이터형과 쌍이 되는 리터럴에 접미사를 잊어먹는 경우가 많으니 주의하자.

3-2-2-2 데이터형의 크기

Ex3-13 / main.h

```
01    #pragma once
02    #define _CRT_SECURE_NO_WARNINGS
03    #include <stdio.h>
04
05    void DataTypeSize();
```

Ex3-13 / main.c

```
01    #include "main.h"
02
03    int main(void)
04    {
05        DataTypeSize();
06        return 0;
07    }
08
09    void DataTypeSize()
10    {
11        int iSize1 = sizeof(char);
12        int iSize2 = sizeof(short);
13        int iSize3 = sizeof(int);
14        int iSize4 = sizeof(long);
15        int iSize5 = sizeof(long long);
16
17        int iSize6 = sizeof(unsigned char);
18        int iSize7 = sizeof(unsigned short);
19        int iSize8 = sizeof(unsigned int);
```

```
20      int iSize9 = sizeof(unsigned long);
21      int iSize10 = sizeof(unsigned long long);
22
23      printf("char의 크기: %d Byte\n", iSize1);
24      printf("short의 크기: %d Byte\n", iSize2);
25      printf("int의 크기: %d Byte\n", iSize3);
26      printf("long의 크기: %d Byte\n", iSize4);
27      printf("long long의 크기: %d Byte\n", iSize5);
28
29      printf("unsigned char의 크기: %d Byte\n", iSize6);
30      printf("unsigned short의 크기: %d Byte\n", iSize7);
31      printf("unsigned int의 크기: %d Byte\n", iSize8);
32      printf("unsigned long의 크기: %d Byte\n", iSize9);
33      printf("unsigned long long의 크기: %d Byte\n", iSize10);
34  }
```

표준 출력은 다음과 같다.

```
char의 크기: 1 Byte
short의 크기: 2 Byte
int의 크기: 4 Byte
long의 크기: 4 Byte
long long의 크기: 8 Byte
unsigned char의 크기: 1 Byte
unsigned short의 크기: 2 Byte
unsigned int의 크기: 4 Byte
unsigned long의 크기: 4 Byte
unsigned long long의 크기: 8 Byte
(커서 위치)
```

예제 코드 Ex3-13에서도 sizeof 뒤의 ( ) 안에 정수 데이터형 10개를 각각 넣는 것으로 데이터형의 크기를 바이트 단위의 정수로 확인했다. 데이터형의 크기가 표 3-4에서 정리한 데이터형의 크기와 동일하다는 것을 알 수 있다.

long은 OS와 플랫폼에 따라 크기가 다르기 때문에 다양한 OS와 플랫폼이 공존했던 시기에는 사용에 주의를 기울여야 했었다. 그러나 현재는 대부분 비슷한 환경에서 프로그래밍이 이뤄지므로 큰 의미는 없다.

OS와 플랫폼에 따라 크기가 다른 long은 가급적 사용하지 않고, 크기의 차이가 명확한 int와 long long을 구분해서 사용한다.

3-2-2-3 범위: 최솟값과 최댓값

Ex3-14 / main.h

```c
01  #pragma once
02  #define _CRT_SECURE_NO_WARNINGS
03  #include <stdio.h>
04  #include <limits.h>
05
06  void DataTypeMinMax();
```

Ex3-14 / main.c

```c
01  #include "main.h"
02
03  int main(void)
04  {
05      DataTypeMinMax();
06      return 0;
07  }
08
09  void DataTypeMinMax()
10  {
11      char chValue1Min = CHAR_MIN, chValue1Max = CHAR_MAX;
12      short sValue2Min = SHRT_MIN, sValue2Max = SHRT_MAX;
13      int iValue3Min = INT_MIN, iValue3Max = INT_MAX;
14      long lValue4Min = LONG_MIN, lValue4Max = LONG_MAX;
15      long long llValue5Min = LLONG_MIN, llValue5Max = LLONG_MAX;
16
17      unsigned chUValue6Min = 0, chUValue6Max = UCHAR_MAX;
18      unsigned sUValue7Min = 0, sUValue7Max = USHRT_MAX;
19      unsigned iUValue8Min = 0, iUValue8Max = UINT_MAX;
20      unsigned long lUValue9Min = 0, lUValue9Max = ULONG_MAX;
21      unsigned long long llUValue10Min = 0, llUValue10Max = ULLONG_MAX;
22
23      printf("char: %d ~ %d\n", chValue1Min, chValue1Max);
24      printf("short: %d ~ %d\n", sValue2Min, sValue2Max);
25      printf("int: %d ~ %d\n", iValue3Min, iValue3Max);
26      printf("long: %ld ~ %ld\n", lValue4Min, lValue4Max);
27      printf("llong: %lld ~ %lld\n", llValue5Min, llValue5Max);
```

```
28
29          printf("unsigned char: %u ~ %u\n", chUValue6Min, chUValue6Max);
30          printf("unsigned short: %u ~ %u\n", sUValue7Min, sUValue7Max);
31          printf("unsigned int: %u ~ %u\n", iUValue8Min, iUValue8Max);
32          printf("unsigned long: %lu ~ %lu\n", lUValue9Min, lUValue9Max);
33          printf("unsigned llong: %llu ~ %llu\n", llUValue10Min, llUValue10Max);
34      }
```

표준 출력은 다음과 같다.

```
char: -128 ~ 127
short: -32768 ~ 32767
int: -2147483648 ~ 2147483647
long: -2147483648 ~ 2147483647
llong: -9223372036854775808 ~ 9223372036854775807
unsigned char: 0 ~ 255
unsigned short: 0 ~ 65535
unsigned int: 0 ~ 4294967295
unsigned long: 0 ~ 4294967295
unsigned llong: 0 ~ 18446744073709551615
(커서 위치)
```

정수 데이터형의 최솟값, 최댓값 등이 매크로로 정의돼 있는 헤더 파일 limits.h를 추가하고, 헤더 파일에 정의돼 있는 매크로를 활용해서 정수 데이터형 10개의 최솟값과 최댓값을 출력했다. 코드의 양이 많아 복잡해 보일 수도 있으나 특별한 내용을 담은 코드는 아니다. 지금까지 외우지 않고 이해를 해왔다면 아무런 문제가 되지 않을 것이다. 오타에 유의하며 코드를 작성하면 된다.

3-2-2-4 언더플로와 오버플로

Ex3-15 / main.h

```
01      #pragma once
02      #define _CRT_SECURE_NO_WARNINGS
03      #include <stdio.h>
04      #include <limits.h>
05
06      void DataTypeFlow();
```

Ex3-15 / main.c

```c
01  #include "main.h"
02
03  int main(void)
04  {
05      DataTypeFlow();
06      return 0;
07  }
08
09  void DataTypeFlow()
10  {
11      char chUnderflow1 = CHAR_MIN - 1, chOverflow1 = CHAR_MAX + 1;
12      short sUnderflow2 = SHRT_MIN - 1, sOverflow2 = SHRT_MAX + 1;
13      int iUnderflow3 = INT_MIN - 1, iOverflow3 = INT_MAX + 1;
14      long lUnderflow4 = LONG_MIN - 1, lOverflow4 = LONG_MAX + 1;
15      long long llUnderflow5 = LLONG_MIN - 1, llOverflow5 = LLONG_MAX + 1;
16
17      unsigned char chUUnderflow6 = -1, chUOverflow6 = UCHAR_MAX + 1;
18      unsigned short sUUnderflow7 = -1, sUOverflow7 = USHRT_MAX + 1;
19      unsigned int iUUnderflow8 = -1, iUOverflow8 = UINT_MAX + 1;
20      unsigned long lUUnderflow9 = -1, lUOverflow9 = ULONG_MAX + 1;
21      unsigned long long llUUnderflow10 = -1, llUOverflow10 = ULLONG_MAX + 1;
22
23      printf("%d ~ %d\n", chUnderflow1, chOverflow1);
24      printf("%d ~ %d\n", sUnderflow2, sOverflow2);
25      printf("%d ~ %d\n", iUnderflow3, iOverflow3);
26      printf("%ld ~ %ld\n", lUnderflow4, lOverflow4);
27      printf("%lld ~ %lld\n", llUnderflow5, llOverflow5);
28
29      printf("%u ~ %u\n", chUUnderflow6, chUOverflow6);
30      printf("%u ~ %u\n", sUUnderflow7, sUOverflow7);
31      printf("%u ~ %u\n", iUUnderflow8, iUOverflow8);
32      printf("%lu ~ %lu\n", lUUnderflow9, lUOverflow9);
33      printf("%llu ~ %llu\n", llUUnderflow10, llUOverflow10);
34  }
```

표준 출력은 다음과 같다.

```
127 ~ -128
32767 ~ -32768
2147483647 ~ -2147483648
```

```
2147483647 ~ -2147483648
9223372036854775807 ~ -9223372036854775808
255 ~ 0
65535 ~ 0
4294967295 ~ 0
4294967295 ~ 0
18446744073709551615 ~ 0
(커서 위치)
```

예제 코드 Ex3-15에서도 헤더 파일 limits.h에 정의된 최솟값, 최댓값 매크로를 활용해서 정수 데이터형의 언더플로와 오버플로를 출력했다. 최솟값과 최댓값을 벗어나는 순간 의도했던 결과가 도출되지 않음을 확인할 수 있다.

문자와 정수 데이터형은 마치 원으로 돼 있어 최솟값과 최댓값이 연결돼 있는 형태라고 생각하면 편하다고 했었다. 최솟값에서 1 이상을 빼면 언더플로가 발생하기 시작하고, 최댓값에 1 이상을 더하면 오버플로가 발생하기 시작한다.

언더플로와 오버플로를 가장 신경 써야 하는 데이터형이 바로 정수 데이터형이다. 다른 데이터형은 언더플로와 오버플로가 발생할 정도의 값을 거의 사용하지 않는 반면 정수 데이터형은 생각 외로 큰 값을 고려해야 할 경우가 존재하므로 언더플로와 오버플로를 이해하고, 중요한 변수는 최솟값과 최댓값에 대한 예외 처리 코드를 추가하는 것이 좋다.

3-2-3 실수 데이터형

3-2-3-1 실수 데이터형

실수 데이터형의 종류, 형식 지정자, 크기, 범위(최솟값~최댓값)를 정리하면 표 3-5와 같다. 정수 데이터형에 비해 종류도 적고 복잡하지 않으므로 데이터형 선택에 큰 부담은 없다.

표 3-5 실수 데이터형(OS: 윈도우 기준)

데이터형	형식 지정자	크기	범위(최솟값~최댓값)	
float	%f	4바이트(32비트) 유효 자릿수: 6~7	최솟값: 1.175494E-38	최댓값: 3.402823E+38
double	%lf	8바이트(64비트) 유효 자릿수: 15~16	최솟값: 2.225074E-308	최댓값: 1.797693E+308
long double	%lf	8바이트(64비트) 유효 자릿수: 15~16	최솟값: 2.225074E-308	최댓값: 1.797693E+308

다만 실수와 정수를 컴퓨터에서 다르게 관리한다는 점은 명확히 이해할 필요가 있다. 인간에게는 1과 1.0은 별 차이가 없는 동일한 수처럼 보이지만 컴퓨터에서는 요구되는 저장 프로세스가 전혀 다른 별개의 것이다.

1은 정수이므로 정수를 담을 수 있는 하나의 공간만 있으면 충분하고 그 크기가 중요하지만, 실수는 부동소수점 규약인 IEEE$^{\text{Institute of Electrical and Electronics Engineers}}$ 형식에 따라 '부호', '가수', '기수', '지수'를 다음과 같이 구분한다. 따라서 실수 데이터형의 정식 명칭은 '부동소수점 데이터형'이다. 그러나 부동소수점은 용어 자체도 어려울 뿐만 아니라 정수 데이터형과 비교해서 학습할 수 있도록 실수 데이터형이라는 용어를 사용한다.

- $\pm 1.23 \times 2^{10}$

'±'는 부호이며, '1.23'이 가수이고, '2'가 기수이며, '10'이 지수다. 데이터형의 크기는 모두 기수를 2로 고정으로 하고 있으므로 기수부는 별도로 저장할 필요가 없다. 따라서 컴퓨터에서 부동소수점을 저장하려면 정수와 달리 '부호, 가수, 지수 3가지 공간'을 나눠 저장해야 한다. 다시 말해 하나의 공간만 필요한 정수인 1과 다르게 1.0은 3가지의 공간을 분리해서 확보해야 한다. 이처럼 실수 데이터형은 부동소수점 규약으로 각 수치들을 분리해서 저장한다.

float는 '4바이트(32비트)'이므로, '부호부 1비트, 지수부 8비트, 가수부 23비트'의 순으로 분리돼 저장되며, double과 long double은 '8바이트(64비트)'이므로, '부호부 1비트, 지수부 11비트, 가수부 52비트'의 순으로 분리돼 저장된다.

이러한 특징 때문에 실수 데이터형 중에 가장 작은 크기인 **float**도 4바이트나 필요한 것이다. 즉, 정수 1을 저장하는 데 최소 1바이트면 충분하지만 실수 1.0을 저장하는 데 최소 4바이트가 필요하다.

모든 실수 데이터형에 부호부가 존재한다는 것에서 이미 눈치 챘겠지만 실수 데이터형은 기본적으로 음수, 0, 양수를 표현하도록 만들어졌다. 그러므로 **unsigned**가 붙은 데이터형을 만들 의미가 없어 별도로 존재하지 않는다.

'정수 데이터형'은 '크기와 범위'가 중요했지만 '실수 데이터형'은 소수점 몇 자리까지 인지할 수 있는지, 즉 '유효 자릿수'가 중요하다. 이러한 특징 때문에 소수점 자리가 많아질수록 2개의 실수가 완벽히 동일한 수인지 계산하는 데 많은 부하가 걸린다.

따라서 실수에서는 유효 자릿수를 둬서 유효 자릿수까지 동일하다면 실제는 다르다고 할지라도 동일한 실수라고 판정한다. 이와 같이 정수와 다르게 실수는 '정확도와 오차'라는 개념이 존재한다. 이러한 특징은 실수의 굉장히 중요한 특징이며, 프로그래밍에서 실수를 비교하는 과정에서 항상 조심해야 하는 중대 사안이다. 프로그래머의 머릿속에 실수는 항상 완벽히 동일하지 않을 가능성이 있으니 정확도를 체크해야 하며, 오차가 발생할 수도 있음을 고려하는 것이 좋다.

Ex3-16 / main.h

```
01  #pragma once
02  #define _CRT_SECURE_NO_WARNINGS
03  #include <stdio.h>
04
05  void RealNumberDataType();
```

Ex3-16 / main.c

```
01  #include "main.h"
02
03  int main(void)
04  {
05      RealNumberDataType();
06      return 0;
07  }
```

```
08
09   void RealNumberDataType()
10   {
11       float fSample1 = 0.123456789f;
12       double dSample2 = 3.14159265358979323846;
13       long double ldSample3 = 1.0E+15l;
14
15       printf("%f\n", fSample1);
16       printf("%lf\n", dSample2);
17       printf("%lf\n", ldSample3);
18
19       printf("%.10f\n", fSample1);
20       printf("%.20lf\n", dSample2);
21       printf("%.20lf\n", ldSample3);
22   }
```

표준 출력은 다음과 같다.

```
0.123457
3.141593
1000000000000000.000000
0.1234567910
3.14159265358979311600
1000000000000000.00000000000000000000
(커서 위치)
```

예제 코드 Ex3-16에서는 실수 데이터형에서 중요한 유효 자릿수의 의미를 확인해 보자. 15행 ~ 17행은 표준 출력 함수 printf를 디폴트 세팅으로 출력한 것이며, 19행 ~ 21행은 출력할 수 있는 소수점 자릿수를 지정해서 출력한 것이다.

15행 ~ 17행과 같이 디폴트 세팅으로 표준 출력을 하면 실수 리터럴 모두 소수점 6자리로 반올림돼 출력된다. 기본적으로 표준 출력 함수 printf에서는 '소수점 6자리'까지 출력하도록 지정돼 있던 것이다. 형식 지정자에 소수점 자리를 몇 자리까지 할 것인지 조절하는 기능을 제공하니 필요하면 변경할 수 있다.

19행 ~ 21행과 같이 형식 지정자 앞에 '.숫자'를 추가하면 숫자에 해당되는 소수점만큼 출력하게 된다. 이는 실수 데이터형의 유효 자릿수와는 전혀 무관하고 표준 출력 함수의 출력 방식에 불과하니 데이터형의 유효 자릿수와 명확히 구분하자.

```
19        printf("%.10f\n", fSample1);
20        printf("%.20lf\n", dSample2);
21        printf("%.20lf\n", ldSample3);
```

11행의 실수 리터럴에 마우스 오버를 하면 리터럴 접미사를 포함해서 '0.12345679F' 라고 나왔다. 8이 등장해야 하는 순간에 9가 나왔다. 이건 반올림이 아니다. 다음으로 마우스 오버가 아닌 19행과 같이 소수점 10자리까지 출력해봤다. 출력한 결과는 프로그래머가 초깃값으로 작성했던 '0.123456789'가 아닌 '0.1234567910' 이었다.

즉, 소수점 7번째까지는 의도한 값을 그대로 저장했지만 그 이후의 값에는 오차가 발생한 것이다. 따라서 표 3-5에서 확인할 수 있듯이 float의 유효 자릿수가 6 ~ 7라는 것이다.

12행의 원주율 값을 소수점 20자리까지 정리한 실수 리터럴에 마우스 오버를 하면 '3.141592653589793'이라고 나왔다. 다음으로 20행과 같이 소수점 20자리까지 출력해봤다. 출력한 결과는 프로그래머가 초깃값으로 작성했던 값이 아닌 '3.14159265358979311600'이었다. 소수점 15번째까지는 의도한 값과 동일했지만 그 이후에는 오차가 발생했다.

이처럼 double의 유효 자릿수가 15 ~ 16이라는 것을 확인할 수 있다. 실수 데이터형은 정수 데이터형과 다르게 '좀 더 많은 소수점 자릿수를 정확도 높게 저장하고 싶을 때 크기가 큰 데이터형을 선택'하게 된다. 데이터형 선택을 하기 위한 목적이 전혀 다르다.

실수 리터럴의 접미사는 잊어버리지 말고 반드시 붙여야 한다고 기억하자. 실수 데이터형은 일반적으로 float와 double을 사용하면 충분하다. long double은 일반적인 프로그래밍에서 거의 사용하지 않으므로 실질적으로 float와 쌍을 이루는 실수 리터럴에 접미사 f를 붙이면 된다. 반드시 습관을 들이자.

3-2-3-2 데이터형의 크기

Ex3-17 / main.h

```
01  #pragma once
02  #define _CRT_SECURE_NO_WARNINGS
03  #include <stdio.h>
04
05  void DataTypeSize();
```

Ex3-17 / main.c

```
01  #include "main.h"
02
03  int main(void)
04  {
05      DataTypeSize();
06      return 0;
07  }
08
09  void DataTypeSize()
10  {
11      int iSize1 = sizeof(float);
12      int iSize2 = sizeof(double);
13      int iSize3 = sizeof(long double);
14
15      printf("float의 크기: %d Byte\n", iSize1);
16      printf("double의 크기: %d Byte\n", iSize2);
17      printf("long double의 크기: %d Byte\n", iSize3);
18  }
```

표준 출력은 다음과 같다.

```
float의 크기: 4 Byte
double의 크기: 8 Byte
long double의 크기: 8 Byte
(커서 위치)
```

예제 코드 Ex3-17에서도 sizeof 뒤의 ( ) 안에 실수 데이터형 3개를 넣는 것으로 데이터형의 크기를 바이트 단위의 정수로 확인했다. 데이터형의 크기가 표 3-5에서 정리한 데이터형의 크기와 동일하다는 것을 알 수 있다.

long double은 OS와 플랫폼에 따라 크기가 다르며, 8바이트가 아닌 12 또는 16바이트인 경우도 존재하지만 일반적인 프로그래밍에서 사용할 기회는 매우 적다.

3-2-3-3 범위: 최솟값과 최댓값

Ex3-18 / main.h

```
01  #pragma once
02  #define _CRT_SECURE_NO_WARNINGS
03  #include <stdio.h>
04  #include <float.h>
05
06  void DataTypeMinMax();
```

Ex3-18 / main.c

```
01  #include "main.h"
02
03  int main(void)
04  {
05      DataTypeMinMax();
06      return 0;
07  }
08
09  void DataTypeMinMax()
10  {
11      float fValue1Min = FLT_MIN, fValue1Max = FLT_MAX;
12      double dValue2Min = DBL_MIN, dValue2Max = DBL_MAX;
13      long double ldValue3Min = LDBL_MIN, ldValue3Max = LDBL_MAX;
14
15      printf("float: %e ~ %e\n", fValue1Min, fValue1Max);
16      printf("double: %le ~ %le\n", dValue2Min, dValue2Max);
17      printf("long double: %le ~ %le\n", ldValue3Min, ldValue3Max);
18
19      //printf("float: %.40f ~ %.40f\n", fValue1Min, fValue1Max);
20      //printf("double: %.40lf ~ %.40lf\n", dValue2Min, dValue2Max);
21      //printf("long double: %.40lf ~ %.40lf\n", ldValue3Min, ldValue3Max);
22  }
```

표준 출력은 다음과 같다.

```
float: 1.175494e-38 ~ 3.402823e+38
double: 2.225074e-308 ~ 1.797693e+308
long double: 2.225074e-308 ~ 1.797693e+308
(커서 위치)
```

표 2-2에서 소개했던 '헤더 파일 float.h'는 실수 데이터형의 최솟값, 최댓값 등을 매크로로 정의하고 있다. 실수 데이터형의 최솟값, 최댓값에 대한 매크로를 코드에서 사용하고자 한다면 예제 코드 Ex3-19에서 헤더 파일 main.h의 4행과 같이 헤더 파일 float.h를 추가하면 된다.

```
04    #include <float.h>
```

실수 데이터형의 최솟값, 최댓값 등을 매크로로 정의돼 있는 헤더 파일 float.h를 추가하고, 헤더 파일에 정의돼 있는 매크로를 활용해서 실수 데이터형 3개의 최솟값과 최댓값을 출력했다. 실수 데이터형의 범위에서 가수부는 크게 신경 쓸 필요 없고, 지수부가 정확도와 연결되니 대략적인 차이만 이해하면 된다.

15행 ~ 17행은 지수 표기법으로 주석 처리 없이 정상적으로 출력했지만 19행 ~ 21행은 소수점 표기법으로 출력되므로 출력 결과가 엄청 길어지기 때문에 주석 처리를 했다. 19행 ~ 21행의 주석을 해제해서 실행한 결과를 눈으로 직접 확인해보는 것이 좋다.

3-2-3-4 언더플로와 오버플로

Ex3-19 / main.h

```
01    #pragma once
02    #define _CRT_SECURE_NO_WARNINGS
03    #include <stdio.h>
04    #include <float.h>
05
06    void DataTypeFlow();
```

Ex3-19 / main.c

```c
01  #include "main.h"
02
03  int main(void)
04  {
05      DataTypeFlow();
06      return 0;
07  }
08
09  void DataTypeFlow()
10  {
11      float fUnderflow1 = FLT_MIN / 1.0E+10f;
12      float fOverflow1 = FLT_MAX * 1.0E+10f;
13      double dUnderflow2 = DBL_MIN / 1.0E+20f;
14      double dOverflow2 = DBL_MAX * 1.0E+20f;
15      long double ldUnderflow3 = LDBL_MIN / 1.0E+30f;
16      long double ldOverflow3 = LDBL_MAX * 1.0E+30f;
17
18      printf("%e ~ %e\n", fUnderflow1, fOverflow1);
19      printf("%le ~ %le\n", dUnderflow2, dOverflow2);
20      printf("%le ~ %le\n", ldUnderflow3, ldOverflow3);
21  }
```

표준 출력은 다음과 같다.

```
0.000000e+00 ~ inf
0.000000e+00 ~ inf
0.000000e+00 ~ inf
(커서 위치)
```

예제 코드 Ex3-19에서도 헤더 파일 float.h에 정의된 최솟값, 최댓값 매크로를 활용해서 실수 데이터형의 언더플로와 오버플로를 출력했다. 실수 데이터형은 최솟값과 최댓값을 벗어나는 순간 각각 '0.000000e+00'과 'inf'라고 출력됨을 확인할 수 있다. 'inf'는 무한대[Infinite]의 약자로, 숫자가 너무 커서 컴파일러가 계산할 수 없다는 의미다.

실수 데이터형에서는 최솟값을 큰 값으로 나누면 언더플로가 발생하며, 최댓값에 큰 값을 곱하면 오버플로가 발생한다.

3-2-4 불리언 데이터형

3-2-4-1 불리언 데이터형

불리언 데이터형의 종류, 형식 지정자, 크기, 범위(최솟값~최댓값)를 정리하면 표 3-6과 같다. 불리언 데이터형은 C99 규정에서 새롭게 추가된 논리 데이터형으로, 실질적으로는 정수 데이터형이다.

표 3-6 불리언 데이터형

데이터형	형식 지정자	크기	범위(최솟값~최댓값)	
bool	%d	1바이트(8비트)	최솟값: 0 / false	최댓값: 1 / true

따라서 데이터형은 존재하지만 별도의 형식 지정자는 만들어지지 않았다. 논리적으로 사용하기 위해 정의됐지만 실제 정수에 해당되므로 정수에서 사용하는 '형식 지정자 %d'를 사용해서 출력한다. 최솟값인 0은 논리적으로 false로 판정되며, 최댓값인 1은 true로 판정된다. 이는 반대로도 동작한다.

논리적으로 0과 1만 담으면 되므로 1비트면 충분하지만 앞서 설명했듯이 컴퓨터나 OS에서 주소를 지정할 수 있는 표준이자 기본 데이터 단위가 1바이트이므로 윈도우를 비롯한 대부분의 OS에서 '1바이트'의 크기를 가진다.

Ex3-20 / main.h

```
01    #pragma once
02    #define _CRT_SECURE_NO_WARNINGS
03    #include <stdio.h>
04    #include <stdbool.h>
05
06    void BooleanDataType();
```

Ex3-20 / main.c

```
01    #include "main.h"
02
03    int main(void)
04    {
05        BooleanDataType();
```

```
06          return 0;
07      }
08
09      void BooleanDataType()
10      {
11          bool bSample1 = false;
12          bool bSample2 = true;
13
14          printf("False: %d\n", bSample1);
15          printf("True: %d\n", bSample2);
16      }
```

표준 출력은 다음과 같다.

```
False: 0
True: 1
(커서 위치)
```

예제 코드 Ex3-20에서 불리언 데이터형의 기본적인 활용법을 알아본다. 불리언 데이터형은 C99에 와서야 새롭게 추가된 데이터형이기 때문에 '헤더 파일 stdbool.h'를 예제 코드 Ex3-20에서 헤더 파일 main.h의 4행과 같이 추가해야 사용할 수 있다.

```
04      #include <stdbool.h>
```

물론 헤더 파일을 추가하지 않고 C99 이전에서도 사용할 수 있었던 **_Bool**이라는 형태의 데이터형으로 사용할 수 있다. 초깃값도 **false**와 **true**는 사용할 수 없지만 0과 1로는 지정할 수 있다. 하지만 다른 데이터형과 표기법에서 일관성을 갖지 않고 가독성도 나쁘므로, 헤더 파일 stdbool.h를 추가해서 예제 코드 Ex3-20과 같이 코드를 작성하는 것이 일반적이다.

헤더 파일 stdbool.h를 추가한 것으로 11행 및 12행과 같이 불리언 데이터형의 초기화 값을 false와 true로 작성했다. 물론 실질적으로 정수이니 0과 1로 작성할 수도 있지만 일반적인 정수인 0, 1과 명확히 구분해서 논리를 확인하기 위한 용도이므로 'false'와 'true'로 작성하는 것이 가독성을 월등히 높일 수 있다.

3-2-4-2 데이터형의 크기

Ex3-21 / main.h

```
01  #pragma once
02  #define _CRT_SECURE_NO_WARNINGS
03  #include <stdio.h>
04  #include <stdbool.h>
05
06  void DataTypeSize();
```

Ex3-21 / main.c

```
01  #include "main.h"
02
03  int main(void)
04  {
05      DataTypeSize();
06      return 0;
07  }
08
09  void DataTypeSize()
10  {
11      int iSize = sizeof(bool);
12
13      printf("bool의 크기: %d Byte\n", iSize);
14  }
```

표준 출력은 다음과 같다.

```
bool의 크기: 1 Byte
(커서 위치)
```

예제 코드 Ex3-21에서 sizeof 뒤의 ( ) 안에 불리언 데이터형을 넣는 것으로 데이터형의 크기를 바이트 단위의 정수로 확인했다. 앞서 설명했듯이 1비트만으로 충분히 저장할 수 있는 데이터형이나 표준 데이터 크기에 따라 최소인 1바이트의 크기를 가진다. 또한 논리를 표현하기 위한 데이터형이므로 범위를 의미하는 최솟값과 최댓값도 의미가 없으며, 오버플로와 언더플로 또한 무의미하다.

3-2-5 기타 데이터형

지금까지 설명했던 데이터형 외에도 C 프로그래밍 언어에서는 몇 가지 데이터형이 존재한다. 특히 void는 이 책에서 가장 처음에 다룬 데이터형으로, '1-3-4 코드 작성' 절부터 시작해 가장 빈번히 사용하고 있을 정도로 매우 중요하다. 어떤 데이터형인지 명확하게 짚고 넘어가는 것이 좋다.

void 외에 int8_t, int16_t, int32_t, int64_t, uint8_t, uint16_t, uint32_t, uint64_t, _Complex, _Imaginary 등 일반적으로 자주 보긴 어렵지만 C 프로그래밍 언어에서 지원되는 데이터형도 있다.

다만 특정 분야에서 사용되는 데이터형이므로 이 책에서 자세히 다룰 내용은 아니며, 필요한 상황이 오면 인터넷을 찾아보는 것으로도 충분할 것이다.

3-2-5-1 특정 데이터형 없음: void

C90 규정에서 추가된 void는 '특정한 타입이 존재하지 않는 데이터형'으로, 반드시 알아야 하는 데이터형이다. 특정 타입이 존재하지 않는 데이터형이므로 별도의 형식 지정자, 크기, 범위가 존재하지 않는다.

C 프로그래밍 언어에서는 규정상 여러 곳에서 데이터형을 명시해야 하므로 특정한 타입이 없다고 해서 데이터형을 작성하지 않는 것이 아니라 특정한 타입이 없는 void를 명확하게 작성하게 된다.

3-2-5-2 고정 크기 정수 데이터형

불리언 데이터형 외에도 C99에서 규정된 데이터형도 있다. OS나 플랫폼에 따라 데이터형의 크기가 변하는데, 데이터형만 보고 비트 수가 정확히 얼마인지 알 도리가 없다는 프로그래머들의 의견을 반영해서 비트가 명시된 고정 크기 정수 데이터형인 int8_t, int16_t, int32_t, int64_t, uint8_t, uint16_t, uint32_t, uint64_t를 '헤더 파일 stdint.h'에 정의했다.

'헤더 파일 inttypes.h'는 고정 크기 정수 데이터형을 제공해서 OS나 플랫폼 간의 이식성을 향상시키는 것이 목적으로, 헤더 파일 stdint.h를 포함하고 있으므로 헤더 파일 inttypes.h만 추가하면 이런 데이터형들을 사용할 수 있다.

데이터형 자체에 크기가 명시돼 있으므로 크기를 정확히 표현해야 하는 보안 등의 특정 분야 프로그래밍 분야에서 사용된다. 그러나 일반적인 프로그래밍 분야에서는 잘 활용되지 않는다.

이러한 데이터형도 존재한다는 것을 알아야 이후 필요할 때 사용할 수 있으니 존재한다는 사실만 기억해두자. 실제 게임 업계에서는 이식이 필요할 경우 추가로 이식 작업을 진행하지 아직 이식을 할지 안 할지도 모르는데 개발 비용을 들여가며 불편하게 이식을 고려해 고정 크기 정수 데이터형을 사용해서 프로그래밍을 하는 경우는 거의 없다고 볼 수 있다. 특히 프로그래밍을 배우는 기초 단계에서는 지금까지 소개한 일반적인 데이터형을 사용하면 충분하다.

3-2-5-3 복소수 데이터형

마지막으로 C99 규정에서 새롭게 만들어진 _Complex와 _Imaginary 데이터형이 있다. '헤더 파일 complex.h'를 추가하는 것으로 가독성 좋게 complex와 imaginary로도 사용할 수 있다.

복소수와 허수를 다루기 위해 만들어진 데이터형으로, 수학과 깊게 관련된 프로그램 외에 일반적인 프로그래밍에서 사용할 기회가 없으므로 가볍게 소개만 한다.

> **데이터형 구분**
> - 문자 데이터형(2개): char, unsigned char
> - 문자열 데이터형(0개): C에서 문자열 전용 데이터형은 존재하지 않으므로, 문자열을 저장하기 위해 문자 데이터형의 집합이라는 관점에서 배열 또는 포인터 변수와 같은 별도의 개념을 우회적으로 활용한다.
> - 정수 데이터형(10개): char, short, int, long, long long, unsigned char, unsigned short, unsigned int, unsigned long, unsigned long long
> - 실수 데이터형(3개): float, double, long double
> - 불리언 데이터형(1개): bool
> - 기타 데이터형: void, 고정 크기 정수 데이터형, 복소수 데이터형 등

3-3 변수와 상수

실제 인간이 사용해왔던 데이터 값 자체인 문자, 문자열, 정수, 실수 '리터럴'을 규칙에 맞게 코드에 작성하는 방법을 배웠고, 이어서 이 리터럴을 프로그래밍에서 담을 수 있는 박스를 만들기 위해 적합한 '데이터형(틀)'을 찾는 방법을 알아봤다.

이제 본격적으로 틀에서 박스를 만들어 해당 박스에 리터럴을 저장할 차례다. 저장까지 완료하면 이제 프로그래밍의 가장 기본적인 메모리 관리 방법을 터득하게 된다.

'2-3-2 변수의 선언 명령문' 절에서 가볍게 다뤘던 변수를 이제 상세히 알아보자. 변수와 상수는 '메모리 공간(박스)'이며, 리터럴은 변수와 상수에 넣을 '데이터 값'이라고 했었다. 좀 더 정확히 표현하면 크기가 결정돼 있는 데이터형을 선택한 후 변수 또는 상수의 선언 명령문을 작성하는 것으로, 해당 데이터형의 크기만큼 '정적 메모리'가 할당된다.

정적 메모리란 '프로그램이 실행되는 단계 전에 이미 메모리의 크기가 결정'돼 있는 것이다. 크기가 결정돼 있는 데이터형을 프로그래머가 직접 선택하게 되므로 프로그래머 입장에서 프로그램 전체적으로 사용하고 있는 총 메모리가 대략적으로 어느 정도인지 쉽게 인지할 수 있다.

정적 메모리에 대비되는 개념이 '3-12 동적 메모리' 절에서 다룰 '동적 메모리'다. 동적 메모리란 '프로그램이 실행되는 동안 필요한 만큼의 메모리를 일시적으로 할당'하는 것이다. 동적 메모리는 3장의 후반에 나오니 지금은 우리가 배워왔던 데이터형에 의한 선언 명령문은 미리 크기가 결정돼 있는 정적 메모리를 할당하는 방식이라는 점을 이해하면 된다.

동적 메모리 할당은 필요할 때 필요한 만큼의 메모리 크기를 확보하고 사용 후 필요 없어지면 바로 해제하는 코드를 작성하는 것을 원칙으로 하므로 한정된 메모리를 효율적으로 사용할 수 있다.

하지만 프로그래머가 적당한 시기에 동적 메모리를 해제하는 코드를 직접 작성하지 않으면 '메모리 누수'가 발생하며, 사용되는 메모리 크기를 정확히 모른 상태에서 프로그램이 실행되므로 정적 메모리보다 사용하기 까다롭고 주의해야 할 점이 꽤 많다. 그래서 기초적인 이론이나 개념을 충분히 배운 후 후반에 다루게 된다.

다음으로 반드시 기억해야 할 개념이 바로 '인스턴스'다. 인스턴스는 객체지향 프로그래밍에서 자리 잡은 개념으로, 공장에 있는 틀에서 만들어져 실제 사용자들이 사용할 수 있게 만들어진 박스(복제품)다. 즉, 프로그래머가 대부분 사용하게 되는 건 변수와 상수라는 인스턴스인 것이다.

프로그래밍에서 기본적으로 사용되는 변수의 대표적인 종류인 지역 변수와 상수는 인스턴스(박스)이기 때문에 필요하면 선언하고, 정해진 영역에서 동작하며, 영역을 벗어나면 자동으로 해제된다. 인스턴스는 공장에 배치된 무거운 틀이 아니기 때문에 프로그래머의 입맛에 맞도록 적당한 크기를 선택해서 부담 없이 박스로 만들 수 있다. 게다가 변수의 종류에 따라 사용 가능한 범위^{Scope}라는 개념이 존재하는데, 지역 변수의 경우 범위가 끝나는 시점에 자동으로 메모리가 해제되니 동적 메모리에 비해 사용하기 편하다. 지역 변수의 개념은 '3-3-4 변수의 종류' 절에서 다룬다.

3-3-1 변수의 선언

3-3-1-1 변수의 선언 명령문

Ex3-22 / main.h

```
01    #pragma once
02    #define _CRT_SECURE_NO_WARNINGS
03    #include <stdio.h>
04    #include <stdbool.h>
05
06    void VariableDeclaration();
```

Ex3-22 / main.c

```
01    #include "main.h"
02
03    int main(void)
04    {
05        VariableDeclaration();
```

```
06          return 0;
07      }
08
09      void VariableDeclaration()
10      {
11          char chPlayerLevel;
12          short sPlayerStrength;
13          short sPlayerIntelligence;
14          int iPlayerAttack;
15          int iPlayerDefence;
16          long long llPlayerExperience;
17          bool bClassChange;
18
19          float f_Player_HitPoint;
20          float f_Player_ManaPoint;
21          float f_Player_Stamina;
22          double d_Player_TotalDamage;
23      }
```

예제 코드 Ex3-22에서는 지금까지 배웠던 다양한 데이터형을 통해 '변수의 선언 명령문'을 작성했다. 변수의 선언 명령문은 '2-3-2 변수의 선언 명령문' 절에서 가볍게 설명하기도 했고, 변수 또는 상수의 선언과 초기화에 집중하기 위해 예제 코드 Ex3-22부터 예제 코드 Ex3-28까지는 별도로 출력하는 코드를 작성하지 않았다. 다시 말해 어떤 결과를 도출할 것인지에 대한 핵심 코드는 존재하지 않는다.

단, 변수를 선언한 코드만 존재하므로 컴파일러는 메모리를 할당했는데, 실제 사용하는 코드가 없으니 변수의 선언 명령문마다 "참조되지 않은 지역 변수입니다."라는 '경고 C4101'이 발생한다는 것을 출력 창에서 확인할 필요가 있다. 앞으로 변수를 선언하고 코드 내에서 실질적으로 사용하지 않으며 메모리를 무의미하게 사용하는 것이므로 이러한 경고가 나올 것이다. 경고 메시지에서도 지역 변수라는 용어가 등장했는데, 중요한 개념이므로 '3-3-4 변수의 종류' 절에서 별도로 설명한다.

변수의 선언 명령문을 작성하기 위한 최소한의 단계를 정리하면 다음과 같다. 변수의 선언 명령문을 작성하면 그 순간 해당 데이터형의 크기만큼 정적 메모리가 할당되며, 그 순간부터 해당 '변수명(이름표)이 변수(박스)를 대표'하게 된다.

기본적인 변수의 선언 명령문

데이터형 변수명;

변수의 선언 단계
- 변수에 저장할 리터럴의 크기와 범위를 고려해서 '데이터형을 선택'한다.
- 데이터형(틀)으로 만들 인스턴스(박스)에 붙일 '변수명(이름표)을 결정'한다.
- '데이터형 변수명;'으로 선언 명령문을 작성한다.

3-3-1-2 변수명 네이밍 규칙

Ex3-23 / main.h

```
01  #pragma once
02  #define _CRT_SECURE_NO_WARNINGS
03  #include <stdio.h>
04  #include <stdbool.h>
05
06  void VariableDeclaration();
```

Ex3-23 / main.c

```
01  #include "main.h"
02
03  int main(void)
04  {
05      VariableDeclaration();
06      return 0;
07  }
08
09  void VariableDeclaration()
10  {
11      char a;
12      short b;
13      short c;
14      int d;
15      int e;
16      long long x;
17      bool y;
18
```

```
19        float xx;
20        float yy;
21        float zz;
22        double Damage;
23    }
```

예제 코드 Ex3-23은 예제 코드 Ex3-22에서 지금까지의 프로그래밍 교육을 통해 배운 학생들이 흔히 작성하는 간단한 변수명으로 바꿔본 예제다. 변수명을 결정하는 것이 프로그래밍에서 얼마나 중요한지 명확한 예를 제시해서 설명하지 않았다면 프로그래밍에 있어 가장 중요한 것 중 하나를 가르치지 않고 넘어갔다고 볼 수 있다.

실무에서 변수의 선언 명령문을 작성하는 과정에서 가장 많은 고민을 해야 하는 건 데이터형의 선택이 아니라 의외로 프로그래머와 상관없어 보이는 "변수명을 어떻게 지어야 하는가?"다.

선언 명령문 이후 다양한 코드에서 사용되는 변수는 변수명만으로도 이후에 많은 정보를 빠르게 제공하며, 팀 프로젝트에서 다른 프로그래머에게 쉽게 이해되고, 가독성 높은 코드가 되도록 명명돼야 한다.

예제 코드 Ex3-22에서는 코드가 1,000 ~ 10,000줄로 늘어난다고 하더라도 각 변수가 무슨 의도로 만들었는지 분석하기 위해 시간을 소요할 필요도 없고, 데이터형을 알아보기 위해 해당 변수에 마우스 오버를 할 필요도 없이 바로 알 수 있다.

또한 이후 적 캐릭터가 추가된다고 할지라도 플레이어 캐릭터에 관련된 변수명을 바꿀 필요도 없이 동일한 규칙하에 적 캐릭터와 관련된 변수들을 쉽게 추가할 수 있다. 아직 적 캐릭터라는 개념이 코드에 추가되지 않았지만 앞으로 추가될 수도 있다는 걸 예측해서 변수명을 지은 만큼 각 변수명에 'Player'라는 대상을 의도적으로 포함한 것이다.

변수명에 Player가 포함되지 않았다면 적 캐릭터 관련 변수들을 추가해야 할 때 어떻게 될까? 플레이어 캐릭터의 레벨은 변수 chLevel에 저장됐을 건데, 적 캐릭터의 레벨은 변수 chEnemyLevel에 저장하게 될 것이다. 적 캐릭터의 변수명에는 대상이 포함돼 있는데, 플레이어 캐릭터의 변수명에는 대상이 포함돼 있지 않다.

처음에는 대상을 고려하지 않는 변수명이 짧아서 편해 보일 것이다. 그러나 변수명을 지을 때 대상을 고려하지 않으면 이후 코드를 확장하는 단계에서 어떤 대상의 레벨인지 명확히 알 수 없다. 앞서 예를 들었듯이 적 캐릭터가 추가되면 본래 플레이어 관련 변수들의 변수명을 전부 바꾸지 않으면 도대체 어떤 대상의 레벨이었는지 시간이 조금만 지나도 잊어버리게 되므로 기존 코드를 분석한 후 코드 내 변수명을 빠짐없이 바꿔야 할 것이다. 이러한 과정에서 예상 외의 실수 및 버그가 발생할 가능성이 꽤 있다.

다시 예제 코드 Ex3-23으로 돌아오자. 변수의 선언 명령문만 존재함에도 1주일이 지난 후 변수 xx를 무엇을 하기 위해 선언했는지 정확히 기억할 수 있는가? 변수 e는 왜 선언했는가? 이러한 상태로 프로그래밍이 계속해서 코드가 1,000 ~ 10,000줄로 늘어났다고 가정해보자.

매번 예제 코드 Ex3-23을 수정하러 올 때마다 각 변수들이 뭘 하기 위해 선언한 변수인지 기억할 수 있는 사람이 과연 몇 명이나 될까? 가독성 높은 코드라면 코드 분석에 소요되는 시간이 적은 만큼 빠르게 실제 추가 개발이나 버그 수정에 돌입할 수 있지만, 이러한 최악의 코드는 분석하는 데 불필요한 시간이 너무 많이 소요되므로, 아예 새로운 소스코드를 만들어 처음부터 코드를 다시 작성하는 것이 빠를지도 모른다.

게다가 다른 팀원이 이런 변수명으로 코드를 작성해서 수많은 버그가 발생했을 때 일정상 해당 버그를 자신이 수정해야 한다면 코드를 보는 순간 어떤 기분이 들 것 같은가? 실무 프로그래밍을 경험한 사람이라면 누구나 "변수명 또는 함수명 네이밍 등은 프로그래밍에 있어 아주 기초적이면서도 그 무엇보다 중요하다."고 말한다.

현직 프로그래머들이 변수명을 짓는 것이 가장 어렵다고 말하는 건 결코 농담이 아니다. 변수명을 어떻게 지어야 할지 실제 굉장히 많은 시간을 고민한다. 최신 프로그래밍 기술을 배우기도 시간이 빠듯한데, 어휘력을 높이기 위해 사전이나 인터넷을 검색하며 네이밍을 연구하는 프로그래머도 많을 정도다.

기존 프로그래밍 교육의 현실이 심각한 건 실무 프로그래밍을 충분히 경험한 사람이 대학에 매우 희소하다 보니 이러한 아주 기초적인 것조차 프로그래밍 기초 단계에서 학생들에게 공유되지 않고 있다는 점이다.

컴퓨터 공학을 포함한 프로그래밍을 다루는 수많은 대학 학부(과)의 과제에서 예제 코드 Ex3-23과 같은 변수명을 너무나도 당연한 듯 사용하는 것을 어렵지 않게 볼 수 있다. 학생과 초보자들은 죄가 없다. 첫 프로그래밍 수업부터 대학을 졸업할 때까지도 변수명을 이렇게 네이밍하도록 배웠기 때문이다. 수업만이 아니라 거의 대부분의 교재에서도 예제 코드 Ex3-23과 같이 변수명을 작성하고 있다. 이런 이유로 정답은 아니라고 할지라도 네이밍의 중요성을 이해하고 변수명을 짓는 데 충분히 고민을 했다는 흔적이 담긴 코드를 작성하는 학생을 찾는 것이 오히려 힘들 정도다. 이건 학생들의 문제가 아닌 명확한 교육의 문제다.

더욱 심각한 건 프로그래머 입장에서 보면 도저히 말도 안 될 정도로 끔찍한 상황인데, 이러한 끔찍한 변수명이 잘못됐다고 그 오랜 기간 누구도 가르쳐주지 않는다는 점이다. 대학의 과제는 그렇다고 쳐도 취업 포트폴리오로 제출하는 코드에서도 이러한 변수명이 상당수일 정도로 국내 프로그래밍 교육의 현실은 참혹하다. 실무 프로그래밍을 조금이라도 경험해봤다면 경악을 금치 못할 너무나도 기초적인 내용도 프로그래밍을 배우는 학생들에게 제대로 전달되고 있지 못한 상황이다.

예제 코드 Ex3-23의 코드가 얼마나 최악인지 다시 한 번 확인해보자. 코드가 길어지면 도대체 변수 d가 무슨 의미였는지 변수 xx가 무엇을 하기 위해 선언했는지 도저히 알 방법이 없다. 주석으로 일일이 설명하는 방법도 있겠지만 이러면 코드의 양보다 작성해야 할 주석의 양이 많아질 것이다.

(b + d) * (c + e) / a라는 수식이 있다면 이 수식 코드를 처음 보는 사람이 어떻게 이해할 수 있겠는가? 이러한 코드를 기업의 포트폴리오로 제출한다면 면접관은 코드의 내용을 보기 전에 변수명만 보고 프로그래밍의 기본조차 모른다고 판단하고 즉시 탈락시킬 것이다.

변수명을 짓는 것에 정답은 없다. 그렇기 때문에 어려운 것이다. 변수명을 보고 사람마다 생각하는 것이 다르기 때문에 어떻게 변수명을 지어야 변수를 선언한 의도를 다른 팀원에게 쉽게 전달할 수 있으며, 이후에 선언한 변수들과 독립성을 유지할 것인가 끊임없이 고민을 하게 된다.

프로그래밍을 배우기 시작한 단계에 도움이 될 만한 변수명 네이밍 규칙을 정리하면 다음과 같다.

1) 컴파일러 규칙

컴파일러에서 규정한 변수명 또는 함수명 네이밍 규칙은 생각 외로 간단하며, 프로그래머에게 폭넓은 자유를 제공한다. 그렇기 때문에 네이밍에 많은 고민이 필요하게 된다. 컴파일러가 지정한 네이밍 규칙을 정리하면 다음과 같다. 특수 문자 중에서 '공백^{Space}과 하이픈(-)은 사용할 수 없음'에 유의하자.

공백은 별개의 단어로 구분하는 역할을 하므로 하나의 변수명 또는 함수명을 짓는 데 사용하지 않는 건 당연하다. 하이픈은 컴파일러에서 1줄의 코드가 길어져서 1행에 표기하지 못할 경우 다음 행으로 내려서 표기하지만 연결된 1줄의 코드라는 것을 표기하기 위해 자동으로 붙여준다. 눈에 보일 뿐 실제 하이픈이라는 문자가 추가된 것은 아니다. 즉, 하이픈은 시스템상에서 사용되고 있으므로 변수명과 함수명을 명명할 때 사용할 수 없게 했다.

오랜 기간 이러한 특징에 버릇이 들어 상당수의 프로그래머들은 변수명 또는 함수명 이외에 윈도우의 폴더명, 파일명 등을 작성할 때도 언더스코어(_)를 선호하고, 하이픈(-)을 잘 사용하지 않게 된다. 폴더의 경로나 파일명 등을 코드에서 작성해야 할 때 문제가 발생하기 때문이다.

> **컴파일러 네이밍 규칙**
> - 영문자(대소문자), 숫자, 언더스코어(_)만으로 조합 가능하다.
> - 첫 글자는 영문자와 언더스코어(_)만 사용 가능하다.
> - 영문자는 대소문자를 구분(대문자와 소문자를 다른 문자로 인식)한다.
> - 표 2-1을 비롯한 키워드는 사용 금지한다.

2) 업계 보편적인 규칙

모든 프로젝트에 적용할 수 있는 완벽한 네이밍 규칙은 존재하지 않는다. 국가, 회사, 프로젝트마다 상황이 다르고 인력 구성이 다르므로 결국 네이밍 규칙을 포함한 프로그래밍 규칙을 다르게 규정해서 사용할 수밖에 없다. 따라서 정상적인 팀이라면 리드 프로그래머가 본격적인 프로그래밍 작업 전에 네이밍 규칙을 포함한 팀 프로그래밍 규칙을 정한다.

다만 모든 프로젝트 공통적으로 '변수가 가진 의미를 알 수 있는 영어 단어들의 조합'으로 표기하는 걸 원칙으로 한다. 일부 프로그래머는 콩글리시와 비슷하게 자국어 발음을 영문자로 바꿔 네이밍을 하는 경우도 있는데, 이러한 네이밍 표기법은 굉장히 안 좋은 방법이다.

프로젝트마다 상황에 맞게 네이밍 규칙을 만들게 되지만 프로그래밍 업계에서는 네이밍의 중요성을 인지해 업계에서 보편적으로 사용할 수 있는 표기법들이 몇 가지 제안됐다. 프로젝트별로 다음의 표기법 중 기준이 될 표기법들을 채택한 후 프로젝트 특성에 맞게 커스터마이징한 규칙을 만든다.

> **팁**
>
> **4가지 네이밍 표기법**
> - 헝가리안 표기법(hungarian case)은 마이크로소프트 사의 한 개발자가 사용하던 네이밍 규칙으로, 변수명에 '접두어로 데이터형 또는 대표 키워드를 붙이는 방식'이다. 이 방식은 변수명만 보고도 어떤 용도의 변수인지 인식할 수 있는 방식이다.
> - 카멜 표기법(camel case)은 자바에서 시작된 네이밍 규칙으로, '단어와 단어 사이를 대문자로 구분'해서 표기한 방식이다. 첫 단어는 소문자로 시작하지만 두 번째 이후 단어의 첫 글자는 대문자로 표현해 마치 낙타의 혹과 같은 모습이 된다.
> - 파스칼 표기법(pascal case)은 '모든 단어의 첫 글자만을 대문자'로 표기하고 나머지는 소문자로 표기하는 방식이다.
> - 언더스코어 표기법(snake case)은 '단어와 단어 사이를 언더스코어(_)로 구분'해 표기하는 방식이다.

'2-3-2 변수의 선언 명령문' 절에서 가볍게 언급했지만 이 책은 '헝가리안 표기법'과 '파스칼 표기법'을 조합해서 채택하고 있었다. 헝가리안 표기법은 통합 개발 환경의 발달로 인해 데이터형을 예전보다 쉽게 파악할 수 있어 실무에서 사용하는 빈도가 줄어들었으나 아직도 프로그래밍을 배우는 기초 단계에서 데이터형과의 매칭 및 변수명 네이밍 연습을 위해 유효한 표기법이다.

이제 '2-3-2 변수의 선언 명령문' 절로 돌아가 지금까지 변수명 네이밍을 어떻게 했는지 빠르게 예제 코드들만 살펴보면 변수명이 눈에 확 들어올 것이다. 즉, 이 책에서는 네이밍 규칙을 헝가리안 표기법과 파스칼 표기법의 조합으로 규정해왔다는 것을 알 수 있을 것이다.

지금까지는 왜 굳이 길고 복잡한 변수명을 썼는지 몰랐으니 단순히 예제 코드를 보고 작성하기 불편하다고 불평했을 수도 있다. 그러나 네이밍의 중요성을 이해하기 전부터 업계에서 활용되는 네이밍 표기법 중 하나의 예를 몸에 배게 하기 위해서 네이밍 표기법을 설명하기 전이지만 처음부터 사용할 필요가 있었다.

당연히 이 책에서 채택한 표기법이 정답이나 표준이라고 할 수 없다. 다만 프로젝트별로 네이밍 표기법을 규정해서 팀원 모두가 통일된 스타일로 코드를 작성하는 것이 좋다는 사실을 알았다는 점이 중요하다.

예제 코드 Ex3-22에서 11행 ~ 17행이 헝가리안과 파스칼 표기법을 채택해 변수명을 네이밍한 것이며, 19행 ~ 22행은 여기에 언더스코어 표기법까지 추가해서 단어별 언더스코어(_)로 구분한 것이다.

프로젝트별로 얼마든지 헝가리안 표기법을 제외하고 파스칼 표기법과 언더스코어 표기법만 채택할 수도 있고, 카멜 표기법만 채택할 수도 있다. 헝가리안 표기법에서 데이터형과 키워드의 약자를 변수명 접두어로 붙일 때 어떤 약자를 사용할 것인지 프로젝트에 따라 조금씩 차이가 있을 수 있다.

단, 최근 개발 환경에서는 굳이 헝가리안 표기법을 채택하지 않아도 데이터형을 쉽게 알 수 있는 방법이 다수 제공되므로 실무에서는 짧고 명료한 변수명을 위해 헝가리안 표기법을 점차 지양해야 한다는 의견이 강해지는 추세다. 물론 채택할 프로그래밍 언어와 개발 환경에 따라 헝가리안 표기법을 사용해야 좋을 때가 있고, 사용하지 않는 편이 오히려 가독성이 좋아지는 경우도 있다. 따라서 헝가리안 표기법의 사용 여부는 아직도 찬반양론이 나눠진다.

이 책에서는 코드의 가독성이 떨어진다는 큰 단점에도 깊은 고민 끝에 헝가리안 표기법을 채택한 건 대학에서 수많은 학생을 가르쳐 오면서 C 프로그래밍 언어의 기초를 배우는 초보에게는 데이터형을 이해하는 연습이 충분히 이뤄질 필요가 있다고 느꼈기 때문이다. 변수명을 보자마자 데이터형을 알 수 있다는 장점은 아직 프로그래밍에 익숙하지 않은 초보자들의 체득 과정에 굉장히 큰 도움이 된다.

게다가 헝가리안 표기법을 채택하기로 한 결정적인 이유는 헝가리안 표기법을 알면서 단점 때문에 의도적으로 사용하지 않는 것과 아예 사용해보지 않았기 때문에 몰라서 사용하지 않겠다는 것은 엄청난 차이가 있기 때문이다.

기초 단계에서 헝가리안 표기법으로 변수명을 작성하는 것을 배우면 이후에 스스로 필요하지 않다고 판단되면 채택하지 않으면 될 뿐이다. 이미 배웠으니 사용하지 않는 건 너무나도 쉽다. 하지만 업계에 가서 본인이 단지 헝가리안 표기법을 몰라서 팀 내 프로그래밍 규칙을 정할 때 헝가리안 표기법 채택을 반대한다면 설득력이 없어질 것이다. 아직도 프로그래밍 경력이 많은 사람 중에 헝가리안 표기법을 선호하는 경우가 꽤 있기 때문에 다양한 팀 프로젝트에 빠르게 적응하려면 알아둘 필요가 있다. 분명 단점도 있지만 장점도 명확히 존재하기 때문이다.

무조건 한 쪽이 더 옳다는 관점을 갖지 말고 현실적으로 양쪽이 모두 사용되고 있으므로 둘 다 사용할 수 있으면 논쟁의 여지가 없어지며, 팀 내 상황에 맞게 선택할 문제에 불과하게 된다는 입장을 갖고 있다. 팀원들 모두가 양쪽 모두 사용할 수 있으면 이 문제로 논쟁할 필요도 없고, 한쪽을 사용해보지 않은 팀원들이 익숙해지는 데 걸리는 시범 기간도 필요 없게 된다.

따라서 이 책에서는 기본적으로 헝가리안 표기법과 파스칼 표기법을 채택하되 프로그래밍을 어느 수준 이상으로 할 수 있게 된다면 스스로 판단해 헝가리안 표기법의 사용 여부를 결정하기를 권장한다.

3) 절차적 프로그래밍의 네이밍

'1-1-4 절차적 프로그래밍 vs 객체지향 프로그래밍' 절에서 C는 절차적 프로그래밍이며, C++와 C#은 객체지향 프로그래밍이라고 했었다. 절차적 프로그래밍은 수많은 이유에서 게임과 같은 대규모 프로젝트에 적합하지 않다. 굳이 깊게 들어갈 필요 없이 네이밍만 살펴봐도 절차적 프로그래밍의 한계를 충분히 이해할 수 있다.

비유를 하자면 객체지향 프로그래밍은 계층 구조를 기반으로 하므로 마치 '윈도우의 폴더 구조'를 가질 수 있다. 따라서 Player와 Enemy라는 폴더를 만들고 그 폴더 밑에 간단히 HP와 MP라는 파일을 각각 만들면 폴더나 파일명이 길지 않아도 쉽게 구분된다. Player도 HP가 있고, Enemy도 HP가 있지만 계층 구조로 이뤄져 있기 때문에 HP를 굳이 네이밍에서 구분할 필요가 없는 만큼 네이밍이 상대적으로 편하다.

그러나 절차적 프로그래밍은 폴더의 계층화 기능 없이 '윈도우 바탕화면'에서만 모든 파일을 관리해야 하는 상황과 비슷하다. 즉, Player의 HP인지 Enemy의 HP인지를 전부 파일명에 붙여 명시해야 한다. 그러므로 자연스럽게 네이밍이 길어지고 복잡하게 되기 쉽다.

그렇지 않고 별다른 고민 없이 예제 코드 Ex3-23의 22행과 같이 **Damage**라고만 대상 없이 변수명을 선언하면 이후에 다른 플레이어 캐릭터를 추가해야 하는 상황이 발생하거나 다수의 적 캐릭터의 데미지를 추가해야 할 때 기존 변수명을 대거 변경해야 할 상황이 발생한다. 문제는 다른 코드가 추가되면서 Ctrl + H로 쉽게 바꾸기 어려운 상황이 발생되면 변수명 변경도 어렵고, 변경하는 과정에서 많은 버그가 발생할 위험이 크다.

이와 같이 절차적 프로그래밍은 여러 객체가 아닌 '하나의 객체를 가정해서 절차에 집중한 프로세스'를 갖고 있으므로 대규모 프로그램이 될수록 천성적으로 변수명과 함수명이 길어질 수밖에 없는 운명을 갖고 있다. 간단한 프로그램이라면 그다지 문제가 안 되지만 10개의 플레이어 캐릭터와 30개의 적 캐릭터가 존재하고, 캐릭터별 각종 스테이터스를 변수로 표현하려면 변수명을 네이밍하는 단계부터 프로그래머는 지치게 될 것이다.

3-3-1-3 한 명령문에 여러 개 변수 선언

Ex3-24 / main.h

```
01  #pragma once
02  #define _CRT_SECURE_NO_WARNINGS
03  #include <stdio.h>
04  #include <stdbool.h>
05
06  void VariableDeclaration();
```

Ex3-24 / main.c

```c
01   #include "main.h"
02
03   int main(void)
04   {
05       VariableDeclaration();
06       return 0;
07   }
08
09   void VariableDeclaration()
10   {
11       char chPlayerLevel;
12       short sPlayerStrength, sPlayerIntelligence;
13       int iPlayerAttack, iPlayerDefence;
14       long long llPlayerExperience;
15       bool bClassChange;
16
17       float f_Player_HitPoint, f_Player_ManaPoint, f_Player_Stamina;
18       double d_Player_TotalDamage;
19   }
```

동일한 데이터형을 가진 변수가 여러 개라면 예제 코드 Ex3-24의 12행, 13행, 17행과 같이 한 줄의 명령문에 '쉼표(,)'로 구분해서 변수들을 선언할 수 있다. '동일한 데이터형'일 때만 가능하므로 데이터형이 동일하면서 비슷한 변수를 여러 개 선언해야 할 때 활용할 수 있다.

'3-2 데이터형' 절에서 일부 예제 코드는 동일한 데이터형의 비슷한 변수를 많이 선언하다 보니 코드가 길어졌기에 쉼표(,)로 구분해서 1줄에 여러 개의 변수를 선언했었다.

코드의 행이 줄어드는 장점이 있지만 1줄에 작성하는 변수가 많아질수록 가독성이 떨어지는 단점이 있다. 이렇게 동일한 데이터형을 가진 다수의 변수를 하나의 그룹으로 묶어 한 번에 처리하려는 개념이 점차 발전해서 '배열'이 탄생하게 됐다는 점도 기억해두자.

한 명령문에 여러 개 변수 선언

데이터형 변수명, 변수명, 변수명;

3-3-2 변수 초기화

3-3-2-1 대입 명령문을 활용한 초기화

Ex3-25 / main.h

```
01  #pragma once
02  #define _CRT_SECURE_NO_WARNINGS
03  #include <stdio.h>
04  #include <stdbool.h>
05
06  void VariableInitialize();
```

Ex3-25 / main.c

```
01  #include "main.h"
02
03  int main(void)
04  {
05      VariableInitialize();
06      return 0;
07  }
08
09  void VariableInitialize()
10  {
11      char chPlayerLevel;
12      int iPlayerAttack, iPlayerDefence;
13      bool bClassChange;
14
15      float f_Player_HitPoint, f_Player_ManaPoint;
16
17      chPlayerLevel = 10;
18      iPlayerAttack = 150;
19      iPlayerDefence = 100;
20      bClassChange = false;
21
22      f_Player_HitPoint = 1.0f;
23      f_Player_ManaPoint = 1.0f;
24  }
```

예제 코드 Ex3-25는 예제 코드 Ex3-24에서 일부 변수의 선언 명령문을 생략한 후 초기화 코드를 추가했다. 대입 명령문을 활용한 초기화는 가장 기본적인 방법으로, 변수의 선언과 초기화를 위한 대입 명령문이 별도로 분리되므로 하나의 명령문이 단지 하나의 동작을 하게 된다. 그렇기 때문에 프로그래밍을 처음 배우는 입장에서 이해하기 수월하며, 대입 명령문의 위치를 조정함에 따라 초기화되는 시점을 결정할 수 있다는 장점도 생긴다. 다만 선언 명령문과 대입 명령문이 초기화를 위한 하나의 쌍이라는 점을 이해할 필요가 있다.

하나의 명령문으로 1줄마다 변수를 선언했든, 한 명령문에 여러 개의 변수를 선언했든 대입 명령문을 활용한 초기화는 1줄마다 별도로 작성하게 된다. 대입 명령문은 선언 명령문과 다르게 1줄에 여러 개의 대입을 하는 방법을 제공하지 않기 때문이다. 따라서 코드가 길어진다.

'2-3-3 대입 명령문' 절과 '3-3-1 변수의 선언' 절에서 이미 RV와 LV의 개념을 설명했었다. 이제 'LV = RV;'라는 대입 명령문을 완벽히 이해해야 할 시기가 왔다. 핵심은 LV는 '데이터를 저장하는 동작'이고 RV는 '데이터를 불러오는 동작'이라는 것이다.

따라서 LV는 저장되는 메모리이므로 '공간'의 개념을 가진 것만 올 수 있고, RV는 데이터 값을 갖고 있다면 뭐든지 올 수 있다. 주의할 점은 RV에 변수가 위치한다면 변수라는 공간이 아닌 공간에 들어가 있는 값을 의미한다는 것이다. 그래서 RV는 데이터를 불러오는 동작이라고 했던 것이다. 정리하면 "대입 명령문은 RV의 데이터 값을 LV의 메모리 공간에 할당하라"는 것이다.

따라서 LV는 프로그램 실행 중 RV 안의 데이터 값을 할당받으므로 '변수'만 위치할 수 있다. 반면 RV에는 '변수(의 값), 상수(의 값), 리터럴' 모두 올 수 있다. 이 개념은 매우 중요하다. 상수가 RV에는 올 수 있어도 LV에 올 수 없다는 것이 상수의 정의와 연결되기 때문이다. 상세한 예제 코드는 '3-3-3 상수' 절에서 살펴본다.

대입 명령문을 활용한 초기화

```
데이터형 변수명;
변수명 = 초기화 값;
```

3-3-2-2 선언 명령문과 동시에 초기화

Ex3-26 / main.h

```
01  #pragma once
02  #define _CRT_SECURE_NO_WARNINGS
03  #include <stdio.h>
04  #include <stdbool.h>
05
06  void VariableInitialize();
```

Ex3-26 / main.c

```
01  #include "main.h"
02
03  int main(void)
04  {
05      VariableInitialize();
06      return 0;
07  }
08
09  void VariableInitialize()
10  {
11      char chPlayerLevel = 10;
12      int iPlayerAttack = 150, iPlayerDefence = 100;
13      bool bClassChange = false;
14
15      float f_Player_HitPoint = 1.0f, f_Player_ManaPoint = 1.0f;
16      //float f_Player_HitPoint, f_Player_ManaPoint = 1.0f;
17  }
```

예제 코드 Ex3-26은 예제 코드 Ex3-25를 기반으로 선언 명령문과 동시에 초기화를 하는 방법으로 코드를 변경해서 작성했다. 선언 명령문의 변수명 뒤에 대입 연산자(=)를 추가해 선언 명령문과 대입 명령문이 합쳐져 있는 상태라고 이해하면 된다.

즉, 변수를 선언하는 동시에 리터럴을 대입 연산자로 해당 변수에 저장한 것이다. 하나의 명령문에 2가지 기능이 복합돼 포함돼 있기 때문에 상대적으로 정확히 이해하기 어렵지만, 선언 명령문과 대입 명령문의 의미를 이해한 후라면 앞으로 이 방식이 더 사용하기 편할 것이다.

여러 개의 변수가 1줄에 선언됐을 때는 12행과 같이 초기화까지 끝난 후 쉼표로 구분해서 작성하게 된다. 초기화 값이 동일하다면 16행과 같이 초기화를 한 번만 할 수도 있겠지만 이러한 코드는 추천하지 않기 때문에 주석 처리를 했다. 지금은 동일하게 **1.0f**의 초깃값을 갖고 있다고 할지라도 이후에 언제 변수 f_Player_HitPoint와 변수 f_Player_ManaPoint의 초기화 값을 다르게 설정해야 할지 모르기 때문이다. 15행과 같이 각각 초기화하는 것이 바람직하다.

```
15        float f_Player_HitPoint = 1.0f, f_Player_ManaPoint = 1.0f;
16        //float f_Player_HitPoint, f_Player_ManaPoint = 1.0f;
```

선언 명령문과 동시에 초기화하는 방법을 사용하면 코드의 길이가 줄어들고 변수들의 초기화 값을 한 눈에 볼 수 있다는 장점이 있어 실무에서 자주 사용한다. 다만 모든 상황에서 선언 명령문에서 초기화하는 것이 무조건 좋다고 할 수는 없다. 대입 명령문을 활용한 초기화가 좋은 경우가 있고, 선언 명령문에서 초기화가 좋은 경우가 있기 때문에 상황에 맞게 2가지 방법 모두에 익숙해지는 것이 좋다.

참고로 객체지향 프로그래밍에서는 변수와 상수를 초기화하는 시점에 따라 얼마든지 다른 기능을 하는 코드를 작성할 수 있기 때문에 별도로 대입 명령문을 활용한 초기화를 선택할 것인지, 선언 명령문과 동시에 초기화할 것인지 매번 고민하게 된다.

선언 명령문과 동시에 초기화

```
데이터형 변수명 = 초기화 값;
데이터형 변수명 = 초기화 값, 변수명 = 초기화 값;
```

3-3-3 상수

3-3-3-1 상수의 선언 명령문

Ex3-27 / main.h

```
01  #pragma once
02  #define _CRT_SECURE_NO_WARNINGS
03  #include <stdio.h>
04
05  void ConstantDeclaration();
```

Ex3-27 / main.c

```
01  #include "main.h"
02
03  int main(void)
04  {
05      ConstantDeclaration();
06      return 0;
07  }
08
09  void ConstantDeclaration()
10  {
11      const int iInventorySlots = 8;
12      float const fAvoidanceDistance = 3.2f;
13  }
```

'상수[constant]'란 변수와 마찬가지로 데이터를 저장할 수 있는 메모리 공간으로, '프로그램이 실행되는 도중에 값이 변경되지 않게 데이터를 메모리에 저장하는 공간'이라고 했다.

변수와의 차이점은 '프로그램 실행 도중'에 데이터 값을 변경할 수 없는 메모리 공간이라는 점이 핵심이다. 즉, 프로그램이 실행되는 도중에 변경할 수 없게 막고 싶은 리터럴이 있다면 상수로 선언하게 된다. 프로그램을 실행하기 전에 프로그래머가 코드에서 직접 값을 바꾸는 건 아무런 문제가 되지 않는다.

프로그래밍에서 메모리 공간을 할당하기 위한 기본은 변수의 선언이다. 그러나 변수에 할당된 리터럴을 프로그램 실행 도중에 변경이 불가능하도록 락[Lock]을 걸고 싶다면 변수를 상수화하는 방법이 있다. 표 2-1에서 소개한 키워드 const는 변수의 상수화를 수행한다.

const를 활용한 변수의 상수화는 프로그램 실행 중에 값을 변경할 수 없게 하므로 반드시 '상수의 선언 명령문과 동시에 초기화'를 해야 한다는 점에 주의하자. 일단 상수의 선언 명령문이 수행된 시점부터 그 이후에 상수는 LV에 위치할 수 없으므로 대입 명령문을 활용한 초기화는 불가능하기 때문이다.

예제 코드 Ex3-27은 변수의 상수화를 수행하는 const를 사용해서 상수의 선언 명령문을 작성한 예다. const는 11행과 같이 데이터형의 앞에 위치할 수도 있고, 12행과 같이 데이터형의 뒤에 위치할 수도 있다. 그러나 11행과 같이 데이터형의 앞에 위치시키는 것이 보편적이므로 이 책에서는 앞으로 11행과 같이 상수의 선언 명령문을 통일해서 작성할 것이다.

```
11        const int iInventorySlots = 8;
```

참고로 전처리기 #define를 활용해서 매크로를 작성하는 것으로 상수화와 비슷한 효과를 볼 수 있지만, 전처리기 #define을 활용한 매크로는 메모리 공간이 아니기 때문에 정확히는 상수라고 볼 수 없다.

전처리기에 선언됐기 때문에 전처리기가 선언된 소스 파일 어디에서나 사용할 수 있다는 장점이 있다. 자세한 내용은 '3-9-3 매크로 정의: #define과 #undef' 절에서 다룬다.

상수의 선언 명령문 및 초기화

```
const 데이터형 상수명 = 초기화 값;
```

3-3-3-2 상수의 정의 확인

Ex3–28 / main.h

```
01   #pragma once
02   #define _CRT_SECURE_NO_WARNINGS
```

```
03    #include <stdio.h>
04
05    void ConstantDefinition();
```

Ex3-28 / main.c

```
01    #include "main.h"
02
03    int main(void)
04    {
05        ConstantDefinition();
06        return 0;
07    }
08
09    void ConstantDefinition()
10    {
11        const int iInventorySlots = 8;
12        const float fAvoidanceDistance = 3.2f;
13
14        const float fWalkingDistance = 1.5f;
15        float fDashDistance = 3.0f;
16
17        iInventorySlots = 10;
18        fAvoidanceDistance = fAvoidanceDistance + 0.2f;
19
20        fDashDistance = fWalkingDistance * 3.0f;
21    }
```

예제 코드 Ex3-27에서 상수의 선언 명령문을 작성하는 방법을 알아봤다. 그렇다면 과연 상수의 정의인 '프로그램이 실행되는 도중에 값이 변경되지 않도록 데이터를 메모리에 저장하는 공간'이라는 의미를 코드에서 눈으로 직접 확인할 필요가 있다.

예제 코드 Ex3-28은 상수를 LV에 위치시키면 어떤 상황이 벌어지는지 확인할 수 있는 예다. 앞서 "LV는 프로그램 실행 중 RV 안의 데이터 값을 할당받으므로 변수만 위치할 수 있다. 반면 RV에는 변수(의 값), 상수(의 값), 리터럴 모두 올 수 있다."고 했었다.

대입 명령문의 설명을 이해했다면 LV에 리터럴이 올 수 없다는 건 당연히 이해했을 것이다. 그러나 메모리 공간 중 하나인 상수는 본래 LV에 위치할 수 있지 않을

까라고 생각할 수 있다. 상수가 LV에 위치할 수 없다는 건 상수의 정의와 관련돼 있기 때문에 머리로만 이해하지 말고 반드시 코드에서 확인하는 것이 좋다.

예제 코드 Ex3-28의 17행과 18행은 '에러 C2166'이 발생한다. "l-value가 const 개체를 지정합니다."라는 에러 메시지는 11행과 12행에서 상수로 선언된 것을 LV에 위치시켰기 때문에, 컴파일러가 상수는 프로그램 실행 중에 변경이 불가능하다는 에러를 발생시켰다. 프로그램 실행 중에 값을 변경하지 못하도록 잠금을 했는데, 잠금을 해제하지도 않고 메모리 안의 내용을 멋대로 바꾸려고 하니 알람이 울린 것이다.

```
17    iInventorySlots = 10;
18    fAvoidanceDistance = fAvoidanceDistance + 0.2f;
```

반면 20행은 아무런 문제가 없는 코드다. 대시 거리를 처음에 변수로 선언해 3.0f로 초기화했지만 프로그램이 실행되는 도중에 값을 변경하고 싶어서 이후 대입 명령문을 통해 수정했다. LV에 변수가 위치하고 있고 RV에 상수와 리터럴의 조합이 위치하고 있으니 에러가 발생하지 않는 자연스러운 코드다. 상수는 정의상 LV에 위치할 수 없을 뿐이지 RV에는 얼마든지 위치할 수 있다.

```
20    fDashDistance = fWalkingDistance * 3.0f;
```

3-3-4 변수의 종류

3-3-4-1 지역 변수

Ex3-29 / main.h

```
01    #pragma once
02    #define _CRT_SECURE_NO_WARNINGS
03    #include <stdio.h>
04
05    void LocalVariable();
06    void LocalScopeCheck();
```

Ex3-29 / main.c

```c
01    #include "main.h"
02
03    int main(void)
04    {
05        LocalVariable();
06        return 0;
07    }
08
09    void LocalVariable()
10    {
11        auto int iPlayerLevel = 1;
12
13        {
14            auto int iPlayerLevel = 10;
15            printf("Curly Brackets: %d\n", iPlayerLevel);
16        }
17
18        LocalScopeCheck();
19
20        printf("LocalVariable: %d\n", iPlayerLevel);
21    }
22
23    void LocalScopeCheck()
24    {
25        auto int iPlayerLevel = 100;
26        printf("ScopeCheck: %d\n", iPlayerLevel);
27    }
```

표준 출력은 다음과 같다.

```
Curly Brackets: 10
ScopeCheck: 100
LocalVariable: 1
(커서 위치)
```

지금까지 우리가 사용해왔던 변수는 모두 '지역 변수^{Local Variable}'였다. 지역 변수는 데이터형 앞에 auto를 생략하고 있었으며, 자동 변수^{Auto Variable}라고도 불린다. 예제 코드 Ex3-29의 11행과 같이 auto를 명시할 수도 있지만, 보편적으로 지역 변수를 선언할 때 auto는 생략한다.

290

변수의 종류에서 특히 주목해야 할 건 '선언 위치', '사용 범위', '수명' 3가지다. 이 3가지에 따라 변수의 종류가 분류되기 때문이다.

지역 변수가 자동 변수로 불리는 이유는 사용 범위와 수명과 관련돼 있다. 지역 변수의 선언 위치는 '{ } 내부'에 한정되며, 사용 범위도 '{ } 내부'에서만 사용할 수 있으며, 수명은 '{ } 종료' 시점까지다. 일부 프로그래밍 책에서는 함수 내부라고 잘못 설명하고 있지만 정확하게 설명하면 지역 변수는 함수 내부를 포함한 모든 '{ } 내부'가 사용 범위다.

11행, 14행, 25행에는 모두 동일한 변수명으로 지역 변수 `iPlayerLevel`이 선언돼 있다. '하나의 사용 범위에서는 동일한 변수명을 선언할 수 없는 것이 원칙'인데, 예제 코드 Ex3-29에서는 3번이나 동일한 변수명으로 선언이 가능했다. 동일한 변수명으로 선언이 가능한 이유도 지역 변수의 사용 범위와 관련돼 있다.

11행의 지역 변수는 함수 `LocalVariable`의 { } 내부인 10행 ~ 21행이 사용 범위다.

```
10   {
11       auto int iPlayerLevel = 1;
         ...
20       printf("LocalVariable: %d\n", iPlayerLevel);
21   }
```

14행의 지역 변수는 13행 ~ 16행의 { } 내부가 사용 범위다. 함수 내부에서 선언된 변수라고 해서 함수 전체가 사용 범위가 되지는 않는다.

```
13       {
14           auto int iPlayerLevel = 10;
15           printf("Curly Brackets: %d\n", iPlayerLevel);
16       }
```

25행의 지역 변수는 함수 `LocalScopeCheck`의 { } 내부인 24행 ~ 27행이 사용 범위다.

```
24    {
25        auto int iPlayerLevel = 100;
26        printf("ScopeCheck: %d\n", iPlayerLevel);
27    }
```

14행의 지역 변수는 16행에서 자동으로 메모리가 소멸되므로 15행에서는 정상적으로 출력하지만 17행에 도달하면 메모리가 소멸돼 11행의 초기화 값이 그대로 유지된다. 18행에서 호출된 함수 LocalScopeCheck 내부에 있는 25행의 지역 변수도 동일한 개념으로 함수 LocalScopeCheck가 종료되는 시점인 27행에서 자동으로 메모리가 소멸된다. 함수의 구현부에서는 메모리에 보관됐지만 함수의 호출부인 18행에 해당 결과를 가져가지 못하고 메모리가 소멸돼 버린다. 그러므로 20행의 표준 출력은 11행에서 초기화했던 값 그대로가 출력된 것이다.

지역 변수는 선언 위치, 사용 범위, 수명이 명확하며, 프로그래머가 직접 메모리 해제를 코드에 추가하지 않아도 자동으로 소멸되므로 안전하고 편리한 변수의 종류다. 또한 특정 범위에서만 메모리를 할당하고 바로 해제되기 때문에 디버깅도 수월하며 메모리 관리 관점에서도 매우 좋다. 그렇기 때문에 프로그래밍에서는 기본적으로 지역 변수를 사용하는 것이다.

예제 코드 Ex3-29에서는 지역 변수의 범위와 수명을 확인시켜주기 위해 의도적으로 동일한 변수명을 가진 3가지 변수를 선언했지만 실무에서는 동일한 변수명을 가진 변수를 선언하는 건 가급적 피해야 한다. 변수명을 짓는 것이 귀찮아서 대충 정해서는 절대 안 된다.

참고로 if 조건 명령문, for 반복 명령문 등의 특정 명령문에 하위 코드로 기본적으로 사용되는 { }가 아닌 13행 ~ 16행과 같이 임의적으로 { }만 사용하는 코드는 가급적 추천하지 않는다. 지역 변수의 사용 범위와 수명을 일부로 국한할 수 있다는 장점이 있지만, 명령문이나 함수 내부의 하위 코드로 사용되는 { } 내부에서 처리해도 메모리 관리에 큰 문제가 없으므로 가독성을 위해 지양하는 것이 좋다.

3-3-4-2 레지스터 변수

Ex3–30 / main.h

```
01  #pragma once
02  #define _CRT_SECURE_NO_WARNINGS
03  #include <stdio.h>
04
05  void RegisterVariable();
```

Ex3–30 / main.c

```
01  #include "main.h"
02
03  int main(void)
04  {
05      RegisterVariable();
06      return 0;
07  }
08
09  void RegisterVariable()
10  {
11      register int iPlayerLevel = 1;
12
13      printf("RegisterVariable: %d\n", iPlayerLevel);
14  }
```

표준 출력은 다음과 같다.

```
RegisterVariable: 1
(커서 위치)
```

'레지스터 변수Register Variable'는 지역 변수와 동일한 선언 위치, 사용 범위, 수명을 갖고 있으나 메모리가 아닌 CPU 내부의 속도가 매우 빠른 레지스터라는 저장 공간을 사용하기 위해 선언하는 변수다. 예제 코드 Ex3-30의 11행과 같이 데이터형 앞에 register를 추가하면 된다.

레지스터 변수에 할당하면 지역 변수에 비해 실행 시간을 줄일 수 있기 때문에 실행 시간이 오래 걸릴 정도로 복잡하고 반복적인 연산을 구현한 코드에 사용된다. 그러나 메모리가 아닌 CPU에서 처리되므로 메모리의 특징인 주소 연산자(&)를 사용할 수 없다.

또한 CPU의 레지스터를 사용하기 위해 레지스터 변수로 선언했다고 할지라도, 컴파일러가 최적화를 고려해 레지스터에 할당할지 메모리에 할당할지 최종적으로 결정하므로 프로그래머가 제어하기 수월한 변수는 아니다.

레지스터 변수와 지역 변수의 실질적인 실행 속도를 실험해보려면 '3-7-2 반복문' 절에서 다룰 다양한 반복문을 활용하면 된다. 하지만 레지스터 변수는 특정 분야의 프로그래밍에서만 제한적으로 사용되므로 일반적인 프로그래밍에서는 사용할 기회가 거의 없어 레지스터 변수를 선언하는 코드만 간략히 추가했다. 레지스터 변수는 참고로 알아두면 충분하다.

3-3-4-3 전역 변수

Ex3-31 / main.h

```
01  #pragma once
02  #define _CRT_SECURE_NO_WARNINGS
03  #include <stdio.h>
04
05  void GlobalVariable();
06  void GlobalScopeCheck();
```

Ex3-31 / main.c

```
01  #include "main.h"
02
03  int g_iGold = 100;
04
05  int main(void)
06  {
07      g_iGold = g_iGold + 900;
08      GlobalVariable();
09
10      return 0;
11  }
12
13  void GlobalVariable()
```

```
14  {
15      printf("GlobalVariable() Start: %d\n", g_iGold);
16
17      GlobalScopeCheck();
18
19      g_iGold = g_iGold + 1;
20      printf("GlobalVariable() End: %d\n", g_iGold);
21  }
22
23  void GlobalScopeCheck()
24  {
25      g_iGold = 9999;
26  }
```

표준 출력은 다음과 같다.

```
GlobalVariable() Start: 1000
GlobalVariable() End: 10000
(커서 위치)
```

지역 변수는 제한된 범위를 가지므로 메모리 관리가 수월한 장점이 있지만, 범위 끝에 도달하면 자동으로 메모리가 해제돼 프로그래머가 원하는 다른 곳에서 값을 이어받아 사용할 수 없다는 큰 단점이 있다.

이러한 문제를 해결하기 위해 C 프로그래밍 언어에서는 몇 가지 해결책을 제시한다. 그중 하나가 '3-6 사용자 정의 함수' 절에서 다룰 반환값이며, 또 하나는 변수의 종류 중 '전역 변수Global Variable'를 활용할 수 있다.

예를 들어 게임의 재화인 골드는 로비 화면 게임 플레이 화면 인벤토리 화면 등 다양한 화면에서 갱신되며, 갱신된 값을 항상 보존해야 한다. 로비 화면에서 다른 화면으로 이동했다고 골드가 초기화된다면 골드는 재화의 기능을 못하게 되기 때문이다. 물론 실제 게임은 종료해도 골드가 저장해야 하지만, 이는 파일, DB 등 외부에 저장하는 기능에 해당되니 지금까지 배워온 개념을 벗어난다. 현재는 프로그램이 종료될 때까지 어느 영역에서 사용하든 골드라는 리터럴을 하나의 메모리에서 지속적으로 보존하고 싶은 상황이다.

이럴 경우 선택할 수 있는 것이 전역 변수다. 전역 변수의 선언 위치는 예제 코드 Ex3-31의 3행과 같이 함수 밖의 전역 영역에 선언돼야 한다. 함수 밖의 전역 영역에 선언됐기 때문에 특정 함수나 { } 내부에 한정되지 않고 프로그램이 종료될 때까지 소멸되지 않는다. 정리하면 전역 변수의 선언 위치는 '전역 영역'이며, 사용 범위는 '전체 프로그램'이고, 수명은 '프로그램 종료' 시점까지다.

전역 변수는 별도의 키워드가 존재하지 않고 전역 영역에 선언하는 것으로 전역 변수가 된다. 전체 프로그램에 영향을 줄 정도의 강력한 변수이므로 초기화되지 않은 상태가 발생하면 프로그램에 치명적인 결함이 발생할 수 있으므로 전역 변수는 '초기화하지 않으면 자동적으로 0으로 초기화'된다.

지역 변수를 초기화하지 않으면 컴파일러가 경고를 하지만 전역 변수는 자동적으로 0으로 초기화되며 컴파일러에서 경고를 하지 않으므로 특정한 값으로 초기화하고자 한다면 초기화를 잊지 않게 신경 쓰는 것이 좋다. 변수명 네이밍은 3행과 같이 서두에 'g' 또는 'g_' 등을 별도로 표기해서 지역 변수와 구분하기도 한다.

```
03    int g_iGold = 100;
```

3행에서 전역 변수 g_iGold를 선언하고, 초기화 값으로 100을 할당했다. 7행에서는 main 함수 내에서 900을 추가했다. 따라서 함수 GlobalVariable이 시작되는 시점인 15행에서는 전역 변수에 1000이 보존돼 있다. 17행에서 호출된 함수 GlobalScopeCheck 내부에서는 변수 g_iGold를 아예 9999로 변경했다. 마지막으로 19행에서 1을 추가해서 최종적으로 10000이라는 리터럴을 저장했다.

전역 변수 g_iGold를 전역 영역에 선언하는 것으로, main 함수 내부, 함수 GlobalVariable 내부, 함수 GlobalScopeCheck 내부 모두에서 사용할 수 있었다. 전역 변수로 선언하면 11행에 도달해 프로그램이 종료되기 전까지 전체 프로그램 내의 여러 함수를 통해 자유로운 위치에서 사용할 수 있으며, 고정된 하나의 메모리에서 관리되고 값이 공유 및 보존된다.

여기까지 설명하면 대부분은, "그러면 지역 변수를 사용하는 것보다 전역 변수가 프로그래밍하기에 압도적으로 편하고 강력하니 전역 변수만 사용하면 되지 않을까?"라고 생각할 수 있다. 하지만 '막강한 힘을 가진 전역 변수는 그만한 강력한 페널티'를 갖고 있음을 잊어서는 안 된다.

전역 변수는 프로그램이 종료되기 전 여러 함수에서 편하게 접근할 수 있는 만큼, 전역 변수의 값에 문제가 있거나 버그가 발생하면 프로그램 전반에 걸쳐 막대하고 치명적인 문제를 발생시킨다. 많은 곳에 연결돼 있는 만큼 문제가 발생하면 프로그램 전체의 안정성이 치명적으로 낮아지며 디버깅이 끔찍하게 어려워진다.

또한 프로그램이 종료될 때까지 메모리가 유지되므로 전역 변수를 남발하면 최적화 관점에서 매우 좋지 않다. 그렇기 때문에 전역 변수는 가급적 제한적으로 꼭 필요한 경우에 사용하는 것이 좋다.

참고로 15행과 20행은 로그를 활용한 디버깅을 위한 팁이기도 하다. 함수의 시작과 끝에 특정 값을 출력하거나 값을 출력할 것이 없다면 단순히 함수의 시작과 끝이라는 메시지만 출력해도 프로그램이 어떤 함수 순서대로 흐르는지 알 수 있고, 메시지 출력이 돼야 하는데 특정 순서에서 출력이 안 된다면 마지막으로 출력된 곳과 출력돼야 하는 데 출력되지 않은 코드 구간에서 문제가 발생했음을 알 수 있다.

```
15      printf("GlobalVariable() Start: %d\n", g_iGold);
        ...
20      printf("GlobalVariable() End: %d\n", g_iGold);
```

예를 들어 15행이 출력됐는데 20행이 출력되지 않았다면 17행 또는 19행의 코드에 문제가 있을 것이라 예상할 수 있다. 물론 결과만 여기서 발생하고 원인은 다른 곳에 있을 수 있겠지만 문제가 되는 지점을 찾았으니 하나씩 세부적으로 찾아가면 된다.

3-3-4-4 정적 지역 변수

Ex3-32 / main.h

```
01  #pragma once
02  #define _CRT_SECURE_NO_WARNINGS
03  #include <stdio.h>
04
```

```
05    void StaticVariable();
06    void StaticScopeCheck();
07    void LocalScopeCheck();
```

Ex3-32 / main.c

```
01    #include "main.h"
02
03    int main(void)
04    {
05        StaticVariable();
06        return 0;
07    }
08
09    void StaticVariable()
10    {
11        StaticScopeCheck();
12        StaticScopeCheck();
13        StaticScopeCheck();
14
15        LocalScopeCheck();
16        LocalScopeCheck();
17        LocalScopeCheck();
18    }
19
20    void StaticScopeCheck()
21    {
22        static int st_iStoryProgress = 1;
23        st_iStoryProgress = st_iStoryProgress + 1;
24
25        printf("Static: %d\n", st_iStoryProgress);
26    }
27
28    void LocalScopeCheck()
29    {
30        int iStoryProgress = 1;
31        iStoryProgress = iStoryProgress + 1;
32
33        printf("Local: %d\n", iStoryProgress);
34    }
```

표준 출력은 다음과 같다.

```
Static: 2
Static: 3
Static: 4
Local: 2
Local: 2
Local: 2
(커서 위치)
```

'정적 변수Static Variable'에는 정적 지역 변수와 정적 전역 변수가 존재한다. 정적 전역 변수는 분할 컴파일에서 활용되고, 꽤 난이도가 높은 것에 비해 기초 수준에서는 사용 빈도도 높지 않으므로 지금은 지역 변수, 전역 변수와 함께 자주 사용되는 '정적 지역 변수'에 집중하자.

정적 지역 변수는 지역 변수와 전역 변수의 특징을 섞어서 갖고 있는 변수다. 정적 지역 변수의 선언 위치와 사용 범위는 지역 변수와 동일하게 '{ } 내부'이며, 수명은 전역 변수와 동일하게 '프로그램 종료' 시점까지다.

정리하면 정적 지역 변수는 선언 위치와 사용 범위는 지역 변수와 같이 제한돼 있지만, 하나의 메모리에서 관리하고 값이 공유 및 보존된다는 전역 변수의 특징을 가진다. 전역 변수처럼 아무 곳에서나 편하게 사용할 수 없고 제한된 범위에서 사용해야 하지만 프로그램 종료 전까지 하나의 메모리에 값을 보존할 수 있다. 이러한 특징 때문에 전역 변수의 단점이 일부 해소되면서 전역 변수의 효과를 제약적으로 낼 수 있다.

그렇다고 해서 무조건 전역 변수보다 정적 지역 변수가 좋다고 할 수는 없다. 각각 특징이 다른 변수인 만큼 구현하고자 하는 기능에 맞도록 적절하게 사용하는 것이 바람직하다.

예제 코드 Ex3-32의 22행과 같이 데이터형 앞에 **static**을 추가하면 되며, 변수명 네이밍은 22행과 같이 서두에 'st' 또는 'st_'를 별도로 표기해서 구분하기도 한다.

```
22          static int st_iStoryProgress = 1;
```

함수 **StaticScopeCheck**와 함수 **LocalScopeCheck**는 각각 정적 지역 변수와 지역 변

수를 비교하기 위한 코드로, 게임의 스토리 진행도를 예를 들어 설명하려고 한다. 게임에서 스토리 진행도가 올라가는 화면은 정해져 있다. 그러나 스토리 진행도는 다른 화면으로 이동된다고 할지라도 기억돼야 한다. 골드처럼 다양한 곳에서 사용될 필요는 없지만 값을 보존해야 하므로 정적 지역 변수 사용을 고려할 수 있다.

함수 StaticScopeCheck는 내부에 22행과 같이 정적 지역 변수를 선언하고, 23행에서 1을 더했다. 11행 ~ 13행에 걸쳐 함수 StaticScopeCheck가 3번 호출됐기 때문에 정적 지역 변수 st_iStoryProgress의 메모리에는 4가 저장된다. 함수가 종료되는 26행이 처리돼도 정적 지역 변수의 메모리는 소멸되지 않고 프로그램이 종료될 때까지 보존되므로 스토리 진행도를 의도대로 누적할 수 있다. 프로그램 종료인 18행이 처리돼야 정적 지역 변수의 메모리가 소멸된다.

반면 함수 LocalScopeCheck는 내부에 30행과 같이 지역 변수를 선언하고, 31행에서 1을 더했다. 15행 ~ 17행에 걸쳐 함수 LocalScopeCheck가 3번 호출됐지만, 함수가 종료되는 34행이 처리되면 자동적으로 지역 변수의 메모리가 소멸되므로 값이 보존되지 않아 함수 LocalScopeCheck의 내부 결과인 2가 메모리에 매번 저장될 뿐이다.

3-3-4-5 변수 종류 비교

표 3-7은 자주 사용되는 3가지 주요 변수의 종류별 특징을 비교하기 쉽게 정리한 표다. 지역 변수, 정적 지역 변수, 전역 변수 외 다른 변수의 종류도 존재하지만, 기초 단계에서는 이 3가지의 특징을 이해하는 것이 중요하다.

표 3-7 주요 변수의 종류 비교

	지역 변수	정적 지역 변수	전역 변수
사용 키워드	(auto)	static	없음
초기화	반드시 직접 초기화	생략 가능(자동으로 0으로 초기화)	
선언 위치	{ } 내부		*전역 영역
사용 범위	{ } 내부		전체 프로그램
수명	{ } 종료	프로그램 종료	

*전역 영역: '2-4-5 소스코드의 영역 구분' 절에서 설명했던 함수 밖의 영역

지역 변수, 정적 지역 변수, 전역 변수 모두에 변수의 상수화 키워드인 const를 추가로 붙이면 각 변수가 가진 특징을 그대로 이어받은 상수를 선언할 수 있다. 상수를 포함한 총 6가지를 구분해서 필요한 상황에 맞게 사용할 수 있다면 기초적인 프로그래밍에서 메모리 관리의 기본이 되는 변수와 상수를 충분히 활용한다고 볼 수 있다.

앞서 각 변수의 종류에 대해 예제 코드와 함께 특성을 살펴봤으니 여기서는 다음과 같이 주요 변수 간의 차이를 명확히 이해하고 상황에 맞게 골라서 사용할 수 있어야 한다.

첫째, 지역 변수와 전역 변수는 표 3-7에서 비교했듯이 사용 키워드, 초기화, 선언 위치, 사용 범위, 수명이라는 5개 항목 모두에서 다른 특징을 갖고 있다. 지역 변수는 프로그래머가 반드시 직접 초기화해야 하지만, 전역 변수는 초기화를 생략할 경우 자동으로 0으로 초기화해준다. 프로그램 전체에 영향을 주는 막강한 권한을 가진 전역 변수가 초기화되지 않는다면 끔찍한 문제가 발생할 수 있으므로 컴파일러가 프로그래머의 실수를 보조해준다. 단, 생략하면 자동으로 0으로 초기화해준다고 해도 프로그래머는 전역 변수나 정적 지역 변수도 반드시 초기화하는 버릇을 들여야 한다.

지역 변수는 선언 위치와 사용 범위 모두 '{ } 내부'로, 한정된 영역에서 선언 및 사용을 할 수 있다는 한계가 있는 반면 수명이 '{ } 종료' 시점에 자동적으로 끝나므로 프로그래머가 메모리 해제를 신경 쓸 필요가 적어진다. 어떻게 보면 한정된 영역이라는 것이 한계로 느껴질 때도 있지만, 반대로 영향을 주는 범위가 제한되는 만큼 디버깅이 수월하고 메모리 관리에 유리하다. 반면 전역 변수는 '전역 영역'에 선언함으로써 '전체 프로그램' 어디에서나 사용할 수 있고, '프로그램 종료'까지 소멸되지 않고 메모리를 유지할 수 있다.

지역 변수와 전역 변수는 특징이 크게 다르므로 선택에 큰 고민을 할 필요가 없다. 전역 변수가 너무 편하고 막강하기 때문에 전역 변수를 사용하면 프로그래밍이 쉬워 보일 정도지만, 전역 변수의 단점이 너무 크기 때문에 프로그래머는 코드 작성이 조금 복잡해져도 가급적 지역 변수로 해당 기능을 구현하려고 노력할 필요가 있다.

둘째, 정적 지역 변수와 전역 변수는 지역 변수와 다르게 공통적으로 '프로그램 종료' 시점까지 메모리를 유지해야 할 때 사용하게 된다. 초기화와 수명은 동일한 특성을 갖고 있지만, 전역 변수와 달리 정적 지역 변수는 선언 위치와 사용 범위가 '전체 프로그램'이 아닌 특정 '{ } 내부'에 한정된다는 점이 차이의 핵심이다.

전체 프로그램에 걸쳐 다양한 곳에서 접근해야 한다면 전역 변수를 사용하면 되고, 특정 함수에서 접근해서 '프로그램 종료' 시점까지 메모리가 유지되기만 원한다면 정적 지역 변수를 사용하면 된다. 정적 지역 변수와 전역 변수는 둘 중에 가급적 무엇을 사용하는 것이 좋다는 기준이 없고, 해당 기능을 구현하기 위해 상황에 맞는 것을 사용하면 된다.

> **세이브 포인트: 개념 정리**

변수의 선언
- **변수의 선언 명령문 작성 단계**: '데이터형을 선택' → '변수명(이름표) 결정' → '데이터형 변수명;'으로 선언 명령문을 작성한다.
- 변수의 선언 명령문을 작성하면 그 순간 해당 데이터형의 크기만큼 정적 메모리가 할당되며, 그 순간부터 해당 변수명(이름표)이 변수(박스)를 대표한다.
- **변수명 네이밍 규칙**: 정답은 없으나 프로젝트별로 작성 규칙을 정해서 팀원 모두가 일관성 있게 작성한다. 컴파일러 또는 업계 보편적인 규칙을 통해 네이밍 규칙을 결정한다.

변수의 초기화 방법
- **대입 명령문을 활용한 초기화**: 변수의 선언 명령문 다음에 별도로 대입 명령문을 작성해서 초기화한다.
- **선언 명령문과 동시에 초기화**: 변수의 선언 명령문과 동시에 초기화한다. 2개의 명령문을 1개로 축약한 표현이다.

주요 변수의 종류
- **지역 변수**: { } 내부에 선언하며, { } 내부에서 사용 가능하고, { } 종료에 따라 수명이 끝난다.
- **전역 변수**: 전역 영역에 선언하며, 전체 프로그램에서 사용 가능하고, 프로그램 종료에 따라 수명이 끝난다.
- **정적 지역 변수**: { } 내부에 선언하며, { } 내부에서 사용 가능하고, 프로그램 종료에 따라 수명이 끝난다.

> **세이브 포인트: 형식 정리**

> **변수의 선언 명령문 및 초기화**
> 데이터형 변수명;
> 변수명 = 초기화 값;
>
> 데이터형 변수명 = 초기화 값;
> 데이터형 변수명 = 초기화 값, 변수명 = 초기화 값;

> **상수의 선언 명령문 및 초기화**
> const 데이터형 상수명 = 초기화 값;

3-4 표준 입출력

메모리 관리의 기초가 되는 변수와 상수를 배웠으니, 다음으로 사용자가 직접 리터럴을 입력할 수 있도록 기회를 제공하는 '표준 입력 함수'와, 변수와 상수에 저장돼 있는 리터럴을 화면에 출력하는 '표준 출력 함수'를 정리할 차례다. 콘솔 화면에 입출력하는 것을 표준 입출력이라고 했다.

기존 대부분의 프로그래밍 책에서 입출력은 한곳에 정리돼 있기보다 필요한 시점에 맞게 여러 장에 흩어져 있다. 어차피 함수 printf와 scanf만 사용할 거니 다른 입출력 함수에 대해 상대적으로 중요하지 않다고 본 것이다.

이러한 목차 구성은 해당 장에서 배울 새로운 개념과 동시에 다른 입출력을 끼워 넣기 식으로 설명하기 때문에 당시에는 이해했다고 할지라도 입출력 함수보다 새로운 개념을 익히는 데 집중하게 된다. 그러므로 입출력 전체에 대한 전체 그림을 이해할 수 없고 함수별 차이를 명확히 비교하지 못하니 결국 처음에 배웠던 함수 printf와 scanf에서 벗어나지 못하게 된다.

기초 단계에서 표준 입출력이 기본임은 맞지만 실무에서는 다양한 입출력을 다룰 수 있어야 한다. 프로그래밍에서는 화면 외에도 파일에 입출력을 할 수 있으며, 서버와 데이터를 주고받을 수 있다.

화면 파일, 서버와 데이터를 주고받는 기본 프로세스는 결국 '1-1-3 프로그래밍

= 데이터 + 알고리듬' 절에서 배운 '입력 데이터 → 알고리듬 → 출력 데이터'의 흐름에 불과하다. 표준 입출력을 각각 별도로 배우기보다 이러한 큰 흐름을 이해하면서 상황에 맞게 표준 라이브러리에서 제공하는 다양한 입력과 출력을 사용할 수 있는 것이 중요하므로 표준 입출력 관련 함수를 한곳에 정리할 필요가 있었다.

이후 '3-14 파일 입출력' 절에서 배우게 될 파일 입출력도 표준 입출력의 흐름과 다를 게 없다. 예를 들어 스팀에서 게임을 다운로드해 해당 게임의 폴더를 열어보면 config.ini 등과 같이 게임의 설정을 보관한 파일을 찾아볼 수 있다. 이러한 파일은 게임을 실행할 때 값을 가져와 게임에 적용시킨 후 게임을 종료해도 게이머가 설정을 변경한 것을 '보관'해야 하므로 메모리가 아닌 파일이라는 외부에 저장하는 매우 중요한 역할을 수행한다. 파일 입출력은 포인터 변수의 개념을 필수적으로 알아야 하므로 포인터 변수를 배운 이후인 '3-14 파일 입출력' 절로 분리해서 정리했다.

따라서 표준 입출력의 흐름을 정확히 이해하는 건 프로그래밍의 흐름을 파악함과 동시에 앞으로 파일과 서버 등을 활용한 본격적인 프로그래밍을 하기 위한 초석이 된다. 표준 출력 함수를 단순히 예제 코드의 결과를 확인하기 위한 용도라고 인식하지 말고, 프로그래밍의 흐름 안에서 상황에 맞게 다양한 입출력 함수를 활용하면서 앞으로 프로그래밍을 연습하는 것이 좋다.

3-4-1 제어 문자

'제어 문자^{Control Character}'는 화면에 표시되거나 프린터에 인쇄되지 않지만 문자열을 제어하기 위해 특수한 기능을 수행하는 문자다. 지금까지 함수 `printf` 내부에서 '줄 바꿈(개행)'을 위해 사용했던 '\n'이 제어 문자 중 가장 많이 사용되는 대표적인 예다. 제어 문자는 입출력에서 빈번히 사용되기 때문에 표준 입출력 함수를 배우기 전에 제어 문자 7가지를 표 3-8과 같이 정리했다.

표 3-8 제어 문자

제어 문자	의미	아스키 코드	설명
\0	널 문자	0	문자열의 끝을 나타냄(NULL)
\b	백스페이스	8	커서 위치가 한 칸 왼쪽으로 이동
\r	캐리지 리턴	13	커서 위치가 해당 행의 첫 칸으로 이동
\n	개행	10	커서 위치가 다음 행의 첫 칸으로 이동
\t	수평 탭	9	커서 위치가 오른쪽으로(수평) 탭만큼 이동
\v	수직 탭	11	커서 위치가 아래쪽으로(수직) 탭만큼 이동
\f	폼 피드	12	커서 위치를 다음 페이지의 첫 칸으로 이동

제어 문자는 '역슬래시(\)'와 함께 특정 문자를 합쳐 '하나의 문자'로 인식된다. 지금까지는 형식 지정자 다음에 붙여 사용해왔지만 제어 문자 단독으로도 사용 가능하며, 문자열 리터럴과 함께 사용할 수도 있다. 문자이기 때문에 얼마든지 문자와 문자 사이에 섞어 문자열을 구성할 수 있다.

'3-1-1 문자 리터럴' 절에서도 살펴봤지만 '부록, 아스키(ASCII) 코드표'에서 10진수를 기준으로 제어 문자가 포함돼 있었다. 즉, '\n'은 아스키 코드표에서 정수 10으로 매핑돼 있는 하나의 제어 문자다.

'\0'은 널 문자로, '3-2-1 문자 데이터형' 절에서 C 프로그래밍 언어에서 별도의 데이터형을 갖지 못한 문자열을 문자 데이터형과 배열을 활용해서 저장하는 방법을 간략히 살펴볼 때 언급됐다. 실제 프로그래머의 눈으로 확인할 수 없지만 널 문자는 문자열의 끝을 나타내는 특수한 제어 문자다. 문자열 입출력 함수, 문자열, 배열을 이해함에 있어 필수라고 볼 수 있을 정도로 중요하니 반드시 기억해둬야 할 제어 문자다.

'\0'과 '\n'에 비해 중요도가 높지 않지만 '\b', '\r', '\t'는 문자열 출력을 세부 조정하기 위해 필요할 때가 있다. 3가지 모두 키보드에 있는 개념이니 익숙할 것이다. 이러한 제어 문자를 활용할 수 있다는 정도만 알아두자.

예제 코드 Ex3-33에서는 각 제어 문자가 실제 어떤 기능을 하는지 보여주기 위해 사용했다. 그러나 제어 문자를 활용해 일부러 꼬아 놓은 복잡한 문제를 풀기 위해 굳이 시간을 할애할 필요는 없다.

'\v'와 '\f'는 표준 출력 함수로 화면에 출력하면 정상적으로 동작하지 않고 의도하지 않은 기호로 출력되지만, 프린터로 출력할 경우 정상적으로 작동한다.

Ex3-33 / main.h

```
01  #pragma once
02  #define _CRT_SECURE_NO_WARNINGS
03  #include <stdio.h>
04
05  void ControlCharacter();
```

Ex3-33 / main.c

```
01  #include "main.h"
02
03  int main(void)
04  {
05      ControlCharacter();
06      return 0;
07  }
08
09  void ControlCharacter()
10  {
11      printf("%s\n", "Game: THE WITCHER 3 Wild Hunt");
12
13      printf("%s", "Character:\tGeralt of Rivia");
14      printf("\n");
15
16      printf("%s", "0123456789\bABC\n");
17      printf("%s", "0123456789\rABC\n");
18
19      //printf("\v\n");
20      //printf("\f\n");
21  }
```

표준 출력은 다음과 같다.

```
Game: THE WITCHER 3 Wild Hunt
Character:     Geralt of Rivia
012345678ABC
ABC3456789
(커서 위치)
```

예제 코드 Ex3-33에서는 눈으로 확인할 수 없는 '\0'을 제외한 6개의 제어 문자를 활용해서 코드를 작성했다. 19행과 20행의 '\v'와 '\f'는 화면에서 의도하지 않은 문자로 표시되므로 주석으로 처리했다. 주석을 해제하고 출력해보면 의도하지 않은 문자가 출력됨을 알 수 있다. 제어 문자도 문자이니 다수를 연달아 붙여서 사용해도 문제없다는 것을 알 수 있으며, 각각 해당 제어 문자의 기능을 수행한다.

11행은 지금까지 우리가 제어 문자 '\n'을 활용했던 방법이다. 함수 printf의 형식 지정자 뒤에 제어 문자를 붙여 줄 바꿈을 했다. 따라서 지금까지 예제 코드의 표준 출력 결과는 제어 문자를 설명하기 전이어서 가급적 혼란스럽지 않게 줄 바꿈을 하는 것으로 통일했었다. 따라서 마지막에도 줄 바꿈이 된 채 커서가 1줄 아래로 이동돼 있던 것이다. 출력 결과에서 줄 바꿈을 하고 싶지 않을 때는 제어 문자 '\n'을 사용하지 않으면 된다.

줄 바꿈을 하려면 14행과 같이 제어 문자만 단독으로 사용할 수도 있다. 14행에 형식 지정자가 없는 건 문자열 리터럴을 큰따옴표("")로 묶으면 자동으로 형식 지정자도 문자열임을 인지하므로 생략할 수 있다.

단, 주소를 기반으로 한 문자열만 형식 지정자를 생략할 수 있다. 값을 기반으로 한 문자 리터럴은 작은따옴표('')로 묶어도 형식 지정자를 생략할 수 없이 반드시 명시해야 하며, 이러한 특징 때문에 14행과 같이 제어 문자만 별도로 사용할 수도 없다는 점에 유의하자.

```
14        printf("\n");
```

또한 16행과 17행의 문자열 리터럴 마지막에 제어 문자를 위치시킴으로써 줄 바꿈을 할 수도 있다. 16행과 같이 줄 바꿈을 포함한 리터럴이나 11행과 같이 리터럴을 형식 지정자로 대체하는 과정에서 줄 바꿈을 포함하지만 결국 동일한 출력 결과를 가진다. 이에 따라 표준 출력 결과에서 커서가 ABC3456789의 다음 행 첫 칸(열)에 위치한다는 점은 인지해야 한다.

13행은 수평 탭인 '\t'를 문자열의 사이에 추가했다. '\t'를 포함해서 하나의 문자열 리터럴이다. 결과적으로 출력은 'Character:' 뒤에 'Tab(탭)'만큼 공간을 확보한 후 캐릭터명이 출력됐다. 탭을 활용해서 보기 좋게 출력하기 위해 활용된다.

```
13    printf("%s", "Character:\tGeralt of Rivia");
```

16행과 17행은 '\b'와 '\r'을 비교한 코드다. 16행은 9가 끝난 지점에서 1칸 왼쪽으로 커서가 이동한 후 ABC를 추가로 저장하니 '012345678ABC'라는 출력 결과가 나왔다. 17행은 9까지 출력 후 해당 행의 첫 칸으로 커서가 이동한 다음 ABC를 추가로 저장하니 'ABC3456789'라는 출력 결과가 나왔다.

'\b'와 '\r'에서 주의할 점은 커서가 이동하는 것이지, 커서가 왼쪽으로 갔다고 기존 문자들이 삭제되는 것은 아니라는 점이다. 커서가 이동한 후 다른 문자들이 추가로 저장되면 해당 위치에 덮어쓰기 될 뿐이다.

```
16    printf("%s", "0123456789\bABC\n");
17    printf("%s", "0123456789\rABC\n");
```

3-4-2 문자 전용 입출력 함수

3-4-2-1 putchar( )

Ex3-34 / main.h

```
01    #pragma once
02    #define _CRT_SECURE_NO_WARNINGS
03    #include <stdio.h>
04
05    void InputOutputFunction();
```

Ex3-34 / main.c

```c
01  #include "main.h"
02
03  int main(void)
04  {
05      InputOutputFunction();
06      return 0;
07  }
08
09  void InputOutputFunction()
10  {
11      char chItemRank1 = 65;
12      char chItemRank2 = 'a';
13      int iItemRank1 = 66;
14      int iItemRank2 = 'b';
15
16      putchar(chItemRank1);
17      putchar(' ');
18      putchar(chItemRank2);
19      putchar('\n');
20      putchar(iItemRank1);
21      putchar(' ');
22      putchar(iItemRank2);
23  }
```

표준 출력은 다음과 같다.

```
A a
B b
```

- 함수의 원형: int __cdecl putchar(int _Character)
- 입력 데이터형: int
- 출력 데이터형: int

예제 코드 Ex3-34는 문자 전용 출력 함수인 putchar의 특성을 확인하기 위한 예다. 함수 putchar는 문자 전용 출력 함수이기에 11행 및 12행과 같이 데이터형을 char로 선택하는 것이 바람직하다고 생각할 수 있겠지만, 결국 문자도 정수를 매핑한 것이라고 했다. 따라서 정수 데이터형에도 저장할 수 있다.

함수 putchar에 마우스 오버해보면 앞에서 정리한 것과 같이 함수의 원형과 입력, 출력 데이터형을 알 수 있다. 함수 원형의 '__cdecl'는 기본 호출 규칙에 따른다는 것을 의미한다. 기본 호출 규칙은 C 프로그래밍 언어에서 가장 보편적인 함수를 호출하는 규약으로, 스택에 인자를 전달한다. 스택에 관련된 설명은 '3-12 동적 메모리' 절에서 간략하게 다룬다.

함수 원형의 ( ) 안의 것이 '매개변수의 입력 데이터형'이며, 맨 앞의 것이 '반환값의 출력 데이터형'이다. 함수의 원형 정리에서는 매개변수와 반환값보다 빠르게 이해시키기 위해 대칭이 되는 용어인 입력, 출력 데이터형을 사용한다.

반환값을 변수에 저장할 필요 없는 함수 putchar의 반환 데이터형이 void가 아닌 int로 돼 있는 이유는, 정상적으로 출력되면 출력된 리터럴 그대로를 반환하고, 출력에 실패하면 -1(EOF)을 반환해서 코드상에서 출력 결과를 알 수 있게 하기 위해서다.

이러한 특징은 뒤에서 소개할 출력 함수 putc, puts, fputs 모두 동일하다. 출력 함수 printf, fprintf는 정상적으로 출력되면 출력된 리터럴의 개수를 반환한다는 차이가 있을 뿐이다. 단, 출력 함수의 반환값은 입력 함수의 반환값과 달리 부수적인 기능이라 그다지 사용되지 않는다.

컴파일러 내부적으로 문자도 정수로 인식하므로 함수 putchar와 이후 소개할 함수 getchar는 13행 및 14행과 같이 출력 데이터형으로 int를 사용하는 것이 표준으로 정해져 있다. 따라서 변수의 선언 명령문을 작성할 때도 데이터형으로 int를 선택할 수 있다. 물론 char도 크기가 작은 정수 데이터형이므로 사용할 수 있다.

```
13      int iItemRank1 = 66;
14      int iItemRank2 = 'b';
```

문자도 정수라는 특징 때문에 11행 및 13행과 같이 정수 리터럴로 초기화할 수도 있고, 12행 및 14행과 같이 문자 리터럴로 초기화할 수 있다. 문자 리터럴을 쓰려면 문자 표현법에 따라 작은따옴표('')로 감싸면 된다. 초기화는 정수 리터럴이나 문자 리터럴로 할 수 있지만 내부적으로는 결국 정수인 int로 변환된다는 점에 유의하자.

함수 putchar는 내부적으로 입력 데이터형을 정수로 받기 때문에 정수에 제어 문자를 붙여 활용하기에 제약이 따른다. 반면 함수 printf는 형식 지정자를 큰따옴표("")로 감싸는 문자열이므로, 어떤 데이터형을 사용하든 제어 문자를 활용하기 수월하다.

따라서 함수 putchar를 사용할 때 특수 문자나 제어 문자를 활용하고 싶다면 17행 및 21행과 같이 공백^{Space} 문자나 19행과 같이 제어 문자 '\n'을 단독으로 분리해서 함수 호출 명령문을 작성하게 된다.

```
19        putchar('\n');
```

함수 putchar는 문자 전용 출력 함수이기 때문에 많은 것에 신경 써야 하는 함수 printf와 달리 사용 방법이 간단하고 실수할 여지가 거의 없어 문자만 출력하고자 한다면 꽤 효율적이다. 반면 심플한 만큼 다양한 기능을 제공하지 않으므로 제한된 곳에서만 사용할 수 있다는 단점이 있다.

3-4-2-2 getchar( )

Ex3-35 / main.h

```
01  #pragma once
02  #define _CRT_SECURE_NO_WARNINGS
03  #include <stdio.h>
04
05  void InputOutputFunction();
```

Ex3-35 / main.c

```
01  #include "main.h"
02
03  int main(void)
04  {
05      InputOutputFunction();
06      return 0;
07  }
08
09  void InputOutputFunction()
```

```
10  {
11      int iItemRank = -1;
12
13      iItemRank = getchar();
14      putchar(iItemRank);
15  }
```

표준 출력은 다음과 같다.

```
R(Enter 키)    ← '출력 창에 직접 입력'
R
```

- **함수의 원형:** int __cdecl getchar(void)
- **입력 데이터형:** void
- **출력 데이터형:** int

예제 코드 Ex3-35는 함수 putchar와 쌍을 이루는 문자 전용 입력 함수인 getchar의 특성을 확인하기 위한 예다. 정상적으로 입력되면 입력받은 리터럴 그대로를 반환하고, 입력에 실패하면 -1(EOF)을 반환해서 코드상에서 입력 결과를 알 수 있다.

이러한 특징은 뒤에서 소개할 입력 함수 getc, gets, fgets 모두 동일하다. 입력 함수 scanf, fscanf는 정상적으로 입력되면 입력된 리터럴의 개수를 반환한다. 출력 함수의 반환값은 거의 사용되지 않는 것에 비해 입력 함수의 반환값은 입력이 실패된 상태를 알 수 있으므로 생각 외로 자주 사용되니 예외 처리 코드에서 활용할 수 있어야 한다.

함수 putchar와 함수 getchar를 활용해서 '입력 데이터 → 알고리듬 → 출력 데이터'의 흐름을 명확히 알아보기 위한 심플한 코드다. 13행의 RV에서 함수 getchar로 사용자에게 입력 데이터를 받아 int로 반환값을 내보내고, 반환값을 다시 int로 선언된 LV의 변수에 저장하는 알고리듬을 갖고 있으며, 14행에서 변수에 저장된 문자를 함수 putchar로 그대로 출력하는 흐름을 갖고 있다.

함수 getchar는 반환값을 갖고 있으므로 함수가 종료된 이후 나오는 반환값을 대입 연산자를 이용해 int로 선언된 변수나 상수에 저장해서 나중에 다시 사용할 수 있도록 코드를 작성하는 것이 일반적인 패턴이다. '3-6 사용자 정의 함수' 절에서 자세히 다룬다.

입력 함수와 출력 함수를 각각의 독립된 개념으로 이해하기보다 프로그래밍의 흐름 전체를 이해하는 것이 중요하다고 했다. 예제 코드 Ex3-34에서는 출력 함수인 putchar만 사용했지만, 이 경우 사용자에게 입력 데이터를 받는 대신 프로그래머가 직접 초기화 값을 코드에 입력한 것에 불과하므로 결국 프로그래밍의 흐름은 변하지 않는다.

솔루션 빌드 후 실행하면 13행의 함수 **getchar**에 의해 출력 창에 문자를 입력할 수 있다. 표준 출력 박스처럼 키보드로 직접 R을 입력하고 Enter 키를 누르면 그대로 다음 행에 출력된다. 'ab'와 같이 2개 이상의 문자로 구성된 문자열을 입력하면 단일 문자만 출력 가능하므로 첫 문자인 'a'만 출력된다.

```
13        iItemRank = getchar();
```

11행에서 0이 아닌 -1로 초기화한 이유는 표준 입력 함수의 버퍼[Buffer]라는 개념을 알아야 한다. 버퍼의 개념은 예제 코드 Ex3-36에서 알아본다.

3-4-2-3 표준 입력 함수와 버퍼

Ex3-36 / main.h

```
01    #pragma once
02    #define _CRT_SECURE_NO_WARNINGS
03    #include <stdio.h>
04
05    void InputOutputFunction();
```

Ex3-36 / main.c

```
01    #include "main.h"
02
03    int main(void)
04    {
05        InputOutputFunction();
```

```
06        return 0;
07   }
08
09   void InputOutputFunction()
10   {
11        int iItemRank1 = -1;
12        int iItemRank2 = -1;
13
14        iItemRank1 = getchar();
15        putchar(iItemRank1);
16        putchar('\n');
17
18        getchar();
19
20        iItemRank2 = getchar();
21        putchar(iItemRank2);
22   }
```

표준 출력은 다음과 같다.

```
A(Enter 키)    ← '출력 창에 직접 입력'
A

B(Enter 키)    ← '출력 창에 직접 입력'
B
```

표준 입력 함수를 통해 사용자에게 데이터를 직접 입력받는 데이터는 변수에 저장되기 전 어디에 보관되고 있을까? 표준 입력 함수는 키보드 등의 입력 장치에서 데이터를 입력받으면 프로그램에서 할당된 메모리 이전에 운영체제가 자동으로 할당한 메모리 공간인 '버퍼'에 일시적으로 저장된다. Enter 키를 눌러 입력이 완료됐다는 신호가 들어오면 버퍼buffer에 있는 데이터를 프로그램에서 할당된 변수와 상수에 옮겨 저장한다.

문제는 운영체제에서 관리하는 버퍼는 '여러 표준 입력 함수가 공용으로 사용하는 제한된 공간'이라는 점이다. 즉, 앞서 표준 입력 함수가 사용됐다면 버퍼에 남아있는 '찌꺼기'가 존재하니, 다음의 표준 입력 함수를 사용하기 전에 청소를 해서 깨끗한 상태로 만들 필요가 있다.

그렇지 않다면 다음 표준 입력 함수는 버퍼에 찌꺼기가 존재하니 들어오기를 꺼려해 아무리 여러 번 호출해도 정상적으로 실행되지 않고 대기한다. 버퍼가 완전히 깨끗이 정리된 후 표준 입력을 호출하면 다시 정상적으로 사용자가 입력할 수 있게 된다.

예제 코드 Ex3-36은 표준 입력 함수에서 버퍼에 있는 찌꺼기를 제거하는 코드를 추가해서 다음에 들어올 표준 입력 함수가 정상적으로 동작하는 것을 보여주기 위한 예다.

1) 먼저 18행을 주석 처리하지 않고 예제 코드 Ex3-36 그대로 실행한 출력 결과부터 확인하자. 16행의 함수 **getchar**를 통해 처음 문자를 입력할 수 있는 상황에서 A를 입력하고 Enter 키를 누르면 다음 행에 A가 출력되며, 16행의 영향으로 커서가 그다음 행으로 이동한다는 것까지 확인하자. 버퍼 내의 변화 상황을 그림으로 정리하면 다음과 같다.

버퍼: A를 입력하고 Enter 키 누르기 전

A		

버퍼: Enter 키 누르고 A가 변수에 저장되기 전

A	\n	

버퍼: 변수에 저장된 후

\n		

문제는 버퍼에 다음과 같이 Enter 키를 누른 영향으로 제어 문자 '\n'이 찌꺼기로 버퍼에 남아있는 상태라는 것이다. Enter 키를 누르는 것으로 표준 입력에 들어갈 마지막 지점을 알 수 있어, 그 지점을 기준으로 변수에 저장하는 것은 좋았지만 Enter 키 자체는 변수에 저장되지 않으므로 버퍼에 찌꺼기로 남는 문제가 발생한다.

```
18      getchar();
```

이럴 때 18행과 같이 단순히 함수 **getchar**를 1번 더 호출해주는 것으로 버퍼 내

찌꺼기를 삭제할 수 있다. '버퍼를 삭제하는 정식적인 방법이 아닌 일종의 노하우'에 해당된다. 버퍼 내 찌꺼기가 남아있는 상태에서 함수 getchar를 추가로 1번 더 호출하면 표준 입력이 수행되지 않으며 자동으로 아무런 입력을 받지 않은 빈 입력값이 버퍼를 덮어 마치 버퍼가 청소된 것과 같은 효과를 준다. C 프로그래밍 언어에서 다수의 입력 함수를 사용하기 위해 필수적인 노하우이니 버퍼 내에서 일어나는 일까지 정확히 이해하자.

이제 다시 버퍼가 깔끔하게 비었으니 20행의 함수 getchar를 통해 정상적으로 두 번째 문자를 입력할 수 있게 된다. B를 입력하고 Enter 키를 누르면 다음 행에 B가 출력된다.

예제 코드 Ex3-36에서 함수 getchar가 3번 호출됐지만 18행은 버퍼를 지우기 위한 용도로 작성된 코드이므로 표준 입력이 수행되지 않고 사용자는 2번만 표준 입력을 진행하게 된다.

2) 18행을 주석 처리했을 때 결과가 어떻게 바뀌는지 알아보자. 처음 A를 입력하고 눌렀던 Enter 키가 제어 문자 '\n'으로 버퍼에 찌꺼기로 남아있던 상태다.

따라서 버퍼가 비어 있지 않은 상태이므로 20행의 두 번째 함수 getchar는 입력을 받지 않고, 버퍼에 남아있던 제어 문자 '\n'을 20행에서 변수에 저장한 후 21행에서 그대로 출력한다. 따라서 A가 출력된 다음 행으로 줄 바꿈 된 것은 16행에 의한 것이며, 버퍼에 남아있던 제어 문자 '\n'이 변수에 저장된 것에 의해 그다음 행까지 줄 바꿈이 이뤄져서 커서가 이동한 것이다.

```
A(Enter 키)    ← '출력 창에 직접 입력'
A

(커서 위치)
```

이러한 특징 때문에 앞으로 등장하게 될 표준 입력 함수 getchar나 함수 scanf 등은 입력을 여러 번 받아야 할 경우 중간에 버퍼를 지우기 위해 표준 입력이 수행되지 않지만, 18행과 같이 함수 getchar 등을 호출해 '버퍼를 지우는 코드'를 추가적으로 입력하게 된다. 그렇지 않으면 다음 입력 함수가 호출돼도 정상적으로 입력을 받지 않고 버퍼에 남아있는 걸 그대로 출력하게 된다. 녹색 물결무늬 밑줄로 "반환값이 무시됐다"는 경고를 하지만, 코드에 영향을 주지 않고 버퍼를 지우는 용도로 사용된 만큼 신경 쓰지 않아도 된다.

참고로 11행과 12행의 변수를 0으로 초기화하지 않은 이유는 0은 '부록. 아스키(ASCII) 코드표'에서 널 문자라는 특수한 기능을 가진 제어 문자이기 때문에 사용할 수 없고, 파일의 끝을 나타내는 -1로 지정했다. 'End of File(EOF)'은 파일의 끝을 표현한 상수로 '-1'로 정의돼 있다.

예를 들어 함수 scanf를 통해 표준 입력이 이뤄지는 과정에서 Ctrl + Z를 누르면 화면에 '^Z'라고 출력되며, 이후 Enter 키를 누르면 입력 종료와 함께 강제로 -1을 반환해 파일의 끝이라고 알린다. 단, 윈도우 10에서는 Ctrl + Z와 Enter 키를 누른 후 다시 한 번 Ctrl + Z와 Enter 키를 눌러야 정상적으로 -1이 반환된다.

3-4-2-4 fputc( )

Ex3-37 / main.h

```
01  #pragma once
02  #define _CRT_SECURE_NO_WARNINGS
03  #include <stdio.h>
04
05  void InputOutputFunction();
```

Ex3-37 / main.c

```
01  #include "main.h"
02
03  int main(void)
04  {
05      InputOutputFunction();
06      return 0;
07  }
08
09  void InputOutputFunction()
10  {
11      int iItemRank1 = 83;
12      int iItemRank2 = 'S';
```

```
13
14      fputc(iItemRank1, stdout);
15      fputc('\n', stdout);
16      fputc(iItemRank2, stdout);
17 }
```

표준 출력은 다음과 같다.

```
S
S
```

- **함수의 원형**: int __cdecl fputc(int _Character, FILE *_Stream)
- **입력 데이터형**: int, FILE *
- **출력 데이터형**: int

예제 코드 Ex3-37은 파일 입출력을 지원하는 문자 전용 출력 함수인 fputc의 특성을 확인하기 위한 예다.

함수 fputc는 함수 putchar에서 파일 입출력도 가능하게 발전된 출력 함수다. 두 번째 매개변수인 FILE *_Stream에는 출력될 파일의 주소를 지정해 해당 파일에 출력할 수 있다. 파일만 아니라 표준 출력도 가능한데, 두 번째 매개변수에 'stdout(Standard Output)' 옵션을 지정하면 파일 출력이 아닌 표준 출력으로 동작한다.

함수 putchar와 동일하게 11행 및 12행과 같이 정수 리터럴 또는 문자 리터럴로 초기화를 할 수 있다. 함수 putchar와 달리 2개의 매개변수가 존재하며, 두 번째 매개변수에 'stdout'을 지정하는 것으로 함수 putchar와 동일한 기능을 수행할 수 있으므로 함수 fputc가 상위 호환이라고 할 수 있다.

3-4-2-5 fgetc( )

Ex3-38 / main.h

```
01  #pragma once
02  #define _CRT_SECURE_NO_WARNINGS
```

```
03    #include <stdio.h>
04
05    void InputOutputFunction();
```

Ex3-38 / main.c

```
01    #include "main.h"
02
03    int main(void)
04    {
05        InputOutputFunction();
06        return 0;
07    }
08
09    void InputOutputFunction()
10    {
11        int iItemRank1 = -1;
12        int iItemRank2 = -1;
13
14        iItemRank1 = fgetc(stdin);
15        fputc(iItemRank1, stdout);
16        fputc('\n', stdout);
17
18        fgetc(stdin);
19
20        iItemRank2 = fgetc(stdin);
21        fputc(iItemRank2, stdout);
22    }
```

표준 출력은 다음과 같다.

```
C(Enter 키)    ← '출력 창에 직접 입력'
C
D(Enter 키)    ← '출력 창에 직접 입력'
D
```

- 함수의 원형: int __cdecl fgetc(FILE *_Stream)
- 입력 데이터형: FILE *
- 출력 데이터형: int

예제 코드 Ex3-38은 함수 fputc와 쌍을 이루며 파일 입출력을 지원하는 문자 전용 입력 함수인 fgetc의 특성을 확인하기 위한 예다.

함수 fgetc는 함수 getchar에서 파일 입출력도 가능하게 발전된 입력 함수로, 함수 fputc와 비슷하게 매개변수인 FILE *_Stream에 'stdin(Standard Input)' 옵션을 추가하면 표준 입력으로 동작한다. 즉, 함수 fgetc가 함수 getchar의 상위 호환이다.

함수 getchar와 동일하게 표준 입력 시 버퍼를 통해 변수에 저장되므로, 14행과 같이 먼저 표준 입력을 수행했다면 18행과 같이 버퍼를 지워주는 코드를 추가해야 이후 20행과 같이 새로운 표준 입력을 정상적으로 받을 수 있다.

앞으로 문자 전용 입출력 함수가 필요하면 이 책에서는 함수 fputc와 함수 fgetc를 우선적으로 사용할 것이다.

3-4-3 문자열 전용 입출력 함수

3-4-3-1 puts( )

Ex3-39 / main.h

```
01  #pragma once
02  #define _CRT_SECURE_NO_WARNINGS
03  #include <stdio.h>
04
05  void InputOutputFunction();
```

Ex3-39 / main.c

```
01  #include "main.h"
02
03  int main(void)
04  {
05      InputOutputFunction();
06      return 0;
07  }
08
09  void InputOutputFunction()
10  {
```

```
11      char arrCharName1[30+1] = "Leon Scott Kennedy";
12      char arrCharName2[30+1] = "Jill Valentine";
13
14      puts(arrCharName1);
15      puts(arrCharName2);
16  }
```

표준 출력은 다음과 같다.

```
Leon Scott Kennedy
Jill Valentine
(커서 위치)
```

- **함수의 원형**: int __cdecl puts(const char *_Buffer)
- **입력 데이터형**: const char *
- **출력 데이터형**: int

예제 코드 Ex3-39는 문자열 전용 출력 함수인 puts의 특성을 확인하기 위한 예다. 포인터 변수를 배우기 전이므로 '간접 참조 연산자(*)는 간단히 메모리의 주소를 실제 데이터 값으로 바꿔주는 역할'을 한다고 알아두면 충분하다.

문자열은 전용 데이터형이 없으므로 예제 코드 Ex3-11에서 문자 데이터형과 배열을 활용해 우회적으로 문자열을 저장하는 간단한 예를 살펴봤었다. 예제 코드 Ex3-39의 11행과 12행에서는 큰따옴표를 통해 문자열 리터럴을 초기화해서 char들의 묶음인 배열에 저장했다.

주의할 점은 눈에 보이지는 않지만 문자열 리터럴이 끝나는 문자 다음에 자동으로 문자열의 끝을 알리는 널 문자 '\0'이 컴파일러에서 자동으로 추가돼 배열에 저장된다는 것이다. 따라서 11행과 12행 기준 '(30 + 1) - 1 = 30개'의 문자만 배열에 저장할 수 있다. 상세한 내용은 '3-10 1차원 배열' 절에서 다룬다.

14행과 15행에서는 함수 puts의 원형 기준 _Buffer에 각 '배열의 시작 주소인 배열명'을 넣고, 주소에 간접 참조 연산자(*)를 추가하는 것으로 인해 배열의 시작 주소가 가리키고 있는 실제 배열 내용 전체를 널 문자가 나올 때까지 출력한다. 그래서 함수 puts의 입력 데이터형이 char가 아닌 char *였던 것이다. 상세한 내용은 '3-1

포인터 변수' 절에서 다룬다.

```
14        puts(arrCharName1);
15        puts(arrCharName2);
```

함수 puts는 특이하게 '줄 바꿈 기능이 내장'돼 있다. 제어 문자 '\n'이 코드에 전혀 없음에도 실행하면 커서의 위치가 한 줄 밑으로 내려와 있는 걸 알 수 있다.

얼핏 편리하다고 생각할 수 있지만 줄 바꿈이 필요하지 않은 상태에서도 강제로 줄 바꿈이 되므로 오히려 사용하기 불편하다. 물론 강제로 줄이 바뀐 것을 돌려놓을 수 있는 코드를 추가할 수도 있겠지만, 다른 출력 함수를 사용할 때 줄 바꿈이 필요하면 코드 한 줄만 작성하면 되므로 프로그래머가 직접 제어할 수 있는 함수가 훨씬 편하다.

게다가 이후에 다룰 파일 출력 함수로 발전된 fputs에는 줄 바꿈 기능이 내장돼 있지 않으므로 함수 puts는 일관성을 갖지 않는 특이한 함수다. 문자열 전용 출력 함수를 쓰고자 한다면 fputs를 사용하기를 권한다.

3-4-3-2 gets( )와 gets_s( )

Ex3-40 / main.h

```
01    #pragma once
02    #define _CRT_SECURE_NO_WARNINGS
03    #include <stdio.h>
04
05    void InputOutputFunction();
```

Ex3-40 / main.c

```
01    #include "main.h"
02
03    int main(void)
04    {
05        InputOutputFunction();
06        return 0;
07    }
```

```
08
09   void InputOutputFunction()
10   {
11       char arrCharName1[30+1] = "";
12       char arrCharName2[30+1] = "";
13
14       gets(arrCharName1);
15       puts(arrCharName1);
16
17       gets_s(arrCharName2, sizeof(arrCharName2));
18       puts(arrCharName2);
19   }
```

표준 출력은 다음과 같다.

```
Leon Scott Kennedy(Enter 키)    ← '출력 창에 직접 입력'
Leon Scott Kennedy
Jill Valentine(Enter 키)        ← '출력 창에 직접 입력'
Jill Valentine
(커서 위치)
```

- **함수의 원형:** char *gets(char *_Buffer)
- **입력 데이터형:** char *
- **출력 데이터형:** char *

- **함수의 원형:** char *gets_s(char *_Buffer, rsize_t _Size)
- **입력 데이터형:** char *, rsize_t
- **출력 데이터형:** char *

예제 코드 Ex3-40은 함수 puts와 쌍을 이루며 문자열 전용 입력 함수인 gets와 gets_s의 특성을 확인하기 위한 예다.

함수 gets와 gets_s는 버퍼 내에서 Enter 키를 누를 때까지 입력된 문자열을 포인터 연산으로 char의 배열에 저장한다. 따라서 11행과 12행에 char의 묶음인 배열을 선언했던 것이다. 버퍼와 배열의 상황을 그림으로 정리하면 다음과 같다.

버퍼: Enter 키 누르고 문자열이 배열에 저장되기 전

| J | i | l | l | | V | a | l | e | n | t | i | n | e | \n |

버퍼: 문자열이 배열에 저장된 후

| | | | | | | | | | | | | | | |

배열: 문자열이 배열에 저장된 후

| J | i | l | l | | V | a | l | e | n | t | i | n | e | \0 |

함수 puts도 줄 바꿈 기능이 내장돼 있다는 특이성을 갖고 있었지만, 함수 gets와 gets_s도 다른 입력 함수들과 다른 특징을 갖고 있다. 함수 getchar, getc, scanf는 버퍼에서 Enter 키를 누르면 제어 문자 '\n'을 버퍼에 남기고, Enter 키 이전의 문자열을 배열에 저장한 후 배열에서 문자열 마지막에 문자열의 종료를 알리는 제어 문자 '\0'을 추가했다. 그래서 버퍼를 지우는 코드가 필요했다.

반면 함수 gets와 gets_s는 버퍼에서 Enter 키를 누르면 제어 문자 '\n'을 포함해서 배열에 저장한 후 문자열 마지막에 있는 제어 문자 '\n' 대신 문자열의 종료를 알리는 제어 문자 '\0'으로 '교체'된다.

따라서 버퍼에 아무것도 남아 있지 않기 때문에 14행과 17행 사이에 입력 함수의 버퍼를 지우는 코드가 없어도 두 번째 입력 함수가 정상적으로 동작한 것이다. 이후 소개될 함수 fgets는 이 처리 과정이 또 다르다. C 프로그래밍 언어에서 입출력 함수가 얼마나 체계적이지 않은 상태로 추가됐는지 알 수 있다.

함수 gets와 함수 gets_s는 매개변수에서 차이가 존재한다. 함수 gets_s는 두 번째 매개변수에 입력받을 수 있는 문자열의 크기를 지정할 수 있다. 12행에서 선언한 배열의 크기만큼 지정했기 때문에 배열의 크기를 초과하는 문자열이 들어올 경우 발생할 수 있는 위험성이 사라져 '안정성'이 높아졌다.

따라서 함수 gets는 사용하지 말고 함수 gets_s를 사용해야 한다. 실제 각 함수에 Ctrl + 클릭을 해보면 헤더 파일 stdio.h에 함수 gets_s가 정의돼 있다는 것을 알 수 있다. 함수 gets도 사용할 수는 있지만 안정성을 고려할 때 표준이 함수 gets_s

가 돼야 한다고 생각하면 된다.

또 다른 차이점으로 함수 scanf는 버퍼에서 입력 시 공백이 포함할 수 없지만 함수 gets와 gets_s는 '공백 또는 탭 등을 입력'할 수 있다는 장점이 있다.

3-4-3-3 fputs( )

Ex3-41 / main.h

```
01  #pragma once
02  #define _CRT_SECURE_NO_WARNINGS
03  #include <stdio.h>
04
05  void InputOutputFunction();
```

Ex3-41 / main.c

```
01  #include "main.h"
02
03  int main(void)
04  {
05      InputOutputFunction();
06      return 0;
07  }
08
09  void InputOutputFunction()
10  {
11      char arrCharName1[30+1] = "Leon Scott Kennedy";
12      char arrCharName2[30+1] = "Jill Valentine";
13
14      fputs(arrCharName1, stdout);
15      fputs("\n", stdout);
16      fputs(arrCharName2, stdout);
17  }
```

표준 출력은 다음과 같다.

```
Leon Scott Kennedy
Jill Valentine
```

- 함수의 원형: int __cdecl fputs(const char *_Buffer, FILE *_Stream)
- 입력 데이터형: const char *, FILE *
- 출력 데이터형: int

예제 코드 Ex3-41은 파일 입출력을 지원하는 문자열 전용 출력 함수인 fputs의 특성을 확인하기 위한 예다.

함수 fputs는 함수 puts에서 파일 입출력도 가능하게 발전된 출력 함수다. 14행 ~ 16행과 같이 두 번째 매개변수인 FILE *_Stream 위치에 'stdout(Standard Output)' 옵션을 추가하면 표준 출력으로 동작한다.

문제는 함수 fputs가 함수 puts의 완벽한 상위 호환이 아니라는 점이다. 함수 puts는 줄 바꿈 기능이 내장돼 있는 반면 함수 fputs는 보편적인 출력 함수들과 동일하게 줄 바꿈 기능이 내장돼 있지 않으므로 15행과 같이 직접 줄 바꿈 코드를 작성한다.

실행하면 함수 puts의 출력 결과와 다르게 커서가 1줄 내려오지 않고 Jill Valentine 이라는 문자열 마지막에 위치한다는 것을 알 수 있다. 따라서 함수 puts보다 함수 fputs를 사용하기를 권한다.

3-4-3-4 fgets( )

Ex3–42 / main.h

```
01   #pragma once
02   #define _CRT_SECURE_NO_WARNINGS
03   #include <stdio.h>
04
05   void InputOutputFunction();
```

Ex3–42 / main.c

```
01   #include "main.h"
02
03   int main(void)
04   {
05       InputOutputFunction();
06       return 0;
```

```
07  }
08
09  void InputOutputFunction()
10  {
11      char arrCharName1[30+1] = "";
12      char arrCharName2[30+1] = "";
13
14      fgets(arrCharName1, sizeof(arrCharName1), stdin);
15      fputs(arrCharName1, stdout);
16
17      fgets(arrCharName2, sizeof(arrCharName2), stdin);
18      fputs(arrCharName2, stdout);
19  }
```

표준 출력은 다음과 같다.

```
Leon Scott Kennedy(Enter 키)    ← '출력 창에 직접 입력'
Leon Scott Kennedy
Jill Valentine(Enter 키)        ← '출력 창에 직접 입력'
Jill Valentine
(커서 위치)
```

- **함수의 원형**: char *fgets(char *_Buffer, int _MaxCount, FILE *_Stream)
- **입력 데이터형**: char *, int, FILE *
- **출력 데이터형**: char *

예제 코드 Ex3-42는 함수 fputs와 쌍을 이루며 파일 입출력을 지원하는 문자열 전용 입력 함수인 fgets의 특성을 확인하기 위한 예다.

함수 fgets는 버퍼에서 배열로 입력되는 처리 과정이 함수 getchar, getc, scanf와도 함수 gets, gets_s와도 다르다. 함수 fgets는 버퍼에서 Enter 키를 누르면 제어 문자 '\n'을 포함해서 배열에 저장한 후 문자열 마지막에 있는 제어 문자 '\n'을 그대로 두고 추가적으로 제어 문자 '\0'을 추가한다.

제어 문자 '\n'까지 배열에 저장하는 건 함수 gets, gets_s와 동일하지만 제어 문자 '\n'이 교체되지 않고 '남아 있다'는 점이 다르다. 버퍼와 배열의 상황을 그림으로 정리하면 다음과 같다.

버퍼: Enter 키를 누르고 문자열이 배열에 저장되기 전

| J | i | l | l | | V | a | l | e | n | t | i | n | e | \n |

버퍼: 문자열이 배열에 저장된 후

| | | | | | | | | | | | | | | |

배열: 문자열이 배열에 저장된 후

| J | i | l | l | | V | a | l | e | n | t | i | n | e | \n | \0 |

이러한 특징은 출력 결과에서도 확인할 수 있다. 함수 puts는 줄 바꿈 기능이 내장돼 있는 반면 함수 fputs는 자체만으로 줄 바꿈 기능이 없다는 것을 기억할 것이다. 게다가 별도의 줄 바꿈을 위한 코드가 없는데도 출력 결과를 보면 줄 바꿈이 되고 있다는 점을 눈치 챌 필요가 있다. 이것이 바로 함수 fgets에서 배열에 저장될 때 제어 문자 '\n'이 문자열 종료를 알리는 제어 문자 '\0' 앞에 남아 있기 때문이다. 배열에 저장된 문자열에 제어 문자 '\n'이 포함돼 있으니 15행과 18행에서 출력될 때 1줄 밑으로 커서가 내려오게 된다.

문자열이 배열에 저장되면 함수 gets, gets_s와 동일하게 버퍼에 아무것도 남아 있지 않기 때문에 14행과 17행 사이에 입력 함수의 버퍼를 지우는 코드가 없어도 두 번째 입력 함수가 정상적으로 동작한다.

함수 gets_s와 동일하게 최대 배열의 크기까지 문자열 입력을 제한하므로 문자열 입력 함수 중에 안정성이 뛰어나며, 함수 gets, gets_s와 동일하게 공백 또는 탭 등을 입력할 수 있다.

정리하면 '함수 gets, gets_s와 함수 puts'가 쌍이며, '함수 fgets와 함수 fputs'가 쌍으로 설계됐다. 그러나 줄 바꿈을 수행하는 것이 한 쌍은 입력에 있고 한 쌍은 출력에 있어 일관성도 없어 프로그래머의 실수를 유발하기 쉽다는 점을 간과해서는 안 된다. 이렇게 처음부터 일관성 있게 설계되지 않은 기능은 학습하기도 어렵고 사용하기도 어렵다. 이러한 설계를 하지 않도록 우리는 앞으로 만들 사용자 정의 함수를 일관성 있고 체계적으로 구현할 필요가 있다.

앞으로 문자열 전용 입출력 함수가 필요하면 이 책에서는 함수 내에 줄 바꿈이 내장되지 않고 프로그래머가 원할 때 코드에서 직접 제어할 수 있도록 '함수 **fputs**'와 '함수 **gets_s**'를 사용할 것이다. 함수 **fgets**의 경우 필요 없는 제어 문자 '\n'을 오히려 지우기 위한 문자열 편집 코드를 추가적으로 작성해야 할 경우가 있으므로 배보다 배꼽이 더 커진다. '3-13 문자열' 절을 살펴보기 전에 활용하기 까다로우니 함수 **fgets**는 그다지 추천하지 않는다.

3-4-4 범용 입출력 함수

3-4-4-1 printf( )

- 함수의 원형: inline int __cdecl printf(const char *const _Format, ...)
- 입력 데이터형: const char *, ...
- 출력 데이터형: int *

...은 item1, item2, item3 ...의 축약된 표현으로, 복수의 출력 대상들을 의미한다.

표 3-9 함수 printf의 대표적인 형식 지정자

분류	형식 지정자	의미	대응되는 데이터형
문자	%c	문자	char
문자열	%s	문자열	char *
정수	%d, %i	10진수 정수	char, short, int
	%ld	10진수 정수	long
	%lld	10진수 정수	long long
	%u	10진수 정수(양수)	unsigned char, unsigned short, unsigned int
	%lu	10진수 정수(양수)	unsigned long
	%llu	10진수 정수(양수)	unsigned long long
	%o	8진수 정수(양수)	char, short, int

(이어짐)

분류	형식 지정자	의미	대응되는 데이터형
정수	%x	16진수 정수(양수) - 소문자	char, short, int
	%X	16진수 정수(양수) - 대문자	char, short, int
실수	%f	실수 소수점 표기법	float
	%lf	실수 소수점 표기법	double, long double
	%e	실수 지수 표기법 - 소문자	float
	%E	실수 지수 표기법 - 대문자	float
	%le	실수 지수 표기법 - 소문자	double, long double
	%lE	실수 지수 표기법 - 대문자	double, long double
	%a	실수 16진법 표기 - 소문자	float
	%A	실수 16진법 표기 - 대문자	float
포인터 변수	%p	포인터 변수	void *

표 3-10 함수 printf의 대표적인 형식 변경자와 플래그

분류	%~형식 지정자	의미	예시
형식 변경자	숫자	출력되는 정수부 '최소 자릿수' 또는 문자열의 필드 크기(넘으면 자동 확장)	%4d
	.숫자	출력되는 소수점 자릿수 또는 문자열의 문자수	%.2d
플래그	0	남는 공간을 공백이 아닌 0으로 채움	%04.2d
	+	양수면 + 부호 출력, 음수면 - 부호 출력	%+4.2d
	-	필드 내 왼쪽 정렬 출력	%-10d
	#	형식 지정자에 대응하는 정수 형식으로 출력(8진수는 앞에 0, 16진수는 앞에 0x, 0X를 추가)	%#o

범용 입출력 함수인 함수 printf와 함수 scanf는 다양한 데이터형을 범용적으로 지원하기 위해 설계됐기에 다음과 같이 3가지 특징을 갖고 있다.

첫째, 첫 번째 매개변수에 프로그래머가 원하는 _Format(형식)을 문자열로 지정할 수 있는 '형식 지정자'를 규정하고 있다. 표 3-9와 같은 형식 지정자를 기본으로

해서 필요하다면 제어 문자를 큰따옴표("") 내에 포함하는 것으로 원하는 데이터형에 맞게 입출력이 가능하다. _Format(형식)을 문자열로 지정하고 있기 때문에 형식 지정자와 제어 문자 외에 출력에 필요한 문자열을 직접 큰따옴표에 작성할 수 있다.

둘째, 특정 데이터형 전용 입출력 함수와 다르게 입출력 결과를 세부적으로 제어할 수 있게 표 3-10과 같은 '형식 변경자' 또는 '플래그'를 제공한다는 점이다. 데이터형에 맞춰 형식 지정자만 사용할 수도 있지만, char *의 문자열 기반으로 형식 지정자를 작성하게 되므로 '형식 지정자의 %와 알파벳 사이'에 형식 변경자와 플래그를 추가하는 것으로 입출력에 제한을 걸 수 있다. 따라서 범용 입출력 함수를 사용하는 이유 중 가장 큰 것이 바로 형식 변경자와 플래그를 사용하고자 할 때다.

셋째, 범용 입출력 함수는 첫 번째 매개변수인 _Format(형식)을 큰따옴표로 지정하므로, 큰따옴표 내에 '형식 지정자를 다수 사용'할 수 있다. 큰따옴표 안에 추가한 형식 지정자의 수에 맞게 매개변수 '…'으로 표기된 곳에 아이템의 개수를 맞춰 주면 된다. 이러한 것을 가변 인자라고 하며, 자세한 내용은 '4-3-4 가변 인자 매개변수' 절에서 다룬다.

예를 들어 큰따옴표 안에 **%d**와 **%f**를 각각 1개씩 총 2개 사용했다면 형식 지정자 뒤에 **item1**, **item2**에 대응하는 정수와 실수를 순서대로 매개변수로 넣어주면 된다. 매개변수는 총 3개로 늘어난다. **item1**의 정수가 첫 번째 형식 지정자인 **%d**를 대체하고, **item2**의 실수가 두 번째 형식 지정자인 **%f**를 대체하게 된다.

'3-2 데이터형' 절에서 각 데이터형마다 사용할 수 있는 형식 지정자를 살펴봤지만, 여기서 다시 한 번 함수 **printf**의 대표적인 형식 지정자를 통합해서 표 3-9와 같이 정리했다.

단, 정수와 실수 형식 지정자에 포함돼 있는 'l(L)'과 'll(LL)'은 표 3-10에 정리해야 할 '형식 변경자'에 해당되지만, 형식 지정자에서 간략히 설명하고 넘어가는 것보다 적용될 수 있는 형식 지정자에 직접 추가해서 표로 정리하는 편이 이해하기 쉬우므로 표 3-10이 아닌 표 3-9에 포함했다. 이는 함수 **scanf**에서도 동일하다.

Ex3-43 / main.h

```
01  #pragma once
02  #define _CRT_SECURE_NO_WARNINGS
03  #include <stdio.h>
04
05  void InputOutputFunction();
```

Ex3-43 / main.c

```
01  #include "main.h"
02
03  int main(void)
04  {
05      InputOutputFunction();
06      return 0;
07  }
08
09  void InputOutputFunction()
10  {
11      char chCharRank = 'S';
12      char arrCharName[30 + 1] = "Solid Snake";
13      int iCharLevel = 123;
14      float fCharExp = 1234.5678f;
15
16      //printf('A');
17      //printf('\n');
18      printf("캐릭터 랭크\n%c, %c\n\n", chCharRank, chCharRank - 18);
19
20      printf("캐릭터 이름");
21      printf("\n");
22      printf("|%5s|\n", arrCharName);
23      printf("|%15s|\n", arrCharName);
24      printf("|%-15s|\n", arrCharName);
25      printf("|%15.5s|\n", arrCharName);
26      printf("|%-15.5s|\n", arrCharName);
27      printf("\n");
28
29      printf("캐릭터 레벨\n");
30      printf("|%2d|\n", iCharLevel);
31      printf("|%5d|\n", iCharLevel);
32      printf("|%05d|\n", iCharLevel);
33      printf("|%+5d|\n", iCharLevel);
```

```
34      printf("|%-5d|\n", iCharLevel);
35      printf("|%#o|\n", iCharLevel);
36      printf("|%#x|\n", iCharLevel);
37      printf("\n");
38
39      printf("캐릭터 경험치\n");
40      printf("|%2f|\n", fCharExp);
41      printf("|%.2f|\n", fCharExp);
42      printf("|%10.2f|\n", fCharExp);
43      printf("|%010.2f|\n", fCharExp);
44      printf("|%+10.2f|\n", fCharExp);
45      printf("|%-10.2f|", fCharExp);
46  }
```

표준 출력은 다음과 같다.

```
캐릭터 랭크
S, A

캐릭터 이름
|Solid Snake|
|   Solid Snake|
|Solid Snake   |
|        Solid|
|Solid        |

캐릭터 레벨
|123|
|  123|
|00123|
| +123|
|123  |
|0173|
|0x7b|

캐릭터 경험치
|1234.567749|
|1234.57|
|   1234.57|
|0001234.57|
|  +1234.57|
```

```
|1234.57    |
```

'3-2 데이터형' 절에서 각 데이터형에 대응하는 형식 지정자를 사용한 예제 코드를 충분히 살펴봤으므로, 예제 코드 Ex3-43에서는 함수 `printf`가 갖는 특징(형식 변경자와 플래그)에 주목한다. 크게 문자, 문자열, 정수, 실수에 해당되는 예제로 구성했으며, 출력 결과를 명확히 확인할 수 있게 앞뒤에 '|'가 출력되게 했다. 출력되는 위치와 정렬을 알기 쉽게 추가한 것에 불과하니 전화번호 사이의 하이픈(-)이라고 생각하고 출력되는 리터럴에 집중하자.

범용 입출력 함수는 18행과 같이 _Format(형식)에 다수의 형식 지정자와 그 숫자에 맞게 `item`을 지정할 수 있다. 18행에서는 2개의 형식 지정자가 존재하니, 뒤에 2개의 매개변수가 `item`으로 존재한다. 게다가 큰따옴표 안에 형식 지정자, 형식 변경자, 플래그, 제어 문자가 모두 하나의 문자열로 인식되므로 '다양한 제어 문자를 활용하기 수월'하다.

```
18      printf("캐릭터 랭크\n%c, %c\n\n", chCharRank, chCharRank - 18);
```

문자열은 유일하게 20행, 29행, 39행과 같이 단일 문자열을 출력할 경우 형식 지정자를 생략하고 사용 가능하다. 다수의 문자열을 출력하고자 한다면 형식 지정자를 사용하거나 함수 `printf`를 분리해야 한다. 또한 21행, 27행, 37행과 같이 제어 문자도 형식 지정자 없이 사용할 수 있다.

반면 문자는 16행과 17행과 같이 형식 지정자를 생략할 수도 없고, 제어 문자를 단독으로 사용할 수도 없다. 현재 주석 처리를 했지만 주석을 해제하고 실행하면 출력에 실패하면서 이후 코드의 출력 결과들도 나오지 않는다.

22행 ~ 26행은 '문자열'에 활용할 수 있는 형식 변경자와 플래그에 대한 예다. 형식 변경자 '숫자'는 22행과 같이 문자열보다 작게 설정되면 문자열의 길이에 따라 자동 확장된다. 23행과 같이 크게 설정하면 해당 크기에 맞게 필드를 구성하며 기본 오른쪽 정렬로 출력한다.

24행 또는 26행과 같이 플래그 '-'를 추가하면 왼쪽 정렬로 출력한다. 형식 변경자

'.숫자'는 25행과 같이 출력되는 문자열의 문자수를 제한할 수 있다.

```
22      printf("|%5s|\n", arrCharName);
23      printf("|%15s|\n", arrCharName);
24      printf("|%-15s|\n", arrCharName);
25      printf("|%15.5s|\n", arrCharName);
26      printf("|%-15.5s|\n", arrCharName);
```

30행 ~ 36행은 '정수'에 활용할 수 있는 형식 변경자와 플래그에 대한 예다. 형식 변경자 '숫자'와 '.숫자'는 문자열과 동일하게 동작하며, 32행과 같이 플래그 '0'을 '숫자' 앞에 추가하면 필드 내 빈 곳을 0으로 채우며, 33행과 같이 플래그 '+'를 '숫자' 앞에 추가하면 양수일 경우 +를 표기한다.

예제 코드 Ex3-3에서는 8진수 정수와 16진수 정수를 출력하기 위해 _Format(형식)에 0과 0x를 직접 작성했지만, 35행과 36행과 같이 플래그 '#'을 사용하면 자동으로 형식 지정자에 대응하는 정수 형식으로 출력되니 형식 변경자 '#'을 사용하는 것이 바람직하다.

```
30      printf("|%2d|\n", iCharLevel);
31      printf("|%5d|\n", iCharLevel);
32      printf("|%05d|\n", iCharLevel);
33      printf("|%+5d|\n", iCharLevel);
34      printf("|%-5d|\n", iCharLevel);
35      printf("|%#o|\n", iCharLevel);
36      printf("|%#x|\n", iCharLevel);
```

40행 ~ 45행은 '실수'에 활용할 수 있는 형식 변경자와 플래그에 대한 예다. 함수 printf는 40행과 같이 소수점 6자리 출력을 기본으로 하지만, 41행과 같이 형식 변경자 '.숫자'를 활용해서 출력되는 소수점 자릿수를 제한할 수 있다. 그 외의 형식 변경자와 플래그는 정수와 동일하게 동작한다.

```
40      printf("|%2f|\n", fCharExp);
41      printf("|%.2f|\n", fCharExp);
42      printf("|%10.2f|\n", fCharExp);
43      printf("|%010.2f|\n", fCharExp);
```

```
44      printf("|%+10.2f|\n", fCharExp);
45      printf("|%-10.2f|", fCharExp);
```

문자와 문자열은 전용 출력 함수가 있으므로 상황에 따라 fputc, fputs, printf 등을 선택하게 되지만, 정수와 상수는 선택의 여지없이 함수 printf를 사용하게 된다.

3-4-4-2 scanf( )

- 함수의 원형: inline int __cdecl scanf(const char *const _Format, ...)
- 입력 데이터형: const char *, ...
- 출력 데이터형: int *

...은 item1, item2, item3 ...의 축약된 표현으로, 복수의 입력 대상들을 의미한다.

표 3-11 함수 scanf의 대표적인 형식 지정자

분류	형식 지정자	입력을 ~로 해석	대응되는 데이터형
문자	%c	문자	char
문자열	%s	문자열(공백이 나오면 종료)	char *
정수	%d, %i	10진수 정수	char, short, int
	%ld	10진수 정수	long
	%lld	10진수 정수	long long
	%u	10진수 정수(양수)	unsigned char, unsigned short, unsigned int
	%lu	10진수 정수(양수)	unsigned long
	%llu	10진수 정수(양수)	unsigned long long
	%o	8진수 정수(양수)	char, short, int
	%x, %X	16진수 정수(양수)	char, short, int

(이어짐)

분류	형식 지정자	입력을 ~로 해석	대응되는 데이터형
실수	%f(%e, %E, %a, %A)	실수	float
	%lf(%le, %lE)	실수	double, long double
포인터 변수	%p	포인터 변수	void *

표 3-12 함수 scanf의 대표적인 형식 변경자

%~형식 지정자	의미	예시
숫자	입력해 저장되는 문자의 '최대 자릿수' – 문자열만 적용(최대 자릿수 도달 또는 공백 등을 만나면 입력 종료)	%4s

함수 scanf는 함수 printf와 다르게 사용자에게 다양한 출력 결과를 제어할 수 있게 제공할 필요가 없으므로, 형식 변경자나 플래그가 상대적으로 많이 사용되지 않는다. 형식 지정자는 함수 printf와 동일하게 데이터형과 매칭된다.

함수 scanf는 범용 입력 함수이지만 문자열에 한해 문자열 전용 입력 함수들과 다른 점이 존재한다. 문자열 입력을 지원하지만 정확히 표현하면 '문자열 입력이 아닌 단어 입력을 지원'한다. 따라서 함수 gets, fgets와 달리 "문자열 중간에 공백이 있는 것을 처리하지 못한다".

반면 형식 지정자가 있으므로 함수 scanf는 다른 문자열 전용 입력 함수와 다르게 '2개 이상의 문자열을 동시에 입력받을 수 있다'는 특징이 존재한다. 입력받을 수와 각각의 형식 지정자를 공백(Space 키, Tab 키, Enter 키)으로 구분하기 때문에 2개 이상의 문자열을 입력받을 수 있는 대신 문자열 중간의 공백을 처리하지 못하게 된 것이다.

입력할 item이 남아 있는 상태에서 입력을 강제로 종료하고자 한다면 '3-4-2 문자 전용 입출력 함수' 절의 버퍼를 설명했을 때 소개했던 Ctrl + Z를 누른 후 Enter 키를 입력하면 된다. 그러면 강제로 출력을 -1로 반환해 파일의 끝이라고 알려 입력을 중단한다. 단, 윈도우 10에서는 Ctrl + Z와 Enter 키를 누르는 것을 2번 시행해야 -1이 정상적으로 반환된다고 했었다.

한편 함수 scanf는 '안정성에 심각한 결함'을 갖고 있다. '2-3-4 표준 입력 함수'

절에서 설명했듯이 사용자 입력에 제한을 두지 않아 변수의 크기를 벗어나는 입력 데이터가 들어올 때 프로그램 자체가 중단될 수 있는 심각한 문제가 발생할 수 있다고 했다. 이에 따라 '#define _CRT_SECURE_NO_WARNINGS'를 추가해서 경고만 보이지 않게 눈 가리고 아웅하고 있었을 뿐이다. 결코 문제가 해결된 것이 아니다.

문자열의 경우 형식 지정자 '숫자'를 통해서 입력해 저장되는 문자수를 제한할 수는 있다. 그래도 함수 **fgets**와 같이 입력 데이터의 크기를 데이터형을 기준으로 확실히 제한하는 형태가 안정성이 월등히 높다고 볼 수 있다. 정수와 상수는 현재 단계에서 함수 scanf를 사용할 수밖에 없지만 문자와 문자열은 **fgetc**, **gets_s**, **fgets**를 우선적으로 활용하는 것이 좋다.

다만 C 프로그래밍 언어에서 제공하는 표준 라이브러리가 아니지만 비주얼 스튜디오에서 함수 scanf_s 등과 같이 뒤에 '_s'를 붙인 버전을 제공하고 있다. 표준 라이브러리에서 제공하는 함수 scanf의 불안정성을 개선하기 위해 입력받을 수 있는 크기를 매개변수에 추가해서 결함을 해결한 함수이므로 비주얼 스튜디오에서는 사용을 권장하는 것을 넘어 강제성을 띄고 있다.

그러나 C 프로그래밍 언어의 표준 라이브러리가 아니라 비주얼 스튜디오에서 제공하는 함수이므로 리눅스와 같은 OS에서는 지원하지 않으므로 이 책에서 다루지는 않는다. 그러나 비주얼 스튜디오에서 대부분 프로그래밍을 하게 되므로 별도로 알아두는 것도 좋다.

Ex3-44 / main.h

```
01  #pragma once
02  #define _CRT_SECURE_NO_WARNINGS
03  #include <stdio.h>
04
05  void InputOutputFunction();
```

Ex3-44 / main.c

```
01  #include "main.h"
02
03  int main(void)
04  {
```

```
05        InputOutputFunction();
06        return 0;
07    }
08
09    void InputOutputFunction()
10    {
11        char chCharRank = 0;
12        char arrCharName[30 + 1] = "";
13        int iCharLevel = 0;
14        float fCharExp = 0.0f;
15
16        printf("캐릭터 랭크 & 이름\n");
17        scanf("%c %4s", &chCharRank, arrCharName);
18        printf("랭크: %c\n이름: %s\n\n", chCharRank, arrCharName);
19
20        fgetc(stdin);
21
22        printf("캐릭터 레벨 & 경험치\n");
23        scanf("%d %f", &iCharLevel, &fCharExp);
24        printf("레벨: %d\n경험치: %f", iCharLevel, fCharExp);
25    }
```

표준 출력은 다음과 같다.

```
캐릭터 랭크 & 이름
S Solid(Enter 키)    ← '출력 창에 직접 입력'
랭크: S
이름: Soli

캐릭터 레벨 & 경험치
123(Enter 키)           ← '출력 창에 직접 입력'
1234.5678(Enter 키) ← '출력 창에 직접 입력'
레벨: 123
경험치: 1234.567749
```

예제 코드 Ex3-44에서는 함수 scanf가 갖는 특징(형식 변경자)과 다수의 값을 입력받는 방법에 주목한다.

함수 scanf는 첫 번째 매개변수에 프로그래머가 원하는 _Format(형식)을 문자열로 지정할 수 있는 '형식 지정자'를 작성하고, 이후 인자인 item들은 모두 '주소'를 지정한다. 17행 및 23행과 같이 문자, 정수, 실수의 변수는 주소 연산자(&)를 붙여 주소를 지정했고, 배열은 주소 연산자(&)를 붙이지 않아도 배열명 자체가 시작 주소를 의미하므로 주소 연산자(&)를 붙이지 않았을 뿐이다.

함수 scanf의 인자에는 "아직 어느 정도 크기의 값이 들어올지 모르니 시작 주소를 기준으로 입력을 받는다."고 논리적으로 생각할 수 있어야지, "변수는 &를 붙이고, 배열은 예외적으로 주소 연산자(&)를 붙이지 않는다."라는 식으로 외워서는 절대 안 된다.

17행은 문자와 문자열 각각 1개씩을 형식 지정자로 지정했으며, 문자열의 경우 형식 변경자 '숫자'를 활용해서 인자로 입력받아 저장할 수 있는 문자열의 문자수를 제한했다. 버퍼에서는 입력할 수 있는 문자수에 제한이 없지만 입력을 저장하는 시점에 제한된 문자수만 저장되는 형태다.

```
17      scanf("%c %4s", &chCharRank, arrCharName);
```

함수 scanf에서 2개 이상의 인자를 입력받을 때 Space 키, Tab 키, Enter 키 중 하나를 누르면 입력을 구분한다. 캐릭터 랭크 & 이름을 입력받을 때는 Space 키를 사용해서 2개의 입력값을 구분했고, 캐릭터 레벨 & 경험치를 입력받을 때는 Enter 키를 사용해서 구분했다는 점을 확인하자.

17행과 23행에는 녹색 물결무늬 밑줄로 "반환값이 무시됐다."는 '경고 C6031'을 하지만, 함수의 원형상 반환값이 존재하는데 반환값을 별다른 변수에 저장하지 않아 발생하는 상황이니 경고를 준 것에 불과하다. 이 예제 코드는 함수 scanf의 반환값을 활용하는 코드가 아니므로 코드상의 문제는 없으며 이 코드에서는 해당 경고를 무시해도 무방하다. '2-3-4 표준 입력 함수' 절에서 이미 1번 언급했던 경고다.

캐릭터의 이름을 'Solid'가 아닌 'Solid Snake'라고 입력하면 문제가 발생한다. 함수 scanf는 문자열의 경우 단어 입력을 기준으로 하므로 Solid 다음 공백이 입력되는 순간 입력이 종료되며 Solid까지만 12행에서 선언한 배열에 저장되고 Snake 부분은 함수 scanf의 매개변수 중 대응할 item이 없는 상태가 된다. 형식 지정자로 문자와 문자열 1개씩 총 2개를 입력받고자 했는데, 문자 1개와 문자열 2개를 입력한 것으로 인지하므로 Snake는 무시된다.

20행은 문자 전용 입력 함수를 활용해서 입력 함수의 버퍼를 청소한 코드였다. 문자열 전용 입력 함수는 구조상 버퍼를 청소하는 데 활용할 수 없었다. 함수 scanf도 다음에 또 입력 함수를 호출하려면 먼저 버퍼를 깨끗이 청소할 필요가 있다.

```
20        fgetc(stdin);
```

> **팁**
>
> **함수 scanf에서 문자열에 포함된 공백을 포함해서 입력받고자 한다면**
> - 함수 scanf는 안정성에 결함이 존재하므로 문자열 리터럴을 입력받고자 한다면 우선적으로 문자열 전용 입력 함수를 추천한다.
> - 그럼에도 함수 scanf를 사용하고자 한다면 다음에 오는 문제가 문자열 리터럴 내부에 공백이 있을 경우 공백이 입력된 시점에 입력이 종료돼 공백이 포함된 문자열 리터럴을 정상적으로 출력하지 못한다.
> - 이때 형식 지정자 %s 대신 %[^\n]s를 사용하면 공백을 포함한 문자열을 입력받고 출력까지 정상적으로 이뤄지는 것 확인할 수 있다. '\n'이 올 때만 입력을 종료하며, 공백이나 탭이 있어도 입력을 종료하지 않는다는 옵션이다.

3-4-4-3 파일 입출력 전용 함수 fprintf( )와 fscanf( )

표준 입출력 함수가 아닌 파일 입출력 함수지만 fputc, fgetc, fputs, fgets는 매개변수의 FILE *_Stream에 'stdin' 또는 'stdout' 옵션을 지정하는 것으로 표준 입출력 함수의 기능을 할 수 있었다. 따라서 표준 입출력 함수로 활용된 예제 코드를 소개했다.

파일 입출력 함수인 fputc, fgetc, fputs, fgets를 표준 입출력 함수에서 설명한 것은 함수 printf와 함수 scanf만 사용하기보다 상황에 맞게 기능이 다른 입출력 함수들을 초기 단계부터 다양하게 활용할 수 있는 능력을 길러 주는 것이 좋다고 판단했기 때문이다. 물론 '3-14 파일 입출력' 절에서 이 함수들의 본래 기능인 파일 입출력 함수로 활용될 때의 예제 코드를 추가로 살펴볼 것이다.

입출력 함수 중 아직 설명하지 않는 것이 있다. 함수 fprintf와 함수 fscanf가 남아있다. 함수 fprintf와 함수 fscanf는 첫 번째 매개변수에 파일의 포인터 변수를 받는 파일 입출력 전용 함수로, fputc, fgetc, fputs, fgets와 같이 표준 입출력 함수로도 활용할 수 있게 옵션을 제공하지 않는다. 완전히 파일 입출력 전용 함수다.

함수 fprintf와 함수 fscanf는 필수적으로 포인터 변수와 파일 포인터의 개념을 알아야 하므로 '3-14 파일 입출력' 절에서 본격적으로 다룬다. 지금은 함수 printf와 함수 scanf의 발전된 형태인 함수 fprintf와 함수 fscanf도 존재한다는 것만 알면 충분하다.

> **세이브 포인트: 개념 정리**

문자 전용 입출력 함수
- 함수 putchar: 문자 리터럴 표현법으로, 문자 '표준' 출력이다.
- 함수 getchar: 문자 리터럴 표현법으로, 문자 '표준' 입력이다.
- 함수 fputc: 문자 리터럴 표현법으로, 문자 '표준' 및 '파일' 출력이다.
- 함수 fgetc: 문자 리터럴 표현법으로, 문자 '표준' 및 '파일' 입력이다.

문자열 전용 입출력 함수
- 함수 puts: 문자열 리터럴 표현법으로, 문자 '표준' 출력이다. 줄 바꿈 기능을 내장한다.
- 함수 gets: 문자열 리터럴 표현법으로, 문자 '표준' 입력이다. 별도로 버퍼 삭제 코드는 불필요하다. 입력 크기가 지정 안 돼 불안정하다.
- 함수 gets_s: 문자열 리터럴 표현법으로, 문자 '표준' 입력이다. 별도로 버퍼 삭제 코드는 불필요하다. 입력 크기가 지정돼 안정성이 확보된다.
- 함수 fputs: 문자열 리터럴 표현법으로, 문자 '표준' 및 '파일' 출력이다. 줄 바꿈 기능은 없다.
- 함수 fgets: 문자열 리터럴 표현법으로, 문자 '표준' 및 '파일' 입력이다. 별도로 버퍼 삭제 코드는 불필요하다. 입력 크기가 지정돼 안정성이 확보된다. 입력 시 작성된 제어 문자 '\n'이 포함돼 버퍼에 저장한다.

범용 입출력 함수
- 함수 printf: 형식 지정자에 따라 문자, 문자열, 정수, 실수, 포인터 변수 '표준' 출력이다.
- 함수 scanf: 형식 지정자에 따라 문자, 문자열, 정수, 실수, 포인터 변수 '표준' 입력이다.
- 함수 fprintf: 형식 지정자에 따라 문자, 문자열, 정수, 실수, 포인터 변수 '파일' 출력이다.
- 함수 fscanf: 형식 지정자에 따라 문자, 문자열, 정수, 실수, 포인터 변수 '파일' 입력이다.

3-5 기본 연산자

지금까지 리터럴과 데이터형을 통해 변수와 상수를 선언하고 초기화함으로써 메모리 관리의 기초를 배웠고, 하드 코딩이 아닌 메모리를 활용한 표준 입출력을 통해 프로그래밍의 흐름을 확인했다. 코드 내의 별다른 가공 없이 순수하게 초기화로 리터럴을 메모리에 할당하거나 해당 메모리에 입력 함수를 통해 리터럴을 받아 저장하고, 그대로 출력 함수로 출력하는 과정을 살펴봤다. 이것이 모든 프로그래밍의 핵심 흐름이자 기본이다.

이제부터는 이 흐름 안에서 데이터를 가공하고, 새로운 기능을 구현해 원하는 알고리듬을 만드는 방법을 배우는 것에 불과하다. 데이터를 가공하든 새로운 기능을 구현하든 이 흐름은 절대 불변하므로 반드시 익숙해질 때까지 반복할 필요가 있다.

'입력 데이터 → 알고리듬 → 출력 데이터'라는 프로그래밍의 흐름에 충분히 익숙해졌다면 이제 알고리듬 영역에서 데이터를 가공해볼 차례다. 지금까지는 알고리듬에서 별다른 기능을 수행하지 않았지만, 이제는 알고리듬 내부에서 특정 기능을 수행해서 프로그래머가 원하는 출력 결과를 낼 수 있어야 한다.

수학에서는 수^{數} 또는 양^{量}을 숫자나 문자로 표현하고 이를 '연산 기호'로 연결한 '수식$^{Mathematical\ Expression}$'을 통해 수학적 관계를 나타낸다.

프로그래밍은 '표현식^{Expression}'을 통해 논리적 관계를 나타낸다. 표현식은 프로그래밍 언어를 통해 프로그래밍을 수행할 때 계산을 위해 사용하는 식으로, 크게 '연산자^{Operator}'와 '피연산자^{Operand}'로 구성된다. 연산자란 프로그래밍의 표현식을 표현하고 처리하기 위해 제공되는 다양한 기호를 의미하며, 피연산자는 연산에 사용되는 변수, 상수, 리터럴 등의 데이터 자체를 의미한다.

다시 말해 연산자는 피연산자인 데이터를 다양하게 가공하는 역할을 수행한다. 연산자마다 데이터를 가공하는 방식이 다르므로 다양한 연산자를 복합적으로 활용할 수 있는 능력을 기르는 것은 데이터를 가공할 수 있는 능력과 직결된다. 프로그래밍 언어에 따라 연산자가 조금씩 다르며, 어떤 고유한 연산자가 있는가에 따라 데이터의 가공 방법이 크게 바뀌므로 연산자는 해당 프로그래밍 언어의 특징을 나타낸다고 할 정도로 생각보다 중대한 역할을 수행한다.

표현식과 명령문의 관계를 예로 들면 '1 + 2'는 표현식이며, '1 + 2;'는 명령문이다. 표현식은 수학의 수식과 동일하게 하나의 값을 갖는 논리적 관계이며, 명령문은 프로그램에서 명령을 내리기 위한 최소 단위로 명령문의 종료를 나타내는 세미 콜론(;)이나 { }가 포함된다. 따라서 명령문은 다수의 표현식이 포함될 수도 있으며 함수 선언 명령문, 함수 호출 명령문 등과 같이 표현식이 없는 명령문도 존재한다.

3-5-1 연산자 분류 및 우선순위표

연산자는 '필요한 피연산자의 개수'에 따라 크게 '단항 연산자, 이항 연산자, 삼항 연산자'로 구분된다. 예를 들어 수학에서 사칙 연산을 할 때 연산 기호 앞뒤에 1개씩 총 2개의 피연산자가 사용된다. 이럴 경우 프로그래밍에서는 이 연산자를 이항 연산자라고 한다. 연산자를 기준으로 앞뒤로 총 2개의 피연산자를 필요로 하고 있기 때문이다.

표 3-13 연산자 우선순위표

순위	연산자	설명	분류	순위	연산자	설명	분류
1	( )	함수 호출 연산자	최우선	4	+	(덧셈) 산술 연산자	이항
	[ ]	첨자 연산자			-	(뺄셈) 산술 연산자	
	.	멤버 연산자 (참조에 의한 선택)		5	<<	(왼쪽) 비트 이동 연산자	
	->	간접 멤버 연산자 (포인터를 통한 선택)			>>	(오른쪽) 비트 이동 연산자	
	++	(후위) 증가 연산자	단항	6	<	관계 연산자	
	--	(후위) 감소 연산자			<=	관계 연산자	

(이어짐)

순위	연산자	설명	분류	순위	연산자	설명	분류
2	!	(NOT) 논리 연산자	단항	6	>	관계 연산자	이항
	~	(NOT) 비트 논리 연산자			>=	관계 연산자	
	+	양의 부호		7	==	동등 연산자	
	-	음의 부호			!=	동등 연산자	
	++	(전위) 증가 연산자		8	&	(AND) 비트 논리 연산자	
	--	(전위) 감소 연산자		9	^	(XOR) 비트 논리 연산자	
	(Type)	형 변환 연산자		10	|	(OR) 비트 논리 연산자	
	*	간접 참조 연산자		11	&&	(AND) 논리 연산자	
	&	주소 연산자		12	||	(OR) 논리 연산자	
	sizeof	sizeof 연산자		13	? :	조건 연산자	삼항
3	*	(곱셈) 산술 연산자	이항	14	=	대입 연산자	이항
	/	(나눗셈) 산술 연산자			+= 등	복합 대입 연산자	
	%	(나머지) 산술 연산자		15	,	콤마(쉼표) 연산자	

* 복합 대입 연산자(10개): +=, -=, *=, /=, %=, <<=, >>=, &=, ^=, |=

'하나의 표현식에 다른 우선순위를 가진 2개 이상의 연산자가 동시에 사용'된다면 표 3-13과 같은 우선순위에 따라 연산이 진행된다. 표 3-13에서 알 수 있듯이 기본적으로 C 프로그래밍 언어에서는 특수한 이항 연산자를 제외하고 '단항 연산자 > 이항 연산자 > 삼항 연산자'의 순으로 연산된다. 단항 연산자와 이항 연산자가 동시에 사용되면 먼저 단항 연산자가 수행되고, 그 결과를 받아 이항 연산자가 이뤄지는 방식이다.

대표적인 이항 연산자들의 우선순위는 '산술 연산자 > (비트 이동 연산자) > 관계 연산자 > (비트 논리 연산자) > 논리 연산자 > (대입 연산자)'다. 하나의 표현식에 산술, 관계, 논리 연산자가 각각 1개씩 존재한다면 산술 연산자가 연산된 후 관계 연산자가 연산된 다음, 마지막으로 논리 연산자가 연산된다.

수학의 연산 기호와 동일한 모양이지만 다른 역할을 수행하는 대입 연산자와 같은 연산자도 존재하며, 수학에는 없는 연산자도 있으므로 연산자별로 정확한 기능을 파악하는 것이 중요하다. 표 3-13의 우선순위표를 외울 필요는 없지만 전체적인 흐름만 파악한 후 실제 프로그래밍을 하는 도중 연산자의 우선순위를 확인할 필요가 있을 때 이 책의 어느 목차에 있는지 찾아 표를 찾을 수 있으면 충분하다.

표 3-13에서는 다른 우선순위를 가진 다수의 연산자가 동시에 올 때 어떤 연산자를 우선적으로 연산하는지 살펴봤다. 다만 동일한 우선순위를 갖는 연산자 사이에 세부 우선순위는 존재하지 않는다. 그러므로 동일한 우선순위를 가진 다수의 연산자가 올 때 어떤 순으로 연산하는지 알아볼 필요가 있다.

우선순위 2와 14의 연산자들만 오른쪽에서부터 왼쪽 순으로 처리하며, 그 외는 모두 왼쪽에서부터 오른쪽 순으로 처리한다. 우선순위 2의 연산자가 2개 연속 사용됐다면 오른쪽에 있는 연산자를 수행한 후 그 결과를 받아 다시 왼쪽의 연산자로 연산하는 과정을 거친다. 다시 말해 '동일한 우선순위를 가진 연산자'에는 세부 우선순위가 없으며, '배치되는 위치'에 따라 연산되는 순서가 결정된다.

자주 사용되는 연산자들은 이후 예제 코드와 함께 상세히 살펴볼 예정이니, 여기서만 간단히 소개하고 넘어갈 연산자와 특정 개념을 배운 후 재등장하게 될 연산자를 간략하게 살펴보자.

우선순위 1 연산자 중에 함수 호출 연산자, 첨자 연산자가 존재한다. 지금까지 많은 함수를 호출해왔지만 대부분 ( )가 연산자였다는 것은 예측하지 못했을 것이다. 컴파일러에게 함수로 인정받기 위해 지금까지 우리는 함수명 뒤에 함수 호출 연산자를 쓰고 있던 것이다. 컴파일러는 함수 호출 연산자 여부를 통해 변수와 함수를 구분한다. 이와 비슷하게 배열 뒤에 붙은 [ ]도 역시 첨자 연산자였다. 첨자 연산자는 '3-10 1차원 배열' 절에서 상세히 다룬다.

프로그래밍 언어에서는 실제 언어와 달리 명확한 사용처와 기능이 있는 것만 코드에 작성할 수 있다. 아무런 의미가 없는 건 컴파일러가 인지하지 못해 에러를 발생시키기 때문이다. 코드에 작성할 수 있는 모든 것에 그만한 의미가 존재하므로 프로그래머는 사소한 것에도 관심을 기울이고 이해하고 넘어가려는 자세가 필요하다.

다음으로 멤버 연산자(.)와 간접 멤버 연산자(->)가 있다. 이 연산자들은 '3-8-1 구조체' 절과 '4-5-2 구조체 포인터' 절에서 사용하게 된다. 함수 호출 연산자, 첨자 연산자를 포함한 이 4가지 연산자는 최우선적으로 연산된다.

우선순위 2 연산자 중에 간접 참조 연산자(*)와 주소 연산자(&)는 '3-10 1차원 배열' 절과 '3-11 포인터 변수' 절에서 본격적으로 사용하기 시작하며, 함수 간 데이터 공유를 위한 연산자다. 2개가 서로 밀접한 관계를 갖고 있으므로 외우지 말고 서로의 관계를 명확히 이해하는 것이 중요하다.

증가 연산자(++)와 감소 연산자(--)를 합쳐 증감 연산자라고 부르며, 피연산자의 앞에도 붙을 수 있고, 뒤에도 붙을 수 있는 특이한 연산자다. 또한 피연산자 앞인지 뒤인지에 따라 연산자의 우선순위가 달라지는 유일한 연산자다.

우선순위 2, 8, 9, 10의 비트 논리 연산자, 우선순위 5의 비트 이동 연산자는 데이터를 비트 단위에서 처리하기 위한 연산자로, 특정 분야를 제외하고 일반적인 프로그래밍에서 사용할 기회는 많지 않다. 사용 빈도는 높지 않은 것에 비해 학습 난이도는 꽤 높은 편이고, 필수적인 내용이라고 보기도 어렵기 때문에 '4-2 연산자 응용' 절로 별도 분리한다.

데이터가 비트 단위에서 어떻게 동작을 하는지 이해하면 데이터 처리에 대한 이해가 깊어지는 것은 분명 맞지만, 지금 단계에서 비트 관련 연산자를 이해하기 위해 많은 시간과 노력을 쏟느라 프로그래밍 전체의 흐름을 배우는 것이 끊기는 건 결코 바람직하지 않다.

3-5-2 산술 연산자

3-5-2-1 덧셈과 뺄셈 산술 연산자

Ex3-45 / main.h

```
01  #pragma once
```

```
02    #define _CRT_SECURE_NO_WARNINGS
03    #include <stdio.h>
04
05    void BasicOperator();
```

Ex3-45 / main.c

```
01    #include "main.h"
02
03    int main(void)
04    {
05        BasicOperator();
06        return 0;
07    }
08
09    void BasicOperator()
10    {
11        int iOperand1 = 0, iOperand2 = 3;
12        float fOperand3 = 0.0f, fOperand4 = 5.4f;
13
14        iOperand1 = 2 + 3;
15        iOperand2 = iOperand2 + 4;
16        fOperand3 = 1.0f - 0.2f;
17        fOperand4 = fOperand4 - fOperand3;
18
19        printf("Operand1: %d\nOperand2: %d\n", iOperand1, iOperand2);
20        printf("Operand3: %f\nOperand4: %f", fOperand3, fOperand4);
21    }
```

표준 출력은 다음과 같다.

```
Operand1: 5
Operand2: 7
Operand3: 0.800000
Operand4: 4.600000
```

예제 코드 Ex3-45는 덧셈과 뺄셈 산술 연산자를 사용해서 데이터를 가공한 예다. 덧셈과 뺄셈 산술 연산자는 우선순위 4에 해당된다.

11행과 12행에서 피연산자에 해당되는 변수들을 선언한 후 14행 ~ 17행에서 이항 연산자로 앞뒤에 피연산자를 배치해 연산을 수행했다. 피연산자에는 정수와 실수에 무관하게 14행 및 16행과 같이 리터럴과 리터럴로 구성할 수도 있으며, 15행 및 17행과 같이 리터럴과 변수, 리터럴과 상수, 변수와 변수, 변수와 상수, 상수와 상수의 조합으로 연산이 가능하다.

주의할 점은 대입 연산자는 우선순위 14에 해당된다는 점이다. "하나의 표현식에 다른 우선순위를 가진 2개 이상의 연산자가 동시에 사용된다면 표 3-13과 같은 우선순위에 따라 연산이 진행된다."고 했다. 14행 ~ 17행에서 덧셈과 뺄셈 산술 연산자가 연산된 후 그 결과를 받아 우선순위 14에 해당되는 대입 연산자가 마지막에 연산된다. 따라서 대입 연산자는 다른 우선순위를 가진 다수의 연산자가 하나의 명령문에 있을 경우 오른쪽에서부터 왼쪽 순으로 처리된다고 했던 것이며, RV의 값이 LV의 변수에 저장된다.

3-5-2-2 곱셈과 나눗셈 산술 연산자

Ex3-46 / main.h

```
01  #pragma once
02  #define _CRT_SECURE_NO_WARNINGS
03  #include <stdio.h>
04
05  void BasicOperator();
```

Ex3-46 / main.c

```
01  #include "main.h"
02
03  int main(void)
04  {
05      BasicOperator();
06      return 0;
07  }
08
09  void BasicOperator()
10  {
11      int iOperand1 = 2, iOperand2 = 10;
12      float fOperand3 = 2.2f, fOperand4 = 8.4f;
13
```

```
14         iOperand1 = iOperand1 * 3;
15         iOperand2 = iOperand2 / iOperand1;
16         //iOperand2 = iOperand2 / 0;
17         fOperand3 = fOperand3 * 1.5f;
18         fOperand4 = fOperand4 / fOperand3;
19         //fOperand4 = fOperand4 / 0;
20
21         printf("Operand1: %d\nOperand2: %d\n", iOperand1, iOperand2);
22         printf("Operand3: %f\nOperand4: %f", fOperand3, fOperand4);
23     }
```

표준 출력은 다음과 같다.

```
Operand1: 6
Operand2: 1
Operand3: 3.300000
Operand4: 2.545454
```

예제 코드 Ex3-46은 곱셈과 나눗셈 산술 연산자를 사용해서 데이터를 가공한 예다. 곱셈과 나눗셈 산술 연산자는 우선순위 3에 해당된다. 수학과 동일하게 덧셈과 뺄셈 산술 연산자보다 우선순위가 높다. 괄호가 없다면 곱셈과 나눗셈이 먼저 연산된 후 덧셈과 뺄셈이 연산된다.

덧셈과 뺄셈 산술 연산자와 동일하게 이항 연산자로 정수와 실수 모두 리터럴과 리터럴, 리터럴과 변수, 리터럴과 상수, 변수와 변수, 변수와 상수, 상수와 상수의 조합으로 연산이 가능하며, 곱셈과 나눗셈 산술 연산자가 연산된 후 대입 연산자가 연산된다.

나눗셈 산술 연산자는 15행과 18행과 같이 '몫'만 도출할 수 있다는 점에 유의할 필요가 있다. 프로그래밍은 기본 철학이 하나의 역할을 하나의 기능으로 분리하는 것이므로 나눗셈과 나머지 산술 연산자를 별도로 분리한다. 몫과 나머지를 동시에 구하려면 나눗셈 산술 연산자와 나머지 산술 연산자를 둘 다 활용해 코드를 별도로 작성해야 한다. 이 예는 예제 코드 Ex3-47에서 다룬다.

```
15         iOperand2 = iOperand2 / iOperand1;
```

```
18        fOperand4 = fOperand4 / fOperand3;
```

수학에서 정수와 실수 모두 0으로 나눌 수 없듯이 프로그래밍도 0으로 나누는 것을 허용하지 않으며, 에러를 발생시킨다. 15행과 18행을 주석 처리하고 대신 16행과 19행의 주석을 해제한 후 솔루션 빌드까지 수행한 다음, Ctrl + F5로 디버깅하지 않고 시작을 누르면 출력 화면이 나오긴 하지만 아무런 결과가 출력되지 않는다. 21행의 출력 함수가 실행되지 않았다는 건 그 위 코드에서 에러가 발생했다는 것을 추측할 수 있다.

```
16        //iOperand2 = iOperand2 / 0;
          ...
19        //fOperand4 = fOperand4 / 0;
```

이번엔 Ctrl + F5가 아닌 F5로 디버깅 시작을 누르면 16행에서 "처리되지 않은 예외가 있습니다. 0xC0000094: Integer division by zero."라는 에러 메시지가 나온다. 0으로 나누는 것은 수학적으로 문제가 있는 개념이므로 컴파일러는 컴파일 단계에서 문제라고 인식하지 못하며, 실제 0으로 나누는 코드가 실행되는 순간에 에러가 발생한다. 이 시점부터 이후의 코드는 실행조차 되지 못한 상태이므로 아무런 출력 결과가 나오지 않았던 것이다. 디버깅 모드를 해제하려면 Shift + F5를 눌러 디버깅을 중지한다.

3-5-2-3 나머지 산술 연산자

Ex3-47 / main.h

```
01   #pragma once
02   #define _CRT_SECURE_NO_WARNINGS
03   #include <stdio.h>
04   #include <math.h>
05
06   void BasicOperator();
```

Ex3-47 / main.c

```c
01  #include "main.h"
02
03  int main(void)
04  {
05      BasicOperator();
06      return 0;
07  }
08
09  void BasicOperator()
10  {
11      int iOperand1 = 3, iOperand2 = 14;
12      int iQuotient = 0, iRemainder = 0;
13      float fOperand3 = 2.3f, fOperand4 = 8.7f;
14      float fQuotient = 0.0f, fRemainder = 0.0f;
15
16      iQuotient = iOperand2 / iOperand1;
17      iRemainder = iOperand2 % iOperand1;
18
19      fQuotient = fOperand4 / fOperand3;
20      fRemainder = fmodf(fOperand4, fOperand3);
21
22      printf("몫: %d\n나머지: %d\n", iQuotient, iRemainder);
23      printf("몫: %f\n나머지: %f", fQuotient, fRemainder);
24  }
```

표준 출력은 다음과 같다.

```
몫: 4
나머지: 2
몫: 3.782609
나머지: 1.800000
```

예제 코드 Ex3-47은 나머지 산술 연산자를 사용해서 데이터를 가공한 예다. 나머지 산술 연산자는 곱셈과 나눗셈 산술 연산자와 동일하게 우선순위 3에 해당되며, 대부분의 특징도 곱셈과 나눗셈 산술 연산자와 비슷하다.

나머지 산술 연산자의 피연산자는 정수 데이터형만 대상으로 하며, 16행 ~ 17행과 같이 나머지 산술 연산자는 나눗셈 산술 연산자와 하나의 쌍으로 사용해 몫과 나머지를 구하는 경우가 많다. 몫과 나머지를 구할 때는 동일한 피연산자들을 통해 연산자만 바꿔 코드를 분리해 작성한다.

```
16      iQuotient = iOperand2 / iOperand1;
17      iRemainder = iOperand2 % iOperand1;
```

실수를 실수로 나눴을 때 나머지를 구하고자 한다면 나머지 산술 연산자로는 불가능하다. '헤더 파일 math.h'를 헤더 파일 main.h의 4행과 같이 추가한 후 20행과 같이 함수 fmodf, 함수 fmod, 함수 fmodl을 호출해 나머지를 구할 수 있다. float에서 함수 fmodf, double에서 함수 fmod, long double에서 함수 fmodl을 사용할 수 있다.

```
04      #include <math.h>
```

```
19      fQuotient = fOperand4 / fOperand3;
20      fRemainder = fmodf(fOperand4, fOperand3);
```

3-5-2-4 형 확장

Ex3-48 / main.h

```
01      #pragma once
02      #define _CRT_SECURE_NO_WARNINGS
03      #include <stdio.h>
04
05      void BasicOperator();
```

Ex3-48 / main.c

```
01      #include "main.h"
02
03      int main(void)
04      {
05          BasicOperator();
06          return 0;
```

```
07    }
08
09    void BasicOperator()
10    {
11        int iOperand1 = 11;
12        long long llOperand2 = 123456789123456789;
13        float fOperand3 = 32.4;
14
15        printf("%lld\n", llOperand2 + iOperand1);
16        printf("%lld\n", llOperand2 - iOperand1);
17        printf("%f\n", fOperand3 * iOperand1);
18        printf("%f", fOperand3 / iOperand1);
19    }
```

표준 출력은 다음과 같다.

```
123456789123456800
123456789123456778
356.400024
2.945455
```

예제 코드 Ex3-48은 산술 연산자의 데이터형 확장에 대한 예다. '형 확장[Promotion]'은 다른 다수의 데이터형을 섞어 산술 연산을 시도할 때 발생하며, 변수에 저장하지 않아도 산술 연산 과정에서 자동으로 이뤄진다는 특징이 있다.

15행 ~ 16행은 다른 정수 데이터형 간의 산술 연산이 이뤄졌다. 데이터형의 크기가 다르기 때문에 자동으로 크기가 큰 데이터형에 맞게 형 확장이 이뤄졌다. 17행 ~ 18행은 정수 데이터형과 실수 데이터형 간의 산술 연산이 이뤄졌다. 정수와 실수는 표현 방식이 다르기 때문에 자동으로 표현 범위가 넓은 실수 데이터형에 맞게 형 확장이 이뤄졌다.

형 확장은 연산 과정에서 데이터의 손실이 발생하지 않기 때문에 큰 위험은 없지만 연산 결과를 정상적으로 저장하거나 출력하고자 한다면 이에 적합한 데이터형과 형식 지정자를 선택해야 한다.

3-5-2-5 형 축소

Ex3-49 / main.h

```
01  #pragma once
02  #define _CRT_SECURE_NO_WARNINGS
03  #include <stdio.h>
04
05  void BasicOperator();
```

Ex3-49 / main.c

```
01  #include "main.h"
02
03  int main(void)
04  {
05      BasicOperator();
06      return 0;
07  }
08
09  void BasicOperator()
10  {
11      int iOperand1 = 11;
12      long long llOperand2 = 123456789123456789;
13      float fOperand3 = 32.4f;
14
15      int iReduction1 = 0, iReduction2 = 0;
16
17      iReduction1 = llOperand2 - iOperand1;
18      iReduction2 = fOperand3 / iOperand1;
19
20      printf("%d\n", iReduction1);
21      printf("%d", iReduction2);
22  }
```

표준 출력은 다음과 같다.

```
-1395630326
2
```

예제 코드 Ex3-49는 산술 연산자의 데이터형 축소에 대한 예다. '형 축소^{Demotion}'는 형 확장과 달리 자동으로 이뤄지지 않고, 크기와 표현 범위가 작은 데이터형을 가진 변수에 산술 연산의 결과를 저장하는 과정에서 데이터 손실이 발생한다.

17행은 크기가 큰 정수 데이터형으로 형 확장된 결과를 크기가 작은 정수 데이터형에 대입하는 과정에서 형 축소가 이뤄졌기에 프로그래머가 예측하지 못한 결과가 나왔다. 18행은 실수 데이터형으로 형 확장된 결과를 정수 데이터형에 대입하는 과정에서 형 축소가 이뤄졌다. 소수점 정보가 손실되고 정수부만 남은 상황이다. 프로그래머가 의도적으로 정수부만 남기려고 했다면 이후 배울 형 변환 연산자를 사용해서 데이터형이 변할 것이라는 것을 명시해야 한다.

형 축소는 에러 메시지를 발생시켜 컴파일을 중단시키지 않지만 형 축소가 진행되면서 데이터가 손실되므로 '경고 C4244' 메시지가 발생한다. 17행에서는 "warning C4244: '=': '__int64'에서 'int'(으)로 변환하면서 데이터가 손실될 수 있습니다.", 18행에서는 "warning C4244: '=': 'float'에서 'int'(으)로 변환하면서 데이터가 손실될 수 있습니다."라는 경고 메시지가 발생한다.

형 축소는 프로그래머가 의도하지 않은 데이터 변경이 이뤄질 가능성이 높으며, 에러가 아닌 경고 메시지만 발생하기 때문에 다른 메시지들에 섞여 문제를 인지하지 못한 채 개발이 한참 진행될 수 있다.

따라서 다른 데이터형 간의 산술 연산을 시도할 때 항상 조심해야 하며, 경고 메시지에도 주의를 기울여야 한다. 형 축소에서 의도하지 않은 데이터의 손실을 미리 예측하고 경고 메시지를 발생하지 않는 코드를 작성하기 위해 필요한 것이 '3-5-7 형 변환 연산자' 절에서 다룰 형 변환 연산자다.

이러한 문제가 있었기 때문에 '3-2 데이터형' 절에서 프로그래밍을 배우는 기초 단계에서는 가급적 데이터형, 변수명에 사용되는 접두사, 변수에 저장될 리터럴, 리터럴 접미사를 일치시키는 연습을 할 필요가 있다고 했던 것이다. 하나의 명령문에 다른 데이터형을 섞어 사용하는 건 먼저 기본 데이터형에 충분히 익숙해진 후 형 확장, 형 축소, 형 변환을 이해하고 나서 사용해도 늦지 않다.

3-5-3 증감 연산자

3-5-3-1 단항 산술 연산자

Ex3-50 / main.h

```
01  #pragma once
02  #define _CRT_SECURE_NO_WARNINGS
03  #include <stdio.h>
04
05  void BasicOperator();
```

Ex3-50 / main.c

```
01  #include "main.h"
02
03  int main(void)
04  {
05      BasicOperator();
06      return 0;
07  }
08
09  void BasicOperator()
10  {
11      int iOperand1 = 10, iOperand2 = 10;
12      float fOperand3 = 5.7f, fOperand4 = 5.7f;
13      char chOperand5 = 'E', chOperand6 = 'E';
14
15      iOperand1++;
16      iOperand2--;
17      ++fOperand3;
18      --fOperand4;
19      chOperand5++;
20      --chOperand6;
21
22      printf("Operand1: %d\nOperand2: %d\n", iOperand1, iOperand2);
23      printf("Operand3: %.1f\nOperand4: %.1f\n", fOperand3, fOperand4);
24      printf("Operand5: %c\nOperand6: %c", chOperand5, chOperand6);
25  }
```

표준 출력은 다음과 같다.

```
Operand1: 11
Operand2: 9
Operand3: 6.7
Operand4: 4.7
Operand5: F
Operand6: D
```

예제 코드 Ex3-50은 증감 연산자(증가 연산자와 감소 연산자)에 대한 예다. 증가 연산자와 감소 연산자는 산술 연산자 중 유일하게 이항이 아닌 단항 연산자다.

피연산자가 하나이므로 피연산자의 값을 불러와 1을 더하거나 뺀 후 다시 해당 피연산자에 저장하는 과정을 거치므로 대입 연산자의 기능을 내포하고 있다. 따라서 피연산자에는 대입 연산자의 'LV에 올 수 있는 변수만' 올 수 있다. 프로그래밍에서 자주 사용되는 2가지 과정을 연산자 하나로 축약했을 뿐이다.

이에 따라 피연산자를 기준으로 연산자가 앞에도 올 수 있으며 뒤에도 올 수 있다는 특징이 파생됐다. 연산자가 피연산자 앞에 올 경우를 전위^{Prefix} 증감 연산자라고 하며, 우선순위 2에 해당된다. 연산자가 피연산자 뒤에 올 경우를 후위^{Postfix} 증감 연산자라고 하며, 우선순위 1에 해당된다.

15행 ~ 16행은 정수에 후위 증감 연산자를 적용했으며, 17행 ~ 18행은 실수에 전위 증감 연산자를 적용했고, 19행 ~ 20행은 문자에 후위 증가 연산자와 전위 감소 연산자를 적용한 코드다. 출력 결과를 살펴보면 정수, 실수, 문자와 무관하게 1을 더하거나 뺀 결과가 다시 해당 변수에 저장돼 출력된 것을 알 수 있다.

확인해야 할 점은 예제 코드 Ex3-50과 같이 하나의 명령문에 대입 연산자 없이 증감 연산자만 단독으로 사용될 때는 전위와 후위의 큰 차이가 없다는 점이다. 전위와 후위의 차이는 하나의 명령문에 대입 연산자와 동시에 사용될 때 부각된다.

3-5-3-2 전위와 후위의 차이

Ex3-51 / main.h

```
01  #pragma once
02  #define _CRT_SECURE_NO_WARNINGS
03  #include <stdio.h>
04
05  void BasicOperator();
```

Ex3-51 / main.c

```
01  #include "main.h"
02
03  int main(void)
04  {
05      BasicOperator();
06      return 0;
07  }
08
09  void BasicOperator()
10  {
11      int iOperand1 = 10, iOperand2 = 10;
12      int iOperand3 = 10, iOperand4 = 10;
13      int iPrefix1 = 0, iPrefix2 = 0;
14      int iPostfix1 = 0, iPostfix2 = 0;
15
16      int iOperand5 = 5, iOperand6 = 5;
17      int iPrefix3 = 0;
18      int iPostfix3 = 0;
19
20      iPrefix1 = ++iOperand1;
21      iPrefix2 = --iOperand2;
22      iPostfix1 = iOperand3++;
23      iPostfix2 = iOperand4--;
24
25      iPrefix3 = ++iOperand5 * 5;
26      iPostfix3 = iOperand6++ * 5;
27
28      printf("Prefix1: %d\tOperand1: %d\n", iPrefix1, iOperand1);
29      printf("Prefix2: %d\tOperand2: %d\n", iPrefix2, iOperand2);
30      printf("Postfix1: %d\tOperand3: %d\n", iPostfix1, iOperand3);
31      printf("Postfix2: %d\tOperand4: %d\n", iPostfix2, iOperand4);
```

```
32        printf("Prefix3: %d\tOperand5: %d\n", iPrefix3, iOperand5);
33        printf("Postfix3: %d\tOperand6: %d", iPostfix3, iOperand6);
34    }
```

표준 출력은 다음과 같다.

```
Prefix1: 11     Operand1: 11
Prefix2: 9      Operand2: 9
Postfix1: 10    Operand3: 11
Postfix2: 10    Operand4: 9
Prefix3: 30     Operand5: 6
Postfix3: 25    Operand6: 6
```

예제 코드 Ex3-51은 증감 연산자의 전위와 후위의 차이를 확인하기 위한 예다. 증감 연산자는 다른 연산자와 달리 연산자 위치, 우선순위, 연산 과정이 달라지는 독특한 특성을 갖고 있기 때문에 초보자가 대략적인 건 이해할 수 있지만 명확히 이해하긴 쉽지 않다.

먼저 우선순위와 연산 과정을 확실히 구분할 필요가 있다. 증감 연산자는 연산 과정이 특이하므로 우선순위와 혼동하기 쉽기 때문이다. 연산자의 우선순위는 하나의 명령문에 다수의 연산자가 올 경우 연산되는 순서를 사전에 정리한 것이다. 후위 증감 연산자는 우선순위 1이며, 전위 증감 연산자는 우선순위 2에 해당된다. 반면 연산 과정은 우선순위가 결정된 후 진행되며, 연산자의 처리 과정을 의미하므로 연산자 우선순위대로 진행되지 않는 경우도 존재한다.

전위 증감 연산자는 20행 ~ 21행과 같이 먼저 증감 연산자가 수행돼 1을 증가 또는 감소시킨 후 피연산자의 값을 대입 연산자로 저장하는 연산 과정을 거친다. 우선적으로 피연산자가 증감된 후 대입 연산자로 인해 LV의 변수에 저장되므로 출력 결과에서 알 수 있듯이 LV의 변수와 피연산자의 데이터가 동일하다.

```
20        iPrefix1 = ++iOperand1;
```

```
iOperand1 = iOperand1 + 1;
iPrefix1 = iOperand1;
```

후위 증감 연산자는 22행 ~ 23행과 같이 피연산자의 값을 대입 연산자로 먼저 할당한 후 증감 연산자가 수행돼 1을 증가 또는 감소시키는 연산 과정을 거친다. 피연산자가 증감되기 전에 대입 연산자로 인해 LV의 변수에 저장한 다음 피연산자의 증감이 이뤄지므로 출력 결과에서 알 수 있듯이 LV의 변수와 피연산자의 데이터가 다르다.

```
22      iPostfix1 = iOperand3++;

iPostfix1 = iOperand3;
iOperand3 = iOperand3 + 1;
```

25행과 26행은 전위와 후위 증감 연산자의 차이를 좀 더 극명하게 보여주기 위해 곱셈 산술 연산자까지 추가했다. 연산자 우선순위는 '후위 증감 연산자 > 전위 증감 연산자 > 곱셈 산술 연산자 > 대입 연산자'다. 25행과 26행은 각각 전위 증감 연산자와 후위 증감 연산자가 연산자 중 가장 먼저 연산된다.

```
25      iPrefix3 = ++iOperand5 * 5;
26      iPostfix3 = iOperand6++ * 5;
```

25행은 전위 증감 연산자의 연산 과정에 따라 초기화 값 5에서 1을 더한 후 5를 곱한 결과를 대입 연산자를 통해 LV의 변수에 30을 저장한다. 26행은 후위 증감 연산자의 연산 과정에 따라 초기화 값 5에 5를 곱한 결과를 대입 연산자를 통해 LV의 변수에 25를 저장한 후 이후 피연산자에 1을 더한다.

25행과 26행에서 LV의 변수는 다른 출력 결과를 갖지만 피연산자는 동일한 출력 결과를 보인다는 점에도 주목할 필요가 있다. 후위 증감 연산자에서 대입 연산자의 할당이 먼저 이뤄지는 건 연산자 우선순위와 무관하며, 연산 과정에 따랐다는 것을 이해할 필요가 있다. 전위 증감 연산자와 후위 증감 연산자는 논리적으로 필요한 곳이 다르므로 명확히 구분해서 사용할 수 있어야 한다.

참고로 C++ 프로그래밍 언어의 명칭은 후위 증가 연산자에서 따온 것이다. C 프로그래밍 언어에서 한 단계 성장한 프로그래밍 언어라는 뜻이다.

3-5-4 관계 및 동등 연산자

3-5-4-1 관계 연산자

Ex3-52 / main.h

```
01  #pragma once
02  #define _CRT_SECURE_NO_WARNINGS
03  #include <stdio.h>
04  #include <stdbool.h>
05
06  void BasicOperator();
```

Ex3-52 / main.c

```
01  #include "main.h"
02
03  int main(void)
04  {
05      BasicOperator();
06      return 0;
07  }
08
09  void BasicOperator()
10  {
11      int iOperand1 = 5, iOperand2 = 3;
12      bool bResult = false;
13
14      bResult = iOperand1 > iOperand2;
15      printf("%d > %d: %d\n", iOperand1, iOperand2, bResult);
16      bResult = iOperand1 >= iOperand2;
17      printf("%d >= %d: %d\n", iOperand1, iOperand2, bResult);
18
19      bResult = iOperand1 < iOperand2;
20      printf("%d < %d: %d\n", iOperand1, iOperand2, bResult);
21      bResult = iOperand1 <= iOperand2;
22      printf("%d <= %d: %d", iOperand1, iOperand2, bResult);
23  }
```

표준 출력은 다음과 같다.

```
5 > 3: 1
5 >= 3: 1
5 < 3: 0
5 <= 3: 0
```

예제 코드 Ex3-52는 4가지 관계 연산자를 확인하기 위한 예다. 관계 연산자는 피연산자 2개의 값을 비교해 '2개의 피연산자 간의 관계를 평가'하는 연산자로, '관계가 참^{True}이면 1을, 거짓^{False}이면 0의 결과'를 가진다.

관계 연산자의 이러한 특징 때문에 관계 연산자의 결과는 보편적으로 12행과 같이 불리언 데이터형을 선언해서 저장한다. 불리언 데이터형을 12행과 같이 선언하기 위해 '헤더 파일 stdbool.h'를 예제 코드 Ex3-52에서 헤더 파일 main.h의 4행과 같이 추가했었다.

내용상 연산 결과를 불리언 데이터형으로 표현할 필요가 있기에 예제 코드 Ex3-56까지 헤더 파일 stdbool.h를 추가해서 코드를 작성할 것이다.

연산 결과가 참과 거짓을 나타내는 관계 연산자는 물론 이후 배우게 될 동등 연산자, 논리 연산자는 '3-7 제어 명령문' 절의 조건을 표현하기 위해 빈번히 사용되니 제어 명령문을 배우기 전에 확실히 파악해두는 것이 좋다.

14행 ~ 17행은 관계 연산자 '>'와 '>='의 결과를 출력하는 코드로, 연산 결과가 참이기 때문에 1을 출력했다. 19행 ~ 22행은 관계 연산자 '<'와 '<='의 결과를 출력하는 코드로, 연산 결과가 거짓이기 때문에 0을 출력했다.

참고로 수학에서는 관계 연산자에 포함된 등호(=)를 '≥'와 같이 하나의 기호로 표현하지만, 프로그래밍에서는 '>='나 '<='와 같이 2개의 문자를 하나의 연산자로 표현한다. 참고로 등호가 포함된 모든 연산자는 '='가 뒤에 위치한다는 것을 기억하자. 대입 연산자의 우선순위가 낮기 때문이다. 프로그래밍을 배우는 초보자들은 생각보다 =를 앞에 작성해서 오타로 인해 컴파일 에러가 발생하는 경우가 많다.

3-5-4-2 동등 연산자

Ex3–53 / main.h

```
01  #pragma once
02  #define _CRT_SECURE_NO_WARNINGS
03  #include <stdio.h>
04  #include <stdbool.h>
05
06  void BasicOperator();
```

Ex3–53 / main.c

```
01  #include "main.h"
02
03  int main(void)
04  {
05      BasicOperator();
06      return 0;
07  }
08
09  void BasicOperator()
10  {
11      int iOperand1 = 5, iOperand2 = 3;
12      bool bResult = false;
13
14      bResult = iOperand1 == iOperand2;
15      printf("%d == %d: %d\n", iOperand1, iOperand2, bResult);
16      bResult = iOperand1 != iOperand2;
17      printf("%d != %d: %d", iOperand1, iOperand2, bResult);
18  }
```

표준 출력은 다음과 같다.

```
5 == 3: 0
5 != 3: 1
```

예제 코드 Ex3-53은 2가지 동등 연산자를 확인하기 위한 예다. 동등 연산자는 큰 의미에서 관계 연산자에 포함되는 연산자로, 관계 연산자로 포함해 분류하기도 하며 별도로 동등 연산자로 구분해서 분류하기도 한다. 관계 연산자의 일종이므로 동일하게 관계가 참[True]이면 1을, 거짓[False]이면 0의 결과를 가진다.

14행은 관계 연산자 '=='의 결과를 출력하는 코드로, 2개의 피연산자가 동일한지 판단해 연산 결과가 거짓이기 때문에 0을 출력했다. 16행은 관계 연산자 '!='의 결과를 출력하는 코드로, 2개의 피연산자가 동일하지 않는지 판단해 연산 결과가 참이기 때문에 1을 출력했다.

3-5-5 논리 연산자

3-5-5-1 AND 논리 연산자

Ex3-54 / main.h

```
01  #pragma once
02  #define _CRT_SECURE_NO_WARNINGS
03  #include <stdio.h>
04  #include <stdbool.h>
05
06  void BasicOperator();
```

Ex3-54 / main.c

```
01  #include "main.h"
02
03  int main(void)
04  {
05      BasicOperator();
06      return 0;
07  }
08
09  void BasicOperator()
10  {
11      int iOperand1 = 1, iOperand2 = 5;
12      int iTarget1 = 9, iTarget2 = 4;
13      bool bResult = false;
14
15      printf("True AND True: %d\n", 1 && 1);
16      printf("True AND False: %d\n", 1 && 0);
17      printf("False AND True: %d\n", 0 && 1);
18      printf("False AND False: %d\n", 0 && 0);
```

```
19
20         //Expressions in Mathematics: A < Target < B
21         //Expressions in Programming: Target > A && Target < B
22
23         bResult = iTarget1 > iOperand1 && iTarget1 < iOperand2;
24         printf("%d < %d < %d: %d\n", iOperand1, iTarget1, iOperand2, bResult);
25         bResult = (iTarget2 > iOperand1) && (iTarget2 < iOperand2);
26         printf("%d < %d < %d: %d", iOperand1, iTarget2, iOperand2, bResult);
27    }
```

표준 출력은 다음과 같다.

```
True AND True: 1
True AND False: 0
False AND True: 0
False AND False: 0
1 < 9 < 5: 0
1 < 4 < 5: 1
```

예제 코드 Ex3-54는 AND 논리 연산자를 확인하기 위한 예다. 논리 연산자는 2개의 조건식이나 값을 논리적으로 판단하는 연산자다. C 프로그래밍 언어에서 논리 연산자는 AND(논리 곱), OR(논리 합), NOT(논리 부정) 3개가 있으며, 연산자 우선순위는 AND가 우선순위 11, OR가 우선순위 12, NOT이 우선순위 2에 해당된다.

AND 논리 연산자는 2개의 조건식이나 값이 모두 참일 때 연산 결과가 참이 돼 1을 출력하고, 하나라도 거짓이라면 연산 결과가 거짓이 돼 0을 출력한다.

15행 ~ 18행은 AND 논리 연산자의 결과를 알기 쉽게 정리한 코드다. 2개의 값이 모두 참일 경우에만 1을 출력하며, 하나라도 거짓이라면 0을 출력한다는 것을 확인할 수 있다. 주의할 점은 이해하기 쉽게 1을 사용했지만 실제 0을 제외한 모든 정수를 참으로 본다는 것이다. 15행의 '1 && 1'을 '10 && 5'라고 할지라도 2개의 값이 모두 참이기 때문에 1을 출력한다.

```
15        printf("True AND True: %d\n", 1 && 1);
16        printf("True AND False: %d\n", 1 && 0);
17        printf("False AND True: %d\n", 0 && 1);
```

```
18          printf("False AND False: %d\n", 0 && 0);
```

실제 프로그래밍에서 논리 연산자는 15행 ~ 18행과 같이 단독으로 사용되기보다 23행 및 25행과 같이 관계 연산자와 함께 사용돼 '3-7 제어 명령문' 절의 조건을 표현하는 데 사용된다.

```
23          bResult = iTarget1 > iOperand1 && iTarget1 < iOperand2;
            ...
25          bResult = (iTarget2 > iOperand1) && (iTarget2 < iOperand2);
```

23행은 앞뒤에 있는 2개 관계 연산자의 연산 결과가 모두 참이기 때문에 1을 출력했다. 25행은 앞뒤에 있는 2개 관계 연산자의 연산 결과 중 하나가 거짓이기 때문에 0을 출력했다.

23행은 대입 연산자, 관계 연산자, 논리 연산자가 공존하는 명령문이다. 연산자 우선순위에 따라 '관계 연산자 > 논리 연산자 > 대입 연산자'의 순으로 연산된다.

연산자 우선순위를 무시해서 가장 먼저 연산되기를 원하는 부분이 존재한다면 25행처럼 수학과 동일하게 ( )를 추가할 수 있다. 이때 사용되는 ( )는 함수 호출 연산자가 아니며, 우선순위를 무시하고 괄호 안의 연산을 우선적으로 해주는 기능을 한다. 다만 수학과는 다르게 { }와 대괄호 [ ]를 이와 같은 용도로 사용할 수는 없다. C 프로그래밍 언어에서 { }와 [ ]는 다른 의미로 정의돼 사용되고 있기 때문이다.

예제 코드 Ex3-54에서 25행의 ( )는 연산자 우선순위를 바꾸지 않음에도 의도적으로 사용했다. ( )가 없어도 원래 수행되는 연산자 우선순위가 변하지 않지만, 코드의 가독성을 높이기 위해 ( )를 추가했을 뿐이다.

연산자 우선순위를 바꾸기 위한 ( )이지만, 실무에서는 단순히 가독성 높은 코드 작성을 위해 ( )를 사용하는 경우가 오히려 많다는 것을 기억하자. 보편적으로 연산자 우선순위를 변경하지 않는다고 할지라도 24행보다 25행처럼 작성하는 것을 권한다.

참고로 20행 ~ 21행에서 주석으로 설명했듯이 프로그래밍에서는 수학과 달리 20행과 같이 하나의 타깃에 대해 동시에 2개의 관계 연산자를 비교할 수 없기 때문에, 21행과 같이 타깃을 기준으로 2개의 관계 연산식을 논리 연산자로 분리해서 작성한다. 정해진 법칙은 아니지만 비교하고 싶은 대상인 타깃을 관계 연산식의 앞에 작성하는 것이 보편적이다.

```
20      //Expressions in Mathematics: A < Target < B
21      //Expressions in Programming: Target > A && Target < B
```

3-5-5-2 OR 논리 연산자

Ex3–55 / main.h

```
01  #pragma once
02  #define _CRT_SECURE_NO_WARNINGS
03  #include <stdio.h>
04  #include <stdbool.h>
05
06  void BasicOperator();
```

Ex3–55 / main.c

```
01  #include "main.h"
02
03  int main(void)
04  {
05      BasicOperator();
06      return 0;
07  }
08
09  void BasicOperator()
10  {
11      int iOperand1 = 1, iOperand2 = 5;
12      int iTarget1 = 9, iTarget2 = 4;
13      bool bResult = false;
14
15      printf("True OR True: %d\n", 1 || 1);
16      printf("True OR False: %d\n", 1 || 0);
17      printf("False OR True: %d\n", 0 || 1);
18      printf("False OR False: %d\n", 0 || 0);
```

```
19
20      bResult = iTarget1 < iOperand1 || iTarget1 <= iOperand2;
21      printf("%d\n", bResult);
22      bResult = (iTarget2 == iOperand1) || (iTarget2 != iOperand2);
23      printf("%d", bResult);
24  }
```

표준 출력은 다음과 같다.

```
True OR True: 1
True OR False: 1
False OR True: 1
False OR False: 0
0
1
```

예제 코드 Ex3-55는 OR 논리 연산자를 확인하기 위한 예다. OR 논리 연산자는 2개의 조건식이나 값 중 하나라도 참이면 연산 결과가 참이 돼 1을 출력하고, 2개 모두 거짓일 때 연산 결과가 거짓이 돼 0을 출력한다.

15행 ~ 18행은 OR 논리 연산자의 결과를 알기 쉽게 정리한 코드다. 2개의 값 중 하나라도 참일 경우에만 1을 출력하며, 모두 거짓일 때만 0을 출력한다는 것을 확인할 수 있다.

```
15      printf("True OR True: %d\n", 1 || 1);
16      printf("True OR False: %d\n", 1 || 0);
17      printf("False OR True: %d\n", 0 || 1);
18      printf("False OR False: %d\n", 0 || 0);
```

20행은 앞뒤 2개 관계 연산자의 연산 결과가 모두 거짓이기 때문에 0을 출력했다. 22행은 앞뒤 2개 관계 연산자의 연산 결과 중 하나가 참이기 때문에 1을 출력했다.

```
20      bResult = iTarget1 < iOperand1 || iTarget1 <= iOperand2;
        ...
22      bResult = (iTarget2 == iOperand1) || (iTarget2 != iOperand2);
```

3-5-5-3 NOT 논리 연산자

Ex3-56 / main.h

```
01  #pragma once
02  #define _CRT_SECURE_NO_WARNINGS
03  #include <stdio.h>
04  #include <stdbool.h>
05
06  void BasicOperator();
```

Ex3-56 / main.c

```
01  #include "main.h"
02
03  int main(void)
04  {
05      BasicOperator();
06      return 0;
07  }
08
09  void BasicOperator()
10  {
11      int iOperand1 = 1, iOperand2 = 9;
12      bool bResult = false;
13
14      printf("!True: %d\n", !1);
15      printf("!False: %d\n", !0);
16
17      bResult = iOperand2 > !iOperand1;
18      printf("%d\n", bResult);
19      bResult = !iOperand2 > iOperand1;
20      printf("%d\n", bResult);
21      bResult = !(iOperand2 > iOperand1);
22      printf("%d", bResult);
23  }
```

표준 출력은 다음과 같다.

```
!True: 0
!False: 1
```

```
1
0
0
```

예제 코드 Ex3-56은 NOT 논리 연산자를 확인하기 위한 예다. NOT 논리 연산자는 논리 연산자 중 유일한 단항 연산자로, 우선순위 2에 해당되며 참과 거짓의 결과를 바꾸는 역할을 수행한다.

14행 ~ 15행은 NOT 논리 연산자의 결과를 알기 쉽게 정리한 코드다. 참에 NOT 논리 연산을 하면 연산 결과가 거짓이 돼 0을 출력하며, 거짓에 NOT 논리 연산을 하면 연산 결과가 참이 돼 1을 출력한다는 것을 확인할 수 있다.

```
14      printf("!True: %d\n", !1);
15      printf("!False: %d\n", !0);
```

NOT 논리 연산자는 연산자 우선순위 2에 해당되기 때문에 어떻게 작성하는지에 따라 결과가 크게 바뀐다. 17행은 먼저 변수 iOperand1에 NOT 논리 연산을 한 후 '9 > 0'라는 관계 연산을 수행했기에 연산 결과가 참이 돼 1을 출력했다. 19행은 먼저 변수 iOperand2에 NOT 논리 연산을 한 후 '0 > 1'라는 관계 연산을 수행했기에 연산 결과가 거짓이 돼 0을 출력했다. 21행은 '9 > 1'라는 관계 연산을 수행한 후 연산 결과가 참인 상태에서 해당 결과에 NOT 논리 연산을 수행해서 최종적으로 연산 결과가 거짓이 돼 0을 출력했다.

실제 프로그래밍에서는 21행과 같이 특정 관계 연산 결과를 ( )로 묶어 NOT 논리 연산을 수행하는 경우가 많고, 17행이나 19행과 같이 사용되는 경우는 많지 않다. 이해를 돕기 위해 작성한 코드다.

```
17      bResult = iOperand2 > !iOperand1;
        ...
19      bResult = !iOperand2 > iOperand1;
        ...
21      bResult = !(iOperand2 > iOperand1);
```

3-5-6 대입 및 복합 대입 연산자

3-5-6-1 대입 연산자

Ex3-57 / main.h

```
01  #pragma once
02  #define _CRT_SECURE_NO_WARNINGS
03  #include <stdio.h>
04
05  void BasicOperator();
```

Ex3-57 / main.c

```
01  #include "main.h"
02
03  int main(void)
04  {
05      BasicOperator();
06      return 0;
07  }
08
09  void BasicOperator()
10  {
11      int iLeftValue = 0;
12      int iVariable = 3;
13      const int iConstant = 5;
14
15      iLeftValue = 9;
16      printf("%d\n", iLeftValue);
17      iLeftValue = iVariable * 4;
18      printf("%d\n", iLeftValue);
19      iLeftValue = iConstant + 2;
20      printf("%d", iLeftValue);
21
22      //iConstant = 9;
23      //iConstant = iVariable * 4;
24      //iConstant = iConstant + 2;
25
26      //7 = 9;
27      //7 = iVariable * 4;
28      //7 = iConstant + 2;
```

```
29    }
```

표준 출력은 다음과 같다.

```
9
12
7
```

예제 코드 Ex3-57은 대입 연산자의 특징을 확인하기 위한 예다. 대입 연산자와 복합 대입 연산자는 콤마(쉼표) 연산자를 제외하고 가장 우선순위가 낮은 우선순위 14에 해당된다. 실질적으로 콤마(쉼표) 연산자는 거의 사용되지 않기 때문에 보편적으로 연산자 중에 최종적으로 연산이 이뤄진다고 생각해도 된다.

대입 연산자는 2개의 피연산자를 가진 이항 연산자이지만 이항 연산자 중 '유일하게 다수의 연산자들이 존재할 때 오른쪽에서부터 왼쪽 순으로 처리된다는 특징'이 존재한다. 이러한 특징에 따라 특별히 왼쪽 피연산자를 왼쪽 값$^{LV,\ Left\ Value}$이라고 하며, 오른쪽 피연산자를 오른쪽 값$^{RV,\ Right\ Value}$이라고 부른다고 했다.

'2-3-3 대입 명령문' 절에서 대입 명령문은 'RV의 값을 LV의 메모리 공간에 저장(할당), 즉 덮어쓰라는 명령문'이라고 했다. 대입 연산자는 대입 명령문을 수행하게 해주는 프로그래밍에서 없어서는 안 되는 필수적인 연산자다. '다른 연산자들은 단순히 데이터를 가공하는 역할을 하지만, 대입 연산자는 메모리 공간에 값을 저장하는 중대한 역할을 수행'하기 때문이다.

3장을 시작하며 C 프로그래밍 언어에서 메모리를 제어하는 기본은 리터럴, 변수, 상수라고 했다. 따라서 대입 연산자의 피연산자인 LV와 RV에 무엇이 올 수 있는지 이해하는 것이 대입 연산자를 이해하는 핵심이 된다. "RV는 데이터 값을 불러오는 과정이므로 리터럴, 변수, 상수 모두 올 수 있는 반면 LV는 메모리 공간에 저장하는 과정이므로 변수만 올 수 있다."고 했다.

15행 ~ 20행은 LV에 변수를 배치하고, RV에 각각 리터럴, 변수, 상수를 배치한 코드다. RV의 리터럴, 변수, 상수의 조합을 LV의 변수에 저장하므로 대입 연산자의 기능에 맞게 작성됐다.

```
15      iLeftValue = 9;
        ...
17      iLeftValue = iVariable * 4;
        ...
19      iLeftValue = iConstant + 2;
```

반면 22행 ~ 24행은 LV에 상수를 배치하고 RV에 각각 리터럴, 변수, 상수를 배치한 코드다. RV의 리터럴, 변수, 상수의 조합을 LV의 상수에 저장하려고 하니 컴파일러는 '에러 C2166' "error C2166: l-value가 const 개체를 지정합니다."라는 에러 메시지를 발생시켜 값을 변경시킬 수 없게 락^{Lock}이 걸린 상수에 메모리 할당을 할 수 없음을 알린다.

```
22      //iConstant = 9;
23      //iConstant = iVariable * 4;
24      //iConstant = iConstant + 2;
```

26행 ~ 28행은 LV에 리터럴을 배치하고 RV에 각각 리터럴, 변수, 상수를 배치한 코드다. RV의 리터럴, 변수, 상수의 조합을 LV의 리터럴에 저장하려고 하니 컴파일러는 '에러 C2106' "error C2106: '=': 왼쪽 피연산자는 l-value이어야 합니다."라는 에러 메시지를 발생시킨다. 데이터 값인 리터럴은 변수가 아닐 뿐만 아니라 메모리 공간조차 아니기 때문에 LV에 올 수 없음을 알린다.

```
26      //7 = 9;
27      //7 = iVariable * 4;
28      //7 = iConstant + 2;
```

3-5-6-2 산술 복합 대입 연산자

Ex3-58 / main.h

```
01  #pragma once
02  #define _CRT_SECURE_NO_WARNINGS
03  #include <stdio.h>
04
```

```
05    void BasicOperator();
```

Ex3-58 / main.c

```
01    #include "main.h"
02
03    int main(void)
04    {
05        BasicOperator();
06        return 0;
07    }
08
09    void BasicOperator()
10    {
11        int iLeftValue = 0;
12        int iVariable = 3;
13        const int iConstant = 5;
14
15        iLeftValue += 9;
16        //iLeftValue = iLeftValue + 9;
17        printf("%d\n", iLeftValue);
18
19        iLeftValue -= iVariable;
20        //iLeftValue = iLeftValue - iVariable;
21        printf("%d\n", iLeftValue);
22
23        iLeftValue *= iConstant * 2;
24        //iLeftValue = iLeftValue * (Constant * 2);
25        printf("%d\n", iLeftValue);
26
27        iLeftValue /= iVariable + 3;
28        //iLeftValue = iLeftValue / (iVariable + 3);
29        printf("%d\n", iLeftValue);
30
31        iLeftValue %= 3;
32        //iLeftValue = iLeftValue % 3;
33        printf("%d", iLeftValue);
34    }
```

표준 출력은 다음과 같다.

```
9
6
60
10
1
```

예제 코드 Ex3-58은 산술 복합 대입 연산자를 설명하기 위한 예다. 복합 대입 연산자는 총 10개가 존재하며, 대입 연산자와 동일하게 우선순위 14에 해당된다. 대입 연산자를 포함하고 있으므로 다른 대입 연산자와 같이 사용할 수 없다.

복합 대입 연산자는 크게 산술 복합 대입 연산자 5개와 비트 관련 복합 대입 연산자 5개로 구분된다. 여기서는 산술 복합 연산자 5개를 소개하며, 비트 관련 복합 대입 연산자는 '4-2 연산자 응용' 절에서 다룬다.

복합 대입 연산자는 산술 연산자와 대입 연산자라는 전혀 다른 2가지 기능을 하나로 합친 축약된 연산자이므로 코드가 간략해지는 장점이 있지만 증감 연산자와 비슷하게 다른 2가지 기능을 가진 만큼 분석하거나 코드를 확장하기 어렵다는 치명적 단점이 있다.

먼저 산술 연산자를 수행한 후 이어서 대입 연산자를 수행하므로 표기할 때 '+='와 같이 산술 연산자를 앞에 두고 대입 연산자를 뒤에 둔다. '=+'와 같은 연산자는 없으므로 오타에 주의하자.

15행, 19행, 23행, 27행, 31행은 각각 산술 복합 대입 연산자를 활용한 코드다. 주석 처리돼 있는 16행, 20행, 24행, 28행, 32행은 해당 산술 복합 대입 연산자가 실제 수행되는 코드를 풀어서 작성한 코드다. 밑의 팁에서 설명하겠지만 실무에서는 가독성, 확장성, 디버깅을 위해 코드가 길어져도 의도적으로 복합 대입 연산자를 사용하지 않는 코드를 작성하는 경우가 오히려 많다.

```
15        iLeftValue += 9;
          ...
19        iLeftValue -= iVariable;
          ...
23        iLeftValue *= iConstant * 2;
          ...
```

```
27      iLeftValue /= iVariable + 3;
        ...
31      iLeftValue %= 3;
```

```
16      //iLeftValue = iLeftValue + 9;
        ...
20      //iLeftValue = iLeftValue - iVariable;
        ...
24      //iLeftValue = iLeftValue * (Constant * 2);
        ...
28      //iLeftValue = iLeftValue / (iVariable + 3);
        ...
32      //iLeftValue = iLeftValue % 3;
```

복합 대입 연산자는 먼저 LV를 왼쪽 피연산자, RV의 모든 코드를 오른쪽 피연산자로 해서 산술 연산을 수행한다. 다음으로 산술 연산 결과를 LV에 다시 저장한다. 본래의 LV 값을 가져와 데이터를 가공한 후 다시 LV 데이터 공간에 저장하므로 피연산자 자체에 변동이 일어난다.

이러한 특징은 증감 연산자와 복합 대입 연산자만 가진다. 즉, 누적되는 개념이 존재한다. 변수 iLeftValue는 복합 대입 연산이 이뤄지면서 계속 누적돼 변하므로 코드를 따라가며 값이 어떻게 변하면서 출력됐는지 천천히 따져보자.

> **팁**
>
> **축약된 표현이 반드시 좋은 코드는 아니다**
> - 초보자 중 상당수는 복합 대입 연산자를 포함해서 간략한 코드를 작성할 수 있는 축약된 표현을 사용하는 것을 마치 프로그래밍 실력이 높고 멋있다고 착각하는 경향이 있다.
> - 그러나 실무에서는 오히려 축약된 기능을 사용하지 않는 경우가 의외로 많다. 팀 프로젝트로 작업이 진행되므로 누가 보더라도 빠르게 이해할 수 있는 풀어낸 코드가 오히려 가독성이 높다고 평가받는다. 게다가 기능을 분리해서 풀어낸 코드가 디버깅 시 압도적으로 유리하다. 축약된 코드를 디버깅해야 될 때 그 시점에 급하게 다시 코드를 풀어서 작성한 후 디버깅하는 경우도 빈번히 발생하기 때문에 이 과정에서 실수가 발생할 위험이 있다. 따라서 애초부터 의도적으로 코드를 풀어 작성하는 경우가 적지 않은 것이다. 축약된 표현은 변동될 가능성이 적은 코드에 사용한다.
> - 프로그래머 경력자들이 축약된 표현을 몰라서 코드를 풀어 쓰는 것이 아니다. 초보자들은 축약된 표현을 사용하는 것에 대해 결코 프로그래밍 스킬이 높고 멋있다고 생각해서는 안 된다. 실무에서 코드가 길어지더라도 의도적으로 풀어서 작성하는 데에는 그만한 이유가 있다.

3-5-6-3 복잡한 코드의 분리

Ex3–59 / main.h

```
01  #pragma once
02  #define _CRT_SECURE_NO_WARNINGS
03  #include <stdio.h>
04
05  void BasicOperator();
```

Ex3–59 / main.c

```
01  #include "main.h"
02
03  int main(void)
04  {
05      BasicOperator();
06      return 0;
07  }
08
09  void BasicOperator()
10  {
11      float iTotalDamage = 0.0f;
12      int iPLevel = 5;
13      int iPAttack = 120, iEDefence = 89;
14      float iSynergy = 1.12f;
15
16      int iBase = 0;
17      int iLevelMultiplier = 0;
18
19      iTotalDamage = (iPLevel * (iPAttack - iEDefence) * 2) * iSynergy;
20      printf("%f\n", iTotalDamage);
21
22      iBase = iPAttack - iEDefence;
23      iLevelMultiplier = iPLevel * iBase * 2;
24      iTotalDamage = iLevelMultiplier * iSynergy;
25      printf("%d\n%d\n%f", iBase, iLevelMultiplier, iTotalDamage);
26  }
```

표준 출력은 다음과 같다.

```
347.200012
31
310
347.200012
```

예제 코드 Ex3-59는 복잡한 표현식으로 이뤄진 코드를 분리한 예다. 실무에서는 복잡한 수식을 포함한 명령문은 가독성, 확장성, 디버깅을 위해 애초부터 의도적으로 코드를 분리해서 작성하는 경우가 많다.

짧은 코드로 원하는 기능만 달성하려면 11행 ~ 14행의 변수 선언, 19행의 대입 명령문, 20행의 출력 함수만 있으면 충분하다. 문제는 19행의 대입 명령문 표현식이 간단한 예를 보여주기 위한 코드임에도 다양한 연산이 한 번에 이뤄진다는 점이다.

실제 게임을 제작하다 보면 데미지 공식 등이 예제 코드와는 비교하기 어려울 정도로 복잡하므로 명령문 1줄로 표현하려고 하면 매우 복잡하고 긴 표현식이 나온다. 당연히 코드를 분석하기도 어렵고, 가독성도 떨어지고, 수식을 수정하기 어려워 확장성도 떨어지며, 가장 큰 문제가 디버깅을 하기 까다롭다.

```
19      iTotalDamage = (iPLevel * (iPAttack - iEDefence) * 2) * iSynergy;
```

따라서 실무에서는 동일한 결과를 도출하지만 19행을 22행 ~ 24행과 같이 대입 명령문을 풀어 작성하는 경우가 적지 않다. 대입 명령문을 분리하기 위해 16행 ~ 17행에 2개의 변수를 추가로 선언했다. 추가로 8바이트 메모리 공간을 할당하게 됐지만 가독성, 확장성, 디버깅의 수월함이 생긴 것에 비해 현재 시스템 환경에서 8바이트는 단점이라고 보기도 어려운 상황이다.

```
22      iBase = iPAttack - iEDefence;
23      iLevelMultiplier = iPLevel * iBase * 2;
24      iTotalDamage = iLevelMultiplier * iSynergy;
```

명령문 1줄마다 딱 하나의 의미를 갖고 있으므로 코드의 가독성도 높고, 데미지 수식을 변경해야 될 때도 의미별로 분리돼 있는 세부 수식만 변경하면 되므로 확장성도 높다. 무엇보다 디버깅할 때 중단점을 설정하기도 수월하며 코드 라인별로 메모리의 상황을 파악하기도 수월하다.

코드가 몇 줄 길어지고 8바이트 메모리를 더 사용했지만 그에 반해 이루 말할 수 없을 만큼의 막대한 장점을 가지니 실무에서는 복잡한 코드를 분리하는 걸 오히려 선호하는 것이다.

기존 프로그래밍 책으로 공부해왔다면 22행 ~ 24행은 마치 초보자가 단계별로 하나씩 확인하면서 작성한 코드이고, 19행은 전문가가 작성한 코드처럼 보일 수 있겠지만 오히려 프로그래머 경력이 쌓이면 쌓일수록 가독성, 확장성, 디버깅을 고려한 코드의 중요성을 인식하게 돼서 복잡한 코드를 분리하게 된다.

기존 프로그래밍 교재에서 이러한 부분을 전혀 다루지 않는 것이 안타까울 정도다. 프로그래밍에서 중요한 건 고급 기술을 뽐내는 것이 아니다. 기본적인 것만 사용할지라도 팀 작업에 적합하고 안전한 코드를 작성할 수 있는 것이야 말로 그 무엇보다 중요하다.

다만 복잡한 코드를 분리하기 위해 추가로 선언하게 될 변수는 아무렇게 선언하는 것이 아니다. '2-3-2 변수의 선언 명령문' 절에서 변수를 선언하는 이유는 나중에 다시 사용하고자 할 때 변수를 선언한다고 했었다. 복잡한 코드를 분리한다고 해서 무작정 분리하지 말고 이후 사용될 가능성이 있는 코드를 새로운 변수로 묶어 코드를 분리한다.

3-5-7 형 변환 연산자

Ex3-60 / main.h

```
01  #pragma once
02  #define _CRT_SECURE_NO_WARNINGS
03  #include <stdio.h>
04
05  void BasicOperator();
```

Ex3-60 / main.c

```c
01  #include "main.h"
02
03  int main(void)
04  {
05      BasicOperator();
06      return 0;
07  }
08
09  void BasicOperator()
10  {
11      int iOperand1 = 12, iOperand2 = 245;
12      float fTarget1 = 0.0f;
13      int iTarget2 = 0;
14
15      fTarget1 = (float)(iOperand2 / iOperand1);
16      printf("%f\n", fTarget1);
17      fTarget1 = (float)iOperand2 / (float)iOperand1;
18      printf("%f\n", fTarget1);
19
20      iTarget2 = (int)(fTarget1 - iOperand1);
21      printf("%d\n", iTarget2);
22      iTarget2 = (int)fTarget1 - (int)iOperand1;
23      printf("%d", iTarget2);
24  }
```

표준 출력은 다음과 같다.

```
20.000000
20.416666
8
8
```

예제 코드 Ex3-60은 형 변환 연산자를 알아보기 위한 예다. 형 변환^{Cast} 연산자는 기존 데이터형을 명시적으로 다른 데이터형으로 일시적 변경할 때 사용하는 단항 연산자다.

변경하기 원하는 데이터형을 '(데이터형)'과 같이 ( ) 안에 작성해서 변수나 수식 앞에 배치하면 컴파일러는 소괄호와 데이터형을 합쳐 형 변환 연산자로 인식한다. 형 변환은 일시적으로 이뤄지므로 변수의 데이터형 자체가 변하지 않음에 주의하자.

산술 연산자에서 언급한 형 확장은 자동 형 변경인 것에 반해 형 변환 연산자를 사용하면 컴파일러에게 명시적으로 데이터형이 변했다는 것을 알려주기 때문에 좀 더 안정적인 형 변환이 가능하다. 형 축소의 경우 프로그래머가 의도하지 않은 데이터 변경이 이뤄질 위험성이 있으므로 형 축소가 이뤄져야 할 때는 반드시 형 변환 연산자를 사용해서 의도한 대로 데이터형이 변경되게 해야 한다.

형 변환 연산자는 17행 및 22행과 같이 특정 변수와 상수에 사용해서 원하는 데이터형에 맞게 일시적으로 변경할 수도 있으며, 15행 및 20행과 같이 다른 연산자들의 연산 결과 전체를 ( )로 묶어 결과만 원하는 데이터형에 맞게 변경할 수도 있다.

15행은 정수 간의 산술 연산 결과를 명시적으로 실수로 형 변환한 후 실수 데이터형 변수에 저장했다. 17행은 산술 연산이 이뤄지기 전에 각 정수 데이터형 변수를 먼저 실수 데이터형으로 형 변환한 후 실수 데이터형으로 형 변환이 이뤄진 변수들 간의 산술 연산을 실수 데이터형 변수에 저장했다. 따라서 출력 결과가 다르게 나왔다.

```
15      fTarget1 = (float)(iOperand2 / iOperand1);
        ...
17      fTarget1 = (float)iOperand2 / (float)iOperand1;
```

20행은 실수 데이터형 변수와 정수 데이터형 변수의 산술 결과가 이뤄지면서 자동 형 확장이 이뤄졌는데, 이를 LV의 정수 데이터형 변수에 저장하기 전에 안정적으로 정수 데이터형으로 명시적 형 변환을 했다. 22행은 산술 연산이 이뤄지기 전에 실수 데이터형과 정수 데이터형을 먼저 명시적으로 각각 정수 데이터형으로 형 변환한 후 LV의 정수 데이터형 변수에 저장했다.

```
20      iTarget2 = (int)(fTarget1 - iOperand1);
        ...
22      iTarget2 = (int)fTarget1 - (int)iOperand1;
```

22행의 변수 iOpernad1은 본래 정수 데이터형이므로 형 변환이 필요 없으나, 이 예제에서는 17행과 시각적 통일성을 유지하기 위해 형 변환을 했다. 실제 프로그래밍에서 데이터형이 변할 필요가 없다면 굳이 형 변환 연산자를 사용할 필요는 없다.

3-5-8 sizeof 연산자

Ex3–61 / main.h

```
01  #pragma once
02  #define _CRT_SECURE_NO_WARNINGS
03  #include <stdio.h>
04
05  void BasicOperator();
```

Ex3–61 / main.c

```
01  #include "main.h"
02
03  int main(void)
04  {
05      BasicOperator();
06      return 0;
07  }
08
09  void BasicOperator()
10  {
11      int iOperand1 = 12;
12      double dOperand2 = 3.79;
13      char arrOperand3[10+1] = "Dante";
14      int iSize1 = 0, iSize2 = 0, iSize3 = 0;
15
16      iSize1 = sizeof(int);
17      printf("%d\t", iSize1);
18      iSize1 = sizeof(iOperand1);
19      printf("%d\t", iSize1);
20      iSize1 = sizeof(12);
21      printf("%d\n", iSize1);
22
23      iSize2 = sizeof(double);
```

```
24        printf("%d\t", iSize2);
25        iSize2 = sizeof dOperand2;
26        printf("%d\t", iSize2);
27        iSize2 = sizeof 3.79;
28        printf("%d\n", iSize2);
29
30        iSize3 = sizeof(arrOperand3);
31        printf("%d\t", iSize3);
32        iSize3 = sizeof arrOperand3;
33        printf("%d\t", iSize3);
34        iSize3 = sizeof("Dante");
35        printf("%d", iSize3);
36    }
```

표준 출력은 다음과 같다.

```
4        4        4
8        8        8
11       11       6
```

예제 코드 Ex3-61은 sizeof 연산자를 알아보기 위한 예다. sizeof 연산자는 '피연산자의 크기를 바이트 단위로 계산하기 위한 특이한 단항 연산자'다. 대부분의 연산자가 특수한 기호로 사용됨에 비해 sizeof 연산자는 sizeof라는 자연어를 사용한다는 특징이 있다.

sizeof 연산자는 단항 연산자로, 2가지 표현 방식이 존재한다. 16행과 같이 sizeof 다음에 ( )를 작성하고 ( ) 안에 크기를 알고 싶은 피연산자를 작성하는 방식과 25행과 같이 sizeof 다음에 1칸을 띄고 크기를 알고 싶은 피연산자를 작성하는 방식이 있다. sizeof 연산자의 표현 방식 중 ( )는 함수 호출 연산자가 아닌 sizeof 연산자에 포함된 기호에 불과하다는 점에 유의하자.

```
16        iSize1 = sizeof(int);
          ...
25        iSize2 = sizeof dOperand2;
```

sizeof 연산자의 피연산자로는 데이터형, 변수명, 상수명, 리터럴이 올 수 있다.

16행 ~ 21행은 각각 데이터형, 변수명, 리터럴을 ( ) 안에 작성하는 표현 방식으로 작성했다. ( ) 안에 작성하는 방식은 데이터형, 변수명, 리터럴 모두에서 사용할 수 있다. 23행 ~ 28행은 sizeof 다음에 1칸을 띄고 크기를 알고 싶은 피연산자를 작성하는 방식으로 작성하려고 했다. 하지만 데이터형의 경우 이 표현 방식으로 작성할 수 없으며 ( ) 안에 작성하는 것만 허용된다.

30행 ~ 35행은 피연산자에 배열이 올 때의 예다. 배열의 크기를 계산하려면 배열명을 sizeof 연산자의 피연산자로 사용하면 되며, 2가지 표현 방식 모두 사용 가능하다. 다만 정수와 실수 리터럴의 크기는 실제 데이터형의 크기와 동일하지만 배열은 사전에 잡아놓은 크기와 실제 문자열의 크기가 다름을 알 수 있다. 배열은 문자 데이터형의 집합이며, 고정된 크기를 갖지 않고 프로그래머가 배열의 크기를 결정할 수 있으므로 배열에 저장될 문자열의 실제 크기와 다를 수 있기 때문이다.

```
30      iSize3 = sizeof(arrOperand3);
        ...
32      iSize3 = sizeof arrOperand3;
        ...
34      iSize3 = sizeof("Dante");
```

34행에서 문자열의 크기가 글자수인 5개가 아닌 6으로 나타난 것은 배열에 저장된 문자열은 마지막을 알 수 있게 자동으로 마지막에 널 문자 1개가 추가된다고 했었다. 문자열 리터럴 상태에서는 문자 5개로 이뤄진 문자열이었지만 배열로 저장되면서 널 문자까지 포함해서 크기 6을 갖게 된다.

실무에서는 sizeof 연산자의 2가지 표현 방식 중 데이터형, 변수명, 리터럴, 배열을 모두 표현할 수 있으며, 표현식이 피연산자로 올 경우에도 문제가 없는 '( ) 안에 작성하는 표현 방식'으로 통일해서 사용하는 것이 보편적이다.

마지막으로 sizeof 연산자의 출력 데이터형은 size_t다. unsigned int와 동일하게 부호 없는 정수 데이터형이지만 size_t는 OS에서 포함할 수 있는 최대 크기의 데이터를 정의하기 위해 사용된다. 실제 데이터형이 아닌 이후 '3-8 사용자 정의 데이터형' 절에서 배우게 될 예약어 typedef를 사용한 별칭이라는 점이 특징이다.

주의할 점은 int 변수에 저장하는 것이 아니라 표준 출력 함수에서 sizeof를 직접 출력하고자 하면 형식 지정자를 **%d**가 아닌 **%zd**로 지정해야 경고가 발생하지 않는다.

3-5-9 조건 연산자

Ex3-62 / main.h

```
01  #pragma once
02  #define _CRT_SECURE_NO_WARNINGS
03  #include <stdio.h>
04
05  void BasicOperator();
```

Ex3-62 / main.c

```
01  #include "main.h"
02
03  int main(void)
04  {
05      BasicOperator();
06      return 0;
07  }
08
09  void BasicOperator()
10  {
11      int iOperand1 = 1, iOperand2 = 5;
12      int iTarget1 = 0, iTarget2 = 0;
13
14      iTarget1 = (iOperand2 > iOperand1) ? 10 : -10;
15      printf("%d\n", iTarget1);
16
17      iTarget2 = (iOperand2 == iOperand1) ? 10 : -10;
18      printf("%d", iTarget2);
19  }
```

표준 출력은 다음과 같다.

```
10
-10
```

예제 코드 Ex3-62는 조건 연산자를 알아보기 위한 예다. C 프로그래밍 언어에서 '유일한 삼항 연산자'로 '?'와 ':'라는 2개의 기호를 사용해서 하나의 연산자로 기능한다. '?'의 앞, '?'와 ':'의 사이, ':'의 뒤에 각각 3개의 피연산자가 위치한다.

14행 및 17행과 같이 첫 번째 피연산자에 보통 조건을 작성하고, 그 조건이 참이면 두 번째 피연산자를 결과로 삼고, 거짓이면 세 번째 피연산자를 결과로 삼는다.

14행의 첫 피연산자에 해당하는 조건은 참이므로 두 번째 피연산자인 **10**이 결과로 LV에 저장됐고, 17행의 첫 피연산자에 해당하는 조건은 거짓이므로 세 번째 피연산자인 **-10**이 결과로 LV에 저장됐다. 첫 번째 피연산자의 참, 거짓 여부에 따라 결과가 바뀌므로 첫 번째 피연산자에 관계 및 동등 연산자를 주로 활용한다.

```
14        iTarget1 = (iOperand2 > iOperand1) ? 10 : -10;
          ...
17        iTarget2 = (iOperand2 == iOperand1) ? 10 : -10;
```

조건 연산자는 '3-7-1 조건문' 절에서 배우게 될 if~else 문과 동일한 기능을 하는 축약된 버전이기 때문에 가독성, 확장성, 디버깅에 있어서 좋지 않다. 예를 들어 두 번째, 세 번째 피연산자에 해당되는 내용이 이후 변경될 가능성이 높고, 단순히 하나의 명령문으로 작성할 수 없다면 조건 연산자로 작성돼 있는 코드를 이후에 다시 if~else 문으로 변경해야 하는 불편함이 생길 수 있다.

이미 작성된 코드에 조건 연산자가 있으면 파악할 수 있어야 하니 조건 연산자가 어떤 기능을 하는지 알고는 있어야 하지만, 스스로 코드를 작성할 때 사용하는 건 좋지 않다. 가능한 한 if~else 문으로 작성하는 것을 권장한다.

> **세이브 포인트: 개념 정리**
>
> **연산자 기본 개념**
> - **연산자**: 피연산자인 데이터를 다양하게 가공하는 역할을 수행한다.
> - **연산자 분류**: 필요한 피연산자의 개수에 따라 크게 '단항 연산자, 이항 연산자, 삼항 연산자'로 구분된다.
> - 하나의 표현식에 다른 우선순위를 가진 2개 이상의 연산자가 동시에 사용된다면 우선순위에 따라 연산이 진행된다.
> - **대표적인 이항 연산자들의 우선순위**: '산술 연산자 〉 비트 이동 연산자 〉 관계 연산자 〉 비트 논리 연산자'

> 논리 연산자 > (대입 연산자)'

연산자 정리
- 산술 연산자: 덧셈(+), 뺄셈(-), 곱셈(*), 나눗셈(/), 나머지(%), 형 확장, 형 축소
- 증감 연산자: 전위/후위 증가 연산자(++), 전위/후위 감소 연산자(--), 전위와 후위에 따라 우선순위가 다른 점이 특이
- 관계 및 동등 연산자: 관계 연산자(<, <=, >, >-), 동등 연산자(==, !=)
- 논리 연산자: AND(&&), OR(||), NOT(!)
- 대입 및 복합 대입 연산자: 대입 연산자(=), 복합 대입 연산자(+=, -=, *=, /=, %=, <<=, >>=, &=, ^=, |=)
- 형 변환 연산자: (데이터형)
- sizeof 연산자: sizeof(데이터형), sizeof(변수명), sizeof(리터럴)
- 조건 연산자: '피연산자 ? 피연산자 : 피연산자'. 유일한 삼항 연산자

3-6 사용자 정의 함수

변수와 상수를 통한 메모리 관리의 기초, 표준 입출력을 통한 프로그래밍의 흐름, 연산자를 통한 데이터의 가공을 배웠다면 이제 간단한 기능을 가진 프로그램을 구현할 수 있게 됐다. 간단한 기능을 구현할 수 있게 됐으니 다음으로 사용자 정의 함수를 만드는 방법을 배울 차례다. 사용자 정의 함수는 '왜' 그리고 '언제' 만들어야 하는가?

'기능별로 사용자 정의 함수를 만들어갈 수 능력을 기르는 것이 절차적 프로그래밍인 C 프로그래밍의 알파이자 오메가'라고 했었다. 사용자 정의 함수에서 다뤄야 될 이론적인 내용은 많지 않지만 코드를 작성하면서 하나의 기능이 구현되면 해당 코드를 사용자 정의 함수로 만드는 능력을 지금 시점에 반드시 기르고 넘어가야 한다.

이 능력을 기르지 않고 이후를 진행해봐야 스스로 코드를 작성할 수 있는 레벨도 도달하지 못하고, 머리로 이론만 알고 C 프로그래밍 학습을 끝내게 될 것이다. 게다가 이 상태로 객체지향 프로그래밍으로 넘어가봐야 객체지향 프로그래밍의 시작이자 핵심인 클래스를 설계하지 못하니 시작부터 막히게 될 것이다.

프로그래밍의 기본 철학 중 하나는 '반복적인 코드를 줄여 효율적인 코드를 작성'하는 것이다. 이에 따라 효율적인 코드를 작성할 수 있게 다양한 개념이 만들어졌고 좀 더 효율적인 코드 작성이 가능하게 여러 프로그래밍 언어가 발전해왔다. 절차적 프로그래밍에서 사용자 정의 함수를 만드는 이유도 이러한 철학에서 왔으며, 객체지향 프로그래밍의 클래스도 동일하고 클래스의 가장 중요한 특징인 상속 또한 반복적인 코드 작성을 줄이기 위해 고안된 개념이다.

즉, 하나의 기능을 아무렇게 사용자 정의 함수로 만드는 것이 아니라 추후에 효율적으로 다시 사용할 수 있게 구현했을 때 비로소 의미 있는 사용자 정의 함수라고 할 수 있다. 사용자 정의 함수를 만들었다면 이제 표준 라이브러리 함수와 같이 필요할 때 호출해서 사용하기만 하면 된다.

'1-1-5 표준 라이브러리와 사용자 정의' 절에서 함수는 크게 표준 라이브러리 제공 함수와 사용자 정의 함수로 구분된다고 했었다. 프로그래밍 언어에서 제공하는 표준 라이브러리 함수는 전처리기로 해당 헤더 파일을 추가하면 호출해서 사용할 수 있었다. 표준 라이브러리에 이미 구현돼 있기 때문에 필요할 때 호출만 하면 됐다.

반면 사용자 정의 함수는 '2-4-1 사용자 정의 함수' 절에서 간단히 소개했듯이 컴파일러가 함수로 인지할 수 있는 모든 것을 직접 만들어야 한다. C 프로그래밍 언어에서 완전한 사용자 정의 함수를 만들려면 '선언부', '구현부', '호출부'를 작성하면 된다. 선언부와 구현부를 작성한 후에는 필요할 때마다 호출부만 호출해주면 된다. 사용자 전용 라이브러리를 만든 것과 같다.

사용자 정의 함수를 만드는 방법을 배우기 위해 함수의 원형을 통해 함수와 관련된 용어를 살펴보고 함수의 선언부, 구현부, 호출부를 통해 사용자 정의 함수의 구조를 파악한다. 다음으로 함수의 4가지 유형을 직접 만들어보는 예제 코드를 살펴볼 것이다. 함수의 4가지 유형은 구조를 눈으로 익히는 것에 머물러서는 안 되며, 하나의 기능을 가진 복수의 명령문을 유형에 맞게 함수로 분리하는 과정 자체를 이해하고 직접 사용자 정의 함수를 만들 수 있게 수많은 연습을 할 필요가 있다.

3-6-1 함수의 원형

함수의 원형

```
01    반환 데이터형 함수명(매개변수1, 매개변수2...)
02    {
03            return 반환값;
04    }
```

이제 함수의 원형Prototype과 함수 관련 용어를 정확히 짚고 넘어갈 필요가 있다. 지금까지는 다른 이론들을 설명하기 위해 함수의 기초적인 개념만 설명했고, 이해하기 쉽게 정식 용어가 아닌 표현을 사용하기도 했다.

'2-1-3 main 함수의 C99 표준 작성법' 절에서 '함수의 원형은 머리와 몸체'로 구분한다고 했었다. 1행이 함수의 머리에 해당되고, 2행 ~ 4행이 함수의 몸체에 해당된다. 함수의 머리는 함수명 뒤에 함수 호출 연산자(소괄호 ( ))를 작성하는 것으로 기본 골격이 완성되며, 컴파일러는 함수 호출 연산자를 확인한 후 함수로 인지한다. 기본 골격이 완성되면 '매개변수', '반환값', '반환 데이터형'을 고민해서 선택하게 된다.

프로그래밍이자 함수의 흐름인 '입력 데이터 → 알고리듬 → 출력 데이터'를 구현하기 위해 함수의 원형에서는 입력 데이터인 '매개변수Parameter'와 출력 데이터인 '반환값Return Value'을 포함하고 있다.

함수 호출 연산자 안에 있는 것이 입력 데이터인 매개변수들이다. 매개변수는 없기나 다수가 될 수 있다. 매개변수가 없을 때는 main 함수와 같이 데이터형이 없다는 void만 작성하면 되며, 사용자 정의 함수의 경우 매개변수가 없다면 void를 생략할 수도 있다.

함수의 매개변수는 변수나 상수의 선언 명령문과 동일한 과정이므로 매개변수는 함수 내 별도의 선언 명령문 없이 함수가 종료될 때까지 사용할 수 있는 지역 변수의 역할을 한다. 그렇기 때문에 매개'변수'인 것이다. 매개변수가 다수 존재할 때는 쉼표로 구분하며, 매개변수는 개수가 중요하므로 동일한 데이터형을 가진 매개변수들이 있다고 할지라도 생략된 표현 없이 전부 '데이터형 변수명'의 형태로 작성한다.

함수의 몸체 내부 3행의 return 뒤에 있는 것이 출력 데이터인 반환값이다. return 으로 시작하는 명령문은 제어 명령문 중 하나로 '리턴 명령문'이라고 한다. 리턴 명령문은 반환값을 함수의 호출 지점으로 반환하면서 함수 실행을 종료하는 역할을 수행한다. 반환값은 없거나 하나가 존재할 수 있다. 즉, 반환값은 매개변수와 달리 다수가 될 수 없다.

반환값이 없을 경우 반환값 없이 'return;'만 작성하는 것이 함수의 원형을 유지한 코드 작성법이다. 하지만 반환값이 없을 경우 보통 3행 자체를 생략하게 된다. 지금까지 이 책에서는 반환값이 없을 때 리턴 명령문 자체를 생략해왔다.

함수의 유형에서 반환값이 없는 함수는 있을 수 있으나 "리턴 명령문이 없는 함수는 존재하지 않는다."는 점에 유의할 필요가 있다. 단지 반환값이 없어 리턴 명령문이 생략돼 있을 뿐이다. 반환값이 있을 경우 반드시 리턴 명령문이 필요하며 반환값에 리터럴, 변수, 상수 또는 표현식을 지정할 수 있다.

함수의 머리에 있는 '반환 데이터형'은 반환값의 데이터형을 나타낸다. 반환값이 어떤 데이터형으로 출력되는지 함수의 원형에 명시하기 위한 표현이며, 실제 중요한 것은 반환값이다. 반환값이 없다면 리턴 명령문을 생략했든 생략하지 않았든 반환 데이터형을 void로 작성한다.

3-6-2 함수의 구조(선언부, 구현부, 호출부)

지금까지 예제 코드들은 특정 개념을 설명하기 위한 하나의 기능을 갖고 있었기에 사용자 정의 함수를 1개 만들어 main 함수에서 호출을 해왔다. 기능별 함수 분리에 대해 먼저 눈과 손으로 익숙해지도록 '2-4-6 템플릿 제작' 절에서는 템플릿에 사용자 정의 함수를 main 함수에서 호출하도록 제작한 후 이 템플릿을 기반으로 예제 코드를 작성해왔다.

이제는 무작정 사용자 정의 함수를 사용하는 단계를 넘어 사용자 정의 함수를 '왜' 만드는지 이해하고, 스스로 사용자 정의 함수를 '만드는 과정'을 수행할 수 있어야 하는 시점이다. 스스로 사용자 정의 함수를 만드는 과정은 '3-6-3 함수의 4가지 유형' 절에서 다루니 우선 만들어진 사용자 정의 함수의 구조부터 알아보고 각 부분별로 어떤 점을 유의해야 할지 살펴본다.

'2-4-1 사용자 정의 함수' 절에서 함수의 선언부, 구현부, 호출부를 간략히 소개하며 "C 프로그래밍 언어에서 함수는 3가지 영역을 갖고 있으며, 컴파일러가 인지하는 순서는 '선언부 → 구현부 → 호출부'지만, 프로그래머가 코드를 작성하는 순서는 '구현부 → 선언부 → 호출부'가 보편적이다."라고 설명했었다. 구현부를 함수의 정의라고도 부른다.

변수는 직접 메모리에 접근하기 때문에 선언만 있어도 선언된 변수명으로 해당 변수를 사용할 수 있었지만 함수는 메모리에 직접 접근하는 것이 아닌 하나의 기능인 알고리듬을 구현해 놓은 코드의 집합체이므로 컴파일러가 인지하기 위해 필요한 선언부 외에도 실제 코드가 구현된 구현부와 그 코드의 집합체를 묶어 호출하기 위한 호출부가 필요하다.

예제 코드 Ex3-63은 프로그래머가 코드를 작성하는 순서에 따라 함수의 선언부, 구현부, 호출부에 해당되는 부분을 소개해 함수의 전체 구조를 이해할 수 있게 하며, 만들어진 사용자 정의 함수가 어떻게 반복적으로 호출되는지 보여주기 위한 예다.

Ex3-63 / main.h

```
01  #pragma once
02  #define _CRT_SECURE_NO_WARNINGS
03  #include <stdio.h>
04
05  int Sum(int iOperand1, int iOperand2);
06  //int Sum(int, int);
```

Ex3-63 / main.c

```
01  #include "main.h"
02
03  int main(void)
04  {
05      int iPlayerLevel = 1;
06      int iGold = 100;
07      int iEnemyDropGold = 50;
08
09      iPlayerLevel = Sum(iPlayerLevel, 2);
```

```
10      iGold = Sum(iGold, iEnemyDropGold * iPlayerLevel);
11
12      printf("Player Level: %d\n", iPlayerLevel);
13      printf("Gold: %d", iGold);
14
15      return 0;
16  }
17
18  int Sum(int iOperand1, int iOperand2)
19  {
20      int iTotal = 0;
21      iTotal = iOperand1 + iOperand2;
22
23      return iTotal;
24      //return (iOperand1 + iOperand2);
25  }
```

표준 출력은 다음과 같다.

```
Player Level: 3
Gold: 250
```

3-6-2-1 구현부

```
18  int Sum(int iOperand1, int iOperand2)
19  {
20      int iTotal = 0;
21      iTotal = iOperand1 + iOperand2;
22
23      return iTotal;
24      //return (iOperand1 + iOperand2);
25  }
```

사용자 정의 함수를 만드는 과정에서 프로그래머가 처음으로 작성하게 되는 부분이 구현부다. 함수의 원형을 기반으로 사용자 코드를 추가한 것이 구현부다. 구현부는 18행 ~ 25행에 해당된다.

구현부는 '2-4-5 소스코드의 영역 구분' 절에서 설명한 '사용자 정의 함수 영역'에 작성하는 걸 권장한다. 사용자 정의 함수가 많아지면 '2-4-3 기능별 파일 분리' 절에서 설명한 것과 같이 기능별로 소스 파일을 분리하는 과정을 거치게 된다.

함수 Sum은 int 2개의 피연산자를 입력 데이터인 매개변수로 받은 후 알고리듬으로 2개의 피연산자를 더한다. 함수 Sum의 존재 의의는 2개의 피연산자를 더하는 것이다. 따라서 함수 Sum에서는 21행이 '핵심 코드'가 된다. 23행은 단지 합산된 결과를 반환할 뿐이다.

지금까지의 예제 코드는 이론을 배운 후 눈으로 확인하기 위해 화면에 특정 값을 출력하고자 하는 것이 자체가 목표였기에 핵심 코드의 상당수는 출력 관련 코드였지만, 실제 어떠한 데이터를 도출하기 위한 것이 실질적인 목표이고 부가적으로 해당 데이터를 출력했던 경우도 존재했다. 이 경우 데이터를 도출하는 코드가 핵심 코드가 된다.

즉, 핵심 코드는 결론적으로 무엇을 하고자 하는가에 대한 코드이므로 다양한 명령문이 될 수 있다. 또한 명령문을 어떻게 분리하는가에 따라 핵심 코드가 얼마든지 변할 수 있으며, 핵심 코드를 어느 범위까지 볼 것인지도 사람마다 달라질 수도 있다. 이 책에서는 핵심 코드가 많아지면 집중하기 어려울 것 같아서 데이터를 가공하는 코드가 존재할 경우 출력 코드는 핵심 코드에서 제외했지만 출력 코드까지 핵심 코드로 볼 수도 있으며, 입력 함수를 통한 액션은 핵심 코드로 구분하지 않았으나 입력 함수 또한 액션에 속한다고 볼 수 있기에 핵심 코드에 포함할 수도 있다.

마지막으로 2개의 값을 더한 결괏값을 출력 데이터인 반환값으로 넘기며 함수 끝을 알린다. 반환값의 데이터형이 int이므로 18행의 반환 데이터형에 명시했다. 이와 같이 함수는 '1-1-4 절차적 프로그래밍 vs 객체지향 프로그래밍' 절에서 설명했듯이 함수 내부에 변수와 함수를 활용해서 하나의 기능인 알고리듬을 구현하는 것이 목표다.

함수 Sum은 2개의 피연산자에 어떤 입력 데이터가 들어오든 2개의 피연산자를 더하는 기능만 독립적으로 완벽하게 수행할 수 있으면 된다. 그러기 때문에 매개변수명을 특정 데이터를 의미하는 변수명으로 짓지 않은 것이다.

20행 ~ 23행은 변수의 선언 명령문과 초기화, 연산자를 활용한 데이터의 가공, 리턴 명령문으로 하나의 기능을 순차적으로 구현했다. 20행의 변수를 함수 내에서 다시 사용될 가능성이 없다고 판단되면 20행 ~ 23행 대신 간단히 24행 한 줄만으로 리턴 명령문으로 넘길 수 있다. 20행 ~ 23행과 24행은 결국 동일한 기능을 구현한 것이다.

```
24    return (iOperand1 + iOperand2);
```

다만 어느 쪽이 무조건 옳다고 할 수는 없다. 함수 Sum과 같이 2개의 피연산자를 단순히 더하는 기능이라면 이후 확장되거나 변동될 가능성이 없으니 24행과 같이 짧은 코드로 작성하는 것이 좋겠지만, 이후 확장 가능성 있는 사용자 정의 함수를 구현해야 한다면 미리 20행 ~ 23행과 같이 풀어서 코드를 작성하는 것도 고려할 필요가 있다.

어차피 간단한 함수의 지역 변수에 불과하기 때문에 메모리 최적화에 아무런 문제가 없으므로 상황에 맞게 판단하되 반드시 짧은 코드가 좋은 코드가 아니라는 점만 인지하고 있으면 된다.

3-6-2-2 선언부

```
05    int Sum(int iOperand1, int iOperand2);
06    //int Sum(int, int);
```

구현부의 매개변수와 반환값에 대한 윤곽이 어느 정도 잡히면 선언부를 작성한다. 구현부를 완전히 작성한 후 선언부를 매칭시키기보다 어느 정도 원형이 나오면 선언부를 만들어두고, 번거롭더라도 원형의 매개변수나 반환값이 변경될 때마다 구현부와 선언부를 매칭시켜주는 것을 권한다. 그래야 선언부 작성을 잊어버리는 실수를 줄일 수 있다. 구현부와 선언부는 하나의 쌍이라고 생각하고 서로 매칭시켜주는 것이 좋다.

main 함수 위에 사용자 정의 함수의 구현부를 작성하면 호출부보다 위에 있게 되므로 컴파일러가 인지해서 굳이 선언부를 작성할 필요가 없지만, C 프로그래밍 언어의 철학 중 하나가 안정성을 위해 명시적인 선언을 하는 것이므로 C 프로그래밍 언어를 배우는 단계에서는 정석적으로 선언부를 작성하고 구현부는 사용자 정의 함수 영역에 작성하는 것을 강력히 권장한다고 했다.

구현부의 작성이 끝나면 구현부의 원형 행에 커서를 두고 표 1-3에서 소개했던 Alt + Enter를 누른 후 선언/정의 만들기 메뉴를 선택하면 자동으로 선언부가 만들어진다. 반대로 선언부만 작성한 후 해당 메뉴를 통해 구현부의 원형을 자동으로 만들 수 있다. 이와 같이 편리한 기능이 존재하므로 구현부와 선언부는 항상 동일한 상태로 쌍을 유지하자.

함수의 선언부는 '전역 영역'에 작성한다. 이 책의 예제 코드는 헤더 파일 main.h에 전처리기 영역과 전역 영역을 분리한 템플릿을 사용하고 있으므로 5행과 같이 헤더 파일에 선언부를 작성한다.

구현부의 원형인 18행과 함수명, 매개변수, 반환 데이터형이 동일하다는 것을 확인할 수 있다. 앞으로 이러한 함수가 나올 것이라고 컴파일러에게 선언하는 역할을 하므로 함수의 몸체는 없어도 되니 1줄의 명령문으로 표현되며, 1줄의 명령문이므로 세미콜론(;)으로 명령문의 종료를 알린다.

함수의 선언부는 6행과 같이 매개변수들의 변수명을 생략할 수 있다. 함수명, 매개변수의 데이터형, 반환 데이터형만 구현부의 원형과 일치하면 선언부로서의 기능을 한다. 다만 매개변수의 수는 정확히 일치해야 한다는 점은 주의하자.

3-6-2-3 호출부

```
09      iPlayerLevel = Sum(iPlayerLevel, 2);
10      iGold = Sum(iGold, iEnemyDropGold * iPlayerLevel);
```

구현부가 테스트할 수준까지 구현되면 다음으로 해당 기능을 어느 시점에 호출할 것인지 '호출부의 위치를 선택'하는 과정을 거친다. 함수의 선언부와 구현부 작성이 완료됐다면 이제 표준 라이브러리의 함수를 사용했던 것과 동일한 요령으로 호출하면 된다. 호출부는 해당 기능을 실질적으로 '사용'하는 역할을 수행하므로 구현부만 만들어두고 호출부에서 호출하지 않으면 아무런 의미가 없어진다.

1가지 용어의 차이를 다시 한 번 정리하고 넘어가자. 함수의 선언부, 구현부에서는 입력 데이터를 '매개변수'라고 하며, 호출부에서는 입력 데이터를 '인자^{Argument}'라고 했다. 매개변수는 입력 데이터의 수와 각각의 데이터형을 결정하는 것이며, 인자는 실제 리터럴을 함수로 전달하는 다른 역할을 수행하는 만큼 용어가 다르다.

함수 Sum은 정수인 어떤 피연산자 2개가 들어와도 2개의 피연산자를 더하는 기능을 한다고 했다. 따라서 정수 2개의 값을 더하고 싶은 상황이 오면 반복적으로 호출해도 아무런 문제없이 구현됐다. 9행에서는 플레이어 캐릭터의 레벨에 2를 더했고, 10행에서는 전체 골드에 적이 드롭하는 골드와 플레이어 캐릭터의 레벨을 곱한 것을 더했다.

이와 같이 구체적으로 무슨 값을 더할 것인지 함수 Sum의 구현부에서는 알 필요가 없다. 단지 2개의 정수가 들어오면 그 2개의 값을 더해서 더한 값을 반환값으로 전달할 뿐인 독립적인 기능만 수행하면 된다. 이것이 하나의 기능을 사용자 정의 함수로 분리한다는 의미다.

'호출부의 인자와 구현부의 매개변수 흐름'을 이해하는 건 함수의 흐름을 이해하기 위해 필수적이다. 결론부터 말하면 '변수나 상수의 선언 명령문과 초기화'하는 과정과 동일하다.

인자가 초기화 값으로 매개변수에 전달되며, 매개변수는 인자에서 받은 값으로 초기화를 포함한 변수의 선언 명령문 역할을 수행한다. 따라서 별도의 선언 명령문 없이 매개변수를 함수 내에서 사용할 수 있었던 것이다. 호출부의 인자에서 구현부의 매개변수로 전달되는 과정은 마치 지역 변수의 선언 명령문 및 초기화 과정과 동일하다.

이러한 과정을 다음과 같이 정리했다. 9행에서 호출된 함수 Sum은 인수로 변수 iPlayerLevel과 리터럴 2를 받아 각각 구현부의 매개변수인 iOperand1과 iOperand2에 대입한다. 10행에서 호출된 함수 Sum은 인수로 변수 iGold와 표현식인 iEnemyDropGold * iPlayerLevel을 받아 각각 구현부의 매개변수인 iOperand1과 iOperand2에 대입한다. 이것이 호출부의 인자에서 구현부의 매개변수로 데이터 값이 전달되는 과정이 가진 본래의 의미다.

```
int iOperand1 = iPlayerLevel;
int iOperand2 = 2;
```

```
int iOperand1 = iGold;
int iOperand2 = iEnemyDropGold * iPlayerLevel;
```

3-6-2-4 이벤트 → 조건 → 핵심 코드(액션)

이벤트를 기반으로 한 프로그래밍으로 작성된 완성 코드는 '이벤트 → 조건 → 핵심 코드'의 순서를 보인다. 프로그래밍을 가르치면서 실제 프로그래밍의 흐름을 정확히 이해하는 것이 가장 중요하다고 강조한다. 주의할 점은 완성된 코드를 눈으로 분석하는 학습 방법으로는 '이벤트 → 조건 → 핵심 코드' 순으로 프로그래밍을 하게 된다고 착각하기 쉽다는 것이다.

문제는 이 순서는 실제 프로그래머가 코드 작성 순서가 아니라는 점이다. C 프로그래밍 언어에서 가장 중요한 것을 사용자 정의 함수를 만드는 능력으로 보고 있으며, 해당 함수를 작성할 때 코드 작성 순서를 이해하는 것이야말로 스스로 프로그래밍을 할 수 있는 최소한의 지식이라고 본다.

함수를 하나의 이벤트로 본다면 완성된 코드의 구성은 '이벤트 → 조건 → 핵심 코드'의 순으로 보인다. 이러한 순서는 프로그래밍 언어인 C, C++, C#뿐만 아니라 유니티, 언리얼과 같은 게임 엔진을 통한 게임 개발에서도 변하지 않는다. 지금까지 프로그래밍 학습에서 완성된 코드를 첫 줄부터 끝까지 눈으로 분석해왔다면 당연히 이 순서대로 프로그래밍이 이뤄진다고 착각하기 쉽다.

그러나 프로그래머는 기계가 아니다. 인간은 논리적으로 하나하나 생각해가면서 프로그램을 완성해간다. 그러므로 프로그래머는 '이벤트 → 핵심 코드(액션) → 조건' 순으로 코드를 작성해야 한다. 이벤트가 발생했을 때 해당 함수가 하나의 기능으로 동작하기 위해 '핵심 코드'부터 작성하는 것이 프로그래밍이다.

핵심 코드를 구현하기 위해 표준 라이브러리를 사용할 것인지, 또 다른 사용자 정의 함수를 사용할 것인지, 함수 없이 연산자로 충분히 가공할 수 있는지 등을 판단해서 먼저 작성한다. 그 뒤에 조건을 하나씩 추가해가면서 최종적으로 원하는 기능을 만들어가는 과정이 프로그래밍이다. 완성된 코드를 첫 줄부터 끝까지 따라서 써보라고 한 후 사용된 개념과 이론을 분석해주는 수업 방식으로는 오타를 못 잡아서 빌드조차 못하는 수많은 프포자가 양산될 수밖에 없는 이유다.

프로그래밍은 스스로 논리적인 사고를 통해 작은 기능을 하나씩 추가해가며 완성시키는 것이기 때문이다. 그 '시작점이 핵심 코드'가 돼야 한다. 해당 기능을 구현하기 위해 근본적으로 어떤 액션이 필요한지, 몇 개의 액션이 필요한지 논리적으로 파악하는 것이 사용자 정의 함수를 만드는 출발점이자 핵심이다.

예제 코드 Ex3-63을 기준으로 보면 main 함수에서는 12행과 13행이 핵심 코드이며, 함수 Sum에서는 21행이 핵심 코드가 된다.

main 함수에서는 플레이어 캐릭터 레벨과 골드를 출력해서 눈으로 직접 확인하고 싶은 것이 목적이고, 함수 Sum에서는 2개의 피연산자를 더하는 것이 목적이다. 나머지 코드들은 그 목적을 정확히 달성하기 위해 추가된 조건에 불과하며, 조건을 구현하기 위해 메모리에 저장할 필요가 있으면 추가적으로 변수나 상수를 선언하는 것이다. 따라서 실제 프로그래밍을 하는 과정에서 코드의 위아래로 계속 왔다 갔다 하면서 코드를 점차적으로 완성하게 된다.

따라서 완성된 함수에서 변수나 상수의 선언 명령문들이 맨 위에 있다고 해서 처음부터 완벽히 계획해서 작성되는 것이 아니다. 최종적으로 완성될 기능을 예측해서 필요한 모든 변수나 상수의 선언 명령문을 작성하는 건 신이 아닌 이상 불가능하다. 무엇을 하고 싶은지도 모르면서 무작정 변수를 선언한다는 건 있을 수 없는 일이다.

지금껏 첫 줄부터 끝까지 신이 된 것처럼 모든 것을 예측해서 코드를 분석하는 연습을 했으니 실제 스스로 코드를 작성할 엄두가 나지 않은 것이다. 지금까지의 프로그래밍 교육은 프로그래머가 되기 위해서는 기계 또는 신이 돼야 한다고 가르치고 있던 것이며, 당연히 신이 되지 못하니 수많은 프포자가 만들어지는 패배 이벤트였던 것이다.

정리하면 프로그래밍을 할 때는 궁극적으로 구현하고자 하는 최소한의 기능이 무엇인지 논리적으로 파악해 최소한의 기능을 '핵심 코드'로 먼저 구현한 후 점차적으로 조건을 추가하며, 최종적으로 희망했던 완전한 기능을 완성해간다. 이 흐름을 이해하면 완성된 코드를 분석하는 능력도 월등히 높아진다. 조건에 해당되는 코드를 일일이 보기보다 빠르게 핵심 코드들을 살펴보면서 코드 전체가 어떤 목적으로 작성된 것인지 먼저 파악한 후 세부적인 코드를 살펴볼 수 있게 되기 때문이다.

3-6-3 함수의 4가지 유형

3-6-3-1 함수의 4가지 유형 분류 기준

하나의 독립적인 기능을 구현해 중복된 코드를 줄이고, 반복적으로 호출돼 사용할 수 있게 만들어진 함수는 표 3-14와 같이 크게 4가지 유형으로 구분된다. 함수의 유형을 구분하는 기준 축은 입력 데이터인 매개변수와 출력 데이터인 반환값의 유무다.

내부의 알고리듬은 함수별로 다른 기능으로 구현될 테니 분류의 기준이 될 수 없다. '3-6-1 함수의 원형' 절에서 알 수 있듯이 유형을 구분할 수 있는 요소는 입력 데이터와 출력 데이터의 존재 유무밖에 없다.

표 3-14 함수의 4가지 유형 분류 기준

매개변수 유무	반환값 유무
X	X
O	X
X	O
O	O

완성된 코드 기준으로 함수의 4가지 유형의 형태를 눈으로 파악하는 건 생각 외로 어렵지 않다. 매개변수와 반환값이 존재하는지 그렇지 않은지에 따라 어떤 데이터형을 사용할 것인지와 형태가 조금 변하는 것에 불과하기 때문이다. 그렇기 때문에 많은 기존 교재에서 사용자 정의 함수를 만들 수 있는 능력의 중요성을 충분히 설명하지 않고 함수의 유형을 가볍게 넘어가는 경우가 대부분이다.

그러나 이미 함수로 분리된 완성된 코드를 분석하는 건 아무런 의미가 없다. 절차적 프로그래밍에서 습득해야 할 가장 중요한 것은 스스로 코드를 작성해가면서 특정 코드의 집합이 하나의 기능을 나타나게 될 때 해당 코드의 집합을 스스로 사용자 정의 함수로 만들 수 있는 능력을 기르는 것이라고 했다.

즉, 특정 코드의 집합을 사용자 정의 함수로 만들어야 하는 시점에 4가지 유형 중 어떤 것을 선택해야 할지, 그 유형을 어떤 형태로 사용자 정의 함수로 만들어야 하는지 정확히 파악하는 것이 절차적 프로그래밍의 핵심이자 거의 전부라 할 수 있을 정도다. C 프로그래밍 언어를 배웠다고 하면서 스스로 사용자 정의 함수를 제대로 만들지 못한다면 지금까지 학습 방법에 심각한 결함이 있었다는 것이다.

따라서 이 책에서는 함수의 4가지 유형의 예제 코드를 설명하면서 사용자 정의 함수를 만들기 전에 main 함수에서만 코드를 작성한 예시와, 하나의 기능을 나타내는 코드의 집합을 사용자 정의 함수로 분리한 결과 2가지를 연달아 비교할 수 있게 구성했다.

함수의 4가지 유형의 완성된 간략한 형태를 눈으로 보고 넘어간다면 사용자 정의 함수를 만드는 의미, 이유, 방법을 체감하기 어렵기 때문이다. 그만큼 조금 복잡한 예제 코드로 구성됐지만 4가지 유형별 사용자 정의 함수가 실제 만들어지는 과정에 초점을 맞춰 설명할 것이다.

사용자 정의 함수는 다른 부분에 비해 분량은 많지 않지만 이 책에서 가장 중요한 부분임은 물론이고 앞으로 본격적인 프로그래밍을 배우기 위한 기초 중의 기초가 된다. 중요성을 아무리 강조해도 부족할 정도이니 4가지 유형별 사용자 정의 함수를 만드는 건 반드시 마스터하고 다음으로 넘어가는 것을 강력히 권장한다.

3-6-3-2 매개변수X & 반환값X 함수

매개변수X & 반환값X 함수

```
01  void UserDefined_Function()
02  {
03
04  }
```

첫 번째 함수의 유형은 매개변수와 반환값이 모두 존재하지 않는 함수다.

- 매개변수가 존재하지 않으므로 함수 호출 연산자 안에 작성된 내용이 없다. void로 명시해도 되지만 사용자 정의 함수에서는 매개변수가 없을 경우 보편적으로 void도 생략한다.
- 반환값이 존재하지 않으므로 리턴 명령문을 return;로 명시해도 되지만 보편적으로 반환값이 없는 리턴 명령문은 생략한다. 다만 반환 데이터형은 void로 명시한다. 함수 내의 특정한 조건을 만족할 때 강제로 함수의 실행을 종료하기 위한 코드가 필요하다면 반환값이 없다고 할지라도 리턴 명령문을 코드로 명시적으로 작성하게 된다는 점을 기억해두자.

지금까지 대부분 예제 코드의 main 함수에서 호출했던 함수가 바로 이 유형에 해당된다. 본래라면 main 함수에서 코드를 작성하면서 하나의 기능이 완성되면 해당 코드의 집합을 사용자 정의 함수의 구현부로 분리한 후 main 함수에서는 호출부로 호출하는 과정을 거쳐야 했다.

하지만 사용자 정의 함수를 설명하기 전이었으므로 사용자 정의 함수가 만들어지는 과정을 설명할 수 없으니 사전에 조금이라도 사용자 정의 함수의 구조가 익숙해지도록 가장 간단한 함수의 유형인 매개변수와 반환값이 없는 완성된 형태의 사용자 정의 함수를 템플릿으로 제공했던 것이다.

Ex3-64 / main.h

```
01   #pragma once
02   #define _CRT_SECURE_NO_WARNINGS
03   #include <stdio.h>
```

Ex3-64 / main.c

```
01   #include "main.h"
02
03   int main(void)
04   {
05       fputs("*******************", stdout);
06       printf("\n");
07
```

```
08        printf("Character Information\n");
09
10        fputs("*******************", stdout);
11        printf("\n");
12
13        return 0;
14    }
```

표준 출력은 다음과 같다.

```
*******************
Character Information
*******************
(커서 위치)
```

예제 코드 Ex3-64는 출력 결과에 목차가 될 문자열을 *로 된 블록으로 강조하기 위한 간단한 코드다. 목차에 해당되는 문자열을 출력하기 위한 8행의 위아래로 *로 된 블록을 출력하기 위한 중복되는 코드가 존재한다. 5행 ~ 6행과 10행 ~ 11행은 완전히 동일한 코드의 집합으로, 이 예제 코드에서는 2번만 사용했으나 앞으로 여러 번 사용해야 한다면 불필요하게 중복되는 코드를 여러 번 작성하게 될 것이다.

예제 코드 Ex3-64의 상황이 왜 사용자 정의 함수를 만들어야 하는지에 대한 이유를 명확히 설명해준다. 이와 같이 하나의 기능을 나타내는 코드의 집합이 중복적으로 사용될 때 프로그래머는 효율적으로 코드를 작성하기 위해 사용자 정의 함수로 분리하게 된다.

Ex3-65 / main.h

```
01    #pragma once
02    #define _CRT_SECURE_NO_WARNINGS
03    #include <stdio.h>
04
05    void PrintLine();
```

Ex3-65 / main.c

```c
01  #include "main.h"
02
03  int main(void)
04  {
05      PrintLine();
06      printf("Character Information\n");
07      PrintLine();
08
09      return 0;
10  }
11
12  void PrintLine()
13  {
14      fputs("*******************", stdout);
15      printf("\n");
16  }
17
18  /*
19  void PrintLine(void)
20  {
21      fputs("*******************", stdout);
22      printf("\n");
23
24      return;
25  }
26  */
```

표준 출력은 다음과 같다.

```
*******************
Character Information
*******************
(커서 위치)
```

예제 코드 Ex3-65는 예제 코드 Ex3-64에서 반복적으로 사용된 코드의 집합을 사용자 정의 함수로 분리한 결과다. 특정 코드의 집합을 별도의 사용자 정의 함수로 분리하고자 마음을 먹었으면 다음과 같은 순서를 따른다. 사용자 정의 함수를 만드는 과정에 대한 상세 설명은 여기서 처음이자 마지막으로 다루므로 반드시 체득해두자.

1) 사용자 정의 함수로 분리할 '하나의 기능을 가진 코드의 집합'을 결정한다. 여기서는 예제 코드 Ex3-64의 5행 ~ 6행을 기준으로 사용자 정의 함수로 만들고자 한다.

2) 해당 코드의 집합을 의미하는 '함수명'을 생각해야 한다. *로 된 라인을 출력한 후 줄 변경을 하는 코드의 집합이므로 함수명을 PrintLine이라고 정했다. 함수명은 보통 동사를 앞에 두고 목적어를 뒤에 두는 것이 일반적이다. 물론 함수명 네이밍에 정답은 없으므로 다른 프로그래머도 알기 쉽게 기능을 대표하는 함수명으로 결정하면 된다.

3) 매개변수와 반환값의 유무를 고려해서 함수의 유형을 선택하며, 이에 따라 '함수 구현부의 원형'을 사용자 정의 함수 영역에 작성한다. 이 예제 코드의 경우 분리하고자 하는 코드의 집합에는 필요한 입력 데이터도 없고 출력 데이터도 없으므로 매개변수와 반환값이 없는 함수의 유형을 선택해 예제 코드 Ex3-65의 12행과 같이 작성했다. 아직 사용자 정의 함수의 몸체에 코드가 작성되지 않았다고 할지라도 이 단계에서 13행 및 16행과 같이 { }의 시작과 끝을 작성하는 것을 절대 잊어버려서는 안 된다. 사용자 정의 함수라는 명령문 집합에 대한 종료를 의미하기 때문이다.

4) 반복적으로 사용된 코드의 집합을 14행 ~ 15행과 같이 새로 만든 사용자 정의 함수의 몸체로 복사해서 이동한다.

5) 함수의 구현부 작성이 끝났으니 '선언부'를 명시할 필요가 있다. 헤더 파일 main.h의 5행과 같이 함수의 선언부를 작성한다.

6) main 함수로 돌아가 사용자 정의 함수의 기능에 해당되는 코드 대신 함수의 '호출부'를 작성한다. 6행 기준으로 위아래 각각 1번씩 총 2번 호출하면 된다.

이와 같은 순서를 통해 사용자 정의 함수의 구현부, 선언부, 호출부를 만들면 앞으로 해당 기능이 필요할 때마다 5행 및 7행과 같이 함수의 호출부만 추가적으로 호출하기만 하면 된다. 이 예제 코드에서는 2번만 호출했기에 큰 차이가 없어 보일지 모르지만 함수 PrintLine이 좀 더 복잡한 기능을 갖게 되거나 10 ~ 100번 반복돼야 한다면 막대한 중복 코드를 줄여준다. 이것이 바로 절차적 프로그래밍에서 사용자 정의 함수를 만들어가며 프로그램을 완성하는 핵심 원리다.

지금까지 프로그래밍 교육에서 사용자 정의 함수를 '왜' 만드는지 이유를 알려주지 않고, 완성된 코드로 결과인 유형만 알려주니 프로그래밍을 배우는 초보자 입장에서 굳이 함수를 분리할 필요성을 느끼지 못해 main 함수에서만 코드를 작성했던 것이다.

주석 처리돼 있는 19행 ~ 25행은 매개변수와 반환값이 없는 함수 PrintLine에서 매개변수의 void와 리턴 명령문을 생략하지 않은 함수의 원형 본래 형태다. 함수의 원형을 정확히 이해했다면 생략된 형태와 생략되지 않은 형태가 동일하다는 것을 알고 어느 쪽이든 사용할 수 있을 것이다.

```
19  void PrintLine(void)
20  {
21      fputs("********************", stdout);
22      printf("\n");
23
24      return;
25  }
```

3-6-3-3 매개변수O & 반환값X 함수

매개변수O & 반환값X 함수

```
01  void UserDefined_Function(int)
02  {
03
04  }
```

두 번째 함수의 유형은, 매개변수는 존재하지만 반환값이 존재하지 않는 함수다.

- 1개 이상의 매개변수가 존재하므로 함수 호출 연산자 안에 매개변수별로 '데이터형 변수명'을 정확히 작성한다. 매개변수가 다수면 쉼표(,)로 구분한다. 각각의 매개변수는 각기 다른 데이터형을 선택할 수 있다.
- 반환값이 존재하지 않으므로 리턴 명령문을 'return;'으로 명시해도 되지만 보편적으로 반환값이 없는 리턴 명령문은 생략한다. 다만 반환 데이터형은 void로 명시한다. 반복되는 코드의 집합을 사용자 정의 함수로 만들고자

할 때 반복되는 코드의 집합 중 특정 데이터가 동적으로 변해야 한다면 그 데이터를 매개변수로 두게 된다.

Ex3-66 / main.h

```
01  #pragma once
02  #define _CRT_SECURE_NO_WARNINGS
03  #include <stdio.h>
```

Ex3-66 / main.c

```
01  #include "main.h"
02
03  int main(void)
04  {
05      int iItemAmount1 = 10, iItemAmount2 = 27;
06
07      int iInventoryRow1 = 0, iInventoryRow2 = 0;
08      int iInventoryColumn1 = 0, iInventoryColumn2 = 0;
09      const int iInventoryRowMax = 8;
10
11      iInventoryRow1 = (iItemAmount1 / iInventoryRowMax) + 1;
12      iInventoryColumn1 = iItemAmount1 % iInventoryRowMax;
13
14      iInventoryRow2 = (iItemAmount2 / iInventoryRowMax) + 1;
15      iInventoryColumn2 = iItemAmount2 % iInventoryRowMax;
16
17      printf("Row:%d\tColumn:%d\n", iInventoryRow1, iInventoryColumn1);
18      printf("Row:%d\tColumn:%d\n", iInventoryRow2, iInventoryColumn2);
19
20      return 0;
21  }
```

표준 출력은 다음과 같다.

```
Row:2    Column:2
Row:4    Column:3
(커서 위치)
```

예제 코드 Ex3-66은 출력하고자 하는 데이터는 다르지만 동일한 기능을 가진 17행과 18행의 표준 출력을 위한 예다. 17행과 18행을 위해 각각 11행 ~ 12행, 14행 ~ 15행에서 연산자로 알고리듬을 구현했으며, 이를 위해 5행 ~ 8행의 많은 변수를 선언했다.

예제 코드 Ex3-66은 한 행에 최대 8칸 슬롯을 가진 격자형 인벤토리에 현재 소유한 아이템을 순서대로 배치하면 마지막에 배치된 아이템이 인벤토리의 몇 행, 몇 열에 위치하고 있는지 확인하기 위한 코드다. 소유한 아이템이 10개라면 2행의 2열에 마지막 아이템이 위치하게 된다.

변수 iItemAmount1과 변수 iItemAmount2는 코드 내에서 바뀌었지만 나머지 변수들은 결과를 도출하기 위한 과정에서 필요한 것에 불과하다. 따라서 변수 iItemAmount1과 변수 iItemAmount2를 제외한 변수의 선언 명령문, 연산자를 활용한 대입 명령문, 표준 출력 함수는 들어갈 데이터만 다를 뿐 실질적으로 동일한 기능을 하는 코드의 집합이다.

지금까지 상당수의 예제 코드는 사용자 정의 함수를 만드는 방법을 본격적으로 배우기 전이었기 때문에 예제 코드 Ex3-66과 동일하게 중복된 코드가 많다는 문제가 존재했다. 매개변수를 활용해 이와 같은 중복된 코드를 사용자 정의 함수로 분리하는 것이 효율적인 프로그래밍이다.

Ex3-67 / main.h

```
01  #pragma once
02  #define _CRT_SECURE_NO_WARNINGS
03  #include <stdio.h>
04
05  void LastItemLocation(int iItemAmount);
```

Ex3-67 / main.c

```
01  #include "main.h"
02
03  int main(void)
04  {
05      int iItemAmount1 = 10, iItemAmount2 = 27;
06
07      LastItemLocation(iItemAmount1);
```

```
08          LastItemLocation(iItemAmount2);
09
10          return 0;
11      }
12
13      void LastItemLocation(int iItemAmount)
14      {
15          int iInventoryRow = 0;
16          int iInventoryColumn = 0;
17          const int iInventoryRowMax = 8;
18
19          iInventoryRow = (iItemAmount / iInventoryRowMax) + 1;
20          iInventoryColumn = iItemAmount % iInventoryRowMax;
21
22          printf("Row:%d\tColumn:%d\n", iInventoryRow, iInventoryColumn);
23      }
```

표준 출력은 다음과 같다.

```
Row:2    Column:2
Row:4    Column:3
(커서 위치)
```

예제 코드 Ex3-67은 예제 코드 Ex3-66에서 반복적으로 사용된 코드의 집합을 사용자 정의 함수로 분리한 결과다.

변수 iItemAmount1과 변수 iItemAmount2는 데이터가 변해야 하므로 사용자 정의 함수가 호출되기 전인 main 함수에 선언할 필요가 있다. 변수 iItemAmount1과 변수 iItemAmount2를 함수 호출부의 인자로 전달함으로써 함수 구현부의 매개변수로 받아 사용자 정의 함수 내부에서 변수의 선언 명령문과 동일하게 작동한다.

변수 iItemAmount1과 변수 iItemAmount2를 제외한 변수의 선언 명령문, 연산자를 활용한 대입 명령문, 표준 출력 함수는 중복된 내용을 삭제한 후 함수 LastItemLocation의 몸체로 이동했다. 이러한 과정을 통해 중복된 코드가 사라지고 언제든 원하는 데이터를 함수의 호출부에 매개변수로 전달하는 것으로 동일한 기능을 간편하게 반복적으로 사용할 수 있게 됐다.

사용자 정의 함수를 배웠으니 지금까지 배웠던 중복된 코드가 포함된 예제 코드를 스스로 함수로 분리할 수 있어야 한다. 귀찮아하지 말고 시간을 투자해서 반드시 직접 시도해보기를 권한다. 다만 어디까지 하나의 기능이며 사용자 정의 함수를 어떠한 기준으로 만들어야 한다는 규칙은 없다. 프로그래머 스스로가 '하나의 기능'이라는 의미를 스스로 규정해서 4가지 유형 중 하나를 선택해서 만들게 된다. 예제 코드에 따라 사용자 정의 함수가 다수로 분리돼도 무방하다.

3-6-3-4 매개변수X & 반환값O 함수

매개변수X & 반환값O 함수

```
01  int UserDefined_Function()
02  {
03      return 0;
04  }
```

세 번째 함수의 유형은, 매개변수는 존재하지 않지만 반환값이 존재하는 함수다.

- 매개변수가 존재하지 않으므로 함수 호출 연산자 안에 작성된 내용이 없다. void로 명시해도 되지만 사용자 정의 함수에서는 매개변수가 없을 경우 보편적으로 void도 생략한다.
- 반환값이 존재하므로 반드시 반환값이 포함된 리턴 명령문을 명시해야 된다. 반환 데이터형은 반환값에 매칭되는 데이터형으로 명시한다. 반환값은 1개만 존재 가능하다. 사용자 정의 함수 내에서 도출된 데이터를 함수가 호출된 곳으로 넘겨줘야 할 경우 반환값이 필요하게 되며, 반환값을 리턴 명령문에 실어 보내면 사용자 정의 함수의 구현부가 종료되면서 반환값이 함수의 호출부로 전달된다.

Ex3-68 / main.h

```
01  #pragma once
02  #define _CRT_SECURE_NO_WARNINGS
03  #include <stdio.h>
```

Ex3-68 / main.c

```c
01    #include "main.h"
02
03    int main(void)
04    {
05        const int iHealBase = 100;
06        int iHealAmount = 0;
07        int iPlayerLevel = 0;
08
09        fputs("Player Level:", stdout);
10        scanf("%d", &iPlayerLevel);
11        getchar();
12
13        iHealAmount = (iPlayerLevel + 2) * iHealBase;
14
15        printf("HP Recovery:%d", iHealAmount);
16
17        return 0;
18    }
```

표준 출력은 다음과 같다.

```
Player Level:3(Enter 키) ← '출력 창에 직접 입력'
HP Recovery:500
```

예제 코드 Ex3-68은 플레이어 캐릭터의 레벨을 표준 입력 함수로 입력받아 레벨에 따른 HP 회복량을 계산한 후 표준 출력 함수로 결과를 출력하는 예다.

사용자 정의 함수를 만드는 것에 어느 정도 익숙하게 되며, 반복되는 코드를 작성한 후에 사용자 정의 함수를 분리하는 것이 아닌 미리 예측해서 만드는 단계로 넘어가게 된다. 반복하게 될 코드의 집합을 함수의 호출부가 위치할 곳에서 문제없이 동작하게 구현한 후 이를 사용자 정의 함수로 동일한 결과를 갖게 분리하게 된다.

예제 코드 Ex3-68은 'Player Level:'이라는 문자열이 출력된 후 사용자가 직접 원하는 정수를 입력하면 입력된 정수가 플레이어 캐릭터의 레벨로 저장된다. 다음으로 플레이어 캐릭터의 레벨에 맞게 HP 회복량을 계산한 후 표준 출력 함수로 결과를 출력하는 코드의 집합이다.

11행은 표준 입력 함수의 버퍼를 청소하기 위한 코드다. 여기서는 반환값을 넘겨주는 사용자 정의 함수의 예를 설명하기 위해 표준 출력 함수를 main 함수에 둔 채로 나머지 HP 회복량의 계산까지 하나의 기능이라고 정의했다.

Ex3-69 / main.h

```
01  #pragma once
02  #define _CRT_SECURE_NO_WARNINGS
03  #include <stdio.h>
04
05  int CalculateHealAmount();
```

Ex3-69 / main.c

```
01  #include "main.h"
02
03  int main(void)
04  {
05      int iHealAmount1 = 0, iHealAmount2 =0;
06
07      iHealAmount1 = CalculateHealAmount();
08      printf("HP Recovery:%d\n", iHealAmount1);
09
10      iHealAmount2 = CalculateHealAmount();
11      printf("HP Recovery:%d", iHealAmount2);
12
13      return 0;
14  }
15
16  int CalculateHealAmount()
17  {
18      const int iHealBase = 100;
19      int iPlayerLevel = 0;
20
21      fputs("Player Level:", stdout);
22      scanf("%d", &iPlayerLevel);
23      getchar();
24
25      return (iPlayerLevel + 2) * iHealBase;
26  }
```

표준 출력은 다음과 같다.

```
Player Level:3(Enter 키) ← '출력 창에 직접 입력'
HP Recovery:500
Player Level:9(Enter 키) ← '출력 창에 직접 입력'
HP Recovery:1100
```

예제 코드 Ex3-69는 예제 코드 Ex3-68에서 하나의 기능으로 정의한 코드의 집합을 사용자 정의 함수로 분리한 후 사용자 정의 함수를 2번 호출해서 활용한 결과다.

함수가 호출되는 시점에 사용자 정의 함수로 가져가야 할 데이터가 없으므로 매개변수는 존재하지 않으며 HP 회복량을 계산해서 반환값으로 넘겨주고 사용자 정의 함수를 종료한다.

반환값이 존재하는 사용자 정의 함수를 호출하는 코드에서는 7행 및 10행과 같이 함수의 반환값을 저장할 변수를 선언해서 대입 명령문의 LV에 배치하게 된다. 다른 코드를 분석하는 도중 7행 및 10행과 같은 형태를 보게 된다면 해당 함수는 구현부를 확인하지 않더라도 반환값이 있는 함수라는 것을 알 수 있다.

main 함수에서 함수 CalculateHealAmount를 2번 호출하려고 하니 그에 따라 반환값을 저장할 2개의 변수를 선언할 필요가 있었다.

3-6-3-5 매개변수O & 반환값O 함수

매개변수O & 반환값O 함수

```
01  int UserDefined_Function(int)
02  {
03      return 0;
04  }
```

네 번째 함수의 유형은 매개변수와 반환값이 모두 존재하는 함수다. 지금까지 배운 함수 유형의 특징을 모두 갖고 있는 결정체와 같은 마지막 유형이다.

- 1개 이상의 매개변수가 존재하므로 함수 호출 연산자 안에 매개변수별로

'데이터형 변수명'을 정확히 작성한다. 매개변수가 다수면 쉼표(,)로 구분한다. 각각의 매개변수는 각기 다른 데이터형을 선택할 수 있다.

- 반환값이 존재하므로 반드시 반환값이 포함된 리턴 명령문을 명시해야 된다. 반환 데이터형은 반환값에 매칭되는 데이터형으로 명시한다. 반환값은 1개만 존재 가능하다. 가장 복잡한 형태의 원형을 갖고 있지만 지금까지 배운 함수 유형의 특징 합집합에 불과하므로 새롭게 다룰 개념은 없다.

Ex3-70 / main.h

```
01   #pragma once
02   #define _CRT_SECURE_NO_WARNINGS
03   #include <stdio.h>
```

Ex3-70 / main.c

```
01   #include "main.h"
02
03   int main(void)
04   {
05       float fSkillDamage = 0.0f;
06       const int iTrueDamage = 180;
07       int iAttack = 158;
08       float fSkillCoefficient = 1.12f;
09
10       fSkillDamage = iTrueDamage + (iAttack * fSkillCoefficient);
11
12       printf("Skill Damage:%.2f", fSkillDamage);
13
14       return 0;
15   }
```

표준 출력은 다음과 같다.

```
Skill Damage:356.96
```

예제 코드 Ex3-70은 고정(트루) 데미지, 기본 공격력, 스킬 데미지 계수를 통해 스킬 데미지를 계산한 후 표준 출력 함수로 결과를 출력하는 예다.

사용자 정의 함수를 만들기 전에 먼저 **main** 함수에서 기본적인 기능 구현을 완료하고 테스트한 후 사용자 정의 함수로 분리해서 활용할 것이다.

고정 데미지는 변하지 않으므로 매개변수로 둘 필요 없이 사용자 정의 함수 내부로 가져가면 된다. 기본 공격력과 스킬 데미지 계수의 경우 데이터가 변해서 사용자 정의 함수로 전달돼야 하므로 매개변수가 되며, 스킬 데미지를 계산한 값이 반환값으로 전달될 것을 파악할 수 있다.

Ex3-71 / main.h

```
01  #pragma once
02  #define _CRT_SECURE_NO_WARNINGS
03  #include <stdio.h>
04
05  float CalculateSkillDamage(int iAttack, float fSkillCoefficient);
```

Ex3-71 / main.c

```
01  #include "main.h"
02
03  int main(void)
04  {
05      float fSkillDamage1 = 0.0f, fSkillDamage2 = 0.0f;
06
07      fSkillDamage1 = CalculateSkillDamage(158, 1.12f);
08      fSkillDamage2 = CalculateSkillDamage(199, 1.23f);
09
10      printf("Skill Damage:%.2f\n", fSkillDamage1);
11      printf("Skill Damage:%.2f", fSkillDamage2);
12
13      return 0;
14  }
15
16  float CalculateSkillDamage(int iAttack, float fSkillCoefficient)
17  {
18      const int iTrueDamage = 180;
19
20      return iTrueDamage + (iAttack * fSkillCoefficient);
21  }
```

표준 출력은 다음과 같다.

```
Skill Damage:356.96
Skill Damage:424.77
```

예제 코드 Ex3-71은 예제 코드 Ex3-70에서 하나의 기능으로 정의한 코드의 집합을 사용자 정의 함수로 분리한 후 사용자 정의 함수를 2번 호출해서 활용한 결과다.

함수가 호출되는 시점에 사용자 정의 함수로 가져가야 할 기본 공격력과 스킬 데미지 계수라는 2개의 데이터가 있으므로 16행과 같이 매개변수 2개를 지정했다. 7행과 8행의 인자는 변수의 선언 없이 리터럴을 바로 전달했지만 변수를 선언하거나 표준 입력 함수를 통해 입력받아 전달할 수도 있다. 스킬 데미지를 계산해서 실수 반환값으로 넘겨주며 사용자 정의 함수를 종료한다.

함수 CalculateSkillDamage를 분리한 후 main 함수에서 2번 호출해봤다. 사용자 정의 함수를 만들 때 어떤 코드의 집합을 분리할 것이며, 어떤 함수의 유형을 선택할지는 프로그래머가 요구되는 기능을 분석해서 선택할 문제이지 정답이 존재하지 않는다.

예제 코드 Ex3-71은 매개변수와 반환값이 모두 존재하는 함수의 유형을 설명하기 위해 의도적으로 함수 CalculateSkillDamage를 만들었기 때문에 얼마든지 다르게 사용자 정의 함수를 구현할 수 있다.

> **세이브 포인트: 개념 정리**
>
> **사용자 정의 함수의 개념**
> - 기능별로 사용자 정의 함수를 만들어갈 수 있는 능력을 기르는 것이 절차적 프로그래밍인 C 프로그래밍의 알파이자 오메가다.
> - 함수를 만드는 과정: '구현부' → '선언부' → '호출부'. 구현부를 정의(선언부는 구현부의 보조)하고, 호출부의 위치를 결정하는 것이 함수 작성의 흐름이다.
> - 이벤트를 기반으로 한 프로그래밍으로 작성된 완성된 코드는 '이벤트 → 조건 → 핵심 코드'의 순서로 보이지만 프로그래머는 '이벤트 → 핵심 코드(액션) → 조건' 순으로 코드를 작성한다.
> - 함수의 유형을 구분하는 기준: 입력 데이터인 매개변수와 출력 데이터인 반환값의 유무다.

세이브 포인트: 형식 정리

함수의 원형
```
01    반환 데이터형 함수명(매개변수1, 매개변수2...)
02    {
03        return 반환값;
04    }
```

매개변수X & 반환값X 함수
```
01    void UserDefined_Function()
02    {
03
04    }
```

매개변수O & 반환값X 함수
```
01    void UserDefined_Function(int)
02    {
03
04    }
```

매개변수X & 반환값O 함수
```
01    int UserDefined_Function()
02    {
03        return 0;
04    }
```

매개변수O & 반환값O 함수
```
01    int UserDefined_Function(int)
02    {
03        return 0;
04    }
```

3-7 제어 명령문

원하는 코드의 집합을 사용자 정의 함수로 만들 수 있게 됐다면 절차적 프로그래밍의 핵심적인 흐름은 이해한 것이다. 함수에서 함수로, 다시 함수에서 함수로 절차적인 흐름을 통해 진행되는 것이 절차적 프로그래밍이다.

다만 사용자 정의 함수를 만드는 것만으로는 프로그램에 한 줄기의 흐름만 존재하게 된다. 그러나 프로그램을 만들다 보면 프로그램의 흐름을 의도적으로 변경해야 하는 경우가 생긴다. 이럴 때 사용할 수 있는 것이 '제어 명령문(제어문Control Flow Statement)'이다. 제어 명령문은 명령문 또는 함수 호출의 순서를 조절해 다양한 상황에 대응할 수 있게 해준다.

제어 명령문은 표 3-15와 같이 조건문Conditional Statements, 반복문Loop Statements, 분기문Branching Statements으로 분류할 수 있다.

- 조건문은 선택문이라고 하며, 주어진 '조건식'의 결과에 따라 다른 명령문이 수행되도록 프로그램의 흐름을 제어하는 명령문이다.
- 반복문은 동일한 명령문을 여러 번 작성하지 않아도 '일정 횟수를 반복적으로 수행'할 수 있게 흐름을 제어하는 명령문이다.
- 분기문은 조건문과 반복문의 내부에서 주어진 조건식의 '흐름을 추가적으로 바꾸기 위해' 사용되는 명령문이다.

제어 명령문을 통해 프로그래밍의 흐름을 제어할 수 있게 되면 실질적으로 절차적 프로그래밍의 기본 틀에 대한 학습은 끝난다. 이후에 등장하게 될 개념들은 좀 더 세밀한 프로그래밍을 하기 위한 부가적 기능에 불과하며 프로그래밍의 흐름과 무관하다.

그러므로 '3-7 제어 명령문' 절까지 학습을 완료하면 잠시 다음의 진행을 멈추고 지금까지의 내용을 빠르게 훑어보면서 절차적 프로그래밍이 어떤 흐름 안에서 이뤄지는지 큰 그림을 되돌아보는 것도 좋을 것이다.

표 3-15 제어 명령문의 종류

조건문	반복문	분기문
if	for	return
if ~ else	while	break
if ~ else if ~ else	do ~ while	continue
switch ~ case		goto

앞으로 '1-3-8 비주얼 스튜디오 추천 단축키' 절의 표 1-3에서 소개한 단축키 Ctrl + K + S를 적극적으로 활용하기를 바란다. 제어 명령문, 전처리기, 구조체 등 { }를 포함한 구조의 틀(코드 조각)을 쉽게 만들어준다.

굉장히 편리한 기능임에도 실무에서 모르는 경우가 의외로 많다. 다만 C++나 C#에서 지원되는 클래스, 인터페이스 등의 기능도 포함돼 있다는 점은 알아두자. 사용 방법은 2가지다. else if 조건문, switch ~ case 조건문, do ~ while 반복문, 분기문은 아쉽게 포함돼 있지 않아 직접 작성해야 한다.

첫째, 코드를 선택하지 않고 원하는 곳에 커서를 두고 Ctrl + K + S를 누르면 원하는 틀을 선택할 수 있다. 틀이 만들어지면 원하는 코드로 수정한 후 반드시 오렌지색이 표기된 행에서 Enter 키를 1번 더 눌러 틀을 확정해야 한다는 점을 잊지 말자. Enter 키를 1번 더 누르면 오렌지색이 사라지면서 틀이 확정되며, { } 내부로 커서가 자동 이동된다.

둘째, 제어 명령문이나 전처리기 안에 들어갈 코드의 집합을 드래그해서 선택한 상태에서 다시 Ctrl + K + S를 눌러 원하는 틀을 선택하면 해당 코드를 유지하면서 외곽에 새로 선택한 틀이 만들어진다. "키 조합(Ctrl + K + S)이 현재 사용할 수 없는 명령에 바인딩돼 있습니다."라는 비주얼 스튜디오의 경고가 나온다면 Enter 키를 한 번 더 누르지 않은 틀을 확정하지 않은 상태에서 새로운 틀을 추가하려고 할 때다. 틀이 확정되기 전 다른 곳을 클릭한 상태라면 틀 내부에 커서를 두고 Enter 키를 누르면 틀이 확정된다.

예를 들어 if 조건문 전체를 드래그로 선택을 하고 Ctrl + K + S를 눌러 while 반복문을 선택하면 작성된 if 조건문 전체를 감싸는 while 반복문의 틀이 자동으로 만들어진다.

다음으로 while 반복문 전체를 드래그로 선택하고 Ctrl + K + S를 눌러 for 반복문을 선택하면 while 반복문 전체를 감싸는 for 반복문의 틀이 자동으로 만들어진다. 이후 변경할 필요가 있는 코드만 변경하면 되니 매우 편리한 기능이다.

3-7-1 조건문

3-7-1-1 if 조건문

if 조건문

```
if (조건식)
{
    명령문;
}
```

if 조건문은 조건식의 결과가 참이면 조건문 아래의 명령문 집합을 수행하고, 결과가 거짓이면 조건문 아래 명령문의 집합을 무시하는 것으로 프로그램의 흐름을 제어한다. 가장 기본적이고 대표적인 제어 명령문으로 다수의 조건을 독립적으로 각각 체크하고자 한다면 if 조건문을 연달아 사용할 수 있다.

조건식에는 변수, 상수, 리터럴은 물론 다양한 연산자를 활용한 표현식을 사용할 수 있으며 그 결과가 0이면 거짓이며 0 이외를 참으로 인지한다. 표현식의 결과가 참 또는 거짓이어야 하므로 연산자 중 산술, 관계, 동등, 논리 연산자가 주로 사용된다.

조건식에 동등 연산자(==)와 대입 연산자(=)를 헷갈려 잘못 작성하는 경우가 있는데, 참 또는 거짓을 결과로 내야 하는 조건식에 대입 연산자를 사용하는 경우는 없으니 주의해야 한다.

주의할 점은 조건식이 끝나는 ( ) 뒤에 세미콜론(;)을 붙여서는 안 된다는 것이다. 명령문의 종료를 나타내는 것이 세미콜론과 { }이므로 { }로 싸여 있는 if 조건문 전체가 하나의 명령문 집합으로 구분되며, { }의 닫기가 명령문의 종료를 의미한다.

조건식 뒤에 세미콜론을 사용하면 명령문 종료로 처리되므로 이후의 코드가 제대로 동작하지 않는 경우도 있으니 충분히 주의를 기울여야 한다. '3-7 제어 명령문' 절에서 등장하는 { }를 사용하는 다른 제어 명령문도 동일하게 명령문의 종료를 의미한다.

Ex3-72 / main.h

```
01  #pragma once
02  #define _CRT_SECURE_NO_WARNINGS
03  #include <stdio.h>
04
05  void ControlFlowStatement();
```

Ex3-72 / main.c

```
01  #include "main.h"
02
03  int main(void)
04  {
05      ControlFlowStatement();
06      return 0;
07  }
08
09  void ControlFlowStatement()
10  {
11      int iStrength = 17;
12      int iDexterity = 13;
13      int iConstitution = 18;
14      int iIntelligence = 9;
15
16      //1
17      if (iStrength >= 15)
18      {
19          printf("Strength 15 이상일 때 선택지\n");
20      }
21
22      //2
23      if (iDexterity >= 15) {
24          printf("Dexterity 15 이상일 때 선택지\n");
25      }
26
```

```
27        //3
28        if (iConstitution >= 15)
29            printf("Constitution 15이상일 때 선택지\n");
30
31        //4
32        if (iIntelligence >= 15) printf("Intelligence 15 이상일 때 선택지\n");
33    }
```

표준 출력은 다음과 같다.

```
Strength 15 이상일 때 선택지
Constitution 15 이상일 때 선택지
(커서 위치)
```

예제 코드 Ex3-72는 if 조건문을 4가지 스타일로 작성한 예다. 4가지 스타일 모두 문법상 문제는 없다. 첫 번째와 두 번째는 명령문을 { }로 감쌌으며, 세 번째와 네 번째는 { } 없이 작성했다.

첫 번째와 세 번째 if 조건문의 결과가 참이므로 조건식 아래의 명령문이 실행됐고, 두 번째와 네 번째 if 조건문의 결과는 거짓이므로 명령문이 실행되지 않고 무시됐다.

if 조건문은 조건식이 참일 때 수행하게 될 명령문이 1줄일 경우 예제 코드 Ex3-72와 같이 4가지 스타일로 작성할 수 있으며, 명령문이 2줄 이상이 되면 반드시 { }로 감싸야 하므로 첫 번째와 두 번째 스타일만 선택할 수 있다.

명령문이 1줄일 경우 세 번째와 네 번째처럼 { } 없이 명령문을 바로 작성할 수도 있다. 코드의 길이가 짧아지므로 언뜻 좋아 보일 수 있지만 업계에서는 팀 프로젝트와 실수의 가능성이 높아 결코 추천하지 않는다. 이는 실제 코드로 확인할 필요가 있어 예제 코드 Ex3-73으로 분리해서 설명한다.

세 번째와 네 번째 스타일은 문법상 문제없지만 결과적으로 추천하지 않는다. 이제 남은 것은 첫 번째와 두 번째다. 첫 번째는 4줄을 차지하고 두 번째는 3줄을 차지하므로 코드의 길이로 보면 두 번째가 좋아 보이지만, { }가 겹치는 코드가 늘어나면 { }의 시작과 끝의 위치를 비교하며 정확히 확인하기 수월한 '첫 번째 스타일'이 가독성 면에서 압도적으로 좋다.

코드가 길어져도 { }를 동일한 열에 맞추는 것이 좋다는 건 직접 해보면 가독성에서 상당한 차이가 발생한다는 것을 확인할 수 있다. 자세한 예시는 중첩 `if` 문에서 소개한다. 따라서 문법상 4가지 스타일로 작성할 수는 있지만 업계에서는 가독성, 확장성, 실수의 위험을 줄이기 위해 '첫 번째 스타일'로 통일해서 작성하는 것을 강력히 권장한다.

따라서 이 책에서는 { }를 사용하는 모든 상황에서 첫 번째 스타일을 기준으로 코드를 작성해왔으며, 이후로도 가급적 첫 번째 스타일을 고수할 것이다. 책을 편집하는 데 있어 코드가 조금씩 길어진다는 단점이 있어 다른 스타일을 예외적으로 일부 혼용해서 사용할 것이다.

별 것 아닌 것처럼 보일 수 있으나 팀 프로젝트에 적합한 코드라는 관점에서 생각 외로 지대한 영향을 미치는 부분이므로 초기 단계부터 업계에서 선호하는 코드 스타일로 익숙해지는 것이 중요하다. 문법상 4가지 스타일이 모두 가능하지만 첫 번째 스타일을 우선해서 코드를 작성한다고 생각하자.

Ex3-73 / main.h

```
01  #pragma once
02  #define _CRT_SECURE_NO_WARNINGS
03  #include <stdio.h>
04
05  void ControlFlowStatement();
```

Ex3-73 / main.c

```
01  #include "main.h"
02
03  int main(void)
04  {
05      ControlFlowStatement();
06      return 0;
07  }
08
09  void ControlFlowStatement()
10  {
```

```
11        int iWisdom = 17;
12        int iCharisma = 12;
13
14        if (iWisdom >= 15)
15            printf("Wisdom 15 이상일 때 대사1\n");
16            printf("Wisdom 15 이상일 때 대사2\n");
17
18        if (iCharisma >= 15)
19            printf("Charisma 15 이상일 때 대사1\n");
20            printf("Charisma 15 이상일 때 대사2\n");
21    }
```

표준 출력은 다음과 같다.

```
Wisdom 15 이상일 때 대사1
Wisdom 15 이상일 때 대사2
Charisma 15 이상일 때 대사2
(커서 위치)
```

예제 코드 Ex3-73은 1줄의 명령문을 가진 if 조건문에서 { }를 생략하는 것의 위험성을 보여주기 위한 예다. 얼핏 보면 14행 ~ 16행, 18행 ~ 20행이 하나의 조건문에 해당되는 그룹으로 착각하기 쉽다. 실제 착각했다고 가정해서 15행 ~ 16행, 19행 ~ 20행을 마치 연결된 것처럼 표준 출력 함수를 작성했다.

그러나 if 조건문에서 { }를 생략할 경우 바로 아래 명령문 1줄만 { } 안에 포함된 것으로 인정된다는 점이 실수를 유발하기 쉽다. 다시 말해 16행은 14행의 조건식 결과와 무관하게 무조건 실행된다. 20행도 동일하다. 첫 번째 스타일로 작성한다면 15행과 19행은 { } 안에 포함되지만 16행과 20행은 { } 밖에 위치하게 된다.

14행의 조건식은 참이므로 15행을 실행했고, 16행은 조건식과 무관하게 실행된다. 18행의 조건식은 거짓이므로 19행만 무시되며, 20행은 조건식과 무관하게 실행된다. 18행의 조건식이 거짓이므로 19행과 20행이 실행되지 않을 것이라고 착각하기 쉬운 코드다.

정리하면 16행과 20행은 if 조건문의 결과와 무관하게 무조건 실행된다는 점에 유의해야 한다. 얼핏 보면 대사1과 대사2 모두가 if 조건문 안에서 실행되는 것처럼 인지할 수 있지만, 실제 그렇지 않기 때문에 동일한 조건문 안에서 출력해야 하는 대사를 이와 같이 구현하면 안 된다.

또한 나중에 해당 부분에 다른 프로그래머가 코드를 추가하는 상황이 생긴다면 실수하기도 쉽다. 조건식에 포함해야 할 것인지 제외할 것인지 1번 더 생각해야 하는데, 이를 위해 불필요하게 코드의 많은 부분을 파악하느라 시간을 소모하게 된다.

이러한 문제로 인해 예제 코드 Ex3-72에서 { } 내부에 1줄의 명령문만 있다고 해도 반드시 { }를 작성하라고 권장하는 것이다. 코드를 분석하기 위해 깊게 생각할 필요 없이 작성된 코드만으로 명확하게 구분되기 때문이다.

3-7-1-2 if ~ else 조건문

if ~ else 조건문

```
if (조건식)
{
    명령문;
}
else
{
    명령문;
}
```

if ~ else 조건문은 조건식의 결과가 참이면 if 조건문 아래의 명령문 집합을 수행하고, 결과가 거짓이면 else 아래의 명령문 집합을 수행하는 것으로 프로그램의 흐름을 제어한다.

if ~ else 조건문 전체에서 1개의 조건식만 지정할 수 있다는 점이 특징이다. 따라서 else에는 조건문을 작성할 수 없다. 조건식 결과에 따라 각각 참과 거짓에 대해 수행해야 할 기능이 다를 때 사용한다.

Ex3-74 / main.h

```
01  #pragma once
02  #define _CRT_SECURE_NO_WARNINGS
03  #include <stdio.h>
04
05  void ControlFlowStatement();
```

Ex3-74 / main.c

```
01  #include "main.h"
02
03  int main(void)
04  {
05      ControlFlowStatement();
06      return 0;
07  }
08
09  void ControlFlowStatement()
10  {
11      int iDice20 = 17;
12
13      if (iDice20 == 11 || iDice20 == 13)
14      {
15          printf("11 또는 13일 때 보상\n");
16      }
17      else
18      {
19          printf("11, 13 이외일 때 보상\n");
20      }
21  }
```

표준 출력은 다음과 같다.

```
11, 13 이외일 때 보상
(커서 위치)
```

예제 코드 Ex3-74는 if ~ else 조건문의 특징을 보여주기 위한 예다. if ~ else 조건문은 하나의 조건식을 기준으로 결과가 참일 때 수행하게 될 명령문의 집합과 결과가 거짓일 때 수행하게 될 명령문의 집합을 다르게 작성할 수 있다는 특징이 있다.

D&D에서 활용되는 20면체 주사위를 굴렸을 때 11 또는 13이 나오면 이에 따른 보상을 받게 되고, 그 외의 주사위가 나오면 기타 보상을 받게 되는 코드다.

if ~ else 조건문은 1개의 조건식만 사용할 수 있으므로 13행과 같이 하나의 조건식 안에서 여러 연산자를 통해 복합적인 조건을 지정하게 된다.

3-7-1-3 if ~ else if ~ else 조건문

if ~ else if ~ else 조건문

```
if (조건식)
{
    명령문;
}
else if (조건식)
{
    명령문;
}
else
{
    명령문;
}
```

if ~ else if ~ else 조건문은 다수의 조건식이 필요할 때 사용한다. if 조건문의 조건식 결과가 참이면 if 조건문 아래의 명령문 집합을 수행하고, else if 조건문의 조건식 결과가 참이면 else if 조건문 아래의 명령문 집합을 수행하고, 그 외의 결과라면 else 아래의 명령문 집합을 수행하는 것으로 프로그램의 흐름을 제어한다.

if ~ else 조건문에서 1개의 조건식만 지정할 수 있다는 단점을 극복하기 위한 형태다. 다수의 조건식에 따라 수행하고자 하는 기능이 존재할 때 사용하게 된다.

if ~ else if ~ else 조건문은 다양한 형태로 활용될 수 있다. 1개의 else if가 아닌 다수를 사용할 수 있으며, else 부분을 제외한 if ~ else if만 사용할 수 있다는 특징도 있다. 예를 들어 if ~ else if ~ else if 조건문도 가능하다. 다만 문법상 if ~ else ~ else if의 순서로 사용할 수 없다.

Ex3-75 / main.h

```
01  #pragma once
02  #define _CRT_SECURE_NO_WARNINGS
03  #include <stdio.h>
04
05  void ControlFlowStatement();
```

Ex3-75 / main.c

```
01  #include "main.h"
02
03  int main(void)
04  {
05      ControlFlowStatement();
06      return 0;
07  }
08
09  void ControlFlowStatement()
10  {
11      int iDice20 = 17;
12
13      if (iDice20 >= 18)
14      {
15          printf("크리티컬");
16      }
17      else if(iDice20 >= 12 && iDice20 < 18)
18      {
19          printf("공격 성공");
20      }
21      else
22      {
23          printf("공격 실패");
24      }
25  }
```

표준 출력은 다음과 같다.

공격 성공

예제 코드 Ex3-75는 if ~ else if ~ else 조건문의 특징을 보여주기 위한 예다.

if ~ else if ~ else 조건문은 다수의 조건식을 기준으로 결과가 참일 때 각각 수행하게 될 명령문의 집합과 그 외의 결과일 때 수행하게 될 명령문의 집합을 다르게 작성할 수 있다는 특징이 있다.

20면체 주사위를 굴렸을 때 18 이상이면 크리티컬, 12 이상 18 미만이면 공격 성공, 그 외는 공격 실패를 출력하는 코드다.

if ~ else if ~ else 조건문은 else if를 추가하는 것으로 다수의 조건식만 사용할 수 있다는 특징 외에도 else를 생략할 수 있다는 특징도 있어 상황에 맞게 다양한 형태로 활용할 수 있어야 한다.

3-7-1-4 중첩 if 조건문

중첩 if 조건문(추천)

```c
if (조건식)
{
    if (조건식)
    {
        명령문;
    }
}
else
{
    if (조건식)
    {
        명령문;
    }
}
```

중첩 if 조건문(비추천)

```c
if (조건식) {
    if (조건식) {
        명령문;
    }
}
else {
    if (조건식) {
        명령문;
```

            }
        }

if 조건문, if ~ else 조건문, if ~ else if ~ else 조건문은 얼마든지 상호 중첩할 수 있다. 조건문은 조건문뿐만 아니라 반복문의 내부에도 포함될 수 있기에 제어 명령문의 기초가 된다.

{ }를 포함한 제어 명령문이 중첩되기 시작하면 명령문이 어느 조건식에 관련된 것인지 정확히 인지하는 것이 중요하게 된다. 이때 예제 코드 Ex3-72의 두 번째 스타일처럼 { } 시작을 같은 행인 조건식 뒤에 작성하면 { }의 범위를 정확히 파악하기 매우 어려워진다. 이를 코드의 가독성이 매우 떨어지게 된다고 표현한 것이다.

Ex3-76 / main.h

```
01  #pragma once
02  #define _CRT_SECURE_NO_WARNINGS
03  #include <stdio.h>
04
05  void ControlFlowStatement();
```

Ex3-76 / main.c

```
01  #include "main.h"
02
03  int main(void)
04  {
05      ControlFlowStatement();
06      return 0;
07  }
08
09  void ControlFlowStatement()
10  {
11      int iDexterity = 18;
12      int iDice20 = 6;
13
14      if (iDexterity >= 16)
15      {
16          if (iDice20 >= 15)
```

```
17          {
18              printf("자물쇠 해체 성공: 레어 보상");
19          }
20          else if (iDice20 >= 8 && iDice20 < 15)
21          {
22              printf("자물쇠 해체 성공: 일반 보상");
23          }
24          else
25          {
26              printf("자물쇠 해체 실패");
27          }
28      }
29      else
30      {
31          printf("자물쇠 해체 불가");
32      }
33  }
```

표준 출력은 다음과 같다.

자물쇠 해체 실패

예제 코드 Ex3-76은 중첩 if 문이 사용된 예다. 플레이어 캐릭터의 스테이터스 중 하나인 민첩이 16 이상이면 자물쇠를 해체할 기회가 제공되며, 16 미만이면 자물쇠를 해체할 수 없다. 민첩이 16 이상일 때 주사위를 굴리게 되며, 주사위가 15 이상이면 숨겨진 레어 보상을 얻고, 8 이상 15 미만이면 일반 보상을 얻고, 그 외에는 자물쇠 해체를 실패해서 보상을 얻지 못하게 되는 코드다.

이와 같이 중첩 if 문을 사용하는 것으로 프로그램의 흐름을 원하는 대로 제어할 수 있다. 하나의 기능을 구현하기 위해 정확히 어떤 조건문을 사용해야 한다는 정답은 존재하지 않으므로 프로그래머가 논리적으로 사고해서 상황에 맞게 구현하게 된다. 다만 이후 코드가 수정되거나 확장될 수 있다는 점을 충분히 고려해서 작성하는 연습을 하는 것이 좋다.

3-7-1-5 switch ~ case 조건문

switch ~ case 조건문

```
switch (조건식)
{
    case 상수식:
        명령문;
        break;
    case 상수식:
        명령문;
        break;
    default:
        명령문;
        break;
}
```

switch ~ case 조건문은 '정수 데이터형의 변수나 상수로 이뤄진 조건식'이 다수의 상수식(정수 리터럴)으로 분기할 가능성이 있을 경우 해당 분기별로 프로그램의 흐름을 제어할 수 있다. 조건식이 상수식과 일치하면 case로 시작하는 해당 분기가 수행되며 break 명령문에 도달하면 즉시 { }의 닫기로 이동해 switch ~ case 조건문이 종료된다. case 상수식 다음에는 세미콜론이 아닌 콜론(:)이 배치된다는 점에 유의하자.

기본적으로 하나의 상수식에 하나의 break 명령문이 쌍으로 배치되지만 프로그래머의 의도에 따라 특정 상수식에 break 명령문을 생략할 수도 있다. default는 if ~ else if ~ else 조건문의 else와 같이 지정된 상수식에 해당되지 않는 기타에 수행하는 명령을 지정할 수 있다.

default는 물론 문법상 else처럼 생략할 수도 있으나 switch ~ case 조건문에서 default를 생략하면 상수식으로 지정되지 않은 기타 상황에 대해 프로그래머가 인식하기 어려우므로 실무에서는 switch ~ case 조건문에서 default를 반드시 추가하도록 주의를 주는 곳이 많다. 또한 default에 별다른 기능이 필요하지 않다고 할지라도 switch ~ case 조건문의 default에 해당된다는 간단한 디버그용 코드를 작성해두는 것이 좋다.

switch ~ case 조건문의 조건식에는 '정수 데이터형만 가능'하다는 제약이 존재하나 수많은 조건이 있어도 상수식을 추가하는 것으로 상대적으로 적은 코드로 다수의 조건을 추가할 수 있다는 장점이 있다. 문자 데이터형도 내부적으로 정수 데이터형이므로 조건식으로 사용할 수 있다. 다만 상수식(리터럴)을 작은따옴표로 감싸야 문자로 인지하는 건 동일하다. 따라서 조건식이 정수 데이터형이라면 switch ~ case 조건문과 if ~ else if ~ else 조건문은 상호 변환될 수 있다.

Ex3-77 / main.h

```
01  #pragma once
02  #define _CRT_SECURE_NO_WARNINGS
03  #include <stdio.h>
04
05  void ControlFlowStatement();
```

Ex3-77 / main.c

```
01  #include "main.h"
02
03  int main(void)
04  {
05      ControlFlowStatement();
06      return 0;
07  }
08
09  void ControlFlowStatement()
10  {
11      int iDice6 = 5;
12
13      switch (iDice6)
14      {
15          case 6:
16          case 5:
17              printf("레어 아이템\n");
18              break;
19          case 4:
20          case 3:
21              printf("일반 아이템\n");
22              break;
23          default:
24              printf("아이템 드롭 없음\n");
25              break;
```

```
26    }
27 }
```

표준 출력은 다음과 같다.

```
레어 아이템
(커서 위치)
```

예제 코드 Ex3-77은 switch ~ case 조건문의 특징을 보여주기 위한 예다. switch ~ case 조건문은 하나의 조건식이 다수의 상수식으로 분기될 가능성이 있을 때 활용된다.

6면체 주사위를 굴렸을 때 5 또는 6이면 레어 아이템, 3 또는 5면 일반 아이템을 받을 수 있으며, 그 외에 해당되는 1 또는 2면 아이템 드롭이 없다는 메시지를 출력하는 코드다. 하나의 case 상수식에 꼭 하나의 break 명령문이 있을 필요 없는 경우의 예시이기도 하다.

```
11      int iDice6 = 5;
12
13      switch (iDice6)
14      {
15          case 6:
16          case 5:
17              printf("레어 아이템\n");
18              //break;
19          case 4:
20          case 3:
21              printf("일반 아이템\n");
22              //break;
23          default:
24              printf("아이템 드롭 없음\n");
25              break;
26      }
```

표준 출력은 다음과 같다.

```
레어 아이템
일반 아이템
아이템 드롭 없음
(커서 위치)
```

18행과 22행의 break 명령문을 주석 처리하면 어떻게 될까? 주사위의 결과가 5임에도 해당 상수식에 해당되는 명령문만 수행되는 것이 아니라 break 명령문으로 멈추거나 switch ~ case 조건문이 종료될 때까지 모든 명령문이 수행돼 의도와 다른 출력 결과가 도출된다.

break 명령문이 필요한 상수식에 break 명령문을 깜빡해서 빠트리게 되면 의도치 않은 버그가 발생할 수 있으니 switch ~ case 조건문에서는 break 명령문에 주의를 기울여야 한다.

```c
11      int iDice6 = 2;
12
13      switch (iDice6)
14      {
15          case 6:
16          case 5:
17              printf("레어 아이템\n");
18              break;
19          case 4:
20          case 3:
21              printf("일반 아이템\n");
22              break;
23      }
```

표준 출력은 다음과 같다.

```
(커서 위치)
```

이번에는 default를 생략하고, 주사위를 다시 굴려 2가 나왔을 때를 살펴보자. 주사위를 굴려 1 또는 2가 나온다면 아무런 피드백 없이 switch ~ case 조건문이 종료되게 된다. 즉, 조건식에 발생할 수 있는 모든 조건이 포함되지 않은 상태다. 이럴 경우 switch ~ case 조건문의 코드에 버그가 있는 것인지 default에 해당되는 값이 나온 것인지 즉각적으로 파악하기 어렵기 때문에 불필요하게 디버깅을 하느라 시간을 소모할 수 있다.

따라서 실무에서는 문법상 생략을 할 수는 있지만 **default**에 별다른 기능을 구현할 필요가 없더라도 생략하지 말고 반드시 작성하는 것을 권장하는 것이다. 게다가 아무 기능을 구현할 필요가 없다고 할지라도 예제 코드 Ex3-77과 같이 간단한 디버깅용 출력 메시지를 남겨놓는 버릇을 들이면 이후 굉장히 편할 것이다.

이는 다른 조건문에도 동일하게 해당된다. 현재는 별다른 기능을 수행할 필요가 없다고 할지라도 분기의 가능성이 존재하는 시점에 디버깅용 출력 메시지를 간단히 작성하는 것으로 디버깅에 소모되는 시간을 생각 외로 크게 줄일 수 있다.

3-7-1-6 중첩 조건문

자주 활용되는 중첩 조건문

```
switch (조건식)
{
    case 상수식:
        if (조건식)
        {
            명령문;
        }
        break;
    default:
        break;
}
```

switch ~ case 조건문 내부의 상수식에서 수행하게 될 명령문은 다수가 될 수 있으며, 해당 명령문에도 여러 조건문을 중첩할 수 있다. 다만 **case** 상수식 밑에 들어가는 명령문 집합이 길어지고 다른 상수식에서도 반복적으로 활용될 수 있는 구조라면 가독성을 높이기 위해 사용자 정의 함수로 분리하는 것을 고려하는 것이 좋다.

Ex3-78 / main.h

```
01   #pragma once
02   #define _CRT_SECURE_NO_WARNINGS
```

```
03  #include <stdio.h>
04
05  void ControlFlowStatement();
```

Ex3-78 / main.c

```
01  #include "main.h"
02
03  int main(void)
04  {
05      ControlFlowStatement();
06      return 0;
07  }
08
09  void ControlFlowStatement()
10  {
11      int iDice6 = 2;
12      int iFame = 4;
13      int iGold = 1000, iKarma = 100;
14
15      switch (iDice6)
16      {
17          case 1:
18              iGold = iGold - 500;
19              if (iFame >=7)
20              {
21                  iKarma = iKarma + 20;
22              }
23              break;
24          case 2:
25              iGold = iGold - 200;
26              if (iFame >= 5)
27              {
28                  iKarma = iKarma + 10;
29              }
30              break;
31          case 3:
32              iGold = iGold + 200;
33              iKarma = iKarma - 10;
34              break;
35          case 4:
36              iGold = iGold + 500;
```

```
37                iKarma = iKarma - 20;
38                break;
39        default:
40                printf("Debug: switch default (iDice6)\n");
41                break;
42     }
43
44     printf("골드: %d\n카르마: %d", iGold, iKarma);
45 }
```

표준 출력은 다음과 같다.

```
골드: 800
카르마: 100
```

예제 코드 Ex3-78은 switch ~ case 조건문의 내부 일부에 if 조건문을 중첩한 예다. 모든 상수식 밑의 명령문에 동일하게 적용할 필요 없이 상황에 맞게 필요한 경우에만 조건식을 중첩하면 된다.

6면체 주사위를 굴려서 1 ~ 4의 값이 나오면 각각 보상으로 골드와 카르마에 대한 보상 및 페널티를 받는 코드다. 골드를 보상으로 받게 되면 그에 상응하는 만큼 카르마에 페널티를 받고, 골드에 대한 페널티를 받으면 그에 상응하는 만큼 카르마에 보상을 받는다. 다만 카르마를 얻으려면 명성 수치가 어느 수준 이상이 돼야 한다는 중첩 조건문을 추가했다.

주사위의 값이 5 ~ 6이면 default로 가면서 초기화 값 그대로 유지하게 된다. switch ~ case 조건문 밖에 표준 출력 함수를 호출하므로 굳이 디버깅용 출력 메시지를 출력하게 하지 않았지만 주사위 값이 어떻게 나왔는지 표준 출력 함수에 추가한다면 프로그램의 흐름을 좀 더 쉽게 인지할 수 있다.

이와 같이 중첩 조건문을 잘 활용하면 프로그램의 흐름을 프로그래머가 원하는 대로 제어할 수 있게 된다. 조건문을 작성하는 것에 정답은 존재하지 않으며 프로그래머가 논리적으로 사고해 얼마든지 다양한 형태로 코드를 작성할 수 있다. 어떤 조건식으로 프로그램의 흐름을 제어할지는 프로그래머의 역량에 달려 있다.

3-7-2 반복문

3-7-2-1 for 반복문

for 반복문

```
for (초기화식; 조건식; 증감식)
{
    명령문;
}
```

for 반복문은 프로그래머가 가장 직접적으로 제어하기 수월한 반복문으로, '반복하기를 원하는 정해진 횟수'가 존재할 때 주로 활용된다. '초기화식, 조건식, 증감식' 순으로 작성하며, 각각 하나의 명령문이므로 구분을 세미콜론(;)으로 한다는 것을 알 수 있다.

반복하고 싶은 횟수를 직접적으로 지정할 수는 없지만 초기화식, 조건식, 증감식을 어떻게 구성하는가에 따라 반복 횟수를 간접적으로 결정할 수 있다.

프로그래머가 동일한 행에 초기화식, 조건식, 증감식을 작성하게 되므로 한눈에 반복과 관련된 내용을 모두 확인할 수 있다는 장점이 있지만, 초보자들은 익숙해지기 전까지 실제 진행되는 세부적 순서를 파악하기 어렵다는 단점이 있다.

for 반복문의 흐름은 '초기화식 → 초기화 값과 조건식 비교(참이면 명령문 실행, 거짓이면 반복문 종료) → 명령문 실행 → 증감식 → 변경된 값으로 다시 조건식 비교 ... 조건식을 만족하지 않을 때까지 반복'으로 진행된다.

모든 반복문은 { }의 닫기에 처음 도달한다고 해서 바로 종료되지 않고 조건식이 만족되는 한 다시 반복문 시작점으로 올라가서 반복된다는 것이 다른 { }를 활용한 명령문들과 다른 점이다. 조건식을 만족하지 않게 되면 명령문이 실행되지 않고 바로 { }의 닫기로 이동한 후 그제야 완전히 빠져나오게 된다.

for 반복문은 if 조건문처럼 명령문이 1줄이라면 문법상 { }가 생략 가능하나 생략하지 않는 것을 기본 원칙으로 하는 것이 좋다.

Ex3-79 / main.h

```
01  #pragma once
02  #define _CRT_SECURE_NO_WARNINGS
03  #include <stdio.h>
04
05  void LoopStatement();
```

Ex3-79 / main.c

```
01  #include "main.h"
02
03  int main(void)
04  {
05      LoopStatement();
06      return 0;
07  }
08
09  void LoopStatement()
10  {
11      int iWeaponLV = 1;
12      int iCount;
13
14      for (iCount = 0; iCount < 5; iCount++)
15      {
16          iWeaponLV = iWeaponLV + 2;
17          printf("Count: %d\tWeaponLV: %d\n", iCount, iWeaponLV);
18      }
19  }
```

표준 출력은 다음과 같다.

```
Count: 0    WeaponLV: 3
Count: 1    WeaponLV: 5
Count: 2    WeaponLV: 7
Count: 3    WeaponLV: 9
Count: 4    WeaponLV: 11
(커서 위치)
```

예제 코드 Ex3-79는 **for** 반복문의 특성을 보여주기 위한 예다. **for** 반복문의 가장 큰 장점은 반복 횟수를 간접적으로 제어하기 수월하다는 것이다. 총 5번 반복을 하고 싶다고 했을 때 프로그래밍은 기본 0부터 시작하는 것이 보편적이므로 초기화식, 조건식, 증감식을 0 이상 5 미만으로 1씩 증가하게 작성했다. 이러한 계획에 따라 Count가 0부터 4까지 총 5번 이뤄진 것을 확인할 수 있다.

실무에서는 반복문의 조건문에 반복 횟수를 제어하는 정수인 '5'를 하드 코딩하지 않으며, 다른 변수 또는 전처리기 #define으로 정의한 매크로로 작성하지만, 여기서는 반복 횟수를 쉽게 알 수 있게 정수로 하드 코딩한다. 동일한 반복 횟수를 가진 반복문을 여러 번 코드에 작성해야 할 경우가 자주 발생하는데, 이때 하드 코딩한 모든 숫자를 빠짐없이 정확히 바꾸기 어렵기 때문에 다른 변수 또는 전처리기 #define을 통한 매크로로 정의해서 1번만 바꾸면 모든 곳이 바뀌게 한다. 우선 지금은 반복 횟수를 제어하는 정수는 하드 코딩을 하지 않는 것이 기본이라는 점을 이해하고 진행하자. 상세한 예시는 '3-9-3 매크로 정의: #define과 #undef' 절의 예제 코드 Ex3-121에서 다룬다.

변수 iCount는 반복문의 반복 횟수를 제어하기 위한 변수이며, 변수 iWeapon은 반복문 안에서 실제 동적으로 변경하고자 하는 데이터다. 초기화 값이 1이고, 16행과 같이 반복을 할 때마다 2를 더하니 Count에 따라 각각 3, 5, 7, 9, 11로 증가했다.

반복문의 반복 횟수를 제어하기 위한 변수는 반복문 안에서 변경하지 않는 것이 현명하다. 반복 횟수를 제어하기 위한 변수와 실제 반복해서 변경하고자 하는 변수는 확실히 분리해서 사용하자.

반복문을 사용하지 않는다면 반복 횟수만큼 동일한 특정 코드의 집합을 여러 번 작성해야 하지만 반복문을 사용하는 것으로 작성해야 하는 코드의 양이 많이 줄어들었다. 반복해야 하는 횟수가 많아지면 많아질수록 반복문을 사용하는 것이 효율이 좋아진다는 의미다. 동일한 함수의 호출을 여러 번 하고자 할 때도 반복문을 활용하게 된다.

for 반복문은 초기화식, 조건식, 증감식을 어떻게 설정하는가에 따라서 프로그래머가 원하는 결과를 도출하기 수월하다고 했다. 다양한 상황에 대응하기 위해 초기화식, 조건식, 증감식을 어떻게 변경할 수 있는지 알아보자.

```
14      for (iCount = 1; iCount <= 5; iCount++)
```

표준 출력은 다음과 같다.

```
Count: 1      WeaponLV: 3
Count: 2      WeaponLV: 5
Count: 3      WeaponLV: 7
Count: 4      WeaponLV: 9
Count: 5      WeaponLV: 11
(커서 위치)
```

프로그래밍은 보편적으로 0부터 시작하지만 인간은 시작점을 보통 1로 생각한다. 1부터 총 5번 반복을 하고자 한다면 14행을 위와 같이 변경할 수 있다. 반복문의 반복 횟수를 제어하는 변수의 초기화 값을 1로 지정하고, 조건식을 5보다 작거나 같다로 변경하는 것으로 1 이상 5 이하로 바꿨다.

조건식을 6보다 작다로 변경해도 이 예제 코드에서는 동일한 결과가 도출된다. Count가 큰 의미를 갖지 않는다면 이 예제 코드와 같이 결과에만 집중해도 되지만 Count의 값 자체도 원하는 값이 나오길 원한다면 초기화식, 조건식, 증감식을 조절해야 한다.

```
14        for (iCount = 5; iCount > 0; iCount--)
```

표준 출력은 다음과 같다.

```
Count: 5      WeaponLV: 3
Count: 4      WeaponLV: 5
Count: 3      WeaponLV: 7
Count: 2      WeaponLV: 9
Count: 1      WeaponLV: 11
(커서 위치)
```

이번에는 총 5번 반복해야 한다는 횟수는 동일하지만 Count를 감소시키고 싶은 경우에 어떻게 초기화식, 조건식, 증감식을 조절할지 알아본다. Count가 5에서 시작해서 1에서 종료하고 싶다면 14행을 위와 같이 변경할 수 있다. 초기화 값을 5로 지정하고 조건식을 0보다 크다로 변경한 후 증감식을 1씩 감소하게 작성했다.

```
14        for (iCount = 0; iCount < 5; iCount+=2)
```

표준 출력은 다음과 같다.

```
Count: 0     WeaponLV: 3
Count: 2     WeaponLV: 5
Count: 4     WeaponLV: 7
(커서 위치)
```

다음에는 Count가 짝수 형태로만 출력되기를 원할 때 14행을 위와 같이 변경할 수 있다. 조건식을 0 이상 5 미만으로 하고 증감식을 2개씩 증가하게 변경해 Count가 0, 2, 4만 출력됐다. 반복문의 증감식에는 증감 연산자뿐만 아니라 복합 대입 연산자도 사용할 수 있다.

```
11        int iWeaponLV = 1;
12
13        for (int iCount = 0; iCount < 5; iCount++)
14        {
15             iWeaponLV = iWeaponLV + 2;
16             printf("Count: %d\tWeaponLV: %d\n", iCount, iWeaponLV);
17        }
```

for 반복문의 반복 횟수를 제어하는 변수는 예제 코드 Ex3-79의 12행과 같이 변수의 선언 명령문을 작성한 후 반복문 안에서 사용할 수도 있지만, 앞의 임시 코드 13행과 같이 반복문 안에서 변수의 선언과 초기화를 동시에 수행할 수도 있다.

이러한 방식은 C99에서 도입된 방식으로, 코드가 간결해지는 장점은 있지만 for 반복문 안에서만 반복 횟수를 제어하는 변수를 사용할 수 있고, 밖에서는 사용할 수 없다는 단점이 있다. 반복문이 종료된 후에도 해당 변수를 활용하고자 한다면 별도로 변수의 선언 명령문을 작성해야 한다. 상황에 맞게 2가지 방식 모두를 활용하면 된다.

Ex3-80 / main.h

```
01  #pragma once
02  #define _CRT_SECURE_NO_WARNINGS
03  #include <stdio.h>
04
05  void LoopStatement();
```

Ex3-80 / main.c

```
01  #include "main.h"
02
03  int main(void)
04  {
05      LoopStatement();
06      return 0;
07  }
08
09  void LoopStatement()
10  {
11      for ( ; ; )
12      {
13          printf("Infinite Loop\n");
14      }
15
16  }
```

표준 출력은 다음과 같다.

```
Infinite Loop
Infinite Loop
...
```

예제 코드 Ex3-80은 **for** 반복문을 활용해서 무한 루프를 생성한 예다. **for** 반복문에서 무한 루프를 생성하고자 한다면 11행과 같이 초기화식, 조건식, 증감식 모두를 생략하면 된다.

다만 세미콜론으로 생략된 3가지 식이 존재한다는 것은 구분해야 한다. 무한 루프를 확인했으면 출력 창을 종료하자.

Ex3-81 / main.h

```
01  #pragma once
02  #define _CRT_SECURE_NO_WARNINGS
03  #include <stdio.h>
04
05  void LoopStatement();
```

Ex3-81 / main.c

```
01  #include "main.h"
02
03  int main(void)
04  {
05      LoopStatement();
06      return 0;
07  }
08
09  void LoopStatement()
10  {
11      int iWave, iMonsterNum;
12
13      for (iWave=1, iMonsterNum=4; iWave<6; iWave++, iMonsterNum+=3)
14      {
15          printf("Wave: %d\tMonsterNumber: %d\n", iWave, iMonsterNum);
16      }
17  }
```

표준 출력은 다음과 같다.

```
Wave: 1 MonsterNumber: 4
Wave: 2 MonsterNumber: 7
Wave: 3 MonsterNumber: 10
Wave: 4 MonsterNumber: 13
Wave: 5 MonsterNumber: 16
(커서 위치)
```

예제 코드 Ex3-81은 for 반복문에서 반복 횟수를 제어하는 변수 2개를 둔 예다. for 반복문은 반복 횟수를 제어하는 변수를 다수 둘 수 있다는 특징이 존재한다. 초기화식, 증감식은 원하는 변수의 개수만큼 각 변수를 쉼표(,)로 구분해 작성하되 조건식은 하나로 작성한다.

for 반복문에서 반복 횟수를 제어하는 변수를 여러 개 두는 것으로 코드가 간단해지는 경우가 있지만 가독성이 매우 떨어지므로 과용하는 건 좋지 않다.

3-7-2-2 while 반복문

while 반복문

```
초기화식;

while (조건식)
{
    명령문;
    증감식;
}
```

while 반복문은 반복하고자 하는 특정 횟수에 초점을 두기보다 특정한 '조건'이 만족되는 한 지속적으로 반복하고자 할 때 활용된다. for 반복문과 달리 ( ) 안에 조건식만 작성하므로 조건식만 존재하는 것처럼 보일 수 있지만 초기화식은 사전에 별도로 작성해야 하며, 증감식은 반복하고자 하는 명령문 아래에 위치하면 된다.

배치는 다르지만 초기화식, 조건식, 증감식 모두 존재하며, while 반복문과 for 반복문은 상호 변환 가능하다. 반복 횟수보다는 조건에 초점을 맞춘 반복문의 유형이라고 이해하면 편할 것이다.

코드가 길어지면 초기화식, 조건식, 증감식을 한눈에 파악하기 어렵다는 단점이 있지만, 조건에만 초점을 맞추고 있고 코드의 순서가 실제 진행되는 순서이므로 논리적으로 이해하기 쉽다는 장점이 있다.

while 반복문의 흐름은 '초기화 값과 조건식 비교 (참이면 반복문 내부 실행, 거짓이면 반복문 종료) → 명령문 실행 → 증감식 실행 → 변경된 값으로 다시 조건식 비교 ... 조건식을 만족하지 않을 때까지 반복'으로 진행된다.

Ex3-82 / main.h

```
01  #pragma once
02  #define _CRT_SECURE_NO_WARNINGS
03  #include <stdio.h>
04
05  void LoopStatement();
```

Ex3-82 / main.c

```
01  #include "main.h"
02
03  int main(void)
04  {
05      LoopStatement();
06      return 0;
07  }
08
09  void LoopStatement()
10  {
11      int iWeaponLV = 1;
12      int iCount = 0;
13
14      while (iCount < 5)
15      {
16          iWeaponLV = iWeaponLV + 2;
17          printf("Count: %d\tWeaponLV: %d\n", iCount, iWeaponLV);
18
19          iCount++;
20      }
21  }
```

표준 출력은 다음과 같다.

```
Count: 0    WeaponLV: 3
Count: 1    WeaponLV: 5
Count: 2    WeaponLV: 7
Count: 3    WeaponLV: 9
Count: 4    WeaponLV: 11
(커서 위치)
```

예제 코드 Ex3-82는 for 반복문을 소개한 예제 코드 Ex3-79를 while 반복문으로 변환한 예다. 12행이 초기화식, 14행이 조건식, 19행이 증감식에 해당된다. 반복하고자 하는 명령문들을 작성한 후 마지막에 증감식을 작성하는 것으로 루프가 만들어진다. 증감식 작성을 잊어버리는 경우가 있으니 주의하자.

반복 횟수는 쉽게 파악하기 어렵지만 조건에만 초점을 맞추고 있고, 코드의 순서가 프로그래밍이 진행되는 순서와 동일하므로 전체적인 흐름을 이해하기 수월한 반복문이다.

Ex3-83 / main.h

```
01  #pragma once
02  #define _CRT_SECURE_NO_WARNINGS
03  #include <stdio.h>
04  #include <stdbool.h>
05
06  void LoopStatement();
```

Ex3-83 / main.c

```
01  #include "main.h"
02
03  int main(void)
04  {
05      LoopStatement();
06      return 0;
07  }
08
09  void LoopStatement()
10  {
11      while (true)
12      {
13          printf("Infinite Loop\n");
14      }
15  }
```

표준 출력은 다음과 같다.

```
Infinite Loop
Infinite Loop
...
```

예제 코드 Ex3-83은 while 반복문을 활용해서 무한 루프를 생성한 예다. while 반복문에서 무한 루프를 생성하고자 한다면 조건식을 true가 결과로 되는 식으로 작성하면 된다.

관계 및 동등 연산자를 활용해서 항상 결과가 true가 되는 표현식을 작성해도 된다. 즉, 0이 아니면 true이므로 1, 2 등과 같은 정수로 작성해도 된다. 예제 코드 Ex3-83과 같이 헤더 파일 stdbool.h를 추가해서 true를 작성하는 것이 가장 가독성이 좋다.

3-7-2-3 do ~ while 반복문

do ~ while 반복문

```
초기화식;

do
{
    명령문;
    증감식;
} while (조건식);
```

do ~ while 반복문은 while 반복문과 거의 동일한 특징을 갖고 있지만 딱 1가지 중대한 차이가 존재하는 반복문이다. 조건식이 반복문의 끝에 위치하고 있으므로 "반드시 1번은 명령문이 실행된다."는 점이다. 조건이 만족하든 만족하지 않든 반드시 1번은 실행돼야 할 때 활용된다.

초기화식, 조건식, 증감식 모두 존재하지만 조건과 무관하게 1번은 반드시 실행된다는 특징 때문에 for 반복문, while 반복문과 그대로 상호 변환은 불가능하며, 1번은 반드시 실행되는 코드를 별도로 작성해야 한다. do ~ while 반복문을 while 반복문으로 변환하는 코드는 이후 소개한다.

do ~ while 반복문의 흐름은 '명령문 실행 → 증감식 실행 → 초기화 값과 조건식 비교(참이면 반복문 위로 돌아가 실행, 거짓이면 반복문 종료) → 명령문 실행 → 증감식 실행 → 변경된 값으로 다시 조건식 비교 … 조건식을 만족하지 않을 때까지 반복'으로 진행된다.

Ex3-84 / main.h

```
01  #pragma once
02  #define _CRT_SECURE_NO_WARNINGS
03  #include <stdio.h>
04
05  void LoopStatement();
```

Ex3-84 / main.c

```
01  #include "main.h"
02
03  int main(void)
04  {
05      LoopStatement();
06      return 0;
07  }
08
09  void LoopStatement()
10  {
11      int iWeaponLV = 1;
12      int iCount = 0;
13
14      do
15      {
16          iWeaponLV = iWeaponLV + 2;
17          printf("Count: %d\tWeaponLV: %d\n", iCount, iWeaponLV);
18
19          iCount++;
20      } while (iCount < 5);
21  }
```

표준 출력은 다음과 같다.

```
Count: 0    WeaponLV: 3
Count: 1    WeaponLV: 5
Count: 2    WeaponLV: 7
Count: 3    WeaponLV: 9
Count: 4    WeaponLV: 11
(커서 위치)
```

예제 코드 Ex3-84는 while 반복문을 소개한 예제 코드 Ex3-82를 do ~ while 반복문으로 단순 변환한 예다.

12행이 초기화식, 20행이 조건식, 19행이 증감식에 해당된다. 출력 결과는 예제 코드 Ex3-82와 동일하지만 처음 실행된 명령문은 조건과 비교하지 않은 상태에서 무조건 출력됐다는 차이가 존재한다. 조건과 무관하게 1번 실행한 후 조건과 비교해서 반복을 해야 하는 특수한 상황에서 사용되므로 for 반복문이나 while 반복문처럼 자주 사용되지는 않는다.

```
11      int iWeaponLV = 1;
12      int iCount = 0;
13
14      iWeaponLV = iWeaponLV + 2;
15      printf("Count: %d\tWeaponLV: %d\n", iCount, iWeaponLV);
16      iCount++;
17
18      while (iCount < 5)
19      {
20          iWeaponLV = iWeaponLV + 2;
21          printf("Count: %d\tWeaponLV: %d\n", iCount, iWeaponLV);
22
23          iCount++;
24      }
```

do ~ while 반복문을 while 반복문으로 완전히 변환하려면 위의 코드와 같이 14행 ~ 16행의 조건과 상관없이 1번은 반드시 실행되는 코드가 필요하다. 14행 ~ 16행은 조건과 무관하게 반드시 실행되며, 18행 ~ 24행의 while 반복문은 변수 iCount가 0부터가 아닌 1부터 4까지 반복된다.

Ex3-85 / main.h

```
01      #pragma once
02      #define _CRT_SECURE_NO_WARNINGS
03      #include <stdio.h>
04      #include <stdbool.h>
05
06      void LoopStatement();
```

Ex3-85 / main.c

```c
01  #include "main.h"
02
03  int main(void)
04  {
05      LoopStatement();
06      return 0;
07  }
08
09  void LoopStatement()
10  {
11      do
12      {
13          printf("Infinite Loop\n");
14      } while (true);
15  }
```

표준 출력은 다음과 같다.

```
Infinite Loop
Infinite Loop
...
```

예제 코드 Ex3-85는 do ~ while 반복문을 활용해서 무한 루프를 생성한 예다. do ~ while 반복문에서 무한 루프를 생성하고자 한다면 while 반복문과 동일하게 조건식을 true가 결과로 되는 식으로 작성하면 된다. 가독성을 위해 헤더 파일 stdbool.h를 추가해서 true로 작성했다.

Ex3-86 / main.h

```c
01  #pragma once
02  #define _CRT_SECURE_NO_WARNINGS
03  #include <stdio.h>
04  #include <stdbool.h>
05
06  void LoopStatement();
```

Ex3-86 / main.c

```c
01  #include "main.h"
02
03  int main(void)
04  {
05      LoopStatement();
06      return 0;
07  }
08
09  void LoopStatement()
10  {
11      do
12      {
13          printf("Once\n");
14      } while (0);
15  }
```

표준 출력은 다음과 같다.

```
Once
(커서 위치)
```

예제 코드 Ex3-86은 do ~ while 반복문의 특성을 활용해서 1번만 실행되게 구성한 예다. 조건식이 false, 즉 0이 되면 조건과 무관하게 1번 실행되고 조건을 만족하지 못했기에 반복되지 않는다.

조건식에 변수를 지정하고 0일 때와 0이 아닐 때를 동적으로 제어하면 1번 실행할지 다수를 반복할지를 변경할 수 있기에 do ~ while 반복문에서는 조건식을 0으로 작성하면 어떤 결과가 나오는지 알아두면 좋다.

3-7-2-4 중첩 반복문

이중 for 반복문

```
for (초기화식; 조건식; 증감식)
{
    for (초기화식; 조건식; 증감식)
    {
```

```
        명령문;
    }
}
```

for 반복문, while 반복문, do ~ while 반복문은 상호 중첩이 가능하다. for 반복문 안에 for 반복문을 사용하는 경우가 가장 흔하며, for 반복문 안에 while 반복문을 중첩해도 되며, 반대로 while 반복문 안에 for 반복문을 중첩해도 문제는 없다. 중첩할 수 있는 수의 제한은 없지만 중첩이 될수록 코드를 이해하기 어려워지므로 과도한 중첩은 피하는 것이 좋다.

당연히 반복문 안에 조건문을 활용하는 것도, 조건문 안에 반복문을 활용하는 것도 가능하다. '제어 명령문에서 분기문은 보조적인 역할을 수행하며 큰 줄기는 조건문과 반복문'으로 이뤄지므로 이들을 잘 활용하는 것으로 프로그래밍의 흐름을 제어할 수 있게 된다.

Ex3-87 / main.h

```
01  #pragma once
02  #define _CRT_SECURE_NO_WARNINGS
03  #include <stdio.h>
04
05  void LoopStatement();
```

Ex3-87 / main.c

```
01  #include "main.h"
02
03  int main(void)
04  {
05      LoopStatement();
06      return 0;
07  }
08
09  void LoopStatement()
10  {
11      int iRow, iColumn;
12
13      for (iRow = 0; iRow < 3; iRow++)
```

```
14      {
15          for (iColumn = 0; iColumn < 5; iColumn++)
16          {
17              fputc('*', stdout);
18          }
19
20          printf("\n");
21      }
22  }
```

표준 출력은 다음과 같다.

```
*****
*****
*****
(커서 위치)
```

예제 코드 Ex3-87은 2개의 for 반복문이 중첩된 예다. *를 행과 열로 출력했다. 행은 0에서 2까지 3행으로 구성되며, 열은 0에서 4까지 5열로 구성됐다. 이에 따라 5개의 *로 구성된 3줄이 출력됐다.

Ex3-88 / main.h

```
01  #pragma once
02  #define _CRT_SECURE_NO_WARNINGS
03  #include <stdio.h>
04
05  void LoopStatement();
```

Ex3-88 / main.c

```
01  #include "main.h"
02
03  int main(void)
04  {
05      LoopStatement();
06      return 0;
07  }
08
```

```
09    void LoopStatement()
10    {
11        int iRow = 0;
12        int iColumn;
13
14        while (iRow < 3)
15        {
16            for (iColumn = 0; iColumn < 5; iColumn++)
17            {
18                fputc('*', stdout);
19            }
20
21            printf("\n");
22            iRow++;
23        }
24    }
```

표준 출력은 다음과 같다.

```
*****
*****
*****
(커서 위치)
```

예제 코드 Ex3-88은 2개의 for 반복문이 중첩된 예제 코드 Ex3-87을 while 반복문 안에 for 반복문이 중첩되게 변환한 예다.

동일한 결과를 갖지만 2개의 for 반복문이 중첩된 예보다 코드를 한눈에 파악하기 쉽지 않다. for 반복문과 while 반복문은 어디에 초점을 두고 있는지 다르기 때문에 반복문을 중첩할 때 가능하면 같은 종류의 반복문으로 중첩하는 것이 이해하기 쉬운 코드가 된다.

3-7-3 분기문

3-7-3-1 리턴 명령문(return)

리턴 명령문

```
return;
return 반환값;
```

리턴 명령문은 함수의 처리를 종료하고, 함수 호출부에 제어를 돌려주는 분기문이다. 반환값이 없을 경우 return만 작성해도 되지만 함수의 처리를 종료하는 동시에 호출부에 반환값을 전달하고자 한다면 return 뒤에 반환값을 작성해서 호출부로 보낸다. 반환값은 다수가 될 수 없으며, 표현식으로 작성할 경우 표현식의 결과가 하나의 반환값으로 계산돼 호출부로 보내진다.

주의해야 할 점은 "모든 함수에는 리턴 명령문이 존재한다."는 점이다. 함수의 처리를 종료하고, 함수 호출부에 제어를 돌려주는 역할을 수행하므로 리턴 명령문이 없다면 컴파일러는 함수의 종료를 알아차릴 수 없다. 다만 함수의 원형에서 호출부로 전달할 반환값이 없을 경우 리턴 명령문 자체가 생략될 수 있기 때문에 마치 없는 것처럼 보일 수 있지만, 생략됐을 뿐이라는 점에 유의해야 한다.

리턴 명령문은 생략된 것을 포함해서 "하나의 함수에 꼭 하나만 존재할 필요는 없다". 함수의 처리를 종료하고 함수 호출부에 제어를 돌려주는 역할을 수행하기 위해 리턴 명령문이 여러 개 필요하다면 하나의 함수 내에서도 다수의 리턴 명령문을 작성할 수 있다.

반환값이 있을 경우 반드시 리턴 명령문을 작성하게 되는데, 호출부에서 반환값을 받아 다양한 처리가 가능하므로 하나의 함수에서 반환값이 다른 리턴 명령문을 다수 작성할 수 있다. 예를 들어 사용자 정의 함수가 정상적으로 동작했을 때와 그렇지 못했을 때를 구분해 다른 반환값을 가진 리턴 명령문을 2개 작성할 수 있다. 함수의 호출부에서는 리턴 명령문에서 받은 2개의 다른 반환값을 조건문을 통해 구분할 수 있다.

Ex3-89 / main.h

```
01  #pragma once
02  #define _CRT_SECURE_NO_WARNINGS
03  #include <stdio.h>
04
05  int Divide(int iOperand1, int iOperand2);
```

Ex3-89 / main.c

```
01  #include "main.h"
02
03  int main(void)
04  {
05      int iQuotient = 0;
06
07      iQuotient = Divide(150, 4);
08      //iQuotient = Divide(150, 0);
09
10      if (iQuotient == -1)
11      {
12          printf("Error: 0으로 나눌 수 없습니다");
13      }
14      else
15      {
16          printf("%d", iQuotient);
17      }
18
19      return 0;
20  }
21
22  int Divide(int iOperand1, int iOperand2)
23  {
24      if (iOperand2 == 0)
25      {
26          return -1;
27      }
28
29      return (int)(iOperand1 / iOperand2);
30  }
```

표준 출력은 다음과 같다.

예제 코드 Ex3-89는 하나의 사용자 정의 함수에서 2가지 리턴 명령문을 작성하고 함수의 호출부에서 다른 2가지 반환값을 받아 조건문으로 다른 처리를 한 예다.

사용자 정의 함수 Divide는 선언부, 구현부, 호출부로 구성돼 있다. 22행 ~ 30행은 구현부로 2개의 피연산자를 매개변수로 받아 나눗셈을 수행하는 기능을 갖고 있다. 다만 0으로 나누는 것을 방지하기 위해 24행에서 조건문으로 구분했으며, 주석 처리된 8행과 같이 분자가 되는 피연산자가 0으로 들어왔을 경우 함수를 종료하며 반환값 -1을 갖고 함수의 호출부로 제어를 넘긴다.

26행이 실행되는 순간 이후의 코드는 실행되지 않고 함수 Divide가 종료되고 호출부인 7행으로 돌아간다. 7행에서 반환값 -1을 받아 변수 iQuotient에 저장했으며, 10행의 조건문에 따라 12행의 표준 출력 함수가 실행된다.

예제 코드 Ex3-89의 7행은 함수의 호출부로 150과 4라는 2개의 인자를 전달한다. 2개의 인자는 함수 구현부의 매개변수에 초기화 값으로 지정된다. 두 번째 인자가 0이 아니므로 24행의 조건문은 무시되며 29행의 리턴 명령문의 표현식 결과인 37을 반환값으로 해 다시 7행의 함수 호출부로 제어가 넘어간다. 변수 iQuotient가 37인 상태이므로 14행의 else 문으로 넘어가 16행의 표준 출력 함수가 실행된다.

이와 같이 하나의 함수에 다수의 리턴 명령문을 활용해서 프로그래밍의 흐름에 분기를 제어할 수 있다. 다양한 상태에 따라 다른 기능을 구현하기 위해 필수적인 명령문이므로 리턴 명령문의 특성을 명확히 이해하는 것이 좋다.

Ex3-90 / main.h

```
01  #pragma once
02  #define _CRT_SECURE_NO_WARNINGS
03  #include <stdio.h>
04  #include <stdbool.h>
05
06  void Jump();
```

Ex3-90 / main.c

```c
01  #include "main.h"
02
03  bool g_bGrounded = true;
04
05  int main(void)
06  {
07      //...(코드 생략)
08
09      return 0;
10  }
11
12  void Jump()
13  {
14      if (g_bGrounded == false)
15      {
16          return;
17      }
18
19      //...(코드 생략)
20
21      g_bGrounded = false;
22
23      //...(코드 생략)
24
25      return;
26  }
```

예제 코드 Ex3-90은 리턴 명령문으로 '예외 처리 코드'를 작성한 예다. 예외 처리 코드는 프로그램 내에서 예외가 발생했을 때 프로그램의 예상치 못한 종료를 막고 정상적으로 실행이 유지될 수 있게 처리하는 코드를 의미한다.

예외 처리 코드를 포함하지 않는 프로그램은 다양한 상황에 대응하지 못해 수많은 버그가 발생하므로 예외 처리 코드를 잘 작성하는 것이야말로 수준 높은 프로그래밍 능력으로 연결된다는 프로그래머가 많을 정도다.

프로그래밍 초보자는 해당 기능을 구현하는 데 초점을 맞추지만 어느 정도 프로그래밍에 익숙해지면 기능을 구현하는 것을 넘어 어떤 상황이든 프로그램이 안정적으로 실행될 수 있게 예외 처리 코드 추가에 신경 쓰게 된다. 예외 처리 코드가 어떤 형태로 작성되는지 쉽게 알 수 있게 하기 위해 예외 처리 코드 이외의 부분은 코드를 생략했다.

예제 코드 Ex3-90은 전역 변수와 리턴 명령문을 활용해서 간단한 예외 처리 코드를 작성했다. 3행의 전역 변수는 불리언 데이터형으로 플레이어 캐릭터가 바닥에 닿아 있는지 체크한다. 초기화 값으로 true를 지정해 게임이 시작될 때 바닥에 닿아 있는 것으로 인지한다.

사용자 정의 함수 Jump는 기능상 플레이어 캐릭터의 좌표를 위로 변경한 후 21행과 같이 플레이어 캐릭터가 바닥에 닿아 있지 않은 상태로 변경한다. 이 게임에서 2중 점프를 허용하지 않는다면 이미 점프가 돼 있는 상태에서는 함수 Jump가 호출된다고 해도 점프의 기능을 수행하지 않아야 한다. 그렇지 않다면 점프 중에도 다시 점프를 할 수 있는 무한 점프 가능 상태가 발생하므로 플레이어는 버그라고 느낄 것이다.

14행 ~ 17행과 같이 프로그램이 정상적으로 실행되게 각종 상황의 예외를 처리해 주는 것을 업계에서는 '예외 처리 코드'라고 한다. 반드시 전역 변수와 같이 사용되는 것은 아니라는 점에 유의하며, 각종 변수와 리턴 명령문을 활용해서 작성하게 된다.

3-7-3-2 continue 명령문

continue 명령문

```
continue;
```

continue 명령문은 반복문에서 반복을 유지한 상태로 특정 명령문만 건너뛰는 분기문이다. 반복문 내부에서만 사용할 수 있으며, 반복문 전체가 종료되는 것이 아니라는 점이 핵심 특징이다. continue와 세미콜론으로 명령문이 구성된다. break 명령문과의 차이를 비교해서 알아두는 것이 좋다.

Ex3-91 / main.h

```
01  #pragma once
02  #define _CRT_SECURE_NO_WARNINGS
03  #include <stdio.h>
04
05  void BranchingStatement();
```

Ex3-91 / main.c

```
01  #include "main.h"
02
03  int main(void)
04  {
05      BranchingStatement();
06      return 0;
07  }
08
09  void BranchingStatement()
10  {
11      for (int iCount = 1; iCount <= 5; iCount++)
12      {
13          if (iCount == 3)
14          {
15              continue;
16          }
17
18          printf("%d\n", iCount);
19      }
20  }
```

표준 출력은 다음과 같다.

```
1
2
4
5
(커서 위치)
```

예제 코드 Ex3-91은 for 반복문 내부에 조건문을 두어 특정 조건에 continue 명령문이 실행되게 구성한 예다. 반복문은 1 이상 5 이하로 총 5번 반복될 예정이었는

데, 3일 경우 continue 명령문이 실행돼 건너뛰고 반복문은 종료되지 않고 다시 반복문의 시작으로 돌아가서 총 4번 반복됐다. 따라서 표준 출력에서 3을 제외하고 1, 2, 4, 5가 출력됐다.

continue 명령문은 반복문이 처음부터 끝까지 정상적으로 수행되는 과정에서 특정 조건에 해당되는 것을 건너뛰고 싶을 때 사용된다. break 명령문에 비해 continue 명령문은 익숙하지 않은 사람이 많은데, 반복문을 세밀하게 제어하고자 할 때 continue 명령문은 큰 도움이 된다.

3-7-3-3 break 명령문

break 명령문

```
break;
```

break 명령문은 반복할 명령문이 남아 있더라도 현재 반복문을 강제적으로 즉시 종료시키는 분기문이다. 중첩 반복문을 모두 종료할 수는 없으며 '하나의 반복문만 종료'된다는 점에 주의할 필요가 있다.

반복문과 switch ~ case 문 내부에서만 사용할 수 있으며, 반복문 전체가 완전히 종료되는 점이 continue 명령문과의 차이다. break와 세미콜론(;)으로 명령문이 구성된다.

Ex3-92 / main.h

```
01  #pragma once
02  #define _CRT_SECURE_NO_WARNINGS
03  #include <stdio.h>
04
05  void BranchingStatement();
```

Ex3-92 / main.c

```
01  #include "main.h"
02
03  int main(void)
04  {
```

```
05        BranchingStatement();
06        return 0;
07    }
08
09    void BranchingStatement()
10    {
11        for (int iCount = 1; iCount <= 5; iCount++)
12        {
13            if (iCount == 3)
14            {
15                break;
16            }
17
18            printf("%d\n", iCount);
19        }
20    }
```

표준 출력은 다음과 같다.

```
1
2
(커서 위치)
```

예제 코드 Ex3-92는 for 반복문 내부에 조건문을 두어 특정 조건에 break 명령문이 실행되게 구성한 예다. continue 명령문과 break 명령문의 차이를 명확히 소개하기 위해 예제 코드 Ex3-91에서 15행만 break 명령문으로 변경했다.

반복문은 1 이상 5 이하로 총 5번 반복될 예정이었는데, 3일 경우 break 명령문이 실행돼 즉시 반복문이 종료돼 총 2번만 반복됐다. 따라서 표준 출력에서 3 이전인 1, 2만 출력됐다.

3-7-3-4 goto 명령문과 레이블

goto 명령문과 레이블

```
{
    goto lable;
```

```
    lable:
        명령문;
    }
```

goto 명령문은 선언한 레이블로 아무런 제약 없이 즉시 이동하는 게임의 치트와 같은 분기문이다.

goto 명령문을 사용하려면 먼저 레이블을 선언한 후 뒤에 콜론(:)을 붙인다. 지역 변수의 선언 명령문과 같다고 생각하면 된다. 실제 비주얼 스튜디오에서 레이블을 선언한 후 마우스 오버해보면 지역 변수로 표기된다. 레이블은 네이밍 규칙도 지역 변수와 동일하며, 사용할 수 있는 범위도 지역 변수와 동일하게 { } 안에서만 사용할 수 있다. 즉, 다른 함수에 있는 레이블로는 이동할 수 없다.

레이블이 선언돼 있으면 goto 명령문으로 레이블로 즉시 이동할 수 있다. goto 뒤에 이동하고 싶은 레이블을 작성하고 세미콜론으로 명령문을 종료한다. 프로그래밍의 흐름은 위에서 아래로 물처럼 자연스럽게 흐르는데 goto 명령문은 이를 역행해서 함수 내 레이블만 있다면 어디든 이동하는 자연의 섭리에 반하는 사기적인 기능을 수행한다.

이에 따라서 프로그래머가 예측하지 못하는 끔찍한 문제가 발생할 여지가 많다. 프로그래밍의 흐름을 부자연스럽게 강제적으로 변경한 만큼 어떤 문제가 발생할지 예측하기 어렵고, 이러한 문제를 다시 예외 처리하기 위해 오히려 goto 명령문을 사용하지 않는 것보다 부가적인 코드를 더 작성하게 되는 경우도 발생한다. goto 명령문을 과도하게 사용하면 프로그래밍의 흐름이 꼬이게 되는데, 이를 '스파게티 코드'라고 부른다. 가독성도 크게 떨어지고 유지 보수도 어렵게 된다.

따라서 프로그래밍을 배우는 초보자에게 goto 명령문은 아예 사용하지 않은 것을 권장한다. 하지만 에러 처리와 같은 코드에는 goto 명령문이 굉장히 강력하고 유효하므로 상황에 따라 잘 사용하면 좋은 경우가 극소수지만 존재하긴 한다.

Ex3-93 / main.h

```
01  #pragma once
02  #define _CRT_SECURE_NO_WARNINGS
```

```
03    #include <stdio.h>
04
05    void BranchingStatement();
```

Ex3-93 / main.c

```
01    #include "main.h"
02
03    int main(void)
04    {
05        BranchingStatement();
06        return 0;
07    }
08
09    void BranchingStatement()
10    {
11        int iDice = 0;
12
13        fputs("주사위 값으로 1~6을 입력하세요: ", stdout);
14        scanf("%d", &iDice);
15
16        switch (iDice)
17        {
18            case 1:
19            case 2:
20            case 3:
21                goto RouteA;
22                break;
23            case 4:
24            case 5:
25            case 6:
26                goto RouteB;
27                break;
28            default:
29                goto EXIT;
30                break;
31        }
32
33    RouteA:
34        printf("루트 A 스토리\n");
35        goto EXIT;
36    RouteB:
```

```
37          printf("루트 B 스토리\n");
38          goto EXIT;
39  EXIT:
40          fputs("루트 선택 종료", stdout);
41  }
```

표준 출력은 다음과 같다.

```
주사위 값으로 1~6을 입력하세요: 5(Enter 키)  ← '출력 창에 직접 입력'
루트 B 스토리
루트 선택 종료
```

예제 코드 Ex3-93은 goto 명령문과 레이블을 활용해서 프로그래밍의 흐름을 제약 없이 변경한 예다. 굳이 goto 명령문을 사용할 필요가 없는 코드지만 goto 명령문을 소개하기 위해 의도적으로 작성된 코드이니 참고만 하고 넘어가자.

16행 ~ 31행의 switch ~ case 조건문에서 주사위의 값이 1, 2, 3이면 레이블 RouteA로 이동되고 4, 5, 6이면 레이블 RouteB로 즉시 이동되게 했다. 레이블 RouteA로 이동되면 루트 A의 스토리가 진행되고, 레이블 RouteB로 이동되면 루트 B의 스토리가 진행된다. 스토리가 종료되면 양쪽 모두 강제로 레이블 EXIT로 이동시켜 루트 선택을 종료시킨다.

레이블 EXIT에 해당하는 38행 ~ 39행을 레이블 RouteA 위로 옮긴 후 실행하면 무한 루프에 빠지는 것을 확인할 수 있다. goto 명령문은 너무나도 강력한 만큼 사용했을 때 반작용도 크다.

Ex3-94 / main.h

```
01  #pragma once
02  #define _CRT_SECURE_NO_WARNINGS
03  #include <stdio.h>
04
05  void BranchingStatement();
```

Ex3-94 / main.c

```c
01   #include "main.h"
02
03   int main(void)
04   {
05       BranchingStatement();
06       return 0;
07   }
08
09   void BranchingStatement()
10   {
11       int iGender = 0; //1: 남성, 2: 여성
12       int iAge = 0, iHeight = 0, iWeight = 0;
13
14       fputs("범인의 신상을 추측하세요: ", stdout);
15
16   RESTART:
17
18       //...(코드 생략)
19
20       if (iGender == 1)
21       {
22           goto ERROR;
23       }
24       if (iAge > 23)
25       {
26           goto ERROR;
27       }
28       if (iHeight < 175)
29       {
30           goto ERROR;
31       }
32       if (iWeight < 80)
33       {
34           goto ERROR;
35       }
36
37       fputs("범인을 밝혀냈습니다", stdout);
38       return;
39
40   ERROR:
41       fputs("범인의 특징과 일치하지 않습니다", stdout);
42       goto RESTART;
```

43   }

예제 코드 Ex3-94는 goto 명령문과 레이블을 활용해서 함수 내의 위에서 아래로 흐름을 역행한 예다. 레이블은 지역 변수처럼 동작하므로 goto 명령문은 함수 내에서 이동할 수 있지만 반드시 위에서 아래로 이동하는 것이 아닌 아래에서 위로도 이동할 수 있다.

예제 코드 Ex3-94는 범인의 신상을 파악한 후 범인의 신상을 맞추는 코드다. 실제 범인은 여성이며, 나이는 23세 이하, 신장은 175 이상, 체중은 80 이상이라고 가정한다. 이 경우 4개의 예외 처리 코드를 통해 40행의 레이블 ERROR로 강제 이동시킨다. 41행에서 메시지를 출력한 후 범인은 다시 찾기 위해 강제로 16행으로 이동시킨다. 16행으로 이동한 후 다시 범인의 신상을 찾는 과정을 거친다.

이와 같이 goto 명령문은 위에서 아래로 흐르는 자연스러운 흐름을 거역해 프로그래머가 강제로 흐름을 바꿀 수도 있다. 매우 강력하지만 그만큼 위험하며 심각한 문제가 발생할 소지가 높기 때문에 프로그래밍에 익숙하지 않은 초보자는 사용하지 않는 것이 좋으며, 어느 정도 프로그래밍에 익숙해졌다고 할지라도 제한적으로 신중하게 사용하는 것이 좋다.

세이브 포인트: 개념 정리

제어 명령문의 개념

- **제어 명령문(제어문, Control Flow Statement)**: 명령문 또는 함수 호출의 순서를 조절해 다양한 상황에 대응할 수 있게 하는 명령문이다. 조건문, 반복문, 분기문으로 구분된다.
- **조건문**: 선택문이라고 하며, 주어진 '조건식'의 결과에 따라 다른 명령문이 수행되도록 프로그램의 흐름을 제어하는 명령문이다.
- **반복문**: 동일한 명령문을 여러 번 작성하지 않아도 '일정 횟수 반복적으로 수행'할 수 있게 흐름을 제어하는 명령문이다.
- **분기문**: 조건문과 반복문의 내부에서 주어진 조건식의 '흐름을 추가적으로 바꾸기 위해' 사용되는 명령문이다.

세이브 포인트: 형식 정리

if ~ else if ~ else 조건문

```
if (조건식)
{
    명령문;
}
else if (조건식)
{
    명령문;
}
else
{
    명령문;
}
```

switch ~ case 조건문

```
switch (조건식)
{
    case 상수식:
        명령문;
        break;
    case 상수식:
        명령문;
        break;
    default:
        명령문;
        break;
}
```

for 반복문

```
for (초기화식; 조건식; 증감식)
{
    명령문;
}
```

while 반복문

```
초기화식;

while (조건식)
{
```

```
    명령문;
    증감식;
}
```

do ~ while 반복문

```
초기화식;

do
{
    명령문;
    증감식;
} while (조건식);
```

리턴 명령문

```
return;

return 반환값;
```

continue 명령문

```
continue;
```

break 명령문

```
break;
```

goto 명령문과 레이블

```
{
    goto lable;

lable:
    명령문;
}
```

3-8 사용자 정의 데이터형

절차적 프로그래밍의 핵심적인 흐름은 하나의 기능을 의미하는 코드의 집합이 작성되면 점차적으로 사용자 정의 함수로 만들어가는 것이며, 다만 단순한 흐름에서 벗어나 다양한 상황에 맞게 흐름을 제어할 수 있도록 제어 명령문이 필요하다고 했다. 이것으로 절차적 프로그래밍의 큰 줄기는 모두 배운 셈이다. 이제 원하는 기능을 좀 더 구현하기 쉽게 제공되는 추가적인 주요 개념을 살펴볼 차례다.

프로그래밍은 알고리듬과 데이터로 구성된다고 했다. 알고리듬을 대표하는 사용자 정의 함수를 배웠으니 다음으로 이와 쌍이 되는 '사용자 정의 데이터형'을 알아보자. 사용자 정의 데이터형에서 주의할 점은 사용자 정의 함수와 같이 기존에 없던 전혀 새로운 함수를 만드는 것이 아니라는 점이다. 사용자 정의 데이터형을 만든다는 건 규정에 없는 새로운 데이터형을 만드는 것이 아닌 '기존 데이터형들을 조합한 그룹화된 데이터형을 재정의'하는 것에 불과하다는 점을 이해할 필요가 있다.

C 프로그래밍 언어에서는 '3-2 데이터형' 절에서 배운 기본 데이터형을 토대로 크게 복합적인 데이터형을 사용할 수 있는 2가지 방법이 존재한다.

첫째, 하나의 개념으로 통합할 수 있는 '동일한 데이터형'으로 구성된 다수의 변수가 있다면 변수를 각각 선언하는 것이 불편하니 이를 하나의 '배열Array'로 묶을 수 있다. 배열은 이전에 가볍게 소개했고 상세한 내용은 '3-10 1차원 배열' 절에서 다룬다.

둘째, 하나의 개념으로 통합할 수 있는 '다른 데이터형'으로 구성된 다수의 변수가 있다면 '사용자 정의 데이터형'을 대표하는 구조체Structure로 묶을 수 있다. 구조체는 새로 재정의된 하나의 데이터형이므로 구조체 변수를 선언할 수 있으며, 하나의 개념으로 통합할 수 있는 동일한 구조체 변수가 다수 있다면 구조체 배열로 묶을 수 있다. 사용자 정의 데이터형에는 구조체 외에도 공용체, 열거형이 존재한다. 공용체와 열거형은 구조체의 특수한 형태다.

C 프로그래밍에서 구조체가 '왜' 필요한지는 윈도우 폴더를 어떻게 정리하는 것이 편한가로 설명할 수 있다. 예를 들어 10명의 나이, 성별, 이메일, 주소를 윈도우 바탕화면에서만 정리해야 한다고 가정하자. 각 10명에 대해 4 항목을 파일로 정리

해야 하니 40개의 파일을 나열해서 만들어야 한다.

그런데 심각한 문제가 발생한다. 나이, 성별, 이메일, 주소 항목이 누구의 것인지 명시해야 구분이 가능하니 필연적으로 '이름_나이', '이름_성별', '이름_이메일', '이름_주소'와 같이 필연적으로 나이, 성별, 이메일, 주소를 하나로 묶을 수 있는 개념인 이름을 포함해서 파일명을 길게 작성해야 된다. 정리해야 하는 데이터의 복잡도가 증가할수록 파일명이 상당히 길어지게 될 것이다.

반면 지금 우리가 사용하는 윈도우처럼 '상위-하위 폴더 개념'을 사용할 수 있게 돼 이름이라는 폴더 밑에 나이, 성별, 이메일, 주소 파일을 넣을 수 있다면 어떻게 될까? 우리는 이름을 기준으로 10개의 폴더를 만들고 각 폴더 밑에 단순히 나이, 성별, 이메일, 주소 등 4개씩 파일을 만들 것이다. 굳이 하위 폴더명에 이름을 추가하지 않아도 이미 상위 폴더로 그룹화됐기에 명확히 구분 가능하다. 이러한 특징으로 인해 폴더명과 파일명을 핵심만 추려서 간략하게 작성할 수 있다.

이와 같이 하나의 개념으로 통합할 수 있는 다른 데이터형으로 구성된 다수의 변수는 하나의 그룹으로 묶어 새로운 데이터형으로 정의할 수 있으며, 이러한 그룹화를 통해 데이터가 트리 구조로 체계화되고 관리 비용이 급격히 감소한다.

윈도우의 폴더 정리를 예로 들어 구조체를 설명한 것에 불과하지만, 이는 바로 객체지향 프로그래밍의 시작이자 전부라고 할 수 있는 '객체'라는 개념으로 발전하게 된다. 구조체는 객체라는 개념을 이해하기 위해 반드시 거쳐야 하는 관문이므로 C++나 C#으로 넘어가기 전에 C 프로그래밍에서 충분히 익숙해져야 하는 것이 당연한 이치일 것이다.

그런데 안타까운 건 구조체가 객체지향 프로그래밍의 핵심인 객체(클래스)로 발전하는 지극히 중요한 개념임에도 기존 프로그래밍 책에서는 후반부에 가볍게 다루고 끝나는 경우가 대부분이라는 점이다.

기존 대부분의 프로그래밍 책은 학습하기 어려운 배열, 포인터 변수, 문자열 등에 초점을 맞추다 보니 정작 프로그래밍의 기초가 되는 사용자 정의 함수나 사용자 정의 데이터형이라는 개념이 가볍게 소개되고 넘어가거나 후반부에 배치되고, 더 심각한 건 책의 구성상 초보자들이 마치 중요하지 않은 개념인 것처럼 착각하기 쉽다는 점이다.

이름에서 알 수 있듯이 사용자 정의 함수와 사용자 정의 데이터는 프로그래머가 스스로 원하는 기능을 만드는 프로그래밍에 있어 없어서는 안 될 필수적인 개념이다. '1-1-5 표준 라이브러리와 사용자 정의' 절에서 설명했듯이 프로그래밍은 제공되는 표준 라이브러리를 활용하거나 사용자 정의를 만들어 사용하는 것으로 이뤄진다. 따라서 사용자 정의 데이터형을 자유자재로 사용하지 못한다면 C 프로그래밍을 아직 제대로 습득하지 못했다고 볼 수 있다.

구조체는 구조체 변수만이 아닌 구조체 배열, 구조체 포인터로 활용될 수 있기에 배열과 포인터 변수의 개념을 배우기 전에는 기초적인 개념만 이해할 수 있다. 그렇기 때문에 대부분의 기존 프로그래밍 책에서 배열과 포인터 변수를 배운 후반부에 몰아서 구조체를 다루게 되는데, 앞서 설명했듯 구조체는 프로그래밍의 흐름을 이해한 후 가급적 빠르게 접하는 것이 좋다.

이 책은 이러한 이유로 인해 난이도를 기준으로 나선형 목차로 구성한 것이다. 3장에서는 구조체, 공용체, 열거형 변수의 기초적인 개념을 배우고 구조체 배열, 구조체 포인터 등 어려운 내용은 4장으로 분리해서 다룬다.

C 프로그래밍에서 사용자 정의 데이터형과 사용자 정의 함수에 익숙해진 만큼 이후 객체지향 프로그래밍으로 부드럽게 넘어갈 수 있을 것이다. 객체지향 프로그래밍의 핵심인 클래스는 알고리듬보다 데이터를 중시하는 철학을 갖고 있으며, 구조체 안에 사용자 정의 함수를 넣어 클래스라는 새로운 데이터 개념을 만든 것에 불과하다. 데이터 안에 알고리듬을 넣음으로써 데이터를 우선하겠다는 철학이다.

사용자 정의 데이터형과 사용자 정의 함수를 만드는 것이 충분히 익숙하지 않은 상태라면 객체지향 프로그래밍으로 넘어가자마자 등장하는 클래스를 스스로 설계할 수 없게 되며, 이는 곧 객체지향 프로그래밍의 시작점에서부터 프포자가 될 가능성이 높아짐을 의미한다.

3-8-1 구조체

3-8-1-1 구조체의 필요성

Ex3-95 / main.h

```
01  #pragma once
02  #define _CRT_SECURE_NO_WARNINGS
03  #include <stdio.h>
04
05  void UserDefinedType();
```

Ex3-95 / main.c

```
01  #include "main.h"
02
03  int main(void)
04  {
05      UserDefinedType();
06      return 0;
07  }
08
09  void UserDefinedType()
10  {
11      int iPlayer1Level = 10;
12      float fPlayer1Attack = 25.5f;
13      float fPlayer1Defence = 18.0f;
14      long long llPlayer1EXP = 123456789;
15
16      int iPlayer2Level = 15;
17      float fPlayer2Attack = 39.2f;
18      float fPlayer2Defence = 36.5f;
19      long long llPlayer2EXP = 1234567890;
20
21      printf("Level: %d\t%d\n", iPlayer1Level, iPlayer2Level);
22      printf("Attack: %.2f\t%.2f\n", fPlayer1Attack, fPlayer2Attack);
23      printf("Defence: %.2f\t%.2f\n", fPlayer1Defence, fPlayer2Defence);
24      printf("EXP: %lld\t%lld", llPlayer1EXP, llPlayer2EXP);
25  }
```

표준 출력은 다음과 같다.

```
Level: 10      15
Attack: 25.50  39.20
Defence: 18.00 36.50
EXP: 123456789 1234567890
```

예제 코드 Ex3-95는 사용자 정의 데이터형을 대표하는 구조체가 '왜' 필요한지 알아보기 위한 예다. 지금까지 우리가 배워온 이론과 개념을 기반으로 변수의 선언과 표준 출력으로 작성한 기초적인 코드다. 2개의 플레이어 캐릭터를 구상하고 있으며, 각 플레이어 캐릭터는 레벨, 공격력, 방어력, 경험치라는 4개의 다른 데이터형으로 이뤄진 변수가 필요하다.

11행 ~ 14행은 플레이어 캐릭터1을 위한 변수이고, 16행 ~ 19행은 플레이어 캐릭터2를 위한 변수를 선언했다. 어떤 플레이어 캐릭터를 위한 변수인지 명시하기 위해 변수명에 어떤 플레이어 캐릭터에 해당되는 변수인지 추가할 수밖에 없고, 그만큼 변수명이 길어졌다. 또한 4개의 변수들은 그룹화된 것이 아닌 각각 별도의 변수이므로 플레이어 캐릭터와 관련된 변수가 추가된다면 관리가 쉽지 않다는 것을 직감했을 것이다.

레벨, 공격력, 방어력, 경험치는 플레이어 캐릭터라는 하나의 개념으로 통합할 수 있지만, 3가지 다른 데이터형으로 이뤄져 있으므로 배열로 묶을 수 없다. 또한 현재는 2개의 플레이어 캐릭터만 구상하고 있지만 앞으로 20개의 플레이어 캐릭터를 만들어야 한다면 끔찍할 정도로 많은 변수의 선언 명령문을 작성해야 할 것이다.

게임을 개발하면서 플레이어 캐릭터의 수가 늘어나고, 플레이어 캐릭터와 관련된 변수가 늘어난다는 것을 가정할 때 플레이어 캐릭터라는 하나의 큰 개념을 그룹화할 필요성이 생긴다. 이러한 것에서 탄생한 개념이 객체와 속성이다. '객체'는 실제 존재하는 하나의 사물, 개념 등을 의미하며, '속성'은 각 객체에 공통적으로 존재할 수 있는 특성, 성질을 의미한다.

즉, 플레이어 캐릭터는 객체이며 레벨, 공격력, 방어력, 경험치는 다양한 플레이어 캐릭터에 공통적으로 존재할 수 있는 특성이나 속성이다. 물론 완전한 객체가 되기 위해 플레이어 캐릭터가 수행할 수 있는 행동도 정의해야 한다.

구조체는 객체와 속성이라는 개념하에 탄생됐으며 하나의 개념으로 통합할 수 있는 객체가 되기 위한 중간 단계라고 볼 수 있다. C 프로그래밍에서는 데이터보다 알고리듬을 중시하기 때문에 객체라는 개념이 완전히 자리 잡지 않았지만 구조체라는 개념으로 그 기반을 다졌다.

3-8-1-2 구조체 정의와 선언

사용자 정의 데이터형인 구조체는 '정의'와 '선언'으로 구성된다. 구조체 정의는 실제 구조체를 구성하는 멤버들의 데이터 구조를 작성한 부분이며, 구조체 선언은 구조체를 하나의 데이터형으로 구조체 변수를 선언한 부분이다.

구조체 정의와 선언을 하는 방법을 이 책에서는 4가지로 정리했다. 구조체를 처음 배우는 단계에서는 구조체가 탄생된 초기 형태인 첫째와 둘째를 사용하게 되겠지만 익숙해지면 일반적으로 셋째 또는 넷째를 주로 사용하게 된다.

첫째, 구조체 정의와 구조체 변수 선언을 '별도로 구분'해서 하는 방법이다.

둘째, 구조체 정의와 구조체 변수 선언을 '정의에서 동시에' 하는 방법이다.

셋째, 예약어 typedef를 활용해 구조체를 정의하고 struct 없이 '별칭'으로 구조체 변수를 선언하는 방법이다.

넷째, 셋째에서 구조체명(태그)을 생략한 '익명 구조체'라는 방법이다.

3-8-1-3 구조체 정의와 선언 01: 별도 구분

구조체 정의와 선언 01

```
struct 구조체명(태그)
{
    데이터형 멤버명;
    데이터형 멤버명;
    데이터형 멤버명;
};

struct 구조체명 변수명;
```

위의 코드는 구조체 정의와 선언을 별도로 구분하는 방법이다. 구조체 정의는 main 함수 밖에 작성해야 하며, 구조체 선언은 전역 변수로도, 사용하고자 하는 함수 내의 지역 변수로도 선언할 수 있다. 구조체 전역 변수로 선언하면 별도로 초기화하지 않아도 자동으로 구조체 내의 모든 멤버가 0으로 초기화되며, 구조체 지역 변수로 초기화하지 않고 선언하면 컴파일러가 초기화하라고 경고를 주는 건 동일하다.

구조체 정의는 struct부터 시작해서 { } 닫기 다음의 세미콜론까지 해당된다. struct 다음에 '태그'라고도 불리는 '구조체명'을 정의한 후 { } 안에 구조체의 속성이 될 멤버들을 변수의 선언 명령문으로 작성한다. 주의해야 할 점은 명령문 집합의 종료를 알리는 { } 다음에 또 세미콜론이 존재한다는 것이다. 이러한 특징은 구조체 정의와 선언을 동시에 하는 경우에도 문제없이 적용될 수 있게 한 것이다. 이후 꼭 확인하자.

구조체 멤버로는 '3-2 데이터형' 절에서 배운 기본 데이터형은 물론 배열, 포인터 변수, 다른 구조체가 올 수 있다. 심지어 구조체 자신을 멤버로 지정하는 '자기 참조 구조체'도 존재한다. 배열과 포인터 변수를 배우기 전이므로 여기서는 기본 데이터형으로 예를 들지만 구조체는 데이터형으로 분류되는 모든 것을 멤버로 지정할 수 있다는 점을 기억해두자.

구조체 정의의 작성이 완료되면 이제 컴파일러는 구조체명을 하나의 새로운 데이터형으로 인지한다. 구조체 변수 선언은 struct, 구조체명, 구조체 변수명, 세미콜론의 순으로 작성한다. 컴파일러에 재정의된 데이터형인 구조체라는 것을 알리기 위해 앞에 struct를 표기해야 구조체명이 하나의 데이터형으로 동작한다. struct를 제외하면 변수의 선언 명령문과 차이가 없다.

Ex3-96 / main.h

```
01  #pragma once
02  #define _CRT_SECURE_NO_WARNINGS
03  #include <stdio.h>
04
05  void UserDefinedType();
```

Ex3-96 / main.c

```c
01  #include "main.h"
02
03  struct _Player
04  {
05      int iLevel;
06      float fAttack;
07      float fDefence;
08      long long llEXP;
09  };
10
11  int main(void)
12  {
13      UserDefinedType();
14      return 0;
15  }
16
17  void UserDefinedType()
18  {
19      struct _Player player1;
20      struct _Player player2;
21
22      player1.iLevel = 10;
23      player1.fAttack = 25.5f;
24      player1.fDefence = 18.0f;
25      player1.llEXP = 123456789;
26
27      player2.iLevel = 15;
28      player2.fAttack = 39.2f;
29      player2.fDefence = 36.5f;
30      player2.llEXP = 1234567890;
31
32      printf("Level: %d\t%d\n", player1.iLevel, player2.iLevel);
33      printf("Attack: %.2f\t%.2f\n", player1.fAttack, player2.fAttack);
34      printf("Defence: %.2f\t%.2f\n", player1.fDefence, player2.fDefence);
35      printf("EXP: %lld\t%lld", player1.llEXP, player2.llEXP);
36  }
```

표준 출력은 다음과 같다.

```
Level: 10    15
```

```
Attack: 25.50    39.20
Defence: 18.00   36.50
EXP: 123456789   1234567890
```

예제 코드 Ex3-96은 예제 코드 Ex3-95의 비효율성을 개선하기 위해 사용자 정의 데이터형인 구조체로 그룹화한 예다. 3행 ~ 9행이 구조체 정의이고, 19행 ~ 20행이 지역 변수로 선언한 구조체 변수다.

구조체 변수 player1, player2는 각각 레벨, 공격력, 방어력, 경험치라는 멤버로 구성돼 있다. 구조체 변수 2개를 선언한 것으로 변수의 선언 명령문이 간략히 끝났다.

구조체명(태그)은 관습적으로 접두어로 '_', 'tag', 'tag_' 등을 붙여 시작하고 단어의 시작은 대문자로 표기한다. 이 책에서는 접두어로 언더스코어(_)를 붙여 구조체명을 지었다.

22행 ~ 30행은 대입 연산자로 구조체의 각 멤버를 초기화한 코드다. 대입 연산자로 구조체를 초기화하려면 구조체 전체에 접근할 수 없고, 구조체의 각 멤버별로 초기화를 진행해야 한다. 표 3-13에서 소개한 멤버 연산자(.)를 활용해서 '구조체 변수명.멤버명'으로 구조체의 각 멤버에 접근할 수 있다. 구조체에 구조체가 멤버로 있다면 멤버 연산자(.)를 여러 번 붙여가며 각 멤버에 접근할 수 있다.

멤버 연산자를 통한 계층 구조는 C 프로그래밍에서 끝나는 것이 아니라 C++, C#으로도 연결되며, 'C# 스크립트'를 사용하는 '유니티 엔진', 'C++ 스크립트'를 사용하는 '언리얼 엔진'에서도 가장 우선적으로 이해해야 하는 기초 중의 기초적인 개념이다. 이 개념을 모르면 아무것도 진행할 수 없을 정도다. 구조체 포인터 변수를 활용할 경우 간접 멤버 연산자(->)를 사용하게 되는데, 이는 '4-5-2 구조체 포인터' 절에서 다룬다.

3-8-1-4 구조체 정의와 선언 02: 정의에서 동시에

구조체 정의와 선언 02

```
struct 구조체명(태그)
{
    데이터형 멤버명;
    데이터형 멤버명;
    데이터형 멤버명;
}변수명;
```

위의 코드는 구조체 정의와 선언을 정의에서 동시에 하는 방법이다. 구조체 변수명을 { }와 세미콜론 사이에 작성하는 것으로 구조체 정의와 함께 동시에 구조체 변수 선언이 이뤄진다.

구조체의 끝에 세미콜론이 없었다면 구조체 변수명 뒤에 명령문의 종료를 의미하는 것이 없으므로 이 방법으로 구조체의 종료를 컴파일러에게 전달할 수 없었을 것이다. 이와 같이 { }와 세미콜론 사이에 구조체 변수명을 작성할 수 있게 하고자 특이하게 둘 다 명령문의 종료를 의미하는 { }와 세미콜론이 연달아 배치돼 있었던 것이다.

주의해야 할 점은 이 방법은 구조체 정의에서 선언을 동시에 진행했기 때문에 구조체 변수는 자연스럽게 '전역 변수'가 된다는 것이다. 전역 변수를 과용하면 좋지 않으므로 사용할 때 고민이 필요하다.

Ex3-97 / main.h

```
01  #pragma once
02  #define _CRT_SECURE_NO_WARNINGS
03  #include <stdio.h>
04
05  void UserDefinedType();
```

Ex3-97 / main.c

```
01  #include "main.h"
02
03  struct _Player
```

```
04  {
05      int iLevel;
06      float fAttack;
07      float fDefence;
08      long long llEXP;
09  }player1, player2;
10
11  //struct _Player player1;
12  //struct _Player player2;
13
14  int main(void)
15  {
16      UserDefinedType();
17      return 0;
18  }
19
20  void UserDefinedType()
21  {
22      player1.iLevel = 10;
23      player1.fAttack = 25.5f;
24      player1.fDefence = 18.0f;
25      player1.llEXP = 123456789;
26
27      player2.iLevel = 15;
28      player2.fAttack = 39.2f;
29      player2.fDefence = 36.5f;
30      player2.llEXP = 1234567890;
31
32      printf("Level: %d\t%d\n", player1.iLevel, player2.iLevel);
33      printf("Attack: %.2f\t%.2f\n", player1.fAttack, player2.fAttack);
34      printf("Defence: %.2f\t%.2f\n", player1.fDefence, player2.fDefence);
35      printf("EXP: %lld\t%lld", player1.llEXP, player2.llEXP);
36  }
```

표준 출력은 다음과 같다.

```
Level: 10      15
Attack: 25.50  39.20
Defence: 18.00 36.50
EXP: 123456789 1234567890
```

예제 코드 Ex3-97은 구조체 정의와 선언을 별도로 작성한 예제 코드 Ex3-96과 달리 구조체 정의에서 정의와 선언을 동시에 한 예다. 구조체 변수 player1, player2를 선언하기 위해 9행과 같이 { }와 세미콜론 사이에 변수명을 작성했다. 다수의 구조체 변수를 선언하려면 쉼표(,)로 구분하면 된다.

구조체 정의가 main 함수 밖에서 이뤄지니 자연스럽게 구조체 전역 변수로 선언된다. 구조체 정의와 선언을 별도로 작성한 방법으로 구조체 정의를 했다면 주석 처리된 11행 ~ 12행과 동일한 전역 변수로서의 역할을 한다.

3-8-1-5 구조체 정의와 선언 03: typedef를 활용

지금까지 2가지의 구조체 정의와 선언을 하는 방법을 알아봤다. 첫 번째 방법은 구조체의 원형으로, 구조체 변수를 선언하기 위해 매번 struct를 작성해야 한다는 불편함이 존재했다. 또한 두 번째 방법은 구조체 선언의 불편함을 해소했지만 반대로 정의와 동시에 이뤄졌기에 무조건 전역 변수가 된다는 문제점이 존재한다.

2가지 방법 모두 명확한 단점이 존재하기에 C 프로그래밍에서 구조체를 좀 더 쉽게 사용할 수 있는 세 번째 방법이 고안됐다. 본래 구조체와 무관한 예약어지만 typedef를 활용하면 앞선 2가지 방법의 단점을 해소할 수 있다. 먼저 예약어 typedef에 대해 알아보자.

> **팁**
>
> **데이터형의 별칭 만들기, typedef**
> - C와 C++ 프로그래밍 언어의 예약어
> - 다른 자료형의 별칭(별명)을 만들기 위해 사용
> - struct 없이 구조체를 선언하기 위해 typedef를 활용 가능

typedef 사용법

```
typedef 데이터형 별칭;
별칭 변수명;

typedef float RealNumber;
RealNumber 변수명;
```

예약어 typedef는 컴파일러가 인지하고 있는 '데이터형의 별칭'을 만들어 사용하고자 할 때 사용된다. 예를 들어 float를 RealNumber라는 별칭으로 사용하고 싶다면 'typedef 데이터형 별칭;'으로 별칭을 만들고, 이후 데이터형 대신 별칭을 사용해서 변수의 선언 명령문을 작성할 수 있다.

구조체 정의와 선언 03

```
typedef struct 구조체명(태그)
{
    데이터형 멤버명;
    데이터형 멤버명;
    데이터형 멤버명;
}구조체별칭;

구조체별칭 변수명;
```

위의 코드는 예약어 typedef를 활용해 구조체를 정의하고 struct 없이 별칭으로 구조체 변수를 선언하는 방법이다. struct 앞에 예약어 typedef를 작성하고, { }와 세미콜론 사이에 구조체 변수명이 아닌 '구조체 별칭'을 작성한다.

이것으로 struct와 구조체명 전체를 구조체 별칭으로 대체하게 된다. 따라서 이후 구조체 선언에서 구조체 별칭만을 사용해 구조체 변수를 선언할 수 있다.

Ex3-98 / main.h

```
01  #pragma once
02  #define _CRT_SECURE_NO_WARNINGS
03  #include <stdio.h>
04
05  typedef struct _Player
06  {
07      int iLevel;
08      float fAttack;
09      float fDefence;
10      long long llEXP;
11  }Player;
12
13  void UserDefinedType();
```

Ex3-98 / main.c

```c
01  #include "main.h"
02
03  int main(void)
04  {
05      UserDefinedType();
06      return 0;
07  }
08
09  void UserDefinedType()
10  {
11      Player player1, player2;
12
13      player1.iLevel = 10;
14      player1.fAttack = 25.5f;
15      player1.fDefence = 18.0f;
16      player1.llEXP = 123456789;
17
18      player2.iLevel = 15;
19      player2.fAttack = 39.2f;
20      player2.fDefence = 36.5f;
21      player2.llEXP = 1234567890;
22
23      printf("Level: %d\t%d\n", player1.iLevel, player2.iLevel);
24      printf("Attack: %.2f\t%.2f\n", player1.fAttack, player2.fAttack);
25      printf("Defence: %.2f\t%.2f\n", player1.fDefence, player2.fDefence);
26      printf("EXP: %lld\t%lld", player1.llEXP, player2.llEXP);
27  }
```

표준 출력은 다음과 같다.

```
Level: 10       15
Attack: 25.50   39.20
Defence: 18.00  36.50
EXP: 123456789  1234567890
```

예제 코드 Ex3-98은 예약어 **typedef**를 활용해 구조체 별칭을 만들어 사용한 예다. 구조체명 '_Player'를 구조체 별칭 'Player'로 지정했고, 소스 파일 11행에서 구조체 별칭을 활용해서 구조체 변수를 선언했다. 구조체 변수 선언에 **struct**가 필요 없으니 코드 작성도 편하고 다른 변수의 선언 명령문과 일관성이 생기니 가독성도 좋아진다. 참고로 관습적으로 **typedef**로 구조체 별칭을 재정의할 때는 구조체명에서 언더스코어(_)만 없앤다.

예제 코드 Ex3-97까지 소스 파일에 구조체 정의를 작성했지만, 예제 코드 Ex3-98에서는 구조체 정의를 헤더 파일로 이동했다. 헤더 파일에 구조체를 정의하는 것으로 다수의 소스 파일에서 구조체를 사용하기 수월하기 때문에 구조체 정의는 일반적으로 헤더 파일에 작성한다.

이 예제 코드에서는 헤더 파일 main.h에 작성했지만 사용자 정의 데이터형만 따로 정리한 별도의 헤더 파일을 추가해서 사용하는 것이 확장성을 고려할 때 가장 좋다. 구조체가 필요한 소스 파일에만 전처리기 지시자인 #include로 해당 헤더 파일을 추가하면 된다.

3-8-1-6 구조체 정의와 선언 04: 익명 구조체

구조체 정의와 선언 04

```
typedef struct
{
    데이터형 멤버명;
    데이터형 멤버명;
    데이터형 멤버명;
}구조체별칭;

구조체별칭 변수명;
```

위의 코드는 예약어 **typedef**를 활용해 구조체를 정의하고, 별칭으로 구조체 변수를 선언하는 세 번째 방법에서 구조체명만 생략한 방법이다. 이를 '익명 구조체'라고 하며, 어차피 구조체명이 구조체 별칭으로 대체되고 더 이상 사용할 일이 없기 때문에 구조체명 자체를 생략한 형태다. 구초체명만 생략하면 되므로 별도로 예제 코드를 작성하지는 않았다. 이후 예제 코드 중에 의도적으로 익명 구조체를 사용할 경우가 있으니 해당 시점에 확인하자.

3-8-1-7 구조체 초기화

Ex3-99 / main.h

```c
01  #pragma once
02  #define _CRT_SECURE_NO_WARNINGS
03  #include <stdio.h>
04
05  typedef struct _Player
06  {
07      int iLevel;
08      float fAttack;
09      float fDefence;
10      long long llEXP;
11  }Player;
12
13  void UserDefinedType();
```

Ex3-99 / main.c

```c
01  #include "main.h"
02
03  int main(void)
04  {
05      UserDefinedType();
06      return 0;
07  }
08
09  void UserDefinedType()
10  {
11      Player player1
12          = {10, 25.5f, 18.0f, 123456789};
13      Player player2
14          = {.iLevel=15, .fAttack=39.2f, .fDefence=36.5f, .llEXP=1234567890};
15
16      printf("Level: %d\t%d\n", player1.iLevel, player2.iLevel);
17      printf("Attack: %.2f\t%.2f\n", player1.fAttack, player2.fAttack);
18      printf("Defence: %.2f\t%.2f\n", player1.fDefence, player2.fDefence);
19      printf("EXP: %lld\t%lld\n", player1.llEXP, player2.llEXP);
20  }
```

표준 출력은 다음과 같다.

```
Level: 10        15
Attack: 25.50    39.20
Defence: 18.00   36.50
EXP: 123456789   1234567890
```

예제 코드 Ex3-99는 구조체 변수의 선언 명령문을 작성하면서 동시에 초기화를 한 예다. 구조체도 하나의 데이터형이므로 11행 ~ 14행과 같이 대입 명령문을 사용하지 않고 당연히 변수의 선언 명령문에서 초기화가 가능하다.

다만 구조체의 각 멤버마다 초기화를 해줘야 하므로 { } 안에 각 멤버에 해당되는 리터럴을 쉼표(,)로 구분해서 넣어주면 된다. 문자 리터럴은 작은따옴표(''), 문자열 리터럴은 큰따옴표("")로 표기하는 것도 동일하다.

11행 ~ 12행, 13행 ~ 14행은 각각 하나의 명령문으로 책의 편집을 위해 행 변경을 했다. 컴파일러는 명령문의 종료를 세미콜론과 { } 닫기로 인지하므로 12행과 14행에서 명령문이 종료됨을 인지한다. 앞으로 하나의 행에서 명령문이 너무 길어질 경우 행 변경을 할 때가 있을 것이다. 폭이 정해진 종이에 인쇄하기 위한 목적이므로 실제로는 1줄로 작성해도 무관하다.

구조체 변수의 선언 명령문에서 동시에 초기화하는 방법은 2가지가 존재한다. 12행과 같이 { } 안에 멤버별 해당되는 리터럴만 작성하는 방법이 있고, 14행과 같이 멤버 연산자(.)와 멤버명을 작성한 후 대입 연산자와 같이 초기화하는 방법이 있다.

참고로 구조체 정의와 선언을 정의에서 동시에 하는 방법에서는 구조체 정의, 선언, 초기화를 정의에서 동시에 할 수도 있다. 하지만 일반적으로 잘 활용되지 않는다.

3-8-1-8 구조체 대입 연산

Ex3-100 / main.h

```
01  #pragma once
02  #define _CRT_SECURE_NO_WARNINGS
03  #include <stdio.h>
04  #include <stdbool.h>
```

```c
05
06  typedef struct
07  {
08      int iLevel;
09      float fAttack;
10      float fDefence;
11      long long llEXP;
12  }Player;
13
14  void UserDefinedType();
```

Ex3-100 / main.c

```c
01  #include "main.h"
02
03  int main(void)
04  {
05      UserDefinedType();
06      return 0;
07  }
08
09  void UserDefinedType()
10  {
11      Player player1
12          = { 10, 25.5f, 18.0f, 123456789 };
13      Player player2
14          = {.iLevel=15, .fAttack=39.2f, .fDefence=36.5f, .llEXP=1234567890};
15      Player currentPlayer = {0, 0.0f, 0.0f, 0};
16      bool bEasyMode = true;
17
18      if (bEasyMode == true)
19      {
20          currentPlayer = player2;
21      }
22      else
23      {
24          currentPlayer = player1;
25      }
26
27      printf("Level: %d\n", currentPlayer.iLevel);
28      printf("Attack: %.2f\n", currentPlayer.fAttack);
29      printf("Defence: %.2f\n", currentPlayer.fDefence);
```

```
30        printf("EXP: %lld", currentPlayer.llEXP);
31    }
```

표준 출력은 다음과 같다.

```
Level: 15
Attack: 39.20
Defence: 36.50
EXP: 1234567890
```

예제 코드 Ex3-100은 대입 연산자를 통해 구조체 변수를 구조체 변수로 대입하는 것을 보여주는 예다. 헤더 파일에 익명 구조체로 정의를 하고 소스 파일 11행 ~ 15행에 3개의 구조체 변수를 선언했다. 게임의 난이도 모드 중 이지 모드를 선택하면 초기 플레이어 캐릭터가 레벨이 높은 것이 선택되고, 그렇지 않으면 기본 플레이어 캐릭터가 선택되는 것을 가정해서 코드를 작성했다.

20행과 24행에서 알 수 있듯이 동일한 구조체는 멤버별로 대입을 하지 않아도 대입 연산자를 통해 직접적으로 대입이 가능하다. 물론 멤버별로 대입 연산을 할 수도 있다.

3-8-1-9 구조체를 멤버로 가진 구조체

Ex3-101 / main.h

```
01    #pragma once
02    #define _CRT_SECURE_NO_WARNINGS
03    #include <stdio.h>
04
05    void UserDefinedType();
```

Ex3-101 / DataStructure.h

```
01    #pragma once
02
03    typedef struct
04    {
05        int iDamage;
```

```
06          float fRange;
07      }Skill;
08
09      typedef struct
10      {
11          int iLevel;
12          float fAttack;
13          float fDefence;
14          long long llEXP;
15          Skill skill;
16      }Player;
```

Ex3-101 / main.c

```
01      #include "main.h"
02      #include "DataStructure.h"
03
04      int main(void)
05      {
06          UserDefinedType();
07          return 0;
08      }
09
10      void UserDefinedType()
11      {
12          Player player = { 10, 25.5f, 18.0f, 123456789, {18, 3.5f} };
13
14          /*
15          player.iLevel = 10;
16          player.fAttack = 25.5f;
17          player.fDefence = 18.0f;
18          player.llEXP = 123456789;
19          player.skill.iDamage = 18;
20          player.skill.fRange = 3.5f;
21          */
22          printf("Level: %d\n", player.iLevel);
23          printf("Attack: %.2f\n", player.fAttack);
24          printf("Defence: %.2f\n", player.fDefence);
25          printf("EXP: %lld\n", player.llEXP);
26          printf("Skill Damage: %d\n", player.skill.iDamage);
27          printf("Skill Range: %.2f", player.skill.fRange);
28      }
```

표준 출력은 다음과 같다.

```
Level: 10
Attack: 25.50
Defence: 18.00
EXP: 123456789
Skill Damage: 18
Skill Range: 3.50
```

예제 코드 Ex3-101은 구조체를 멤버로 가진 구조체를 소개하는 예다. 물론 계층에 제한은 없으므로 더욱 복잡한 형태의 구조체를 만들 수 있다. 다만, 너무 과하면 가독성이 떨어지고 관리가 어려워지니 필요에 맞게 적당히 구성하는 것이 좋다.

앞서 설명했듯이 구조체가 여러 개 생길 경우 다수의 소스 파일에서 쉽게 사용할 수 있도록 '헤더 파일 DataStructure.h'에 구조체를 모두 정리했으며, 소스 파일 2행에 전처리기 지시자로 추가했다. 주의할 점은 구조체 별칭 Player의 멤버로 구조체 별칭 Skill이 사용되므로 구조체 별칭 Skill이 위로 와야 컴파일러가 인지한다.

소스 파일의 11행은 구조체 변수의 선언 명령문과 동시에 초기화를 한 코드다. 구조체 안의 구조체가 존재하므로 시각적으로 알아보기 쉽게 { } 안에 { }를 작성했다. { } 안에 { }를 작성하지 않아도 순서만 맞으면 정상적으로 초기화가 가능하지만 구분하는 것이 가독성이 좋다.

주석 처리돼 있는 14행 ~ 19행은 구조체 변수의 선언 명령문에서 초기화하지 않았을 경우를 가정해서 대입 연산자와 멤버 연산자를 활용해 가장 기초적인 방법으로 구조체를 초기화했다. 18행 ~ 19행을 보면 멤버 연산자가 연달아 나오는 것을 확인할 수 있다. 이러한 구조는 객체지향 프로그래밍에서 클래스의 멤버 변수, 멤버 함수의 접근으로 연결되므로 C 프로그래밍 언어에서부터 반드시 익숙해질 필요가 있다.

구조체를 멤버로 가진 구조체가 존재할 수 있으므로 이론상 구조체 자신을 멤버로 하는 '자기 참조 구조체'도 가능하다. 이 책의 범위를 넘어서지만 참고로 자료구조 Data Structure라는 프로그래밍에 있어 굉장히 중요한 이론 과목이 있다. 자료구조 중 연결 리스트Linked List는 자기 참조 구조체를 활용한 것이다.

자료구조는 데이터 값의 집합, 데이터 간의 관계, 데이터에 적용할 수 있는 함수나 명령으로, 컴퓨터 분야에서 데이터에 효율적인 접근과 수정을 하기 위한 데이터의 조직, 관리, 저장 방법이다. 최소 하나의 프로그래밍 언어에 익숙해졌다면 자료구조와 알고리듬은 반드시 추가적으로 공부해야 하는 필수적인 이론 과목이라는 점은 기억하고 넘어가자.

3-8-1-10 구조체의 크기 및 정렬

구조체는 다른 데이터형으로 구성된 다수의 변수를 하나의 개념으로 묶어 새로운 사용자 정의 데이터형을 만드는 방법이다. 다른 데이터형으로 구성되기에 멤버별로 대부분 크기가 다르게 된다.

문제는 배열과 달리 멤버별로 크기가 다르기 때문에 시스템에서 데이터를 읽는 데 기준이 필요하다는 것이다. 대부분의 시스템은 엄청난 분량의 데이터를 빠르게 읽기 위해 특정 크기를 단위로 규정하고, 그 단위를 기준으로 패턴화해서 메모리에 접근하기 때문이다. 매번 멤버들의 크기를 계산한 후 데이터 처리를 한다면 크기 계산에 드는 시간만큼 속도가 느려질 것이다.

예를 들어 컴파일러마다 '구조체 정렬 값'이 다른데, 비주얼 스튜디오에서는 구조체 정렬의 디폴트값을 메뉴상 '기본값'으로 규정하고 있다. 기본값은 다음을 따른다. C 프로그래밍 언어에서 구조체의 단위 기준은 '구조체 멤버 중 가장 큰 데이터형의 크기'로 삼는다.

구조체 정렬에 대한 디폴트값을 비주얼 스튜디오 설정에서 고정된 바이트 수로 변경하고자 한다면 솔루션 탐색기에서 솔루션이 아닌 솔루션 밑의 프로젝트를 선택해서 오른쪽 클릭한 후 속성을 누른다. 다음으로 C/C++ ▶ 코드 생성 ▶ **구조체 멤버 맞춤** 메뉴에서 기본값, 1, 2, 4, 8, 16 중에서 선택할 수 있다.

구조체 멤버 중 가장 큰 데이터형의 크기가 8바이트일 때 구조체 내부에서 실제 어떤 현상이 벌어지는지 쉽게 이해할 수 있도록 1줄마다 최대 8칸 블록을 갖고 있는 멀티박스 수납함을 생각해보자.

예를 들어 가로 8칸, 세로 4칸으로 총 32칸이 존재하는 수납함이 있다고 하자. 박스에 넣을 블록들은 가로로만 길게 구성돼 있다. int는 4바이트이므로 가로로 4칸 크기의 블록이 된다. 블록은 지정된 순서대로 수납함에 넣어야 하며, 1행부터 순차적으로 넣을 수 있다.

4칸 크기의 블록 다음에 8칸 크기의 블록을 넣어야 한다고 하면 어떻게 될까? 순서대로 첫 번째 4칸 크기의 블록을 1행에 놓았지만 1줄에 최대 8칸만 존재하므로 두 번째로 놓을 8칸 크기의 블록은 1행에 놓을 수 없고, 어쩔 수 없이 2행에 놓아야 한다.

그런데 1행의 빈 4칸을 그냥 놔두면 시스템은 메모리를 빠르게 처리할 수 없기 때문에 기준이 되는 8칸에 맞게 빈 곳을 메워 모든 행이 8칸이 되도록 정비한다. 여기서 구조체 멤버 사이에 빈 곳을 채워 시스템이 8바이트 기준으로 데이터 처리를 진행할 수 있게 하는 것을 '패딩 바이트$^{Padding Byte}$'라고 한다. 실제 프로그램에서 사용되지 않지만 패딩 바이트도 구조체 전체 크기에 포함된다는 점이 구조체의 크기 및 정렬을 이해하기 위한 실마리가 된다.

구조체 정렬은 구조체 멤버들의 크기를 고려해서 패딩 바이트가 가급적 적게 구조체 멤버의 순서를 정렬해 구조체 전체 크기를 줄이는 것으로, 구조체에 들어가는 메모리를 적게 사용하고자 하는 과정이다.

```
typedef struct
{
    int iSlotNum;
    long long llCapacity;
}Inventory;
```

앞서 멀티박스 수납함에 가로로 된 블록을 넣는 것을 예로 들어 소개했다. 이제는 실제 구조체를 살펴보자. 위의 구조체는 익명 구조체로, 구조체 별명이 Inventory이며 2개의 멤버를 갖고 있다.

첫 번째 멤버는 int로 4바이트의 크기를 갖고 있으며, 두 번째 멤버는 long long으로 8바이트의 크기를 갖고 있다. 단순히 2개의 멤버 크기를 합하면 구조체 전체의 크기는 12바이트일 것이라고 생각하기 쉽다.

그러나 구조체 멤버 중 가장 큰 데이터형의 크기가 8바이트라는 점과 실제 사용하지 않지만 메모리 처리 속도를 높이기 위해 채워 넣는 **패딩 바이트**라는 개념을 이해하는 것으로 다음과 같이 구조체 구성이 이뤄진다는 것을 알 수 있다.

0에서 3까지 4바이트를 첫 번째 멤버인 `int`가 차지하고 있고, 8에서 15까지 8바이트를 두 번째 멤버인 `long long`이 차지하고 있다.

결과적으로 해당 구조체 전체의 크기는 12바이트가 아닌 16바이트이며, 해당 구조체를 처리하기 위해 8바이트 2개 분량의 메모리를 사용하게 된다. 문제는 4에서 7까지 4바이트의 패딩 바이트가 존재한다는 것이다. 즉, 실제 사용하지도 않으면서 메모리만 차지하는 비효율적인 메모리 공간이 있는 상태다.

구조체 Inventory 구성(단위: Byte)

0	1	2	3	4	5	6	7
int							
8	9	10	11	12	13	14	15
long long							

Ex3-102 / main.h

```
01  #pragma once
02  #define _CRT_SECURE_NO_WARNINGS
03  #include <stdio.h>
04  #include <stddef.h>
05
06  void UserDefinedType();
```

Ex3-102 / DataStructure.h

```
01  #pragma once
02
03  typedef struct
04  {
05      char chLevelOfDifficulty;
06      short sMaxCombo;
07      char chRank;
```

```
08        int iGainExp;
09        long long llTotalScore;
10    }Result;
```

Ex3-102 / main.c

```
01    #include "main.h"
02    #include "DataStructure.h"
03
04    int main(void)
05    {
06        UserDefinedType();
07        return 0;
08    }
09
10    void UserDefinedType()
11    {
12        Result result = {'A', 3950, 'S', 24500, 780000};
13
14        printf("Sum of Sizes: %zd\n",
15            sizeof(result.chLevelOfDifficulty)
16            + sizeof(result.sMaxCombo)
17            + sizeof(result.chRank)
18            + sizeof(result.iGainExp)
19            + sizeof(result.llTotalScore));
20
21        printf("Size of Structure: %zd\n\n", sizeof(result));
22
23        printf("%zd\n", offsetof(Result, chLevelOfDifficulty));
24        printf("%zd\n", offsetof(Result, sMaxCombo));
25        printf("%zd\n", offsetof(Result, chRank));
26        printf("%zd\n", offsetof(Result, iGainExp));
27        printf("%zd", offsetof(Result, llTotalScore));
28    }
```

표준 출력은 다음과 같다.

```
Sum of Sizes: 16
Size of Structure: 24

0
```

```
2
4
8
16
```

예제 코드 Ex3-102는 구조체 멤버들 크기의 합과 실제 구조체 전체 크기의 차이를 비교하고, 각 멤버들의 위치를 확인하고자 하는 예다. 헤더 파일 DataStructure.h에 별명이 Result인 익명 구조체를 추가했다.

구조체의 멤버는 총 5개로 리듬 액션 게임의 결과 창에 표시할 순서에 맞게 char, short, char, int, long long의 순으로 구성했다.

14행 ~ 19행은 1줄의 명령문으로, 1줄의 명령문이 너무 길고 복잡할 경우 의도적으로 가독성을 높이기 위해 일정한 기준을 세워 행을 변경한다. 인간이 보기에 여러 행으로 돼 있지만 컴파일러는 세미콜론을 기준으로 명령문의 종료를 인지하므로 하나의 명령문으로 취급된다.

구조체 크기 구하기

```
sizeof(struct 구조체명)
sizeof(변수명)
sizeof(구조체별칭)

sizeof(struct 구조체명.멤버명)
sizeof(변수명.멤버명)
sizeof(구조체별칭.멤버명)
```

14행 ~ 19행은 sizeof 연산자를 활용해서 구조체 내부의 5개 멤버에 대한 각각의 크기를 합해 16바이트라는 결과를 출력했다. 반면 21행은 패딩 바이트를 포함한 구조체 전체 크기를 구해 24바이트라는 결과를 출력했다. 즉, 8바이트의 패딩 바이트가 존재하는 구조체다.

char는 0에서 1바이트를, short은 2에서 3까지 2바이트를, char는 4에서 1바이트를, int는 8에서 11까지 4바이트를, long long은 16에서 23까지 8바이트를 차지하는 것을 출력 결과와 구조체 구성을 통해 알 수 있다.

'3-2-5 기타 데이터형' 절에서 소개했듯 sizeof 연산자의 반환 데이터형은 size_t

이므로, 표준 출력 함수에서 직접 출력하기 위해 '%zd' 형식 지정자를 사용했다.

구조체 Result 구성(단위: Byte)

0	1	2	3	4	5	6	7
char		short		char			
8	9	10	11	12	13	14	15
int							
16	17	18	19	20	21	22	23
long long							

구조체 멤버의 위치 구하기

offsetof(struct 구조체명, 멤버명)
offsetof(구조체별칭, 멤버명)

참고로 23행 ~ 27행에서 사용된 매크로 'offsetof'는 2개의 인자를 갖고 있으며 구조체 내부에서 멤버의 위치를 반환값으로 돌려준다. 매크로 **offsetof**를 사용하기 위해 '헤더 파일 stddef.h'를 추가했다.

Ex3-103 / main.h

```
01  #pragma once
02  #define _CRT_SECURE_NO_WARNINGS
03  #include <stdio.h>
04  #include <stddef.h>
05
06  void UserDefinedType();
```

Ex3-103 / DataStructure.h

```
01  #pragma once
02
03  typedef struct
04  {
05      char chLevelOfDifficulty;
06      char chRank;
07      short sMaxCombo;
```

```
08        int iGainExp;
09        long long llTotalScore;
10   }Result;
```

Ex3-103 / main.c

```
01   #include "main.h"
02   #include "DataStructure.h"
03
04   int main(void)
05   {
06        UserDefinedType();
07        return 0;
08   }
09
10   void UserDefinedType()
11   {
12        Result result = {'A', 'S', 3950, 24500, 780000};
13
14        printf("Sum of Sizes: %zd\n",
15             sizeof(result.chLevelOfDifficulty)
16           + sizeof(result.chRank)
17           + sizeof(result.sMaxCombo)
18           + sizeof(result.iGainExp)
19           + sizeof(result.llTotalScore));
20
21        printf("Size of Structure: %zd\n\n", sizeof(result));
22
23        printf("%zd\n", offsetof(Result, chLevelOfDifficulty));
24        printf("%zd\n", offsetof(Result, chRank));
25        printf("%zd\n", offsetof(Result, sMaxCombo));
26        printf("%zd\n", offsetof(Result, iGainExp));
27        printf("%zd", offsetof(Result, llTotalScore));
28   }
```

표준 출력은 다음과 같다.

```
Sum of Sizes: 16
Size of Structure: 16

0
```

```
1
2
4
8
```

예제 코드 Ex3-103은 예제 코드 Ex3-102의 구조체 멤버를 수동으로 정렬해 패딩 바이트를 없애고 구조체 전체 크기를 줄인 예다. 예제 코드 Ex3-102에서 구조체 멤버의 두 번째와 세 번째의 배치를 교체함으로써 패딩 바이트가 없이 구조체 전체 크기가 16바이트가 됐다는 것을 출력 결과와 구조체 구성을 통해 알 수 있다.

구조체 Result 구성(단위: Byte)

0	1	2	3	4	5	6	7
char	char	short		int			
8	9	10	11	12	13	14	15
long long							

다만 이러한 구조체 정렬을 하기 위해 고려해야 할 몇 가지가 있다. 첫째, 점차 하드웨어가 급격히 좋아지면서 구조체 전체의 크기를 조금 작게 하는 것은 임베디드 프로그래밍과 같은 일부 분야를 제외하고 큰 의미가 없어졌다.

둘째, 게임의 결과 창에 표시할 순서에 맞게 구조체 멤버를 구성했는데, 구조체 정렬을 위해 코드에서만 부자연스럽게 구조체 멤버의 위치를 조정했다. 문제는 결과 창에 표시하는 코드를 작성할 때 구조체 실제 멤비 순서와 다르게 억지로 순서를 변경해줘야 한다는 것이다. 또한 결과 창에 표기되는 순서와 실제 구조체 구성이 달라지므로 코드의 가독성도 떨어지고 다른 팀원이 작업해야 할 경우 실수가 발생할 여지가 높다.

게다가 구조체를 전역 변수가 아닌 대부분 지역 변수로 사용하는 상황에서 구조체 정렬을 억지로 수행하면서까지 약간의 메모리를 줄이는 건 장점보다 단점이 커진 상황이라고 볼 수 있다. 그렇다면 구조체 멤버들을 논리적인 순서나 개발하기 편한 순서대로 유지하면서 패딩 바이트를 줄이고 구조체 전체 크기를 최소화하는 방법은 없을까?

Ex3-104 / main.h

```
01  #pragma once
02  #define _CRT_SECURE_NO_WARNINGS
03  #include <stdio.h>
04  #include <stddef.h>
05
06  void UserDefinedType();
```

Ex3-104 / DataStructure.h

```
01  #pragma once
02
03  #pragma pack(push, 1)
04  typedef struct
05  {
06      char chLevelOfDifficulty;
07      short sMaxCombo;
08      char chRank;
09      int iGainExp;
10      long long llTotalScore;
11  }Result;
12  #pragma pack(pop)
```

Ex3-104 / main.c

```
01  #include "main.h"
02  #include "DataStructure.h"
03
04  int main(void)
05  {
06      UserDefinedType();
07      return 0;
08  }
09
10  void UserDefinedType()
11  {
12      Result result = {'A', 3950, 'S', 24500, 780000};
13
14      printf("Sum of Sizes: %zd\n",
15          sizeof(result.chLevelOfDifficulty)
16          + sizeof(result.sMaxCombo)
17          + sizeof(result.chRank)
```

```
18              + sizeof(result.iGainExp)
19              + sizeof(result.llTotalScore));
20
21      printf("Size of Structure: %zd\n\n", sizeof(result));
22
23      printf("%zd\n", offsetof(Result, chLevelOfDifficulty));
24      printf("%zd\n", offsetof(Result, sMaxCombo));
25      printf("%zd\n", offsetof(Result, chRank));
26      printf("%zd\n", offsetof(Result, iGainExp));
27      printf("%zd", offsetof(Result, llTotalScore));
28  }
```

표준 출력은 다음과 같다.

```
Sum of Sizes: 16
Size of Structure: 16

0
1
3
4
8
```

예제 코드 Ex3-104는 예제 코드 Ex3-102의 구조체 멤버 순서를 그대로 유지하면서도 패딩 바이트를 없애고 구조체 전체 크기를 줄인 예다. 예제 코드 Ex3-102에서 헤더 파일 DataStructure.h에 3행과 12행만 추가했을 뿐 다른 코드는 모두 동일하다.

'3-9 전처리기' 절에서 상세히 설명하겠지만 컴파일을 제어하기 위한 전처리기 **#pragma**를 활용하면 구조체의 정렬 크기를 조정할 수 있다.

헤더 파일 DataStructure.h의 3행은 해당 시점부터 구조체 정렬의 기준 크기를 1바이트로 설정한 코드다. 기준 크기가 1바이트이므로 공백 없이 멤버들이 순서대로 메모리에 위치하게 된다. 출력 결과와 구조체 구성을 통해 알 수 있듯이 구조체 전체 크기는 16바이트가 된다. 다만 해당 전처리기가 추가된 시점부터 이후의 모든 구조체 정렬의 기준 크기가 1바이트로 변경되므로 12행을 통해 다시 본래 기본 설정으로 복귀시킬 필요가 있었다.

코드의 가독성과 개발의 편의성을 위해 구조체 멤버의 순서를 유지하면서도 구조체 전체 크기를 최소화할 수 있기 때문에 구조체 정렬이 필요하다면 이 방법을 선택하는 것이 좋다. 또한 모든 구조체에 일관적으로 적용하기보다 구조체 정렬이 필요하다고 판단되는 곳에 사용하는 것이 좋다.

구조체 Result 구성(단위: Byte)

0	1	2	3	4	5	6	7
char	short		char	int			
8	9	10	11	12	13	14	15
long long							

한편 구조체 정렬이 모든 상황에서 무조건 좋은 것은 아니라는 점에 유의해야 한다. 데이터 중에는 저장된 그대로를 보존해야 하는 것도 존재할 수 있으며, 쌍방향 통신을 통해 데이터를 주고받을 때 한 쪽의 구조체를 정렬하면 다른 쪽에서 문제가 발생할 수도 있으므로 구조체 정렬을 하기 전에 문제의 소지가 있는지 충분히 검토한 후 시행하는 것이 좋다.

3-8-2 공용체

3-8-2-1 공용체 정의와 선언

공용체 정의와 선언 01

```
union 공용체명(태그)
{
    데이터형 멤버명;
    데이터형 멤버명;
    데이터형 멤버명;
};

union 공용체명 변수명;
```

공용체 정의와 선언 02

```
union 공용체명(태그)
{
    데이터형 멤버명;
    데이터형 멤버명;
    데이터형 멤버명;
}변수명;
```

공용체 정의와 선언 03

```
typedef union 공용체명(태그)
{
    데이터형 멤버명;
    데이터형 멤버명;
    데이터형 멤버명;
}공용체별칭;

공용체별칭 변수명;
```

공용체 정의와 선언 04

```
typedef union
{
    데이터형 멤버명;
    데이터형 멤버명;
    데이터형 멤버명;
}공용체별칭;

공용체별칭 변수명;
```

공용체는 구조체의 특수한 형태 중 하나로, 공용체 안의 모든 멤버가 '하나의 메모리 공간을 공유'한다. 다시 말해 공용체 멤버 중 가장 크기가 큰 멤버의 크기가 공용체의 크기가 되며, 멤버별 별도의 메모리 공간을 점유하는 것이 아닌 공간을 공동으로 사용한다는 특징이 있다.

공용체는 임베디드 프로그래밍과 같은 특수한 분야를 제외하고 거의 사용되지 않는다. 여러 멤버가 하나의 공간을 사용하므로 다양한 측면에서 관리가 쉽지 않고 서로 충돌하는 경우가 빈번히 발생하기에 장점보다 단점이 압도적으로 크다.

메모리 공간을 공동으로 사용하니 현재 어떤 멤버가 사용하고 있는지 파악하기도 어렵고, 각 멤버에 적합하지 않아도 어쩔 수 없이 공동의 공간을 하나로 사용할 수밖에 없다. 개념 정도만 가볍게 알고 넘어가도 무방하다.

공용체도 구조체의 특수한 형태 중 하나이므로 구조체와 동일하게 공용체를 정의하고 선언하는 4가지 방법이 존재한다. **struct** 대신 **union**을 사용하면 된다. 구조체와 정의하고 선언하는 방법이 동일하기 때문에 각 방법마다 예제 코드를 소개하지는 않는다.

Ex3-105 / main.h

```
01  #pragma once
02  #define _CRT_SECURE_NO_WARNINGS
03  #include <stdio.h>
04
05  void UserDefinedType();
```

Ex3-105 / DataStructure.h

```
01  #pragma once
02
03  typedef union
04  {
05      short sGold;
06      int iGold;
07      long long llGold;
08  }Gold;
```

Ex3-105 / main.c

```
01  #include "main.h"
02  #include "DataStructure.h"
03
04  int main(void)
05  {
06      UserDefinedType();
07      return 0;
08  }
09
10  void UserDefinedType()
```

```
11   {
12       Gold gold;
13
14       gold.sGold = 10;
15       printf("Gold(short): %d\n\n", gold.sGold);
16
17       gold.iGold = 100;
18       printf("Gold(short): %d\n", gold.sGold);
19       printf("Gold(int): %d\n\n", gold.iGold);
20
21       gold.llGold = 1000;
22       printf("Gold(short): %d\n", gold.sGold);
23       printf("Gold(int): %d\n", gold.iGold);
24       printf("Gold(long long): %lld", gold.llGold);
25   }
```

표준 출력은 다음과 같다.

```
Gold(short): 10

Gold(short): 100
Gold(int): 100

Gold(short): 1000
Gold(int): 1000
Gold(long long): 1000
```

예제 코드 Ex3-105는 공용체의 멤버들이 하나의 메모리 공간을 사용한다는 것을 확인시켜주기 위한 예다. 공용체를 설계할 때 전혀 다른 역할을 담당할 멤버들로 구성하면 심각한 문제가 발생한다.

예제 코드 Ex3-104의 구조체를 공용체로 바꾼다고 가정하면 난이도, 최대 콤보 수, 랭크, 획득 경험치, 최종 스코어라는 전혀 다른 성격의 데이터들이 하나의 메모리를 공동으로 사용하게 된다. 하나의 메모리 공간만 존재하기 때문에 크기가 적은 멤버가 공간을 차지하고 있으면 다른 멤버는 공간을 사용할 수 없게 되며, 하나의 공간에 하나의 멤버만 들어갈 수 있으므로 공간에 들어갈 멤버를 계속 변경해줘야 할 가능성이 높다.

예제 코드 Ex3-105에서는 공용체를 전혀 다른 역할을 담당하는 멤버로 구성하기 보다 동일한 개념에 다른 크기를 가진 데이터형들로 구성했다. 그래도 결국 가장 크기가 큰 멤버의 크기인 8바이트가 공용체 전체의 크기가 되므로 작은 크기를 가진 멤버가 공용체를 사용하고 있다고 할지라도 8바이트라는 공간이 점유되고 있는 상태임은 달라지지 않는다.

14행에서 short에 해당되는 멤버에 데이터를 할당했고, 15행 표준 출력 함수로 10이 정상적으로 들어가 있는 것을 확인했다. 다음으로 17행에서 int에 해당되는 멤버에 데이터를 할당했다. short에 해당되는 멤버에 데이터를 할당하지 않았음에도 short에 해당되는 멤버와 int에 해당되는 멤버 모두 100으로 나타났다.

마지막으로 21행에서 long long에 해당되는 멤버에 데이터를 할당했다. 역시 short에 해당되는 멤버와 int에 해당되는 멤버는 추가적으로 대입 연산이 진행되지 않았음에도 모두 1000으로 변경됐다.

이것이 하나의 메모리 공간을 공유한다는 의미다. 하나의 메모리 공간을 공유하기 때문에 데이터를 변경하고 싶지 않은 멤버들도 어쩔 수 없이 변경할 수밖에 없는 문제가 발생한다. 하드웨어 성능이 급격히 좋아지고 있는 시점에 굳이 공용체를 사용할 필요성은 거의 없다고 볼 수 있다.

3-8-2-2 공용체 초기화

Ex3-106 / main.h

```
01  #pragma once
02  #define _CRT_SECURE_NO_WARNINGS
03  #include <stdio.h>
04
05  void UserDefinedType();
```

Ex3-106 / DataStructure.h

```
01  #pragma once
02
03  typedef union
04  {
```

```
05      short sGold;
06      int iGold;
07      long long llGold;
08  }Gold;
```

Ex3-106 / main.c

```
01  #include "main.h"
02  #include "DataStructure.h"
03
04  int main(void)
05  {
06      UserDefinedType();
07      return 0;
08  }
09
10  void UserDefinedType()
11  {
12      Gold gold1 = { 10 };
13      Gold gold2 = { .sGold = 25 };
14
15      printf("Gold1(short): %d\n", gold1.sGold);
16      printf("Gold1(int): %d\n", gold1.iGold);
17      printf("Gold1(long long): %lld\n\n", gold1.llGold);
18
19      printf("Gold2(short): %d\n", gold2.sGold);
20      printf("Gold2(int): %d\n", gold2.iGold);
21      printf("Gold2(long long): %lld", gold2.llGold);
22  }
```

표준 출력은 다음과 같다.

```
Gold1(short): 10
Gold1(int): 10
Gold1(long long): 10

Gold2(short): 25
Gold2(int): 25
Gold2(long long): 25
```

예제 코드 Ex3-106은 공용체 변수의 선언 명령문과 동시에 초기화하는 방법을 보여주는 예다. 공용체는 하나의 메모리 공간을 공동으로 사용하므로 멤버가 다수 있다고 할지라도 초기화는 하나만 해야 된다.

초기화하는 방법은 구조체와 동일하게 2가지다. 12행과 같이 { } 안에 멤버별 해당되는 리터럴만 작성하는 방법과 13행과 같이 멤버 연산자(.)와 첫 번째 멤버명을 작성한 후 대입 연산자로 초기화하는 방법이 있다.

12행 ~ 13행에서 공용체의 첫 번째 멤버만 초기화했음에도 15행 ~ 21행과 같이 공용체의 모든 멤버가 초기화된 값으로 출력된 것을 확인할 수 있다.

3-8-2-3 공용체의 크기

Ex3-107 / main.h

```
01  #pragma once
02  #define _CRT_SECURE_NO_WARNINGS
03  #include <stdio.h>
04
05  void UserDefinedType();
```

Ex3-107 / DataStructure.h

```
01  #pragma once
02
03  typedef union
04  {
05      short sGold;
06      int iGold;
07      long long llGold;
08  }Gold;
```

Ex3-107 / main.c

```
01  #include "main.h"
02  #include "DataStructure.h"
03
04  int main(void)
05  {
```

```
06          UserDefinedType();
07          return 0;
08      }
09
10      void UserDefinedType()
11      {
12          Gold gold = { 10 };
13
14          printf("Sum of Sizes: %zd\n",
15              sizeof(gold.sGold)
16              + sizeof(gold.iGold)
17              + sizeof(gold.llGold));
18
19          printf("Size of Union: %zd", sizeof(gold));
20      }
```

표준 출력은 다음과 같다.

```
Sum of Sizes: 14
Size of Union: 8
```

예제 코드 Ex3-107은 공용체의 크기를 확인하고자 하는 예다. 14행은 공용체의 3개 멤버 크기를 합한 것으로 14바이트가 된다. 그러나 19행에서 확인할 수 있듯이 공용체의 크기는 가장 크기가 큰 멤버의 크기인 8바이트로 고정돼 있다.

공용체는 하나의 메모리 공간을 공동으로 사용하는 것으로 메모리 공간을 절약할 수 있다는 관점에서 탄생했다. 그러나 메모리 절약을 하는 효과가 미비한 것에 비해 단점이 심각하므로 일반적인 프로그래밍에서는 거의 사용되지 않는다.

sizeof 연산자를 활용해서 공용체의 크기를 구하는 방법은 다음과 같이 구조체와 동일하다.

공용체 크기 구하기

```
sizeof(union 공용체명)
sizeof(변수명)
sizeof(공용체별칭)
```

```
sizeof(union 공용체명.멤버명)
sizeof(변수명.멤버명)
sizeof(공용체별칭.멤버명)
```

3-8-3 열거형

3-8-3-1 열거형의 필요성

```
const int iMonday = 0;
const int iTuesday = 1;
const int iWednesday = 2;
const int iThursday = 3;
const int iFriday = 4;
const int iSaturday = 5;
const int iSunday = 6;
```

열거형Enumerated Type은 구조체의 특수한 형태 중 하나로, 제한된 이름이 있는 값의 모음으로 구성된 데이터 타입이다. '정수 데이터형'으로 이뤄진 하나의 개념으로 묶을 수 있는 다수의 '상수'에 별도의 이름(식별자)을 지정해 용도를 명확히 알 수 있도록 정수 대신 이름으로 사용함으로써 코드의 가독성을 높이기 위한 것이다. 열거는 나열의 의미를 갖고 있어 정수 데이터형을 대신할 식별자를 멤버로 나열하는 것으로 열거형이 구성된다.

예를 들어 열거형을 배우기 전이라면 위와 같이 요일이라는 개념에 속해 있는 7개의 요일을 상수로 선언해서 0부터 6까지의 리터럴로 초기화할 수 있다. 상수명이 사용되는 코드는 어떤 요일이라는 것을 이해할 수 있지만 초기화 값으로 저장된 정수 리터럴을 코드에서 사용할 때는 숫자만 보고 무슨 요일인지 파악하기 어렵다.

게다가 월요일부터 일요일까지는 분명 요일이라는 하나의 개념으로 그룹화해 관리하는 것이 효율적인데, 이를 상수로 선언하면 각 상수마다 아무런 관련 없이 별개로 인정되므로 상수의 관계에 대한 내용도 끊임없이 프로그래머가 코드로 추가해줘야 한다.

컴파일러는 단순히 독립적인 7개의 상수로 인지할 뿐이고 이 7개의 상수가 하나의 요일이라는 개념하에 관리돼야 한다는 것을 알 수 없다. 7개가 아닌 더 많은 상수가 하나의 개념으로 묶여져야 한다면 그룹이 아닌 상수를 일일이 관리하기란 여간 까다로운 것이 아닐 것이다.

3-8-3-2 열거형 정의와 선언

열거형 정의와 선언 01

```
eunm 열거형명(태그)
{
    이름,
    이름,
    이름
};

eunm 열거형명 변수명;
```

열거형 정의와 선언 02

```
eunm 열거형명(태그)
{
    이름,
    이름,
    이름
}변수명;
```

열거형 정의와 선언 03

```
typedef eunm 열거형명(태그)
{
    이름,
    이름,
    이름
}열거형별칭;

열거형별칭 변수명;
```

열거형 정의와 선언 04

```
typedef eunm
{
    이름,
    이름,
    이름
}열거형별칭;

열거형별칭 변수명;
```

열거형도 구조체의 특수한 형태 중 하나이므로 구조체와 동일하게 열거형을 정의하고 선언하는 4가지 방법이 존재한다. 기본적인 형태는 비슷하며 **struct** 대신 **enum**을 사용한다.

다만 열거형은 정수 데이터형으로만 멤버가 이뤄진다는 가정하에 탄생한 구조체의 특수한 형태이므로, 일반적인 구조체와 형태가 다르다는 점에 유의해야 한다. 열거형의 멤버들은 정수 데이터형으로 고정돼 있기 때문에 별도로 데이터형을 표기하지 않는다.

이에 따라 멤버들이 변수 선언 명령문 형태를 유지할 수 없기 때문에 자동으로 명령문의 종료를 의미하는 세미콜론도 사용할 수 없다. 따라서 열거형에서는 정수 대신 이름으로 지정하며, 그 이름들을 콤마로 구분해 열거(나열)하는 형태가 됐다. 그러한 특성 때문에 열거형이라는 이름으로 사용된다.

열거형은 정수 데이터형의 상수들을 하나의 그룹으로 묶으며 각 정수로 된 상수들에 이름을 붙임으로써 코드를 이해하기 쉽게 만든다. 데이터형의 안정성, 가독성, 관리 용이 등 상당한 장점이 존재하므로 반드시 익숙해질 필요가 있다. 반면 정수 데이터형으로만 구성돼 있으므로 열거형은 구조체와 달리 크기에 큰 의미를 두지 않는다.

이와 같이 열거형은 구조체와 용도부터 다르기 때문에 각각의 차이점을 확실히 알아두는 것이 좋다. C 프로그래밍 언어에서 사용자 정의 데이터형은 실질적으로 구조체와 열거형이 사용되며, 이 2가지의 특징을 이해하고 적재적소에 구분해서 사용할 수 있으면 된다.

```
enum Week
{
    MONDAY,
    TUESDAY,
    WEDNESDAY,
    THURSDAY,
    FRIDAY,
    SATURDAY,
    SUNDAY
};

enum Week week;
```

열거형의 정의와 선언을 실제로 작성하면 다음과 같다. 이 책에서는 열거형과 구조체를 명확히 구분하기 위해 열거형은 예약어 typedef를 사용하지 않고, 전통적인 정의와 선언을 별도로 구분하는 방법으로 사용하겠다.

예약어 typedef를 활용해 열거형을 정의하고 별칭으로 열거형 변수를 선언하는 방법을 사용할 경우 열거형의 선언에서 구조체인지, 열거형인지 구분하는 데 확인하는 시간이 소요되기 때문이다. 열거형은 다양한 데이터형을 그룹화한 하나의 새로운 사용자 정의 데이터형이라기보다 코드의 관리와 가독성을 높이기 위한 용도이므로 열거형이라는 것을 명시해주는 것이 좋다.

열거형의 멤버 이름을 정하는 것에 규칙은 없지만 보편적으로 코드에서 구분하기 쉽게 '전부 대문자'로 작성한다. 또한 이름이 길어질 경우 대소문자로 단어 구분을 할 수 없으므로 '단어별로 언더스코어(_)로 구분'한다. 열거형의 멤버 이름을 대문자로만 작성함으로써 다른 변수명, 상수명과 확실히 구분하기 위함이다.

요일이라는 하나의 개념을 가진 Week를 열거형명으로 정하고, 멤버로 7개의 요일을 모두 대문자로 작성했다. 7개 모두 정수 데이터형이므로 데이터형 없이 멤버의 이름만 콤마로 구분해서 작성됐다.

참고로 열거형을 반복문과 같이 사용할 때 열거형의 멤버 수만큼 반복을 하게 되는데, 이때 열거형의 마지막 멤버로 열거형의 크기를 지정한 이름을 의도적으로 하나 더 추가해서 반복문의 조건식에 활용하는 노하우도 존재한다. 코드의 가독성을 올려주는 만큼 다양하게 활용되니 열거형의 활용 예시를 다른 책이나 인터넷에서 찾아보는 것도 좋다.

Ex3-108 / main.h

```
01  #pragma once
02  #define _CRT_SECURE_NO_WARNINGS
03  #include <stdio.h>
04
05  void UserDefinedType();
```

Ex3-108 / DataStructure.h

```
01  #pragma once
02
03  enum Animation
04  {
05      IDLE,
06      WALKING,
07      RUN,
08      JUMP,
09      DEAD
10  };
```

Ex3-108 / main.c

```
01  #include "main.h"
02  #include "DataStructure.h"
03
04  int main(void)
05  {
06      UserDefinedType();
07      return 0;
08  }
09
10  void UserDefinedType()
11  {
12      enum Animation animation;
13
14      animation = WALKING;
15
16      switch (animation)
17      {
18          case IDLE:
```

```
19                printf("IDLE Animation 실행 코드");
20                break;
21            case WALKING:
22                printf("WALKING Animation 실행 코드");
23                break;
24            case RUN:
25                printf("RUN Animation 실행 코드");
26                break;
27            case JUMP:
28                printf("JUMP Animation 실행 코드");
29                break;
30            case DEAD:
31                printf("DEAD Animation 실행 코드");
32                break;
33            default:
34                printf("Debug: switch default (animation)\n");
35                break;
36        }
37    }
```

표준 출력은 다음과 같다.

```
WALKING Animation 실행 코드
```

예제 코드 Ex3-108은 열거형의 정의와 선언을 통해 열거형이 코드에서 어떻게 사용되는지 보여주는 예다. 헤더 파일 DataStructure.h에 열거형의 정의를 작성하고, 소스 파일 12행에서 열거형의 선언을 했다. 다음으로 14행에서 열거형의 초기화를 진행했다. 이후 어떤 애니메이션이 선택될지 추가적인 코드가 작성돼야 하겠지만 열거형이 사용되는 예시이므로 직접 초기화를 했다.

switch ~ case 조건문으로 이뤄진 16행 ~ 36행을 살펴보면 열거형의 멤버가 이름으로 사용됨으로써 코드의 가독성이 크게 증가했음을 알 수 있다. 18행, 21행, 24행, 27행, 30행에서 열거형 멤버의 이름이 아니라 정수 리터럴로 대체됐다고 하면 어떤 애니메이션 상태인지 한눈에 알기 어려울 것이다.

주의할 점은 구조체는 멤버 연산자(.)를 활용해서 '구조체 변수명.멤버명'으로 사용하지만, 열거형은 단순히 '열거형 멤버 이름'만으로 사용한다는 것이다. 그렇기 때문에 다른 코드들과 명확히 구분되도록 열거형 멤버 이름을 보편적으로 모두 대문자로 작성하는 것이다.

또한 7개의 요일이 하나의 개념으로 묶여 있기 때문에 열거형 변수를 switch ~ case 조건문의 조건식으로 넣어 간략히 코드를 작성할 수 있었다. 열거형을 사용하지 않고 독립적인 7개의 상수를 사용했다면 7개의 상수마다 조건문을 작성하게 돼 작성해야 하는 코드의 양이 상당히 늘어날 것이며, 코드의 가독성 또한 심각하게 낮아질 것이다.

Ex3-109 / main.h

```
01  #pragma once
02  #define _CRT_SECURE_NO_WARNINGS
03  #include <stdio.h>
04
05  void UserDefinedType();
```

Ex3-109 / DataStructure.h

```
01  #pragma once
02
03  enum Animation
04  {
05      IDLE,
06      WALKING,
07      RUN,
08      JUMP,
09      DEAD
10  };
```

Ex3-109 / main.c

```
01  #include "main.h"
02  #include "DataStructure.h"
03
04  int main(void)
05  {
06      UserDefinedType();
07      return 0;
08  }
```

```
09
10   void UserDefinedType()
11   {
12       /* 열거형 변수 선언하지 않았는데도 열거형명 사용 가능 */
13
14       printf("%d\n", IDLE);
15       printf("%d\n", WALKING);
16       printf("%d\n", RUN);
17       printf("%d\n", JUMP);
18       printf("%d", DEAD);
19   }
```

표준 출력은 다음과 같다.

```
0
1
2
3
4
```

예제 코드 Ex3-109는 열거형의 자동 초기화를 소개하기 위한 예다. 구조체는 각 멤버에 반드시 초기화를 해야 했다. 그러나 열거형을 설명하면서 초기화하는 코드도 없었고, 초기화를 해야 한다는 언급도 없었다는 것에 의아함을 느꼈을 것이다.

14행 ~ 18행은 열거형 멤버 이름으로 표준 출력을 한 것이다. 0부터 4까지 자동으로 초기화돼 있음을 알 수 있다. 열거형은 정수 데이터형으로만 이뤄져 있고, 정수들을 이름으로 매칭해 나열한 것이므로 초기화를 하지 않으면 자동으로 0부터 시작해 1씩 증가하면서 초기화된다.

애니메이션 IDLE이라고 하면 즉각적으로 이해할 수 있지만 0으로 지정된 애니메이션이 무엇이냐고 물어본다면 이해하기 어려울 수밖에 없다.

열거형의 또 하나의 특징은 바로 12행의 주석 처리에서 설명했듯이 열거형 변수를 선언하지 않았음에도 코드에서 열거형 멤버 이름들을 사용할 수 있다는 점이다. 열거형 변수를 코드에서 사용하지 않는다고 할지라도 이러한 강력한 특징 때문에 코드의 가독성을 높여주는 용도로 여러 곳에서 폭넓게 사용된다. 굉장히 중요한 특징이니 꼭 활용할 수 있게 해두자.

3-8-3-3 열거형 지정 초기화

Ex3-110 / main.h

```
01  #pragma once
02  #define _CRT_SECURE_NO_WARNINGS
03  #include <stdio.h>
04
05  void UserDefinedType();
```

Ex3-110 / DataStructure.h

```
01  #pragma once
02
03  enum AbnormalStatus
04  {
05      BRUN = 1,
06      FREEZING,
07      SHOCK,
08      SLEEP = 11,
09      CONFUSION,
10      FEAR
11  };
```

Ex3-110 / main.c

```
01  #include "main.h"
02  #include "DataStructure.h"
03
04  int main(void)
05  {
06      UserDefinedType();
07      return 0;
08  }
09
10  void UserDefinedType()
11  {
12      printf("%d\n", BRUN);
13      printf("%d\n", FREEZING);
14      printf("%d\n", SHOCK);
```

```
15        printf("%d\n", SLEEP);
16        printf("%d\n", CONFUSION);
17        printf("%d", FEAR);
18    }
```

표준 출력은 다음과 같다.

```
1
2
3
11
12
13
```

예제 코드 Ex3-110은 열거형의 지정 초기화를 하는 방법을 소개하는 예다. 열거형은 초기화하지 않으면 0부터 시작해서 자동으로 1씩 증가하면서 초기화됐다. 그러나 0부터 시작하고 싶지 않고 1부터 시작하고 싶거나, 멤버들 간의 간격을 두고 싶거나, 특정 멤버는 특정 정수 리터럴부터 시작하고자 한다면 열거형의 정의에서 지정 초기화할 수 있다.

헤더 파일 DataStructure.h의 5행에서 첫 번째 멤버 이름을 1로 초기화하고 8행에서 네 번째 멤버 이름을 11로 초기화했다. 이에 따라 출력 결과는 1, 2, 3, 11, 12, 13으로 나왔다. 초기화된 멤버는 지정된 정수 리터럴로 초기화되며, 다음 초기화된 멤버가 없다면 역시 자동으로 1씩 증가한다. 그러나 다시 초기화된 멤버가 존재한다면 지정된 초기화 값으로 건너뛰고 이후 동일하게 1씩 증가한다.

예제 코드 Ex3-110에서는 게임의 상태 이상을 열거형으로 구성하고자 했다. 화상, 동결, 감전은 속성 공격 마법에 의해 발생하는 상태 이상이고 수면 혼란, 공포는 정신 계통이기에 앞으로 다른 상태 이상이 추가될 것을 고려해서 정신 계통 상태 이상의 시작인 수면을 11로 초기화한 것이다.

이로써 속성 공격 마법에 의한 상태 이상이 추가된다고 하면 감전 다음에 추가할 수 있게 됐다. 이와 같이 열거형을 설계할 때 이후의 코드 확장성을 고려하면서 지정 초기화를 사용하게 된다.

이러한 설계 없이 속성 공격 마법에 의해 발생하는 상태 이상을 마지막에 추가한다면 이후 속성 공격 마법에 의한 상태 이상과 정신 계통 상태 이상을 구분하기 위한 조건문을 작성하게 될 때 조건식 작성이 복잡해질 것이다.

Ex3-111 / main.h

```
01  #pragma once
02  #define _CRT_SECURE_NO_WARNINGS
03  #include <stdio.h>
04
05  void UserDefinedType();
```

Ex3-111 / DataStructure.h

```
01  #pragma once
02
03  enum Move
04  {
05      UP = 0,
06      LEFT = 90,
07      DOWN = 180,
08      RIGHT = 270,
09      NEUTRAL = -1
10  };
```

Ex3-111 / main.c

```
01  #include "main.h"
02  #include "DataStructure.h"
03
04  int main(void)
05  {
06      UserDefinedType();
07      return 0;
08  }
09
10  void UserDefinedType()
11  {
12      printf("%d\n", UP);
13      printf("%d\n", LEFT);
14      printf("%d\n", DOWN);
15      printf("%d\n", RIGHT);
```

```
16        printf("%d", NEUTRAL);
17    }
```

표준 출력은 다음과 같다.

```
0
90
180
270
-1
```

예제 코드 Ex3-111은 열거형의 지정 초기화를 활용하는 다른 예다. 키보드의 상하 좌우 키를 눌러 이동을 구현하고자 할 때 헤더 파일 DataStructure.h와 같이 실제 방향에 맞게 0, 90, 180, 270으로 초기화했다.

이렇게 초기화함으로써 실제 이동하는 방향을 구현하기 위한 코드에서도 별도로 계산할 필요 없이 열거형 멤버 이름을 수식에 그대로 사용할 수 있게 된다. 열거형의 초기화를 어떻게 하는가에 따라 프로그래밍의 구현 방향이 바뀌기도 하므로 열거형을 사용하는 노하우를 다양하게 알아두는 것이 좋다.

열거형의 마지막 멤버로 이동하지 않을 때의 중립 상태를 -1로 초기화했다. 지금까지 열거형은 자동으로 0부터 초기화된다고 했기에 양수만 가능하다고 오해할 수 있지만 정수 데이터형으로 이뤄지므로 음수로 초기화하는 것도 가능하다는 것을 소개하기 위한 예다.

3-8-3-4 찰떡궁합, 열거형과 switch ~ case 조건문

Ex3-112 / main.h

```
01    #pragma once
02    #define _CRT_SECURE_NO_WARNINGS
03    #include <stdio.h>
04    #include <stdbool.h>
05
06    void Update();
```

Ex3-112 / DataStructure.h

```c
#pragma once

enum GameState
{
    START,
    SELECTED,
    JUDGEMENT,
    RESULT,
    END
};
```

Ex3-112 / main.c

```c
#include "main.h"
#include "DataStructure.h"

int main(void)
{
    while (true)
    {
        Update();
    }

    return 0;
}

void Update()
{
    enum GameState gameState;

    gameState = START;

    switch (gameState)
    {
        case START:
            //게임이 시작되면 실행될 코드
            gameState++;
            break;
        case SELECTED:
            //선택지가 선택됐을 때 실행될 코드
            gameState++;
```

```
29                    break;
30              case JUDGEMENT:
31                    //선택지에 따른 판정이 진행되는 코드
32                    gameState++;
33                    break;
34              case RESULT:
35                    //결과를 UI에 표시하는 코드
36                    gameState++;
37                    break;
38              case END:
39                    //게임을 종료하기 위한 코드
40                    gameState = START;
41                    break;
42              default:
43                    printf("Debug: switch default (gamaState)\n");
44                    break;
45         }
46    }
```

예제 코드 Ex3-112는 열거형과 switch ~ case 조건문을 사용해 게임의 상태를 제어하는 틀을 작성한 예다. C 프로그래밍 언어로 게임을 만들고자 한다면 main 함수에서 반복문으로 무한 루프를 만들어 무한 루프 안에 함수 Update를 호출한다. 실제로는 함수 Update 외에도 화면에 보여주기 위한 렌더링 함수 등도 코드에 포함돼야 하겠지만 큰 틀을 이해시켜주기 위해 핵심적인 코드만 작성했다.

함수 Update 안에서는 열거형과 switch ~ case 조건문을 사용해서 게임의 상태를 점차적으로 변경하면서 해당 상태에 수행해야 할 코드들을 작성하게 된다. 해당 상태에서 수행해야 할 코드의 동작이 끝나면 게임의 상태를 다음 상태로 전환하면서 게임이 진행된다. 게임이 종료되면 게임의 상태를 다시 START로 돌린다.

이와 같이 열거형과 switch ~ case 조건문은 프로그래밍에 있어 찰떡궁합과 같은 관계다. 열거형 따로 switch ~ case 조건문 따로 학습하기보다 열거형과 switch ~ case 조건문이 어떤 형태로 시너지를 일으키는지 큰 그림을 이해하면 실질적으로 활용될 수 있는 다양한 프로그램을 제작할 수 있는 기반이 된다.

> 세이브 포인트: 개념 정리

구조체
- **구조체(Structure)**: 하나의 개념으로 통합할 수 있는 '다른 데이터형'으로 구성된 다수의 변수가 있다면 '사용자 정의 데이터형'을 대표하는 구조체로 묶을 수 있다. 구조체는 새로 재정의된 하나의 데이터형이므로 구조체 변수, 배열, 포인터 변수 등으로 활용 가능하다.
- 사용자 정의 데이터형인 구조체는 '정의'와 '선언'으로 구성된다.
- 구조체 정의와 선언을 하는 방법에는 4가지가 존재한다.
- 멤버 연산자(.)를 활용해서 '구조체 변수명.멤버명'으로 구조체의 각 멤버에 접근한다.
- 구조체는 다른 데이터형으로 구성된 다수의 변수를 하나의 개념으로 묶어 새로운 사용자 정의 데이터형을 만드는 방법이므로, 멤버별로 대부분 크기가 다르기 때문에 효율적인 데이터 관리를 위해 정렬이 필요하다.

열거형
- 열거형(Enumerated Type)은 구조체의 특수한 형태 중 하나로, 제한된 이름이 있는 값의 모음으로 구성된 데이터 타입이다.
- '정수 데이터형'으로 이뤄진 하나의 개념으로 묶을 수 있는 다수의 '상수'에 별도의 이름(식별자)을 지정해, 용도를 명확히 알 수 있도록 정수 대신 이름으로 사용함으로써 코드의 가독성을 높이기 위해 주로 사용된다.
- 구조체와 동일하게 '정의'와 '선언'으로 구성되며, 정의와 선언을 하는 방법에도 4가지가 존재한다.
- 열거형 정의에서 작성된 '멤버 이름'으로 접근한다.
- 열거형 변수를 선언하지 않았음에도 코드에서 열거형 멤버 이름을 사용 가능하다.

> 세이브 포인트: 형식 정리

추천 구조체 정의와 선언

```
typedef struct 구조체명(태그)
{
    데이터형 멤버명;
    데이터형 멤버명;
    데이터형 멤버명;
}구조체별칭;

구조체별칭 변수명;
```

추천 열거형 정의와 선언

```
eunm 열거형명(태그)
{
```

```
    이름,
    이름,
    이름
};

eunm 열거형명 변수명;
```

3-9 전처리기

사용자 정의 함수와 사용자 정의 데이터형을 배웠으니 이제 C 프로그래밍 언어에서 사용할 수 있는 사용자 정의를 모두 다룰 수 있게 됐다. 그런데 사용자 정의 함수와 사용자 정의 데이터형을 다수의 소스 파일에서 동일하게 사용하고자 한다면 여러 소스 파일에 매번 추가해야 되므로 불편하고 코드 관리가 어려워진다.

이럴 경우 반복적으로 사용되는 사용자 정의를 헤더 파일로 묶어 작성한 후 소스 파일에서 전처리기 지시자 #include를 활용해서 헤더 파일만 불러 사용해왔다. 전처리기 지시자 #include는 전처리기 중의 하나다.

지금까지 전처리기 지시자라는 용어를 사용했지만 상세한 소개는 하지 않았다. 이제 전처리기라는 개념을 제대로 알아볼 차례다. '전처리기^{Preprocessor}'는 컴파일의 세부 과정 중 하나로, 프로그램의 중심적인 처리를 수행하는 부분을 위해 컴파일 전에 '사전 준비'를 행하는 것이다.

'1-2-4 C 프로그래밍을 수행하는 7단계' 절에서 컴파일의 세부 과정은 '전처리 → 컴파일 → 링크'의 3가지 세부 과정을 거친다고 했었다. 전처리기가 존재한다면 전처리 단계가 수행된 후 비로소 컴파일이 진행된다. 컴파일이 이뤄지기 전에 컴파일러에게 명령을 내리는 것이므로, 대부분 소스 파일의 맨 위에 위치하고 있던 것이다.

주의할 점은 전처리기는 C 프로그래밍 언어의 문법이 아니라는 점이다. 따라서 명령문의 종료를 알리는 세미콜론이나 { }의 닫기가 없어도 컴파일러가 인지한다.

#include와 같이 전처리기는 '전처리기 기호(#)'와 '전처리기 지시자'로 구성되며,

전처리기 지시자 앞의 기호(#)는 연산자가 아님에 주의하자. 컴파일러는 하나의 행에 한정해서 맨 앞에 전처리기 기호를 발견하면 다음에 나올 전처리기 지시자를 찾는다. 전처리기 지시자는 전처리기 기호부터 시작해서 처음 나오는 개행 문자까지가 범위로 인지된다. 이러한 특징 때문에 전처리기는 하나의 행으로만 구성할 수 있다.

거의 모든 소스코드에 전처리기가 사용되고 있을 만큼 굉장히 중요한 개념임에도 기존 대다수의 프로그래밍 책에서는 전처리기를 후반부에 배치해 참고 정도로 소개해왔다. 책의 후반부에서 가볍게 설명하고 넘어가므로 생각 외로 전처리기에 대해 자세히 모르는 학생이 많을 정도다.

분명 전처리기는 C 프로그래밍 언어의 문법에 해당하지 않으며, 알고리듬이나 데이터와 관련된 개념은 아니기에 카테고리로 구분한다면 기타로 분류할 수 있다. 그러나 기타에 속한다고 해서 모두 중요하지 않다는 의미는 아니다.

게다가 표준 라이브러리로 제공되는 헤더 파일들을 열어보면 개발 환경과 무관하게 동일하게 동작하도록 상당수의 코드가 전처리기를 사용해서 기능을 제공한다는 점을 알 수 있다. 다시 말해 표준 라이브러리 헤더 파일 내부를 상세히 이해하기 위해 전처리기에 대한 이해는 필수적이라는 의미다.

전처리기를 남용하는 것은 좋지 않지만 주요한 몇 가지 전처리기 지시자를 알아두고 적절하게 활용한다면 다양한 환경을 고려한 프로그래밍이 가능하게 된다. 다른 개념에 비해 어렵지는 않지만 빈번하게 사용되는 만큼 중요한 내용은 명확히 파악해두는 것이 좋다.

3-9-1 파일 포함: #include

전처리기 지시자 #include는 전처리 단계에서 '파일을 포함'하는 기능을 수행한다. 파일을 포함한다는 의미는 단순히 해당 헤더 파일의 코드를 그대로 복사한다는 것에 불과하다.

표준 라이브러리 헤더 파일과 사용자 정의 헤더 파일을 포함할 수 있으며, 표준 라이브러리 헤더 파일은 홑화살괄호 < >, 사용자 정의 헤더 파일은 큰따옴표("")로 감싸서 시각적으로 구분한다.

필요로 하는 기능이 포함된 표준 라이브러리를 사용하기 위해서 또는 사용자 정의 헤더 파일을 만들어 소스 파일과 분리해 효율적인 코드 관리를 하기 위해 전처리기 지시자 #include는 반드시 알아야 하는 필수적인 개념이다.

#include 작성법

```
#include <표준 라이브러리 헤더 파일>
#include "사용자 정의 헤더 파일"
```

3-9-1-1 표준 라이브러리 헤더 파일 포함

Ex3-113 / main.c

```c
01  #define _CRT_SECURE_NO_WARNINGS
02  #include <stdio.h>
03  #include <stdbool.h>
04  #include <limits.h>
05  #include <float.h>
06
07  void Preprocessor();
08
09  int main(void)
10  {
11      Preprocessor();
12      return 0;
13  }
14
15  void Preprocessor()
16  {
17      bool bInteger = false;
18      bInteger = true;
19
20      if (bInteger == true)
21      {
22          printf("최댓값: %d", INT_MAX);
23      }
24      else
25      {
26          printf("최댓값: %e", FLT_MAX);
```

```
27     }
28 }
```

표준 출력은 다음과 같다.

```
최댓값: 2147483647
```

예제 코드 Ex3-113은 파일을 포함하는 기능을 가진 전처리기 지시자 **#include**의 첫 번째 기능인 표준 라이브러리 헤더 파일을 가져오는 예다. 소스 파일 main.c에서 17행의 `bool`을 사용하기 위해 '헤더 파일 stdbool.h'를 3행에 추가했고, 22행의 `INT_MAX`를 사용하기 위해 '헤더 파일 limits.h'를 추가했고, 26행의 `FLT_MAX`를 사용하기 위해 '헤더 파일 float.h'를 추가했다.

전처리기 지시자 **#include** 다음에 가져오고자 하는 헤더 파일을 작성한다. 다만 C 프로그래밍 언어에서 제공하는 표준 라이브러리 헤더 파일을 가져올 때는 2행 ~ 5행과 같이 헤더 파일을 홑화살괄호 < >로 감싸서 가져온다.

상세 내용을 확인하고자 하는 헤더 파일에 커서를 두고 Ctrl + Shift + G 또는 Ctrl + 클릭으로 해당 헤더 파일을 열 수 있다고 했었다. 3행, 4행, 5행의 헤더 파일을 각각 열어 내용을 가볍게 살펴보자.

예제 코드 Ex3-113의 3행은 컴파일이 이뤄지기 전에 전처리기 단계에서 헤더 파일 stdbool.h의 모든 내용으로 대체된다. 즉, 헤더 파일 stdbool.h의 모든 내용이 예제 코드 Ex3-113의 3행을 대체해서 복사된다. 이것이 전처리기 지시자 **#include**가 수행하는 파일 포함 기능이다. 어렵게 생각할 필요 없다. 단순히 전처리기 단계에서 해당 헤더 파일을 그대로 가져오는 것에 불과하다.

프로그래밍을 하기 위해 필요한 것을 표준 라이브러리 헤더 파일에 사전에 구현해서 제공함으로써 수많은 프로그래머은 단순히 전처리기 지시자 **#include**로 필요한 헤더 파일을 포함하는 것으로, 제공되는 많은 기능을 간편히 사용할 수 있게 됐다.

전처리기 지시자 **#include**에서 표준 라이브러리 헤더 파일을 포함하기 위해 홑화살괄호를 사용하면 컴파일러는 해당 헤더 파일을 찾기 위해 먼저 '시스템 폴더'를 탐색하고, 다음으로 '현재 작업 중인 프로젝트 폴더'를 탐색해서 가져온다. 표준 라이브러리 헤더 파일은 비주얼 스튜디오가 설치되면서 기본값으로 지정된 폴더에 자동으로 설치된다. 다만 하나의 폴더에 모두 존재하지 않고 몇 개의 폴더에 분산돼 있다는 점에 유의하자.

예를 들어 열려져 있는 헤더 파일 stdbool.h 탭에 마우스 오버하면 C:\Program Files\Microsoft Visual Studio\2022\Community\VC\Tools\MSVC\14.36.32532\include\stdbool.h라고 경로가 나온다. 이 폴더가 시스템 폴더 중 하나다.

표준 라이브러리 헤더 파일들을 열어보면 전처리기 지시자 #define, #if, #ifdef, #endif, #pragma 등으로 작성돼 있을 것이다. 표준 라이브러리 헤더 파일은 어떤 시스템 환경에서도 정상적으로 수행될 수 있게 상당수가 전처리기로 작성돼 있다. 전처리기 지시자 #include 이외의 전처리기 지시자들도 이후 순차적으로 알아볼 것이다.

전처리기를 제대로 알아야 하는 이유가 바로 여기에 있다. 표준 라이브러리 헤더 파일들의 내용을 모른 채 사용해봐야 매번 사용했던 기능만 사용할 수 있다. 표준 라이브러리 헤더 파일을 열어보고 분석이 가능해야 하며, 책에서 배운 것 외에도 라이브러리에 존재하는 많은 것을 자유자재로 활용하려면 전처리기를 지금 시점에 제대로 배울 필요가 있다.

```
#define bool  _Bool
#define false 0
#define true  1
```

위의 코드는 '헤더 파일 stdbool.h'에 있는 코드다. bool, false, true 등이 어떻게 정의돼 있는지 확인할 수 있다. 헤더 파일 stdbool.h를 추가하는 것으로 bool은 _Bool을 의미하며, false는 0을 의미하며, true는 1을 의미하게 된다.

```
#define INT_MIN    (-2147483647 - 1)
#define INT_MAX    2147483647
#define UINT_MAX   0xffffffff
```

이 코드는 '헤더 파일 limits.h'에 있는 코드다. INT_MIN, INT_MAX, UINT_MAX 등이 어떻게 정의돼 있는지 확인할 수 있다.

```
#define FLT_MAX     3.402823466e+38F
```

위의 코드는 '헤더 파일 float.h'에 있는 코드다. FLT_MAX 등이 어떻게 정의돼 있는지 확인할 수 있다.

3-9-1-2 사용자 정의 헤더 파일 포함

Ex3-114 / main.h

```c
01  #pragma once
02  #define _CRT_SECURE_NO_WARNINGS
03  #include <stdio.h>
04  #include <stdbool.h>
05  #include <limits.h>
06  #include <float.h>
07
08  void Preprocessor();
```

Ex3-114 / main.c

```c
01  #include "main.h"
02
03  int main(void)
04  {
05      Preprocessor();
06      return 0;
07  }
08
09  void Preprocessor()
10  {
11      bool bInteger = false;
12      bInteger = true;
13
14      if (bInteger == true)
15      {
16          printf("최댓값: %d", INT_MAX);
17      }
```

```
18          else
19          {
20              printf("최댓값: %e", FLT_MAX);
21          }
22      }
```

표준 출력은 다음과 같다.

최댓값: 2147483647

예제 코드 Ex3-114는 예제 코드 Ex3-113에서 코드를 그대로 유지한 채 표준 라이브러리와 관련된 전처리기 부분과 함수의 선언부만 사용자 정의 '헤더 파일 main.h'로 분리했다. 파일을 포함하는 기능을 가진 전처리기 지시자 #include의 두 번째 기능인 사용자 정의 헤더 파일을 가져오는 예다. 지금까지 이 책에서 예제 코드의 템플릿으로 사용해왔던 방식이라 이미 익숙할 것이다.

사용자 정의 헤더 파일을 포함하려면 전처리기 지시자 #include 다음에 가져오고자 하는 헤더 파일을 홑화살괄호가 아닌 큰따옴표로 감싸서 가져온다. Ctrl + Shift + G 또는 Ctrl + 클릭으로 해당 헤더 파일을 열 수 있는 것도 동일하다.

소스 파일 main.c의 1행에서 전처리기 지시자 #include로 사용자 정의 헤더 파일 main.h를 추가했고, 컴파일이 이뤄지기 전에 전처리기 단계에서 헤더 파일 main.h의 모든 내용이 예제 코드 Ex3-114의 1행을 대체해서 복사된다. 즉, 결과적으로 예제 코드 Ex3-113과 동일한 코드가 된다.

전처리기 지시자 #include에서 사용자 정의 헤더 파일을 포함하기 위해 큰따옴표를 사용하면 컴파일러는 해당 헤더 파일을 찾기 위해 먼저 '현재 작업 중인 프로젝트 폴더'를 탐색하고, 다음으로 '시스템 폴더'를 탐색해서 가져온다. 표준 라이브러리 헤더 파일을 포함하기 위해 홑화살괄호를 사용했을 때와 탐색하는 순서가 반대가 된다.

Ex3-115 / main.h

```c
01  #pragma once
02  #define _CRT_SECURE_NO_WARNINGS
03  #include <stdio.h>
04  #include <stdbool.h>
05  #include <limits.h>
06  #include <float.h>
07  #include "DataStructure.h"
08
09  void PrintStructure();
10  void PrintInteger();
11  void PrintFloat();
```

Ex3-115 / DataStructure.h

```c
01  #pragma once
02
03  typedef struct
04  {
05      int iLevel;
06      float fAttack;
07      float fDefence;
08      long long llEXP;
09  }Player;
```

Ex3-115 / main.c

```c
01  #include "main.h"
02
03  int main(void)
04  {
05      PrintInteger();
06      PrintFloat();
07      PrintStructure();
08      return 0;
09  }
10
11  void PrintStructure()
12  {
13      Player player = { 10, 25.5f, 18.0f, 123456789 };
14
15      printf("%d\n", player.iLevel);
```

```
16        printf("%f\n", player.fAttack);
17        printf("%f\n", player.fDefence);
18        printf("%lld", player.llEXP);
19    }
```

Ex3-115 / PrintInteger.c

```
01    #include "main.h"
02
03    void PrintInteger()
04    {
05        printf("최댓값: %d\n", INT_MAX);
06    }
```

Ex3-115 / PrintFloat.c

```
01    #include "main.h"
02
03    void PrintFloat()
04    {
05        printf("최댓값: %e\n", FLT_MAX);
06    }
```

표준 출력은 다음과 같다.

```
최댓값: 2147483647
최댓값: 3.402823e+38
10
25.500000
18.000000
123456789
```

예제 코드 Ex3-115는 사용자 정의 헤더 파일을 잘 구성하면 다수의 헤더 파일 및 소스 파일에서 편리하게 사용할 수 있다는 것을 보여주기 위한 예다. 특별한 기능을 가진 프로그램은 아니지만 어떤 방식으로 사용자 정의 헤더 파일을 관리하고 다수의 소스 파일로 늘려가면서 프로그래밍을 하는지에 대해 충분히 이해할 수 있을 것이다.

파일 포함 기능을 가진 전처리기 지시자 #include는 결국 헤더 파일의 모든 내용을 대체해 복사한다는 것을 알아봤다. 예제 코드 Ex3-114와 같이 하나의 사용자 정의 헤더 파일과 하나의 소스 파일만 존재한다면 작성해야 하는 코드의 양에 차이가 없다.

그러나 예제 코드 Ex3-115와 같이 다수의 헤더 파일 및 소스 파일로 프로그램을 구성하면 하나의 사용자 정의 헤더 파일을 잘 정리함으로써 여러 번 작성해야 할 반복적인 코드를 작성하지 않아도 된다.

소스 파일 main.c, PrintInteger.c, PrintFloat.c 모두에서 헤더 파일 main.h를 추가함으로써 헤더 파일 main.h의 내용을 동일하게 각 소스 파일에 3번 작성할 필요가 없어졌다. 앞으로 더 많은 소스 파일이 생기고 헤더 파일 main.h의 내용이 필요하게 된다는 것을 고려할 때 사용자 정의 헤더 파일을 잘 관리하는 것은 효율적인 프로그래밍에 있어 매우 중요하다는 점을 이해할 수 있을 것이다.

추가적으로 지금까지는 구조체 관련 정의를 사용자 정의 헤더 파일 DataStructure.h로 분리해서 소스 파일 main.c에서 추가했었다. 소스 파일이 main.c만 존재했기에 큰 문제가 없었기 때문이다. 그러나 예제 코드 Ex3-115에서는 사용자 정의 헤더 파일 DataStructure.h를 사용자 정의 헤더 파일 main.h에 추가했다. 이렇게 함으로써 각 소스 파일에서 사용자 정의 헤더 파일 main.h만 추가하면 구조체도 쉽게 사용할 수 있게 됐다.

이와 같이 실무에서는 전처리기 지시자 #include나 사용자 정의 함수의 선언부뿐만 아니라 사용자 정의 헤더 파일에 다수의 소스 파일에서 사용될 가능성이 높은 것들을 묶어 정리한다. 사용자 정의 헤더 파일에 주로 포함되는 것을 다음과 같이 정리했다.

주의할 점은 다음의 것들이 반드시 사용자 정의 헤더 파일에 추가돼야 한다고 오해해서는 안 된다는 것이다. 프로그래밍을 하는 과정에서 의도적으로 사용자 정의 헤더 파일에 포함하지 않고 소스 파일 등에 작성해야 하는 경우도 당연히 존재한다.

> **팁**
>
> 사용자 정의 헤더 파일에 주로 포함되는 것
> - 표준 라이브러리 헤더 파일과 다른 사용자 정의 헤더 파일
> - 사용자 정의 함수의 선언부
> - 구조체, 열거형 등 사용자 정의 데이터형의 정의
> - 매크로 정의, 상수, 함수
> - const를 활용한 전역 상수

3-9-1-3 지정된 경로의 헤더 파일 포함

Ex3-116 / main.h

```
01  #pragma once
02  #define _CRT_SECURE_NO_WARNINGS
03  #include <stdio.h>
04  #include "\C_Programming\Source File\Ch3\Ex3-116\DataStructure.h"
05  //#include "E:\C_Programming\Source File\Ch3\Ex3-116\DataStructure.h"
06
07  void Preprocessor();
```

Ex3-116 / DataStructure.h

```
01  #pragma once
02
03  typedef struct
04  {
05      int iLevel;
06      float fAttack;
07      float fDefence;
08      long long llEXP;
09  }Player;
```

Ex3-115 / main.c

```
01  #include "main.h"
02
03  int main(void)
04  {
05      Preprocessor();
06      return 0;
07  }
```

```
08
09    void Preprocessor()
10    {
11        Player player = { 10, 25.5f, 18.0f, 123456789 };
12
13        printf("%d\n", player.iLevel);
14        printf("%f\n", player.fAttack);
15        printf("%f\n", player.fDefence);
16        printf("%lld", player.llEXP);
17    }
```

표준 출력은 다음과 같다.

```
10
25.500000
18.000000
123456789
```

예제 코드 Ex3-116은 전처리기 지시자 #include에서 지정된 경로의 헤더 파일을 포함하는 예다. 전처리기 지시자 #include는 표준 라이브러리 헤더 파일과 사용자 정의 헤더 파일을 포함할 수 있다. 사용자 정의 헤더 파일은 기본적으로 우선 현재 작업 중인 프로젝트 폴더를 탐색한다.

프로그래밍을 하다 보면 현재 작업 중인 프로젝트 폴더에 새로운 사용자 정의 헤더 파일을 만들지 않고, 기존에 작업했던 프로젝트 폴더에서 헤더 파일을 그대로 불러오고 싶을 경우도 있을 것이다. 또한 새로운 사용자 정의 헤더 파일을 만든다고 할지라도 여러 프로젝트에서 공용으로 사용하기 위해 별도의 상위 폴더에 만들 경우도 존재한다.

이와 같은 경우에도 원하는 사용자 정의 헤더 파일을 포함하기 위해 전처리기 지시자 #include에서는 지정된 경로의 헤더 파일을 포함할 수 있게 지원한다.

헤더 파일 main.h의 4행은 '상대 경로'로 사용자 정의 헤더 파일을 추가했고, 주석 처리된 5행은 '절대 경로'로 사용자 정의 헤더 파일을 추가했다. 어느 쪽을 사용해도 무방하다.

물론 예제 코드 Ex3-116에서는 연습 삼아 작업 중인 프로젝트 폴더를 그대로 지정된 경로로 표기해서 사용자 정의 헤더 파일을 만들었다. 하지만 얼마든지 별도의 폴더를 만들어서 해당 폴더를 상대 경로 또는 절대 경로로도 지정할 수 있다.

3-9-2 컴파일 제어: #pragma

전처리기 지시자 **#pragma**는 세부적으로 컴파일 방법을 제어를 하기 위한 것이다. 실무에서 꽤 자주 사용됨에도 다루지 않고 넘어가는 경우가 많다.

#pragma는 다른 전처리기 지시자와 달리 뒤에 어떤 추가적인 지시자가 오는가에 따라 다양한 용법을 제공한다. 그중 자주 사용되고 중요한 일부를 소개한다. 알아두면 상당히 편리하기 때문에 **#pragma**에 대해 좀 더 자세히 알아보는 것도 좋다.

3-9-2-1 #pragma once

Ex3-117 / main.h

```
01  #pragma once
02  #define _CRT_SECURE_NO_WARNINGS
03  #include <stdio.h>
04
05  void Preprocessor();
06
07  void Preprocessor()
08  {
09      printf("#pragma once Test");
10  }
```

Ex3-117 / main.c

```
01  #include "main.h"
02  #include "main.h"
03
04  int main(void)
05  {
06      Preprocessor();
07      return 0;
08  }
```

표준 출력은 다음과 같다.

```
#pragma once Test
```

예제 코드 Ex3-117은 전처리기 지시자 #pragma의 용법 중 하나인 #pragma once의 기능을 확인하기 위한 예다. #pragma once는 컴파일러에게 '컴파일을 한 번만 하게 함으로써 헤더 파일이 중복해서 포함되는 것을 방지'하는 기능을 수행한다.

#pragma once는 지금까지 비주얼 스튜디오에서 신규 헤더 파일을 만들면 자동으로 맨 위에 생성됐던 전처리기다. 즉, 모든 헤더 파일은 중복으로 호출된다고 할지라도 단 한 번만 수행될 수 있게 비주얼 스튜디오에서 안전장치를 추천해주고 있던 것이다.

#pragma once 작성법

```
#pragma once
```

일반적으로 헤더 파일에 함수의 구현부를 작성하지 않지만 예제 코드 Ex3-117은 전처리기 지시자 #pragma once의 기능을 눈으로 확인하기 위해 예외적으로 작성한 코드이니 참고만 하자. 헤더 파일 중복을 방지하고 있으므로 표준 출력까지 정상적으로 동작한다.

그런데 헤더 파일 main.h의 1행을 주석 처리해서 헤더 파일의 중복을 허용한 후 컴파일하면 '에러 C2084' "error C2084: 'void Preprocessor()' 함수에 이미 본문이 있습니다."와 "message : 'Preprocessor'의 이전 정의를 참조하십시오."라는 컴파일 에러가 발생한다.

소스 파일 main.c의 1행과 2행에서 전처리기 지시자 #include로 헤더 파일 main.h를 2번 추가했기 때문에 함수 Preprocessor의 구현부가 2번 소스 파일에 대체돼 복사되고, 동일한 함수의 구현부가 2개 존재하니 컴파일러는 이미 존재한다는 컴파일 에러를 발생시킨 것이다. 이 에러를 발생시키기 위해 의도적으로 헤더 파일에 함수의 구현부를 작성했던 것이다.

팀 프로젝트를 하다 보면 다수의 프로그래머가 동시 작업하게 되므로 의도치 않게 전처리기 지시자 **#include**로 동일한 헤더 파일이 2번 이상 추가되는 경우가 존재할 수도 있다. 헤더 파일과 소스 파일이 다수 존재하고 복잡하게 엮여 있기 때문에 인간이라면 충분히 실수를 범할 수 있다. 이러한 실수가 발생한다고 할지라도 안전하게 프로그램이 동작하도록 코드를 작성하는 것이 프로그래머의 역할이므로 사소해 보이는 기능이라도 완벽히 이해하고, 필요할 때 잊지 않고 사용할 수 있어야 한다.

3-9-2-2 #pragma warning

Ex3-118 / main.h

```
01  #pragma once
02  #define _CRT_SECURE_NO_WARNINGS
03  #include <stdio.h>
04
05  //#pragma warning(once:4101)
06  //#pragma warning(disable:4101)
07  //#pragma warning(error:4101)
08  //#pragma warning(default:4101)
09
10  void Preprocessor();
```

Ex3-118 / main.c

```
01  #include "main.h"
02
03  int main(void)
04  {
05      Preprocessor();
06      return 0;
07  }
08
09  void Preprocessor()
10  {
11      int iSample1;
12      int iSample2;
13      int iSample3;
14  }
```

예제 코드 Ex3-118은 전처리기 지시자 #pragma의 용법 중 하나인 #pragma warning 의 기능을 확인하기 위한 예다. #pragma warning은 컴파일 단계에서 발생하는 컴파일러 경고 메시지의 동작을 선택적으로 수정하는 기능을 수행한다.

컴파일 에러는 수정하지 않으면 빌드가 불가능하므로 프로그래머는 컴파일 에러를 반드시 수정할 수밖에 없다. 반면 경고는 선택적으로 수정할 수도 있고 수정하지 않을 수도 있다. 경고를 수정하지 않는다고 해서 컴파일이 불가능한 것도 아니고 실행이 안 되는 것이 아니기 때문에 대규모 프로그램을 만드는 과정에서 모든 경고에 관심을 갖기란 쉽지 않다. 또한 보편적으로 무시해도 된다고 통용되는 경고도 존재한다.

문제는 한꺼번에 다량의 경고가 발생하면 빠르게 인지해야 하는 중요한 경고를 놓칠 가능성이 충분히 있다는 것이다. 이때 경고 메시지의 동작을 선택적으로 수정함으로써 중요한 경고만 명확히 인지하게 할 수 있다.

예제 코드 Ex3-118은 의도적으로 경고가 발생하도록 소스 파일 main.c의 11행 ~ 13행에서 지역 변수를 선언만 하고 사용하지 않았다. 따라서 컴파일하면 11행 ~ 13행에 대해 각각 '경고 C4101' "warning C4101: 'iSample1' :참조되지 않은 지역 변수입니다."와 같은 경고가 총 3번 발생한다. 지역 변수를 선언만 하고 사용하지 않을 경우 발생하는 경고 번호는 **4101**라는 것을 확인하자.

헤더 파일 main.h를 보면 5행 ~ 8행을 주석 처리를 해 놨다. #pragma warning의 기능을 하나씩 알아보기 위해 주석을 하나씩 풀어보면서 컴파일을 해볼 것이다. 출력 창에서 경고가 어떻게 변하는지 확인하자.

```
05    #pragma warning(once:4101)
06    //#pragma warning(disable:4101)
07    //#pragma warning(error:4101)
08    //#pragma warning(default:4101)
```

헤더 파일 main.h에서 5행의 주석 처리를 해제하고 컴파일해보자. #pragma warning 다음의 ( ) 안에 제어문 'once'와 함께 콜론(:)으로 구분해서 경고 번호를 작성하면 반복되는 경고를 1번만 출력하게 된다. 즉, 출력 창에 '경고 C4101'이 3번 발생했던 것이 1번만 발생한다는 것을 확인할 수 있다.

이처럼 하나의 경고가 다수 발생해 출력 창이 복잡해짐으로써 다른 중요한 경고를 파악하기 어려울 경우에 사용된다.

```
05    //#pragma warning(once:4101)
06    #pragma warning(disable:4101)
07    //#pragma warning(error:4101)
08    //#pragma warning(default:4101)
```

헤더 파일 main.h에서 6행의 주석 처리를 해제하고 컴파일해보자. **#pragma warning** 다음의 ( ) 안에 제어문 'disable'과 함께 콜론으로 구분해서 경고 번호를 작성하면 해당 경고를 출력하지 않는다. 즉, 출력 창에 '경고 C4101'이 전혀 발생하지 않는 것을 확인할 수 있다.

프로그램을 개발하는 과정에서 해당 경고가 발생하는 이유를 충분히 인지하고 있고, 팀 내부적으로 해당 경고는 무시하고 넘어가도 문제가 없다고 합의된 경우 경고 자체가 발생하지 않게 할 수 있다.

```
05    //#pragma warning(once:4101)
06    //#pragma warning(disable:4101)
07    #pragma warning(error:4101)
08    //#pragma warning(default:4101)
```

헤더 파일 main.h에서 7행의 주석 처리를 해제하고 컴파일해보자. **#pragma warning** 다음의 ( ) 안에 제어문 'error'와 함께 콜론으로 구분해서 경고 번호를 작성하면 해당 경고를 컴파일 에러로 발생시킨다. 즉, 출력 창에 '경고 C4101'이 경고가 아닌 컴파일 에러로 총 3개 발생한다. 컴파일 에러로 인지되기 때문에 이 경고를 수정하지 않으면 컴파일 및 실행이 불가능하게 된다.

경고 중에 팀 내부적으로 반드시 수정해야 한다고 합의된 경고에 대해 컴파일 에러로 출력되게 변경할 수 있다.

```
05    #pragma warning(once:4101)
```

```
06    #pragma warning(disable:4101)
07    #pragma warning(error:4101)
08    #pragma warning(default:4101)
```

헤더 파일 main.h에서 5행 ~ 8행의 주석 처리를 모두 해제하고 컴파일해보자. **#pragma warning** 다음의 ( ) 안에 제어문 'default'와 함께 콜론으로 구분해서 경고 번호를 작성하면 앞에 다른 설정 변경이 있다고 할지라도 원래 설정대로 되돌린다. 즉, 11행 ~ 13행에 대해 각각 경고가 총 3번 발생했던 5행 ~ 8행이 주석 처리돼 있던 코드와 동일한 결과를 가진다.

앞선 코드에 다수의 **#pragma warning**을 사용한 상태에서 새로운 컴파일러의 경고 메시지 동작을 설정하기 위해 사용된다. 이전 코드를 파악하거나 전부 지우기는 어려운 상황인데, 초기화한 후 새롭게 세부 컴파일 방법을 설정하려고 할 때 유용하다.

#pragma warning 작성법

```
#pragma warning(제어문:경고 번호)

#pragma warning(once:경고 번호)
#pragma warning(disable:경고 번호)
#pragma warning(error:경고 번호)
#pragma warning(default:경고 번호)

#pragma warning(disable:경고 번호1 경고 번호2)
#pragma warning(once:경고 번호1; disable:경고 번호2)
```

#pragma warning의 기능을 정리하면 위와 같다. 기본적으로 **#pragma warning** 다음에 ( )를 작성하며 안에 제어문, 콜론, 경고 번호를 순서대로 작성한다.

하나의 제어문에 여러 경고 번호를 적용하려면 공백을 두고 경고 번호를 연달아 작성하면 되며, 다른 제어문을 하나의 **#pragma warning**에 작성하기 위해 세미콜론(;)으로 구분할 수도 있다. 이외에도 알면 유용하게 활용할 수 있는 여러 제어문이 존재하니 추가적으로 찾아보자.

3-9-2-3 #pragma message

Ex3-119 / main.h

```
01  #pragma once
02  #define _CRT_SECURE_NO_WARNINGS
03  #include <stdio.h>
04
05  #define STRINGIZING(x) #x
06  #define LOCATION(line, msg) __FILE__ "(" STRINGIZING(line) "): "msg
07  #define PRAGMA_MSG LOCATION(__LINE__, "PragmaMsg: ")
08
09  void Preprocessor();
```

Ex3-119 / main.c

```
01  #include "main.h"
02
03  int main(void)
04  {
05      Preprocessor();
06      return 0;
07  }
08
09  void Preprocessor()
10  {
11      //...(코드 생략)
12
13  #pragma message("그냥 사용하면 출력 창에서 파일명 및 라인 알 수 없음")
14
15      //...(코드 생략)
16
17  #pragma message(PRAGMA_MSG "기능 확인되면 함수로 분리할 것")
18
19      //...(코드 생략)
20
21  #pragma message(PRAGMA_MSG "출시 전 반드시 수정할 것")
22  }
```

예제 코드 Ex3-119는 전처리기 지시자 #pragma의 용법 중 하나인 #pragma message 의 기능을 확인하기 위한 예다. #pragma message는 컴파일 시 출력 창에 메시지를 표시하는 기능을 수행한다. 게임이 실행돼야 확인할 수 있는 표준 출력 함수와 다르게 비주얼 스튜디오의 출력 창에 바로 출력되므로 굉장히 빠른 시기에 명확하게 인지할 수 있는 특징이 있다.

#pragma message의 기본적인 사용법은 지시자 다음의 ( ) 안에 출력 창에 출력하고자 하는 문자열을 큰따옴표("")로 감싸서 작성하면 된다. 소스 파일 main.c의 13행과 같이 작성하는 것이 기본으로 제공되는 기능이다.

#pragma message 작성법

```
#pragma message("메시지 내용")
```

그러나 이 기능에는 중대한 결함이 존재한다. 그림 3-1을 보면 13행에서 작성했던 문자열 그대로 정상적으로 출력 창에 출력된 것을 알 수 있다. 그런데 무엇이 문제일까? 첫째, 문자열만 출력됐지 어떤 파일, 몇 행에서 작성했던 #pragma message인지 알 수 있는 방법이 없다. 둘째, 출력 창에 출력된 행을 클릭해 봐도 아무런 반응이 없다. 즉, 위치 정보가 없으니 클릭해도 해당 #pragma message를 추적할 수 있는 방법이 없다.

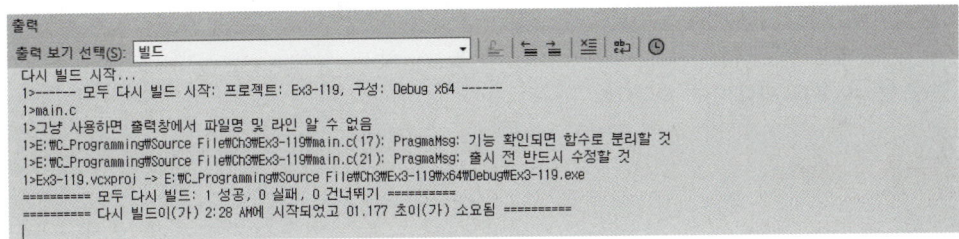

그림 3-1 C 프로그램의 기본 구조

이러한 문제점은 이제 곧 배우게 될 전처리기 지시자 **#define**을 활용하면 해결할 수 있다. 헤더 파일 main.h의 5행 ~ 7행에서 매크로를 작성했고, 소스 파일 main.c의 17행과 21행에서 **#define**으로 정의된 매크로인 `PROGMA_MSG`를 먼저 불렀다. 이 매크로에 따라 출력 창에 '파일명(라인): 메시지'가 출력되게 했다. 파일명과 라인 정보가 생겼기 때문에 그림 3-1에서 17행과 21행에 해당하는 출력 정보를 더블 클릭해보면 해당 메시지를 출력한 #pragma message로 바로 이동하는 것을 알 수 있다.

#pragma message만으로는 그다지 좋은 기능이 아니지만 전처리기 지시자 **#define**

과 적절히 조합해서 활용하면 정말 막강한 기능을 가진다. 일반적으로 이후에 반드시 수정해야 하는 코드지만 시간이 없거나, 현재 해결할 능력이 없을 때 주석 처리를 하거나, 비주얼 스튜디오에서 제공하는 기능인 책갈피 등을 사용하기도 하는데, 주석이나 책갈피 모두 스스로 기억해두지 않으면 까먹기 쉽다. 게다가 다른 팀원에서 중요한 정보를 전달해야 한다면 주석과 책갈피는 한계가 명확하다.

따라서 #pragma message로 중요한 정보를 출력 창에 남길 수 있고, 이를 추적할 수 있도록 전처리기 지시자 #define을 활용할 수 있다면 프로그래밍 과정에서 발생할 수 있는 큰 실수 중 일부를 확실히 인지시켜 문제 발생의 여지를 꽤 줄일 수 있다.

아쉬운 점은 업계에서 사용하는 사람들도 극소수 있지만 전처리기를 깊게 사용할 수 있는 사람이 적다 보니 이 노하우도 생각 외로 거의 활용되고 있지 않다는 점이다. 현재는 최소한의 기능만 동작하도록 심플하게 작성한 매크로지만 다른 전처리기들을 좀 더 활용하면 출력 창에 중요한 정보를 보기 쉽게 띄울 수 있다.

전처리기 지시자 #define은 '3-9-3 매크로 정의: #define과 #undef' 절에서 상세히 다루며, 파일명과 라인에 대한 정보는 '3-9-5 정의된 매크로' 절에서 다룬다.

3-9-2-4 #pragma pack

Ex3–120 / main.h

```
01  #pragma once
02  #define _CRT_SECURE_NO_WARNINGS
03  #include <stdio.h>
04  #include "DataStructure.h"
05
06  void Preprocessor();
```

Ex3–120 / DataStructure.h

```
01  #pragma once
02
03  typedef struct
04  {
05      short sSample;
```

```
06          int iSample;
07          char chSample;
08      }Pack1;
09
10      #pragma pack(push, 2)
11      typedef struct
12      {
13          short sSample;
14          int iSample;
15          char chSample;
16      }Pack2;
17      #pragma pack(pop)
18
19      #pragma pack(push, 1)
20      typedef struct
21      {
22          short sSample;
23          int iSample;
24          char chSample;
25      }Pack3;
26      #pragma pack(pop)
```

Ex3-120 / main.c

```
01      #include "main.h"
02
03      int main(void)
04      {
05          Preprocessor();
06          return 0;
07      }
08
09      void Preprocessor()
10      {
11          printf("Size of Pack1: %zd\n", sizeof(Pack1));
12          printf("Size of Pack2: %zd\n", sizeof(Pack2));
13          printf("Size of Pack3: %zd", sizeof(Pack3));
14      }
```

표준 출력은 다음과 같다.

```
Size of Pack1: 12
Size of Pack2: 8
Size of Pack3: 7
```

예제 코드 Ex3-120은 전처리기 지시자 #pragma의 용법 중 하나인 #pragma pack의 기능을 확인하기 위한 예다. #pragma pack은 '3-8-1 구조체' 절에서 가볍게 설명했듯이 구조체의 패딩 바이트 크기를 조정하는 기능을 수행한다.

헤더 파일 DataStructure.h에 동일한 멤버를 가진 3개의 구조체를 정의했다. 첫 번째 구조체는 별도로 패딩 바이트를 조정하지 않았기 때문에 가장 크기가 큰 멤버가 크기의 기준점이 돼서 4바이트가 기준이 된다. 따라서 구조체 전체의 크기는 12바이트이며, 패딩 바이트는 5바이트가 존재한다. 두 번째 구조체는 #pragma pack을 활용해 기준 크기를 2로 지정했다. 따라서 구조체 전체의 크기는 8바이트이며, 패딩 바이트는 1바이트가 존재한다. 세 번째 구조체는 #pragma pack을 활용해 기준 크기를 1로 지정했다. 따라서 구조체 전체의 크기는 8바이트이며, 패딩 바이트는 없다.

#pragma pack 작성법

```
#pragma pack(push, n)
#pragma pack(pop)
```

#pragma pack의 기능을 정리하면 위와 같다. 기본적으로 #pragma pack 다음에 ( )를 작성하며, 안에 push, 콤마(,), 원하는 기준 크기를 순서대로 작성하는 것으로 기준 크기를 변경할 수 있다.

한번 push를 사용할 경우 끝까지 해당 기준 크기가 적용되므로 변경된 크기를 본래대로 돌리려면 ( )를 작성하며, 안에 pop을 작성한다. pop을 사용할 경우 이전에 변경한 기준 크기가 초기화된다.

3-9-3 매크로 정의: #define과 #undef

3-9-3-1 #define 매크로의 구조

전처리기 지시자 #define은 원본 헤더 또는 소스 파일에서 '매크로명(식별자)'이 발생할 때마다 컴파일러가 매크로명 대신 '토큰스트링 문자열(몸체)'로 대체하는 기능을 수행한다. 우선 매크로를 정의하고 헤더 또는 소스 파일에서 해당 매크로를 사용하면 전처리 단계에서 매크로가 미리 정의된 토큰스트링으로 교체된다.

매크로명은 일반적인 변수, 상수 등과 구분하기 위해 대문자, 언더스코어(_)로 구성한다. 전처리기 지시자 #define은 '2-4-5 소스코드의 영역 구분' 절의 전처리기 영역, 전역 영역, main 함수 영역, 사용자 정의 함수 영역 모두에서 사용할 수 있다.

주로 길고 복잡한 내용을 매번 코드로 작성하기 귀찮으니 간단한 매크로로 대체하기 위해 사용된다. 게임에서 '복잡한 스킬 세트를 하나의 단축키'로 설정한 것과 비슷한 개념이다. 단점은 프로그래밍 문법을 전혀 고려하지 않고, 매크로가 나올 때마다 문법을 고려하지 않고 강제적으로 교체하므로 사용에 상당한 주의를 기울여야 한다.

매크로로 복잡한 내용을 대체하는 것 외에도 매크로를 정의한 후 해당 매크로가 정의돼 있는가, 정의돼 있지 않은가에 따라 다른 코드가 실행되게 만들 수 있다. 전처리 단계에서 해당 과정이 이뤄지기 때문에 어떤 코드가 컴파일에 포함될지 안 될지도 조정할 수 있다. 이 기능은 '3-9-4 조건부 컴파일' 절과 함께 사용된다.

지금까지 소개했던 표준 라이브러리 헤더 파일들의 상세한 내용을 살펴보면 상당수가 전처리기 지시자 #define으로 돼 있다는 것을 떠올릴 수 있을 것이다. 전처리기 지시자 #define은 전처리기 지시자 #include와 함께 전처리기에서 가장 많이 사용되므로 다양한 활용법을 익혀두면 큰 도움이 될 것이다.

#define 매크로 작성법

```
#define 매크로명(식별자) 토큰스트링(몸체)

#define 매크로명
```

```
#define 매크로상수명 치환될_리터럴
#define 매크로함수명 치환될_토큰스트링
```

전처리기 지시자 #define을 활용한 매크로의 구조는 크게 3가지 영역으로 구분된다. 전처리기 지시자인 #define, 식별자에 해당되는 매크로명, 몸체에 해당되는 토큰스트링이다. 토큰스트링(몸체)은 필수가 아닌 선택 사항이다.

컴파일러는 헤더 및 소스 파일에서 매크로명을 발견하면 매크로명을 대신해 토큰스트링으로 강제 대체한다. 토큰스트링이 생략돼 있다면 대체하는 기능을 수행하지 않고 매크로명이 정의돼 있다는 것만 인지한다.

전처리기 지시자 #define에는 크게 '3가지 활용 방법'이 존재한다. 첫째, 토큰스트링을 생략해 '매크로명을 정의'하는 방법이다. 앞서 설명했듯이 첫 번째 방법은 조건부 컴파일과 같이 사용된다. 둘째, '상수 같은 매크로'로 토큰스트링에 치환될 리터럴을 지정한다. 셋째, '함수 같은 매크로'로 토큰스트링에 치환될 함수 형태의 토큰스트링을 작성한다.

편의상 매크로상수명, 매크로함수명이라고 작성했지만 주의할 점은 '상수 같은 매크로', '함수 같은 매크로'와 같은 용어를 굳이 사용했듯이 실제는 상수도 아니고 함수도 아니라는 점이다. 매크로로 상수 및 함수와 같은 결과를 도출할 수는 있지만 실제 컴파일 내에서 수행되는 방법이나 특징은 다르다. 각기 장단점이 있으니 무분별한 사용은 지양해야 한다. 매크로는 조심해서 사용하지 않으면 심각한 부작용을 경험할 수 있다.

매크로의 몸체에 해당하는 토큰스트링은 '문자로 구성된 문자열'이 아닌 '토큰으로 구성된 문자열'로 인지된다는 점도 유의할 필요가 있다. 전처리기 지시자 #define에서 토큰은 토큰스트링에 있는 분리된 단어를 의미한다.

따라서 '2*3'은 1개의 토큰으로 구성된 토큰스트링이지만, '2 * 3'은 3개의 토큰으로 구성된 토큰스트링이다. 즉, '2 * 3'과 '2 * 3'은 같은 토큰스트링으로 인지되지만, '2*3'은 다른 토큰스트링으로 인지된다.

전처리기 지시자 #define의 몸체에 해당되는 토큰스트링은 토큰으로 구성된 문자열로 인지되기 때문에 일반적인 코드 작성법으로 접근하면 문제가 발생할 여지가 많다. 토큰[token]이라는 개념을 이해해야 원하는 결과를 얻을 수 있을 것이다.

이러한 특징 때문에 실제 코드에서 작성한 상수 및 함수와 결과는 동일하게 매크로를 만들 수 있어도 내부적인 동작은 다를 수밖에 없다.

3-9-3-2 매크로 정의

```
#define DEBUG
//#define RELEASE

#define PC
//#define MAC
//#define ANDROID
//#define iOS
```

전처리기 지시자 **#define**의 첫 번째 활용 방법은 매크로명을 정의하는 것이다. 매크로명을 지정하고 토큰스트링(몸체)을 생략하면 매크로 정의로 기능을 수행한다.

매크로 정의는 실무에서 디버그와 릴리스용 코드를 분리하거나 OS나 플랫폼별 코드를 분리하기 위해 자주 사용된다. 그림 1-34에서 비주얼 스튜디오의 디버그 모드와 릴리스 모드를 소개했던 것을 기억해보자.

개발 단계에서만 사용될 디버그용 코드에 프로그래밍 과정에서 실수를 줄이기 위한 코드나 개발 테스트를 위한 로그 등을 충분히 작성해 두고, 개발에서 실수를 줄일 수 있게 한다. 그러나 이러한 디버그용 코드는 절대 배포용 버전에 포함해서는 안 된다. 개발한 프로그램에 대한 중요 데이터가 노출되기도 하며, 이것을 약점으로 활용해 해킹이 이뤄지기도 하기 때문이다.

따라서 디버그용 코드와 릴리스용 코드를 컴파일이 이뤄지기 전의 전처리 단계에서 전처리기 지시자 **#define**을 통해 분리함으로써 컴파일되는 코드 자체를 완전히 분리할 수 있다. 이는 OS나 플랫폼별 코드를 분리할 때도 동일하다.

매크로 정의가 돼 있는가, 돼 있지 않은가를 코드에서 제어하려면 간단히 주석 처리를 하는가, 주석 처리를 해제했는가로 조정할 수 있다.

디버그와 릴리스용 코드를 분리하거나, OS나 플랫폼별 코드를 분리하는 것 외에도 매크로 정의는 조건부 컴파일과 함께 굉장히 다양한 곳에 활용할 수 있으니 '3-9-4 조건부 컴파일' 절에서 다시 상세히 다룬다. 단독으로는 큰 활용 방안이 없는 간단한 기능으로 보이지만 다른 전처리기와 같이 사용되면 매우 유용하므로 상세히 알아두는 것을 강력히 권장한다.

3-9-3-3 상수 같은 매크로

Ex3-121 / main.h

```
01  #pragma once
02  #define _CRT_SECURE_NO_WARNINGS
03  #include <stdio.h>
04
05  #define PI 3.14159265358979
06  #define MAX_COUNT 2
07  #define PRINT_LINE printf("==========\n")
08
09  const float iPI = 3.14159265358979f;
10  const int iMaxCount = 2;
11
12  void Preprocessor();
```

Ex3-121 / main.c

```
01  #include "main.h"
02
03  int main(void)
04  {
05      Preprocessor();
06      return 0;
07  }
08
09  void Preprocessor()
10  {
11      float fRauius = 3.0f;
12
13      printf("#define: %f\n", fRauius * fRauius * PI);
14      printf("const: %f\n", fRauius * fRauius * iPI);
15
16      PRINT_LINE;
17
```

```
18      for (int iCount = 0; iCount < MAX_COUNT; iCount++)
19      {
20          printf("#define Test\n");
21      }
22
23      for (int iCount = 0; iCount < iMaxCount; iCount++)
24      {
25          printf("const Test\n");
26      }
27
28      PRINT_LINE;
29  }
```

표준 출력은 다음과 같다.

```
#define: 28.274334
const: 28.274334
==========
#define Test
#define Test
const Test
const Test
==========
(커서 위치)
```

예제 코드 Ex3-121은 전처리기 지시자 **#define**의 두 번째 활용 방법을 설명하기 위한 예다. 매크로명을 리터럴로 대체하도록 정의해 마치 상수와 같은 기능을 갖게 한다. 매크로명을 지정하고 토큰스트링(몸체)에 대체되길 원하는 리터럴을 지정하면 상수와 같은 기능을 수행한다. 매크로 정의에서는 토큰으로 구성된 문자열이나 원본 코드에서 대체되면 컴파일러에서 정수, 실수, 문자열 리터럴로 해석된다.

헤더 파일 main.h의 5행 ~ 6행에서 상수 같은 매크로를 작성했다. 상수 같은 매크로와 실제 상수를 비교하기 위해 9행 ~ 10행에 **const**를 활용해 전역 상수를 선언했다.

13행과 14행은 각각 상수 같은 매크로와 전역 상수를 사용해서 수식을 표준 출력했는데, 동일한 결과를 얻었다. 18행 ~ 21행과 23행 ~ 26행에서 **for** 반복문의 조건식에도 각각 상수 같은 매크로와 전역 상수를 사용했는데, 동일한 결과를 얻었다.

주의해야 할 점은, 결과는 동일하지만 내부적으로는 꽤 다르다는 점이다. 상수 같은 매크로를 사용할 경우 메모리 공간을 차지하지 않는다는 장점이 있다. 코드를 작성할 때는 작성할 반복적인 코드의 양이 적어지니 편해 보일 수 있지만 다른 사람이 코드를 분석해야 되는 상황에서는 C 프로그래밍 언어의 문법이 아닌 만큼 코드를 이해하기 어렵고 이해하기 위해 시간이 소요된다.

또한 전처리기 지시자 **#define**을 활용한 코드에서 문제가 발생할 경우 프로그램 전체에 지대한 영향을 미칠 가능성이 높다. 가장 큰 단점은 전처리 단계에서 이뤄지므로 디버깅이 불가능하다는 치명적인 단점도 있다.

반면 상수를 사용할 경우 데이터형의 크기만큼 메모리 공간을 할당하게 되지만 코드를 분석하거나, 상수를 다른 곳에 확장해 활용하거나, 디버깅을 할 때 수월하다. 즉, 메모리 공간을 차지하지만 프로그래머가 제어하기에 상수가 좋다.

따라서 활용하는 용도가 명확하게 한정돼 있고 변동한다고 해도 해당 리터럴의 수치 정도만 변경할 예정이며, 프로그램 전체에서 방대하게 사용된다면 상수 같은 매크로를 고려해보는 것도 좋다. 하지만 남용하면 이후 제어가 어렵기 때문에 사용 전에 충분한 고민이 필요하다.

3-9-3-4 함수 같은 매크로

Ex3-122 / main.h

```
01    #pragma once
02    #define _CRT_SECURE_NO_WARNINGS
03    #include <stdio.h>
04
05    #define MACRO_SUM(x, y) ( (x) + (y) )
06
07    void Preprocessor();
08    int Sum(int iOpeand1, int iOperand2);
```

Ex3-122 / main.c

```c
01  #include "main.h"
02
03  int main(void)
04  {
05      Preprocessor();
06      return 0;
07  }
08
09  void Preprocessor()
10  {
11      int iResult1, iResult2 = 0;
12
13      iResult1 = MACRO_SUM(2, 3);
14      printf("%d\n", iResult1);
15
16      iResult2 = Sum(2, 3);
17      printf("%d", iResult2);
18  }
19
20  int Sum(int iOpeand1, int iOperand2)
21  {
22      return iOpeand1 + iOperand2;
23  }
```

표준 출력은 다음과 같다.

```
5
5
```

예제 코드 Ex3-122는 전처리기 지시자 **#define**의 세 번째 활용 방법을 설명하기 위한 예다. 매크로명을 함수의 매개변수와 같은 전달 인자를 가진 토큰스트링(몸체)으로 대체하도록 정의해 마치 함수와 같은 기능을 갖게 한다. 매크로 정의에서는 토큰으로 구성된 문자열로 구성되므로 사용자 정의 함수와 같이 융통성 있게 작성하기는 어렵다.

헤더 파일 main.h의 5행에서 함수 같은 매크로를 작성했다. 토큰으로 구성된 문자열이므로 ( ) 안에 다시 ( )로 전달 인자를 감싸줘야 한다. 함수 같은 매크로와 실제 함수와 비교하기 위해 소스 파일 main.c의 20행 ~ 23행에 2개의 값을 더하는 사용자 정의 함수를 구현했다.

13행 ~ 14행은 함수와 같은 매크로의 결괏값을 지역 변수에 저장해 출력한 코드이며, 16행 ~ 17행은 사용자 정의 함수를 호출한 후 반환값을 지역 변수에 저장해 출력한 코드다. 표준 출력의 결과는 둘 다 동일하다.

그러나 상수와 같은 매크로와 상수가 내부적으로 달랐듯이 함수와 같은 매크로와 사용자 정의 함수도 내부적으로 상당히 큰 차이가 있다. 함수와 같은 매크로는 단순히 토큰으로 구성된 문자열을 대체하는 것에 불과하며, 원본 코드에서 10번 함수와 같은 매크로를 사용했다면 원본 코드에도 동일한 코드가 10번 그대로 대체된다. 동일한 코드가 반복적으로 대체되므로 프로그래밍 관점에서 결코 좋다고 할 수 없다. 문제가 발생할 여지가 매우 높기 때문이다.

반면 사용자 정의 함수는 10번 호출될 뿐 코드가 반복적으로 작성되지 않는다. 다만 호출되는 데 시간이 소요된다. 동일하게 다른 사람이 코드를 분석할 때 가독성, 코드의 확장성, 디버깅을 고려했을 때 사용자 정의 함수를 사용하는 것이 프로그래머가 제어하기 압도적으로 유리하다.

상수와 같은 매크로는 분명 장단점을 갖고 있어 상황에 따라 사용해볼 여지가 있지만 함수와 같은 매크로는 장점에 비해 단점이 명확하다. 따라서 함수와 같은 매크로는 전처리 단계에서 수행해야 하는 경우 등 정말 필요한 곳을 제외하고 가급적 사용하지 않는 것을 권장한다.

스스로 다른 프로젝트에서도 플랫폼과 무관하게 활용할 수 있도록 표준 라이브러리 헤더 파일과 같이 사용자 정의 라이브러리를 구축하고자 한다면 필요하게 되겠지만 일반적인 프로그래밍에서는 기존에 만들어진 매크로를 이해할 수 있을 정도면 충분하며, 굳이 사용할 필요성은 거의 없다.

3-9-3-5 #연산자: 토큰을 문자열로 변환

Ex3-123 / main.h

```
01  #pragma once
```

```
02  #define _CRT_SECURE_NO_WARNINGS
03  #include <stdio.h>
04
05  #define SQUARE_INCOMPLETE(x) printf("x의 제곱: %d\n", (x) * (x))
06  #define SQUARE_COMPLETE(x) printf(""#x"의 제곱: %d\n", (x) * (x))
07
08  void Preprocessor();
```

Ex3-123 / main.c

```
01  #include "main.h"
02
03  int main(void)
04  {
05      Preprocessor();
06      return 0;
07  }
08
09  void Preprocessor()
10  {
11      SQUARE_INCOMPLETE(3);
12      SQUARE_COMPLETE(3);
13  }
```

표준 출력은 다음과 같다.

```
x의 제곱: 9
3의 제곱: 9
(커서 위치)
```

예제 코드 Ex3-123은 전처리기 지시자 **#define**에서만 사용할 수 있는 연산자 중 하나인 '#연산자'를 알아보기 위한 예다. #연산자와 ##연산자는 전처리기 중 **#define**의 토큰스트링(몸체)에서만 사용 가능하다. 참고로 전처리기 지시자 앞의 #은 전처리기라는 것을 인식시키기 위한 기호이며 연산자가 아니다.

함수와 같은 매크로는 토큰스트링이 토큰으로 구성된 문자열로 인지되므로, 동적으로 변동이 필요한 문자열을 작성하려면 토큰을 문자열로 변환할 필요가 있다. 헤더 파일 main.h의 5행에서 함수와 같은 매크로를 작성했는데, 매크로의 전달 인자인 x가 토큰스트링에 동적으로 반영되지 않는다. 소스 파일 main.c의 11행의 출력 결과에서 알 수 있듯이 동적으로 변동되지 않고 단지 문자열로 인지돼 그대로 출력된다.

이럴 때 사용할 수 있는 것이 #연산자다. #연산자는 토큰을 문자열로 변환하는 기능을 수행한다. 헤더 파일 main.h의 6행에서 전달 인자 'x'가 아닌 '"#x"'와 같이 #연산자를 사용한 후 큰따옴표로 다시 한 번 감싸줬다. 일단 토큰을 별도로 분리한 후 해당 토큰을 실제 사용되는 문자열로 변환해줌으로써 매크로의 전달 인자가 사용자 정의 함수의 매개변수와 같이 동적으로 변동되게 됐다. 소스 파일 main.c의 12행 출력 결과에서 알 수 있듯이 전달 인자가 동적으로 반영됐다.

전처리기 지시자 #define의 함수와 같은 매크로 기능은 1줄로만 작성할 수 있고, 전달 인자의 한계가 있기 때문에 사용자 정의 함수처럼 융통성 있는 코드를 작성하기 어렵다. 전달 인자가 여러 개이고 토큰스트링이 복잡할 경우 하나의 사용자 정의 함수로 쉽게 처리할 수 있는 코드를 전처리기 지시자 #define을 몇 줄로 분리해서 굉장히 복잡한 과정을 거쳐 구현해야 한다.

실제 일부 프로그래머는 반복적인 코드를 복잡하더라도 함수와 같은 매크로를 만드는 것으로 뿌듯하고, 이후에 사용도 편하다고 생각할 수 있지만, 팀 프로젝트에서 코드에 대한 이해를 매우 어렵게 하므로 사용에 신중을 기해야 한다.

3-9-3-6 ##연산자: 토큰 결합

Ex3-124 / main.h

```
01    #pragma once
02    #define _CRT_SECURE_NO_WARNINGS
03    #include <stdio.h>
04
05    #define VARIABLE_NAME(x) iNumber ## x
06
07    void Preprocessor();
```

Ex3-124 / main.c

```c
01  #include "main.h"
02
03  int main(void)
04  {
05      Preprocessor();
06      return 0;
07  }
08
09  void Preprocessor()
10  {
11      int VARIABLE_NAME(1) = 12;
12      int VARIABLE_NAME(2) = 77;
13
14      printf("%d\n", iNumber1);
15      printf("%d\n", iNumber2);
16      printf("%d", iNumber1 + iNumber2);
17  }
```

표준 출력은 다음과 같다.

```
12
77
89
```

예제 코드 Ex3-124는 전처리기 지시자 #define에서만 사용할 수 있는 연산자 중 하나인 '##연산자'를 알아보기 위한 예다. ##연산자는 토큰을 결합하는 기능을 수행한다. 헤더 파일 main.h의 5행에서 ##연산자를 활용해서 2개의 토큰을 결합했다. 결합된 토큰은 문자열로 대체된다. 2개만이 아닌 2개 이상의 토큰을 결합할 수 있다.

소스 파일 main.c의 11행 ~ 12행은 변수의 선언 명령문이다. 변수명을 ##연산자가 포함된 함수와 같은 매크로로 작성한 것이다. 분명 11행 ~ 12행에서 변수명을 일반적으로 작성하지 않았음에도 14행 ~ 16행에서 해당 변수가 정상적으로 선언됐고, 사용할 수도 있다는 것을 확인할 수 있다.

예제 코드 Ex3-124는 ##연산자를 설명하기 위한 예로, 일반적인 프로그래밍에서 절대 추천하지 않는 예다. 토큰의 결합이 실질적으로 필요한 상황도 존재하지만 변수명을 이런 방식으로 만드는 것은 결코 추천하지 않는다. ##연산자의 개념만 이해하고 넘어가자.

3-9-3-7 #undef: 매크로 해제

Ex3-125 / main.h

```
01  #pragma once
02  #define _CRT_SECURE_NO_WARNINGS
03  #include <stdio.h>
04
05  void Preprocessor();
```

Ex3-125 / main.c

```
01  #include "main.h"
02
03  int main(void)
04  {
05      Preprocessor();
06      return 0;
07  }
08
09  void Preprocessor()
10  {
11  #define CHARACTER_COUNT 10
12      printf("%d\n", CHARACTER_COUNT);
13  #undef CHARACTER_COUNT
14
15      //printf("%d\n", CHARACTER_COUNT);
16
17  #define CHARACTER_COUNT 15
18      printf("%d", CHARACTER_COUNT);
19  }
```

표준 출력은 다음과 같다.

```
10
15
```

예제 코드 Ex3-125는 전처리기 지시자 #define과 쌍이 되는 #undef를 알아보기 위한 예다. 전처리기 지시자 #undef는 이미 정의된 매크로를 해제하는 역할을 수행한다. 정의된 매크로를 해제하거나 해제한 후 재정의할 때 활용할 수 있다.

소스 파일 main.c의 11행에서 상수와 같은 매크로를 정의했다. 11행에서 정의된 매크로이므로 전처리기 지시자 #undef가 나오기 전까지 사용할 수 있다. 따라서 12행의 표준 출력 결과는 **10**으로 나왔다.

주석 처리돼 있는 15행의 주석을 해제하면 에러가 발생한다. 매크로 정의가 해제돼 있는 상태이므로 컴파일러는 해당 매크로를 인지하지 못한다. 17행에서 다시 매크로를 재정의하면서 리터럴을 변경했다. 이에 따라 18행의 표준 출력 결과는 **15**로 나온다.

#undef 매크로 작성법

> #undef 매크로명

전처리기 지시자 #undef는 매크로 정의를 해제하는 역할을 수행하므로, 해제하길 원하는 지시자 다음에 매크로명만 작성하면 된다. 기존 매크로 정의를 코드에 그대로 유지한 상태에서 새롭게 재정의하고 싶을 때 기존 매크로 정의를 일시적으로 해제한 후 재정의하게 된다.

3-9-4 조건부 컴파일

3-9-4-1 #ifdef ~ #else ~ #endif

Ex3-126 / main.h

```
01  #pragma once
02  #define _CRT_SECURE_NO_WARNINGS
03  #include <stdio.h>
04
05  #define RELEASE
06  //#define RELEASE
07
08  #ifdef RELEASE
```

```
09      #include <float.h>
10      #define BASE_VALUE 17.5
11  #else
12      #include <limits.h>
13      #define BASE_VALUE 10
14  #endif
15
16  void Preprocessor();
```

Ex3-126 / main.c

```
01  #include "main.h"
02
03  int main(void)
04  {
05      Preprocessor();
06      return 0;
07  }
08
09  void Preprocessor()
10  {
11  #ifdef RELEASE
12      printf("%f\n", BASE_VALUE);
13      fputs("릴리스 버전 코드", stdout);
14  #else
15      printf("%d\n", BASE_VALUE);
16      fputs("디버그 버전 코드", stdout);
17  #endif
18  }
```

표준 출력은 다음과 같다.

```
17.500000
릴리스 버전 코드
```

예제 코드 Ex3-126은 전처리기 지시자 **#ifdef**를 소개하기 위한 예다. **#ifdef**는 **#ifdef ~ #else ~ #endif**와 같이 사용된다. **#else**는 사용할 수 있지만 **#elif**는 사용할 수 없다는 것이 단점이다.

즉, **#ifdef ~ #else ~ #endif**는 전처리기 지시자 **#define**으로 매크로가 정의돼 있는

가, 정의돼 있지 않는가 여부로만 조건부 컴파일을 시도할 수 있다. 매크로가 정의돼 있다면 `#ifdef` 다음에 오는 명령문들이 코드에 포함되고, 정의돼 있지 않다면 `#else` 다음에 오는 명령문들이 코드에 포함된다.

전처리 단계에서 진행되므로 조건에 해당되지 않을 경우 코드가 실행되지 않는 것이 아닌 코드 자체가 컴파일에 포함되지 않는다는 점이 중요하다. 조건에 해당되지 않는 코드는 비주얼 스튜디오에서 흐릿한 회색톤인 비활성화 상태로 변경되며, 해당 코드는 컴파일 시 포함되지 않는다. 매크로 정의 부분을 헤더 파일 main.h의 6행처럼 주석 처리하거나 주석을 해제해보면 컴파일에 포함되는 코드가 변하는 것을 눈으로 확인할 수 있다.

헤더 파일 main.h의 5행에서 전처리기 지시자 `#define`으로 매크로를 정의했다. 이후 헤더 파일의 8행 ~ 14행에서 `#ifdef ~ #else ~ #endif`를 활용해서 조건부 컴파일에 따라 필요한 다른 헤더 파일과 다른 전처리기를 구분했다.

헤더 파일 limits.h와 float.h는 실제 사용되지 않지만 조건부 컴파일에 따라 필요로 하는 헤더 파일들조차 구분할 수 있다는 것을 알려주기 위해 코드에 포함했다. 이러한 특징 때문에 OS나 플랫폼별로 다른 코드가 컴파일되게 할 수 있다.

조건부 컴파일은 다른 전처리기와 마찬가지로 헤더 파일과 소스 파일에 구분 없이 사용할 수 있다. 소스 파일 main.c의 11행 ~ 17행에서는 헤더 파일에서 조건에 따라 구분했던 상수와 같은 매크로가 코드 자체를 분리해 표준 출력되고 있음을 알 수 있다.

이와 같이 조건부 컴파일은 전처리 단계에서 코드 자체가 완전히 분리돼 컴파일된다. 조건에 따라 동일한 것을 다르게 설정하고 싶을 때나 조건별로 다른 코드를 작성하고 싶을 때 사용된다.

`#ifdef ~ #else ~ #endif` 작성법

```
#ifdef 매크로명
    //코드 작성
#else
    //코드 작성
#endif
```

3-9-4-2 #ifndef ~ #else ~ #endif

Ex3-127 / main.h

```
01  #pragma once
02  #define _CRT_SECURE_NO_WARNINGS
03  #include <stdio.h>
04
05  #define RELEASE
06  //#define RELEASE
07
08  #ifndef RELEASE
09      #include <float.h>
10      #define BASE_VALUE 17.5
11  #else
12      #include <limits.h>
13      #define BASE_VALUE 10
14  #endif
15
16  void Preprocessor();
```

Ex3-127 / main.c

```
01  #include "main.h"
02
03  int main(void)
04  {
05      Preprocessor();
06      return 0;
07  }
08
09  void Preprocessor()
10  {
11  #ifndef RELEASE
12      printf("%f\n", BASE_VALUE);
13      fputs("릴리스 버전 코드", stdout);
14  #else
15      printf("%d\n", BASE_VALUE);
16      fputs("디버그 버전 코드", stdout);
17  #endif
18  }
```

표준 출력은 다음과 같다.

10
디버그 버전 코드

예제 코드 Ex3-127은 전처리기 지시자 #ifdef와 반대되는 기능인 #ifndef를 소개하기 위한 예다. #ifdef에 부정을 의미하는 not을 추가한 형태다. 예제 코드 Ex3-126과 거의 비슷한 코드지만 헤더 파일 main.h의 8행과 소스 파일 main.c의 11행만 #ifdef를 #ifndef로 변경했다.

#ifndef ~ #else ~ #endif도 전처리기 지시자 #define으로 매크로가 정의돼 있는가, 정의돼 있지 않는가 여부로만 조건부 컴파일을 시도할 수 있다. 매크로가 정의돼 있지 않다면 #ifndef 다음에 오는 명령문들이 코드에 포함되고, 정의돼 있다면 #else 다음에 오는 명령문들이 코드에 포함된다. 예제 코드 Ex3-126과 달리 #else 다음에 오는 코드가 활성화돼 있고 표준 출력됨을 확인할 수 있다.

Ex3-128 / main.h

```
01  #ifndef _MAIN_H
02  #define _MAIN_H
03
04  #define _CRT_SECURE_NO_WARNINGS
05  #include <stdio.h>
06
07  void Preprocessor();
08
09  void Preprocessor()
10  {
11      printf("#ifndef ~ #else ~ #endif Test");
12  }
13
14  #endif
```

Ex3-128 / main.c

```
01  #include "main.h"
02  #include "main.h"
03
04  int main(void)
05  {
```

```
06        Preprocessor();
07        return 0;
08    }
```

표준 출력은 다음과 같다.

```
#ifndef ~ #else ~ #endif Test
```

예제 코드 Ex3-128은 예제 코드 Ex3-117에서 소개한 #pragma once를 #ifndef와 #define을 활용해서 동일한 효과로 재현한 예다. 헤더 파일 main.h의 1행과 2행을 추가한 후 한 번만 실행되기를 원하는 코드를 작성한 후 14행의 #endif를 추가하는 것으로 조건부 컴파일을 종료할 수 있다.

#ifndef를 활용하는 방법은 많지만 #define을 동시에 활용하는 것으로 #pragma once와 동일한 효과를 재현할 수 있다. 그러나 결과는 같지만 완전히 동일한 것은 아니다. 실행 속도에도 차이가 존재하며, #pragma once는 이후에 추가된 기능이므로 특정 컴파일러의 특정 버전 이상에서만 동작된다.

따라서 예전에는 다른 컴파일 환경에서도 문제없이 동작하도록 #pragma once보다는 #ifndef와 #define의 조합을 사용했다. 실제 표준 라이브러리 헤더 파일을 열어보면 상당수는 #ifndef와 #define을 사용해서 헤더 파일이 한 번만 적용되게 중복을 방지하고 있다.

현재 시점에는 이러한 차이는 크게 영향을 주지 않으므로 편한 것을 사용하면 된다. 단지 2가지의 표현 방법이 동일한 결과를 가진다는 점만 이해하면 된다.

#ifndef ~ #else ~ #endif 작성법

```
#ifndef 매크로명
    //코드 작성
#else
    //코드 작성
#endif
```

3-9-4-3 #if ~ #elif ~ #else ~ #endif

Ex3-129 / main.h

```
01  #pragma once
02  #define _CRT_SECURE_NO_WARNINGS
03  #include <stdio.h>
04
05  #define _GAME_VER 4
06
07  void Preprocessor();
```

Ex3-129 / main.c

```
01  #include "main.h"
02
03  int main(void)
04  {
05      Preprocessor();
06      return 0;
07  }
08
09  void Preprocessor()
10  {
11  #if _GAME_VER >= 5
12      printf("게임 버전 5이상일 때 개발 코드");
13  #elif _GAME_VER >= 3 && _GAME_VER < 5
14      printf("게임 버전 3이상 5미때 개발 코드");
15  #else
16      printf("게임 버전 3미때 개발 코드");
17  #endif
18  }
```

표준 출력은 다음과 같다.

```
게임 버전 3이상 5미때 개발 코드
```

예제 코드 Ex3-129는 전처리기 지시자 **#if**를 소개하기 위한 예다. **#if**는 **#if ~ #elif ~ #else ~ #endif**와 같이 사용된다. **#ifdef**의 가장 큰 단점 중 하나였던 **#else**는 사용할 수 있지만 **#elif**는 사용할 수 없다는 것과 달리 **#elif**를 사용할 수 있어 다수의 조건에 따라 조건부 컴파일이 가능하다.

다만 조건식은 정수 리터럴로 된 상수 같은 매크로만 가능하다는 제한이 존재한다. 헤더 파일 main.h의 5행에서 현재 게임 버전을 상수 같은 매크로로 정의한 후 소스 파일 main.c의 11행 ~ 17행을 #if ~ #elif ~ #else ~ #endif로 구성했다.

조건을 추가하고 싶다면 조건문에서 배웠던 문법과 동일하게 #elif를 추가해 나가면 된다. 상수 같은 매크로로 정의된 게임 버전만 코드에서 변경하면 해당 버전에 필요한 코드가 컴파일된다.

#if ~ #elif ~ #else ~ #endif 작성법

```
#if 조건
    //코드 작성
#elif 조건
    //코드 작성
#else
    //코드 작성
#endif
```

3-9-4-4 #if defined ~ #elif defined ~ #else ~ #endif

Ex3-130 / main.h

```
01    #pragma once
02    #define _CRT_SECURE_NO_WARNINGS
03    #include <stdio.h>
04
05    #define KOR
06
07    #if defined KOR
08        #define CHAR_MAX_COUNT 23
09    #elif defined JPN
10        #define CHAR_MAX_COUNT 27
11    #else
12        #define CHAR_MAX_COUNT 20
13    #endif
14
15    void Preprocessor();
```

Ex3-130 / main.c

```c
01  #include "main.h"
02
03  int main(void)
04  {
05      Preprocessor();
06      return 0;
07  }
08
09  void Preprocessor()
10  {
11  #if defined KOR
12      printf("%d\n", CHAR_MAX_COUNT);
13      fputs("한국 버전 코드", stdout);
14  #elif defined JPN
15      printf("%d\n", CHAR_MAX_COUNT);
16      fputs("일본 버전 코드", stdout);
17  #else
18      printf("%d\n", CHAR_MAX_COUNT);
19      fputs("그 외 국가 버전 코드", stdout);
20  #endif
21  }
```

표준 출력은 다음과 같다.

```
23
한국 버전 코드
```

예제 코드 Ex3-130은 전처리기 지시자 #if에서 추가 defined 지시자가 추가된 형태를 소개하기 위한 예다. #ifdef는 매크로 정의 여부로 조건부 컴파일이 가능한 반면 다수의 조건을 설정할 수 없었다. #if는 다수의 조건을 설정할 수 있지만 매크로 정의가 아닌 상수 같은 매크로 중 정수 리터럴로만 조건을 설정할 수 있었다.

이러한 단점들을 해결하기 위해 #if와 #elif 뒤에 추가 지시자인 defined를 붙일 수 있게 개선됐다. define이 아닌 'defined'라는 점에 유의하자. #if defined와 #elif defined를 사용하면 다수의 조건을 매크로 정의 여부에 따라 조건부 컴파일을 사용할 수 있다.

3개 이상으로 분기가 필요한 조건부 컴파일을 사용해야 할 때 사용하게 되며, 예제 코드 Ex3-130과 같이 국가별 요청 사항이 다름에 따라 다르게 코드를 구현해야 하는 경우나 플랫폼별로 입력 장치를 다르게 구현하는 등 폭넓게 사용할 수 있다.

#if defined ~ #elif defined ~ #else ~ #endif 작성법

```
#if defined 매크로명
    //코드 작성
#elif defined 매크로명
    //코드 작성
#else
    //코드 작성
#endif
```

3-9-5 정의된 매크로

Ex3-131 / main.h

```
01  #pragma once
02  #define _CRT_SECURE_NO_WARNINGS
03  #include <stdio.h>
04
05  void Preprocessor();
```

Ex3-131 / main.c

```
01  #include "main.h"
02
03  int main(void)
04  {
05      Preprocessor();
06      return 0;
07  }
08
09  void Preprocessor()
10  {
11      printf("컴파일 시작한 날짜: %s\n", __DATE__);
12      printf("컴파일 시작한 시간: %s\n\n", __TIME__);
13
14      printf("매크로가 포함된 파일명: %s\n", __FILE__);
```

```
15        printf("매크로가 포함된 함수명: %s\n", __FUNCTION__);
16        printf("매크로가 실행된 라인: %d", __LINE__);
17    }
```

표준 출력은 다음과 같다.

```
컴파일 시작한 날짜: Jul 8 2024
컴파일 시작한 시간: 19:54:51

매크로가 포함된 파일명: E:\C_Programming\Source File\Ch3\Ex3-131\main.c
매크로가 포함된 함수명: Preprocessor
매크로가 실행된 라인: 16
```

예제 코드 Ex3-131은 시스템에서 제공하는 이미 정의된 매크로를 소개하는 예다. 이미 정의된 매크로는 시스템상 규정돼 있으므로 사용자가 임의로 변경하거나 해제할 수 없다. 컴파일러에 따라 이외에도 몇 가지 더 존재하지만 주로 활용되는 5개를 소개한다.

11행의 __DATE__는 컴파일을 시작한 날짜를, 12행의 __TIME__은 컴파일을 시작한 시간 정보를 갖고 있다. 14행의 __FILE__은 매크로로 포함된 파일명을, 15행의 __FUNCTION__은 매크로가 포함된 함수명을, 16행의 __LINE__은 매크로가 실행된 라인 정보를 갖고 있다.

다른 전처리기와 조합해서 함께 활용하면 생각 외로 편리한 곳이 많으므로 전처리기를 우습게 여기지 말고 조금만 시간을 들여 정보를 찾아보면 프로그래밍의 효율성이 올라간다.

3-9-6 기타: #line과 #error

3-9-6-1 #line

Ex3-132 / main.h

```
01    #pragma once
02    #define _CRT_SECURE_NO_WARNINGS
```

```
03    #include <stdio.h>
04
05    void Preprocessor();
```

Ex3-132 / main.c

```
01    #include "main.h"
02
03    int main(void)
04    {
05        Preprocessor();
06        return 0;
07    }
08
09    void Preprocessor()
10    {
11    #line 100
12        printf("매크로가 포함된 파일명: %s\n", __FILE__);
13        printf("매크로가 실행된 라인: %d\n\n", __LINE__);
14
15    #line 200 "Test.c"
16        printf("매크로가 포함된 파일명: %s\n", __FILE__);
17        printf("매크로가 실행된 라인: %d", __LINE__);
18    }
```

표준 출력은 다음과 같다.

```
매크로가 포함된 파일명: E:\C_Programming\Source File\Ch3\Ex3-132\main.c
매크로가 실행된 라인: 101

매크로가 포함된 파일명: Test.c
매크로가 실행된 라인: 201
```

예제 코드 Ex3-132는 컴파일러가 인지하는 코드의 라인을 변경하는 전처리기 지시자 #line을 소개하기 위한 예다. 미리 정의된 매크로 __FILE__ 및 __LINE__과 같이 사용할 수 있다.

11행과 같이 지시자 다음에 원하는 라인을 작성할 수 있다. 11행에서 라인을 100으로 변경했기에 컴파일러는 전처리기 지시자 #line 다음 행인 12행을 지정한 100

라인으로 인지한다. 따라서 13행의 라인을 **101** 라인으로 표준 출력했다.

15행과 같이 지시자 다음에 원하는 라인과 파일명을 작성할 수 있다. 전처리기 지시자 **#line**에서 파일명을 지정하면 실제 파일명과 다른, 심지어 실제 존재하지도 않은 파일명으로 인지한다. 인지되는 코드의 라인을 변경하기 위한 전처리기 지시자이므로 라인 변경이 주된 기능이고, 파일명 변경은 옵션이라 파일명 변경만 할 수는 없다. 전처리기 지시자 **#line**은 다음과 같이 사용할 수 있다.

#line 작성법

```
#line 변경할_라인
#line 변경할_라인 "파일명"
```

3-9-6-2 #error

Ex3-133 / main.h

```
01  #pragma once
02  #define _CRT_SECURE_NO_WARNINGS
03  #include <stdio.h>
04
05  #define BUFFER_SIZE 512
06
07  void Preprocessor();
```

Ex3-133 / main.c

```
01  #include "main.h"
02
03  int main(void)
04  {
05      Preprocessor();
06      return 0;
07  }
08
09  void Preprocessor()
10  {
11  #if BUFFER_SIZE > 1024
12      printf("%d", BUFFER_SIZE);
```

```
13    #else
14        #error 버퍼의 크기가 너무 작다
15    #endif
16  }
```

예제 코드 Ex3-133은 전처리기에 지정한 텍스트를 에러 메시지로 출력하는 전처리기 지시자 #error를 소개하기 위한 예다.

전처리기 지시자 #error 다음에 아무런 따옴표 없이 에러 메시지로 출력하기를 원하는 텍스트를 작성한다. 14행과 같이 전처리기 지시자 #error를 사용했기에 컴파일하면 '에러 C1189' "fatal error C1189: #error: 버퍼의 크기가 너무 작다."라는 컴파일 에러가 발생한다. 컴파일 에러가 발생하니 당연히 아무것도 출력되지 않는다.

컴파일 중 안전 검사 또는 컴파일 타임에 고의적인 에러를 발생시키고자 할 때 사용된다. 주로 #if ~ #elif ~ #else ~ #endif의 #else 등과 같이 조건부 컴파일과 결합해 사용된다. 전처리기 지시자 #error는 다음과 같이 사용할 수 있다.

#error 작성법

```
#error 텍스트
```

> **세이브 포인트: 개념 정리**
>
> **전처리기 정리**
> - 전처리기 지시자 **#include**: 전처리 단계에서 '파일을 포함'하는 기능을 수행한다.
> - 전처리기 지시자 **#pragma**: 세부적으로 컴파일 방법을 제어하기 위한 것이다.
> - 전처리기 지시자 **#define**: 원본 헤더 또는 소스 파일에서 '매크로명(식별자)'이 발생할 때마다 컴파일러가 매크로명 대신 '토큰스트링 문자열(몸체)'로 대체하는 기능을 수행한다.
> - 전처리기 지시자 **#undef**: 이미 정의된 매크로를 해제하는 역할을 수행한다.
> - 조건부 컴파일: #ifdef ~ #else ~ #endif, #ifndef ~ #else ~ #endif, #if ~ #elif ~ #else ~ #endif, #if defined ~ #elif defined ~ #else ~ #endif
> - 전처리기 지시자 **#line**: 컴파일러가 인지하는 코드의 라인을 변경한다.
> - 전처리기 지시자 **#error**: 전처리기에 지정한 텍스트를 에러 메시지로 출력한다.

세이브 포인트: 형식 정리

#include 작성법

#include <표준 라이브러리 헤더 파일>
#include "사용자 정의 헤더 파일"

#pragma once 작성법

#pragma once

#pragma warning 작성법

#pragma warning(제어문:경고 번호)

#pragma warning(once:경고 번호)
#pragma warning(disable:경고 번호)
#pragma warning(error:경고 번호)
#pragma warning(default:경고 번호)

#pragma warning(disable:경고 번호1 경고 번호2)
#pragma warning(once:경고 번호1; disable:경고 번호2)

#pragma message 작성법

#pragma message("메시지 내용")

#pragma pack 작성법

#pragma pack(push, n)
#pragma pack(pop)

#define 매크로 작성법

#define 매크로명(식별자) 토큰스트링(몸체)

#define 매크로명
#define 매크로상수명 치환될_리터럴
#define 매크로함수명 치환될_토큰스트링

#undef 매크로 작성법
#undef 매크로명

#ifdef ~ #else ~ #endif 작성법
#ifdef 매크로명
    //코드 작성
#else
    //코드 작성
#endif

#ifndef ~ #else ~ #endif 작성법
#ifndef 매크로명
    //코드 작성
#else
    //코드 작성
#endif

#if ~ #elif ~ #else ~ #endif 작성법
#if 조건
    //코드 작성
#elif 조건
    //코드 작성
#else
    //코드 작성
#endif

#if defined ~ #elif defined ~ #else ~ #endif 작성법
#if defined 매크로명
    //코드 작성
#elif defined 매크로명
    //코드 작성
#else
    //코드 작성
#endif

```
#line 작성법
#line 변경할_라인
#line 변경할_라인 "파일명"
```

```
#error 작성법
#error 텍스트
```

3-10 1차원 배열

전처리기까지 학습했다면 C 프로그래밍을 하기 위해 필요한 기초적인 기능은 전부 살펴봤다고 볼 수 있다. 코드를 처음부터 끝까지 빠짐없이 스스로 작성할 수 있기 때문에 지금까지 배운 것만으로 충분히 기본적인 C 프로그래밍을 하는 것이 가능하다. 그러나 기초 기능만으로는 비효율적이고 복잡하게 구현을 할 수밖에 없고, 사용자에게도 기본적인 기능만 제공할 수 있을 뿐이다.

이제부터 다룰 '배열', '포인터 변수', '동적 메모리', '문자열', '파일 입출력'은 좀 더 높은 효율성을 위한, 복잡한 기능을 구현하기 위한, 메모리 최적화를 위한 등의, 즉 활용 능력에 도움이 되는 선택적인 이론 및 개념이다.

다만 지금부터 다룰 개념이 아무리 선택적인 개념이라고 할지라도 C 프로그래밍 언어를 이해하는 데 있어 주요한 부분이 존재하므로 필수적인 기본 이론은 3장에서 설명하고, 기본 이론 2개 이상을 복합적으로 활용한 부분은 4장으로 분리한다.

C 프로그래밍 언어에서 기본 데이터형을 토대로 한 복합 데이터형은 사용자 정의 데이터형 또는 배열이라는 2가지 방법이 기본 제공되며, 그중 하나의 개념으로 통합할 수 있는 '동일한 데이터형'으로 구성된 다수의 변수가 있다면 변수를 각각 선언하는 것이 불편하니 이를 하나의 배열로 묶을 수 있다고 했다.

'배열'은 동일한 데이터형으로 이뤄진 연관된 데이터를 모아 수월하게 관리하기 위해 프로그래밍 언어에서 지원하는 복합 데이터형 또는 자료구조 중 하나로, '순서대로 번호'가 붙은 원소들이 연속적인 형태로 구성된 자료구조다. 순서를 의미하는 '인덱스'와 '인덱스에 대응하는 데이터'들의 묶음으로 이뤄진다.

인덱스를 기준으로 배열에 저장된 데이터에 접근하는 것이 주요 특징이다. 그렇기 때문에 '주소'의 개념이 필요하며, 주소를 데이터로 변환하기 위한 '포인터 변수'의 개념이 필요하게 된다.

배열을 설명하기에 앞서 한 가지 반드시 짚고 넘어갈 사안이 있다. 배열의 정의에서 여러 번 나온 용어인 '자료구조'에 대한 이야기다. 자료구조는 데이터를 효율적으로 접근하고 관리할 수 있도록 조직화, 관리, 저장하기 위해 고안된 방법이다.

중요한 것은 배열은 가장 기초적이고 사용하기 쉬운 자료구조 중 하나에 불과하며, 더욱이 다른 자료구조들과 다르게 '치명적인 단점'을 갖고 있다는 점이다. 따라서 배열을 단독 개념으로 학습해서는 안 되며, 자료구조라는 큰 개념을 먼저 간략히 이해한 후 그중에 하나라는 점부터 인지할 필요가 있다.

기존 C 프로그래밍 언어 책들은 거의 대부분이라고 할 수 있을 정도로 사용자 정의 함수나 사용자 정의 데이터형이 아닌, 배열과 포인터 변수에 초점을 맞추고 있다. C 프로그래밍 언어에서 가장 설명하기 까다롭고 학생들이 어려워하는 장이므로 이 장에 힘을 주는 것이 학생들에게 어필하기 좋다는 것도 모르는 바가 아니다.

그러나 '1-1-5 표준 라이브러리와 사용자 정의' 절에서 언급했듯이 모든 프로그래밍 언어는 표준 라이브러리와 사용자 정의를 어떻게 사용할 수 있는지 배우는 것이 핵심이 돼야 한다. 그래야 코드를 분석하는 능력만 배우는 것에서 끝나지 않고 스스로 프로그래밍이 가능해진다.

그런데 복합 데이터형이자 자료구조 중 하나에 불과한 배열, 함수 간의 데이터 공유를 위해 만들어진 함수에서 파생된 부가적인 개념인 포인터 변수에 초점을 맞춘다는 건 심각한 주객 전도다. 프로그래밍의 흐름과 해당 개념이 왜 필요한지를 이해한 후 점차 활용에 관련된 기능을 배워야 어떻게 사용해야 할지 체득하게 되는데, 주입식으로 개념을 전달하니 실제 많은 학생이 배열과 포인터 변수에 대한 개념만 알고 있고 필기시험만 잘 볼 뿐이다. 실제 프로그래밍을 수행하면서 제대로 사용할 수 있는 학생은 극히 적은 문제 상황이 지속되고 있다. 포인터 변수에 대해 언급할 내용도 있으나, 이는 '3-11 포인터 변수' 절에서 다루고, 우선 배열에 대한 얘기에 집중하자.

실제 업계에서 배열은 이후에 설명할 치명적인 단점 때문에 특수한 경우를 제외하고 가급적 사용을 자제하라고 권고한다. 배열처럼 치명적인 단점을 갖고 있지 않음에도 데이터를 안전하고 효율적으로 관리할 수 있는 리스트, 스택, 큐 등이 다양하게 존재하기 때문이다. 용도에 맞게 얼마든지 여러 자료구조를 선택할 수 있는데, 특수한 사례를 제외하면 치명적인 단점을 가진 배열을 굳이 위험을 무릅쓰고 사용할 필요가 없다.

그런데 기존 대부분의 책에서 배열과 포인터 변수가 C 프로그래밍 언어의 핵심인 것처럼 다루다 보니 정말 많은 학생이 데이터 관리의 최종 단계이자 모든 것이 배열이라고 오해하곤 한다. 데이터 관리 전체를 이해하고 배열이 데이터 관리에서 어느 정도에 위치하는지 큰 그림을 그리지 못하고, 배열을 마치 독립적인 하나의 기능처럼 사용하니 데이터 관련된 것이 나오면 일단 배열에 의존하는 경향이 강해졌다.

프로그래밍 교육 과정 순서상 C 프로그래밍 언어에서 배열을 제외한 다른 자료구조를 상세히 다룰 수는 없지만, 최소한 배열이 자료구조 중 하나이며 치명적인 단점을 갖고 있어 다른 자료구조와 달리 사용에 주의해야 한다는 점만큼은 명확히 인지시켜 줄 필요가 있다.

참고로 이 책에서 다루는 C 프로그래밍 언어의 개념은 고작 영어의 5 형식 정도를 소개한 것에 불과하다. 5 형식을 배운 뒤 수천 개의 단어와 프레이즈를 외우고, 간단한 문장을 읽고 쓰고 말하고 들으면서 실질적인 영어의 활용법을 배우는 과정이 충분히 필요하듯이 프로그래밍 언어에서도 개념을 배운 후 반드시 C 프로그래밍 언어의 개념을 스스로 사용하는 과정을 거쳐야 한다고 했었다. 개념만 외워서는 절대 체득을 할 수 없으며, 반드시 간단히 프로그램을 몇 개 스스로 구상해서 직접 구현하고 테스트하는 과정을 거쳐야 C 프로그래밍 언어가 비로소 자신의 것이 된다.

그다음에 별도의 과정인 자료구조 및 알고리듬을 반드시 학습하기를 강력히 권한다. '1-1-3 프로그래밍 = 데이터 + 알고리듬' 절에서 설명했듯이 데이터와 알고리듬으로 구성된 프로그래밍에서 다수의 자료구조 중 가장 기초적인 자료구조인 배열만 알고 있어봐야 명백한 한계가 존재하기 때문이다.

실무에서 자주 활용되는 자료구조와 알고리듬을 폭넓게 알고 있어야 구현할 수 있는 기능과 활용의 폭이 급격히 넓어진다. 그러므로 기초 프로그래밍 단계에서 자료구조와 알고리듬은 선택이 아닌 필수이며, 다양한 자료구조와 알고리듬을 배우면 특수한 경우가 아닌 이상 스스로 자연스럽게 배열을 가급적 사용하지 않게 될 것이다.

3-10-1 배열의 필요성

Ex3-134 / main.h

```
01  #pragma once
02  #define _CRT_SECURE_NO_WARNINGS
03  #include <stdio.h>
04
05  void Array();
```

Ex3-134 / main.c

```
01  #include "main.h"
02
03  int main(void)
04  {
05      Array();
06      return 0;
07  }
08
09  void Array()
10  {
11      int iPlayer1Level = 10;
12      int iPlayer2Level = 4;
13      int iPlayer3Level = 12;
14      int iPlayer4Level = 27;
15
16      iPlayer1Level = iPlayer1Level + 1;
17      iPlayer2Level = iPlayer2Level + 1;
18      iPlayer3Level = iPlayer3Level + 1;
19      iPlayer4Level = iPlayer4Level + 1;
20
21      printf("Player1 Level: %d\n", iPlayer1Level);
22      printf("Player2 Level: %d\n", iPlayer2Level);
```

```
23       printf("Player3 Level: %d\n", iPlayer3Level);
24       printf("Player4 Level: %d\n", iPlayer4Level);
25   }
```

표준 출력은 다음과 같다.

```
Player1 Level: 11
Player2 Level: 5
Player3 Level: 13
Player4 Level: 28
(커서 위치)
```

예제 코드 Ex3-134는 배열이 왜 필요한지 알아보기 위한 예다. 구조체의 필요성에서 제시한 예와 비슷하게 변수의 선언과 표준 출력 등 기초적인 기능으로만 작성했다.

사용자 정의 데이터형인 구조체는 하나의 개념으로 통합할 수 있는 '다른 데이터형'으로 구성된 다수의 변수를 묶는 개념인 반면, 배열은 하나의 개념으로 통합할 수 있는 '동일한 데이터형'으로 구성된 다수의 변수를 묶는 개념이라고 했다. 따라서 구조체에 비해 구조가 단순할 수밖에 없다.

예제 코드 Ex3-134는 4개의 플레이어 캐릭터 레벨을 관리하기 위해 4개 모두 동일하게 데이터형 int로 변수를 선언 및 초기화했으며, 이후 레벨업이 한 번 됐다는 가정하에 4개 캐릭터의 레벨을 모두 1씩 증가시켰다. 마지막으로 레벨업된 4개의 플레이어 캐릭터 레벨을 출력했다.

관리해야 할 플레이어 캐릭터 레벨이 4개에 불과하므로 아직까지 크게 불편함을 느끼지 못할지도 모른다. 그러나 플레이어 캐릭터가 100개가 된다면 어떻게 될까? 변수의 선언 및 초기화, 레벨업을 처리하는 대입 명령문, 표준 출력을 각각 100번씩 작성해야 하는 상황이 발생한다. 크게 다르지도 않은 비슷한 코드를 숫자만 바꿔가면서 무의미한 시간을 상당히 소모해야 한다.

큰 의미를 갖는 코드가 아님에도 300줄의 코드가 작성된다면 프로그래밍을 하는 당시에도 힘들겠지만 이런 방식으로는 앞으로 소스 파일의 길이가 엄청나게 늘어날 것이며, 이후 해당 소스 파일에서 다른 중요한 코드를 찾기 위해 불필요한 시간을 소요하게 될 것이다.

이러한 문제는 프로그래밍이 아닌 현실에서도 빈번하게 등장한다. 하나의 개념으로 통합할 수 있는 '동일한 형태'로 구성된 다수의 개체가 존재한다면 우리는 그것들을 하나로 묶고, 순서에 해당되는 숫자를 부여하는 것으로 하나의 그룹을 만들어 관리한다. 이러한 개념에서 탄생된 것이 배열이다.

프로그래밍을 배우기 시작하는 상당수가 학생들이니 학생들이 이해하기 쉬운 예를 2개 들어본다. 먼저 학급에서 출석부를 어떻게 관리하는가? '출석 번호'라는 것이 존재한다. 실체는 해당 학생이 되지만 한 학급의 학생들은 모두 동일한 학급의 학생이므로 하나로 그룹화할 수 있다. 그리고 학생들에게 출석 번호를 지정하는 것으로 관리가 매우 쉬워진다.

번호와 실제 학생을 매칭한 후 일관성이 없는 이름이 아닌 관리하기 편한 번호로 관리하는 것이다. 출석 번호가 존재하지 않는다면 매번 대상이 되는 학생들을 찾기 위해 쓸모없는 시간이 막대하게 들어가서 수업조차 제대로 이뤄지지 못할 것이다. 학급 내 학생이 35명이 존재하는데, 출석 번호 39번의 학생을 찾는다고 하면 아무도 대답하지 않을 것이다. 이러한 특징은 단점이라고 할 수 있다. 이러한 개념이 1차원 배열이다.

다음으로 학교 교실에서 '책상을 어떻게 배치'했는지 떠올려보면 금세 이해할 수 있다. 학교 교실에서 책상을 아무런 패턴 없이 아무렇게 배치하는가? 그러면 관리가 매우 어렵다. 책상은 모두 동일한 형태를 갖고 있으므로 이를 하나의 그룹으로 관리하는 것이 압도적으로 효율적이다. 따라서 행과 열을 맞춰 책상들을 배치하는 것으로 책상들을 개별로 관리하는 것이 아닌 하나의 그룹이라는 가정하에 내부에서 순서로 관리 가능하다.

책상을 그룹화한 것으로 인해 '2번째 열 5번째 학생'과 같은 그룹의 순서로 표현할 수 있어진다. 책상 배치에 규칙이 존재하지 않는다면 선생님은 책상을 기준으로 학생을 부를 수 없으며 모든 학생의 이름을 완벽히 외우지 않으면 안 될 것이다.

이러한 그룹화는 다수를 선택해야 할 때 더욱 빛을 발한다. "1~2번째 열 학생들은 교실 청소, 3번째 열은 화단 청소, 4~5번째 열은 복도 청소입니다."라는 형태가 가능하다. 이렇게 행과 열로 구성된 배열을 2차원 배열이라고 하며, 3장에서는 1차원 배열을 다루며, 4장에서 2차원 배열과 배열의 활용을 다룬다.

3-10-2 배열의 선언, 배열 요소, 치명적 단점

3-10-2-1 배열의 선언과 배열 요소별 접근

Ex3-135 / main.h

```
01  #pragma once
02  #define _CRT_SECURE_NO_WARNINGS
03  #include <stdio.h>
04
05  #define ARRAY_SIZE 4
06  //#define ARRAY_SIZE 0
07
08  void Array();
```

Ex3-135 / main.c

```
01  #include "main.h"
02
03  int main(void)
04  {
05      Array();
06      return 0;
07  }
08
09  void Array()
10  {
11      int arrPlayerLevel[ARRAY_SIZE];
12
13      arrPlayerLevel[0] = 10;
14      arrPlayerLevel[1] = 4;
15      arrPlayerLevel[2] = 12;
16      arrPlayerLevel[3] = 27;
17
18      //arrPlayerLevel[-1] = 5;
19      //arrPlayerLevel[4] = 7;
```

```
20
21      for (int iCount = 0; iCount < ARRAY_SIZE; iCount++)
22      {
23          arrPlayerLevel[iCount] = arrPlayerLevel[iCount] + 1;
24          printf("Player%d Level: %d\n",
25              iCount + 1, arrPlayerLevel[iCount]);
26      }
27  }
```

표준 출력은 다음과 같다.

```
Player1 Level: 11
Player2 Level: 5
Player3 Level: 13
Player4 Level: 28
(커서 위치)
```

예제 코드 Ex3-135는 예제 코드 Ex3-134의 비효율성을 개선하기 위해 배열로 그룹화한 예다. 사용자 정의 데이터형인 구조체는 정의부터 작성한 후 사용할 수 있었으나 배열은 C 프로그래밍 언어에서 제공하는 복합 데이터형이므로 별도로 정의할 필요 없이 소스파일 main.c의 11행처럼 바로 선언 명령문을 작성할 수 있다.

11행은 배열의 선언 명령문이다. 배열의 선언 명령문은 변수의 선언 명령문처럼 작성한 후 뒤에 첨자 연산자인 [ ]가 따라오며 이 [ ] 안에 배열의 크기를 '고정된 정수 리터럴'로 작성한다.

```
11      int arrPlayerLevel[ARRAY_SIZE];
```

헤더 파일 main.h의 5행에서 전처리기 지시자 #define을 활용해 배열의 크기를 상수와 같은 매크로로 작성했다. 배열의 크기를 arrPlayerLevel[4]와 같이 직접 정수로 [ ] 안에 지정할 수도 있으나, 이럴 경우 배열의 크기가 변할 때마다 여러 코드가 변경돼야 하므로 실무에서는 전처리기 지시자 또는 전역 상수로 배열의 크기를 지정해 헤더 파일에서만 변경하면 모든 배열의 크기가 동시에 변경될 수 있게 한다. 이러한 것이 이론에서는 알려주지 않는 팁으로 이론을 배운 후 실제 다른 코드들을 분석해가면 직접 프로그램을 만들어봐야만 알 수 있는 영역이다.

현재 배열의 크기는 4로 고정된 상태다. 데이터형 int 4개의 크기를 가지므로 배열 arrPlayerLevel은 총 16바이트의 크기를 가진다. 그리고 각 배열 요소는 4바이트의 크기를 가진다. 즉, 4바이트 4개의 묶음인 배열이다.

헤더 파일 5행을 주석 처리하고 6행의 주석 처리를 해제해 배열의 크기를 0으로 지정한다면 '에러 C2133' "arrPlayerLevel': 알 수 없는 크기입니다."와 '에러 C2466' "error C2466: 상수 크기 0의 배열을 할당할 수 없습니다."라는 컴파일 에러가 발생한다. 즉, 배열의 선언 명령문에서 배열의 최소 크기는 1 이상이 돼야 한다. 이와 같이 전처리기의 리터럴 값만 변경하면 앞으로 추가될 배열 arrPlayerLevel의 모든 크기가 일괄적으로 변경되므로 실수할 여지가 줄어든다.

배열명의 네이밍은 업계에서 보편적으로 사용하는 것이 있다고 보기 어렵고, 프로젝트나 프로그래머마다 다르게 사용된다. 이 책에서 배열명은 접두어 'arr'로 시작할 것이다.

13행 ~ 16행은 각 배열 요소element에 접근해 대입 연산자로 초기화를 한 코드다. 배열은 동일한 데이터형을 가진 다수의 변수를 그룹화한 후 순서를 배정한 것이므로 출석 번호와 같이 인덱스(순서)가 존재한다. 이름에 해당하는 각각의 변수명이 아니라 'arrPlayerLevel이라는 학급의 출석 번호 3번'과 같은 형태다.

배열 요소는 '배열[인덱스]'로 표현되며, 이는 일반적인 형태로 선언된 변수와 동일하다. 다만 배열이라는 하나의 그룹 안에서 인덱스라는 순서가 지정돼 있을 뿐이다. 배열의 인덱스는 1이 아닌 0부터 시작해 배열의 크기만큼 배정된다는 특징이 존재한다.

```
13    arrPlayerLevel[0] = 10;
14    arrPlayerLevel[1] = 4;
15    arrPlayerLevel[2] = 12;
16    arrPlayerLevel[3] = 27;
```

다시 말해 배열의 크기가 4라면 아래 배열 구성에서 알 수 있듯이 인덱스 0, 1,

2, 3의 배열 요소가 할당됐다는 의미다. 배열의 크기에 따라 '0'부터 '배열의 크기-1'의 인덱스를 가진 배열 요소를 사용할 수 있다. 따라서 13행 ~ 16행에서는 배열 요소에 접근해 대입 연산자를 활용한 가장 기본적인 형태의 초기화를 진행했다.

배열 arrPlayerLevel 구성(단위: Byte)

0	1	2	3	4	5	6	7	8	9	10	11	12	13	14	15
arrPlayerLevel																
arrPlayerLevel[0]				arrPlayerLevel[1]				arrPlayerLevel[2]				arrPlayerLevel[3]			

배열을 처음 배울 때 '배열의 선언 명령문'에서 [ ] 안의 의미는 '배열의 크기'인 반면 '배열 요소에 접근'해서 사용할 경우 [ ] 안의 내용은 '인덱스'를 의미한다는 차이를 상당수 헷갈려 한다. 인덱스가 지정된 배열 요소는 변수와 동일한 개념이라고 했다. 단지 배열이라는 하나로 그룹화된 것 중에 순서에 해당되는 인덱스가 배정돼 있을 뿐이다.

배열에 저장했기 때문에 예제 코드 Ex3-134의 레벨업하는 알고리듬과 표준 출력하는 부분은 반복문을 활용해서 간단하게 작성할 수 있었다. 변해야 하는 인덱스를 반복문 안의 지역 변수로 만들어 동적으로 변화가 필요한 부분만 변하게 하고, 동일한 부분은 그대로 반복되게 한 것으로, 작성해야 하는 코드의 양이 상당히 줄어들었다.

```
21          for (int iCount = 0; iCount < ARRAY_SIZE; iCount++)
22          {
23              arrPlayerLevel[iCount] = arrPlayerLevel[iCount] + 1;
24              printf("Player%d Level: %d\n",
25                  iCount + 1, arrPlayerLevel[iCount]);
26          }
```

4개의 플레이어 캐릭터 레벨에 불과하니 큰 차이를 느끼지 못하지만, 대상이 100개 ~ 1000개로 늘어나야 된다면 배열을 사용하지 않았을 때에 비해 작성해야 할 코드의 분량이 상당히 감소할 것이다.

게다가 현재는 가장 기본적인 초기화 방법으로 배열의 선언 명령문과 별도의 대입 연산자로 각 배열 요소에 직접 접근했지만, 이후에 다룰 배열의 선언 명령문과 동시에 초기화를 한다면 작성해야 할 코드의 양은 놀라울 정도로 많이 줄어든다. 이러한 특징 때문에 배열이라는 자료구조의 필요성이 대두된 것이다.

1차원 배열의 사용법

배열의 선언: 데이터형 배열명[배열의 크기];

배열 요소의 접근: 배열명[인덱스]

처음 배열을 배울 때 많은 학생이 어렵게 느끼는 건 동일한 형태지만, 2가지 상황에 따라 다른 기능을 수행한다는 점이라고 했다. '배열의 선언 명령문'에서 배열명 뒤에 오는 [ ] 안에는 '배열의 크기'가 와야 한다. 배열은 선언 명령문을 작성하는 시점에 고정된 크기를 반드시 설정해줘야 하므로 유동적으로 변하는 데이터를 관리하기 어렵다는 단점이 발생한다. 다시 말해 묶음으로 설정할 개수가 고정적인 데이터라면 배열로 관리하기 수월하지만, 그 개수가 유동적으로 변할 가능성이 있다면 배열은 적합하지 않은 것이다.

반면 '배열 요소에 접근'해 변수처럼 사용하고자 한다면 배열명 뒤에 오는 [ ] 안에는 '인덱스'가 와야 한다. 게다가 1부터 시작하는 것이 아닌 '0부터 시작'하므로 인간인 프로그래머 친화적이라 할 수는 없다. 배열의 크기와 최대 인덱스가 동일하지 않으므로 매번 이를 맞춰주기 위한 코드를 불편하게 작성해야 하기 때문이다.

이와 같이 배열은 크기와 인덱스 관리가 굉장히 까다롭고 배열의 크기를 벗어난 인덱스를 가진 배열 요소에 접근 또는 사용하려고 할 때 심각한 문제가 발생한다. 이것이 배열이 가진 치명적인 단점이니 좀 더 자세히 알아보자.

3-10-2-2 배열의 치명적 단점

배열의 크기에 따라 '0'부터 '배열의 크기 - 1'의 인덱스를 가진 배열 요소를 사용할 수 있다는 것을 확인했다. 예제 코드 Ex3-135와 같이 배열의 크기가 4라면 사용 가능 인덱스는 0부터 3까지인 것이다.

주석 처리돼 있는 18행과 19행의 주석을 해제하고 컴파일하면 배열의 크기를 벗어난 인덱스에 접근하게 된다. 배열의 인덱스는 0부터 시작하므로 -1은 존재하지 않으며, 크기를 벗어난 4도 존재하지 않는다.

```
18      arrPlayerLevel[-1] = 5;
19      arrPlayerLevel[4] = 7;
```

상당수의 프로그래밍 초보들은 배열의 크기가 4이니 인덱스가 4인 배열 요소를 사용할 수 있을 것이라고 생각할 수 있지만 그렇지 않다. 이건 초보만이 아니라 경력자도 매번 머리 아파하는 문제다. 즉, 초보라서 모르는 것이 아니라 배열 자체가 인간이 인지하기 어렵게 설계돼 있을 뿐이다.

18행과 19행처럼 비주얼 스튜디오에서 개발 도중 사용 가능한 인덱스 범위를 벗어난 배열 요소에 접근하면 출력 창에 '에러 C4789' "error C4789: 버퍼 'arrPlayerLevel'(크기: 16바이트)이(가) 오버런됩니다. 4바이트가 오프셋 28부터 쓰입니다."라는 컴파일 에러가 발생하며, 해당 라인에 마우스 오버해보면 '에러 C6201'과 '에러 C6386'이 발생하는 것을 알 수 있다.

23행의 arrPlayerLevel[iCount]와 같이 동적으로 배열의 인덱스가 변동되는 코드에서 배열의 크기를 벗어나는 인덱스가 실수나 버그로 들어가게 된다면 단순히 일부 배열에 문제가 생기는 것이 아니라 프로그램 자체가 종료될 위험이 높기 때문에 프로그래밍 입장에서는 최악의 상황이다.

'배열은 선언 및 초기화하는 단계에서 반드시 고정된 크기가 지정'돼야 하며, 배열의 범위를 벗어난 인덱스를 가진 배열 요소에 접근하면 개발 과정에서는 컴파일 에러가 발생하지만 실제 배포 버전인 릴리스 버전이라면 프로그램이 크래시^{Crash}나면서 종료될 위험이 매우 높다.

이것이 배열이라는 자료구조가 갖고 있는 매우 치명적인 단점이다. 간단해서 누구나 쉽게 사용할 수 있는 장점이 있는 반면, 그에 상응하게 '아무런 안전장치가 없는 허술한 자료구조'인 것이다. 안전장치가 없으니 프로그래머가 알아서 예외 처리 코드를 작성한 후 적절히 사용하라는 것이다. 즉, 문제가 발생하면 배열을 사용한 본인 책임이라는 것이다. 프로그래머가 앞으로 사용될 배열의 크기를 정확히 예측해서 구현한다는 것은 사실상 불가능하기 때문에 굉장히 불안한 자료구조다.

특히 상용 프로그램을 개발하다 보면 대부분 최종적으로 어느 정도 양의 데이터가 필요한지 예측하기가 어렵다. 그렇기 때문에 배열로 구현한다면 배열의 크기를 무작정 크게 잡는 것 외에 대책이 없다.

실제 많은 프로그래밍 초보가 이렇게 한다. 그런데 배열의 크기를 크게 잡으면 실제 데이터양이 적을 때 무의미하게 메모리를 낭비하게 된다. 그렇다고 너무 타이트하게 배열의 크기를 작게 잡으면 배열의 크기보다 데이터양이 많아질 때 바로 프로그램 크래시로 연결된다. 이러한 아이러니는 프로그래밍에서 너무나도 심각한 단점이다.

필요한 데이터의 양에 따라 동적으로 크기가 변할 수 있다면 이러한 배열의 단점이 많이 해소될 것이다. 이러한 문제를 극복하기 위해 '3-12 동적 메모리' 절에서 다룰 동적 메모리가 방안 중 하나로 제시됐다.

그러나 동적 메모리는 다루기 까다롭기 때문에 배열의 단점을 갖지 않는 다른 여러 자료구조가 만들어졌다. 배열이 아닌 스택, 큐, 리스트 등의 자료구조는 이러한 치명적인 문제를 내부적으로 해소한 채 제공된다. 그렇기 때문에 실무에서 배열은 가급적 사용을 하지 않는 것이 좋다고 했던 것이다.

3-10-3 배열 초기화

3-10-3-1 배열 선언 명령문에서 초기화

Ex3-136 / main.h

```
01  #pragma once
02  #define _CRT_SECURE_NO_WARNINGS
03  #include <stdio.h>
04
05  #define ARRAY_SIZE 4
06
07  void Array();
```

Ex3-136 / main.c

```c
01  #include "main.h"
02
03  int main(void)
04  {
05      Array();
06      return 0;
07  }
08
09  void Array()
10  {
11      int arrPlayerLevel[ARRAY_SIZE] = {10, 4, 12, 27};
12      //int arrPlayerLevel[];
13      //int arrPlayerLevel[] = { 10, 4, 12, 27 };
14
15      for (int iCount = 0; iCount < ARRAY_SIZE; iCount++)
16      {
17          arrPlayerLevel[iCount] = arrPlayerLevel[iCount] + 1;
18          printf("Player%d Level: %d\n",
19              iCount + 1, arrPlayerLevel[iCount]);
20      }
21  }
```

표준 출력은 다음과 같다.

```
Player1 Level: 11
Player2 Level: 5
Player3 Level: 13
Player4 Level: 28
(커서 위치)
```

예제 코드 Ex3-136은 예제 코드 Ex3-135에서 배열의 선언 명령문과 별도로 대입 연산자를 통해 각 배열 요소에 초기화를 한 것과 달리, 배열의 선언 명령문과 동시에 초기화까지 수행한 예다. 배열의 선언 명령문과 동시에 초기화를 하려면 11행과 같이 구조체의 초기화와 동일하게 { } 안에 배열 요소에 해당되는 리터럴을 작성하면 된다. 배열의 초기화는 선언 명령문을 작성할 때만 가능하며 이후에는 예제 코드 Ex3-135와 같이 각 배열 요소에 일일이 대입해줘야 한다.

```
11          int arrPlayerLevel[ARRAY_SIZE] = {10, 4, 12, 27};
```

이것으로 배열을 사용하지 않고 각 변수를 독립적으로 사용한 예제 코드 Ex3-134에 비해 압도적으로 코드를 효율적으로 작성하게 됐다. 관리해야 할 플레이어 캐릭터 레벨이 4개에서 100개, 1000개로 증가한다고 할지라도 배열의 크기를 지정한 전처리기와 초기화만 추가해주면 된다.

12행의 주석을 해제하고 11행과 13행을 주석 처리하면 '에러 C2133' "error C2133: 'arrPlayerLevel': 알 수 없는 크기입니다."라는 컴파일 에러가 발생한다. 배열은 선언 명령문을 작성하는 시점에 반드시 사용할 메모리 크기를 알아야 하기 때문에 배열의 [ ] 안에 배열의 크기를 1 이상으로 작성해야 한다.

```
12          int arrPlayerLevel[];
```

한편 13행의 주석을 해제하고 11행과 12행을 주석 처리하면 정상적으로 컴파일이 수행되며, 결과도 동일하게 나온다. 분명 배열은 무조건 배열의 크기를 정해야 한다고 했다. 그런데 13행은 [ ] 안에 배열의 크기를 작성하고 있지 않다. 배열의 크기를 작성하지 않아도 배열의 선언 명령문과 동시에 초기화를 할 경우 컴파일러에서 초기화된 값의 개수를 확인해서 자동으로 배열의 크기를 산정한다. 초기화된 4개의 값이 존재하므로 자동으로 배열 요소가 4개 만들어진다. 배열의 크기를 간접적으로 정하는 방식이나 배열의 단점을 고려했을 때 추천하지 않는다.

```
13          int arrPlayerLevel[] = {10, 4, 12, 27};
```

정리하면 배열을 선언함과 동시에 초기화를 할 경우에는 초기화된 값으로 추측해 배열의 크기가 산정되므로 배열의 크기를 생략할 수 있으나, 배열의 선언에서 초기화하지 않고 단순히 선언만 한 후 이후 배열 요소에 대입 연산자로 초기화를 할 수는 없다. 컴파일러가 배열의 선언 시에 배열의 크기를 모르기 때문에 배열을 위해 어느 정도의 메모리를 확보해둘지 알 수 없어 컴파일 에러를 발생시키는 것이다.

1차원 배열의 초기화

```
데이터형 배열명[배열의 크기];
배열명[인덱스0] = 초기화 값;
배열명[인덱스1] = 초기화 값;
배열명[인덱스2] = 초기화 값;
...

데이터형 배열명[배열의 크기] = {초기화 값, 초기화 값, 초기화 값...};
```

3-10-3-2 배열 선언 명령문에서 자동 초기화

Ex3-137 / main.h

```c
01  #pragma once
02  #define _CRT_SECURE_NO_WARNINGS
03  #include <stdio.h>
04
05  #define ARRAY_SIZE 4
06
07  void Array();
```

Ex3-137 / main.c

```c
01  #include "main.h"
02
03  int main(void)
04  {
05      Array();
06      return 0;
07  }
08
09  void Array()
10  {
11      int arrPlayerLevel[ARRAY_SIZE] = { 0, };
12
13      for (int iCount = 0; iCount < ARRAY_SIZE; iCount++)
14      {
15          arrPlayerLevel[iCount] = arrPlayerLevel[iCount] + 1;
16          printf("Player%d Level: %d\n",
17              iCount + 1, arrPlayerLevel[iCount]);
18      }
```

```
19    }
```

표준 출력은 다음과 같다.

```
Player1 Level: 1
Player2 Level: 1
Player3 Level: 1
Player4 Level: 1
(커서 위치)
```

예제 코드 Ex3-137은 배열의 선언 명령문과 동시에 초기화하는 방법 중 자동 초기화 기능을 소개하기 위한 예다. 배열의 크기가 커져서 다수의 배열 요소를 초기화하게 될 경우 배열을 초기화하는 방법이 순서를 정확히 파악하기도 힘들고, 일일이 작성하기도 힘들다.

그런데 일반적으로 프로그래밍을 하다 보면 변수나 배열은 초기화 시점에는 0으로 초기화한 후 필요할 때 대입 연산자를 통해 원하는 리터럴을 할당한다. 따라서 배열의 선언 명령문과 동시에 초기화할 때도 배열의 크기와 무관하게 상당수의 모든 배열 요소를 0으로 초기화하게 된다.

배열의 크기가 100이라면 0을 100번 작성하는 것은 비효율적이므로 11행과 같이 0 다음에 콤마(,)를 작성하는 것으로 그 뒤의 모든 배열 요소도 동일하게 0으로 자동 초기화된다. 0이 아닌 다른 리터럴도 사용 가능하다. 모든 배열 요소의 초기화를 0으로 했기 때문에 모든 출력 결과가 1씩 레벨업해 1로 출력된다.

```
11      int arrPlayerLevel[ARRAY_SIZE] = { 0, };
```

3-10-3-3 배열 선언 명령문에서 일부 초기화 생략

Ex3-138 / main.h

```
01    #pragma once
02    #define _CRT_SECURE_NO_WARNINGS
03    #include <stdio.h>
```

```
04
05    #define ARRAY_SIZE 4
06
07    void Array();
```

Ex3-138 / main.c

```
01    #include "main.h"
02
03    int main(void)
04    {
05        Array();
06        return 0;
07    }
08
09    void Array()
10    {
11        int arrPlayerLevel[ARRAY_SIZE] = { 10, 4 };
12
13        for (int iCount = 0; iCount < ARRAY_SIZE; iCount++)
14        {
15            arrPlayerLevel[iCount] = arrPlayerLevel[iCount] + 1;
16            printf("Player%d Level: %d\n",
17                iCount + 1, arrPlayerLevel[iCount]);
18        }
19    }
```

표준 출력은 다음과 같다.

```
Player1 Level: 11
Player2 Level: 5
Player3 Level: 1
Player4 Level: 1
(커서 위치)
```

예제 코드 Ex3-138은 배열의 선언 명령문과 동시에 초기화하는 방법 중 일부 초기화 생략 기능을 소개하기 위한 예다. 배열의 선언 명령문과 동시에 초기화할 경우 일부 배열 요소만 초기화할 수 있다. 초기화하지 않은 나머지 배열 요소는 자동적으로 0으로 초기화된다.

11행은 2개의 리터럴로만 초기화돼 있다. 배열의 크기가 4이므로 인덱스가 0과 1인 배열 요소만 원하는 리터럴로 초기화되며, 인덱스가 2와 3인 배열 요소는 0으로 초기화된다. 이후 1씩 레벨업해 11, 5, 1, 1로 출력됨을 알 수 있다.

자동 초기화 기능은 하나의 리터럴로 모든 배열 요소를 초기화하는 방법이고, 일부 초기화 생략 기능은 일부만 원하는 리터럴로 초기화하고, 나머지는 0으로 초기화되므로 용도가 조금 다르다.

```
11      int arrPlayerLevel[ARRAY_SIZE] = { 10, 4 };
```

3-10-4 배열 대입

Ex3-139 / main.h

```
01  #pragma once
02  #define _CRT_SECURE_NO_WARNINGS
03  #include <stdio.h>
04
05  #define ARRAY_SIZE 3
06
07  void Array();
```

Ex3-139 / main.c

```
01  #include "main.h"
02
03  int main(void)
04  {
05      Array();
06      return 0;
07  }
08
09  void Array()
10  {
11      int arrInventorySlot1[ARRAY_SIZE] = { 0, };
12      int arrInventorySlot2[ARRAY_SIZE] = { 10, 5, 8 };
13
14      //arrInventorySlot1 = arrInventorySlot2;
```

```
15
16      arrInventorySlot1[0] = arrInventorySlot2[0];
17      arrInventorySlot1[1] = arrInventorySlot2[1];
18      arrInventorySlot1[2] = arrInventorySlot2[2];
19
20      for (int iCount = 0; iCount < ARRAY_SIZE; iCount++)
21      {
22          printf("Index%d: %d\n", iCount, arrInventorySlot1[iCount]);
23      }
24  }
```

표준 출력은 다음과 같다.

```
Index0: 10
Index1: 5
Index2: 8
(커서 위치)
```

예제 코드 Ex3-139는 배열과 배열 간의 대입 방법을 소개하기 위한 예다. 변수, 구조체, 열거형은 동일한 데이터형이라면 대입 연산자를 통한 직접적인 대입이 가능했다. 그렇다면 배열도 동일하게 직접적으로 데이터형이 같다면 배열을 다른 배열로 대입할 수 있을까?

정답부터 말하면 '배열은 직접적인 대입이 불가능'하다. 이것도 배열이 갖고 있는 큰 단점 중 하나다. 예제 코드 Ex3-135에서 배열의 선언 명령문을 배우면서 배열 요소도 소개했는데, 대입 명령문을 활용한 초기화는 배열 요소별로 분리해서 대입했었다.

예제 코드 Ex3-139에서 주석 처리가 돼 있는 14행을 주석 해제하고 컴파일하면 '에러 C2106' "error C2106: '=': 왼쪽 피연산자는 l-value이어야 합니다."라는 컴파일 에러가 발생한다. 앞서 여러 번 설명해서 이미 'arrInventorySlot1'은 변수나 구조체 같은 메모리 공간이 아닐 것이라는 사실을 알아차렸을 것이다.

```
14      arrInventorySlot1 = arrInventorySlot2;
```

이 부분을 정확히 이해하려면 '3-11 포인터 변수' 절에서 포인터 변수와 주소의 개념을 알아야 한다. 우선 간략하게 설명하면 14행의 LV인 arrInventorySlot1은 변수, 구조체와 같이 변수나 구조체 전체를 의미하는 것이 아니라 배열 arrInventorySlot1의 첫 번째 배열 요소를 가리키는 배열명인 포인터 '주소'다. RV인 arrInventorySlot2도 동일하게 배열 arrInventorySlot2의 첫 번째 배열 요소를 가리키는 배열명인 포인터 '주소'다.

여기서 배열을 배우기 어렵게 만드는 또 하나의 문제가 등장한다. 변수명은 변수 자체를 의미하고, 구조체명은 구조체 자체를 의미한 반면 배열명은 특이하게 배열 전체를 의미하는 것이 아니라 '배열의 시작 주소'를 의미한다. 정리하면 '변수명과 구조체명은 메모리 공간'이지만 '배열명은 메모리 공간을 가리키는 주소'이므로 전혀 다른 역할을 수행한다.

배열명은 변수명이나 구조체명의 사용법과 다르며, 심지어 일관성이 없기 때문에 C 프로그래밍 언어를 배우는 많은 학생이 헷갈려 한다. 이는 C 프로그래밍 언어를 처음 설계할 때의 미스라고 할 수 있다.

중요한 포인트는 배열명은 실제 데이터 값이 아닌 데이터를 가리키는 주소 값이니 당연히 수정 불가능하며, 변수나 구조체와 달리 LV에 위치할 수 없는 것이다. 14행은 메모리의 값이 아닌 주소를 덮으려고 시도하니 컴파일러가 막을 수밖에 없다.

따라서 배열 간의 대입은 배열에서 배열로 직접적으로 대입할 수 없게 됐으며, 16행 ~ 18행과 같이 배열 요소별로 각 값을 할당할 수밖에 없다. 배열의 크기가 커서 배열 요소가 많아진다면 굉장히 불편할 수밖에 없다. 여기서는 배열 요소가 3개이므로 별도로 대입했지만, 일반적으로 반복문을 활용해서 배열 요소별로 대입을 하게 된다.

```
16    arrInventorySlot1[0] = arrInventorySlot2[0];
17    arrInventorySlot1[1] = arrInventorySlot2[1];
18    arrInventorySlot1[2] = arrInventorySlot2[2];
```

3-10-5 배열의 크기

Ex3-140 / main.h

```
01  #pragma once
02  #define _CRT_SECURE_NO_WARNINGS
03  #include <stdio.h>
04
05  void Array();
```

Ex3-140 / main.c

```
01  #include "main.h"
02
03  int main(void)
04  {
05      Array();
06      return 0;
07  }
08
09  void Array()
10  {
11      float arrSkillDamage[4] = { 10.0, 5.3, 8.7, 11.1 };
12
13      printf("Total Bytes of Array: %zd\n", sizeof(arrSkillDamage));
14      printf("Array Size: %zd\n", sizeof(arrSkillDamage)/sizeof(float));
15
16      int iArraySize = sizeof(arrSkillDamage) / sizeof(float);
17
18      //for (int iCount = 0; iCount < 4; iCount++)
19      for (int iCount = 0; iCount < iArraySize; iCount++)
20      {
21          printf("Index%d: %.2f\n", iCount, arrSkillDamage[iCount]);
22      }
23  }
```

표준 출력은 다음과 같다.

```
Total Bytes of Array: 16
Array Size: 4
Index0: 10.00
```

```
Index1: 5.30
Index2: 8.70
Index3: 11.10
(커서 위치)
```

예제 코드 Ex3-140은 배열의 크기를 sizeof 연산자로 구하는 방법을 소개하기 위한 예다. 배열의 크기는 정수 리터럴로 직접 작성할 수도 있으며, 전처리기 지시자 #define의 상수 같은 매크로를 만든 후 이 매크로로 지정할 수도 있다. 다만 배열은 선언 명령문에서 반드시 정확한 고정된 크기를 결정해야 한다는 점이 특징이라고 했다.

프로그램을 설계하는 단계에서 전처리기 지시자 #define의 상수 같은 매크로를 작성했다면 배열 선언 명령문의 배열 크기는 물론 반복문의 조건식에 상수 같은 매크로를 작성하면 된다. 그래서 업계에서 이 방식을 많이 사용하고, 이 책에서도 그 방법을 소개했던 것이다.

그러나 모든 배열의 크기를 전처리기 지시자 #define의 상수 같은 매크로로 작성하는 것은 아니다. 임시적으로 사용할 배열은 정수 리터럴로 간편하게 작성하는 경우도 적지 않다. 문제는 이 경우에 배열의 크기를 이후에 코드를 변경하지 않을 방법으로 작성할 필요가 있다는 것이다.

11행과 같이 배열의 선언 명령문은 코드에서 1번만 작성되므로 정수 리터럴로 배열의 크기를 간략히 작성해도 여러 번 동일한 코드를 작성할 필요는 없다. 그러나 주석 처리돼 있는 18행과 같이 반복문의 조건식에 배열의 크기를 정수 리터럴로 그대로 작성했고, 이러한 반복문이 10개가 존재한다고 가정하자. 프로그래밍을 하는 과정에서 배열의 크기를 4에서 10으로 변경해야 한다면 10개의 반복문 조건식을 일일이 찾아 모두 정확하게 10으로 변경해줘야 하는 문제가 발생한다. 1개라도 수정을 안 한다면 즉각 버그가 발생할 것이다.

```
18          for (int iCount = 0; iCount < 4; iCount++)
```

따라서 코드를 변경할 필요 없이 배열의 크기를 구할 필요가 있다. sizeof 연산자를 활용하면 어떤 배열이라고 할지라도 유동적으로 배열의 크기를 구할 수 있다.

13행은 배열 전체의 크기를 출력한 것이며, 14행은 배열 전체의 크기를 배열에서 사용한 데이터형의 크기로 나눈 값을 출력한 것이다. 배열 전체를 데이터형의 크기로 나누면 배열 요소의 개수, 즉 배열의 크기가 나온다. 16행은 단지 반복문에서 'sizeof(arrSkillDamage) / sizeof(float)'를 매번 활용하면 길어지니 별도의 변수에 저장했을 뿐이다.

```
13      printf("Total Bytes of Array: %zd\n", sizeof(arrSkillDamage));
14      printf("Array Size: %zd\n", sizeof(arrSkillDamage)/sizeof(float));
15
16      int iArraySize = sizeof(arrSkillDamage) / sizeof(float);
```

19행과 같이 배열의 크기를 sizeof 연산자로 지정하면 반복문을 아무리 많이 작성한다고 할지라도 이후의 배열의 크기가 변경됐을 때 반복문의 조건식들을 찾아 일일이 변경할 필요가 없다. 단순히 배열 선언 명령문의 배열 크기만 변경하면 모든 것이 유동적으로 변하기 때문이다. 이러한 코드도 이론이라고 보기 어렵고 배열을 활용하는 노하우에 해당된다.

```
19      for (int iCount = 0; iCount < iArraySize; iCount++)
```

3-10-6 배열과 반복문

Ex3-141 / main.h

```
01  #pragma once
02  #define _CRT_SECURE_NO_WARNINGS
03  #include <stdio.h>
04
05  #define STAGE_MAX_COUNT 8
06
07  void Array();
```

Ex3-141 / main.c

```
01  #include "main.h"
02
```

```
03  int main(void)
04  {
05      Array();
06      return 0;
07  }
08
09  void Array()
10  {
11      int arrEnemyNumberPerStage[STAGE_MAX_COUNT]
12          = {30, 40, 50, 65, 80, 100, 120, 150};
13      int iTotalEnemy = 0;
14
15      for (int iCount = 0; iCount < STAGE_MAX_COUNT; iCount++)
16      {
17          iTotalEnemy += arrEnemyNumberPerStage[iCount];
18      }
19
20      printf("Total Number of Enemies: %d", iTotalEnemy);
21  }
```

표준 출력은 다음과 같다.

```
Total Number of Enemies: 635
(커서 위치)
```

예제 코드 Ex3-141은 배열과 for 반복문이 얼마나 찰떡궁합인지 소개하기 위한 예다. for 반복문은 프로그래머가 가장 직접적으로 제어하기 수월한 반복문으로, '반복하기를 원하는 정해진 횟수'가 존재할 때 주로 활용된다고 했었다. 배열은 고정된 크기가 존재하는 자료구조이므로 정해진 횟수를 기준으로 하는 for 반복문과 떼려야 뗄 수 없는 관계를 가진다.

헤더 파일 main.h의 5행에서 배열의 크기로 활용할 전처리기 지시자 #define의 상수 같은 매크로를 작성한 후 소스 파일 main.c의 11행 ~ 12행에서 배열의 선언 명령문과 동시에 초기화를 수행했다. 스테이지별 스폰되는 몬스터 수를 배열로 저장했다. 스테이지 수는 8개가 된다.

8개의 스테이지에 스폰되는 몬스터 수의 총합을 계산하기 위해 15행 ~ 18행과 같이 for 반복문을 작성했다. 배열의 인덱스를 증가시키면서 각 배열 요소의 값을 변수 iTotalEnemy에 누적했다. 이와 같은 방법으로 배열 요소의 값을 합산했다. 이처럼 배열과 for 반복문을 응용하면 다양한 기능을 구현할 수 있다.

```
15      for (int iCount = 0; iCount < STAGE_MAX_COUNT; iCount++)
16      {
17          iTotalEnemy += arrEnemyNumberPerStage[iCount];
18      }
```

3-10-7 배열에 문자열 저장

3-10-7-1 문자열 데이터형이 없어서 발생하는 문제

배열은 복합 데이터형으로, 프로그래밍 언어에서 사용할 수 있는 모든 데이터형을 기반으로 해서 배열을 만들 수 있다. C 프로그래밍 언어에서 표준 라이브러리로 제공되는 문자, 정수, 실수, 불리언 데이터형은 물론, 사용자 정의 데이터형인 구조체, 공용체로도 배열을 만들 수 있다. 열거형의 경우 나열이라는 기능상 굳이 배열을 만들 필요가 없다.

기본으로 제공되는 데이터형이나 사용자 정의 데이터형 모두 지금까지 배운 배열의 특징을 동일하게 가지므로 예제 코드에서 어떤 데이터형으로 변경해도 아무런 문제가 없다. 다만, 1가지 예외적인 데이터형이 존재하니 바로 문자 데이터형인 char로 배열을 만들어 문자열 리터럴을 저장하는 경우다.

일반적으로 '기반이 되는 데이터형'과 '해당 데이터형으로 배열'을 만들었을 때 양쪽 모두 동일한 리터럴을 저장하게 되는 것이 논리적으로 당연하다. 정수 데이터형으로 변수를 선언하면 정수 리터럴을 저장하며, 정수 데이터형으로 배열을 만들면 다수의 정수 리터럴을 저장할 수 있어야 한다.

그런데 C 프로그래밍 언어에서는 문자 데이터형으로 '변수'를 선언하면 '문자 리터럴'을 저장하지만 문자 데이터형으로 '배열'을 만들면 하나의 '문자열 리터럴'을 저장하게 된다. 변수에서 저장되는 것은 문자 리터럴인데, 배열에서 저장되는 것은 문자열 리터럴이니 기본적인 원칙이 깨진 굉장히 예외적인 상황이다. 일반적인 프로그래밍의 규칙에서 벗어난 것이므로 이러한 문제에서 파생되는 예외적인 규칙이 C 프로그래밍 언어 곳곳에 만들어질 수밖에 없었다. 예외를 하나 인정하는 것으로, 이 하나의 예외에서 파생되는 수많은 예외를 어쩔 수 없이 인정해야 하는 상황이었던 것이다.

C 프로그래밍 언어에서는 문자열 리터럴을 다루긴 하지만 문자열 데이터형이 없기 때문에 문자 데이터형의 배열에 문자열을 저장하는 우회적인 방법을 사용했다. 따라서 문자열을 배열에 저장하는 과정에서 예외적인 규칙이 다수 존재하므로 프로그래머는 상당한 주의를 기울여야 한다. 언제 지뢰를 밟을지 모르기 때문이다.

C++와 C# 프로그래밍 언어는 문자열 리터럴을 직접적으로 저장할 수 있는 문자열 데이터형이 독립적으로 존재하므로 C보다 문자열을 관리하기 매우 수월하다. 당연한 논리적 흐름에 맞게 '문자는 문자', '문자열은 문자열'로 확실히 구분되므로 예외적인 상황이 거의 없어진다.

다른 교재와 다르게 이 책에서 C 프로그래밍 언어의 문자열 관련 내용을 그다지 중시하지 않는 이유는 바로 객체지향 프로그래밍으로 넘어가면 이러한 불편함이 자연스럽게 해소되기 때문이다. C 프로그래밍 언어에서만 사용하는 문자열 관련 표준 라이브러리를 사용할 기회가 없어지는데, 많은 시간을 할당하면서 깊게 다룰 필요성을 느끼지 못한다. 문자열 처리는 C++와 C# 프로그래밍 언어에서 집중적으로 학습하는 것이 효율적이다.

3-10-7-2 문자 데이터형 배열의 선언과 동시에 초기화

Ex3-142 / main.h

```
01  #pragma once
02  #define _CRT_SECURE_NO_WARNINGS
03  #include <stdio.h>
04
05  #define MAX_LENGTH 50
06
07  void Array();
```

Ex3-142 / main.c

```c
01  #include "main.h"
02
03  int main(void)
04  {
05      Array();
06      return 0;
07  }
08
09  void Array()
10  {
11      char arrCharName[MAX_LENGTH + 1] = "Cloud Strife";
12
13      printf("%s\n", arrCharName);
14      printf("%s", &arrCharName[0]);
15  }
```

표준 출력은 다음과 같다.

```
Cloud Strife
Cloud Strife
```

예제 코드 Ex3-142는 문자 데이터형으로 배열을 선언함과 동시에 문자열 리터럴로 초기화한 예다. '3-2-1 문자 데이터형' 절의 예제 코드 Ex3-11에서 배열의 크기를 작성하지 않았지만 비슷한 예를 살펴봤었다.

11행에서 배열의 크기를 전처리기 지시자 #define의 상수 같은 매크로에 1을 더하는 형태로 작성했다. 이렇게 작성한 이유는 조금 뒤에 알아본다. 일반적인 배열의 크기는 이렇게 작성할 필요가 없지만, '문자열을 저장하기 위한 문자 데이터형 배열의 크기'는 실수를 줄이기 위해 업계에서 이렇게 작성하는 것을 강력하게 권장한다. 규칙은 아니기 때문에 반드시 이렇게 작성할 필요는 없지만, 노하우에 해당되므로 가급적 이런 형태로 작성하기를 권장한다.

```
11      char arrCharName[MAX_LENGTH + 1] = "Cloud Strife";
```

캐릭터 이름이 몇 글자가 될지 모르기 때문에 50이라는 충분한 크기로 지정했다. 배열을 충분한 크기로 지정했기 때문에 크기가 부족해서 생기는 문제를 고민할 필요가 없다. 그러나 배열이 총 51바이트의 크기를 갖는 것에 비해 실제 일부만 사용하는 만큼 메모리에 심각한 낭비가 존재하며, 메모리 관리나 최적화 차원에서 결코 좋다고는 할 수 없다.

다음으로 '3-2-1 문자 데이터형' 절의 예제 코드 Ex3-11에서는 간략히 넘어갔던 예외적인 규칙을 하나 더 살펴보자. 바로 배열의 이름에도 예외적인 규칙이 존재한다. 정확히 이해하기 위해 하나씩 분리해서 설명한다.

첫째, 14행의 배열 요소인 arrCharName[0]은 변수와 다름없다는 것을 배웠다. 단지 배열로 그룹화돼 있는 첫 번째 배열 요소일 뿐이다.

둘째, 14행의 배열 요소인 arrCharName[0]에 주소 연산자 &를 붙인 &arrCharName[0]는 '배열의 첫 번째 요소인 시작 주소, 결국 배열의 시작 주소'를 나타낸다. 컴파일러는 배열에 저장된 문자열 리터럴의 길이를 문자열의 종료를 의미하는 널 문자가 오기 전까지 모르기 때문에 정수나 실수처럼 값 전체를 통째로 불러올 수 없다.

따라서 문자열은 리터럴 값을 그대로 가져오는 것이 아니라 리터럴 값의 시작 주소를 가져온 후 널 문자가 나올 때까지 길이를 확인하는 과정을 거친다. 즉, &arrCharName[0]은 문자열의 최초 문자인 'C'의 시작 주소를 가리키고 있고, 'C'부터 시작해 널 문자까지 'Cloud Strife'라는 하나의 문자열로 인식해서 출력된다.

참고로 동일한 이유 때문에 표준 입력 함수 scanf에서도 표준 출력 함수 printf와 다르게 주소 연산자 &를 사용했던 것이다. 명령문이 실행되는 시점에 입력되는 문자열의 정확한 길이와 값을 모르기 때문에 저장하게 될 변수의 시작 주소를 기반으로 저장하는 것이다. 이것이 &를 사용하는 이유다. '왜 &를 붙이는지' 이해하고 넘어가야지 절대 외우려고 해서는 안 된다. 자세한 설명은 '3-11 포인터 변수' 절에서 다시 다룬다.

셋째, 이제 14행과 13행을 비교해보자. 동일한 출력 결과가 나온다. 즉, &arrCharName[0]과 arrCharName은 동일한 의미를 가진다는 것이다. arrCharName은 배열명이며, &arrCharName[0]과 같이 배열의 시작 주소를 나타낸다. 다시 말해 배열명은 배열이라는 메모리 공간을 의미하는 것이 아니라 특이하게 배열의 시작 주소를 의미한다.

```
13        printf("%s\n", arrCharName);
14        printf("%s", &arrCharName[0]);
```

배열명에서 또 하나의 예외적인 규칙이 발생했다. 해당 메모리의 시작 주소를 알고 싶다면 C 프로그래밍 언어에서 사용할 수 있는 데이터형 앞에 &를 붙이면 된다. 그런데 배열명에는 &가 존재하지 않는다. &가 존재하지 않음에도 메모리 공간이 아닌 주소를 의미하기에 많은 초보자가 헷갈려 하는 것이 당연하다.

이와 같이 변수명이나 구조체명 등의 이름은 값을 저장하는 메모리 공간인 것이 일반적인 프로그래밍의 규칙인데, 이상하게 배열명만 유독 주소를 가리킨다. 똑같이 이름인데 배열을 제외한 모든 것이 메모리 공간이고, 배열만 메모리 공간의 시작 주소이니 배열을 처음 배우는 입장에서 배열명을 이해하기 어려운 것이 당연하다.

앞서 설명했듯 배열명이 C 프로그래밍 언어 규칙의 일관성에서 벗어나게 설계돼 있는 건 설계의 문제이지 C 프로그래밍 언어를 배우는 사람들의 문제가 아니다. 이러한 일반적인 규칙에서 벗어난 특징을 여럿 갖고 있으므로 배열을 대체할 수 있는 자료구조를 배운 후에는 배열을 사용하지 않으면 안 될 경우를 제외하고 배열을 잘 사용하지 않게 된다.

3-10-7-3 문자 데이터형 배열의 선언과 대입 연산자로 초기화

Ex3-143 / main.h

```
01    #pragma once
02    #define _CRT_SECURE_NO_WARNINGS
03    #include <stdio.h>
04
05    #define MAX_LENGTH 50
06
07    void Array();
```

Ex3-143 / main.c

```c
01  #include "main.h"
02
03  int main(void)
04  {
05      Array();
06      return 0;
07  }
08
09  void Array()
10  {
11      char arrCharName[MAX_LENGTH + 1];
12
13      arrCharName[0] = 'C';
14      arrCharName[1] = 'l';
15      arrCharName[2] = 'o';
16      arrCharName[3] = 'u';
17      arrCharName[4] = 'd';
18      arrCharName[5] = ' ';
19      arrCharName[6] = 'S';
20      arrCharName[7] = 't';
21      arrCharName[8] = 'r';
22      arrCharName[9] = 'i';
23      arrCharName[10] = 'f';
24      arrCharName[11] = 'e';
25      arrCharName[12] = '\0';
26
27      printf("%s", arrCharName);
28  }
```

표준 출력은 다음과 같다.

```
Cloud Strife
```

예제 코드 Ex3-143은 문자 데이터형 배열의 선언과 별도로 대입 연산자를 활용해서 초기화한 예다. 지금까지 이 책의 패턴에 익숙해진 독자라면 뭔가 이상하다는 것을 눈치 챘을 것이다. 선언 명령문의 기본 형태는 선언 명령문과 별도로 대입 연산자를 활용해서 초기화를 하는 것이며, 코드를 짧게 작성하는 활용법으로 선언 명령문과 동시에 초기화를 해왔다.

그런데 왜 배열에 문자열을 저장하는 예시에서는 대입 연산자로 초기화하는 예시를 뒤에서 소개할까? 예제 코드 Ex3-143을 보면 바로 이해하겠지만, 문자 데이터형 배열의 선언 명령문을 작성한 후 별도로 대입 연산자로 초기화를 하려면 문자열 리터럴이 아닌 '문자 리터럴'을 기준으로 13행 ~ 25행과 같이 초기화를 해야 한다.

```
13    arrCharName[0] = 'C';
14    arrCharName[1] = 'l';
15    arrCharName[2] = 'o';
16    arrCharName[3] = 'u';
17    arrCharName[4] = 'd';
18    arrCharName[5] = ' ';
19    arrCharName[6] = 'S';
20    arrCharName[7] = 't';
21    arrCharName[8] = 'r';
22    arrCharName[9] = 'i';
23    arrCharName[10] = 'f';
24    arrCharName[11] = 'e';
25    arrCharName[12] = '\0';
```

C 프로그래밍 언어에서 문자 데이터형은 있어도 문자열 데이터형은 없기 때문에 문자 데이터형을 기준으로 대입 명령문을 수행할 수밖에 없기 때문이다. 예제 코드 Ex3-143의 문자열 리터럴의 길이가 길지 않아 그나마 다행이지 문자열의 길이가 꽤 길다면 큰 의미도 없이 끔찍하게 긴 코드를 작성하게 것이다.

다시 말해 배열에 문자열을 저장하고 초기화하려면 실질적으로 대입 연산자를 활용한 초기화는 활용할 수 없다. 따라서 문자 데이터형 배열의 선언과 동시에 초기화를 먼저 설명한 것이다. 문제는 코드 설계상 배열의 선언 명령문에서 초기화를 의도적으로 하지 않고 이후에 초기화 또는 대입 연산을 해야 할 경우도 얼마든지 발생한다는 것이다. 200자로 된 문자열 리터럴을 대입 연산자로만 초기화할 수 있었다면 지금 C 프로그래밍 언어를 아무도 사용하지 않았을 것이다.

이러한 문제를 해결하기 위해 C 프로그래밍 언어에서는 별도로 다수의 문자열 관련 표준 라이브러리를 제공하고 있다. 설계상으로 발생한 근본적인 원인을 해결할 수 없으니 추가적인 기능을 제공해서 해결하려는 방식이다. 이 이슈는 '3-10-8 배열에 문자열 대입' 절에서 먼저 가볍게 소개하고, 자세한 설명은 '3-13 문자열'

절에서 다룬다.

한편 문자 데이터형 배열의 선언과 대입 연산자로 초기화할 때 반드시 주의해야 할 점이 있다. 문자 데이터형 배열의 선언과 동시에 초기화에서는 문자열 리터럴인 'Cloud Strife'만 코드에 작성했고, 배열의 크기에 '+1'을 해줬다. 그런데 문자 데이터형 배열의 선언과 대입 연산자로 초기화할 때에는 반드시 25행과 같이 문자열의 종료를 알리는 널 문자를 추가해줘야만 한다.

```
25        arrCharName[12] = '\0';
```

즉, 12 문자로 이뤄진 'Cloud Strife'라는 문자열 리터럴을 문자 데이터형 배열에 저장하면 12바이트가 아닌 마지막 널 문자를 포함해서 '13바이트'가 필요하다는 의미다. 문자열의 종료를 의미하는 널 문자의 공간을 확실히 확보하기 위해 업계에서는 배열에 문자열을 저장할 때 배열의 크기를 '실제 문자열 리터럴의 크기 + 1'로 작성하라고 권장했던 것이다.

25행을 주석 처리하고 컴파일하면 컴파일러는 문자열의 끝을 알 수 없기 때문에 초기화되지 않은 나머지 배열의 공간을 포함해 배열의 끝까지 출력한다. 필자의 환경에서는 다음과 같이 쓰레기 값이 포함돼 출력됐다. 어떻게 출력되는지가 중요한 것이 아니라 원하는 문자열이 정상적으로 출력되지 않았다는 점에 주목하자.

```
Cloud Strife徼徼徼徼徼徼徼徼徼徼徼徼徼徼徼徼徼徼徼徼徼.
```

3-10-7-4 배열의 크기를 +1로 표기하지 않을 때

Ex3-144 / main.h

```
01    #pragma once
02    #define _CRT_SECURE_NO_WARNINGS
03    #include <stdio.h>
04
05    #define MAX_LENGTH 12
06
07    void Array();
```

Ex3-144 / main.c

```c
01  #include "main.h"
02
03  int main(void)
04  {
05      Array();
06      return 0;
07  }
08
09  void Array()
10  {
11      char arrCharName[MAX_LENGTH] = "Cloud Strife";
12      //char arrCharName[MAX_LENGTH + 1] = "Cloud Strife";
13
14      printf("%s", arrCharName);
15  }
```

표준 출력은 다음과 같다.

Cloud Strife憿憿憿憿憿憿憿憿憿憿-

예제 코드 Ex3-144는 배열에 문자열을 저장할 때 배열의 크기를 '실제 문자열 리터럴의 크기 + 1'로 작성하지 않을 때 발생할 수 있는 실수를 알려주기 위한 예다. 배열에 문자열을 저장할 때만 예외적인 상황이 발생하므로 주의하면 된다. 예제 코드 Ex3-144에서는 메모리의 최적화를 한다는 취지로 문자열 리터럴의 길이를 헤더 파일 main.h의 5행과 같이 **12**로 한정했다.

```
05  #define MAX_LENGTH 12
```

그리고 소스 파일 main.c의 11행과 같이 배열의 선언 명령문에서 배열의 크기를 '실제 문자열 리터럴의 크기'로만 작성했다. 12 문자로 이뤄진 'Cloud Strife'라는 문자열 리터럴을 딱 맞는 크기에 저장할 수 있는 것처럼 보이지만, 배열 내부에서 문자열의 종료를 알리는 널 문자를 저장할 공간이 없는 상태다. 문자열의 끝을 저장할 공간이 없기 때문에 컴파일러는 당연히 문자열을 끝을 알 수 없다. 따라서 원하는 문자열이 정상적으로 출력되지 않는다.

```
11      char arrCharName[MAX_LENGTH] = "Cloud Strife";
```

이러한 실수를 사전에 방지하기 위해 업계에서는 배열에 문자열을 저장할 때 배열의 크기를 '실제 문자열 리터럴의 크기 + 1'과 같은 형태로 작성하라고 권장했던 것이다. 이렇게 작성하는 것으로 실제 문자열의 크기를 얼마로 지정하든 별도로 계산할 필요 없이 널 문자의 공간을 확보한 후 배열에 저장할 수 있게 된다.

3-10-8 배열에 문자열 대입

Ex3-145 / main.h

```
01  #pragma once
02  #define _CRT_SECURE_NO_WARNINGS
03  #include <stdio.h>
04  #include <string.h>
05
06  #define MAX_LENGTH 50
07
08  void Array();
```

Ex3-145 / main.c

```
01  #include "main.h"
02
03  int main(void)
04  {
05      Array();
06      return 0;
07  }
08
09  void Array()
10  {
11      char arrCharName1[MAX_LENGTH + 1] = "Cloud Strife";
12      char arrCharName2[MAX_LENGTH + 1] = "Tifa Lockhart";
13
14      printf("CharName1: %s\n", arrCharName1);
15      printf("CharName2: %s\n", arrCharName2);
16
17      //arrCharName1 = arrCharName2;
```

```
18      //arrCharName2 = "Aerith Gainsborough";
19
20      strcpy(arrCharName1, arrCharName2);
21      strcpy(arrCharName2, "Aerith Gainsborough");
22
23      printf("CharName1: %s\n", arrCharName1);
24      printf("CharName2: %s", arrCharName2);
25  }
```

표준 출력은 다음과 같다.

```
CharName1: Cloud Strife
CharName2: Tifa Lockhart
CharName1: Tifa Lockhart
CharName2: Aerith Gainsborough
```

예제 코드 Ex3-145는 코드 설계상 배열의 선언 명령문에서 초기화를 의도적으로 하지 않고 이후에 초기화 또는 대입 연산을 해야 할 경우나 문자열이 저장한 배열에 다른 문자열을 저장한 배열을 저장하려고 할 때 기본 기능으로 불가능하기에 추가적으로 문자열 관련 표준 라이브러리를 사용한 예다. 헤더 파일 main.h의 4행에 문자열 관련 라이브러리를 제공하는 '헤더 파일 string.h'를 추가했다.

문자열 데이터형이 없기에 문자 데이터형의 배열을 활용해서 우회적으로 문자열 리터럴을 배열에 저장해야 하는 불편함도 있지만, 배열과 배열 간의 직접 대입도 안 되고 별도의 표준 라이브러리가 필요하니 C 프로그래밍 언어에서 문자열을 다루는 건 굉장히 괴롭고 불편하다.

11행 ~ 12행에서 각각 문자열을 저장하기 위한 배열을 2개 선언하고 초기화했으며, 14행 ~ 15행에서 이를 그대로 출력해서 확인했다.

변수나 구조체라면 당연히 변수명 또는 구조체명으로 대입 연산자를 활용한 직접 대입이 가능하다. 이것이 정상이다. 그러나 배열의 경우 17행 ~ 18행의 주석 처리를 해제하고 대입 연산자를 활용한 대입 명령문을 작성하면 '에러 C2106' "error C2106: '=': 왼쪽 피연산자는 l-value이어야 합니다."라는 컴파일 에러가 발생한다. 왜 이러한 컴파일 에러가 발생했을까?

```
17        arrCharName1 = arrCharName2;
18        arrCharName2 = "Aerith Gainsborough";
```

이 컴파일 에러는 LV인 배열명 arrCharName1과 arrCharName2는 메모리 공간이 아니라는 것이다. 즉, 배열명이 메모리 공간이 아닌 주소이기 때문이다. 프로그램이 실행되는 과정에서 메모리 주소는 고정돼 있고 해당 주소가 가리키는 메모리 공간의 값을 변경하는 것이 프로그래밍의 기본인데, 주소를 변경하려고 하니 컴파일러가 깜짝 놀라서 경고를 하는 것이다.

배열명이 일반적인 규칙에서 벗어나 예외적으로 메모리 공간이 아닌 시작 주소를 의미하게 되면서 또 하나의 예외적인 상황이 발생한 것이다. 배열명이 주소인 것으로 인해 배열과 배열 간의 직접적인 대입이 불가능하게 됐다.

배열과 배열 간의 직접적인 대입이 불가능하므로 20행 ~ 21행과 같이 배열과 배열 간의 대입을 해주는 표준 라이브러리 함수 strcpy를 제공하는 것으로 해결하려고 했다. 함수 strcpy는 2개의 매개변수를 갖고 있으며, 첫 번째 매개변수는 저장될 배열명을 작성하고 두 번째 매개변수는 저장하고자 하는 배열명 또는 저장하고 싶은 문자열 리터럴을 직접 작성할 수 있다.

```
20        strcpy(arrCharName1, arrCharName2);
21        strcpy(arrCharName2, "Aerith Gainsborough");
```

문제는 함수 strcpy는 문자열 관련 기능 중 단지 배열과 배열 간의 대입만 수행한다는 점이다. 다른 문자열 관련 기능이 필요하면 그에 맞는 표준 라이브러리 함수를 개별적으로 사용해줘야 한다. 이러한 이유로 인해 수많은 문자열 관련 라이브러리가 제공되는 것이며, 이 책에서 문자열을 상대적으로 중요하게 다루지 않는 것이다.

이러한 과정 자체가 잘못된 설계에 의해 파생된 것이며 객체지향 프로그래밍 언어에서 이미 이러한 문제를 해결한 상태이므로 핵심 개념이라고 보기 어렵다. 그래도 C 프로그래밍 언어를 배우는 과정에서 문자열을 기본적으로 다뤄야 하므로 문자열 관련 표준 라이브러리 함수별 상세 기능은 '3-13 문자열' 절에서 다룰 예정이다.

이는 프로그래밍 전반에 걸쳐 잘못 설계된 대표적인 사례이며, 하나의 설계상 예외로 인해 수많은 추가적인 예외가 발생한 대표적인 예다. 이렇기 때문에 경험 많은 프로그래머일수록 조그만 예외도 인정하지 않으려는 경향을 강하게 갖게 되는 것이다.

프로그래밍의 세계에서는 아주 작은 예외라고 할지라도 그 예외를 인정하는 것으로 인해 앞으로 어떤 파장이 일어날지 그 당시에는 예측이 불가능하다. 나중에 문제가 발생했을 때 원인부터 완벽하게 해결하는 것은 현실적으로 불가능에 가깝다. 따라서 대부분 알면서도 또 다른 예외를 만드는 우회적인 해결책으로 대처하게 된다.

> **세이브 포인트: 개념 정리**
>
> **1차원 배열**
> - **배열의 정의**: 동일한 데이터형으로 이뤄진 연관된 데이터를 모아 수월하게 관리하기 위해 프로그래밍 언어에서 지원하는 복합 데이터형 또는 자료구조 중 하나로, '순서대로 번호'가 붙은 원소들이 연속적인 형태로 구성된 자료구조다.
> - **배열의 선언 명령문**: 변수의 선언 명령문처럼 작성한 후 뒤에 첨자 연산자인 [ ]가 따라오며, 이 [ ] 안에 배열의 크기를 '고정된 정수 리터럴'로 작성한다.
> - **배열 요소**: '배열[인덱스]'로 표현되며, 이는 일반적인 형태로 선언된 변수와 동일하다. 배열이라는 하나의 그룹 안에서 인덱스라는 순서가 지정돼 있을 뿐 변수와 동일하다.
> - **배열의 치명적 단점**: 배열은 선언 및 초기화하는 단계에서 반드시 고정된 크기가 지정돼야 하며, 배열의 범위를 벗어난 인덱스를 가진 배열 요소에 접근하면 컴파일 에러 또는 크래시가 발생한다.
> - **배열의 초기화**: 대입 명령문을 활용한 초기화에서는 각 배열 요소에 일일이 대입해야 하며, 선언 명령문과 동시에 초기화에서는 { } 안에 배열 요소에 해당되는 리터럴을 나열해서 작성하기만 하면 된다.
> - **배열의 대입**: 배열은 직접적인 대입이 불가능하며, 배열 요소별로 대입 연산을 수행해야 한다.
> - **배열의 크기**: sizeof(배열명) / sizeof(데이터형)

> **세이브 포인트: 형식 정리**
>
> **1차원 배열의 사용법**
> **배열의 선언**: 데이터형 배열명[배열의 크기];
>
> **배열 요소의 접근**: 배열명[인덱스]

> **1차원 배열의 초기화**
> 데이터형 배열명[배열의 크기];
> 배열명[인덱스0] = 초기화 값;
> 배열명[인덱스1] = 초기화 값;
> 배열명[인덱스2] = 초기화 값;
> ...
>
> 데이터형 배열명[배열의 크기] = {초기화 값, 초기화 값, 초기화 값...};

3-11 포인터 변수

배열 다음에 살펴볼 개념은 '포인터 변수'다. 흔히 C 프로그래밍 언어에서 초보자 대다수가 가장 이해하기 어렵다고 알려진 개념이다. 포인터 변수는 '사용법'에 초점을 맞춘다면 분명 이해하기 까다롭다.

그러나 사용법에 초점을 맞추기 전에 '왜' 포인터 변수가 탄생하게 됐는지, '언제' 사용해야 하는지를 정확히 이해하고 넘어간다면 절대 두려워할 정도의 어려운 개념은 아니다. 포인터 변수의 개념을 C 프로그래밍 언어에서 제대로 배우지 않으면 C++ 프로그래밍 언어로 넘어가서 엄청나게 고생을 하게 될 것이다.

배열과 포인터 변수는 관련이 많아 기존 프로그래밍 책에서는 처음부터 배열과 포인터 변수를 같이 다루는데, 이러한 접근은 포인터 변수를 오히려 이해하기 어렵게 만들며 더 나아가 포인터 변수의 개념, 목적, 만들어진 이유를 오해하게 만들 위험성이 높다. 배열과 포인터 변수가 관련성이 깊은 건 맞지만 '전혀 다른 목적을 갖고 만들어진 별도의 개념'이므로 처음에는 완전히 분리해서 이해할 필요가 있다.

따라서 이 책에서는 3장에서 배열과 완전 분리해서 포인터 변수를 독립적으로 다루며, 포인터 변수의 개념과 왜 사용하는지 이유에 초점을 맞춰 소개한다. 4장에서는 포인터 변수 응용 및 배열과 포인터 변수가 어떻게 연관돼 활용되는지도 알아볼 것이다.

지금까지 배운 3장의 흐름을 보면 절차적 프로그래밍인 C 프로그래밍 언어는 전처리기를 통해 필요한 표준 라이브러리를 가져오거나 사용자 정의 데이터형을 정의해 원하는 기능을 만들었다. 코드를 작성하는 과정 중에 분리할 수 있는 하나의 독립적인 기능이 완성되면 이를 별도의 사용자 정의 함수로 분리해서 만드는 것을 반복한다. 이렇게 프로그램을 사용자 정의 함수라는 독립적으로 분리된 기능별로 절차적인 흐름을 갖도록 구현하는 것이 C 프로그래밍이다.

그런데 여기서 문제가 발생했다. 사용자 정의 함수들을 기능별로 분리하다 보니, main 함수 안에서만 작성했을 때와 달리 지역 변수의 사용 범위가 각 함수에 한정되고, 기존의 변수에 담겨있는 데이터 값을 그대로 다른 함수에서 사용할 수 없게 된다.

기능별로 사용자 정의 함수를 분리하는 것은 이루 말할 수 없을 만큼 많은 장점을 갖지만 함수들이 잘게 분리되면서 '사용자 정의 함수 간 데이터 공유를 할 수 있는 방법'이 필연적으로 필요하게 됐다. 일부는 전역 변수를 사용할 수도 있겠지만 메모리 관리상 다수의 변수를 전역 변수로 선언해서는 안 되니, 지역 변수이면서도 함수 간 데이터 공유를 할 수 있는 방법이 요구됐다.

이러한 이유로 만들어진 개념이 포인터 변수다. 이와 같이 배열과는 탄생 배경, 목적, 용도가 전혀 다르다. 따라서 처음 포인터 변수를 배울 때는 포인터 변수에 대한 개념을 확실히 이해하기 전까지 배열과 완전히 분리해서 생각하는 것을 권장한다.

포인터 변수가 탄생하게 된 주된 이유 중 하나는 '함수 간 데이터 공유'다. 그래서 포인터 변수는 사용자 정의 함수에서 파생된 개념이며 C 프로그래밍 언어의 꽃은 포인터 변수가 아니라 함수여야 한다고 했던 것이다.

먼저 사용자 정의 함수를 이해하고 매개변수와 인자를 통한 함수 간의 데이터 공유를 이해한 후 이에 대한 한계를 직접 느껴본 이후에 비로소 스스로 포인터 변수의 필요성을 자각하게 된다. 사용자 정의 함수를 기능별로 분리하는 방법을 체득하지 못한 상태에서 포인터 변수의 개념을 아무리 잘 알려줘 봐야 포인터 변수를 왜 사용하는지 모르니 결국 사용할 필요성을 느끼지 못해 사용하지 않게 되는 수순을 밟는 것이 지극히 당연한 결과다.

이후에 상세히 설명하겠지만 포인터 변수는 '메모리 주소를 저장하고자 하는 변수'다. '3-3 변수와 상수' 절에서 다룬 '일반적인 변수'는 '데이터 값을 저장'하기 위한 메모리 공간이었으나 '포인터 변수'는 '데이터 값을 담아두는 메모리 공간의 주소(위치)를 저장'하기 위한 메모리 공간이다.

자, 지금쯤 기존 책들과 다른 점을 느꼈을 것이다. 기존 책들은 목차부터 '포인터'라는 용어를 사용하지만, 이 책에서는 '포인터 변수'라고 변수라는 점을 명시해서 사용했다. 앞서 설명한 포인터의 정의를 살펴보면 포인터는 변수이므로 포인터와 포인터 변수는 동일한 의미다.

그런데 왜 이 책에서는 목차에서부터 글자 수가 많은 포인터 변수라는 용어를 사용했을까? 기존 책들처럼 포인터라고만 사용하면 프로그래밍을 배우는 초보자들 입장에서는 처음 보는 생소한 용어이기 때문에 지금까지 배웠던 개념들과 전혀 다른 별개의 개념이라고 생각하기 쉽기 때문이다. 사용하는 용어부터 높은 허들을 만든 것이다.

그러나 포인터 변수는 변수 중 하나에 불과하다. 지금까지 배웠던 개념들과 동떨어진 새로운 개념이 아니라는 것부터 인지하는 것이 매우 중요하다. 기본적인 특성과 사용법이 변수에서 크게 벗어나지 않는다. 단지 데이터 값이 아닌 메모리 주소를 저장하기 위한 특수한 변수일 뿐이다.

따라서 포인터 변수라는 용어를 목차에서부터 의도적으로 사용함으로써 포인터 변수가 변수 중에 하나라는 것을 확실히 이해시키고자 한다. 이런 점만 이해해도 포인터 변수의 개념을 절반 이상 이해한 것이기 때문이다.

다만 구조체 포인터나 이중 포인터와 같은 복합 용어일 경우 구조체 포인터 변수나 이중 포인터 변수와 같이 사용하면 용어가 길어지니, 이 경우 뒤의 변수를 생략한다. 생략돼 있으나 뒤에 변수가 붙어있다는 것을 잊지 말자.

3-11-1 주소 연산자(&)와 간접 참조 연산자(*)

3-11-1-1 메모리 주소의 개념

포인터 변수는 데이터 값이 아닌 '메모리 주소'를 저장하고자 하는 특수한 변수라고 했다. 그렇다면 메모리 주소를 알아보기 전에 메모리가 무엇인지 다시 기억을 되살려보자.

'2-3-2 변수의 선언 명령문' 절에서 "데이터형을 알리는 키워드는 변수를 찍어내기 위해 공장에 존재하는 '틀'이라고 생각하고, 변수는 틀에서 찍혀 나온 '박스'라고 생각하면 이해하기 쉬울 것이다."라고 했다. 변수는 프로그램을 만들면서 프로그래머가 어떤 값을 별도로 저장하고자 할 때 새로 찍어내는 박스인 것이다.

이어서 3장을 시작하면서 "변수와 상수는 '메모리 공간(박스)'이며, 리터럴은 '데이터 값'이다."라고 했다. 즉, 데이터 값에 해당하는 리터럴을 메모리 공간인 변수와 상수에 넣는다. 메모리는 공간이므로 얼마든지 다른 데이터 값으로 변경할 수 있다는 장점이 있기 때문에 고정된 데이터 값이 아닌 메모리 공간을 기준으로 프로그래밍을 한다.

다음으로 메모리 주소가 무엇인지 알아보자. 필요할 때마다 공장에서 박스를 만들어서 사용하는 것은 알았다. 그런데 메모리는 공간의 개념이므로 해당 박스를 식별할 수 있는 위치 정보가 반드시 필요하게 된다. 새로 박스를 만들었고 원하는 곳에 배치가 돼야 하니 그 '박스가 놓인 위치'를 프로그램 내부에서 상황에 맞게 결정한다. 이것이 메모리 주소의 개념이다.

'2-3-2 변수의 선언 명령문' 절에서 도서관의 인덱스로 변수의 주소를 설명했었다. 도서관에서 책 이름이 아닌 인덱스로 간접적으로 관리하는 건 책이 파손돼 새것으로 변경하거나 수정본으로 바뀌어도 독자는 인덱스로 원하는 책을 변함없이 찾을 수 있기 때문이다. 책이라는 데이터 값이 아닌 인덱스라는 주소로 관리하는 것으로, 주소를 기준으로 간접적으로 데이터 값에 접근할 수 있는 또 하나의 방법을 갖게 된다.

변수와 같이 '데이터 값에 직접 접근'하는 것과 포인터 변수와 같이 '주소를 통해 간접적으로 데이터 값에 접근'하는 것 중 무조건 하나가 좋다고 받아들여서는 안 된다. 상황에 맞게 간접적으로 접근할 필요가 있을 때 포인터 변수를 사용하고, 일반적인 경우라면 직접적으로 변수를 사용하는 것이 프로그래밍을 하는 입장에서도 편하고 코드를 분석해야 되는 입장에서 가독성도 좋다.

메모리 주소의 이해를 돕기 위해 게임에서의 예를 들어보자. 아이템과 스킬 모두 각각 100개가 존재한다고 가정하자. 아이템이나 스킬 중에 필요한 아이템과 스킬 자체를 매번 직접 가져오려고 하면 해당하는 아이템과 스킬을 가져오기 위해 엄청난 양의 코드를 작성해야 할 것이다. 가져오는 코드에 모든 아이템과 스킬을 포함해야 한다.

그러나 아이템이나 스킬 '슬롯'을 구현해서 슬롯의 주소를 기준으로 슬롯에 담긴 아이템과 스킬을 가져오게 한다면 아이템이나 스킬이 바뀐다고 할지라도 슬롯에 있는 것을 기준으로 가져오면 되니 굉장히 효율적이다. 아이템과 스킬이 몇 개든지 슬롯 개수만큼만 코드를 작성하면 되므로 이 경우 포인터 변수를 사용하는 것이 좋다.

이것이 주소와 포인터 변수의 개념을 활용한 프로그래밍이다. 직접적으로 아이템이나 스킬을 가져오는 것이 더 효과적인 상황도 얼마든지 있겠지만, 코드를 조금 복잡하게 구현해야 하지만 주소를 기준으로 간접적인 접근이 필요하다면 포인터 변수를 활용하면 된다.

다만 포인터 변수가 무조건 좋은 것은 아니라는 점은 반드시 기억해야 한다. 포인터 변수는 메모리 주소를 건드리므로 프로그래머가 실수하기 쉽고, 팀 프로젝트에서 가독성이 안 좋은 코드를 만들어내므로 필요할 경우에만 사용하는 습관을 기르는 것이 좋다.

수백 년 체계를 잡아온 도서관에서 인덱스를 수정한다고 가정해보자. 하나를 잘못 건드리면 끔찍한 문제가 발생할 가능성이 높다. 특히 "C 프로그래밍 언어의 포인터 변수는 안전장치가 거의 없다"고 할 수준이므로 모든 책임이 프로그래머에게 전가된다는 점에 유의해서, 사용할 때 많은 주의를 기울여야 한다.

3-11-1-2 주소 연산자

Ex3-146 / main.h

```
01  #pragma once
02  #define _CRT_SECURE_NO_WARNINGS
03  #include <stdio.h>
04
05  void Pointer();
```

Ex3-146 / main.c

```c
01  #include "main.h"
02
03  int main(void)
04  {
05      Pointer();
06      return 0;
07  }
08
09  void Pointer()
10  {
11      int iPlayerHP = 120;
12      int iPlayerMP = 35;
13
14      printf("변수: %d\n", iPlayerHP);
15
16      printf("변수의 주소: %p\n", &iPlayerHP);
17      printf("변수의 주소: %u\n", &iPlayerHP);
18
19      printf("변수: %d\n", iPlayerMP);
20
21      printf("변수의 주소: %p\n", &iPlayerMP);
22      printf("변수의 주소: %u", &iPlayerMP);
23  }
```

표준 출력은 다음과 같다.

```
변수: 120
변수의 주소: 000000ED58FFF9D4
변수의 주소: 1493170644
변수: 35
변수의 주소: 000000ED58FFF9F4
변수의 주소: 1493170676
```

예제 코드 Ex3-146은 포인터 변수와 밀접한 관계를 갖는 주소 연산자(&)를 알아보기 위한 예다. 물론 &는 포인터 변수에만 종속된 개념이 아니며 '3-4-4 범용 입출력 함수' 절의 함수 scanf 등에서 이미 사용했었다. 포인터 변수 외에도 정확한 크기를 모르니 시작 주소를 기준으로 파악하는 곳에서 사용됐었다.

&는 변수 앞에 붙이는 것으로, 변수에 대한 메모리의 시작 주소를 알 수 있다. 메모

리의 시작 주소를 알면 이미 데이터형에 따라 해당 변수의 크기를 알고 있으므로 시작 주소에서부터 크기만큼의 메모리를 사용한다는 것을 정확히 파악할 수 있게 된다.

주소 연산자

&변수명

16행과 21행은 각각 변수 앞에 &를 붙여 표준 출력을 했다. 포인터 변수는 '3-4-4 범용 입출력 함수' 절에서 설명했듯이 '형식 지정자 %p'를 사용한다. 변수의 주소를 의미하는 포인터 변수는 표준 출력 결과에서 확인할 수 있듯이 16진수로 돼 있다.

```
16      printf("변수의 주소: %p\n", &iPlayerHP);
...
21      printf("변수의 주소: %p\n", &iPlayerMP);
```

다만 16진수로 돼 있으면 메모리의 주소 개념을 이해하기 힘드니 임시적으로 메모리 주소가 어떻게 배치되는지 이해도를 높이기 위해 인간에게 익숙한 10진수로 바꿔보자. 17행과 22행에서는 '형식 지정자 %u'를 사용해서 정수로 표준 출력을 시도했다.

```
17      printf("변수의 주소: %u\n", &iPlayerHP);
...
22      printf("변수의 주소: %u", &iPlayerMP);
```

다만 포인터 변수는 본래 10진수가 아닌 16진수로 돼 있으므로 '경고 C6273' "C6273 printf에 대한 호출에 정수가 필요한 경우 _Param_(2)로 전달된 비정수입니다. 실제 유형: int *."라는 경고가 발생한다. int *라는 포인터 변수를 사용하고 있으니 포인터 변수에 사용하는 형식 지정자를 사용하라는 것이다. 임시적으로 이해를 돕기 위한 코드이니 경고는 무시하자.

주소의 자릿수가 길고 큰 차이가 없으니 마지막 3자리만 비교해보자. 변수 iPlayerHP의 데이터 값은 120이며, 그 데이터 값을 가리키는 시작 주소인 &iPlayerHP는 '644'이다. 변수 iPlayerMP의 데이터 값은 35이며, 그 데이터 값을 가리키는 시작 주소인 **&iPlayerMP**는 '676'이다. 두 변수 모두 **int**이니 4바이트의 크기를 갖고 있다. 즉, 변수 **iPlayerHP**는 644부터 647의 메모리 공간을 차지하고 있으며, 변수 **iPlayerMP**는 676부터 679의 메모리 공간을 차지하고 있다는 것을 알 수 있다.

주의할 점은 메모리 주소는 개발 환경마다 다르며, 그리고 동일한 환경에서도 실행할 때마다 다르게 나타난다. 메모리 주소는 고정이 아니라 프로그램이 실행될 때마다 변하기 때문이다. 메모리 관리 측면에서 필요 없는 메모리를 지우고 적당한 공간을 찾아 메모리를 자동으로 배치하기 때문에 실행할 때마다 메모리 주소는 변경되는 것이 당연하다.

포인터 변수가 강력하면서 위험한 이유가 바로 여기에 있다. 프로그램이 자동으로 배치하는 주소를 프로그래머가 직접 접근할 수 있는 만큼 잘 사용하면 굉장히 강력하지만, 그만큼 실수를 했을 경우 돌아오는 리스크가 엄청나다. 실제 실행을 몇 번 다시 해보면서 메모리 주소가 변경되는지 확인해보자.

팁을 소개하면 &가 앞에 붙었다는 것은 뒤에 따라오는 것이 데이터 값을 담고 있는 메모리 공간이라는 것을 추측할 수 있다. C 프로그래밍 언어에서 데이터 값을 담고 있는 변수인지, 주소를 담고 있는 변수인지 빠르게 구분할 수 있게 되면 데이터 관리의 절반 이상은 끝났다고 볼 수 있다.

3-11-1-3 간접 참조 연산자

Ex3-147 / main.h

```
01    #pragma once
02    #define _CRT_SECURE_NO_WARNINGS
03    #include <stdio.h>
04
05    void Pointer();
```

Ex3-147 / main.c

```
01    #include "main.h"
02
03    int main(void)
```

```
04  {
05      Pointer();
06      return 0;
07  }
08
09  void Pointer()
10  {
11      int iPlayerHP = 120;
12
13      printf("변수: %d\n", iPlayerHP);              //데이터 값
14      printf("변수의 주소: %p\n", &iPlayerHP);        //주소
15      printf("간접 참조 연산자: %d", *&iPlayerHP);    //데이터 값
16  }
```

표준 출력은 다음과 같다.

```
변수: 120
변수의 주소: 000000D1B22FF634
간접 참조 연산자: 120
```

예제 코드 Ex3-147은 포인터 변수와 밀접한 관계를 갖는 간접 참조 연산자(*)를 알아보기 위한 예다. &와 다르게 *는 포인터 변수에만 종속된 개념이다.

메모리의 주소 앞에 붙이는 것으로 다시 데이터 값에 접근할 수 있게 해준다. &와 쌍을 이루는 반대 개념이라고 보면 된다. 그렇기 때문에 간접 참조 연산자는 포인터 연산자라고도 불린다.

간접 참조 연산자

*주소

(주소: &변수명, 포인터 변수, 배열명 등)

13행은 변수 자체에 담긴 데이터 값을 출력했다. 14행은 &를 변수 앞에 붙여 데이터 값을 가리키는 메모리 주소를 출력했다. 15행은 & 앞에 다시 *를 붙여 데이터 값을 출력했다. 다시 말해 13행과 15행은 같은 의미다.

```
13        printf("변수: %d\n", iPlayerHP);              //데이터 값
14        printf("변수의 주소: %p\n", &iPlayerHP);        //주소
15        printf("간접 참조 연산자: %d", *&iPlayerHP);     //데이터 값
```

아직 포인터 변수의 개념을 설명하지 않았다. 포인터 변수의 개념을 설명하기 전에 먼저 &는 데이터 값의 주소를 알 수 있는 연산자며, *는 주소가 가리키는 데이터 값을 알 수 있는 연산자라는 것을 명확히 이해할 필요가 있다. 즉, 데이터 값을 담고 있는 변수인지, 주소를 담고 있는 변수인지만 파악하면 된다.

팁을 소개하면 *가 앞에 붙었다는 것은 뒤에 따라오는 것이 메모리 주소라는 뜻이다. 그렇기 때문에 *를 통해 메모리 공간의 데이터 값에 접근할 수 있다. 주소를 의미하는 것에는 변수 앞에 &를 붙인 것, 포인터 변수, 배열명 등이 존재한다.

3-11-2 포인터 변수 선언

포인터 변수의 사용법

포인터 변수의 선언(표기법1): 데이터형 *포인터변수명;
포인터 변수의 선언(표기법2): 데이터형* 포인터변수명;

포인터 변수로 데이터 값에 접근: *포인터변수명

포인터 변수는 메모리 주소를 저장하고자 하는 '변수'라고 했다. 변수 중 하나인 이상, 코드에서 사용하고자 한다면 포인터 변수의 선언 명령문을 작성해야 한다. 또한 변수이므로 메모리 공간이 할당된다. 다만 데이터 값이 아닌 주소를 저장할 뿐이다.

포인터 변수를 선언하려면 데이터형과 포인터 변수 사이에 포인터 기호인 '*Asterisk)'를 붙인다. *가 붙으면서 데이터형이 변한다. int와 int *는 다른 데이터형이다.

Asterisk라는 이름에서 알 수 있듯이 포인터 변수 선언에서 사용되는 *는 데이터형을 포인터 변수로 변하게 하는 '기호'로, 선언된 포인터 변수를 사용할 때 붙는 간접 참조 연산자(*)가 아니라는 점에 반드시 유의해야 한다.

기존 프로그래밍 책에서는 대부분 이에 대한 명확한 구분을 하고 있지 않아 포인터

변수의 선언 명령문의 *를 간접 참조 연산자 *라고 오해하는 경우가 발생한다. C 프로그래밍 언어를 체계적으로 배워왔다면 변수의 선언 명령문에서는 당연히 연산자를 사용할 수 없다는 것을 알고 있으니 문제없을 것이다.

포인터 변수의 표기법은 2가지가 대표적으로 사용된다. 'int* 포인터변수명;'과 같이 데이터형 뒤에 *를 붙이는 방법과, 'int *포인터변수명;'과 같이 포인터 변수명 앞에 붙이는 방법이 있다.

비주얼 스튜디오에서 자동으로 데이터형 뒤로 위치를 바꾸는 경우가 있으나 2가지 표기법 모두 사용되니 결국 본인의 선택이다. 다만 1가지 표기법으로 통일해서 일관성 있게 사용하는 것을 권장한다. 이 책에서는 'int *포인터변수명'과 같이 포인터 변수명 앞에 붙이는 것으로 통일해서 사용한다. 자동으로 변경되는 위치를 변경하고자 한다면 아래의 팁을 참고하자.

> **팁**
>
> **비주얼 스튜디오에서 포인터 표기법 변경**
> - Ctrl + Q를 눌러 검색 메뉴에 들어간 후 포인터를 검색한다.
> - 이니셜 라이저 목록에서 ~ 텍스트 편집기 ▶ C/C++ ▶ 코드 스타일 ▶ 서식 ▶ 간격을 선택한다.
> - 오른쪽 메뉴에서 밑으로 내려 '포인터/참조 맞춤' 카테고리를 찾는다.
> - 디폴트는 왼쪽 맞춤으로 돼 있는데, 이 책과 동일하게 하려면 오른쪽 맞춤을 선택한다.

'int *'를 영어로 pointer to int라고 한다. 이후 초기화 과정을 거치면 '포인터 변수 OO은 변수 OO를 가리킨다.'고 표현한다. 포인터 변수는 주소이므로 해당 변수를 가리킬 수 있다는 것을 앞서 여러 번 설명했었다.

억지로 만든 예시는 포인터 변수의 개념을 오해할 여지가 매우 높기 때문에 포인터의 핵심 개념을 확실히 이해할 수 있도록 신중히 고민해서 2가지 예를 소개한다. 포인터 변수의 선언에 집중한 예시와 포인터 변수를 왜 사용해야 하는지에 대한 2가지 이유 중 1가지를 살펴볼 것이다. 나머지 1가지 이유는 '3-11-3 포인터 변수의 필요성' 절에서 이어 설명한다.

중요한 건 포인터 변수를 '왜' 사용하는지 이유를 이해하는 것이다. 개념만 이해하고 사용하는 이유를 이해하지 않고 넘어가면 포인터 변수를 스스로 사용할 가능성은 거의 존재하지 않게 된다.

Ex3-148 / main.h

```
01  #pragma once
02  #define _CRT_SECURE_NO_WARNINGS
03  #include <stdio.h>
04
05  void Pointer();
```

Ex3-148 / main.c

```
01  #include "main.h"
02
03  int main(void)
04  {
05      Pointer();
06      return 0;
07  }
08
09  void Pointer()
10  {
11      int iPlayerHP = 120;
12
13      int *ptrPlayerHP;   //int* ptrPlayerHP;
14      ptrPlayerHP = &iPlayerHP;
15
16      //iPlayerHP = 150;
17      *ptrPlayerHP = 150;
18
19      printf("변수: %d\n", iPlayerHP);                          //데이터 값
20      printf("변수의 주소: %p\n", &iPlayerHP);                    //주소
21      printf("간접 참조 연산자: %d\n", *&iPlayerHP);               //데이터 값
22
23      printf("포인터 변수: %p\n", ptrPlayerHP);                   //주소
24      printf("포인터 변수로 데이터 값에 접근: %d", *ptrPlayerHP);    //데이터 값
25  }
```

표준 출력은 다음과 같다.

```
변수: 150
변수의 주소: 00000065D4D5F874
간접 참조 연산자: 150
포인터 변수: 00000065D4D5F874
```

> 포인터 변수로 데이터 값에 접근: 150

예제 코드 Ex3-148은 포인터 변수의 선언 명령문과 초기화를 설명하기 위한 예다. 포인터 변수의 선언 명령문에는 패턴이 존재하니 논리적인 흐름을 이해하면 큰 도움이 된다. 포인터 변수를 선언하는 건 일반 변수의 데이터 값을 가리키는 '주소'를 저장하기 위함이다.

따라서 가장 먼저 사전 작업으로 11행과 같이 일반적인 변수의 선언 명령문을 작성한다. 다음으로 13행과 같이 포인터 변수의 선언 명령문을 작성한다. 여기서 포인터 변수는 'ptrPlayerHP'가 된다. 포인터 변수에 대한 설명이 부족한 책으로 배운 초보자 중에서는 'ptrPlayerHP'와 '*ptrPlayerHP' 중 무엇이 정확히 포인터 변수인지 모르는 경우도 많다.

포인터 변수의 네이밍은 다양하게 사용되나, 이 책에서는 포인터 변수가 접두어 'ptr'로 시작하는 것으로 표기한다. 마지막으로 14행과 같이 일반 변수의 주소를 포인터 변수에 대입 연산자로 저장한다. 즉, 일반 변수의 주소를 포인터 변수에 초기화 값으로 대입한다.

```
13      int *ptrPlayerHP;
14      ptrPlayerHP = &iPlayerHP;
```

13행과 14행이 포인터 변수의 선언 명령문 및 초기화에 해당된다. 이 2줄이 하나의 쌍이므로 일반 변수의 선언 명령문과 구분하기 위해 의도적으로 12행에서 줄 바꿈을 했다. 다른 책에서는 선언 명령문끼리 모아놓거나 일반 변수보다 포인터 변수의 선언 명령문을 먼저 작성하는 등 순서가 달라 논리적으로 이해하기 어려운 예시가 많다. 11행의 일반 변수 선언 명령문은 포인터 변수의 선언 명령문을 작성하기 위한 사전 작업일 뿐이다. 가리킬 변수가 없으면 포인터 변수가 무의미하기 때문에 포인터 변수에 익숙하기 전까지는 논리적으로 순서에 맞게 코드를 작성하는 것이 이해에 큰 도움이 된다.

11행, 13행, 14행 3줄이 작성되면 "포인터 변수 ptrPlayerHP는 변수 iPlayerHP를 가리킨다."라는 표현이 완성된다. 이 3줄의 흐름을 이해하는 것이 매우 중요하다.

포인터 변수를 선언하는 방법이다. 정리하면 우선 일반 변수와 포인터 변수의 선언 명령문을 작성해서 메모리 공간을 확보한 후 14행에서 포인터 변수 ptrPlayerHP에 변수 iPlayerHP의 시작 주소를 저장한 코드다. 절대 외우려 하지 말고 논리적 사고로 흐름을 이해해야 한다. 이후 코드는 포인터 변수를 활용하는 것에 불과하다.

포인터 변수의 선언 및 초기화

데이터형 변수명 = 초기화 값;

데이터형 *포인터변수명;
포인터변수명 = &변수명;

포인터 변수를 배우기 전에는 주석 처리된 16행과 같이 직접적으로 변수에 리터럴을 저장하는 접근 방법만 존재했다. 그러나 포인터 변수를 선언하면 17행과 같이 '포인터 변수를 통해 간접적으로 가리키는 변수에 접근'할 수도 있다. '접근 방법이 하나 더 생긴 것'이다. 어떤 접근 방법을 선택할 것인지는 프로그래머에게 달려있다.

```
16          //iPlayerHP = 150;
17          *ptrPlayerHP = 150;
```

14행에서 포인터 변수 ptrPlayerHP에 변수 iPlayerHP의 시작 주소를 저장했으니 23행과 같이 포인터 변수 ptrPlayerHP는 20행과 동일한 결과를 가지며, 24행과 같이 포인터 변수 ptrPlayerHP 앞에 간접 참조 연산자 *를 붙이면 21행과 동일한 결과를 가진다. 포인터 변수는 주소 연산자 &가 앞에 붙어 있지 않아도 주소를 의미한다는 것을 인지해야 한다.

```
21          printf("간접 참조 연산자: %d\n", *&iPlayerHP);           //데이터 값
...
24          printf("포인터 변수로 데이터 값에 접근: %d", *ptrPlayerHP);  //데이터 값
```

요약하면 포인터 변수의 선언 명령문은 일반 변수의 선언 명령문이라는 1개의 사전 작업과 포인터 변수의 선언 명령문과 가리키려는 일반 변수의 시작 주소를 포인터 변수에 초기화하는 2개의 작업으로 이뤄진다.

그런데 포인터 변수의 선언 명령문만 이해해서는 포인터 변수를 언제, 어디서, 어떻게 활용해야 할지 알 수가 없다. 기존 책들이 포인터 변수의 개념을 설명하는 데 초점을 맞추다 보니 대다수 프로그래밍 초보자들이 정작 왜 포인터 변수를 사용하는지 모른 채 포인터 변수가 어렵다고 포기하게 된다.

포인터 변수를 사용하는 첫 번째 이유는 '간접적'이라는 키워드에 있다. 포인터 변수 ptrPlayerHP에 대입할 메모리 주소인 &iPlayerHP를 다른 것으로 변경할 경우 얼마든지 다른 플레이어 캐릭터의 HP나 NPC의 HP로 변수에 직접적으로 접근하지 않아도 메모리 주소로 데이터 값을 간접적으로 변경할 수 있게 된다. 다음 예제 코드 Ex3-149에서 자세히 알아보자.

> **주소와 포인터 변수의 차이**
> - **변수의 주소**: 변수가 위치한 메모리 공간의 시작 주소(리터럴)다.
> - **포인터 변수**: 변수의 주소를 저장하기 위한 특수한 메모리 공간(변수)이다.

Ex3-149 / main.h

```
01  #pragma once
02  #define _CRT_SECURE_NO_WARNINGS
03  #include <stdio.h>
04
05  enum ItemCode
06  {
07      Potion = 1,
08      Hi_Potion,
09      X_Potion,
10      Ether = 11,
11      Turbo_Ether,
12      Elixir = 100,
13      Phenix_Down,
14      Tent
15  };
16
17  void Pointer();
```

Ex3-149 / main.c

```c
01   #include "main.h"
02
03   int main(void)
04   {
05       Pointer();
06       return 0;
07   }
08
09   void Pointer()
10   {
11       int iItem1 = X_Potion;
12       int iItem2 = Elixir;
13
14       int *InventorySlot;
15       InventorySlot = &iItem1;
16
17       printf("포인터 변수: %p\n", InventorySlot);                    //주소
18       printf("포인터 변수로 데이터 값에 접근: %d\n", *InventorySlot); //데이터 값
19
20       InventorySlot = &iItem2;
21
22       printf("포인터 변수: %p\n", InventorySlot);                    //주소
23       printf("포인터 변수로 데이터 값에 접근: %d", *InventorySlot);   //데이터 값
24   }
```

표준 출력은 다음과 같다.

```
포인터 변수: 0000000701B8FA44
포인터 변수로 데이터 값에 접근: 3
포인터 변수: 0000000701B8FA64
포인터 변수로 데이터 값에 접근: 100
```

예제 코드 Ex3-149는 포인터 변수를 사용하는 첫 번째 이유를 설명하기 위한 예로, "포인터 변수를 통해 간접적으로 다수의 변수에 접근할 수 있다"는 것을 소개한다. 포인터 변수 1개와 일반 변수 2개를 선언한 후 포인터 변수에 각 일반 변수의 주소를 대입함으로써 포인터 변수만으로 다수의 변수의 데이터 값에 접근할 수 있는 것을 확인한다.

헤더 파일 main.h에 열거형으로 <파이널 판타지 7>에서 사용되는 일반 아이템의 일부를 정의하고, 소스 파일 main.c의 11행 ~ 12행에 일반 변수 2개를 선언해서 초기화 값으로 대입했다. 열거형 변수는 굳이 선언하지 않고 코드의 가독성을 높이기 위해 열거형 멤버 이름만 활용했다.

이제 일반 변수로 제어하는 것이 아닌 포인터 변수를 활용해서 다수의 변수를 제어해보자. 포인터 변수의 선언 명령문은 2가지로 이뤄진다고 했다. 물론 선언 명령문과 동시에 초기화를 해줘도 무방하지만 엄연히 다른 기능이므로 완벽히 이해되기 전까지 분리해서 생각하는 것이 연습이 된다.

14행에서 포인터 변수의 선언 명령문을 작성하고 15행에서 포인터 변수에 일반 변수 iItem1의 시작 주소를 대입했다. 이후 각 변수들은 직접 제어하지 않고, 포인터 변수만 간접적으로 제어해서 17행 ~ 18행을 표준 출력했다. 포인터 변수로도 일반 변수 iItem1의 시작 주소와 데이터 값 모두를 제어할 수 있다는 것을 확인할 수 있다. 다음으로 20행에서 포인터 변수에 일반 변수 iItem2의 시작 주소를 새로 대입했다. 일반 변수 iItem2의 시작 주소와 데이터 값을 22행 ~ 23행으로 표준 출력했다.

```
15      InventorySlot = &iItem1;
...
20      InventorySlot = &iItem2;
```

포인터 변수를 사용함으로써 매번 여러 변수에 직접적으로 접근할 필요 없이 원하는 변수의 시작 주소를 포인터 변수에 바꿔 대입하는 것으로, 간접적으로 다수의 변수를 변경해가며 제어할 수 있게 됐다. 변수의 수가 늘어난다고 해도, 포인터 변수를 활용하면 간접적으로 다수의 변수를 상황에 맞게 바꿔서 입맛에 맞게 제어할 수 있다. 이것이 포인터 변수를 사용하는 첫 번째 이유다.

3-11-3 포인터 변수의 필요성

3-11-3-1 지역 변수의 사용 범위에 따른 한계

```
int main(void)
{
    int iItem;
    //..코드 생략

    return 0;
}

void Pointer()
{
    int iItem;
    //..코드 생략
}
```

절차적 프로그래밍인 C 프로그래밍 언어는 하나의 독립적인 기능을 구현하면 점차적으로 사용자 정의 함수로 분리해가며 프로그램의 절차를 만들어가는 철학을 갖고 있다고 했다. 따라서 함수 안에 함수가 호출되고, 다시 그 함수 안에서 함수가 호출되는 흐름이 만들어진다.

이러한 과정을 거치다 보면 단지 main 함수에서만 코드를 작성했을 때 크게 고민할 필요 없는 부분에서 문제가 발생한다. main 함수에서 사용했던 변수를 분리한 사용자 정의 함수에서도 사용하고 싶은데, 지역 변수는 사용 범위가 함수의 { } 내부로 한정돼 있기 때문에 분리된 사용자 정의 함수에서는 별도의 추가 작업 없이 사용할 수 없다는 문제에 도달한다.

이러한 지역 변수의 사용 범위를 고려하지 않고, 앞의 코드와 같이 main 함수와 사용자 정의 함수 양쪽에 동일한 변수명을 가진 선언 명령문을 작성했다고 가정해 보자. main 함수와 사용자 정의 함수 Pointer에서 데이터형과 변수명이 서로 완전히 일치해서 마치 양쪽에서 사용할 수 있을 것처럼 보이지만, 두 변수는 전혀 상관없는 별개의 변수다. main 함수의 지역 변수는 main 함수의 { } 닫기가 되는 시점에 메모리에서 해제된다. 동일하게 함수 Pointer의 지역 변수는 함수 Pointer의 { }

닫기가 되는 시점에 메모리에서 해제된다.

이러한 문제가 귀찮고 해결하기 싫으니 그냥 main 함수에서만 코드를 작성하면 안 될까 생각할 수도 있지만, 이는 절차적 프로그래밍의 가장 기초적인 철학에 반한다. main 함수에서만 코드를 작성하는 건 최우선적으로 버려야 할 최악의 습관이다.

Ex3-150 / main.h

```
01  #pragma once
02  #define _CRT_SECURE_NO_WARNINGS
03  #include <stdio.h>
04
05  enum WeaponCode
06  {
07      REVOLVER,
08      MACHINE_GUN,
09      SHOTGUN,
10      GRENADE_LAUNCHER,
11      CHEMICAL_THROWER,
12      CROSSBOW,
13      RESEARCH_CAMERA
14  };
15
16  void WeaponSwap();
```

Ex3-150 / main.c

```
01  #include "main.h"
02
03  int main(void)
04  {
05      int iWeaponSlot1 = REVOLVER;
06      int iWeaponSlot2 = GRENADE_LAUNCHER;
07
08      printf("교체 전 슬롯1: %d\n", iWeaponSlot1);
09      printf("교체 전 슬롯2: %d\n", iWeaponSlot2);
10
11      WeaponSwap();
12
13      printf("교체 후 슬롯1: %d\n", iWeaponSlot1);
```

```
14        printf("교체 후 슬롯2: %d\n", iWeaponSlot2);
15
16        return 0;
17    }
18
19    void WeaponSwap()
20    {
21        int temp;
22
23        temp = iWeaponSlot1;
24        iWeaponSlot1 = iWeaponSlot2;
25        iWeaponSlot2 = temp;
26
27        printf("함수 내 슬롯1: %d\n", iWeaponSlot1);
28        printf("함수 내 슬롯2: %d\n", iWeaponSlot2);
29    }
```

예제 코드 Ex3-150은 main 함수에서만 코드를 작성하다가 사용자 정의 함수로 분리하는 과정에서 초보자가 겪을 수 있는 문제를 소개하기 위한 예다. 헤더 파일 main.h에 열거형으로 <바이오 쇼크>에서 사용되는 총기를 정의하고, 소스 파일 main.c의 5행 ~ 6행에 일반 변수 2개를 선언해서 초기화 값으로 대입했다. 코드의 가독성을 높이기 위해 열거형 멤버 이름만 활용했다.

2개의 무기 슬롯 변수를 선언한 후 양쪽 무기가 교체되는 시스템을 구현하고자 한다. 무기 교체는 하나의 기능으로 볼 수 있으므로 main 함수에서 사용자 정의 함수 WeaponSwap으로 분리를 시도했다. 교체^{Swap}는 논리적으로 임시 변수 하나를 더 선언한 후 상호 바꿔주면 되므로 함수 WeaponSwap의 지역 변수 temp를 추가로 선언해서 빈 공간처럼 활용했다.

```
23        temp = iWeaponSlot1;
24        iWeaponSlot1 = iWeaponSlot2;
25        iWeaponSlot2 = temp;
```

함수 WeaponSwap을 main 함수에서 분리했지만 main 함수의 변수 iWeaponSlot1과 iWeaponSlot2를 함수 WeaponSwap에서도 그대로 사용하고 싶은 상황이다. 그런데 함수 WeaponSwap에서 동일한 변수명으로 iWeaponSlot1과 iWeaponSlot2를 선언한다고 해도 지역 변수의 사용 범위 때문에 컴파일러에게 main 함수의 변수와 다른 변수로 인지되므로 원하는 결과를 얻을 수 없다.

게다가 함수 WeaponSwap에서 별도로 변수를 선언하지 않았기 때문에 '에러 C2065' "error C2065: 'iWeaponSlot1': 선언되지 않은 식별자입니다."와 "error C2065: 'iWeaponSlot2': 선언되지 않은 식별자입니다."라는 컴파일 에러가 발생한다.

이것이 초보자 상당수가 기능별 사용자 정의 함수를 분리하는 과정에서 맞닥뜨리는 벽이다. main 함수에서만 코드를 작성했다면 아무런 문제가 없었는데, 괜히 함수를 분리해서 고생만 한다고 생각하기 쉽다. 더 나아가 사용자 정의 함수를 분리하는 것에 대한 불편함, 귀찮음, 두려움 등이 들기 시작한다. 그렇기 때문에 C 프로그래밍 언어에서 가장 중요한 건 사용자 정의 함수를 어떻게 분리하는지 그 세부적인 방법을 알려주는 것이다.

이러한 문제를 해결하는 방법에는 여러 가지가 있지만 가장 쉽게 떠오르는 것이 5행과 6행을 지역 변수가 아닌 전역 변수로 선언하는 방법일 수 있다. 그러나 다수의 변수를 모두 전역 변수로 선언한다면 프로그램이 종료될 때까지 수많은 전역 변수가 메모리 공간을 차지하고 있을 것이므로 최적화에 치명적일 것이다. 전역 변수는 양날의 검이다. 정말 필요한 곳에서 사용하기 위해 가급적 아껴두는 것을 권장한다. 쉬운 방법은 언제나 그만큼 큰 리스크가 존재한다.

3-11-3-2 함수의 인자에 변수로 값 공유

Ex3-151 / main.h

```
01    #pragma once
02    #define _CRT_SECURE_NO_WARNINGS
03    #include <stdio.h>
04
05    enum WeaponCode
06    {
07        REVOLVER,
08        MACHINE_GUN,
09        SHOTGUN,
10        GRENADE_LAUNCHER,
11        CHEMICAL_THROWER,
```

```
12        CROSSBOW,
13        RESEARCH_CAMERA
14    };
15
16    void WeaponSwap(int iValue1, int iValue2);
```

Ex3-151 / main.c

```
01    #include "main.h"
02
03    int main(void)
04    {
05        int iWeaponSlot1 = REVOLVER;
06        int iWeaponSlot2 = GRENADE_LAUNCHER;
07
08        printf("교체 전 슬롯1: %d\n", iWeaponSlot1);
09        printf("교체 전 슬롯2: %d\n", iWeaponSlot2);
10
11        WeaponSwap(iWeaponSlot1, iWeaponSlot2);
12
13        printf("교체 후 슬롯1: %d\n", iWeaponSlot1);
14        printf("교체 후 슬롯2: %d\n", iWeaponSlot2);
15
16        return 0;
17    }
18
19    void WeaponSwap(int iValue1, int iValue2)
20    {
21        int temp;
22
23        temp = iValue1;
24        iValue1 = iValue2;
25        iValue2 = temp;
26
27        printf("함수 내 슬롯1: %d\n", iValue1);
28        printf("함수 내 슬롯2: %d\n", iValue2);
29    }
```

표준 출력은 다음과 같다.

```
교체 전 슬롯1: 0
교체 전 슬롯2: 3
함수 내 슬롯1: 3
함수 내 슬롯2: 0
교체 후 슬롯1: 0
교체 후 슬롯2: 3
(커서 위치)
```

예제 코드 Ex3-151은 사용자 정의 함수를 어떻게 분리하는지 그 세부적인 방법을 알려주기 위한 예로, 이미 '3-6 사용자 정의 함수' 절에서 충분히 다룬 내용이다. 즉, '함수의 인자에 변수를 넣어 다른 함수로 원하는 데이터 값을 공유(전달)하는 방법'이다.

예제 코드 Ex3-150에서 소스 파일 main.c의 **main** 함수 내부 5행 ~ 6행에서 선언한 변수를 함수 WeaponSwap에서도 지역 변수인 채로 그대로 사용하고 싶었다. 즉, 다른 함수로 데이터 값을 공유하고 싶은 변수가 2개 존재하는 상태다.

이에 따라 19행과 같이 함수 WeaponSwap의 구현부에 공유하고 싶은 변수에 맞게 매개변수 2개를 추가한다. 매개변수를 추가했으니 함수 WeaponSwap의 구현부에서 사용된 변수를 매개변수로 변경해준다. 함수의 구현부를 변경했으니 당연히 함수의 선언부도 동일하게 매칭시켜줘야 한다. 헤더 파일 main.h의 16행도 수정한다.

```
19    void WeaponSwap(int iValue1, int iValue2)
```

다음으로 함수 WeaponSwap의 호출부에 해당되는 소스 파일 main.c의 11행에 구현부의 매개변수와 맞는 인자를 2개 넣는다. 함수 WeaponSwap으로 공유하고 싶었던 2개의 변수를 인자로 선택했다. 인자를 변수로 넣었기 때문에 변수 안의 데이터 값이 그대로 공유된다.

```
11    WeaponSwap(iWeaponSlot1, iWeaponSlot2);
```

이제 예제 코드 Ex3-150에서 발생했던 컴파일 에러도 없어졌을 뿐만 아니라 실제 출력 결과에서 무기 교체가 된 것을 알 수 있다. '교체 전 슬롯'과 '함수 내 슬롯'의 무기가 서로 바뀌어 있는 결과를 확인할 수 있다.

그런데 여기서 끝이 아니다. 의도적으로 main 함수에서 '교체 후 슬롯'을 출력해봤는데, '교체 전 슬롯'과 동일한 상태다. 다시 말해 '함수의 인자에 변수로 값 공유'로는 분리된 사용자 정의 함수 내부에서 일시적으로 원하는 교체 결과를 얻을 수 있으나 main 함수, 즉 원본 함수에서 선언된 변수의 값은 변경되지 않는다는 한계점이 발생한다.

물론 어떤 기능을 구현하는지에 따라 '함수의 인자에 변수로 값 공유'로 충분하기도 하다. 그러나 원본 함수에서 선언된 변수의 값 자체가 변경돼야 하는 경우도 존재한다. 무기 교체 시스템이 그렇다. 무기 교체가 일시적으로만 이뤄지고 다시 본래 상태로 돌아온다면 무기 교체라고 할 수 없다. 완전히 무기가 교체되지 않는다면 플레이어는 버그로 인식할 것이다. 그렇다면 이러한 문제를 어떻게 해결할 수 있을까?

3-11-3-3 함수의 인자에 포인터 변수로 주소 공유

Ex3-152 / main.h

```
01  #pragma once
02  #define _CRT_SECURE_NO_WARNINGS
03  #include <stdio.h>
04
05  enum WeaponCode
06  {
07      REVOLVER,
08      MACHINE_GUN,
09      SHOTGUN,
10      GRENADE_LAUNCHER,
11      CHEMICAL_THROWER,
12      CROSSBOW,
13      RESEARCH_CAMERA
14  };
15
16  void WeaponSwap(int *ptrValue1, int *ptrValue2);
```

Ex3-152 / main.c

```c
01  #include "main.h"
02
03  int main(void)
04  {
05      int iWeaponSlot1 = REVOLVER;
06      int iWeaponSlot2 = GRENADE_LAUNCHER;
07
08      printf("교체 전 슬롯1: %d\n", iWeaponSlot1);
09      printf("교체 전 슬롯2: %d\n", iWeaponSlot2);
10
11      WeaponSwap(&iWeaponSlot1, &iWeaponSlot2);
12
13      printf("교체 후 슬롯1: %d\n", iWeaponSlot1);
14      printf("교체 후 슬롯2: %d\n", iWeaponSlot2);
15
16      return 0;
17  }
18
19  void WeaponSwap(int *ptrValue1, int *ptrValue2)
20  {
21      int temp;
22
23      temp = *ptrValue1;
24      *ptrValue1 = *ptrValue2;
25      *ptrValue2 = temp;
26
27      printf("함수 내 슬롯1: %d\n", *ptrValue1);
28      printf("함수 내 슬롯2: %d\n", *ptrValue2);
29  }
```

표준 출력은 다음과 같다.

```
교체 전 슬롯1: 0
교체 전 슬롯2: 3
함수 내 슬롯1: 3
함수 내 슬롯2: 0
교체 후 슬롯1: 3
교체 후 슬롯2: 0
(커서 위치)
```

예제 코드 Ex3-152는 예제 코드 Ex3-151의 한계를 극복하기 위해 포인터 변수의 주요 목적인 '주소를 기반으로 한 함수 간 데이터 공유'를 알려주기 위한 예다. '함수의 인자에 변수의 주소를 공유해 포인터 변수를 통해 다른 함수로 원하는 주소가 가리키는 데이터 값을 공유(전달)하는 방법'이다.

다른 함수에 변수를 기준으로 데이터 값을 공유하면 해당 함수 내부에서만 일시적으로 교체되니 변수의 주소를 기준으로 데이터 공유를 시도해보자.

소스 파일 main.c의 19행과 같이 주소를 받을 수 있게 함수 WeaponSwap의 구현부를 포인터 변수로 변경한다. 함수의 구현부를 변경했으니 함수의 선언부인 헤더 파일 main.h의 16행도 수정한다.

```
19    void WeaponSwap(int *ptrValue1, int *ptrValue2)
```

다음으로 함수 WeaponSwap의 호출부에 해당되는 소스 파일 main.c의 11행에 구현부의 매개변수에 맞는 변수의 주소를 인자로 넣는다. 인자를 변수의 주소로 넣었기 때문에 함수 WeaponSwap에서는 주소가 가리키는 데이터 값으로 변환이 필요하다. 그러므로 함수 구현부의 매개변수가 포인터 변수로 돼 있는 것이다.

```
11        WeaponSwap(&iWeaponSlot1, &iWeaponSlot2);
```

예제 코드 Ex3-152에서 소스 파일 main.c의 호출부인 11행에 이어서 한 쌍으로 동작하는 구현부인 19행은 결국 예제 코드 Ex3-148에서 소스 파일 main.c의 14행과 동일한 기능을 한다. 즉, 사용자 정의 함수를 분리하는 과정에서 변수의 주소를 인자로 받아 포인터 변수로 선언된 매개변수에 대입하는 과정을 수행한 것뿐이다.

이제 예제 코드 Ex3-151과 달리 '함수 내 슬롯'은 물론 '교체 후 슬롯'의 무기마저 완전히 바뀌어 있는 결과를 확인할 수 있다. 양측 변수의 주소를 기준으로 가리키는 데이터 값을 교체했기 때문에 최종 결과도 변경된다.

지역 변수의 사용 범위는 함수의 { } 내부로 한정되지만 변수의 주소는 프로그램을 다시 실행하지 않는 이상 바뀌지 않으며, 사용 범위에 제한이 없기 때문이다. 메모리 주소를 사용하는 이유를 이제 제대로 이해했을 것이다.

이것이 '함수의 인자에 포인터 변수로 주소를 공유'하는 방법이며, 포인터 변수를 사용하는 두 번째 이유이자 포인터 변수가 만들어진 주요 목적이다. 이와 같이 포인터 변수는 '함수 간 데이터 공유'를 하기 위한 방법 중 하나로, 사용자 정의 함수를 분리해가는 과정에서 만들어진 파생 개념이다.

기존 책들처럼 main 함수에서만 아무리 포인터 변수의 개념을 잘 설명한들 개념은 이해해도 실제 사용하는 학생들이 적은 것은 포인터 변수의 근간인 왜 탄생하게 됐는가에 초점을 맞춰 설명해주지 않았기 때문이다.

3-11-4 주소와 포인터 변수의 크기

Ex3-153 / main.h

```
01  #pragma once
02  #define _CRT_SECURE_NO_WARNINGS
03  #include <stdio.h>
04
05  void Pointer();
```

Ex3-153 / main.c

```
01  #include "main.h"
02
03  int main(void)
04  {
05      Pointer();
06      return 0;
07  }
08
09  void Pointer()
10  {
11      char chVariable1 = 'S';
12      int iVariable2 = 5;
13      float fVariable3 = 3.7f;
14      double dVariable4 = 340.21;
15
16      char *ptrVariable1 = &chVariable1;
17      int *ptrVariable2 = &iVariable2;
18      float *ptrVariable3 = &fVariable3;
```

```
19      double *ptrVariable4 = &dVariable4;
20
21      printf("char 주소 크기: %zd\n", sizeof(&chVariable1));
22      printf("char 포인터 변수 크기: %zd\n", sizeof(ptrVariable1));
23      printf("char 가리키는 값 크기: %zd\n", sizeof(*ptrVariable1));
24
25      printf("int 주소 크기: %zd\n", sizeof(&iVariable2));
26      printf("int 포인터 변수 크기: %zd\n", sizeof(ptrVariable2));
27      printf("int 가리키는 값 크기: %zd\n", sizeof(*ptrVariable2));
28
29      printf("float 주소 크기: %zd\n", sizeof(&fVariable3));
30      printf("float 포인터 변수 크기: %zd\n", sizeof(ptrVariable3));
31      printf("float 가리키는 값 크기: %zd\n", sizeof(*ptrVariable3));
32
33      printf("double 주소 크기: %zd\n", sizeof(&dVariable4));
34      printf("double 포인터 변수 크기: %zd\n", sizeof(ptrVariable4));
35      printf("double 가리키는 값 크기: %zd", sizeof(*ptrVariable4));
36   }
```

표준 출력은 다음과 같다.

```
char 주소 크기: 8
char 포인터 변수 크기: 8
char 가리키는 값 크기: 1
int 주소 크기: 8
int 포인터 변수 크기: 8
int 가리키는 값 크기: 4
float 주소 크기: 8
float 포인터 변수 크기: 8
float 가리키는 값 크기: 4
double 주소 크기: 8
double 포인터 변수 크기: 8
double 가리키는 값 크기: 8
```

예제 코드 Ex3-153은 변수의 주소와 포인터 변수의 크기를 알아보기 위한 예다. 일반적인 변수는 '3-2 데이터형' 절에서 알아봤듯이 데이터형에 따라 크기가 다르다. 그렇다면 변수의 주소와 포인터 변수도 데이터형에 따라 크기가 다를까?

11행 ~ 14행에서는 각각 다른 4가지 데이터형으로 일반 변수의 선언 명령문과 동시에 초기화를 진행했다. 다음으로 16행 ~ 19행에서는 포인터 변수를 선언함과 동시에 각 변수의 주소를 포인터 변수에 초기화 값으로 대입했다.

여기서는 '3-11-2 포인터 변수 선언' 절에서 포인터 변수를 선언하는 2개의 작업을 한꺼번에 수행했다. 일반 변수도 포인터 변수도 선언 명령문과 대입 연산자를 통한 초기화가 기본이며, 이를 둘 다 동시에 수행할 수도 있다.

21행 ~ 35행에서는 4가지 데이터형에 따라 각각 변수의 주소 크기, 포인터 변수의 크기, 포인터 변수가 가리키는 데이터 값의 크기를 sizeof 연산자를 통해 알아봤다. 변수의 주소와 포인터 변수의 크기는 '데이터형과 무관하도록 동일하게 8바이트'로 나왔다. 변수의 주소를 저장하기 위한 목적을 가진 포인터 변수이므로 변수의 주소와 포인터 변수의 크기는 동일할 수밖에 없다.

반면 포인터 변수가 가리키는 데이터 값의 크기는 변수 또는 데이터형의 크기처럼 데이터형에 따라 차이가 존재했다.

참고로 변수의 주소는 앞서 예제 코드 Ex3-146의 출력 결과 중 '000000ED58FFF9D4'와 같이 16자리의 16진수로 표기됐다. 현재 PC 환경에서 대부분의 윈도우는 64비트 OS이며, 이에 따라 비주얼 스튜디오도 디폴트로 64비트로 컴파일되도록 설정돼 있다.

'1-3-6 실행 파일 실행' 절에서 소개했듯이 비주얼 스튜디오 툴바의 솔루션 메뉴에서 'x64'를 'x86'으로 바꿔 컴파일한 후 실행해보면 변수의 주소 크기와 포인터 변수가 4바이트로 변경되는 것을 확인할 수 있다. 32비트에서 주소와 포인터 변수의 크기는 4바이트로 16진수 8자리로 표기되며, 64비트에서 주소와 포인터 변수의 크기는 8바이트로 16진수 16자리로 표기된다.

3-11-5 억지로 만든 포인터 변수 예시

Ex3-154 / main.h

```
01  #pragma once
02  #define _CRT_SECURE_NO_WARNINGS
03  #include <stdio.h>
04
05  void Pointer();
```

Ex3-154 / main.c

```c
01  #include "main.h"
02
03  int main(void)
04  {
05      Pointer();
06      return 0;
07  }
08
09  void Pointer()
10  {
11      int iValue1 = 2, iValue2 = 7;
12      int iSum = 0;
13      float fAverage = 0.0f;
14
15      int *ptrValue1 = &iValue1;
16      int *ptrValue2 = &iValue2;
17      int *ptrSum = &iSum;
18      float *ptrAverage = &fAverage;
19
20      *ptrSum = *ptrValue1 + *ptrValue2;
21      *ptrAverage = *ptrSum / 2.0f;
22
23      printf("Sum: %d\n", *ptrSum);
24      printf("Average: %.2f", *ptrAverage);
25
26      /*
27      iSum = iValue1 + iValue2;
27      fAverage = iSum / 2.0f;
28
29      printf("Sum: %d\n", iSum);
30      printf("Average: %.2f", fAverage);
31      */
32  }
```

표준 출력은 다음과 같다.

```
Sum: 9
Average: 4.50
```

예제 코드 Ex3-154는 포인터 변수를 써야 하는 특별한 이유도 없으면서 억지로

644

포인터 변수를 활용한 예다. 이러한 예제 코드로 포인터 변수를 공부했다면 포인터 변수의 존재 의미를 잘못 이해하게 되며, 포인터 변수에 대한 개념이 흔들리게 된다. 다른 자료에서 포인터 변수를 쓸 이유도 없는데, 억지로 만든 예제를 본다면 학습하지 않고 넘어가는 것이 오히려 좋다.

11행 ~ 13행에서는 일반 변수의 선언 명령문과 동시에 초기화를 진행했다. 15행 ~ 18행에서는 포인터 변수의 선언 명령문과 동시에 일반 변수들의 주소로 초기화를 진행했다. 20행 ~ 24행에서는 일반 변수가 아닌 포인터 변수를 활용해 총합과 평균을 계산해서 표준 출력을 수행했다.

그런데 문제는 15행 ~ 24행을 주석 처리돼 있는 27행 ~ 30행으로 바꿔도 아무런 문제가 없이 동일한 결과를 도출한다는 것이다. 포인터 변수를 사용하는 대표적인 2가지 이유에 해당하지도 않는데, 굳이 포인터 변수를 사용해서 코드가 길어지고 복잡해지면서 포인터 변수를 선언해 간접적으로 데이터 값에 접근했다.

4줄이면 충분할 코드를 불필요하게 8줄로 작성했으며, 포인터 변수를 사용했기에 다른 팀원들이 코드를 분석할 때도 가독성이 떨어지는 단점까지 생겼는데, 포인터 변수를 사용함으로써 얻는 건 아무것도 없다.

이와 같이 포인터 변수를 쓸 필요가 없는 상황에서는 사용하지 않을 것을 강력히 권장한다. 포인터 변수를 알려주기 위해 예제 코드를 억지로 만들었다고 하면 프로그래밍을 배우는 초보자들은 그 코드가 포인터 변수를 활용하는 본래의 방법이라고 착각하게 된다.

예제 코드 Ex3-154의 코드만 보고 포인터 변수를 '왜' 사용하는지 알 수 있는 사람은 없다. 애초부터 포인터 변수를 사용한 이유가 없기 때문이다. 이유가 없는데 왜 사용하는지 이해할 수 있을 리가 없다. 이러한 코드로 포인터 변수를 배우면 포인터 변수를 왜 사용하는지 이해하는 것이 불가능하기 때문에 포인터 변수의 개념은 이해할 수 있어도 실제 프로그래밍에서 활용을 할 수 없게 된다.

포인터 변수는 여러 장점도 있지만 안전장치도 없고 무분별하게 사용하면 가독성이 매우 떨어지므로 반드시 사용할 이유가 있을 경우에만 선택적으로 사용하는 것이 원칙이다.

3-11-6 포인터 변수 대입

Ex3-155 / main.h

```
01  #pragma once
02  #define _CRT_SECURE_NO_WARNINGS
03  #include <stdio.h>
04
05  void Pointer();
```

Ex3-155 / main.c

```
01  #include "main.h"
02
03  int main(void)
04  {
05      Pointer();
06      return 0;
07  }
08
09  void Pointer()
10  {
11      int iValue1 = 3;
12      int iValue2 = 5;
13      float fValue3 = 7.6f;
14
15      int *ptrValue1 = &iValue1;
16      int *ptrValue2 = &iValue2;
17      float *ptrValue3 = &fValue3;
18
19      printf("Value1: %p\t%d\n", ptrValue1, *ptrValue1);
20      printf("Value2: %p\t%d\n", ptrValue2, *ptrValue2);
21      printf("Value3: %p\t%f\n\n", ptrValue3, *ptrValue3);
22
23      ptrValue1 = ptrValue2;
24
25      printf("Value1: %p\t%d\n", ptrValue1, *ptrValue1);
26      printf("Value2: %p\t%d\n", ptrValue2, *ptrValue2);
27      printf("Value3: %p\t%f\n\n", ptrValue3, *ptrValue3);
28
29      ptrValue1 = (int *)ptrValue3;
30
31      printf("Value1: %p\t%d\n", ptrValue1, *ptrValue1);
```

```
32         printf("Value2: %p\t%d\n", ptrValue2, *ptrValue2);
33         printf("Value3: %p\t%f", ptrValue3, *ptrValue3);
34    }
```

표준 출력은 다음과 같다.

```
Value1: 00000010C3F8F524    3
Value2: 00000010C3F8F544    5
Value3: 00000010C3F8F564    7.600000

Value1: 00000010C3F8F544    5
Value2: 00000010C3F8F544    5
Value3: 00000010C3F8F564    7.600000

Value1: 00000010C3F8F564    1089680179
Value2: 00000010C3F8F544    5
Value3: 00000010C3F8F564    7.600000
```

예제 코드 Ex3-155는 포인터 변수 간의 대입을 소개하기 위한 예다. 포인터 변수는 주소를 저장하기 위한 변수이므로 일반 변수와 달리 '대입에 신중'해야 한다. 포인터 변수 간의 대입은 프로그램이 실행되는 중간에 메모리 주소를 변경하는 것이 되므로 자칫 실수하면 메모리가 꼬이면서 감당하기 어려운 문제가 발생할 수도 있기 때문이다.

11행 ~ 13행에서는 `int` 2개와 `float` 1개로 일반 변수의 선언 명령문과 동시에 초기화를 진행했으며, 15행 ~ 17행에서는 `int *` 2개와 `float *` 1개로 포인터 변수의 선언 명령문과 동시에 초기화를 진행했다.

19행 ~ 21행은 포인터 변수 간 대입 연산이 이뤄지기 전에 본래 상태의 포인터 변수와 포인터 변수가 가리키는 데이터 값을 표준 출력했다. 변수의 주소는 당연히 전부 다르게 나왔고, 데이터 값도 초기화한 것과 같이 정상적으로 나온 것을 확인할 수 있다. 앞서 설명했듯이 주소는 개발 환경마다 다르며, 실행할 때마다 변경된다.

23행에서는 포인터 변수 prtValue2를 포인터 변수 prtValue1에 대입했다. LV와 RV 모두 `int *`인 동일한 데이터형이므로 형 변환 없이 대입 연산을 진행했다. 표준 출력 결과에서 확인할 수 있듯이 포인터 변수 prtValue1에 포인터 변수 prtValue2의 주소는 물론 포인터 변수가 가리키는 데이터 값도 정상적으로 변한 것을 확인할 수 있다. 주소가 변했으니 해당 주소가 가리키는 데이터 값도 변하는 것이 당연하다.

```
23        ptrValue1 = ptrValue2;
```

29행에서는 포인터 변수 prtValue3을 포인터 변수 prtValue1에 대입했다. LV는 int *이며, RV는 float *이므로 형 변환해 대입 연산을 진행했다. 표준 출력 결과에서 확인할 수 있듯이 포인터 변수 prtValue1에 포인터 변수 prtValue3의 주소는 정상적으로 대입됐다. 앞서 살펴봤듯이 주소의 크기는 데이터형과 무관하게 동일하기 때문이다. 그러나 포인터 변수가 가리키는 데이터 값은 원하지 않는 이상한 값이 나왔다.

```
29        ptrValue1 = (int *)ptrValue3;
```

이러한 값이 나온 이유는, 정수와 실수는 데이터형의 크기만 아니라 저장 방식 자체가 다르므로 형 변환을 통해 컴파일 에러는 발생하지 않고 주소까지는 정상적으로 대입할 수 있지만, 포인터 변수가 가리키는 데이터 값은 정상적으로 사용할 수 없기 때문이다.

그러므로 포인터 변수의 대입은 가급적 변수의 데이터형이 같을 때 제한적으로 사용하되, 형 변환이 필요한 경우에는 사용하지 않는 것을 권장한다.

3-11-7 포인터 변수와 const

Ex3-156 / main.h

```
01    #pragma once
02    #define _CRT_SECURE_NO_WARNINGS
03    #include <stdio.h>
04
05    void Pointer();
```

Ex3-156 / main.c

```c
01  #include "main.h"
02
03  int main(void)
04  {
05      Pointer();
06      return 0;
07  }
08
09  void Pointer()
10  {
11      int iItem1 = X_Potion;
12      int iItem2 = Elixir;
13
14      const int *InventorySlot;
15
16      InventorySlot = &iItem1;
17      printf("iItem1: %d\n", *InventorySlot);
18
19      InventorySlot = &iItem2;
20      printf("iItem2: %d\n", *InventorySlot);
21
22      //*InventorySlot = Ether;
23      iItem2 = Ether;
24      printf("iItem2: %d", *InventorySlot);
25  }
```

표준 출력은 다음과 같다.

```
iItem1: 3
iItem2: 100
iItem2: 11
```

예제 코드 Ex3-156은 예제 코드 Ex3-149를 기반으로 추가 및 변경해서 포인터 변수에 const를 추가했을 때 어떤 기능을 나타내는지 알아보기 위한 예다.

결론부터 이야기하면 포인터 변수에 const를 사용하면 변수에 const를 사용하는 상수화 기능과 다른 기능을 한다. 포인터 변수에 const를 사용하면 간접 참조 연산을 할 수 없게 된다.

14행에서 포인터 변수에 const를 붙였다. 16행 ~ 20행에서는 포인터 변수에 대입할 변수의 주소를 바꿔가면서 포인터 변수가 가리키는 데이터 값을 표준 출력했다.

const를 사용하지 않았다면 주석 처리돼 있는 22행과 같이 간접 참조 연산자를 활용해 간접적으로 데이터 값에 접근할 수 있었다. 그러나 포인터 변수를 선언할 때 const를 사용하는 것으로 인해 간접 참조 연산을 사용해 '변경'할 수 없게 됐다. 주석을 해제하고 컴파일하면 '에러 C2166' "error C2166: l-value가 const 개체를 지정합니다."라는 컴파일 에러가 발생한다. '포인터 변수가 상수화됐으니 포인터 변수가 가리키는 데이터 값에 간접적인 접근도 불가능'해진 것이다.

```
22          *InventorySlot = Ether;
```

이럴 경우에는 23행과 같이 일반 변수에 직접적으로 접근해줘야 한다. 17행, 20행, 24행에서는 간접 참조 연산자를 활용해서 데이터 값을 출력했다. 포인터 변수에 const를 사용하면 간접 참조 연산자 자체를 사용하는 것이 금지되는 것이 아니라 '간접 참조 연산자를 통해 데이터 값을 변경하는 것이 금지'된다. 일반 변수에서 사용되는 const와 기능이 다르니 코드를 작성하는 사람도 코드를 분석하게 되는 사람도 헷갈리기 쉬우므로 사용에 유의하자.

```
23          iItem2 = Ether;
```

세이브 포인트: 개념 정리

포인터 변수

- **포인터 변수의 정의**: 포인터 변수는 데이터 값을 담아두는 메모리 공간의 주소(위치)를 저장하기 위한 변수(메모리 공간)다. 일반 변수와 같이 데이터 값에 직접 접근하는 것이 아니라 주소를 통해 간접적으로 데이터 값에 접근 가능하다.
- **포인터 변수의 선언 명령문**: 데이터형과 포인터 변수명 사이에 포인터 기호인 '*(Asterisk)'를 붙인다. *가 붙으면서 데이터형이 변한다.
- **포인터 변수의 필요성**: 포인터 변수를 통해 간접적으로 다수의 변수에 접근 가능하며, 주소를 기반으로 한 함수 간 데이터 공유가 가능하다.
- **포인터 변수의 초기화**: 일반 변수와 포인터 변수의 선언 명령문을 각각 작성해서 메모리 공간을 확보한

후 포인터 변수에 변수의 시작 주소를 저장함으로써 포인터 변수가 변수를 가리키는 상황이 만들어진다.
- **포인터 변수의 대입**: 포인터 변수 간 직접 대입은 가능하지만 주소를 대입하는 것이므로 신중히 고려한다. 가급적 변수의 데이터형이 같을 때 제한적으로 사용하되, 형 변환이 필요한 경우에는 사용하지 않는 것을 권장한다.
- **포인터 변수의 크기**: 데이터형과 무관하도록 동일하게 8바이트로 고정(64비트 OS)된다.

세이브 포인트: 형식 정리

포인터 변수의 사용법
포인터 변수의 선언(표기법1): 데이터형 *포인터변수명;
포인터 변수의 선언(표기법2): 데이터형* 포인터변수명;

포인터 변수로 데이터 값에 접근: *포인터변수명

포인터 변수의 선언 및 초기화
데이터형 변수명 = 초기화 값;

데이터형 *포인터변수명;
포인터변수명 = &변수명;

3-12 동적 메모리

포인터 변수는 선언 명령문을 작성하는 순간에 메모리 공간을 확보하는 배열과 달리 다른 변수의 시작 주소를 저장하는 것으로 동작하며, 포인터 변수 자체의 크기는 고정돼 있으나 별도로 메모리 공간을 확보하지 않았다.

배열은 처음에 메모리 공간을 명확히 확보함에 따라 메모리 공간을 초과하는 데이터가 들어오지 않는 이상 쉽게 동일한 데이터형 그룹을 제어할 수 있다는 장점을 갖고 있다. 반면 끝내 사용하지 않을 수도 있는 메모리 공간을 처음부터 필요 이상으로 크게 할당할 가능성이 높고, 사용 범위가 종료될 때까지 해당 메모리 공간을 차지하고 있다는 단점을 갖고 있었다.

포인터 변수는 정해진 크기를 가지며 처음에 메모리 공간을 확보하지 않는 것으로 배열과 달리 유동성을 갖고 있다는 장점이 있지만, 이후 포인터 변수에 접근하려면 다른 일반 변수의 주소를 저장해서 서로 연결돼야 했다. 즉, 일반 변수에 의존적인 상황이다.

이러한 한계를 극복하지 못한다면 포인터 변수를 활용할 수 있는 곳에 명백한 한계가 있으므로 '포인터 변수도 단독으로 사용할 수 있는 기능'이 필요하다. 포인터 변수에 '동적 메모리'를 할당함으로써 이러한 한계를 극복할 수 있다. 따라서 포인터 변수는 동적 메모리와의 관계까지 명확히 이해해야 비로소 제대로 학습했다고 볼 수 있다.

동적 메모리는 '프로그래밍에서 실행 중에 사용할 메모리 공간을 할당하는 것'을 의미한다. 변수, 배열 등은 프로그램 실행 전에 컴파일 단계에서 정해진 메모리 공간을 할당하고 사용 범위가 종료되면 자동으로 메모리가 해제된다. 즉, 정적 메모리 할당이다. 필요한 메모리 공간을 사전에 파악하고 있을 때 사용한다.

반면 동적 메모리는 필요한 메모리 공간이 명확하지 않을 때 '프로그램 실행 중'에 임시적으로 메모리 공간을 확보하고, 해당 메모리가 필요 없어지면 사용 범위와 무관하게 프로그래머가 선택한 시점에 메모리를 수동으로 해제한다.

앞의 설명에서 눈치 챌 수 있듯이 동적 메모리는 선언 명령문에서 별도로 메모리 공간을 확보하지 않는 포인터 변수와 찰떡궁합의 관계를 가진다. 포인터 변수를 통해 독자적으로 별도의 메모리 공간을 동적으로 할당하려고 할 때 바로 동적 메모리 할당을 한다. 따라서 동적 메모리를 별도로 학습해서는 안 되며, 반드시 포인터 변수와 연결해서 배워야 한다고 한 것이다.

참고로 시스템의 메모리는 역할에 따라 성격을 달리하는 여러 영역으로 구분된다. 지역 변수와 함수 인자의 메모리 주소가 할당되는 '스택 영역', 동적 메모리 할당이 이뤄지는 '힙 영역', 전역 변수와 static 변수의 메모리 주소가 할당되는 '데이터 영역' 등으로 구분된다.

스택 영역은 컴파일 시 메모리 크기가 결정되지만 힙 영역은 실행 중 메모리 크기가 결정되므로 반드시 메모리 해제를 해줘야 한다. 동적 메모리를 해제하는 것을 잊어먹어서 메모리 사용량이 지속적으로 누적되는 것을 '메모리 누수^{Memory Leak}' 현상이라고 한다.

메모리 누수는 프로그램을 무겁게 만들고 예상치 못한 상황을 발생시킬 수 있으므로 C와 C++ 프로그래밍 언어로 프로그래밍을 수행할 때 동적 메모리를 사용함에 있어 메모리 해제는 쉬워 보이지만 가장 주의해야 할 점이다.

3-12-1 동적 메모리 할당과 해제: malloc( )과 free( )

Ex3-157 / main.h

```
01  #pragma once
02  #define _CRT_SECURE_NO_WARNINGS
03  #include <stdio.h>
04  #include <stdlib.h>
05
06  void DynamicMemory();
```

Ex3-157 / main.c

```
01  #include "main.h"
02
03  int main(void)
04  {
05      DynamicMemory();
06      return 0;
07  }
08
09  void DynamicMemory()
10  {
11      int *ptrPlayerHP;
12      ptrPlayerHP = (int *)malloc(sizeof(int));
13
14      *ptrPlayerHP = 150;
15
16      printf("주소: %p\n", ptrPlayerHP);
17      printf("데이터 값: %d", *ptrPlayerHP);
18
19      free(ptrPlayerHP);
20  }
```

표준 출력은 다음과 같다.

주소: 00000285C63E52E0
데이터 값: 150

- **함수의 원형**: void *__cdecl malloc(size_t _Size)
- **입력 데이터형**: size_t
- **출력 데이터형**: void *

- **함수의 원형**: void __cdecl free(void *_Block)
- **입력 데이터형**: void *
- **출력 데이터형**: void

예제 코드 Ex3-157은 동적 메모리 할당과 해제를 소개하기 위한 예다. 동적 메모리를 할당하려면 먼저 '헤더 파일 stdlib.h'를 선언해야 하며, 동적 메모리 할당은 함수 malloc이 수행하며, 동적 메모리 해제는 함수 free가 수행한다. 함수 malloc과 함수 free는 하나의 쌍이라고 생각하고 반드시 메모리 해제를 하는 버릇을 들여야 한다.

함수 malloc은 할당하고자 하는 메모리의 크기를 매개변수로 받고, 반환 데이터형으로 모든 데이터형으로 형 변환하기 쉽게 void *를 채택하고 있다. 따라서 함수 malloc을 통해 동적 메모리를 할당하고자 할 때 12행과 같이 형 변환해주는 것이 확실하다. 함수 free는 해제하고자 하는 포인터 변수를 매개변수로 받고, 반환 데이터형은 별도로 없다.

```
12      ptrPlayerHP = (int *)malloc(sizeof(int));
...
19      free(ptrPlayerHP);
```

'3-11 포인터 변수' 절에서는 일반 변수의 주소를 포인터 변수에 저장하는 것으로 포인터 변수를 사용했다. 포인터 변수를 활용하는 가장 쉬운 방법이지만 특정한 일반 변수와 반드시 연결해서 사용한다는 점이 단점이었다.

따라서 포인터 변수를 독자적으로 사용하기 위해 12행과 같이 포인터 변수에 동적 메모리로 할당하는 것으로 일반 변수와 동일한 결과를 구현했다. 동적 메모리의 크기는 하드 코딩을 피하고, sizeof 연산자를 활용하는 것이 보편적이다. 포인터 변수를 선언할 때 동적 메모리를 활용하면 일반 변수를 별도로 선언해서 주소를 연결하지 않아도 14행과 같이 간접 참조 연산자 *를 통해 독자적으로 일반 변수처럼 활용할 수 있다.

동적 메모리 할당이 가장 필요한 시점은 컴파일할 시점에 필요한 메모리양을 정확히 모를 경우다. 즉, 소비자를 대상으로 하는 상용 프로그램을 제작하다 보면 필요한 메모리 공간을 초기에 정확히 파악하기 어려운 경우가 대부분이다 보니 실무에서 동적 메모리 할당을 상당히 빈번히 활용하게 된다.

변수나 배열과 같은 정적 메모리 할당을 하면 자칫 과도한 메모리 공간을 할당할 수 있기 때문에 동적 메모리를 할당하는 것으로 예상보다 큰 메모리를 할당했다고 할지라도 일시적으로 사용 후 바로 메모리를 해체하는 것으로, 메모리를 효율적으로 사용할 수 있다.

포인터 변수에 동적 메모리를 할당하는 흐름은 크게 4가지로 정리할 수 있다. 첫째, 11행과 같이 포인터 변수의 선언 명령문을 작성한다. 둘째, 12행과 같이 해당 포인터 변수에 동적 메모리 할당을 한다. 셋째, 14행과 같이 동적 메모리를 알고리듬에 맞게 사용한다. 넷째, 19행과 같이 동적 메모리를 해제한다. 11행과 12행은 물론 선언 명령문과 동시에 초기화를 진행할 수 있으므로 하나의 명령문으로 축약할 수 있다.

```
11      int *ptrPlayerHP;
12      ptrPlayerHP = (int *)malloc(sizeof(int));
```

```
int *ptrPlayerHP = (int *)malloc(sizeof(int));
```

14행의 '경고 C6011'은 함수 malloc이 시스템의 메모리가 부족한 이유 등으로 정상적으로 메모리 할당을 하지 못하면 'NULL을 반환하게 될 수도 있다'는 가능성에 대한 경고다. 현재 코드에서는 아무런 문제가 발생하지 않으므로 경고를 무시해도 무관하다.

그러나 실제 메모리 할당을 정상적으로 하지 못해 NULL이 반환되는 경우도 존재하므로 경고에 대한 근본적인 문제를 해결하고자 한다면 아래의 코드와 같이 '예외 처리 코드'를 매번 작성해줘야 한다.

14행과 21행이 예외 처리 코드다. 따라서 프로젝트마다 이 경고를 무시할 것인지, 예외 처리 코드를 작성할 것인지 판단해서 규정을 하게 된다. 기본적으로 예외 처리 코드를 작성하는 것이 바람직하지만 책 분량의 한계가 존재하며, 이론을 배우는 과정에서 주목해야 하는 코드에 집중할 수 있도록 예외 처리 코드를 지금 설명한 후 앞으로는 생략하도록 한다. 직접 프로그래밍을 할 때는 예외 처리 코드를 잊어버리지 말고 작성하는 습관을 갖자. 이러한 상황을 고려해 문제가 발생하지 않는 코드에 한정해서 전처리기 #pragma를 사용해서 경고가 발생하지 않게 할 것이다.

```
09    void DynamicMemory()
10    {
11        int *ptrPlayerHP;
12        ptrPlayerHP = (int *)malloc(sizeof(int));
13
14        if (ptrPlayerHP != NULL)
15        {
16            *ptrPlayerHP = 150;
17        }
18
19        printf("주소: %p\n", ptrPlayerHP);
20
21        if (ptrPlayerHP != NULL)
22        {
23            printf("데이터 값: %d", *ptrPlayerHP);
24        }
25
26        free(ptrPlayerHP);
27    }
```

동적 메모리의 사용법

데이터형 * 포인터변수명;
포인터변수명 = (데이터형 *)malloc(데이터형_크기);

데이터형 *포인터변수명 = (데이터형 *)malloc(데이터형_크기);

```
free(포인터변수명);
```

3-12-2 동적 메모리를 배열처럼 활용

Ex3-158 / main.h

```
01  #pragma once
02  #define _CRT_SECURE_NO_WARNINGS
03  #include <stdio.h>
04  #include <stdlib.h>
05
06  #define MEMORY_COUNT 4
07
08  void DynamicMemory();
```

Ex3-158 / main.c

```
01  #pragma warning(disable:6011)
02  #include "main.h"
03
04  int main(void)
05  {
06      DynamicMemory();
07      return 0;
08  }
09
10  void DynamicMemory()
11  {
12      int *ptrPlayerLevel;
13      ptrPlayerLevel = (int *)malloc(sizeof(int) * MEMORY_COUNT);
14
15      ptrPlayerLevel[0] = 10;
16      ptrPlayerLevel[1] = 4;
17      ptrPlayerLevel[2] = 12;
18      ptrPlayerLevel[3] = 27;
19
20      for (int iCount = 0; iCount < MEMORY_COUNT; iCount++)
21      {
22          ptrPlayerLevel[iCount] = ptrPlayerLevel[iCount] + 1;
23          printf("Player%d Level: %d\n",
```

```
24                   iCount + 1, ptrPlayerLevel[iCount]);
25          }
26
27          free(ptrPlayerLevel);
28  }
```

표준 출력은 다음과 같다.

```
Player1 Level: 11
Player2 Level: 5
Player3 Level: 13
Player4 Level: 28
(커서 위치)
```

예제 코드 Ex3-158은 동적 메모리를 배열과 같이 활용할 수 있다는 것을 소개하기 위한 예다. '3-11 1차원 배열' 절의 예제 코드 Ex3-135와 비교하면서 살펴보자. 포인터 변수에 동적 메모리를 할당할 때 데이터형의 크기에 필요한 개수를 곱해 할당하는 것으로 바꿔 배열을 선언하지 않아도 배열과 동일한 결과를 구현했다.

```
12      int *ptrPlayerLevel;
13      ptrPlayerLevel = (int *)malloc(sizeof(int) * MEMORY_COUNT);
```

다시 말해 13행과 같이 크기를 곱해 동적 메모리를 할당하면 배열과 같은 메모리 공간을 힙 영역에 할당하게 되며, 15행 ~ 18행과 같이 인덱스를 통해 접근할 수 있다. 이후의 코드는 27행의 동적 메모리 해제를 제외하고 예제 코드 Ex3-135와 차이가 없다.

이와 같이 '동적 메모리는 변수는 물론 배열처럼 활용'할 수도 있다. 배열이 가진 치명적인 약점을 갖지 않으면서도 프로그래밍을 작성하는 초기 단계에서 명확히 필요한 메모리 공간을 몰라도 변수로도, 배열로도 활용할 수 있으므로 잘 사용하면 굉장히 강력하고 효율적이다.

따라서 기존 C 프로그래밍 언어 책을 통해 배운 학생 중 상당수는 배열과 포인터 변수에 초점을 맞춰 학습했고, 포인터 변수와 동적 메모리는 어려운 개념이니 대략적인 문법만 외우고 넘어가라고 하기 때문에 동적 메모리를 포함한 C 프로그래밍 언어에서 활용할 수 있는 메모리 관련 전체적인 개념을 정확히 이해하지 못하고 있는 경우가 태반이다.

더 큰 문제는 동적 메모리에 대한 개념을 포인터 변수와 연계해서 이해하지 못하기 때문에 포인터 변수도 절반 정도만 파악하고 있을 뿐이므로 실무에서 제대로 사용하지 못하는 경우가 많다.

C 프로그래밍 언어에서 대표적인 메모리 관련 개념을 뽑으라고 한다면 거의 대부분의 학생이 배열을 떠올린다. 그러나 실제 실무에서 프로그래밍을 하려면 배열이 아닌 포인터 변수와 동적 메모리가 떠오를 정도로 몸에 익숙해질 필요가 있다.

포인터 변수와 동적 메모리를 활용하지 못한다면 C 프로그래밍 언어에서 다루는 핵심적인 메모리 관리 기능을 사용하지 않고 기초적인 기능만으로 초보 수준의 프로그래밍을 하게 될 뿐이다. 포인터 변수와 동적 메모리는 고급 기능도 아니고, 선택적인 개념도 아니다. 아무리 초보라고 해도 핵심이 되는 개념을 어렵다는 이유로 대충 넘겨도 된다고 해서는 안 된다. C 프로그래밍을 하기 위한 필수적이고 기초적인 개념이니 시간을 꽤 소요하더라도 반드시 명확히 이해하고 직접 프로그래밍을 할 때 활용할 수 있을 정도가 되도록 빈번히 사용하려고 노력해야 한다.

동적 메모리의 배열처럼 사용법

```
데이터형 * 포인터변수명;
포인터변수명 = (데이터형 *)malloc(데이터형_크기 * 개수);
데이터형 *포인터변수명 = (데이터형 *)malloc(데이터형_크기 * 개수);

free(포인터변수명);
```

3-12-3 널 포인터

Ex3-159 / main.h

```
01  #pragma once
02  #define _CRT_SECURE_NO_WARNINGS
03  #include <stdio.h>
04
05  void DynamicMemory();
```

Ex3-159 / main.c

```
01  #include "main.h"
02
03  int main(void)
04  {
05      DynamicMemory();
06      return 0;
07  }
08
09  void DynamicMemory()
10  {
11      int *ptrPlayerHP = NULL;
12
13      printf("널 포인터 주소: %p\n", ptrPlayerHP);
14      printf("널 포인터 데이터 값: %d", *ptrPlayerHP);
15  }
```

표준 출력은 다음과 같다.

```
널 포인터 주소: 0000000000000000
(커서 위치)
```

예제 코드 Ex3-159는 '포인터 변수에 널 문자(NULL)를 저장'한 '널 포인터'를 소개하기 위한 예다. 포인터 변수는 주소가 저장되므로 널 문자가 저장된 포인터 변수인 널 포인터란 '아무것도 가리키지 않는 상태'를 의미한다. 포인터 변수에는 11행과 같이 널 문자를 저장해서 널 포인터를 만들 수 있다.

```
11        int *ptrPlayerHP = NULL;
```

다만 주의할 점이 있다. 예제 코드 Ex3-159의 14행은 '경고 C6011'에 따라 실제 문제가 발생했다. 함수 `malloc`이 실제 정상적으로 메모리 할당을 하지 못해 NULL을 반환했으므로 13행의 표준 출력은 정상적으로 이뤄지지만 14행의 표준 출력은 이뤄지지 않는다.

널 포인터에 간접 참조 연산자 *를 붙여봐야 아무것도 가리키지 않는 널 포인터가 가리키는 데이터 값을 출력할 수 있을 리가 없다. 이전 예제 코드에서는 '경고 C6011'를 무시했지만 예제 코드 Ex3-159와 같이 실제 문제가 발생할 경우에는 예제 처리 코드를 작성해야 프로그램이 실행 중에 문제가 발생하지 않게 된다.

3-12-4 포인터 변수의 활용법 4가지 정리

Ex3-160 / main.h

```
01    #pragma once
02    #define _CRT_SECURE_NO_WARNINGS
03    #include <stdio.h>
04    #include <stdlib.h>
05
06    #define STATUS_COUNT 3
07
08    void DynamicMemory1();
09    void DynamicMemory2();
10    void DynamicMemory3();
11    void DynamicMemory4();
```

Ex3-160 / main.c

```
01    #include "main.h"
02
03    int main(void)
04    {
05        DynamicMemory1();
06        DynamicMemory2();
07        DynamicMemory3();
08        DynamicMemory4();
```

```c
09
10          return 0;
11  }
12
13  void DynamicMemory1()
14  {
15          //#1 변수의 주소를 저장
16          int iPlayerHP = 120;
17          int *ptrPlayerHP = &iPlayerHP;
18
19          *ptrPlayerHP = 150;
20
21          fputs("#1 ----------\n", stdout);
22          printf("주소: %p\n", ptrPlayerHP);
23          printf("데이터 값: %d\n", *ptrPlayerHP);
24  }
25
26  void DynamicMemory2()
27  {
28          //#2 동적 메모리 할당
29          int *ptrPlayerMP = (int *)malloc(sizeof(int));
30
31          *ptrPlayerMP = 80;
32
33          fputs("#2 ----------\n", stdout);
34          printf("주소: %p\n", ptrPlayerMP);
35          printf("데이터 값: %d\n", *ptrPlayerMP);
36
37          free(ptrPlayerMP);
38  }
39
40  void DynamicMemory3()
41  {
42          //#3 크기를 곱해 동적 메모리 할당
43          int *ptrPlayerStatus = (int *)malloc(sizeof(int) * STATUS_COUNT);
44
45          ptrPlayerStatus[0] = 18;
46          ptrPlayerStatus[1] = 13;
47          ptrPlayerStatus[2] = 16;
48
49          fputs("#3 ----------\n", stdout);
50
51          for (int iCount = 0; iCount < STATUS_COUNT; iCount++)
```

```
52          {
53                  printf("주소: %p\n", &ptrPlayerStatus[iCount]);
54                  printf("데이터 값: %d\n", ptrPlayerStatus[iCount]);
55          }
56
57          free(ptrPlayerStatus);
58  }
59
60  void DynamicMemory4()
61  {
62          //#4 널 포인터
63          int *prtPlayerSP = NULL;
64          //int *prtPlayerSP = 0x0001;
65
66          fputs("#4 ----------\n", stdout);
67          printf("주소: %p\n", prtPlayerSP);
68          printf("데이터 값: %d\n", *prtPlayerSP);
69  }
```

표준 출력은 다음과 같다.

```
#1 ----------
주소: 00000059E65EFAB4
데이터 값: 150
#2 ----------
주소: 0000020C1AE55370
데이터 값: 80
#3 ----------
주소: 0000020C1AE5E1E0
데이터 값: 18
주소: 0000020C1AE5E1E4
데이터 값: 13
주소: 0000020C1AE5E1E8
데이터 값: 16
#4 ----------
주소: 0000000000000000
(커서 위치)
```

예제 코드 Ex3-160은 포인터 변수와 동적 메모리를 완전히 이해할 수 있도록 정리한 매우 중요한 예다. 포인터 변수를 활용할 수 있는 4가지 방법을 각각 사용자 정의 함수로 분리해서 요약했다. 이 예제 코드만큼은 반드시 이해하고 넘어가자.

첫 번째 함수와 같이 포인터 변수에 일반 변수의 주소를 저장해서 사용하는 방법이다. '3-11 포인터 변수' 절에서 포인터 변수를 선언하는 방법을 배웠다. 16행과 같이 일반 변수의 선언을 한 후 17행과 같이 포인터 변수를 선언하고 일반 변수의 주소를 포인터 변수에 저장한다. 포인터 변수가 일반 변수의 주소를 가리키는 상태가 됐으므로 19행과 같이 포인터 변수를 사용할 수 있다. 일반 변수와 연결되므로 다수의 일반 변수를 바꿔가며 활용할 수 있다.

```
16      int iPlayerHP = 120;
17      int *ptrPlayerHP = &iPlayerHP;
```

두 번째 함수와 같이 포인터 변수에 동적 메모리를 할당해서 변수처럼 사용하는 방법이다. 29행과 같이 포인터 변수에 동적 메모리를 데이터형의 크기를 기준으로 할당한 후 31행과 같이 포인터 변수를 사용할 수 있다. 별도로 일반 변수를 선언해서 주소를 저장해 연결할 필요 없이 포인터 변수만으로 메모리 공간을 할당하는 방법이다. 주의할 점은 동적 메모리를 할당했기에 37행과 같이 반드시 적당한 시점에 동적 메모리를 해제하는 코드는 직접 작성해야 한다.

```
29      int *ptrPlayerMP = (int *)malloc(sizeof(int));
...
37      free(ptrPlayerMP);
```

세 번째 함수와 같이 포인터 변수에 데이터형의 크기에 개수를 곱해 동적 메모리를 할당해서 배열처럼 사용하는 방법이다. 43행과 같이 포인터 변수에 데이터형의 크기에 개수를 곱해 동적 메모리를 할당한 후 45행 ~ 47행과 같이 인덱스를 활용해서 초기화를 한 다음, 53행 ~ 54행과 같이 사용할 수 있다. 57행과 같이 동적 메모리를 해제하는 것을 잊어서는 안 된다.

```
43      int *ptrPlayerStatus = (int *)malloc(sizeof(int) * STATUS_COUNT);
...
57      free(ptrPlayerStatus);
```

네 번째 함수와 같이 포인터 변수에 널 문자(NULL)를 저장해서 널 포인터로 만들어 사용하는 방법이다. 63행과 같이 포인터 변수를 선언하고 널 문자로 초기화하면 널 포인터가 된다. 널 포인터는 아무것도 가리키지 않는 상태이므로 주소를 기반으로 데이터 값에 접근하는 것이 불가능하다. 포인터 변수가 아무것도 가리키지 않는 상태가 무의미해 보이지만, 특정한 행동에 대한 수행의 실패와 같은 조건들을 표현하기 위해 사용된다. 주의할 점은 64행과 같이 포인터 변수에 임의적인 주소를 직접 저장하는 것은 불가능하다는 것이다.

```
63        int *prtPlayerSP = NULL;
```

이와 같이 포인터 변수를 사용하는 방법 중 절반은 동적 메모리와 관련돼 있다. 널 포인터는 특정 상황에서 한정적으로 사용하므로 실질적으로 포인터 변수는 동적 메모리와 매우 밀접한 관계를 갖고 있다는 것을 확인할 수 있었다. 포인터 변수와 동적 메모리를 연계해서 이해하는 것이야 말로 실무에서 프로그래밍을 할 수 있는 토대가 될 것이다.

흔히 실무에서는 포인터 변수를 제대로 사용하지 못한다면 C 프로그래밍 언어를 제대로 배우지 못했다고 한다. 그 말은 상대적으로 어려운 개념이지만 동적 메모리까지 충분히 이해하지 못한다면 C 프로그래밍 언어를 수박 겉 핥기로 배웠다는 의미가 된다.

기존 책들은 목차 구성상 2차원 배열이나 이중 포인터와 같은 난이도 높은 선택적이고 확장된 개념을 상대적으로 먼저 배치해 많은 학생이 C 프로그래밍 언어의 중심에서 동떨어진 부분을 학습하는 데 지쳐서 정작 중요한 사용자 정의 함수, 사용자 정의 데이터형, 동적 메모리, 파일 분리 등은 집중하지 못한 채 대략적인 것만 훑게 된다.

어렵다고 포기하지 말고 포인터 변수와 동적 메모리의 기본 개념을 명확히 이해하고, 가급적 자주 사용하려고 노력하면 생각 외로 금세 익숙해진 자신을 확인할 수 있을 것이다.

3-12-5 memset( )

Ex3-161 / main.h

```
01  #pragma once
02  #define _CRT_SECURE_NO_WARNINGS
03  #include <stdio.h>
04  #include <stdlib.h>
05  #include <string.h>
06
07  #define STRING_MAX_LENGTH 20
08
09  void DynamicMemory1();
10  void DynamicMemory2();
```

Ex3-161 / main.c

```
01  #include "main.h"
02
03  int main(void)
04  {
05      DynamicMemory1();
06      DynamicMemory2();
07
08      return 0;
09  }
10
11  void DynamicMemory1()
12  {
13      int *ptrPlayerHP = (int *)malloc(sizeof(int));
14
15      memset(ptrPlayerHP, 0, sizeof(int));
16
17      printf("주소: %p\n", ptrPlayerHP);
18      printf("데이터 값: %d\n", *ptrPlayerHP);
19
20      memset(ptrPlayerHP, 1, sizeof(int));
21
22      printf("주소: %p\n", ptrPlayerHP);
23      printf("데이터 값: %d\n", *ptrPlayerHP);
24
25      free(ptrPlayerHP);
26  }
```

```
27
28   void DynamicMemory2()
29   {
30       char ptrPlayerName[STRING_MAX_LENGTH] = "Lara Croft";
31
32       memset(ptrPlayerName, 'T', 4);
33
34       printf("데이터 값: %s", ptrPlayerName);
35   }
```

표준 출력은 다음과 같다.

```
주소: 000001A237265370
데이터 값: 0
주소: 000001A237265370
데이터 값: 16843009
데이터 값: TTTT Croft
```

예제 코드 Ex3-161은 지정된 메모리 크기 안의 내용을 한 번에 특정 값으로 일괄적으로 변경할 수 있는 함수 memset을 소개하기 위한 예다. 함수 memset을 사용하려면 '헤더 파일 string.h'를 추가해줘야 한다. 동적 메모리 관련 표준 라이브러리가 대부분 헤더 파일 stdlib.h에 있는 것을 고려할 때 동적 메모리에서 활용할 수는 있지만 근본적으로 다른 목적을 갖고 만들어졌음을 추측할 수 있다.

동적 메모리에서 함수 memset은 15행과 같이 지정된 메모리의 크기만큼 0으로 초기화하기 위해 자주 활용된다. 동적 메모리를 할당한 후 안정적으로 초기화하기 위해 할당된 메모리 크기를 모두 0으로 초기화할 필요가 있는데, 이때 매우 유용하다.

```
15       memset(ptrPlayerHP, 0, sizeof(int));
```

하지만 함수 memset을 사용할 때 주의할 점이 있다. 20행과 같이 0 이외의 값을 두 번째 인자에 넣으면 예상외의 결과를 얻는다. 함수 memset은 '1바이트' 단위로 값을 초기화하므로 1바이트를 1로 초기화했다. 따라서 4바이트의 int를 정상적으로 1로 초기화할 수 없으므로 예상외의 결과가 도출된 것이다. 헤더 파일 string.h

에 저장돼 있는 것만 봐도 동적 메모리 전용으로 만들어진 표준 라이브러리가 아니라는 것을 알 수 있듯이 활용하는 데 제약이 있다.

다음으로 30행에서 문자열 리터럴을 배열에 저장한 후 32행에서 4바이트만큼 문자 리터럴 'T'로 일괄적으로 변경했다. 이에 따라 표준 출력 결과는 TTTT Croft로 된다.

```
32          memset(ptrPlayerName, 'T', 4);
```

결론적으로 함수 memset은 정수나 실수의 데이터형을 0으로 초기화할 때나 char 배열을 통해 문자열 리터럴을 초기화한 후 문자를 변경하기 위한 특수한 상황에서만 제한적으로 사용한다. 그만큼 완전한 기능을 가진 함수는 아니다.

3-12-6 calloc( )

Ex3-162 / main.h

```
01  #pragma once
02  #define _CRT_SECURE_NO_WARNINGS
03  #include <stdio.h>
04  #include <stdlib.h>
05  #include <string.h>
06
07  #define MEMORY_COUNT 4
08
09  void DynamicMemory();
```

Ex3-162 / main.c

```
01  #pragma warning(disable:6011)
02  #include "main.h"
03
04  int main(void)
05  {
06      DynamicMemory();
07      return 0;
08  }
09
```

```c
10   void DynamicMemory()
11   {
12       int *ptrPlayerLevel;
13       ptrPlayerLevel = (int *)malloc(sizeof(int) * MEMORY_COUNT);
14
15       //memset(ptrPlayerLevel, 0, sizeof(int) * MEMORY_COUNT);
16
17       for (int iCount = 0; iCount < MEMORY_COUNT; iCount++)
18       {
19           printf("Player%d Level: %d\n",
20               iCount + 1, ptrPlayerLevel[iCount]);
21       }
22
23       ptrPlayerLevel = (int *)calloc(MEMORY_COUNT, sizeof(int));
24
25       for (int iCount = 0; iCount < MEMORY_COUNT; iCount++)
26       {
27           printf("Player%d Level: %d\n",
28               iCount + 1, ptrPlayerLevel[iCount]);
29       }
30
31       free(ptrPlayerLevel);
32   }
```

표준 출력은 다음과 같다.

```
Player1 Level: -842150451
Player2 Level: -842150451
Player3 Level: -842150451
Player4 Level: -842150451
Player1 Level: 0
Player2 Level: 0
Player3 Level: 0
Player4 Level: 0
(커서 위치)
```

- 함수의 원형: void *__cdecl calloc(size_t _Count, size_t _Size)
- 입력 데이터형: size_t, size_t
- 출력 데이터형: void *

예제 코드 Ex3-162는 함수 calloc을 소개하기 위한 예다. 함수 malloc은 동적 메모리를 할당하는 기초적인 함수이므로 초기화를 하는 기능이 없다. 따라서 함수 memset을 활용해서 초기화를 수행했다.

반면 함수 calloc은 함수 malloc의 기본 기능인 동적 메모리를 할당하는 기능에 추가적으로 할당된 메모리 공간을 0으로 초기화하는 기능을 포함하고 있다. 결론적으로 함수 calloc은 함수 malloc을 대체할 수 있는 상위 호환이라고 볼 수 있다.

함수 malloc은 13행과 같이 배열처럼 동적 메모리를 할당했다고 할지라도 별도로 초기화를 하는 코드를 작성해줘야 한다. 15행을 그대로 주석 처리하고 컴파일하면 표준 출력 결과에서 확인할 수 있듯이 초기화되지 않은 값이 출력된다. 15행의 주석을 해제하고 다시 컴파일하면 0으로 초기화된 것을 확인할 수 있다.

```
13      ptrPlayerLevel = (int *)malloc(sizeof(int) * MEMORY_COUNT);
14
15      //memset(ptrPlayerLevel, 0, sizeof(int) * MEMORY_COUNT);
```

함수 calloc은 함수 malloc과 달리 23행과 같이 2가지 인자가 구분돼 있다는 차이가 있지만, 인자가 분리돼 있을 뿐 큰 차이는 없고 동적 메모리 할당을 수행하는 건 동일하다. 변수를 대체하는 것인지, 배열을 대체하는 것인지는 고려해야 한다. 여기서는 int 배열과 같이 메모리를 할당했다.

```
23      ptrPlayerLevel = (int *)calloc(MEMORY_COUNT, sizeof(int));
```

함수 calloc은 자체적으로 0으로 초기화하는 기능을 포함하고 있어 별도의 초기화 코드를 추가하지 않아도 되므로 초기화를 하지 않아 생기는 문제를 사전에 방지할 수 있어 편리한 동시에 안정적이다. 그러므로 동적 메모리를 초기화해야 한다면 함수 malloc에서 동적 메모리 할당 후 함수 memset을 사용할 수도 있지만, 함수 calloc으로 동적 메모리를 할당하는 동시에 초기화까지 자동으로 수행하는 것을 추천한다.

함수 calloc을 활용한 동적 메모리의 사용법

데이터형 * 포인터변수명;
포인터변수명 = (데이터형 *)calloc(개수, 데이터형_크기);

데이터형 *포인터변수명 = (데이터형 *)calloc(개수, 데이터형_크기);

free(포인터변수명);

3-12-7 realloc( )

Ex3-163 / main.h

```
01  #pragma once
02  #define _CRT_SECURE_NO_WARNINGS
03  #include <stdio.h>
04  #include <stdlib.h>
05  #include <string.h>
06
07  #define MEMORY_COUNT_1 4
08  #define MEMORY_COUNT_2 6
09
10  void DynamicMemory();
```

Ex3-163 / main.c

```
01  #pragma warning(disable:6011 6308 6387)
02  #include "main.h"
03
04  int main(void)
05  {
06      DynamicMemory();
07      return 0;
08  }
09
10  void DynamicMemory()
11  {
12      int *ptrPlayerLevel;
13      ptrPlayerLevel = (int *)malloc(sizeof(int) * MEMORY_COUNT_1);
14
15      memset(ptrPlayerLevel, 0, sizeof(int) * MEMORY_COUNT_1);
```

```
16
17          for (int iCount = 0; iCount < MEMORY_COUNT_1; iCount++)
18          {
19              printf("Player%d Level: %d\n",
20                  iCount + 1, ptrPlayerLevel[iCount]);
21          }
22
23          ptrPlayerLevel
24              = (int *)realloc(ptrPlayerLevel, sizeof(int) * MEMORY_COUNT_2);
25
26          //memset(ptrPlayerLevel, 0, sizeof(int) * MEMORY_COUNT_2);
27
28          for (int iCount = 0; iCount < MEMORY_COUNT_2; iCount++)
29          {
30              printf("Player%d Level: %d\n",
31                  iCount + 1, ptrPlayerLevel[iCount]);
32          }
33
34          free(ptrPlayerLevel);
35      }
```

표준 출력은 다음과 같다.

```
Player1 Level: 0
Player2 Level: 0
Player3 Level: 0
Player4 Level: 0
Player1 Level: 0
Player2 Level: 0
Player3 Level: 0
Player4 Level: 0
Player5 Level: -842150451
Player6 Level: -842150451
(커서 위치)
```

- 함수의 원형: void *__cdecl realloc(void *_Block, size_t _Size)
- 입력 데이터형: void *, size_t
- 출력 데이터형: void *

예제 코드 Ex3-163은 함수 realloc을 소개하기 위한 예다. 함수 realloc은 함수 malloc 또는 함수 calloc으로 동적 메모리를 할당했는데, 이후에 할당된 메모리의 크기를 변경(확장 또는 축소)하고 싶을 때 사용한다.

13행에서 동적 메모리를 int의 4개만큼 할당하고, 15행에서 함수 memset을 사용해 0으로 초기화했다. 이후 23행 ~ 24행에서 함수 realloc을 통해 동적 메모리를 int의 6개만큼 크기로 변경했다.

```
23      ptrPlayerLevel
24              = (int *)realloc(ptrPlayerLevel, sizeof(int) * MEMORY_COUNT_2);
```

26행의 초기화하는 코드를 주석 처리한 상태에서 그대로 컴파일하면 함수 realloc의 특징을 확인할 수 있다. 함수 realloc을 통해 동적 메모리의 크기를 변경하면 포인터 변수의 주소는 바뀌지만 원래 배열에 들어 있던 모든 값은 그대로 유지되므로 int의 4개에 해당되는 부분은 기존과 같이 0으로 초기화돼 있는 상태다.

반면 확장된 메모리 영역은 아직 초기화되지 않았음을 확인할 수 있다. 그렇기 때문에 함수 realloc을 사용해서 동적 메모리 영역을 확장했을 때는 26행과 같이 다시 초기화를 해줄 필요가 있다. 26행의 주석을 해제하고 컴파일하면 할당된 동적 메모리가 모두 0으로 초기화된 것을 확인할 수 있다.

```
26      memset(ptrPlayerLevel, 0, sizeof(int) * MEMORY_COUNT_2);
```

> **세이브 포인트: 개념 정리**
>
> **동적 메모리**
> - **동적 메모리의 정의**: 프로그래밍에서 실행 중에 사용할 메모리 공간을 할당하는 것이다. 필요한 메모리 공간이 명확하지 않을 때 '프로그램 실행 중'에 임시적으로 메모리 공간을 확보하고, 해당 메모리가 필요 없어지면 사용 범위와 무관하게 메모리를 수동적으로 해제한다.
> - **동적 메모리의 할당과 해제**: 동적 메모리 할당은 함수 malloc이 수행하며, 동적 메모리 해제는 함수 free가 수행한다. 함수 malloc과 함수 free는 하나의 쌍이라고 생각하고 반드시 메모리 해제가 필요하다.
> - **동적 메모리의 필요성**: 변수나 배열과 같은 정적 메모리 할당을 하면 자칫 과도한 메모리 공간을 할당할 수 있기 때문에 예상보다 큰 메모리를 할당했다고 할지라도 일시적으로 사용 후 바로 메모리를 해제하는 것으로 메모리를 효율적으로 사용한다.

포인터 변수의 활용법 4가지
- 포인터 변수에 일반 변수의 주소를 저장해서 사용하는 방법이다.
- 포인터 변수에 동적 메모리를 할당해서 변수처럼 사용하는 방법이다.
- 포인터 변수에 데이터형의 크기에 개수를 곱해 동적 메모리를 할당해서 배열처럼 사용하는 방법이다.
- 포인터 변수에 널 문자(NULL)을 저장해서 널 포인터로 만들어 사용하는 방법이다.

세이브 포인트: 형식 정리

동적 메모리의 사용법

데이터형 * 포인터변수명;
포인터변수명 = (데이터형 *)malloc(데이터형_크기);

데이터형 *포인터변수명 = (데이터형 *)malloc(데이터형_크기);

free(포인터변수명);

동적 메모리의 배열처럼 사용법

데이터형 * 포인터변수명;
포인터변수명 = (데이터형 *)malloc(데이터형_크기 * 개수);

데이터형 *포인터변수명 = (데이터형 *)malloc(데이터형_크기 * 개수);

free(포인터변수명);

함수 calloc을 활용한 동적 메모리의 사용법

데이터형 * 포인터변수명;
포인터변수명 = (데이터형 *)calloc(개수, 데이터형_크기);

데이터형 *포인터변수명 = (데이터형 *)calloc(개수, 데이터형_크기);

free(포인터변수명);

3-13 문자열

배열, 포인터 변수, 동적 메모리의 기초적인 개념을 학습했다면 이제야 드디어 문자열을 살펴볼 차례다. 문자열은 리터럴 및 데이터형과 관련돼 있으므로 매우 빠른 시점에 다뤄야 할 것처럼 느껴지고 실제도 그래야 하지만, C 프로그래밍 언어에서는 그렇지 못했다. C 프로그래밍 언어에서는 문자열 전용 데이터형이 없기 때문에 문자의 집합으로 보는 관점에서 '배열'로 처리하거나 문자열의 시작 주소를 기준으로 '포인터 변수'로 처리했다.

직접적 해결법이 아닌 본래 다른 목적으로 만들어진 각기 다른 2가지의 개념을 갖고 와서 우회적으로 활용하는 형태가 되므로 그 한계가 명확하며, C 프로그래밍 언어에서 난이도가 높은 배열과 포인터 변수를 배운 후에 비로소 문자열을 정식적으로 다룰 수 있어 매우 늦은 시기에 학습하게 된다.

특히 배열과 포인터 변수는 탄생 배경, 존재 의의, 목적, 사용 이유 등이 완전히 다르므로 문자열을 위해 활용할 때도 그 특성에 영향을 받아 각각 차이점이 발생한다. 따라서 배열로 문자열을 처리하는 것과 포인터 변수로 문자열을 처리하는 것의 차이를 명확히 알고 필요에 따라 정확히 구분해서 사용할 수 있어야 한다.

세부 목차에서 배열과 포인터 변수를 구분했으니 항목별로 서로 비교하면서 보는 것이 큰 도움이 될 것이다. 초기화, 크기, 인덱스로 문자 접근 가능 여부, 대입 가능 여부, 입력 함수에서 사용 방법을 반드시 비교해서 보길 권한다. 문자열을 어떻게 다룰 것인가에 따라 배열에 저장할지, 포인터 변수에 저장할지 스스로 결정할 수 있어야 한다.

또한 전용 데이터형이 존재했다면 고민하지 않을 기본적인 기능조차 전혀 사용할 수 없어 길이 구하기, 비교하기, 복사하기, 붙이기 등 모든 기능을 각각 하나씩 쪼개서 별도로 표준 라이브러리로 만들어 제공할 수밖에 없었다. 데이터형이 존재하면 당연히 자연스럽게 되는 것들이 데이터형이 없음으로 인해 심각한 수준의 불편함이 발생했으며, 문자열 관련 표준 라이브러리도 C 프로그래밍 언어가 탄생되는 시점에 전부 계획해서 체계적으로 만들어졌다고 보기보다 필요한 기능이 생길 때마다 추가한 느낌이라 제공되는 표준 라이브러리의 일관성도 부족한 것이 사실이다.

C 프로그래밍 언어에서 문자열 처리를 그다지 중요한 개념으로 보지 않는다고 했다. 객체지향 프로그래밍 언어인 C++와 C#으로 넘어가면 문자열 전용 데이터형을 지원하기 때문에 C에서 문자열 처리를 하기 위해 배웠던 대다수가 아무런 의미가 없어지기 때문이다.

따라서 C 프로그래밍 언어에서 문자열 연산을 위해 제공된 많은 표준 라이브러리도 객체지향 프로그래밍 언어에서는 더 이상 사용하지 않는다. 문자열 데이터형이 존재하기 때문에 그에 따른 기능을 편리하게 사용할 수 있도록 제공된다.

한편 상용 프로그램을 개발하다 보면 문자열 리터럴을 굉장히 많이 사용하게 된다. 사용자에게 피드백을 제공하고 상호작용을 하기 위해 가급적 문화나 언어의 장벽이 없는 그림으로 표현하는 것이 좋지만, 세부적인 정보를 제공하려면 어쩔 수 없이 인간이 가진 언어(텍스트, 문자열)로 표현할 수밖에 없기 때문이다.

C 프로그래밍 언어가 갖는 많은 단점이 있지만 문자열 처리가 까다롭고 귀찮다는 점도 C 프로그래밍 언어를 기피하는 데 큰 몫을 차지한다. 특히 텍스트를 많이 다뤄야 하는 게임 등의 프로그램을 만들 경우 문자열을 처리하는 기능을 구현하느라 굉장히 많은 시간을 뺏겨야 하므로 C 프로그래밍 언어로 게임을 만드는 것 자체가 굉장히 비효율적이다.

C++나 C#으로 구현했다면 문자열 처리에 드는 시간 소요가 압도적으로 줄어들기 때문에 그만큼 실제 원하는 게임 시스템이나 콘텐츠를 구현하는 데 시간을 할애할 수 있다. 따라서 현재 C 프로그래밍 언어가 쓰이는 분야가 임베디드 시스템 등과 같이 소규모의 특정 목적을 가진 것에 한정되는 것이다.

그럼에도 문자열 리터럴은 인간이 가장 많이 사용하는 데이터이기도 하다. 따라서 문자열을 프로그래밍에서 기본적으로 어떻게 다루는지 전체적인 흐름을 이해하는 과정은 반드시 필요하다. 하지만 문자열 관련 표준 라이브러리를 외우느라 시간을 소요하는 건 결코 추천하지 않는다. 필요할 때 찾아볼 수 있을 정도로 어떤 기능들을 제공하는지 대략적인 내용만 파악하고 있으면 충분하다.

3-13-1 배열과 문자열

3-13-1-1 char 배열 선언 명령문

Ex3-164 / main.h

```c
01  #pragma once
02  #define _CRT_SECURE_NO_WARNINGS
03  #include <stdio.h>
04
05  #define STRING_MAX_LENGTH 20
06
07  void String();
```

Ex3-164 / main.c

```c
01  #include "main.h"
02
03  int main(void)
04  {
05      String();
06      return 0;
07  }
08
09  void String()
10  {
11      char arrPlayerName[STRING_MAX_LENGTH + 1] = "Gordon Freeman";
12
13      printf("크기: %zd\n", sizeof(arrPlayerName));
14
15      printf("문자열 출력: %s\n", arrPlayerName);
16      printf("문자열 시작 주소: %p\n", arrPlayerName);
17
18      printf("문자열 출력: %s\n", arrPlayerName + 3);
19      printf("문자열 시작 주소: %p", arrPlayerName + 3);
20  }
```

표준 출력은 다음과 같다.

```
크기: 21
문자열 출력: Gordon Freeman
```

```
문자열 시작 주소: 0000003B9A18F778
문자열 출력: don Freeman
문자열 시작 주소: 0000003B9A18F77B
```

예제 코드 Ex3-164는 char 배열을 통해 문자열을 저장한 예다. '3-10 1차원 배열' 절에서 다룬 것처럼 배열은 복합 데이터형으로 동일한 데이터형이 다수 존재할 때 하나의 개념으로 묶어 인덱스(순서)로 지정하는 형태이며, 각 배열 요소가 변수로서의 기능을 한다고 했었다. 즉, 다수의 문자 데이터형으로 이뤄진 변수들이 순서를 구성해 그룹화돼 있다는 문자의 관점에서 접근하는 방식이다.

배열을 통해 문자열을 저장할 때는 선언 명령문과 동시에 초기화하는 것을 강력히 권장한다. 앞서서도 소개했으며 이후 예제 코드로 살펴보겠지만 배열을 선언한 후 배열에 문자열을 대입 연산자로 직접 대입할 수는 없다. C 프로그래밍 언어에 관리하는 메모리 공간에는 문자열의 개념이 존재하지 않고 문자의 개념만 존재하기 때문이다. 따라서 대입하려면 문자 기준으로 하나씩 대입하거나 문자열을 대입하기 위한 별도의 표준 라이브러리를 사용해야 한다.

13행에서는 배열의 시작 주소를 나타내는 배열명으로 크기를 확인했다. 문자열의 종료를 컴파일러에게 인지시키기 위한 숨겨진 널 문자를 포함해서 문자열은 15개의 문자로 이뤄져 있다. 그러나 몇 개의 문자로 이뤄져 있는지는 크기에 아무런 영향을 미치지 못한다. char 배열 선언 명령문에서 배열의 크기를 얼마로 잡았는지에 따라 메모리의 크기가 결정된다. 최대 문자열의 길이를 20으로 지정했으며, 널 문자를 고려해서 배열의 크기를 '20 + 1'로 지정함에 따라 표준 출력으로 크기가 21바이트인 것을 확인했다.

```
13      printf("크기: %zd\n", sizeof(arrPlayerName));
```

이와 같이 char 배열을 통해 문자열을 저장하려면 배열의 선언 명령문을 작성하는 시점에 배열의 크기를 프로그래머가 신중히 결정해야 하는 부담이 생긴다. 배열의 크기를 작게 지정하면 문자열이 잘릴 수 있고, 크게 지정하면 그만큼 사용하지도 않을 메모리 공간을 비효율적으로 할당하게 되기 때문이다.

따라서 char 배열을 통해 문자열을 저장하게 되면 프로그램을 개발하면서 최대 문자열의 길이를 변경해야 하는 경우가 발생할 가능성이 있다. 코드 자체가 변경됐으므로 다시 컴파일을 해야 하는 불편함과 시간 낭비가 발생한다.

15행은 배열명으로 문자열을 출력했으며, 16행은 배열명으로 문자열의 시작 주소를 확인했다. 18행 ~ 19행과 같이 배열명에 정수를 더하는 것으로 배열의 시작 주소를 이동할 수 있다는 것을 알 수 있다.

```
15      printf("문자열 출력: %s\n", arrPlayerName);
16      printf("문자열 시작 주소: %p\n", arrPlayerName);
17
18      printf("문자열 출력: %s\n", arrPlayerName + 3);
19      printf("문자열 시작 주소: %p", arrPlayerName + 3);
```

3-13-1-2 인덱스로 문자 접근

Ex3-165 / main.h

```
01   #pragma once
02   #define _CRT_SECURE_NO_WARNINGS
03   #include <stdio.h>
04
05   #define STRING_MAX_LENGTH 20
06
07   void String();
```

Ex3-165 / main.c

```
01   #include "main.h"
02
03   int main(void)
04   {
05       String();
06       return 0;
07   }
08
09   void String()
10   {
11       char arrPlayerName[STRING_MAX_LENGTH + 1];
```

```
12
13      arrPlayerName[0] = 'G';
14      arrPlayerName[1] = 'o';
15      arrPlayerName[2] = 'r';
16      arrPlayerName[3] = 'd';
17      arrPlayerName[4] = 'o';
18      arrPlayerName[5] = 'n';
19      arrPlayerName[6] = ' ';
20      arrPlayerName[7] = 'F';
21      arrPlayerName[8] = 'r';
22      arrPlayerName[9] = 'e';
23      arrPlayerName[10] = 'e';
24      arrPlayerName[11] = 'm';
25      arrPlayerName[12] = 'a';
26      arrPlayerName[13] = 'n';
27      arrPlayerName[14] = '\0';
28
29      printf("문자열 출력: %s\n", arrPlayerName);
30
31      printf("문자에 접근: %c\n", arrPlayerName[7]);
32      printf("문자에 접근: %c", arrPlayerName[15]);
33  }
```

표준 출력은 다음과 같다.

```
문자열 출력: Gordon Freeman
문자에 접근: F
문자에 접근: ?
```

예제 코드 Ex3-165는 문자열을 저장할 char 배열의 선언 명령문을 초기화하지 않고 작성한 후, 이후 별도로 초기화를 진행할 경우를 소개하기 위한 예다.

배열은 배열의 크기만큼의 배열 요소로 구성되며, 각 배열 요소는 하나의 문자 데이터형을 저장하는 변수에 해당된다고 했다. 따라서 선언 명령문과 동시에 초기화를 하지 않았다면 13행 ~ 27행과 같이 각 변수에 해당하는 배열 요소별로 문자를 기준으로 대입 명령문을 작성할 수 있다. 주의할 점은 마지막에 반드시 널 문자를 포함해줘야 문자열의 종료를 인식할 수 있다고 했다.

```
13      arrPlayerName[0] = 'G';
14      arrPlayerName[1] = 'o';
15      arrPlayerName[2] = 'r';
16      arrPlayerName[3] = 'd';
17      arrPlayerName[4] = 'o';
18      arrPlayerName[5] = 'n';
19      arrPlayerName[6] = ' ';
20      arrPlayerName[7] = 'F';
21      arrPlayerName[8] = 'r';
22      arrPlayerName[9] = 'e';
23      arrPlayerName[10] = 'e';
24      arrPlayerName[11] = 'm';
25      arrPlayerName[12] = 'a';
26      arrPlayerName[13] = 'n';
27      arrPlayerName[14] = '\0';
```

29행에서는 char 배열의 선언 명령문을 초기화하지 않고 작성한 후, 이후 별도로 초기화를 진행했을 때도 정상적으로 문자열이 출력되고 있음을 확인했다.

31행에서는 인덱스 7, 즉 배열의 8번째 순서에 해당되는 배열 요소에 문자 관점으로 접근해서 표준 출력을 시도했고, 정상적으로 'F'라는 문자가 출력됨을 확인했다.

그런데 32행에서는 인덱스 15, 즉 배열의 16번째에 해당되는 배열 요소에 접근을 시도했다. 배열의 크기는 21바이트로 해당 문자열 리터럴을 저장하기에 충분히 설정돼 있으나 초기화는 15번째의 배열 요소까지 진행했으므로 초기화되지 않은 배열 요소에 접근했고, 그 결과 표준 출력에서 '?'로 출력됐다.

```
31      printf("문자에 접근: %c\n", arrPlayerName[7]);
32      printf("문자에 접근: %c", arrPlayerName[15]);
```

Ex3-166 / main.h

```
01  #pragma once
02  #define _CRT_SECURE_NO_WARNINGS
03  #include <stdio.h>
04
05  #define STRING_MAX_LENGTH 20
06
07  void String();
```

Ex3-166 / main.c

```c
01  #include "main.h"
02
03  int main(void)
04  {
05      String();
06      return 0;
07  }
08
09  void String()
10  {
11      char arrPlayerName[STRING_MAX_LENGTH + 1] = "Gordon Freeman";
12
13      arrPlayerName[2] = 'l';
14      arrPlayerName[4] = 'e';
15      arrPlayerName[7] = 'T';
16
17      printf("문자열 출력: %s", arrPlayerName);
18  }
```

표준 출력은 다음과 같다.

```
문자열 출력: Golden Treeman
```

예제 코드 Ex3-166은 char 배열의 선언 명령문과 동시에 초기화를 한 후 인덱스를 기준으로 배열 요소를 변경할 수 있는지 여부를 확인하기 위한 예다.

char 배열을 통해 문자열을 저장했을 경우 배열 요소 각각이 하나의 변수로 기능하기 때문에 13행 ~ 15행과 같이 배열 요소에 직접 접근해서 수정 가능하다. 변수이기 때문에 대입 연산에서 LV에 위치할 수 있다. 배열은 배열 요소가 하나의 변수와 동일하며, 단지 하나의 그룹으로 묶여서 순서가 정해져 있을 뿐이라는 특징이 존재하기 때문에 문자열을 저장할 때도 이러한 특징이 드러난다.

```
13      arrPlayerName[2] = 'l';
14      arrPlayerName[4] = 'e';
15      arrPlayerName[7] = 'T';
```

3-13-1-3 문자열 대입

Ex3-167 / main.h

```
01  #pragma once
02  #define _CRT_SECURE_NO_WARNINGS
03  #include <stdio.h>
04  #include <string.h>
05
06  #define STRING_MAX_LENGTH 20
07
08  void String();
```

Ex3-167 / main.c

```
01  #include "main.h"
02
03  int main(void)
04  {
05      String();
06      return 0;
07  }
08
09  void String()
10  {
11      char arrPlayerName[STRING_MAX_LENGTH + 1] = "Gordon Freeman";
12
13      //arrPlayerName = "Lara Croft";
14      strcpy(arrPlayerName, "Lara Croft");
15
16      printf("문자열 출력: %s", arrPlayerName);
17  }
```

표준 출력은 다음과 같다.

```
문자열 출력: Lara Croft
```

예제 코드 Ex3-167은 문자열을 char 배열에 저장한 후 추가적으로 대입 연산을 수행할 수 있는지 여부를 확인하기 위한 예다.

11행에서 배열의 선언 명령문과 동시에 초기화를 한 후 주석 처리가 돼 있는 13행과 같이 대입 연산을 수행하면 '에러 C2106' "error C2106: '=': 왼쪽 피연산자는 l-value이어야 합니다."라는 컴파일 에러가 발생한다. RV인 문자열 리터럴을 LV에 저장하려고 하는데, 배열명은 변수가 아닌 배열의 시작 주소이기 때문에 LV에 위치할 수 없다는 에러다. 배열명을 일반적인 규칙에서 벗어나 주소로 규정한 것 때문에 발생하는 나비 효과다.

따라서 문자열을 char 배열에 저장했을 경우에는 문자열을 대입하기 위해 별도의 표준 라이브러리가 필요하게 됐다. 문자열 관련 표준 라이브러리를 사용하기 위해서는 헤더 파일 main.h의 4행과 같이 '헤더 파일 string.h'를 추가한 후 소스 파일 main.c의 14행과 같이 함수 strcpy를 사용한다. '3-13-3 문자열 연산' 절에서 상세히 다루겠지만 함수 strcpy는 문자열을 복사하는 기능을 갖고 있다. 문자열을 복사하므로 대입과 동일한 효과를 지닌다.

```
14    strcpy(arrPlayerName, "Lara Croft");
```

3-13-1-4 입력 함수로 문자열 받기

Ex3-168 / main.h

```
01  #pragma once
02  #define _CRT_SECURE_NO_WARNINGS
03  #include <stdio.h>
04
05  #define STRING_MAX_LENGTH 20
06
07  void String();
```

Ex3-168 / main.c

```
01  #include "main.h"
02
03  int main(void)
04  {
05      String();
06      return 0;
07  }
```

```
08
09   void String()
10   {
11       char arrPlayerName[STRING_MAX_LENGTH + 1] = "";
12
13       printf("문자열을 입력하세요(최대 20자): \n");
14       gets_s(arrPlayerName, sizeof(arrPlayerName));
15
16       printf("문자열 출력: %s", arrPlayerName);
17   }
```

표준 출력은 다음과 같다.

```
문자열을 입력하세요(최대 20자):
Lara Croft(Enter 키) ←'출력 창에 직접 입력'
문자열 출력: Lara Croft
```

예제 코드 Ex3-168은 char 배열을 선언한 후 표준 입력 함수로 문자열을 받아 정상적으로 출력되는지 확인하기 위한 예다.

11행에서 배열의 선언 명령문을 작성한 후 14행에서 표준 입력 함수 gets_s를 통해서 문자열을 입력받고, 마지막으로 16행에서 입력받은 문자열이 정상적으로 출력됐는지 확인했다.

입력 함수 scanf를 사용하기엔 이름과 성 중간에 공백이 있으므로 적합하지 않다. 또한 입력 함수 scanf는 입력받을 수 있는 문자열의 크기를 정할 수 없는 불안정한 함수이므로 문자열 전용 입력 함수인 gets_s를 사용했다.

```
14       gets_s(arrPlayerName, sizeof(arrPlayerName));
```

3-13-2 포인터 변수와 문자열

3-13-2-1 char 포인터 변수 선언 명령문

Ex3-169 / main.h

```
01  #pragma once
02  #define _CRT_SECURE_NO_WARNINGS
03  #include <stdio.h>
04
05  void String();
```

Ex3-169 / main.c

```
01  #include "main.h"
02
03  int main(void)
04  {
05      String();
06      return 0;
07  }
08
09  void String()
10  {
11      char *arrPlayerName = "Gordon Freeman";
12
13      printf("크기: %zd\n", sizeof(arrPlayerName));
14
15      printf("문자열 출력: %s\n", arrPlayerName);
16      printf("문자열 시작 주소: %p\n", arrPlayerName);
17
18      printf("문자열 출력: %s\n", arrPlayerName + 3);
19      printf("문자열 시작 주소: %p", arrPlayerName + 3);
20  }
```

표준 출력은 다음과 같다.

```
크기: 8
문자열 출력: Gordon Freeman
문자열 시작 주소: 00007FF62FB99C28
문자열 출력: don Freeman
```

```
문자열 시작 주소: 00007FF62FB99C2B
```

예제 코드 Ex3-169는 char 포인터 변수를 통해 문자열을 저장한 예다. '3-11 포인터 변수' 절에서 다룬 것처럼 포인터 변수는 메모리 주소를 저장하고자 하는 변수라고 했었다. 이는 메모리 '주소'를 기준으로 문자의 관점에서 접근하는 방식이다. 배열과 다르게 하나의 포인터 변수에 문자열 리터럴을 저장한다.

포인터 변수를 통해 문자열을 저장할 때는 이후 살펴보겠지만 선언 명령문과 동시에 초기화하지 않아도 이후 원하는 시점에 대입 연산자를 통한 대입이 가능하다. char 포인터 변수를 통해 문자열 리터럴을 저장했기 때문에 '주소'의 개념으로 간접적으로 접근했기 때문이다. 따라서 별도의 표준 라이브러리를 필요로 하지는 않는다.

본래 포인터 변수는 이 책에서 접두어 ptr을 붙이는 것으로 했기에 포인터 변수명을 ptrPlayerName이라고 해야 일관성이 있다. 그러나 '3-13-2 포인터 변수와 문자열' 절에서는 '3-13-1 배열과 문자열' 절의 예제 코드와 1:1로 비교하는 데 초점을 맞추고자 하므로, 가급적 비교하기 쉽게 필요한 코드만 변경하도록 예외적으로 포인터 변수명이지만 arrPlayerName을 그대로 사용했다.

13행에서는 주소인 포인터 변수명으로 크기를 확인했다. 널 문자를 포함해서 문자열은 15개의 문자로 이뤄져 있으나 포인터 변수의 크기는 OS가 32비트인지 62비트인지에 따라 데이터형과 무관하게 동일하다고 했다. 따라서 64비트 OS에서 동작했을 때 표준 출력에서 8바이트가 나온 것을 확인할 수 있다.

```
13      printf("크기: %zd\n", sizeof(arrPlayerName));
```

포인터 변수를 통한 문자열 저장은 배열과 달리 배열의 크기나 문자열의 최대 길이에 신경 쓸 필요가 없어 프로그래머의 부담이 줄어들며, 프로그램을 개발하는 도중에 문자열의 최대 길이가 달라진다고 해서 코드를 수정할 필요도 없다는 장점이 있다.

15행은 포인터 변수명으로 문자열을 출력했으며, 16행은 포인터 변수명으로 문자열의 시작 주소를 확인했다. 18행 ~ 19행과 같이 포인터 변수명에 정수를 더하는 것으로 포인터 변수의 시작 주소를 이동할 수 있다는 것을 알 수 있다.

```
15      printf("문자열 출력: %s\n", arrPlayerName);
16      printf("문자열 시작 주소: %p\n", arrPlayerName);
17
18      printf("문자열 출력: %s\n", arrPlayerName + 3);
19      printf("문자열 시작 주소: %p", arrPlayerName + 3);
```

3-13-2-2 인덱스로 문자 접근

Ex3-170 / main.h

```
01  #pragma once
02  #define _CRT_SECURE_NO_WARNINGS
03  #include <stdio.h>
04
05  void String();
```

Ex3-170 / main.c

```
01  #include "main.h"
02
03  int main(void)
04  {
05      String();
06      return 0;
07  }
08
09  void String()
10  {
11      char *arrPlayerName = "Gordon Freeman";
12      /*
13      char *arrPlayerName;
14
15      arrPlayerName[0] = 'G';
16      arrPlayerName[1] = 'o';
17      arrPlayerName[2] = 'r';
18      arrPlayerName[3] = 'd';
19      arrPlayerName[4] = 'o';
20      arrPlayerName[5] = 'n';
21      arrPlayerName[6] = ' ';
22      arrPlayerName[7] = 'F';
23      arrPlayerName[8] = 'r';
```

```
24      arrPlayerName[9] = 'e';
25      arrPlayerName[10] = 'e';
26      arrPlayerName[11] = 'm';
27      arrPlayerName[12] = 'a';
28      arrPlayerName[13] = 'n';
29      arrPlayerName[14] = '\0';
30      */
31      printf("문자열 출력: %s\n", arrPlayerName);
32
33      printf("문자에 접근: %c\n", arrPlayerName[7]);
34      printf("문자에 접근: %c", arrPlayerName[15]);
35  }
```

표준 출력은 다음과 같다.

```
문자열 출력: Gordon Freeman
문자에 접근: F
문자에 접근:
```

예제 코드 Ex3-170은 문자열을 저장할 char 포인터 변수의 선언 명령문과 초기화를 확인하기 위한 예다.

포인터 변수는 주소를 저장하기 위한 특수한 하나의 변수다. 따라서 변수들의 묶음으로 이뤄진 배열과 명확히 다르다. 문자열을 포인터 변수에 저장했을 경우 주소를 기준으로 해서 인덱스로 접근은 가능하다. 그러나 접근만 가능하지 문자열 일부를 수정하는 건 불가능하다. 하나의 포인터 변수에 저장됐기 때문에 저장된 내용을 변경하려면 문자열 리터럴 전체를 변경하는 방법밖에 없다.

이러한 특징을 보이는 이유는, '메모리 주소는 읽기 전용'이기 때문이다. 배열은 배열 요소의 묶음으로 배열 요소 하나하나가 변수이지만, 포인터 변수는 시작 주소에서 널 문자까지 하나의 문자열을 하나의 포인터 변수에 저장하므로 일부 데이터 값을 변경할 수 없다.

따라서 11행을 주석 처리하고 대신 주석 처리된 13행 ~ 29행을 주석을 해제하고 컴파일하면 '에러 C4700' "error C4700: 초기화되지 않은 'arrPlayerName' 지역 변수를 사용했습니다."라는 에러가 발생한다. 그러므로 문자열을 char 포인터 변수에 저장하려면 반드시 선언 명령문과 동시에 초기화를 해줘야 한다.

```
11      char *arrPlayerName = "Gordon Freeman";
```

다만 인덱스를 통해서 문자에 접근할 수 있는 건 배열과 동일하다. 그러나 배열은 배열 요소에 접근하는 것이고, 포인터 변수는 주소가 가리키는 데이터 값에 접근하는 차이가 존재한다. 코드 자체는 동일하지만 개념과 용어에 차이가 있다는 점을 이해할 필요가 있다.

33행에서는 인덱스 7, 즉 포인터 변수의 시작 주소로부터 8번째에 해당되는 주소가 가리키는 문자에 접근해서 표준 출력을 시도했고 정상적으로 'F'라는 문자가 출력됨을 확인했다.

그런데 34행에서는 인덱스 15, 즉 포인터 변수의 시작 주소로부터 16번째에 해당되는 주소가 가리키는 문자에 접근했고, 그 결과 표준 출력에서 아무것도 출력되지 않았다. 문자열을 포인터 변수에 저장하면 사전에 문자열의 최대 길이에 제한을 설정하지 않아도 되며, 아직 초기화되지 않은 주소가 가리키는 문자에 접근했으니 아무것도 없는 상태인 것이다. 예제 코드 Ex3-158에서 '?'가 출력된 것과 차이를 보인다.

```
33      printf("문자에 접근: %c\n", arrPlayerName[7]);
34      printf("문자에 접근: %c", arrPlayerName[15]);
```

배열은 선언 명령문이 이뤄지는 시점에 크기를 알아야 하는 복합 데이터형이지만, 포인터 변수는 OS의 비트수에 따라 정해진 크기가 존재하며, 주소를 기준으로 하나의 포인터 변수에 문자열을 저장하기 때문에 문자열의 최대 길이를 선언 명령문에서 결정하지 않는다. 다만 하나의 포인터 변수에 저장되므로 선언 명령문과 함께 초기화를 해야 하며, 이후 변경을 하려면 문자열 전체를 대입으로 변경해야 한다.

Ex3-171 / main.h

```
01      #pragma once
```

```
02    #define _CRT_SECURE_NO_WARNINGS
03    #include <stdio.h>
04
05    void String();
```

Ex3-171 / main.c

```
01    #include "main.h"
02
03    int main(void)
04    {
05        String();
06        return 0;
07    }
08
09    void String()
10    {
11        char *arrPlayerName = "Gordon Freeman";
12
13        arrPlayerName[2] = 'l';
14        arrPlayerName[4] = 'e';
15        arrPlayerName[7] = 'T';
16
17        printf("문자열 출력: %s", arrPlayerName);
18    }
```

표준 출력은 다음과 같다.

(공백)

예제 코드 Ex3-171은 char 포인터 변수의 선언 명령문과 동시에 초기화를 한 후 인덱스를 기준으로 특정 주소가 가리키는 데이터 값을 변경할 수 있는지 여부를 확인하기 위한 예다.

char 포인터 변수를 통해 문자열을 저장했을 경우 주소를 기준으로 가리키는 문자에 접근은 가능하지만, 13행 ~ 15행과 같이 데이터 값에 직접 접근해서 수정 불가능하다. 주소가 가리키는 데이터 값은 변수가 아니기 때문에 대입 연산에서 LV에 위치할 수 없다. 따라서 접근이 불가능한 시도가 이뤄졌기에 문제가 발생해서 아무엇도 출력되지 않는다.

```
13      arrPlayerName[2] = 'l';
14      arrPlayerName[4] = 'e';
15      arrPlayerName[7] = 'T';
```

3-13-2-3 문자열 대입

Ex3-172 / main.h

```
01   #pragma once
02   #define _CRT_SECURE_NO_WARNINGS
03   #include <stdio.h>
04
05   void String();
```

Ex3-172 / main.c

```
01   #include "main.h"
02
03   int main(void)
04   {
05       String();
06       return 0;
07   }
08
09   void String()
10   {
11       char *arrPlayerName = "Gordon Freeman";
12
13       arrPlayerName = "Lara Croft";
14
15       printf("문자열 출력: %s", arrPlayerName);
16   }
```

표준 출력은 다음과 같다.

문자열 출력: Lara Croft

예제 코드 Ex3-172는 문자열을 char 포인터 변수에 저장한 후 추가적으로 대입 연산을 수행할 수 있는지 여부를 확인하기 위한 예다.

11행에서 포인터 변수의 선언 명령문과 동시에 초기화를 한 후 13행과 같이 대입 연산을 수행하면 정상적으로 대입 연산이 된다. 포인터 변수명은 주소를 저장하기 위한 변수이기 때문에 대입 연산의 LV에 위치할 수 있다.

```
13        arrPlayerName = "Lara Croft";
```

3-13-2-4 입력 함수로 문자열 받기

Ex3-173 / main.h

```
01  #pragma once
02  #define _CRT_SECURE_NO_WARNINGS
03  #include <stdio.h>
04  #include <stdlib.h>
05
06  #define STRING_MAX_LENGTH 20
07
08  void String();
```

Ex3-173 / main.c

```
01  #pragma warning(disable:6387)
02  #include "main.h"
03
04  int main(void)
05  {
06      String();
07      return 0;
08  }
09
10  void String()
11  {
12      char *arrPlayerName = "";
13      arrPlayerName = (char *)malloc(sizeof(char) * (STRING_MAX_LENGTH + 1));
14
15      printf("문자열을 입력하세요(최대 20자): \n");
```

```
16      gets_s(arrPlayerName, sizeof(char) * (STRING_MAX_LENGTH + 1));
17      //scanf("%[^\n]s", arrPlayerName);
18
19      printf("문자열 출력: %s", arrPlayerName);
20
21      free(arrPlayerName);
22  }
```

표준 출력은 다음과 같다.

```
문자열을 입력하세요(최대 20자):
Lara Croft(Enter 키) ←'출력 창에 직접 입력'
문자열 출력: Lara Croft
```

예제 코드 Ex3-173은 char 포인터 변수를 선언한 후 표준 입력 함수로 문자열을 받아 정상적으로 출력되는지 확인하기 위한 예다.

12행에서 포인터 변수의 선언 명령문을 작성한 후 13행에서 동적 메모리를 할당했다. 16행에서 표준 입력 함수 gets_s를 통해 문자열을 입력받고, 19행에서 입력받은 문자열이 정상적으로 출력됐는지 확인했다. 마지막으로 21행에서 할당했던 동적 메모리를 해제한다.

동적 메모리와 관련된 13행과 21행을 주석 처리하고 컴파일하면 문자열을 입력받으나 정상적으로 포인터 변수에 저장되지 않는다. 메모리 주소는 읽기 전용이므로 쓰기가 불가능하기 때문이다. 따라서 문자열이 저장될 수 있게 임시적으로 공간을 만들어줘야 한다. 이때 등장하는 것이 '3-12 동적 메모리' 절에서 다룬 개념이다. 그래서 13행에서 동적 메모리를 할당하고, 21행에서 동적 메모리를 해제했다.

다만 16행에서 '경고 C6387' "warning C6387: 'arrPlayerName'은(는) '0'일 수 있습니다."라는 경고가 발생했다. arrPlayerName이 주소인 포인터 변수이기 때문에 발생하는 경고였다. 동적 메모리를 할당해서 임시적으로 메모리 공간을 확보했기에 동적 메모리를 할당할 때 확보한 메모리 크기만큼 문자열을 정상적으로 저장할 수 있다.

동적 메모리 할당해 문자열을 저장할 공간을 확보했기 때문에 예제 코드 Ex3-173

에서는 문제없는 경고이므로 #pragma warning을 사용해서 해당 경고가 출력되지 않게 했다. 헤더 파일에 정의하면 적용되지 않으며, 경고가 발생한 파일인 소스 파일 1행에 선언하는 것으로 경고가 사라진다.

참고로 입력 함수 scanf는 문자열 리터럴 사이에 공백이나 탭이 존재하면 정상적으로 입력을 받지 못하고 입력을 중단하게 된다. 따라서 공백이 포함된 문자열을 입력받을 때 사용하지 않게 되는데, 주석 처리된 17행과 같이 %s 대신 %[^\n]s를 사용하면 공백을 포함한 문자열을 입력받을 수 있다고 했었다. 공백이나 탭이 있는 문자열도 입력받을 수 있게 됐으나 불안정성이 해결된 것은 아니므로 예제 코드에서는 기본적으로 함수 gets_s를 선택했다.

```
16    gets_s(arrPlayerName, sizeof(char) * (STRING_MAX_LENGTH + 1));
17    //scanf("%[^\n]s", arrPlayerName);
```

3-13-3 문자열 연산

문자열 관련 표준 라이브러리를 사용하려면 공통적으로 '헤더 파일 string.h'를 전처리기 지시자 #include를 통해 코드 내에 추가하면 된다. Ctrl + 클릭으로 열어보면 C 프로그래밍 언어에서 제공하는 문자열 관련 다양한 표준 라이브러리를 확인할 수 있다. 이 책에서는 상대적으로 자주 사용되는 함수들을 다뤘지만 그 외의 함수들도 많으니 문자열을 다루다가 필요한 기능이 있으면 스스로 찾아보자.

'3-4-4 범용 입출력 함수' 절에서 가볍게 언급했지만 헤더 파일 string.h를 가볍게 살펴봐도 알 수 있듯이 비주얼 스튜디오에서 제공하는 함수명 뒤에 '_s'가 붙은 안정화된 형태가 상당수 존재한다. 이 책에서는 표준 라이브러리에서 제공되는 형태를 소개하지만 비주얼 스튜디오에서 프로그래밍을 할 때는 함수명 뒤에 '_s'가 붙은 안정화된 형태를 사용하는 것도 좋은 선택이다.

다만, 리눅스와 같은 다른 OS에서는 함수명 뒤에 '_s'가 붙은 안정화된 형태를 사용할 수 없기 때문에 다른 개발 환경에서도 개발될 가능성이 존재한다면 표준 라이브러리에서 제공하는 함수로 사용하길 권한다.

3-13-3-1 문자열 길이: strlen( )

Ex3-174 / main.h

```
01  #pragma once
02  #define _CRT_SECURE_NO_WARNINGS
03  #include <stdio.h>
04  #include <string.h>
05
06  #define STRING_MAX_LENGTH 20
07
08  void String();
```

Ex3-174 / main.c

```
01  #include "main.h"
02
03  int main(void)
04  {
05      String();
06      return 0;
07  }
08
09  void String()
10  {
11      char arrString[STRING_MAX_LENGTH + 1];
12      char *ptrString;
13
14      strcpy(arrString, "Nathan Drake");
15      ptrString = "Lara Croft";
16
17      printf("배열 크기: %zd\n", sizeof(arrString));
18      printf("배열에 저장된 문자열 크기: %zd\n", strlen(arrString));
19
20      printf("포인터 변수 크기: %zd\n", sizeof(ptrString));
21      printf("포인터 변수에 저장된 문자열 크기: %zd", strlen(ptrString));
22  }
```

표준 출력은 다음과 같다.

```
배열 크기: 21
배열에 저장된 문자열 크기: 12
포인터 변수 크기: 8
포인터 변수에 저장된 문자열 크기: 10
```

- **함수의 원형**: size_t __cdecl strlen(const char *_Str)
- **입력 데이터형**: const char *
- **출력 데이터형**: size_t

예제 코드 Ex3-174는 문자열의 길이를 알 수 있는 함수 **strlen**을 소개하기 위한 예다. 함수 **strlen**은 String Length에서 따온 함수명으로, 매개변수 const char *를 갖고 있고, 반환값으로 size_t를 갖고 있다. 문자열은 배열 또는 포인터 변수에 저장할 수 있고, 배열에 저장했을 때와 포인터 변수에 저장했을 때 활용법이 달랐다. 따라서 앞으로도 가급적 배열과 포인터 변수를 비교한 예제 코드를 제시한다.

11행에서 배열의 선언 명령문을 작성했고, 14행에서 초기화를 진행했다. 17행에서 배열의 크기를 확인하니 21바이트가 출력됐고, 18행에서 배열에 저장된 문자열의 크기를 확인하니 12바이트가 출력됐다.

배열은 선언 명령문을 작성하는 시점에 반드시 배열의 크기가 결정돼야 한다는 특징이 존재했다. 그리고 배열의 크기를 벗어나지 않는 문자열만을 정상적으로 저장할 수 있었다.

12행에서 포인터 변수의 선언 명령문을 작성했고, 15행에서 초기화를 진행했다. 20행에서 포인터 변수의 크기를 확인하니 8바이트가 출력됐고, 21행에서 포인터 변수에 저장된 문자열의 크기를 확인하니 10바이트가 출력됐다.

포인터 변수의 크기는 OS의 비트 수에 따라 고정돼 있으며, 64비트 OS에서는 8바이트라고 했다. 그런데 포인터 변수에 저장된 문자열의 크기는 10바이트다. 즉, 포인터 변수의 크기보다 포인터 변수에 저장된 문자열의 크기가 큰 상황이다. 배열과 달리 포인터 변수의 크기는 고정돼 있기 때문에 발생할 수 있는 상황이다.

포인터 변수의 크기가 정해져 있다는 점은 매우 중요한 특징이다. 이러한 특징 때문에 동적 메모리가 포인터 변수와 깊은 관련이 발생한다. 포인터 변수에 문자열을 저장할 때 초기화 시점에는 이러한 문제가 대두되지 않지만, 이후 포인터 변수에 데이터를 저장하려면 별도로 메모리 공간을 확보해야 한다.

3-13-3-2 문자열 비교: strcmp( ), strncmp( )

Ex3-175 / main.h

```
01  #pragma once
02  #define _CRT_SECURE_NO_WARNINGS
03  #include <stdio.h>
04  #include <string.h>
05
06  #define STRING_MAX_LENGTH 20
07
08  void String();
```

Ex3-175 / main.c

```
01  #pragma warning(disable:6001)
02  #include "main.h"
03
04  int main(void)
05  {
06      String();
07      return 0;
08  }
09
10  void String()
11  {
12      char arrString[STRING_MAX_LENGTH + 1] = "Nathan Drake";
13      char *ptrString = "Lara Croft";
14      int iResult = 0;
15
16      iResult = strcmp(arrString, ptrString);
17      printf("Result: %d\n", iResult);
18
19      iResult = strcmp(ptrString, arrString);
20      printf("Result: %d\n", iResult);
21
22      iResult = strcmp(arrString, arrString);
23      printf("Result: %d\n", iResult);
24
```

```
25        iResult = strcmp(ptrString, ptrString);
26        printf("Result: %d", iResult);
27    }
```

표준 출력은 다음과 같다.

```
Result: 1
Result: -1
Result: 0
Result: 0
```

- **함수의 원형**: int __cdecl strcmp(const char *_Str1, const char *_Str2)
- **입력 데이터형**: const char *, const char *
- **출력 데이터형**: int

예제 코드 Ex3-175는 2개의 문자열을 비교하는 함수 strcmp를 소개하기 위한 예다. 함수 strcmp는 String Compare에서 따온 함수명으로 매개변수 const char *, const char *를 갖고 있고, 반환값으로 int를 갖고 있다.

2개의 문자열을 아스키 코드 값으로 비교해서 첫 번째 인자가 두 번째 인자보다 크면 반환값으로 1을 반환하고, 동일하면 0을 반환하고, 작으면 -1을 반환한다. 아스키 코드 값을 기준으로 비교하므로 대소문자가 구분된다는 점에 유의하자. 비교 결괏값을 저장하기 위해 14행에 변수를 선언했다.

함수 strcmp의 2개 인자에 각각 배열과 포인터 변수가 들어갈 수 있는지 확인하기 위해 4가지 조합을 확인했다. 16행은 배열과 포인터 변수로 비교를 한 결과, N과 L을 비교하면 아스키 코드 값에서 N이 크므로 1이 출력됐다. 17행은 포인터 변수와 배열을 비교한 결과, 반대이므로 -1이 출력됐다. 22행은 배열과 배열, 23행은 포인터 변수와 포인터 변수를 비교했고, 서로 동일하므로 0이 출력됐다.

이로서 함수 strcmp의 첫 번째, 두 번째 인자에는 배열과 문자열 구분 없이 사용할 수 있음을 확인했다.

Ex3-176 / main.h

```
01  #pragma once
02  #define _CRT_SECURE_NO_WARNINGS
03  #include <stdio.h>
04  #include <string.h>
05
06  #define STRING_MAX_LENGTH 20
07
08  void String();
```

Ex3-176 / main.c

```
01  #pragma warning(disable:6001)
02  #include "main.h"
03
04  int main(void)
05  {
06      String();
07      return 0;
08  }
09
10  void String()
11  {
12      char arrString[STRING_MAX_LENGTH + 1] = "Monster Hunter World";
13      char *ptrString = "Monster Hunter Wilds";
14      int iResult = 0;
15
16      iResult = strncmp(arrString, ptrString, 16);
17      printf("Result: %d\n", iResult);
18
19      iResult = strncmp(arrString, ptrString, 17);
20      printf("Result: %d\n", iResult);
21
22      iResult = strncmp(ptrString, arrString, 17);
23      printf("Result: %d", iResult);
24  }
```

표준 출력은 다음과 같다.

```
Result: 0
Result: 1
```

```
Result: -1
```

- **함수의 원형**: int __cdecl strncmp(const char *_Str1, const char *_Str2, size_t _MaxCount)
- **입력 데이터형**: const char *, const char *, size_t
- **출력 데이터형**: int

예제 코드 Ex3-176은 비교할 길이를 지정해서 2개의 문자열을 비교하는 함수 strncmp를 소개하기 위한 예다. 함수 strncmp는 str과 cmp 사이에 특정 개수를 의미하는 n을 추가한 함수명으로, 매개변수 const char *, const char *, size_t를 갖고 있고, 반환값으로 int를 갖고 있다.

세 번째 인자를 통해 비교할 문자열의 길이를 지정한 후 함수 strcmp와 동일하게 2개의 문자열을 아스키 코드 값으로 비교해서 첫 번째 인자가 두 번째 인자보다 크면 반환값으로 1을 반환하고, 동일하면 0을 반환하고, 작으면 -1을 반환한다.

12행과 13행에서 초기화된 문자열은 16번째 문자인 W까지는 동일하지만 이후 달라진다. 16행에서 문자열의 16번째까지 비교하면 배열과 포인터 변수에 초기화된 문자열은 동일하므로 0이 출력된다. 17행에서 문자열의 17번째까지 비교하면 o가 i보다 아스키 코드 값이 크므로 1이 출력된다. 22행에서는 반대로 비교했기 때문에 -1이 출력된다.

3-13-3-3 문자열 검색: strchr( ), strrchr( ), strstr( )

Ex3-177 / main.h

```
01  #pragma once
02  #define _CRT_SECURE_NO_WARNINGS
03  #include <stdio.h>
04  #include <string.h>
05
06  #define STRING_MAX_LENGTH 20
07
08  void String();
```

Ex3-177 / main.c

```c
01  #pragma warning(disable:6001)
02  #include "main.h"
03
04  int main(void)
05  {
06      String();
07      return 0;
08  }
09
10  void String()
11  {
12      char arrString[STRING_MAX_LENGTH + 1] = "Nathan Drake";
13      char *ptrString = "Lara Croft";
14      char *ptrResult;
15
16      ptrResult = strchr(arrString, 'a');
17      printf("Result: %s\n", ptrResult);
18
19      ptrResult = strchr(arrString + 2, 'a');
20      printf("Result: %s\n", ptrResult);
21
22      ptrResult = strchr(arrString + 7, 'a');
23      printf("Result: %s\n", ptrResult);
24
25      ptrResult = strchr(arrString, 'A');
26      printf("Result: %s\n", ptrResult);
27
28      ptrResult = strchr(ptrString, 'r');
29      printf("Result: %s\n", ptrResult);
30
31      ptrResult = strchr(ptrString + 4, 'r');
32      printf("Result: %s\n", ptrResult);
33
34      ptrResult = strchr(ptrString, 'R');
35      printf("Result: %s", ptrResult);
36  }
```

표준 출력은 다음과 같다.

```
Result: athan Drake
Result: an Drake
Result: ake
Result: (null)
Result: ra Croft
Result: roft
Result: (null)
```

- **함수의 원형**: char *__cdecl strchr(const char *_Str, int _Val)
- **입력 데이터형**: const char *, int
- **출력 데이터형**: char *

예제 코드 Ex3-177은 문자를 기준으로 문자열을 검색하는 함수 **strchr**을 소개하기 위한 예다. 함수 **strchr**은 String Character에서 따온 함수명으로, 매개변수 const char *, int를 갖고 있고, 반환값으로 char *를 갖고 있다.

첫 번째 인자에 오는 배열 또는 포인터 변수에 저장된 문자열에서 두 번째 인자에 오는 문자를 왼쪽에서 오른쪽으로 검색해 해당 문자를 찾은 주소부터 문자열을 반환한다.

16행은 배열의 시작 주소에서 'a'를 검색한 후 왼쪽에서 첫 번째 'a'에 해당하는 athan Drake를 반환했다. 19행은 배열의 시작 주소에서 오른쪽으로 2만큼 이동한 곳에서 시작해 'a'를 검색한 후 왼쪽에서 첫 번째 'a'에 해당하는 an Drake를 반환했다. 22행은 배열의 시작 주소에서 오른쪽으로 7만큼 이동한 곳에서 시작해 'a'를 검색한 후, 왼쪽에서 첫 번째 'a'에 해당하는 ake를 반환했다. 25행은 배열의 시작 주소에서 'A'를 검색했으나 해당 문자열에 'A'가 존재하지 않으므로 (null)을 출력했다.

28행은 포인터 변수의 시작 주소에서 'r'을 검색한 후 왼쪽에서 첫 번째 'r'에 해당하는 ra Croft를 반환했다. 31행은 포인터 변수의 시작 주소에서 오른쪽으로 7만큼 이동한 곳에서 시작해 'r'을 검색한 후 왼쪽에서 첫 번째 'r'에 해당하는 roft를 반환했다. 34행은 포인터 변수의 시작 주소에서 'R'을 검색했으나 해당 문자열에 'R'이 존재하지 않으므로 (null)을 출력했다.

Ex3-178 / main.h

```
01  #pragma once
02  #define _CRT_SECURE_NO_WARNINGS
03  #include <stdio.h>
04  #include <string.h>
05
06  #define STRING_MAX_LENGTH 20
07
08  void String();
```

Ex3-178 / main.c

```
01  #pragma warning(disable:6001)
02  #include "main.h"
03
04  int main(void)
05  {
06      String();
07      return 0;
08  }
09
10  void String()
11  {
12      char arrString[STRING_MAX_LENGTH + 1] = "Nathan Drake";
13      char *ptrString = "Lara Croft";
14      char *ptrResult;
15
16      ptrResult = strrchr(arrString, 'a');
17      printf("Result: %s\n", ptrResult);
18
19      ptrResult = strrchr(arrString, 'A');
20      printf("Result: %s\n", ptrResult);
21
22      ptrResult = strrchr(ptrString, 'r');
23      printf("Result: %s\n", ptrResult);
24
25      ptrResult = strrchr(ptrString, 'R');
26      printf("Result: %s", ptrResult);
27  }
```

표준 출력은 다음과 같다.

```
Result: ake
Result: (null)
Result: roft
Result: (null)
```

- **함수의 원형**: char *__cdecl strrchr(const char *_Str, int _Ch)
- **입력 데이터형**: const char *, int
- **출력 데이터형**: char *

예제 코드 Ex3-178은 문자를 기준으로 문자열을 검색하는 함수 strrchr을 소개하기 위한 예다. 함수 strrchr은 str과 chr 사이에 오른쪽을 의미하는 r을 추가한 함수명으로, 매개변수 const char *, int를 갖고 있고, 반환값으로 char *를 갖고 있다.

첫 번째 인자에 오는 배열 또는 포인터 변수에 저장된 문자열에서 두 번째 인자에 오는 문자를 오른쪽에서 왼쪽으로 검색해 해당 문자를 찾은 주소부터 문자열을 반환한다.

16행은 배열에 담긴 문자열에서 오른쪽에서 왼쪽으로 'a'를 검색한 후 오른쪽에서 첫 번째 'a'에 해당하는 ake를 반환했다. 19행은 배열에 담긴 문자열에서 'A'를 검색했으나 해당 문자열에 'A'가 존재하지 않으므로 (null)을 출력했다.

22행은 포인터 변수에 담긴 문자열에서 오른쪽에서 왼쪽으로 'r'을 검색한 후 오른쪽에서 첫 번째 'r'에 해당하는 roft를 반환했다. 25행은 포인터 변수에 담긴 문자열에서 'R'을 검색했으나 해당 문자열에 'R'이 존재하지 않으므로 (null)을 출력했다.

Ex3-179 / main.h

```
01  #pragma once
02  #define _CRT_SECURE_NO_WARNINGS
03  #include <stdio.h>
04  #include <string.h>
05
06  #define STRING_MAX_LENGTH 20
07
08  void String();
```

Ex3-179 / main.c

```c
01  #pragma warning(disable:6001)
02  #include "main.h"
03
04  int main(void)
05  {
06      String();
07      return 0;
08  }
09
10  void String()
11  {
12      char arrString[STRING_MAX_LENGTH + 1] = "Nathan Drake";
13      char *ptrString = "Lara Croft";
14      char *ptrResult;
15
16      ptrResult = strstr(arrString, "than");
17      printf("Result: %s\n", ptrResult);
18
19      ptrResult = strstr(ptrString, "ro");
20      printf("Result: %s", ptrResult);
21  }
```

표준 출력은 다음과 같다.

```
Result: than Drake
Result: roft
```

- **함수의 원형**: char *__cdecl strstr(const char *_Str, const char *_SubStr)
- **입력 데이터형**: const char *, const char *
- **출력 데이터형**: char *

예제 코드 Ex3-179는 문자열을 기준으로 문자열을 검색하는 함수 strstr을 소개하기 위한 예다. 함수 strstr은 String (find) String에서 따온 함수명으로, 매개변수 const char *, const char *를 갖고 있고, 반환값으로 char *를 갖고 있다. 문자가 아닌 문자열을 기준으로 검색할 수 있기 때문에 좀 더 세밀한 검색이 가능하다. 첫 번째 인자에 오는 배열 또는 포인터 변수에 저장된 문자열에서 두 번째 인자에 오는 문자열을 왼쪽에서 오른쪽으로 검색해 해당 문자열을 찾은 주소부터 문자열을 반환한다.

16행은 배열의 시작 주소에서 'than'를 검색한 후 왼쪽에서 첫 번째 'than'에 해당하는 than Drake를 반환했다. 19행은 포인터 변수의 시작 주소에서 'ro'를 검색한 후, 왼쪽에서 첫 번째 'ro'에 해당하는 roft를 반환했다.

3-13-3-4 문자열 복사: strcpy( ), strncpy( )

Ex3-180 / main.h

```
01  #pragma once
02  #define _CRT_SECURE_NO_WARNINGS
03  #include <stdio.h>
04  #include <string.h>
05
06  #define STRING_MAX_LENGTH 20
07
08  void String();
```

Ex3-180 / main.c

```
01  #include "main.h"
02
03  int main(void)
04  {
05      String();
06      return 0;
07  }
08
09  void String()
10  {
11      char arrString[STRING_MAX_LENGTH + 1] = "Nathan Drake";
12      char *ptrString = "Lara Croft";
13
14      //배열에 복사할 때는 strcpy만으로 충분
15      strcpy(arrString, ptrString);
16
17      printf("배열: %s\n", arrString);
18      printf("포인터 변수: %s", ptrString);
19  }
```

표준 출력은 다음과 같다.

```
배열: Lara Croft
포인터 변수: Lara Croft
```

- **함수의 원형:** char *__cdecl strcpy(char *_Destination, const char *_Source)
- **입력 데이터형:** char *, const char *
- **출력 데이터형:** char *

예제 코드 Ex3-180은 문자열을 복사하는 함수 strcpy를 소개하기 위한 예다. 함수 strcpy는 String Copy에서 따온 함수명으로, 매개변수 char *, const char *를 갖고 있고, 반환값으로 char *를 갖고 있다. 두 번째 인자에 저장된 문자열을 첫 번째 인자에 복사해서 반환한다.

11행에서 배열의 선언 명령문과 동시에 문자열을 초기화했고, 12행에서 포인터 변수의 선언 명령문과 동시에 문자열을 초기화했다. 함수 strcpy는 소스가 되는 두 번째 인자를 목적지가 되는 첫 번째 인자에 복사하므로, 15행에서 포인터 변수에 저장된 문자열을 배열에 복사한다. 목적지가 배열일 경우 함수 strcpy만으로 충분히 복사가 가능하다. 배열은 선언 명령문 시점에서 크기가 결정돼 있기 때문이다.

17행과 18행에서는 복사가 정상적으로 됐는지 확인하기 위해 표준 출력을 수행했다. 포인터 변수에 있는 문자열을 배열에 복사했으므로 배열과 포인터 변수 모두 Lara Croft를 출력했다.

Ex3-181 / main.h

```
01    #pragma once
02    #define _CRT_SECURE_NO_WARNINGS
03    #include <stdio.h>
04    #include <string.h>
05    #include <stdlib.h>
06
07    #define STRING_MAX_LENGTH 20
08
09    void String();
```

Ex3-181 / main.c

```c
01  #pragma warning(disable:6001 6387)
02  #include "main.h"
03
04  int main(void)
05  {
06      String();
07      return 0;
08  }
09
10  void String()
11  {
12      char arrString[STRING_MAX_LENGTH + 1] = "Nathan Drake";
13      char *ptrString = (char *)malloc(sizeof(char)*(STRING_MAX_LENGTH + 1));
14      strcpy(ptrString, "Lara Croft");
15
16      //포인터 변수에 복사할 때는 동적 메모리 할당 필요
17      strcpy(ptrString, arrString);
18
19      printf("배열: %s\n", arrString);
20      printf("포인터 변수: %s", ptrString);
21
22      free(ptrString);
23  }
```

표준 출력은 다음과 같다.

```
배열: Nathan Drake
포인터 변수: Nathan Drake
```

예제 코드 Ex3-181은 예제 코드 Ex3-180과 달리 목적지가 포인터 변수가 되는 경우를 소개하기 위한 예다.

12행에서 배열의 선언 명령문과 동시에 문자열을 초기화했고, 13행에서 포인터 변수의 선언 명령문과 동시에 임시적인 메모리 공간을 확보하기 위한 동적 메모리를 할당했다. 이후 14행에서 초기화를 수행했다. 17행에서 배열에 저장된 문자열을 포인터 변수에 복사한다.

포인터 변수는 선언 명령문 시점에서 저장될 데이터의 크기가 결정돼 있지 않기

때문에 초기화 후에 포인터 변수에 복사를 수행하려면 별도의 공간 확보를 위해 동적 메모리 할당이 필요하다. 따라서 13행에서 동적 메모리를 할당했던 것이다.

19행과 20행에서는 복사가 정상적으로 됐는지 확인하기 위해 표준 출력을 수행했다. 배열에 있는 문자열을 포인터 변수에 복사했으므로 배열과 포인터 변수 모두 Nathan Drake를 출력했다.

Ex3-182 / main.h

```
01  #pragma once
02  #define _CRT_SECURE_NO_WARNINGS
03  #include <stdio.h>
04  #include <string.h>
05
06  #define STRING_MAX_LENGTH 20
07
08  void String();
```

Ex3-182 / main.c

```
01  #include "main.h"
02
03  int main(void)
04  {
05      String();
06      return 0;
07  }
08
09  void String()
10  {
11      char arrString[STRING_MAX_LENGTH + 1] = "Nathan Drake";
12      char *ptrString = "Lara Croft";
13
14      strncpy(arrString, ptrString, 3);
15
16      printf("배열: %s\n", arrString);
17      printf("포인터 변수: %s", ptrString);
18  }
```

표준 출력은 다음과 같다.

> 배열: Larhan Drake
> 포인터 변수: Lara Croft

- **함수의 원형:** char *__cdecl strncpy(char *_Destination, const char *_Source, size_t _Count)
- **입력 데이터형:** char *, const char *, size_t
- **출력 데이터형:** char *

예제 코드 Ex3-182는 비교할 길이를 지정해서 문자열을 복사하는 함수 **strncpy**를 소개하기 위한 예다. 함수 **strncpy**는 str과 cpy 사이에 특정 개수를 의미하는 n을 추가한 함수명으로, 매개변수 char *, const char *, size_t를 갖고 있고, 반환값으로 char *를 갖고 있다. 세 번째 인자를 통해 복사할 문자열의 길이를 지정한 후 두 번째 인자에 저장된 문자열을 첫 번째 인자에 복사해서 반환한다.

11행에서 배열의 선언 명령문과 동시에 문자열을 초기화했고, 12행에서 포인터 변수의 선언 명령문과 동시에 문자열을 초기화했다. 14행에서 복사할 문자열의 길이에 해당하는 세 번째 인자를 3으로 지정해서 포인터 변수에 저장된 문자열을 배열에 복사한다.

16행과 17행에서는 복사가 정상적으로 됐는지 확인하기 위해 표준 출력을 수행했다. 포인터 변수에 있는 문자열을 3바이트만큼 배열에 복사했으므로 배열은 Larhan Drake를, 포인터 변수는 본래 문자열 그대로인 Lara Croft를 출력했다.

Ex3-183 / main.h

```
01    #pragma once
02    #define _CRT_SECURE_NO_WARNINGS
03    #include <stdio.h>
04    #include <string.h>
05    #include <stdlib.h>
06
07    #define STRING_MAX_LENGTH 20
08
09    void String();
```

Ex3-183 / main.c

```c
01  #pragma warning(disable:6001 6387)
02  #include "main.h"
03
04  int main(void)
05  {
06      String();
07      return 0;
08  }
09
10  void String()
11  {
12      char arrString[STRING_MAX_LENGTH + 1] = "Nathan Drake";
13      char *ptrString = (char *)malloc(sizeof(char)*(STRING_MAX_LENGTH + 1));
14      strcpy(ptrString, "Lara Croft");
15
16      strncpy(ptrString, arrString, 3);
17
18      printf("배열: %s\n", arrString);
19      printf("포인터 변수: %s", ptrString);
20
21      free(ptrString);
22  }
```

표준 출력은 다음과 같다.

```
배열: Nathan Drake
포인터 변수: Nata Croft
```

예제 코드 Ex3-183은 예제 코드 Ex3-182와 달리 목적지가 포인터 변수가 되는 경우를 소개하기 위한 예다.

12행에서 배열의 선언 명령문과 동시에 문자열을 초기화했고, 13행에서 포인터 변수의 선언 명령문과 동시에 임시적인 메모리 공간을 확보하기 위한 동적 메모리를 할당했다. 이후 14행에서 초기화를 수행했다. 16행에서 복사할 문자열의 길이에 해당하는 세 번째 인자를 3으로 지정해서 배열에 저장된 문자열을 포인터 변수에 복사한다. 이를 위해 13행에서 동적 메모리를 할당했다.

18행과 19행에서는 복사가 정상적으로 됐는지 확인하기 위해 표준 출력을 수행했다. 배열에 있는 문자열을 3바이트만큼 포인터 변수에 복사했으므로 배열은 본래 문자열 그대로인 Nathan Drake를, 포인터 변수는 Nata Croft를 출력했다.

3-13-3-5 문자열 연결: strcat( ), strncat( )

Ex3-184 / main.h

```
01  #pragma once
02  #define _CRT_SECURE_NO_WARNINGS
03  #include <stdio.h>
04  #include <string.h>
05
06  #define STRING_MAX_LENGTH 20
07
08  void String();
```

Ex3-184 / main.c

```
01  #include "main.h"
02
03  int main(void)
04  {
05      String();
06      return 0;
07  }
08
09  void String()
10  {
11      char arrString[STRING_MAX_LENGTH + 1] = "ABCDE";
12      char *ptrString = "abcde";
13
14      //배열에 붙일 때는 strcat만으로 충분
15      strcat(arrString, ptrString);
16      printf("배열: %s\n", arrString);
17
18      strncat(arrString, ptrString, 3);
19      printf("배열: %s", arrString);
20  }
```

표준 출력은 다음과 같다.

> 배열: ABCDEabcde
> 배열: ABCDEabcdeabc

- **함수의 원형:** char *__cdecl strcat(char *_Destination, const char *_Source)
- **입력 데이터형:** char *, const char *
- **출력 데이터형:** char *

- **함수의 원형:** char *__cdecl strncat(char *_Destination, const char *_Source, size_t _Count)
- **입력 데이터형:** char *, const char *, size_t
- **출력 데이터형:** char *

예제 코드 Ex3-184는 문자열을 다른 문자열에 연결하는 함수 strcat과 함수 strncat을 소개하기 위한 예다. 함수 strcat은 String Concatenate에서 따온 함수명으로, 매개변수 char *, const char *를 갖고 있고, 반환값으로 char *를 갖고 있다.

함수 strncat은 str과 cat 사이에 특정 개수를 의미하는 n을 추가한 함수명으로, 매개변수 char *, const char *, size_t를 갖고 있고, 반환값으로 char *를 갖고 있다.

11행에서 배열의 선언 명령문과 동시에 문자열을 초기화했고, 12행에서 포인터 변수의 선언 명령문과 동시에 문자열을 초기화했다. 함수 strcat은 소스가 되는 두 번째 인자를 목적지가 되는 첫 번째 인자에 연결하므로 15행에서 포인터 변수에 저장된 문자열을 배열 뒤에 연결한다. 목적지가 배열일 경우 함수 strcpy와 동일하게 함수 strcat만으로 연결이 가능하다. 16행에서 연결이 정상적으로 됐는지 확인하기 위해 표준 출력을 수행했고, 배열에 저장된 문자열 뒤에 포인터 변수에 있는 문자열이 연결돼 ABCDEabcde를 출력했다.

18행에서는 포인터 변수에 있는 문자열을 3바이트만큼 배열에 추가적으로 연결했으므로 ABCDEabcdeabc를 출력했다.

Ex3-185 / main.h

```
01  #pragma once
02  #define _CRT_SECURE_NO_WARNINGS
03  #include <stdio.h>
04  #include <string.h>
05  #include <stdlib.h>
06
07  #define STRING_MAX_LENGTH 20
08
09  void String();
```

Ex3-185 / main.c

```
01  #pragma warning(disable:6001 6387)
02  #include "main.h"
03
04  int main(void)
05  {
06      String();
07      return 0;
08  }
09
10  void String()
11  {
12      char arrString[STRING_MAX_LENGTH + 1] = "ABCDE";
13      char *ptrString = (char *)malloc(sizeof(char)*(STRING_MAX_LENGTH + 1));
14      strcpy(ptrString, "abcde");
15
16      //포인터 변수에 붙일 때는 동적 메모리 할당 필요
17      strcat(ptrString, arrString);
18      printf("포인터 변수: %s\n", ptrString);
19
20      strncat(ptrString, arrString, 2);
21      printf("포인터 변수: %s", ptrString);
22
23      free(ptrString);
24  }
```

표준 출력은 다음과 같다.

```
포인터 변수: abcdeABCDE
포인터 변수: abcdeABCDEAB
```

예제 코드 Ex3-185는 예제 코드 Ex3-184와 달리 목적지가 포인터 변수가 되는 경우를 소개하기 위한 예다.

12행에서 배열의 선언 명령문과 동시에 문자열을 초기화했고, 13행에서 포인터 변수의 선언 명령문과 동시에 임시적인 메모리 공간을 확보하기 위한 동적 메모리를 할당했다. 이후 14행에서 초기화를 수행했다.

17행에서 배열에 저장된 문자열을 포인터 변수 뒤에 연결한다. 목적지가 포인터 변수이므로 동적 메모리를 할당했다. 18행에서 연결이 정상적으로 됐는지 확인하기 위해 표준 출력을 수행했고, 포인터 변수에 저장된 문자열 뒤에 배열에 있는 문자열이 연결돼 abcdeABCDE를 출력했다.

20행에서는 배열에 있는 문자열을 2바이트만큼 포인터 변수에 추가적으로 연결했으므로 abcdeABCDEAB를 출력했다.

3-13-3-6 문자열 자르기: strtok( )

Ex3-186 / main.h

```c
01  #pragma once
02  #define _CRT_SECURE_NO_WARNINGS
03  #include <stdio.h>
04  #include <string.h>
05
06  #define STRING_MAX_LENGTH 20
07
08  void String();
```

Ex3-186 / main.c

```c
01  #pragma warning(disable:6001)
02  #include "main.h"
03
04  int main(void)
05  {
```

```
06        String();
07        return 0;
08  }
09
10  void String()
11  {
12        char arrString1[STRING_MAX_LENGTH + 1] = "Dragon Quest";
13        char arrString2[STRING_MAX_LENGTH + 1] = "Final Fantasy";
14        char *ptrResult;
15
16        ptrResult = strtok(arrString1, " ");
17        printf("배열: %s\n", arrString1);
18
19        ptrResult = strtok(arrString2, "s");
20        printf("배열: %s", arrString2);
21  }
```

표준 출력은 다음과 같다.

```
배열: Dragon
배열: Final Fanta
```

- **함수의 원형**: char *__cdecl strtok(char *_String, const char *_Delimiter)
- **입력 데이터형**: char *, const char *
- **출력 데이터형**: char *

예제 코드 Ex3-186은 배열을 대상으로 문자열을 자르는 함수 **strtok**를 소개하기 위한 예다. 함수 **strtok**는 String Tokenize에서 따온 함수명으로, 매개변수 char *, const char *를 갖고 있고, 반환값으로 char *를 갖고 있다. 두 번째 인자에 저장된 문자열을 찾아 첫 번째 인자에서 검색한 후 잘라서 반환한다.

12행과 13행에서 배열의 선언 명령문과 동시에 문자열을 초기화했고, 14행에서 반환된 잘린 문자열을 저장하기 위한 포인터 변수를 선언했다.

16행에서는 배열 **arrString1**에 저장된 문자열에서 '공백'을 찾아 자른 후 잘린 결과인 Dragon를 반환했다. 19행에서는 배열 **arrString2**에 저장된 문자열에서 's'라는 문자열을 찾아 자른 후 잘린 결과인 Final Fanta를 반환했다.

Ex3-187 / main.h

```
01  #pragma once
02  #define _CRT_SECURE_NO_WARNINGS
03  #include <stdio.h>
04  #include <string.h>
05  #include <stdlib.h>
06
07  #define STRING_MAX_LENGTH 20
08
09  void String();
```

Ex3-187 / main.c

```
01  #pragma warning(disable:6001 6387)
02  #include "main.h"
03
04  int main(void)
05  {
06      String();
07      return 0;
08  }
09
10  void String()
11  {
12      char *ptrString1 = (char *)malloc(sizeof(char)*(STRING_MAX_LENGTH + 1));
13      char *ptrString2 = (char *)malloc(sizeof(char)*(STRING_MAX_LENGTH + 1));
14      char *ptrResult;
15      strcpy(ptrString1, "Dragon Quest");
16      strcpy(ptrString2, "Final Fantasy");
17
18      ptrResult = strtok(ptrString1, " ");
19      printf("포인터 변수: %s\n", ptrString1);
20
21      ptrResult = strtok(ptrString2, "s");
22      printf("포인터 변수: %s", ptrString2);
23
24      free(ptrString1);
25      free(ptrString2);
26  }
```

표준 출력은 다음과 같다.

```
포인터 변수: Dragon
포인터 변수: Final Fanta
```

예제 코드 Ex3-187은 포인터 변수를 대상으로 문자열을 자르는 함수 **strtok**를 소개하기 위한 예다. 12행과 13행에서 포인터 변수의 선언 명령문과 동시에 동적 메모리를 할당한 후 15행 ~ 16행에서 초기화했다. 14행에서 반환된 잘린 문자열을 저장하기 위한 포인터 변수를 선언했다.

18행에서는 포인터 변수 **ptrString1**에 저장된 문자열에서 '공백'을 찾아 자른 후 잘린 결과인 Dragon을 반환했다. 21행에서는 포인터 변수 **ptrString2**에 저장된 문자열에서 's'라는 문자열을 찾아 자른 후 잘린 결과인 Final Fanta를 반환했다.

함수 **strtok**에서도 배열과 포인터 변수에서 큰 차이는 없으며, 단지 포인터 변수를 사용하기 위해 동적 메모리를 할당하고 사용한 후 해제하는 차이만 존재한다.

3-13-4 문자열과 정수 및 실수 변환

3-13-4-1 문자열을 정수로: atoi( ), atol( ), atoll( )

Ex3-188 / main.h

```c
01  #pragma once
02  #define _CRT_SECURE_NO_WARNINGS
03  #include <stdio.h>
04  #include <stdlib.h>
05
06  void String();
```

Ex3-188 / main.c

```c
01  #include "main.h"
02
03  int main(void)
04  {
05      String();
06      return 0;
07  }
```

```
08
09  void String()
10  {
11      char *ptrString1 = "1234";
12      char *ptrString2 = "1234abc";
13      char *ptrString3 = "1234!@#";
14      char *ptrString4 = "abc1234";
15      char *ptrString5 = "!@#1234";
16      int iResult;
17
18      iResult = atoi(ptrString1);
19      printf("정수: %d\n", iResult * 2);
20
21      iResult = atoi(ptrString2);
22      printf("정수: %d\n", iResult * 2);
23
24      iResult = atoi(ptrString3);
25      printf("정수: %d\n", iResult * 2);
26
27      iResult = atoi(ptrString4);
28      printf("정수: %d\n", iResult * 2);
29
30      iResult = atoi(ptrString5);
31      printf("정수: %d", iResult * 2);
32  }
```

표준 출력은 다음과 같다.

```
정수: 2468
정수: 2468
정수: 2468
정수: 0
정수: 0
```

- 함수의 원형: int atoi(const char *_Str)
- 입력 데이터형: const char *
- 출력 데이터형: int

- 함수의 원형: long atol(const char *_Str)

- 입력 데이터형: const char *
- 출력 데이터형: long

- 함수의 원형: long long atoll(const char *_Str)
- 입력 데이터형: const char *
- 출력 데이터형: long long

예제 코드 Ex3-188은 문자열을 정수로 변환하는 함수 atoi, atol, atoll을 소개하기 위한 예다. 함수 atoi는 ACSII String to Integer에서 따온 함수명으로, 매개변수 const char *를 갖고 있고, 반환값으로 int를 갖고 있다. 변환에 성공하면 정수를 반환하고, 실패하면 0을 반환한다.

함수 atol은 long으로 변환하고, 함수 atoll은 long long으로 변환한다. 정수 데이터형의 차이만 존재하므로 함수 atoi의 사용법에 집중한다. 변환 함수들은 '헤더 파일 stdlib.h'를 추가함으로써 사용할 수 있다.

11행 ~ 15행에서는 포인터 변수에 정수, 알파벳, 특수 문자를 조합해서 문자열로 초기화했다. 함수 atoi를 통해 문자열을 정수로 변환할 때 규칙은 18행 ~ 25행에서 확인할 수 있듯이 시작이 정수면 정수 부분까지 정상적으로 변환하고, 알파벳과 특수 문자가 나오면 그 전까지의 정수만 변환한다. 산술 연산이 가능한 정수인 것을 확인하고자 표준 출력에서 의도적으로 2를 곱했다.

27행 ~ 31행에서 확인할 수 있듯이 시작이 알파벳이나 특수 문자일 경우 변환할 정수가 없기 때문에 변환에 실패했다고 판단해 0을 반환했다.

3-13-4-2 문자열을 실수로: atof( )

Ex3-189 / main.h

```
01  #pragma once
02  #define _CRT_SECURE_NO_WARNINGS
03  #include <stdio.h>
04  #include <stdlib.h>
05
06  void String();
```

Ex3-189 / main.c

```c
01  #include "main.h"
02
03  int main(void)
04  {
05      String();
06      return 0;
07  }
08
09  void String()
10  {
11      char *ptrString1 = "12.34";
12      char *ptrString2 = "12.34abc";
13      char *ptrString3 = "12.34!@#";
14      char *ptrString4 = "abc12.34";
15      char *ptrString5 = "!@#12.34";
16      double dResult;
17
18      dResult = atof(ptrString1);
19      printf("실수: %lf\n", dResult * 2);
20
21      dResult = atof(ptrString2);
22      printf("실수: %lf\n", dResult * 2);
23
24      dResult = atof(ptrString3);
25      printf("실수: %lf\n", dResult * 2);
26
27      dResult = atof(ptrString4);
28      printf("실수: %lf\n", dResult * 2);
29
30      dResult = atof(ptrString5);
31      printf("실수: %lf", dResult * 2);
32  }
```

표준 출력은 다음과 같다.

```
실수: 24.680000
실수: 24.680000
실수: 24.680000
실수: 0.000000
실수: 0.000000
```

- **함수의 원형**: double atof(const char *_Str)
- **입력 데이터형**: const char *
- **출력 데이터형**: double

예제 코드 Ex3-189는 문자열을 실수로 변환하는 함수 atof를 소개하기 위한 예다. 함수 atof는 ACSII String to Float에서 따온 함수명으로, 매개변수 const char *를 갖고 있고, 반환값으로 atof를 갖고 있다. 함수 이름에는 float를 사용하면서 반환값으로는 double을 사용하는 것이 일치하지 않는다는 점에 주의할 필요가 있다. 실수를 대표하는 용어로서 f를 사용했을 뿐이다. 변환에 성공하면 실수를 반환하고, 실패하면 0을 반환한다.

11행 ~ 15행에서는 포인터 변수에 실수, 알파벳, 특수 문자를 조합해서 문자열로 초기화했다. 함수 atof를 통해 문자열을 실수로 변환할 때의 규칙은 정수로 변환할 때와 동일하다.

18행 ~ 25행에서는 정상적으로 실수로 변환됐지만 27행 ~ 31행에서는 변환에 실패해 0을 반환했다.

3-13-4-3 정수를 문자열로: sprintf( )

Ex3-190 / main.h

```
01  #pragma once
02  #define _CRT_SECURE_NO_WARNINGS
03  #include <stdio.h>
04
05  #define STRING_MAX_LENGTH 20
06
07  void String();
```

Ex3-190 / main.c

```
01  #include "main.h"
02
03  int main(void)
04  {
05      String();
```

```
06          return 0;
07      }
08
09      void String()
10      {
11          int iInteger = 10;
12          char arrResult[STRING_MAX_LENGTH] = "";
13
14          sprintf(arrResult, "%d", iInteger);
15          printf("문자열: %s\n", arrResult);
16
17          sprintf(arrResult, "0%o", iInteger);
18          printf("문자열: %s\n", arrResult);
19
20          sprintf(arrResult, "0x%x", iInteger);
21          printf("문자열: %s\n", arrResult);
22
23          sprintf(arrResult, "0x%X", iInteger);
24          printf("문자열: %s", arrResult);
25      }
```

표준 출력은 다음과 같다.

```
문자열: 10
문자열: 012
문자열: 0xa
문자열: 0xA
```

- **함수의 원형**: inline int __cdecl sprintf(char *_Buffer, const char *_Format, ...)
- **입력 데이터형**: char *, const char *, ...
- **출력 데이터형**: int
- ...은 item1, item2, item3...의 축약된 표현으로, 복수의 입력 대상들을 의미한다.

예제 코드 Ex3-190은 정수를 문자열로 변환하기 위해 함수 sprintf를 활용한 예다. 함수 sprintf는 형식화된 데이터를 버퍼로 출력하는 함수로, 매개변수 char *, const char *, ...를 갖고 있고, 반환값으로 int를 갖고 있다. 성공하면 문자열의 길이를 반환하고, 실패하면 음수를 반환한다. 본래 형식 지정자를 지정해 문자열을 만들기 위한 함수지만 정수나 실수에 문자열 형식 지정자를 지정함으로써 문자열로 변환하는 데 활용할 수 있다.

14행은 10진수 정수를 문자열로, 17행은 8진수 정수를 문자열로, 20행과 23행은 16진수를 문자열로 변환했다. 정수처럼 보이지만 문자열로 변환된 상태이기 때문에 산술 연산을 시도하면 "식에 산술 연산이 있어야 합니다."라는 컴파일 에러가 발생한다.

3-13-4-4 실수를 문자열로: sprintf( )

Ex3-191 / main.h

```
01  #pragma once
02  #define _CRT_SECURE_NO_WARNINGS
03  #include <stdio.h>
04
05  #define STRING_MAX_LENGTH 20
06
07  void String();
```

Ex3-191 / main.c

```
01  #include "main.h"
02
03  int main(void)
04  {
05      String();
06      return 0;
07  }
08
09  void String()
10  {
11      float fFloat = 12.34f;
12      char arrResult[STRING_MAX_LENGTH] = "";
13
14      sprintf(arrResult, "%f", fFloat);
15      printf("문자열: %s\n", arrResult);
```

```
16
17      sprintf(arrResult, "%e", fFloat);
18      printf("문자열: %s", arrResult);
19  }
```

표준 출력은 다음과 같다.

```
문자열: 12.340000
문자열: 1.234000e+01
```

예제 코드 Ex3-191은 실수를 문자열로 변환하기 위해 함수 sprintf를 활용한 예다.

14행은 소수점 표기법으로 실수를 문자열로, 17행은 지수 표기법으로 실수를 문자열로 변환했다. 실수처럼 보이지만 문자열로 변환된 상태이기 때문에 예제 코드 Ex3-190과 동일하게 산술 연산을 시도하면 컴파일 에러가 발생한다.

> **세이브 포인트: 개념 정리**
>
> **배열을 통한 문자열 처리**
> - **배열의 선언 명령문**: 배열을 통해 문자열을 저장하려면 char 배열을 선언하며, 배열의 크기는 '문자열의 최대 크기 + 1'과 같이 문자열의 종료를 의미하는 널 문자를 고려해서 1을 더하는 것이 보편적이다.
> - **인덱스로 문자 접근**: 배열은 배열의 크기만큼의 배열 요소로 구성되며, 각 배열 요소는 하나의 문자 데이터형을 저장하는 '변수'에 해당되므로, 각 변수에 해당하는 배열 요소별로 문자를 기준으로 대입 명령문을 작성한다. 마지막에 반드시 널 문자를 포함해줘야 문자열의 종료를 인식한다.
> - **문자열 대입**: 배열명은 변수가 아닌 배열의 시작 주소이기 때문에 LV에 위치할 수 없으므로 직접 대입은 불가능하며, 별도의 표준 라이브러리인 '함수 strcpy'를 사용해서 대입한다.

> **포인터 변수를 통한 문자열 처리**
> - **포인터 변수의 선언 명령문**: 포인터 변수를 통해 문자열을 저장하려면 char 포인터 변수를 선언한다. 크기를 고려하지 않고 선언 및 초기화가 가능하며 포인터 변수 간 직접 대입도 가능하지만, 입력 함수를 통해 문자열을 받으려면 메모리 주소는 읽기 전용이기에 쓰기가 불가능하므로 문자열이 저장될 수 있도록 '동적 메모리'의 할당이 필요하다.
> - **인덱스로 문자 접근**: 문자열을 포인터 변수에 저장했을 경우 주소를 기준으로 해서 인덱스로 접근은 가능하지만 문자열 일부를 수정하는 건 불가능하다. '하나의 포인터 변수'에 저장됐기 때문에 저장된 내용을 변경하려면 문자열 리터럴 전체를 변경하는 방법밖에 없다.

- **문자열 대입**: 포인터 변수명은 주소를 저장하기 위한 변수이기 때문에 대입 연산의 LV에 위치할 수 있어 '직접 대입'이 가능하다.

문자열 연산 관련 표준 라이브러리 함수
- 함수 strlen: 문자열의 길이를 반환
- 함수 strcmp: 2개의 문자열을 비교
- 함수 strncmp: 비교할 길이를 지정해서 2개의 문자열을 비교
- 함수 strchr: 문자를 기준으로 문자열을 검색(왼쪽 기준)
- 함수 strrchr: 문자를 기준으로 문자열을 검색(오른쪽 기준)
- 함수 strstr: 문자열을 기준으로 문자열을 검색
- 함수 strcpy: 문자열을 복사
- 함수 strncpy: 비교할 길이를 지정해서 문자열을 복사
- 함수 strcat: 문자열을 다른 문자열에 연결
- 함수 strncat: 특정 개수를 지정해서 문자열을 다른 문자열에 연결
- 함수 strtok: 배열을 대상으로 문자열을 자름

3-14 파일 입출력

3장에서 마지막으로 다룰 개념은 파일 입출력이다. C 프로그래밍 언어를 배우면서 필수로 알아야 하는 개념을 3장에 모아 논리적인 흐름에 따라 정리했기 때문에 3장의 마지막이라는 건 그만큼 중요도가 높다는 의미이기도 하다.

'3-4 표준 입출력' 절에서 표준은 화면에 입출력을 한다는 의미라고 했다. 화면에서 입력하고 출력하는 것이 가장 쉽게 눈으로 확인할 수 있는 방법이므로 데이터 입출력의 기본인 것은 맞다. 그러나 화면이라는 대상은 프로그램이 종료되면 저장되지 않고 사라진다는 치명적인 한계를 갖고 있다. 따라서 표준 입출력만으로는 데이터를 장기적으로 보관할 수 없고, 데이터를 보관할 수 없다는 건 어느 정도 이상의 규모를 가진 정식적인 프로그램을 만들 수 없다는 것을 의미한다.

따라서 C 프로그래밍 언어를 제대로 배웠다면 당연히 표준 입출력과 함께 파일 입출력을 기본 기능으로 사용할 수 있어야 한다. 그러나 현실은 그렇지 못하다. 대부분의 기존 책이 파일 입출력의 중요성을 명확히 설명하지 않거나, 심지어 표준

입출력만 알면 되니 파일 입출력은 중요하지 않다고 하는 경우조차 존재한다.

책에서 간략히 설명했다고 할지라도 파일 입출력은 끝 부분에 잠깐 배치돼 있어 중요성을 체감하지 못하고 지쳐서 빨리 책 한 권을 끝내고 싶다는 충동으로 대충 넘어가게 되는 것이 일반적이다. 결과적으로 목차 배치상 중요한 곳에 배치하지 않았기에 결국 독자들에게 중요하다는 인식을 주지 못했다.

파일 입출력은 하드 디스크의 파일을 제어해야 하므로 표준 입출력에 존재하지 않는 '파일 개방 모드'가 존재하며, 이것이 파일 입출력의 핵심이다. 그런데 기존 책들은 파일 개방 모드를 표로 제시하고 있을 뿐 실제 각 파일 개방 모드별 예제를 별도로 제공하지 않고 대표적인 것 몇 개만 제공한다.

따라서 많은 초보자가 표만 보고 외운 뒤 실제 파일 개방 모드 간에 어떤 차이가 있는지 정확히 모른다. 예제 코드를 제공해주지 않았으니 지극히 당연하다. 표준 입출력에서는 그렇게 상세하게 예제를 분할해서 제공한 것에 비해 잠재의식적으로 파일 입출력을 중시하지 않고 있다는 것이 곳곳에서 드러난다.

파일 입출력은 프로그래밍에서의 처음으로 '데이터의 보관'을 다루므로 상용 프로그램을 만들기 위한 근간이 되는 개념이다. 파일에서 데이터를 가져오고 파일에 데이터를 저장한다는 의미 자체의 개념도 중요하지만, 파일 입출력부터 본격적인 데이터의 보관 개념이 생기기 때문이다.

게임 제작에서 예를 들면 싱글 플레이 게임을 만들기 위해 클라이언트 프로그래머가 필요하다. 클라이언트 프로그래머는 플레이어 캐릭터, NPC, 무기, 아이템 등의 정보를 어디에서 가져올 것인가? 표준 입력을 통해 매번 화면에서 입력해서 가져오는가? 사전에 결정돼 있는 막대한 양의 데이터를 파일로 정리한 후 그 파일에서 가져오게 될 것이다. 그리고 게임 내에서 레벨 등의 데이터가 변한다면 화면으로만 출력하고 끝낼 것인가? 그렇다면 게임을 종료하고 다시 게임을 실행했을 때 실컷 고생해서 레벨업했던 데이터가 사라져 있을 것이다.

이러한 문제를 극복하기 위해 클라이언트 프로그래머는 데이터를 분류해서 어떤 데이터는 표준 출력을, 어떤 데이터는 파일 출력을, 어떤 데이터는 표준과 동시에 파일 출력을 함으로써 저장이 필요한 데이터를 하드 디스크에 안전하게 보관한다.

이제 서버가 필요한 멀티플레이 게임으로 확장해보자. 멀티플레이 게임을 만들려면 클라이언트 프로그래머, 서버 프로그래머, 데이터베이스 관리자^{DBA}가 필요하다. 별도로 DBA를 두지 않고 서버 프로그래머가 DB까지 작업하는 경우도 많지만, 설명을 위해 분리하자. 멀티플레이 게임은 중요한 데이터에 대한 해킹, 데이터 변조 등을 막기 위해 클라이언트 영역에 주요한 데이터를 두지 않고 서버에 보낸다. 그리고 서버에서는 다시 DB에 보관한다.

반대로 클라이언트에서 데이터가 필요한 상황이 오면 서버에 데이터를 요청하며, 서버는 DB에서 데이터를 가져와 클라이언트에게 전달한다. 즉, 수많은 클라이언트가 하나의 서버에 연결돼 동일한 데이터 아래에서 상호 통신하게 된다. 하나의 데이터를 공유하고 있기 때문에 특정 클라이언트에서 데이터 변조가 일어나도 하나의 DB에서 보관된 데이터를 서버에서 원본 데이터와 비교해 문제가 있음을 알 수 있어 대처를 할 수 있다. 이것이 데이터의 보관 개념이 서버와 DB로 확장된 것이다. 이러한 개념을 이해하면 클라우드 컴퓨팅도 데이터의 보관의 발전된 하나의 형태에 불가하다는 것을 이해하게 된다.

이 책에서는 다른 책들과 달리 파일 입출력을 단지 입출력 방식 중 하나에 불과하다고 보지 않는다. 오히려 프로그래밍에서 데이터를 보관하는 첫 관문이라고 생각하고 있기 때문에 굉장히 중요한 개념으로 보고 있다. 파일 입출력에 익숙해지는 것으로 프로그래밍에서 데이터를 보관하기 위한 프로세스 자체를 이해하게 되므로 상용 프로그램을 만들기 위한 근간이라고 했던 것이며, 절대 대충 넘어갈 개념이 아니다.

많은 초보자가 고정 관념을 갖는 또 한 가지가 있다. 표준 입력을 하면 반드시 표준 출력을 해야 하고, 파일 입력을 하면 반드시 파일 출력을 해야 한다고 생각하는 경우가 많다. 많은 책이 설명의 편의를 위해서 그렇게 예제를 구성했기 때문에 몸에 밴 것이다.

그러나 표준 입출력과 파일 입출력은 별도의 독립적인 기능일 뿐이다. 어떻게 구현하는지에 따라 어떤 조합도 가능하다. 파일 입출력이라고 해서 반드시 파일로 입력한 후 파일로 출력할 필요는 없다. 표준 입력을 받아 파일 출력을 할 수도 있으며, 파일 입력을 받아 표준 출력을 할 수도 있다. 물론 파일 입력을 받아 표준과 파일 출력을 하는 등 복수의 조합도 가능하다. 또한 서버와 DB의 개념으로 확장해도 동일하다. 어떤 조합도 필요에 따라 구현할 수 있다. 실제 상용 프로그램을 제작하게 되면 요구 사항에 따라 다양한 조합을 사용하게 되므로 그 첫 관문인 파일 입출력에 익숙해지는 건 선택이 아닌 필수다.

3-14-1 파일의 개방과 폐쇄

3-14-1-1 파일 개방과 폐쇄

Ex3-192 / main.h

```
01  #pragma once
02  #define _CRT_SECURE_NO_WARNINGS
03  #include <stdio.h>
04
05  void FileInputOutput();
```

Ex3-192 / main.c

```
01  #include "main.h"
02
03  int main(void)
04  {
05      FileInputOutput();
06      return 0;
07  }
08
09  void FileInputOutput()
10  {
11      char *ptrOption = "Language";
12      char *ptrLanguage = "Korean";
13
14      FILE *fpConfig;
15      fpConfig = fopen("Config.txt", "w");
16
17      fprintf(fpConfig, "%s %s", ptrOption, ptrLanguage);
18      fprintf(stdout, "%s %s", ptrOption, ptrLanguage);
19
20      fclose(fpConfig);
21  }
```

표준 출력은 다음과 같다.

```
Language Korean
```

Ex3-192 / Config.txt

```
Language Korean
```

- 함수의 원형: FILE *__cdecl fopen(const char *_FileName, const char *_Mode)
- 입력 데이터형: const char *, const char *
- 출력 데이터형: FILE *

- 함수의 원형: int __cdecl fclose(FILE *_Stream)
- 입력 데이터형: FILE *
- 출력 데이터형: int

예제 코드 Ex3-192는 파일 입출력을 위해 사전에 필요한 파일의 개방과 폐쇄를 알아보기 위한 예다. 동적 메모리의 할당과 해제와 같이 파일 입출력도 개방을 한 후 필요가 없어진 시기에 반드시 폐쇄를 해야 한다. 용어만 다를 뿐 동일한 개념이다.

14행에서 파일 포인터 변수를 선언했다. 복합 용어이고 포인터는 변수라는 점을 이미 이해하고 있으니 앞으로 편의상 파일 포인터라고 생략해서 사용하겠다. FILE 은 구조체로, 헤더 파일 stdio.h에 정의돼 있으며 파일에 대한 정보를 구성하고 있다. FILE *로 선언된 fpConfig가 파일 포인터다. 파일 포인터는 접두어 fp로 시작하는 것으로 표기한다.

```
14      FILE *fpConfig;
```

15행에서 함수 fopen을 사용해서 파일을 개방했다. 파일을 사용할 수 있게 오픈한 것에 불과하며, 추가로 사용하는 코드를 작성해야 한다. 함수 fopen은 매개변수로 개방할 파일명과 파일 개방 모드를 갖고 있으며, FILE *인 파일 포인터를 반환 데이터형으로 가진다. 성공하면 파일 포인터를 반환하며, 실패하면 NULL을 반환한다. 파일 개방 모드에는 여러 가지가 존재하지만 상세한 설명은 다음 항목에서 하고, 가장 기본적으로 사용되는 쓰기 전용 모드인 w로 파일을 개방했다.

```
15      fpConfig = fopen("Config.txt", "w");
```

17행에서는 파일 출력을 통해 함수 fopen에서 지정한 Config.txt 파일에 파일 출력 결과와 같이 데이터를 보관한다. 18행에서는 표준 출력을 통해 화면에 표준 출력 결과를 표시했다. 매번 파일을 열어 확인하는 것이 불편하기도 하고, 표준과 파일 출력을 동시에 수행할 수 있다는 것을 소개하기 위한 예다. 다만 예제 코드 Ex3-192의 주요 목적은 파일 출력에 있다는 점은 잊지 말자.

```
17      fprintf(fpConfig, "%s %s", ptrOption, ptrLanguage);
18      fprintf(stdout, "%s %s", ptrOption, ptrLanguage);
```

20행에서 함수 fclose를 통해 파일 포인터를 인자로 받아 15행에서 개방했던 파일을 폐쇄했다. 파일을 폐쇄하지 않으면 역시 메모리 누수가 발생하니 파일을 개방했다면 사용 후 반드시 폐쇄하는 습관을 길러야 한다. 파일의 개방, 사용, 폐쇄는 기존의 동적 메모리와 동일한 흐름이며, 이 책에서는 여러 번 비슷한 흐름을 지속적으로 설명해왔기 때문에 충분히 익숙해져 있을 것이다.

```
20      fclose(fpConfig);
```

예제 코드에서는 편집상 예외 처리 코드를 작성하지 않았지만 실제 프로그래밍을 수행하게 되면 실패했을 때 NULL을 반환하는 경우 예외 처리 코드나 디버깅용 코드를 작성하는 것을 잊지 말자. 원칙적으로는 15행의 파일이 개방되는 반환값에 대한 예외 처리 코드도 작성해야 하며, 20행의 파일의 폐쇄도 반환값을 받을 수 있는 변수를 선언한 후 반환값을 저장해 예외 처리 코드를 작성하는 것이 안전한 코드를 작성하는 방법이다.

주의할 점은 "컴파일 후 실행까지 하지 않으면 파일이 생성되지 않는다."는 점에 유의하자. 파일 입출력에 익숙하지 않는 초보자의 경우 화면에 보이지 않으니 컴파일만 해도 파일이 만들어지고 데이터가 보관될 것이라고 오해하는데, 실행까지 진행해야 각 코드가 동작하면서 파일이 생성되고 프로그램이 정상적으로 동작한다.

파일이 생성되는 위치는 'Ex3-192.vcxproj'와 같이 프로젝트 파일이 존재하는 '프로젝트 폴더' 기준이다. 이 책의 예제 코드는 '1-3-2 솔루션 및 프로젝트 생성' 절에서 설명했듯이 **솔루션 및 프로젝트를 같은 디렉터리에 배치**를 체크한 상태로 만들어졌으므로, 솔루션과 프로젝트가 분리돼 있지 않고 솔루션 기준으로 하나로 합쳐져 있다.

따라서 함수 fopen의 기본 생성 위치에는 프로젝트 파일인 Ex3-192.vcxproj이 존재하는 폴더가 된다. 다만 프로젝트 파일과 솔루션 파일인 Ex3-192.sln도 같이 존재할 뿐이다. 이 폴더에 함수 fopen에서 지정한 파일이 생성된다. 솔루션과 프로젝트를 다른 디렉터리에 배치했다면 당연히 파일이 생성되는 위치가 바뀔 것이다. 이제 윈도우에서 프로젝트 파일을 생성한 폴더로 이동한다. Config.txt가 존재해야 정상적으로 프로그램이 실행된 것이다.

비주얼 스튜디오에서 솔루션과 프로젝트를 어떻게 설정했는가에 따라 위치가 변하며, 생성되는 위치를 프로젝트를 선택 후 오른쪽 클릭으로 나오는 속성에서 **디버깅 ▶ 작업 디렉터리**에서 변경할 수도 있다.

이와 같이 파일 출력은 하드 디스크의 파일에 저장됐기 때문에 프로그램이 종료가 된다고 할지라도 파일 출력의 결과가 하드 디스크의 파일에 남아 있어, 다시 프로그램을 실행하고 필요한 시점에 얼마든지 파일에서 데이터를 불러올 수 있게 된다. 화면에만 출력되고 프로그램 종료와 함께 사라지는 표준 출력과는 목적 자체가 완전히 다르다.

3-14-1-2 절대 경로와 상대 경로

Ex3-193 / main.h

```
01  #pragma once
02  #define _CRT_SECURE_NO_WARNINGS
03  #include <stdio.h>
04
05  void FileInputOutput();
```

Ex3-193 / main.c

```
01  #include "main.h"
02
03  int main(void)
04  {
05      FileInputOutput();
06      return 0;
07  }
08
09  void FileInputOutput()
10  {
11      char *ptrOption = "Language";
12      char *ptrLanguage = "Korean";
13      char *ptrSetting = "AccountID";
14      int iAccountID = 1;
15
16      FILE *fpConfig
17          = fopen("E:\\C_Programming\\Source File\\Ch3\\Ex3-193\\Config.txt", "w");
18      FILE *fpSetting
19          = fopen(".\\Setting.txt", "w");
20      //FILE *fpSetting = fopen("..\\Setting.txt", "w");
21
22      fprintf(fpConfig, "%s %s\n", ptrOption, ptrLanguage);
23      fprintf(stdout, "%s %s\n", ptrOption, ptrLanguage);
24
25      fprintf(fpSetting, "%s %d", ptrSetting, iAccountID);
26      fprintf(stdout, "%s %d", ptrSetting, iAccountID);
27
28      fclose(fpConfig);
29      fclose(fpSetting);
30  }
```

표준 출력은 다음과 같다.

```
Language Korean
AccountID 1
```

Ex3-193 / Config.txt

```
Language Korean
```

Ex3-193 / Setting.txt

```
AccountID 1
```

예제 코드 Ex3-193은 함수 fopen에서 '절대 경로'와 '상대 경로'를 지정해서 파일 개방을 할 경우를 소개하기 위한 예다. 예제 코드 Ex3-192와 같이 파일 개방, 사용, 폐쇄의 흐름은 동일하되, 절대 경로로 파일을 개방하기 위한 파일 포인터와 상대 경로로 파일을 개방하기 위한 파일 포인터를 각각 분리했을 뿐이다.

16행 ~ 17행은 파일 포인터 선언과 동시에 '절대 경로'로 파일 개방을 했다. 절대 경로는 파일이 위치할 폴더 경로를 그대로 작성한다. 다만 큰따옴표("") 안에서 문자열로 경로를 지정할 때 역슬래시(\)는 제어 문자와 구분하기 위해 역슬래시를 두 번 연속으로 사용해서 표현한다. 독자별로 다른 하드 디스크와 폴더 경로에서 예제 코드를 작성하고 있을 경우 해당 절대 경로로 변경해주면 된다.

```
16          FILE *fpConfig
17              = fopen("E:\\C_Programming\\Source
File\\Ch3\\Ex3-193\\Config.txt", "w");
```

18행 ~ 19행은 파일 포인터 선언과 동시에 '상대 경로'로 파일 개방을 했다. 상대 경로는 프로젝트 파일이 있는 경로를 기준으로 상대적인 위치를 지정하는 방식이다. 다음과 같이 3가지 표현 방식으로 구분된다.

```
18          FILE *fpSetting
```

```
19              = fopen(".\\Setting.txt", "w");
20      //FILE *fpSetting = fopen("..\\Setting.txt", "w");
```

첫째, 역슬래시만 2번 사용할 경우 경로의 가장 기반이 되는 root 경로를 선택한다.

둘째, 19행과 같이 2개의 역슬래시 앞에 '.'이 1개 존재할 경우 현재 프로젝트 폴더를 경로로 선택한다. 즉, 예제 코드 Ex3-192의 15행과 같이 파일명만 작성한 것은 현재 프로젝트 폴더를 경로로 선택하는 상대 경로의 표현 방식이 생략된 것이다. 일반적으로 이 표현 방식은 생략한다.

셋째, 주석 처리된 20행과 같이 2개의 역슬래시 앞에 '.'이 2개 존재할 경우 현재 프로젝트 폴더에서 1단계 상위 경로로 지정된다. 예제 코드 Ex3-193을 기준으로 한다면 'E:\C_Programming\Source File\Ch3'에 Setting.txt 파일이 생성된다는 의미다.

```
"\\Data.txt"
".\\Data.txt"
"..\\Data.txt"
```

상용 프로그램을 제작할 때는 사용자가 어떤 경로에 프로그램을 설치해도 무방하게 상대 경로를 기반으로 프로그래밍을 하는 것이 보편적이다. 그러나 OS의 시스템 파일과 같이 어떤 PC에서라도 동일한 위치에 있어야 한다면 절대 경로로 구현하기도 한다.

절대 경로와 상대 경로의 표현 방식은 파일 개방만 아니라 C 프로그래밍 언어를 넘어 컴퓨터 전반에서 동일하게 활용되므로 확실히 차이를 알아두는 편이 좋다.

3-14-2 파일 개방 모드

3-14-2-1 파일 개방 모드 정리

함수 fopen의 두 번째 매개변수에는 파일 개방 모드를 설정할 수 있다. 파일 개방 모드는 표 3-16과 같이 크게 3가지로 구분된다.

표 3-16 파일 개방 모드

모드	구분	주요 특징
w(write)	쓰기 전용	- 파일이 없으면 새로 생성 - 파일이 있으면 내용을 덮어씀
a(append)	추가 쓰기	- 파일이 없으면 새로 생성 - 파일이 있으면 기존 파일 끝에 이어서 추가
r(read)	읽기 전용	- 파일이 없으면 런타임 에러, 반드시 있어야 함 - 기존 파일을 읽을 수만 있으며 쓰기 불가

기본적으로 사용되는 것은 해당 경로에 폴더가 없어도 파일이 생성되는 쓰기 전용 모드인 w다. 따라서 파일 개방을 처음 소개하는 예제 코드 Ex3-192와 예제 코드 Ex3-193에서 w를 사용했다. 초보자는 파일이 정확히 어느 경로에 생성되는지 익숙하지 않고, 직접 파일을 만들어 원하는 데이터를 작성하는 것이 어렵기 때문이다.

그러나 '쓰기 전용 모드 w'는 파일에 내용이 있으면 전체를 덮어쓰는 특징을 갖고 있다는 점에 유의해야 한다. 게임의 옵션 값을 하나의 파일에만 보관해야 한다면 쓰기 전용 모드를 사용해도 좋겠지만, 새로운 데이터를 추가해야 한다면 쓰기 전용 모드 w로는 원하는 바를 얻을 수 없다. 기존 데이터를 지우고 새로운 데이터로만 통으로 갱신하기 때문이다.

다음으로 기존 파일이 존재하고 새로운 데이터를 파일에 추가하기를 희망한다면 '추가 모드 a'를 활용할 수 있다. 추가 모드 a를 지정하면 새로운 데이터가 기존 파일의 끝에 추가된다. 데이터를 점차 파일에 누적해야 하는 상황에 적합하다.

마지막으로 '읽기 전용 모드 r'이 존재한다. 파일 개방을 위해서는 프로그래머가 직접 해당 폴더 경로로 들어가 파일을 사전에 만든 후 원하는 데이터를 입력해 둬야 한다. 기존 파일을 읽을 수만 있으며 코드에서 파일 출력을 시도해도 읽기 전용이므로 쓰기가 되지 않는다. 게임 내에서 변경해서는 안 되는 데이터를 읽어와서 사용만 하고 데이터가 변경되면 안 되는 상황에 사용된다. 파일에 출력을 해도 의미가 없기 때문에 '파일 입력과 표준 출력의 흐름'으로 주로 사용된다.

표 3-17과 같이 파일 개방 모드에는 몇 가지 옵션을 제공한다. 'r+', 'wt', 'a+b'와 같이 파일 개방 모드를 기준으로 옵션을 붙일 수 있으며, 옵션만 단독으로 사용할

수는 없다. '+'는 w, a, r 모두에 붙일 수 있으며, 파일 개방 모드에 붙여 주요 특징은 그대로 유지하고 읽기/쓰기로 변환한다. 읽기 전용 모드 r에 붙였을 때 가장 큰 차이가 드러나므로 r+가 어떤 특징을 갖는지 알아두면 도움이 된다.

표 3-17 파일 개방 모드 옵션

옵션	구분	주요 특징
+	읽기/쓰기로 변환	파일 개방 모드에 붙여 주요 특징은 그대로 유지하며 읽기/쓰기로 변환(w+, a+, r+)
t(text)	텍스트 모드(택1)	인간의 언어인 문자로 작성돼 있는 텍스트 파일(.txt, .c, .cpp, .xml, .html 등)
b(binary)	바이너리 모드(택1)	컴퓨터 관점으로 0과 1로만 이뤄진 이진 파일(.bin, .exe, .dll, .zip, .jpg, .mp3 등)

텍스트 모드와 바이너리 모드는 둘 중에 반드시 하나를 선택해야 하는 옵션으로, 생략했을 경우 자동으로 텍스트 모드 t가 선택된다. 즉, w는 wt와 동일하다.

텍스트 모드는 인간의 언어인 문자로 작성돼 있는 텍스트 파일을 개방하기 위한 것이다. 문자가 아스키 코드로 변환되므로 아스키 파일이라고도 한다. 대표적으로 .txt, .c, .cpp, .xml, .html 등이 텍스트 파일에 해당된다. 텍스트 파일은 비주얼 스튜디오, 메모장과 같은 편집기로 열 경우 암호화되지 않아서 인간이 눈으로 내용을 읽을 수 있다.

반면 바이너리 모드는 컴퓨터 관점으로 0과 1로만 이뤄진 이진 파일을 개방하기 위한 것이다. 0과 1로만 변환된 파일이기 때문에 인간이 내용을 읽을 수 없다. 대표적으로 .bin, .exe, .dll, .zip, .jpg, .mp3 등이 바이너리 파일에 해당된다. 일반적인 편집기로는 파일을 열 수 없으며, 바이너리 파일을 확인할 수 있는 편집기로 열 수 있다.

게임을 많이 플레이해보고 실제 게임 파일을 관심 있게 본 사람이라면 게임 폴더 내의 .bin 파일을 본 적이 있을 것이다. 바이너리 파일은 0과 1로 구성돼 있기 때문에 컴퓨터가 변환 없이 빠르게 다룰 수 있고, 인간이 이해하는 텍스트로 변환하기 위한 과정이 필요 없으므로 파일의 용량도 상대적으로 작다. 그러나 눈으로 봐서 바로 이해하기 어렵기 때문에 초보자를 위한 책에서 다루기에 무리가 있다.

파일 개방에서 바이너리 모드가 존재한다는 것 정도만 알고 프로그래밍이 어느 정도 익숙해지기 전까지는 직접 눈으로 확인할 수 있는 텍스트 모드를 기준으로 학습하기를 권장한다.

3-14-2-2 파일 개방 모드: write

Ex3-194 / main.h

```
01  #pragma once
02  #define _CRT_SECURE_NO_WARNINGS
03  #include <stdio.h>
04
05  void FileInputOutput();
```

Ex3-194 / main.c

```
01  #include "main.h"
02
03  int main(void)
04  {
05      FileInputOutput();
06      return 0;
07  }
08
09  void FileInputOutput()
10  {
11      char *ptrOption = "Language";
12      char *ptrLanguage1 = "Korean";
13      char *ptrLanguage2 = "English";
14
15      FILE *fpConfig;
16
17      fpConfig = fopen("Config.txt", "w");
18      fprintf(fpConfig, "%s %s\n", ptrOption, ptrLanguage1);
19
20      fclose(fpConfig);
21
22      fpConfig = fopen("Config.txt", "w");
23      fprintf(fpConfig, "%s %s\n", ptrOption, ptrLanguage2);
24
25      fclose(fpConfig);
```

```
26    }
```

Ex3-194 / Config.txt

```
Language English
```

예제 코드 Ex3-194는 파일 개방 모드 w의 주요 특징을 확인하기 위한 예다. 파일 개방 모드 w의 주요 특징은 파일이 없으면 새로 생성하는 것과 파일이 있으면 내용을 덮어쓰는 것 2가지다. 프로젝트 파일이 있는 경로에 별도로 Config.txt 파일을 생성하지 않았지만 컴파일 후 실행하면 자동으로 파일 출력에서 담은 내용이 포함돼 Config.txt 파일이 생성된다.

파일이 있으면 내용을 덮어쓰는 특징을 확인하려면 파일을 2번 이상 개방할 필요가 있다. 17행에서 파일을 개방한 후 언어를 한국어로 지정했다. Config.txt 파일이 없었으므로 이 시점에 파일이 생성된다.

22행에서 동일한 파일을 개방한 후 언어를 영어로 지정했다. 해당 경로에 동일한 파일이 존재하므로 파일 내의 모든 내용을 새로운 파일 출력의 결과로 덮어쓴다. 따라서 Config.txt 파일을 열어보면 Language English만 출력돼 있음을 확인할 수 있다. 기존 내용을 지우고 새로운 내용으로 완전히 교체한 상황이다.

3-14-2-3 파일 개방 모드: append

Ex3-195 / main.h

```
01    #pragma once
02    #define _CRT_SECURE_NO_WARNINGS
03    #include <stdio.h>
04
05    void FileInputOutput();
```

Ex3-195 / main.c

```
01    #include "main.h"
02
03    int main(void)
```

```
04  {
05      FileInputOutput();
06      return 0;
07  }
08
09  void FileInputOutput()
10  {
11      char *ptrOption = "Language";
12      char *ptrLanguage1 = "Korean";
13      char *ptrLanguage2 = "English";
14
15      FILE *fpConfig;
16
17      fpConfig = fopen("Config.txt", "w");
18      fprintf(fpConfig, "%s %s\n", ptrOption, ptrLanguage1);
19
20      fclose(fpConfig);
21
22      fpConfig = fopen("Config.txt", "a");
23      fprintf(fpConfig, "%s %s\n", ptrOption, ptrLanguage2);
24
25      fclose(fpConfig);
26  }
```

Ex3-195 / Config.txt

```
Language Korean
Language English
```

예제 코드 Ex3-195는 파일 개방 모드 a의 주요 특징을 확인하기 위한 예다. 파일 개방 모드 a의 주요 특징은 파일이 없으면 새로 생성하는 것과 파일이 있으면 기존 파일 끝에 이어서 추가하는 것 2가지다. 파일이 없으면 새로 생성하는 건 파일 개방 모드 w와 동일하다.

파일이 있으면 기존 파일 끝에 이어서 추가하는 특징을 확인하기 위해서는 파일을 2번 이상 개방하되 마지막을 파일 개방 모드 a로 지정할 필요가 있다. 예제 코드 Ex3-194에서 22행의 파일 개방 모드만 w에서 a로 변경한 코드다. 결과를 확인하면 파일 개방 모드 a의 특징을 확실히 이해할 수 있다.

17행에서 파일 개방 모드 w로 파일을 개방한 후 언어를 한국어로 지정했다. 다음 22행에서 동일한 파일을 파일 개방 모드 a로 개방한 후 언어를 영어로 지정했다. 해당 경로에 동일한 파일이 존재하므로 기존 파일 끝에 이어서 파일 출력의 결과를 추가한다. 따라서 Config.txt 파일을 열어보면 Language Korean 밑에 Language English까지 추가돼 출력돼 있음을 확인할 수 있다.

3-14-2-4 파일 개방 모드: read

Ex3-196 / Config.txt

```
Language English
```

Ex3-196 / main.h

```
01  #pragma once
02  #define _CRT_SECURE_NO_WARNINGS
03  #include <stdio.h>
04  #include <stdlib.h>
05
06  #define MAX_SIZE 20
07
08  void FileInputOutput();
```

Ex3-196 / main.c

```
01  #include "main.h"
02
03  int main(void)
04  {
05      FileInputOutput();
06      return 0;
07  }
08
09  void FileInputOutput()
10  {
11      char *ptrOption
12          = (char *)calloc(1, sizeof(char) * (MAX_SIZE + 1));
13      char *ptrLanguage
14          = (char *)calloc(1, sizeof(char) * (MAX_SIZE + 1));
15      int iResult = 0;
```

```
16
17      FILE *fpConfig;
18      fpConfig = fopen("Config.txt", "r");
19
20      iResult = fscanf(fpConfig, "%s %s", ptrOption, ptrLanguage);
21
22      if (iResult == -1)
23      {
24          printf("fscanf Failed\n");
25      }
26
27      fprintf(stdout, "%s %s", ptrOption, ptrLanguage);
28      fprintf(fpConfig, "\n%s %s", ptrOption, "Korean");
29
30      free(ptrOption);
31      free(ptrLanguage);
32      fclose(fpConfig);
33  }
```

표준 출력은 다음과 같다.

```
Language English
```

Ex3-196 / Config.txt

```
Language English
```

예제 코드 Ex3-196은 파일 개방 모드 r의 주요 특징을 확인하기 위한 예다. 파일 개방 모드 r의 주요 특징은 '불러올 파일이 하드 디스크에 없으면 런타임 에러가 발생'하므로 사전에 반드시 파일을 직접 만들어야 한다는 것과 기존 파일을 읽을 수만 있으며 쓰기가 불가능하다는 2가지다.

사전에 파일을 만들지 않은 상태로 실행하면 'Debug Assertion Failed!'라는 메시지 창이 뜨며 널 포인터이면 안 된다는 런타임 에러가 발생한다. 이는 18행에서 함수 **fopen**에서 Config.txt 파일을 찾으려고 했는데, 파일이 해당 경로에 없기 때문에 널 포인터를 반환한 것이다.

파일 개방 모드 r을 사용할 때는 반드시 프로그래머가 직접 해당 폴더에 들어가 사전에 파일을 만들어줘야 한다. 기존의 파일을 실수로 쓰지 않게 사용하는 '읽기 전용 모드인 만큼 기존에 파일이 존재한다는 것을 가정'으로 하는 모드다. 예제 코드 Ex3-196의 프로젝트 파일이 존재하는 폴더에 들어가서 Config.txt 파일을 직접 만들고 Language English라고 작성한다. 이후 다시 실행하면 정상적으로 프로그램이 동작한다. 따라서 예제 코드 앞에 '파일 생성' 박스를 표기했다.

파일 개방 모드 r은 읽기 전용 모드이므로 파일 입력을 통해 파일에서 데이터를 가져온 후 원하는 곳에서 사용하고, 표준 출력으로 확인하는 과정을 거치는 것이 보편적이다. 17행에서 파일 포인터를 선언하고, 18행에서 파일을 파일 개방 모드 r로 개방했다.

```
17      FILE *fpConfig;
18      fpConfig = fopen("Config.txt", "r");
```

20행에서는 파일 입력을 위해 함수 fscanf를 사용했다. Config.txt 파일에 있는 문자열을 가져와야 하는데, 파일 입력을 통해 가져오므로 포인터 변수를 선언할 시점에 초기화를 할 수 없기 때문에 별도로 공간을 확보하기 위해 11행 ~ 14행에서 동적 메모리를 할당했다. 함수 fscanf는 실패했을 때 -1을 반환하므로 22행 ~ 24행에 예외 처리 코드를 작성했다.

```
20      iResult = fscanf(fpConfig, "%s %s", ptrOption, ptrLanguage);
21
22      if (iResult == -1)
23      {
24          printf("fscanf Failed\n");
25      }
```

파일 입력을 정상적으로 받아왔는지 확인하기 위해 27행에서 표준 출력을 통해 눈으로 확인했다. 28행은 확실히 읽기 모드인지 확인하기 위해 추가적으로 파일 출력을 시도한 임시적인 코드다. 설명의 편의성을 위해 일시적으로 하드 코딩을 사용했으니 가급적 하드 코딩은 사용하지 말자.

```
27      fprintf(stdout, "%s %s", ptrOption, ptrLanguage);
```

```
28        fprintf(fpConfig, "\n%s %s", ptrOption, "Korean");
```

언어를 영어에서 한국어로 변경했지만 Config.txt 파일을 열어보면 파일 출력이 이뤄지지 않았다. 파일 개방 모드 r에서 파일 입력은 정상적으로 됐지만, 파일 출력은 반영되지 않았음을 확인할 수 있다.

3-14-2-5 파일 개방 모드: +

Ex3-197 / Config.txt

```
Language English
```

Ex3-197 / main.h

```
01  #pragma once
02  #define _CRT_SECURE_NO_WARNINGS
03  #include <stdio.h>
04  #include <stdlib.h>
05
06  #define MAX_SIZE 20
07
08  void FileInputOutput();
```

Ex3-197 / main.c

```
01  #include "main.h"
02
03  int main(void)
04  {
05      FileInputOutput();
06      return 0;
07  }
08
09  void FileInputOutput()
10  {
11      char *ptrOption
12          = (char *)calloc(1, sizeof(char) * (MAX_SIZE + 1));
13      char *ptrLanguage
14          = (char *)calloc(1, sizeof(char) * (MAX_SIZE + 1));
```

```
15      int iResult = 0;
16
17      FILE *fpConfig;
18      fpConfig = fopen("Config.txt", "r+");
19
20      iResult = fscanf(fpConfig, "%s %s", ptrOption, ptrLanguage);
21
22      if (iResult == -1)
23      {
24          printf("fscanf Failed\n");
25      }
26
27      fprintf(stdout, "%s %s", ptrOption, ptrLanguage);
28      fprintf(fpConfig, "\n%s %s", ptrOption, "Korean");
29
30      free(ptrOption);
31      free(ptrLanguage);
32      fclose(fpConfig);
33  }
```

표준 출력은 다음과 같다.

```
Language English
```

Ex3-197 / Config.txt

```
Language English
Language Korean
```

예제 코드 Ex3-197은 파일 개방 모드 옵션 +의 특징을 확인하기 위한 예다. 파일 개방 모드 옵션 +는 파일 개방 모드에 붙여 주요 특징은 그대로 유지하며 읽기/쓰기로 변환한다. 파일 개방 모드 w와 a의 경우 읽기 기능이 추가되지만, r의 경우 쓰기를 방지하기 위해 만들어진 모드에 읽기/쓰기로 변화되는 만큼 명백한 차이점이 발생한다.

예제 코드 Ex3-197은 예제 코드 Ex3-196의 18행에서 파일 모드를 r에서 r+로 변경했을 뿐이다. r+는 파일 개방 모드 r의 주요 특징인 파일이 없으면 런타임 에러가 발생하므로 사전에 반드시 파일을 직접 만들어야 한다는 점을 그대로 유지하면서 읽기 전용 모드에서 읽기/쓰기로 변경한 것이다. 따라서 예제 코드 Ex3-197의 프로젝트 파일이 존재하는 폴더에 들어가서 Config.txt 파일을 직접 만들고 Language English라고 작성하는 걸 잊어서는 안 된다.

컴파일 후 실행하면 28행의 추가적인 파일 출력이 Config.txt 파일에 반영됐다는 점이 파일 개방 모드 r과 확연히 다르다. 파일 개방 모드 옵션 +는 파일 개방 모드 모두에 적용 가능하며, w+와 a+도 파일 개방 모드에 붙여 주요 특징은 그대로 유지하며 읽기/쓰기 기능이 추가된 확장 모드다.

3-14-3 문자 전용 입출력 함수

3-14-3-1 fputc( )

Ex3-198 / main.h

```
01  #pragma once
02  #define _CRT_SECURE_NO_WARNINGS
03  #include <stdio.h>
04
05  void FileInputOutput();
```

Ex3-198 / main.c

```
01  #include "main.h"
02
03  int main(void)
04  {
05      FileInputOutput();
06      return 0;
07  }
08
09  void FileInputOutput()
10  {
11      int iItemRank1 = 83;
12      int iItemRank2 = 'S';
13
14      FILE *fpItemList;
15      fpItemList = fopen("ItemList.txt", "w+");
16
```

```
17       fputc(iItemRank1, fpItemList);
18       fputc('\n', fpItemList);
19       fputc(iItemRank2, fpItemList);
20
21       fclose(fpItemList);
22   }
```

Ex3-198 / ItemList.txt

```
S
S
```

- 함수의 원형: int __cdecl fputc(int _Character, FILE *_Stream)
- 입력 데이터형: int, FILE *
- 출력 데이터형: int

'3-4 표준 입출력' 절에서 파일 입출력 함수를 표준 입출력으로 사용할 수도 있다는 것을 확인했었다. '3-14 파일 입출력' 절에서는 본래 기능인 파일 입출력으로 활용되는 경우를 알아본다.

예제 코드 Ex3-198은 문자 전용 파일 출력 함수인 함수 fputc를 소개하기 위한 예다. 예제 코드 Ex3-37의 표준 입출력 예제 코드를 기반으로 파일 입출력 코드로 변경했다. 비교하면서 보면 표준 입출력과 파일 입출력의 차이점을 이해하기 쉬울 것이다.

14행에서 파일 포인터를 선언한 후 15행에서 파일을 w+ 모드로 개방했다. 17행에서 변수 iItemRank1을 파일 포인터에 파일 출력하고, 18행에서 줄 바꿈 수행했다. 19행에서 변수 iItemRank2를 파일 포인터에 파일 출력했다.

컴파일하고 실행하면 w+ 모드라서 파일이 없어도 ItemList.txt 파일이 생성되며 파일에는 아스키 코드 83인 문자 S가 출력돼 있으며, 줄 바꿈 후 다시 문자 S가 출력돼 있음을 확인할 수 있다. 표준 출력을 위해 사용했던 stdout 대신 파일 포인터를 두 번째 인자에 넣으면 파일 출력이 된다.

3-14-3-2 fgetc( )

Ex3-199 / ItemList.txt

```
C
D
```

Ex3-199 / main.h

```
01  #pragma once
02  #define _CRT_SECURE_NO_WARNINGS
03  #include <stdio.h>
04
05  void FileInputOutput();
```

Ex3-199 / main.c

```
01  #include "main.h"
02
03  int main(void)
04  {
05      FileInputOutput();
06      return 0;
07  }
08
09  void FileInputOutput()
10  {
11      int iItemRank1 = -1;
12      int iItemRank2 = -1;
13
14      FILE *fpItemList;
15      fpItemList = fopen("ItemList.txt", "r+");
16
17      iItemRank1 = fgetc(fpItemList);
18      fputc(iItemRank1, stdout);
19      fputc('\n', stdout);
20
21      //fgetc(stdout);
22
23      iItemRank2 = fgetc(fpItemList);
24      fputc(iItemRank2, stdout);
25
26      fclose(fpItemList);
```

```
 27  }
```

표준 출력은 다음과 같다.

```
C
(커서 위치)
```

- **함수의 원형**: int __cdecl fgetc(FILE *_Stream)
- **입력 데이터형**: FILE *
- **출력 데이터형**: int

예제 코드 Ex3-199는 문자 전용 파일 입력 함수인 함수 fgetc를 소개하기 위한 예다. 예제 코드 Ex3-38의 표준 입출력 예제 코드를 기반으로 파일 입출력 코드로 변경했다.

14행에서 파일 포인터를 선언한 후 15행에서 파일을 r+ 모드로 개방했다. 파일 개방 모드가 r+이므로 사전에 ItemList.txt 파일을 프로젝트 파일이 존재하는 폴더에 만들어둔다. 파일 내용에는 예제 코드 Ex3-38의 표준 출력 결과와 많이 비슷하게 C를 작성한 후 줄을 변경하고 D를 작성했다.

17행에서 함수 fgetc를 통해 ItemList.txt 파일의 첫 번째 문자를 가져와서 변수 iItemRank1에 저장했다. 18행에서 표준 출력으로 파일의 첫 번째 문자를 정상적으로 가져왔는지 확인했다. 19행에서는 ItemList.txt 파일의 내용과 표준 출력이 동일하게 될 수 있도록 줄 바꿈을 했다. 변수 iItemRank2를 파일 포인터에 파일 출력했다. 23행에서 함수 fgetc를 통해 ItemList.txt 파일의 두 번째 문자를 가져와서 변수 iItemRank2에 저장했다. 24행에서 표준 출력으로 파일의 두 번째 문자를 정상적으로 가져왔는지 확인했다.

그런데 표준 출력의 결과는 예상과 달리 D가 출력되지 않고 C를 출력한 후 줄 바꿈이 2번 이뤄졌을 뿐이다. 19행에서 이뤄지는 줄 바꿈은 이미 파악하고 있었는데, 그다음에 D가 출력된 것이 아닌 다시 줄 바꿈이 이뤄졌다.

다시 한 번 스스로 ItemList.txt 파일을 작성했을 때를 상세히 떠올려 보자. C를 작성한 후 Enter 키를 눌러 줄 바꿈을 하고 D를 작성했다. 즉, ItemList.txt 파일에 입력된 두 번째 문자는 D가 아닌 줄 바꿈을 의미하는 아스키 코드인 것이었다. 따라서 2번의 줄 바꿈이 이뤄졌다. 실제 디버깅을 해보면 23행에서 변수 iItemRank2에 10이 들어오는 것을 확인할 수 있다. 아스키 코드로 10은 줄 바꿈이었다.

원하는 결과대로 파일 입력을 하려면 ItemList.txt 파일에 입력된 두 번째 문자가 아닌 세 번째 문자를 가져와야 한다. 이를 위해 파일 포인터의 위치를 변경하는 표준 라이브러리를 알아야 가능하다. '3-14-6 파일 포인터 위치 찾기와 변경: fseek( )와 ftell( )' 절에서 다룬다. 여기서 파일 입출력은 표준 입출력과 다루는 방법이 조금 달라야 한다는 점만 이해했으면 충분하다.

참고로 21행을 주석 처리해도 아무런 문제없이 2번 파일 입력을 받았다. 표준 입력을 받을 경우 버퍼가 존재했기 때문에 노하우로 버퍼의 내용을 지우기 위해 시행했던 코드지만, 파일 입력에서는 표준 입력에서 임시적으로 사용된 버퍼가 필요하지 않다.

따라서 주석 처리를 했으며, 파일 입력에서는 앞으로 표준 입력 함수를 사용한 후 다시 입력을 정상적으로 받기 위해 버퍼를 지우기 위한 코드를 작성할 필요가 없다.

3-14-4 문자열 전용 입출력 함수

3-14-4-1 fputs( )

Ex3-200 / main.h

```
01  #pragma once
02  #define _CRT_SECURE_NO_WARNINGS
03  #include <stdio.h>
04
05  void FileInputOutput();
```

Ex3-200 / main.c

```
01  #include "main.h"
02
03  int main(void)
```

```
04    {
05        FileInputOutput();
06        return 0;
07    }
08
09    void FileInputOutput()
10    {
11        char *ptrCharName1 = "Leon Scott Kennedy";
12        char *ptrCharName2 = "Jill Valentine";
13
14        FILE *fpCharList;
15        fpCharList = fopen("CharList.txt", "w+");
16
17        fputs(ptrCharName1, fpCharList);
18        fputc('\n', fpCharList);
19        fputs(ptrCharName2, fpCharList);
20
21        fclose(fpCharList);
22    }
```

Ex3-200 / CharList.txt

```
Leon Scott Kennedy
Jill Valentine
```

- **함수의 원형**: int __cdecl fputs(const char *_Buffer, FILE *_Stream)
- **입력 데이터형**: const char *, FILE *
- **출력 데이터형**: int

예제 코드 Ex3-200은 문자열 전용 파일 출력 함수인 함수 **fputs**를 소개하기 위한 예다. 예제 코드 Ex3-41의 표준 입출력 예제 코드를 기반으로 파일 입출력 코드로 변경했다.

14행에서 파일 포인터를 선언한 후 15행에서 파일을 w+ 모드로 개방했다. 17행에서 포인터 변수 **ptrCharName1**을 파일 포인터에 파일 출력하고, 18행에서 줄 바꿈을 수행했다. 19행에서 포인터 변수 **ptrCharName2**를 파일 포인터에 파일 출력했다.

컴파일하고 실행하면 w+ 모드라서 파일이 없어도 CharList.txt 파일이 생성되며 파일에는 포인터 변수 **ptrCharName1**에 저장된 문자열이 출력된 후 줄 바꿈을 한

다음에 다시 포인터 변수 ptrCharName2에 저장된 문자열이 출력된 것을 확인할 수 있다.

3-14-4-2 fwrite( )

Ex3-201 / main.h

```
01  #pragma once
02  #define _CRT_SECURE_NO_WARNINGS
03  #include <stdio.h>
04  #include <string.h>
05
06  void FileInputOutput();
```

Ex3-201 / main.c

```
01  #include "main.h"
02
03  int main(void)
04  {
05      FileInputOutput();
06      return 0;
07  }
08
09  void FileInputOutput()
10  {
11      char *ptrCharName1 = "Leon Scott Kennedy";
12      char *ptrCharName2 = "Jill Valentine";
13
14      FILE *fpCharList;
15      fpCharList = fopen("CharList.txt", "w+");
16
17      fwrite(ptrCharName1, strlen(ptrCharName1), 1, fpCharList);
18      fputc('\n', fpCharList);
19      fwrite(ptrCharName2, strlen(ptrCharName2), 1, fpCharList);
20
21      fclose(fpCharList);
22  }
```

Ex3-201 / CharList.txt

```
Leon Scott Kennedy
Jill Valentine
```

- **함수의 원형:** size_t __cdecl fwrite(const void *_Buffer, size_t _ElementSize, size_t _ElementSize, FILE *_Stream)
- **입력 데이터형:** const void *, size_t, size_t, FILE *
- **출력 데이터형:** size_t

예제 코드 Ex3-201은 문자열 전용 파일 출력 함수인 함수 `fwrite`를 소개하기 위한 예다. 함수 `fwrite`는 표준 출력이 불가능하고 파일 출력만 가능하며 헤더 파일 stdio.h에 선언돼 있다.

매개변수 `const void *`, `size_t`, `size_t`, `FILE *`를 갖고 있고, 반환값으로 `size_t`를 갖고 있다. 매개변수는 순서대로 출력할 버퍼, 출력한 문자열의 크기, 쓰기 횟수, 파일 포인터이며, 반환값은 성공하면 쓰기 횟수를 그대로 반환하고 실패하면 쓰기 횟수보다 작은 값이 반환된다.

14행에서 파일 포인터를 선언한 후 15행에서 파일을 `w+` 모드로 개방했다. 17행에서 함수 `fwrite`에 맞게 출력할 버퍼, 출력한 문자열의 크기, 쓰기 횟수, 파일 포인터를 설정해서 파일 출력하고 18행에서 줄 바꿈을 수행했다. 19행에서 17행과 동일하게 함수 `fwrite`를 활용했다.

포인터 변수에 저장된 문자열의 크기만큼 정확히 파일 출력을 하기 희망하므로 함수 `strlen`을 사용했다. 따라서 헤더 파일 string.h를 추가했다. 쓰기 횟수는 1번만 출력하므로 1로 설정했다.

3-14-4-3 fgets( )

Ex3-202 / CharList.txt

```
Leon Scott Kennedy
Jill Valentine
```

Ex3-202 / main.h

```c
01  #pragma once
02  #define _CRT_SECURE_NO_WARNINGS
03  #include <stdio.h>
04  #include <stdlib.h>
05
06  #define MAX_SIZE 20
07
08  void FileInputOutput();
```

Ex3-202 / main.c

```c
01  #include "main.h"
02
03  int main(void)
04  {
05      FileInputOutput();
06      return 0;
07  }
08
09  void FileInputOutput()
10  {
11      char *ptrCharName1
12          = (char *)calloc(1, sizeof(char) * (MAX_SIZE + 1));
13      char *ptrCharName2
14          = (char *)calloc(1, sizeof(char) * (MAX_SIZE + 1));
15
16      FILE *fpCharList;
17      fpCharList = fopen("CharList.txt", "r+");
18
19      fgets(ptrCharName1, sizeof(char) * (MAX_SIZE + 1), fpCharList);
20      fputs(ptrCharName1, stdout);
21
22      fgets(ptrCharName2, sizeof(char) * (MAX_SIZE + 1), fpCharList);
23      fputs(ptrCharName2, stdout);
24
25      free(ptrCharName1);
26      free(ptrCharName2);
27      fclose(fpCharList);
28  }
```

표준 출력은 다음과 같다.

Leon Scott Kennedy
Jill Valentine

- 함수의 원형: char *fgets(char *_Buffer, int _MaxCount, FILE *_Stream)
- 입력 데이터형: char *, int, FILE *
- 출력 데이터형: char *

예제 코드 Ex3-202는 문자열 전용 파일 입력 함수인 함수 **fgets**를 소개하기 위한 예다. 예제 코드 Ex3-42의 표준 입출력 예제 코드를 기반으로 파일 입출력 코드로 변경했다.

16행에서 파일 포인터를 선언한 후 17행에서 파일을 r+ 모드로 개방했다. 파일 개방 모드가 r+이므로 사전에 CharList.txt 파일을 프로젝트 파일이 존재하는 폴더에 만들어둔다. 파일 내용에는 캐릭터명을 줄 바꿈으로 구분해서 2개 작성했다.

표준 입력이든 파일 입력이든 배열이 아닌 포인터 변수에 문자열을 저장하기 위해서는 포인터 변수를 선언하는 시점에 정확한 문자열의 크기를 알 수 없기 때문에 11행 ~ 14행과 같이 동적 메모리를 할당했다.

19행에서 파일 포인터에서 문자열을 저장할 동적 메모리의 크기만큼 불러와 20행에서 표준 출력으로 출력했다. 문자열은 널 문자에 종료되므로 널 문자 앞의 줄 바꿈까지 포함돼 표준 출력이 됐기에 별도로 줄 바꿈을 위한 코드가 필요하지 않았다. 22행에서도 동일하게 파일 포인터에 문자열을 저장할 동적 메모리의 크기만큼 불러와 23행에서 표준 출력으로 출력했다.

3-14-4-4 fread( )

Ex3–203 / CharList.txt

Leon Scott Kennedy
Jill Valentine

Ex3-203 / main.h

```
01  #pragma once
02  #define _CRT_SECURE_NO_WARNINGS
03  #include <stdio.h>
04  #include <stdlib.h>
05
06  #define MAX_SIZE 20
07
08  void FileInputOutput();
```

Ex3-203 / main.c

```
01  #include "main.h"
02
03  int main(void)
04  {
05      FileInputOutput();
06      return 0;
07  }
08
09  void FileInputOutput()
10  {
11      char *ptrCharName1
12          = (char *)calloc(1, sizeof(char) * (MAX_SIZE + 1));
13      char *ptrCharName2
14          = (char *)calloc(1, sizeof(char) * (MAX_SIZE + 1));
15
16      FILE *fpCharList;
17      fpCharList = fopen("CharList.txt", "r+");
18
19      fread(ptrCharName1, sizeof(char), MAX_SIZE - 1, fpCharList);
20      //fread(ptrCharName1, sizeof(char) * (MAX_SIZE +1), 1, fpCharList);
21      fputs(ptrCharName1, stdout);
22
23      fread(ptrCharName2, sizeof(char), MAX_SIZE - 1, fpCharList);
24      //fread(ptrCharName2, sizeof(char) * (MAX_SIZE + 1), 1, fpCharList);
25      fputs(ptrCharName2, stdout);
26
27      free(ptrCharName1);
28      free(ptrCharName2);
29      fclose(fpCharList);
30  }
```

표준 출력은 다음과 같다.

```
Leon Scott Kennedy
Jill Valentine
```

- **함수의 원형:** size_t __cdecl fread(void *_Buffer, size_t _ElementSize, size_t _ElementSize, FILE *_Stream)
- **입력 데이터형:** void *, size_t, size_t, FILE *
- **출력 데이터형:** size_t

예제 코드 Ex3-203은 문자열 전용 파일 입력 함수인 함수 fread를 소개하기 위한 예다. 함수 fread는 표준 입력이 불가능하고 파일 입력만 가능하며 헤더 파일 stdio.h에 선언돼 있다.

매개변수 void *, size_t, size_t, FILE *를 갖고 있고, 반환값으로 size_t를 갖고 있다. 매개변수는 순서대로 입력할 버퍼, 입력한 문자열의 크기, 읽기 횟수, 파일 포인터이며, 반환값은 성공하면 읽기 횟수를 그대로 반환하고, 실패하면 읽기 횟수보다 작은 값을 반환한다.

16행에서 파일 포인터를 선언한 후 17행에서 파일을 r+ 모드로 개방했다. 파일 개방 모드가 r+이므로 사전에 CharList.txt 파일을 프로젝트 파일이 존재하는 폴더에 만들어둔다.

19행과 23행에서 문자 데이터형의 크기에는 최대 문자 크기에 1을 빼서 읽기 횟수에 지정했다. 주의할 점은 함수 fread는 함수 fgets와 달리 버퍼의 크기와 상관없이 공백(Space 키, Tab 키, Enter 키)이 있든 없든 무관하게 지정된 크기만큼 읽는다는 것이다. 다른 함수와 달리 함수 fread가 가진 굉장히 큰 차이점이므로 차이점을 명확히 이해하고 사용해야 한다.

주석 처리된 20행과 24행과 같이 코드를 작성하면 21의 크기만큼 파일에서 읽어오므로 다음의 코드와 같이 이전 메모리에 저장돼 있는 쓰레기 값이 초기화되지 않은 상태로 넘어올 수 있다. 따라서 19행과 23행처럼 파일에 존재하는 제어 문자 '\n' 전까지 크기를 지정해서 가져와야 정상적으로 파일 입력이 된다. 그래서 최대 문자 크기에서 1을 뺀 것이다.

Leon Scott Kennedy
Ji義義ll Valentine

3-14-5 범용 파일 입출력 함수

3-14-5-1 fprintf( )

Ex3-204 / main.h

```
01  #pragma once
02  #define _CRT_SECURE_NO_WARNINGS
03  #include <stdio.h>
04
05  void FileInputOutput();
```

Ex3-204 / main.c

```
01  #include "main.h"
02
03  int main(void)
04  {
05      FileInputOutput();
06      return 0;
07  }
08
09  void FileInputOutput()
10  {
11      char *ptrCharName = "Solid Snake";
12      int iCharLevel = 123;
13      float fCharExp = 1234.5678f;
14
15      FILE *fpCharList;
16      fpCharList = fopen("CharList.txt", "w+");
17
18      fprintf(fpCharList, "%s\t%d\t%f\n",
19          ptrCharName, iCharLevel, fCharExp);
20      fprintf(fpCharList, "%-15.5s\t%05d\t%+10.2f\n",
21          ptrCharName, iCharLevel, fCharExp);
```

```
22
23        fclose(fpCharList);
24    }
```

Ex3-204 / CharList.txt

```
Solid Snake    123        1234.567749
Solid          00123      +1234.57
```

예제 코드 Ex3-204는 범용 파일 출력 함수인 함수 fprintf를 소개하기 위한 예다. 예제 코드 Ex3-43의 표준 입출력 예제 코드를 기반으로 파일 입출력 코드로 변경했다.

15행에서 파일 포인터를 선언한 후 15행에서 파일을 w+ 모드로 개방했다. 18행 ~ 19행에서 1개의 포인터 변수와 2개의 변수를 탭으로 구분해서 파일 포인터에 파일 출력했다. 20행 ~ 21행에서는 형식 변경자와 플래그를 활용해서 파일 포인터에 파일 출력했다. 함수 fprintf도 '3-4-4 범용 입출력 함수' 절과 동일하게 형식 변경자와 플래그를 적용할 수 있다는 것을 확인할 수 있다.

3-14-5-2 fscanf( )

Ex3-205 / CharList.txt

```
SolidSnake     123
1234.5678
```

Ex3-205 / main.h

```
01    #pragma once
02    #define _CRT_SECURE_NO_WARNINGS
03    #include <stdio.h>
04    #include <stdlib.h>
05
06    #define MAX_SIZE 20
07
08    void FileInputOutput();
```

Ex3-205 / main.c

```c
01  #include "main.h"
02
03  int main(void)
04  {
05      FileInputOutput();
06      return 0;
07  }
08
09  void FileInputOutput()
10  {
11      char *ptrCharName
12          = (char *)calloc(1, sizeof(char) * (MAX_SIZE + 1));
13      int iCharLevel = 0;
14      float fCharExp = 0.0f;
15
16      FILE *fpCharList;
17      fpCharList = fopen("CharList.txt", "r+");
18
19      fscanf(fpCharList, "%s %d %f", ptrCharName, &iCharLevel, &fCharExp);
20
21      fprintf(stdout, "%s %d %f", ptrCharName, iCharLevel, fCharExp);
22
23      free(ptrCharName);
24      fclose(fpCharList);
25  }
```

표준 출력은 다음과 같다.

```
SolidSnake 123 1234.567749
```

예제 코드 Ex3-205는 범용 파일 입력 함수인 함수 `fscanf`를 소개하기 위한 예다. 예제 코드 Ex3-44의 표준 입출력 예제 코드를 기반으로 파일 입출력 코드로 변경했다.

16행에서 파일 포인터를 선언한 후 17행에서 파일을 r+ 모드로 개방했다. 파일 개방 모드가 r+이므로 사전에 CharList.txt 파일을 프로젝트 파일이 존재하는 폴더에 만들어둔다. 파일 내용에는 캐릭터명을 'SolidSnake'와 같이 공백 없이 작성한 후 탭으로 구분한 다음, 캐릭터 레벨인 '123'을 작성했다. 줄 바꿈을 해 캐릭터 레벨과 분리한 후 마지막으로 캐릭터 경험치인 '1234.5678'을 작성했다.

함수 fscanf는 함수 scanf와 동일하게 공백(Space 키, Tab 키, Enter 키)을 기준으로 입력을 종료하므로, 캐릭터명을 'Solid Snake'와 같이 공백이 포함된 상태로 작성하면 Solid가 포인터 변수 ptrCharName에, Snake가 변수 iCharLevel의 시작 주소인 &iCharLevel에 불러오게 되는데, 당연히 문자열을 정수에 저장하려고 하니 문제가 발생하게 된다. 따라서 함수 fscanf의 한계점을 고려해서 캐릭터명을 공백 없이 작성한 것이다.

19행에서는 파일 포인터에서 문자열을 저장할 동적 메모리의 크기만큼 불러와 20행에서 표준 출력으로 출력했다. 캐릭터명과 캐릭터 레벨의 구분은 탭으로, 캐릭터 레벨과 캐릭터 경험치는 줄 바꿈으로 구분한 데이터가 정상적으로 불러와서 출력까지 된 것을 확인할 수 있다.

3-14-6 파일 포인터 위치 변경과 찾기: fseek( ), ftell( )

3-14-6-1 fseek( )와 ftell( )

Ex3-206 / TextList.txt

```
T_DIALOGUE_001 Vesemir    You always were an unruly child. I adored that about you.
Now fly!
T_DIALOGUE_002 Geralt     If I am to choose between greater and lesser evil, I would
rather not choose at all.
```

Ex3-206 / main.h

```
01    #pragma once
02    #define _CRT_SECURE_NO_WARNINGS
03    #include <stdio.h>
04
05    void FileInputOutput();
```

Ex3-206 / main.c

```
01  #include "main.h"
02
03  int main(void)
04  {
05      FileInputOutput();
06      return 0;
07  }
08
09  void FileInputOutput()
10  {
11      FILE *fpTextList;
12      fpTextList = fopen("TextList.txt", "r+");
13      fprintf(stdout, "%ld\n", ftell(fpTextList));
14
15      fseek(fpTextList, 0, SEEK_SET);
16      fprintf(stdout, "%ld\n", ftell(fpTextList));
17
18      fseek(fpTextList, 3, SEEK_SET);
19      fprintf(stdout, "%ld\n", ftell(fpTextList));
20
21      fseek(fpTextList, 10, SEEK_CUR);
22      fprintf(stdout, "%ld\n", ftell(fpTextList));
23
24      fseek(fpTextList, -5, SEEK_CUR);
25      fprintf(stdout, "%ld\n", ftell(fpTextList));
26
27      fseek(fpTextList, -10, SEEK_END);
28      fprintf(stdout, "%ld\n", ftell(fpTextList));
29
30      fseek(fpTextList, 0, SEEK_END);
31      fprintf(stdout, "%ld", ftell(fpTextList));
32
33      fclose(fpTextList);
34  }
```

표준 출력은 다음과 같다.

```
0
0
3
```

```
13
8
187
197
```

- **함수의 원형**: int __cdecl fseek(FILE *_Stream, long _Offset, int _Origin)
- **입력 데이터형**: FILE *, long, int
- **출력 데이터형**: int

- **함수의 원형**: long __cdecl ftell(FILE *_Stream)
- **입력 데이터형**: FILE *
- **출력 데이터형**: long

예제 코드 Ex3-206은 파일 포인터 위치 변경을 위한 함수 fseek와 현재 포인터 변수의 위치를 찾기 위한 함수 ftell을 소개하기 위한 예다.

파일 입력 함수의 상당수는 공백(Space 키, Tab 키, Enter 키)을 기준으로 입력을 종료하므로, 공백이 포함된 문자열을 정상적으로 불러오기 어렵다. 또한 파일 내부에서 불러오지 않고 다음으로 넘겨 필요한 데이터만 불러오고 싶을 때도 존재한다. 이러한 경우 필요해지는 것이 파일 포인터의 위치를 변경하는 함수다.

함수 fseek는 매개변수 FILE *, long, int를 갖고 있고, 반환값으로 int를 갖고 있다. 매개변수는 순서대로 파일 포인터, 이동 값, 기준점이며, 반환값은 성공하면 0을 반환하고 실패하면 -1을 반환한다.

기준점은 'SEEK_SET', 'SEEK_END', 'SEEK_CUR' 3가지를 선택할 수 있다.

첫째, SEEK_SET은 파일의 처음을 기준으로 이동을 시작하는 것으로, 이동 값이 0이면 파일 맨 앞이며, 숫자가 +될수록 처음에서 오른쪽으로 파일 포인터가 이동한다.

둘째, SEEK_END는 파일의 끝을 기준으로 이동을 시작하는 것으로, 이동 값이 0이면 파일의 맨 끝이며, 숫자가 -될수록 끝에서 왼쪽으로 파일 포인터가 이동한다.

셋째, SEEK_CUR는 파일 포인터의 현재 위치를 기준으로 이동을 시작하는 것으로, 이동 값이 0이면 현재의 위치에서 이동하지 않으며, 숫자가 +될수록 현재 위치에서 오른쪽으로, -될수록 현재 위치에서 왼쪽으로 파일 포인터가 이동한다. SEEK_CUR는 이미 1번 이상 파일 포인터의 위치를 변경해서 파일 포인터의 위치가 변경돼 있을 때 새로운 기준점을 기준으로 이동을 계산하기 위해 사용된다.

함수 ftell은 현재 파일 포인터의 위치를 찾는 함수로, 매개변수 FILE *를 갖고 있고, 반환값으로 long을 갖고 있다. 매개변수에는 파일 포인터를 넣고, 반환값은 성공하면 현재 위치를 반환하며, 실패하면 -1을 반환한다.

11행에서 파일 포인터를 선언한 후 12행에서 파일을 r+ 모드로 개방했다. 파일 개방 모드가 r+이므로 사전에 TextList.txt 파일을 프로젝트 파일이 존재하는 폴더에 만들어둔다. 파일 내용에는 게임에 텍스트로 사용되는 여러 가지 것 중에 대사 2가지를 작성해뒀다. 텍스트 코드, 대사를 하는 캐릭터명, 대사를 탭으로 구성했다.

13행에서는 함수 fseek로 파일 포인터의 위치 변경을 하기 전에 함수 ftell을 통해 현재 파일 포인터의 위치를 출력했다. 파일을 개방한 상태에서 파일 포인터는 0으로 확인할 수 있다.

15행에서 함수 fseek를 통해 SEEK_SET 기준점으로 0만큼 이동시켰다. 즉, 파일의 처음으로 파일 포인터를 이동시켰고, 파일 포인터의 위치를 0으로 확인했다. 18행에서 함수 fseek를 통해 SEEK_SET 기준점으로 +3만큼 이동시켰다. 즉, 파일의 처음을 기준으로 오른쪽으로 파일 포인터를 +3만큼 이동시켰고, 파일 포인터의 위치를 3으로 확인했다.

21행에서 함수 fseek를 통해 SEEK_CUR 기준점으로 +10만큼 이동시켰다. 파일 포인터의 현재 위치인 3을 기준으로 +10만큼 이동시켰고, 파일 포인터의 위치를 13으로 확인했다. 24행에서 함수 fseek를 통해 SEEK_CUR 기준점으로 -5만큼 이동시켰다. 파일 포인터의 현재 위치인 13을 기준으로 -5만큼 이동시켰고, 파일 포인터의 위치를 8로 확인했다.

27행에서 함수 fseek를 통해 SEEK_END 기준점으로 -10만큼 이동시켰다. 파일의 끝으로 파일 포인터를 이동시킨 후 -10만큼 이동시켰고, 파일 포인터의 위치를 187로 확인했다. 30행에서 함수 fseek를 통해 SEEK_END 기준점으로 0만큼 이동시켰다. 파일의 끝으로 파일 포인터를 이동시킨 결과 파일 포인터의 위치를 197로 확인했다.

3-14-6-2 파일 크기 계산에 활용

Ex3-207 / TextList.txt

```
T_DIALOGUE_001 Vesemir    You always were an unruly child. I adored that about you. Now fly!
T_DIALOGUE_002 Geralt     If I am to choose between greater and lesser evil, I would rather not choose at all.
```

Ex3-207 / main.h

```c
01  #pragma once
02  #define _CRT_SECURE_NO_WARNINGS
03  #include <stdio.h>
04  #include <stdlib.h>
05
06  void FileInputOutput();
```

Ex3-207 / main.c

```c
01  #include "main.h"
02
03  int main(void)
04  {
05      FileInputOutput();
06      return 0;
07  }
08
09  void FileInputOutput()
10  {
11      long lFileSize = 0;
12      char *ptrFileText = "";
13
14      FILE *fpTextList;
15      fpTextList = fopen("TextList.txt", "r+");
16
17      fseek(fpTextList, 0, SEEK_END);
18      lFileSize = ftell(fpTextList);
```

```
19
20      ptrFileText = (char *)calloc(1, sizeof(char) * (lFileSize + 1));
21
22      fseek(fpTextList, 0, SEEK_SET);
23      fread(ptrFileText, lFileSize + 1, 1, fpTextList);
24
25      fprintf(stdout, "FileSize: %ld\n", lFileSize);
26      fprintf(stdout, "%s", ptrFileText);
27
28      free(ptrFileText);
29          fclose(fpTextList);
30   }
```

표준 출력은 다음과 같다.

```
FileSize: 197
T_DIALOGUE_001 Vesemir You always were an unruly child. I adored that about you. Now fly!
T_DIALOGUE_002 Geralt If I am to choose between greater and lesser evil, I would rather not choose at all.
```

예제 코드 Ex3-207은 파일 포인터 위치 변경과 찾기를 활용해 파일의 크기를 계산해서 동적 메모리를 할당하는 활용법을 소개하기 위한 예다. 지금까지 파일 입력을 할 때 파일의 크기를 몰랐기 때문에 안전하게 적당히 큰 크기를 지정해서 동적 메모리를 할당해왔다. 이는 배열을 사용했다고 해도 크게 다르지 않다.

그러나 파일의 크기를 정확히 파악한 후 필요한 만큼의 메모리를 할당하는 것은 프로그램을 최적화하기 위한 기초적인 과정이므로 파일의 크기를 계산할 수 있어야 한다.

14행에서 파일 포인터를 선언한 후 15행에서 파일을 r+ 모드로 개방했다. 파일 개방 모드가 r+이므로 사전에 TextList.txt 파일을 프로젝트 파일이 존재하는 폴더에 만들어둔다. 파일 내용은 예제 코드 Ex3-206과 동일하다.

파일의 크기를 구하기 위해 17행에서 파일의 끝으로 파일 포인터를 이동시킨 후, 18행에서 파일 포인터의 위치를 찾아 파일의 크기를 변수 lFileSize에 저장했다. 지금까지는 적당히 큰 크기를 예측해서 파일의 문자열을 저장할 동적 메모리의 크기를 할당했지만, 18행에서 저장한 파일의 크기를 활용해서 20행과 같이 동적 메모리를 할당했다.

```
17      fseek(fpTextList, 0, SEEK_END);
18      lFileSize = ftell(fpTextList);
19
20      ptrFileText = (char *)calloc(1, sizeof(char) * (lFileSize + 1));
```

현재 파일의 끝에 파일 포인터가 있으므로 파일의 내용을 처음부터 출력하기 위해 22행과 같이 파일의 처음으로 다시 파일 포인터를 이동시킨 후 23행과 같이 파일의 내용을 함수 fread를 통해 파일의 크기만큼 불러왔다. 25행과 26행에서는 파일의 크기와 파일의 내용이 정상적인지 확인하고자 표준 출력을 했다.

이와 같이 함수 fseek와 함수 ftell을 활용해서 파일의 크기 또는 현재 파일 포인터의 위치를 변경한 후 파일의 일부 내용만 출력할 수 있다. 파일 입출력에서 다양한 형태로 활용할 수 있으니 개념만 이해하기보다 어떻게 활용될 수 있는지 추가적으로 알아보는 것도 큰 도움이 될 것이다.

3-14-7 파일의 처음으로 복귀: rewind( )

Ex3–208 / main.h

```
01  #pragma once
02  #define _CRT_SECURE_NO_WARNINGS
03  #include <stdio.h>
04
05  void FileInputOutput();
```

Ex3–208 / main.c

```
01  #include "main.h"
02
03  int main(void)
04  {
05      FileInputOutput();
06      return 0;
07  }
```

```
08
09   void FileInputOutput()
10   {
11       char *ptrDialogue1 = "Hello. ";
12       char *ptrDialogue2 = "It's a pleasure to meet you. ";
13
14       FILE *fpDialogue;
15       fpDialogue = fopen("Dialogue1.txt", "w+");
16
17       fprintf(fpDialogue, "%s", ptrDialogue1);
18       fprintf(fpDialogue, "%s", ptrDialogue2);
19
20       fpDialogue = fopen("Dialogue2.txt", "w+");
21
22       fprintf(fpDialogue, "%s", ptrDialogue1);
23       rewind(fpDialogue);
24       fprintf(fpDialogue, "%s", ptrDialogue2);
25
26       fpDialogue = fopen("Dialogue3.txt", "a+");
27
28       fprintf(fpDialogue, "%s", ptrDialogue1);
29       rewind(fpDialogue);
30       fprintf(fpDialogue, "%s", ptrDialogue2);
31
32       fclose(fpDialogue);
33   }
```

Ex3-208 / Dialogue1.txt

Hello. It's a pleasure to meet you.

Ex3-208 / Dialogue2.txt

It's a pleasure to meet you.

Ex3-208 / Dialogue3.txt

Hello. It's a pleasure to meet you.

- 함수의 원형: void __cdecl rewind(FILE *_Stream)
- 입력 데이터형: FILE *

- **출력 데이터형: void**

예제 코드 Ex3-208은 파일 포인터를 시작 지점으로 재배치하는 함수 rewind를 소개하기 위한 예다. 함수 rewind는 예제 코드 Ex3-206의 15행과 동일한 기능을 수행한다. 다만 함수 fseek와 달리 파일 포인터의 위치를 초기화하면서 파일 입출력에 문제가 발생했을 때 활성화되는 오류 지정자까지 초기화한다. 오류 지정자는 초보자가 이해하기 어려운 내용이므로 함수 fseek를 활용해서 파일의 처음으로 파일 포인터를 이동시키는 기능을 대체할 수 있다는 정도로 파악해두자.

11행과 12행에서 영어 인사말을 문자열로 포인터 변수에 저장했다. 15행에서는 파일을 w+ 모드로 개방한 후 17행과 18행에서 연속으로 문자열을 파일 출력했다. 그 결과 문자열이 순서대로 출력됨을 확인할 수 있다.

20행에서는 파일을 w+ 모드로 개방한 후 22행과 24행 사이에 함수 rewind를 넣어 파일 포인터를 시작 지점으로 재배치한 후 두 번째 문자열을 파일 출력했다. 첫 번째 문자열을 파일 출력한 후 파일 포인터를 시작 지점으로 재배치한 다음, 다시 두 번째 문자열을 파일 출력했기 때문에 두 번째 문자열만 출력됐다.

26행에서는 파일을 a+ 모드로 개방한 후 28행과 30행 사이에 함수 rewind를 넣어 파일 포인터를 시작 지점으로 재배치한 후 두 번째 문자열을 파일 출력했다. 첫 번째 문자열을 파일 출력한 후 파일 포인터를 시작 지점으로 재배치한 다음, 다시 두 번째 문자열을 파일 출력했지만 파일 개방 모드 a는 파일 포인터의 위치와 무관하게 현재 파일의 끝에 새로운 문자열을 추가하므로 2개의 문자열이 순서대로 출력됨을 확인할 수 있다.

파일 입출력에서 파일 포인터의 위치를 제어하는 것은 까다롭고 많은 고민을 해야 하지만 원하는 결과를 얻으려면 파일 포인터의 위치를 변경하고 찾는 방법을 명확히 이해한 후 프로그래밍을 하는 것이 좋다.

3-14-8 파일의 끝인지 검사: feof( )

Ex3-209 / TextList.txt

T_DIALOGUE_001 Vesemir   You always were an unruly child. I adored that about you. Now fly!
T_DIALOGUE_002 Geralt   If I am to choose between greater and lesser evil, I would rather not choose at all.

Ex3-209 / main.h

```
01  #pragma once
02  #define _CRT_SECURE_NO_WARNINGS
03  #include <stdio.h>
04  #include <stdbool.h>
05
06  void FileInputOutput();
```

Ex3-209 / main.c

```
01  #include "main.h"
02
03  int main(void)
04  {
05      FileInputOutput();
06      return 0;
07  }
08
09  void FileInputOutput()
10  {
11      char chFileCharacter;
12
13      FILE *fpTextList;
14      fpTextList = fopen("TextList.txt", "r+");
15
16      while (true)
17      {
18          if (feof(fpTextList) != 0)
19          {
20              printf("\nEnd of the File");
21              break;
22          }
23
```

```
24              chFileCharacter = fgetc(fpTextList);
25              fprintf(stdout, "%c", chFileCharacter);
26          }
27
28          fclose(fpTextList);
29      }
```

표준 출력은 다음과 같다.

```
T_DIALOGUE_001 Vesemir You always were an unruly child. I adored that about you. Now
fly!
T_DIALOGUE_002 Geralt If I am to choose between greater and lesser evil, I would
rather not choose at all.
End of the File
```

- **함수의 원형**: int __cdecl feof(FILE *_Stream)
- **입력 데이터형**: FILE *
- **출력 데이터형**: int

예제 코드 Ex3-209는 파일 포인터가 파일의 끝에 있는지 여부를 확인하는 함수 feof를 소개하기 위한 예다. 함수 feof는 매개변수 FILE *를 갖고 있고, 반환값으로 int를 갖고 있다. 반환값은 파일 포인터가 파일의 끝에 위치하고 있으면 0이 아닌 값을 반환하며, 그 외에는 0을 반환한다.

함수 feof는 파일 포인터가 파일의 끝에 위치하고 있는지 여부를 반환값으로 확인할 수 있으므로 파일 입출력에서 다양하게 활용된다. 18행과 같이 반환값이 0이 아니라는 의미는 파일 포인터의 위치가 파일의 끝에 위치돼 있다는 것을 의미하므로 이때 예외 처리 코드를 통해 디버깅용 메시지를 출력하고 무한 반복문을 종료한다.

파일 포인터가 파일의 끝에 위치해 있지 않다면 문자 1개를 가져와서 출력하는 것을 반복한다. 파일 포인터가 파일의 끝에 위치하면 출력을 종료한다. 이와 같이 문자 단위로 파일의 모든 텍스트를 출력하고 싶을 때도 함수 feof를 활용할 수 있다.

> 세이브 포인트: 개념 정리

파일 입출력
- **파일 입출력의 의의**: 파일 입출력은 프로그래밍에서의 처음으로 '데이터의 보관'을 다루므로, 상용 프로그램을 만들기 위한 근간이 되는 개념이다.
- **파일의 개방과 폐쇄**: 파일 개방은 함수 fopen이 수행하며, 파일 폐쇄는 함수 fclose가 수행한다. 함수 fopen과 함수 fclose는 하나의 쌍이라고 생각하고 반드시 파일 폐쇄가 필요하다.
- **파일 개방 모드**: 파일 개방 모드는 쓰기 전용(w), 추가 쓰기(a), 읽기 전용(r) 3가지가 존재하며, 각 모드에 파일 개방 모드 옵션으로 읽기/쓰기로 변환(+), 텍스트 모드(t) 또는 바이너리 모드(b)를 추가할 수 있다.

문자 전용 입출력 함수
- 함수 `fputc`: 문자 리터럴 표현법으로, 문자 '표준' 및 '파일'을 출력한다.
- 함수 `fgetc`: 문자 리터럴 표현법으로,, 문자 '표준' 및 '파일'을 입력한다.

문자열 전용 입출력 함수
- 함수 `fputs`: 문자열 리터럴 표현법으로, 문자 '표준' 및 '파일'을 출력한다. 줄 바꿈 기능은 없다.
- 함수 `fwrite`: 문자열 리터럴 표현법으로, 쓰기 횟수를 지정해 문자 '파일'을 출력한다.
- 함수 `fgets`: 문자열 리터럴 표현법으로, 문자 '표준' 및 '파일'을 입력한다. 별도로 버퍼 삭제 코드는 불필요하고, 입력 크기가 지정돼 안정성이 확보된다. 입력 시 작성된 제어 문자 '\n'이 포함돼 버퍼에 저장된다.
- 함수 `fread`: 문자열 리터럴 표현법으로, 쓰기 횟수를 지정해 문자 '파일'을 입력한다.

범용 입출력 함수
- 함수 `fprintf`: 형식 지정자에 따라 문자, 문자열, 정수, 실수, 포인터 변수 '파일'을 출력한다.
- 함수 `fscanf`: 형식 지정자에 따라 문자, 문자열, 정수, 실수, 포인터 변수 '파일'을 입력한다.

파일 입출력 관련 표준 라이브러리 함수
- 함수 `fseek`: 파일 포인터 위치를 변경한다.
- 함수 `ftell`: 현재 포인터 변수의 위치를 찾는다.
- 함수 `rewind`: 파일 포인터를 시작 지점으로 재배치한다.
- 함수 `feof`: 파일 포인터가 파일의 끝에 있는지 여부를 확인한다.

3-15 프로그래밍 8가지 지침

앞서 각 항목에서 설명했던 내용들이지만 3장을 마무리하면서 실질적으로 프로그래밍을 할 수 있게 되기 위해 C 프로그래밍 언어의 이론과 개념보다 더 중요한 지침을 묶어 다시 한 번 짚고 넘어가고자 한다. 아무리 C 프로그래밍 언어의 이론과 개념을 끝까지 학습했다고 할지라도 실제 프로그래밍이 가능한 수준까지 도달하는 비율은 안타깝게도 극히 낮은 편이다.

여러 번 기존 프로그래밍 교육 방법에 심각한 문제가 있는 것이 그 주요 원인이라고도 했지만, 프로그래밍은 다른 분야에 비해 기본을 할 수 있게 되기까지 몇 배 이상의 노력이 필요한 것도 사실이다. 기본적인 능력에 도달하기 위한 최초의 장애물 높이가 다른 그 어떤 분야보다 압도적으로 높은 편에 속한다고 볼 수 있다.

그러나 초창기 몇 개의 장애물만 넘을 수 있다면 막강한 경쟁력을 갖게 되며, 기초만 잘 잡힌다는 가정하에 이후 습득할 수 있는 지식의 폭이 엄청나게 넓어지므로 머지않아 빠르게 성장하는 시기에 돌입하게 된다.

따라서 학부에서 빠른 타이밍에 프로그래밍을 어느 정도 할 수 있게 되는 학생은 학부생임에도 다른 학생들과 월등한 차이를 보이게 된다. 그 벽을 가능하면 많은 학생이 넘게 해주는 프로그래밍 교육은 결국 이론과 개념이 아닌 실무 경험에서 나온 노하우를 알려 줄 수 있는가 여부에 달려있다.

학생들이 프로그래밍에 대해 상담 요청을 할 때 반농담으로 프로그래밍 세계에서는 0점에서 100점이 아닌, "80점에서 100점까지만 존재한다."고 설명하곤 한다. 80점을 넘지 못한다면 0과 동일하다는 의미다.

프로그래밍의 세계에서는 아무리 많은 시간을 들여 노력을 했다고 할지라도 컴파일 에러를 해결하지 못해 빌드가 불가능하거나, 실행 파일을 추출하지 못하는 등 수많은 이유로 프로그램을 정상적으로 실행하는 것조차 불가능한 경우가 이루 말할 수 없을 정도로 많다. 다른 분야에서는 부족하다고 할지라도 그동안의 노력을 얼마든지 결과물로 제출할 수 있지만, 프로그래밍에서는 버그가 있다고 할지라도 최소한의 요구된 기능을 구현해서 정상적으로 동작하는 수준에 도달해야만 그 시점부터 비로소 평가를 받을 수 있다.

프로그래밍이 더욱 난해한 이유는 "이론과 개념에 대한 학습 종료는 시작점에 불과하다"는 것이다. 프로그래밍은 다른 분야와 다르게 주로 이론을 다루는 분야가 아니다. 물론 좀 더 높은 곳에 도달하기 위해 이론도 필요하지만 철저하게 실습 능력을 기반으로 하고 있다.

따라서 실제 구현할 수 있는 능력이 없다면 아무리 이론적인 공부를 잘 한다고 할지라도 시작조차 불가능하다. 그런데 이론과 개념을 몇 번 학습했다고 해서 실제 구현할 수 있는 능력이 갑자기 생길 리가 없다. 이론과 개념은 구현하는 능력을 길러주기 위한 과정이 아니기 때문이다. 단지 구현하는 데 필요한 부분을 하나씩 설명 또는 해설해준 것에 불과하다.

따라서 실질적으로 그 갭을 메울 수 있는지 여부가 프로그래밍을 할 수 있는 수준까지 도달할 수 있는가를 결정한다. 실무 프로그래밍을 충분히 경험한 사람에게 배울 수 있는 축복받은 환경에 놓여 있다면 이 갭을 메우기 매우 쉽지만, 일반적으로 해당 분야의 실무 프로그래밍을 충분히 경험한 사람에게 직접 배울 기회는 전 세계를 통틀어서도 굉장히 희소하기 때문에 대부분은 스스로 몇 십 배의 시간과 노력을 들여 극복할 수밖에 없다.

문제는 이 갭을 메우기 위해 필요한 교재나 잘 정리된 정보를 찾을 수 없다는 것이다. 프로그래밍 활용법만으로 하나의 책으로 다루기에 그 범위가 너무 넓어 정리를 한다는 것 자체가 현실적이지 않다. 학생들마다 막히는 곳도 다르며 궁금한 점도 전혀 다르기 때문이다.

실제 집필한다고 해도 한곳에 포커스를 맞춘 책이 아닌 주의 산만한 책이 될 것이기에 특정 독자를 타깃으로 할 수 없어 판매 부수가 굉장히 낮을 것이 자명하다. 따라서 이러한 책을 출판사들이 계약해 줄 가능성도 거의 없기 때문에 이러한 책은 지금까지 시중에서 찾아볼 수 없는 것이다. 따라서 프로그래밍을 배우는 초보자가 이러한 갭을 메우기는 현실적으로 쉽지 않았던 것이다.

이러한 갭을 빠르고 명확하게 해소할 수 있는 방법은 아이러니하게도 실무 프로그래밍을 경험한 사람에게 직접 배우는 방법밖에 없다. 그래서 프로그래머는 실제 취업한 후에 급격하게 성장하는 것이다. 사소한 궁금증이라도 실무에서 어떻게 하는지 그때마다 직접 노하우를 들을 수 있기 때문이다. 그러나 이러한 특수한 환경에 노출되는 것 자체가 매우 희소하기 때문에 이 책을 통해 최소한 갭을 메우는 데 도움이 될 만한 8가지 지침을 정리하고자 한다.

책이라는 제한적인 공간을 통해 전달하므로 그 한계가 명확하지만 이론과 개념을 배운 후 프로그래밍을 실제 할 수 있는 수준에 도달할 수 있도록 조금이나마 도움이 됐으면 하는 바람이다.

3-15-1 프로그래밍 스킬보다 논리적 사고 능력이 중요하다

프로그래밍을 배우고자 하는 학생들에게 반농담으로 프로그래밍을 잘하기 위해 가장 필요한 것은 이론 공부도 표준 라이브러리 학습도 아닌 '논리적 사고를 할 수 있는 또 하나의 뇌를 가급적 빨리 만드는 것'이라고 말한다. 논리적 사고를 할 수 있는 뇌가 구성되기 전까지는 단지 이론과 개념을 조각조각 배우는 것에 불과하므로 얼마나 빠른 시기에 논리적 사고가 가능한 뇌를 구축하는지가 프로그래밍을 실제 할 수 있는가에 열쇠가 된다고 설명한다.

프로그래밍은 컴퓨터라는 기계가 이해할 수 있도록 기계와 소통하기 위한 프로그래밍 언어를 다루는 것이다. 인간 간의 소통을 위한 영어와 같은 언어와는 다르다. 따라서 기계의 동작을 이해하지 못한다면 아무리 지식이 풍부해도 소통 자체가 지극히 어려울 수밖에 없다.

기계가 동작하려면 일정한 논리적 형식과 절차가 필요하다. 한편 인간이 갖는 논리적 사고의 사전적 정의는 일정한 논리적 형식과 절차에 따라 진행되는 사고 작용이다. 다시 말해 논리적 사고는 인간이 기계처럼 일정한 형식과 절차를 가져 사고하는 방식인 것이다.

프로그래밍 언어를 배우고 활용법에 대한 노하우나 스킬을 배우는 것에는 상당한 시간이 소요되는 것도 사실이다. 그러나 논리적 사고를 할 수 있게 되기까지는 비교할 수 없을 정도로 더 많은 시간이 소요된다. 인간이 태어나서 어떠한 환경에서 어떤 교육을 받았고 어떤 성격을 가졌는지도 논리적 사고 능력과 연결되기 때문에 갑자기 논리적 사고를 향상시켜야 한다고 해도 말처럼 쉽지 않은 것이 지극히 당연하다.

따라서 프로그래밍 언어는 단지 이론과 개념이라는 단편적인 지식을 학습시키는 것에 국한돼서는 안 되며, 반드시 논리적 사고를 기르는 과정이 돼야 한다고 주장한다. 프로그래밍 언어를 배우는 과정에 논리적 사고가 조금이라도 형성되지 못하면 아무리 이론과 개념을 완벽하게 외웠다고 하더라도 그건 인간의 관점에서 구성된 파편화된 지식에 불과하다.

프로그래머는 팀 프로젝트를 하는 다른 인간인 팀원들 이전에 컴퓨터라는 기계와 우선적으로 소통을 해야 한다. 그런데 기계가 이해할 수 있는 형식과 절차를 이해하지 못한다면 소통 자체가 불가능하게 되고, 기계는 아무런 피드백을 제공하지 않을 것이다. 아무리 이론과 개념을 방대하게 알고 있다고 할지라도 기계와 소통할 수 있는 능력이 없다면 결론적으로 기계와 소통할 수 있는 능력이 최우선 과제인 프로그래머 수준에 도달하지 못하게 될 것이다.

따라서 프로그래밍 스킬보다 논리적 사고 능력을 기르는 것이 더욱 더 중요하다고 한 것이다. 그렇기 때문에 이 책에서는 사소한 것이라고 할지라도 '왜' 그렇게 되는지 스스로 고민하고, 답을 찾기 위해 시간을 소모하는 것을 아깝다고 생각하지 말라는 것이다. 이러한 과정에서 프로그래밍 스킬보다 더 중요한 논리적 사고 능력이 길러지게 될 것이다.

정리하면 세상을 바라보는 눈, 사고방식, 관점 자체를 바꿔야 한다. 프로그래머가 되고 싶다면 지금 이 순간부터 사물이 어떤 형태로 구성돼 있는지, 현상이 어떤 절차에 의해 발생하게 됐는지 평상시부터 호기심을 갖고 끊임없이 고민하고, 노트나 파일에 정리하는 습관을 기르는 것이 좋다. 논리적 사고는 빠른 시기에 절대 길러지지 않기 때문이다.

3-15-2 핵심 코드부터 시작해 점차 구현해야 한다

프로그래밍은 논리적 사고를 통해 이뤄지는 것이라고 했다. 즉, 기계와 소통하기 위해 기계의 관점에서 일정한 논리적 형식과 절차를 생각할 수 있는 능력이 우선시돼야 한다.

그런데 프로그래밍 책들은 거의 전부라고 할 수 있을 만큼 예제 코드를 아무 생각 없이 1행부터 끝까지 일단 똑같이 따라서 작성하라고 한 후, 새롭게 등장한 개념들을 몰아서 설명하는 구조를 갖고 있다. 다시 말해 이러한 교육 방식은 논리적 형식과 절차를 기준으로 설명하기 위한 방법이 아니라 파편화된 이론과 개념에 포커스를 맞춰 설명하기 수월한 방법이다.

내용을 작성할 수 있는 공간이 제한된 페이지라는 개념이 존재하는 책이라는 미디어에서 내용을 효율적으로 담기 위해 어쩔 수 없는 선택이라고 하지만, 프로그래밍 교육에 적합하지 않은 건 사실이다.

이 책도 편집을 위해 예제 코드를 가급적 한 번에 작성할 수밖에 없다는 한계에 직면했지만, 최소한 예제 코드를 아무런 생각 없이 1행부터 끝까지 따라 해서는 안 된다고 강력히 권고한다. 각 예제 코드에서 '1-2-4 C 프로그래밍을 수행하는 7단계' 절과 '3-6-2 함수의 구조(선언부, 구현부, 호출부)' 절에서 설명했던 '핵심 코드'가 무엇인지 스스로 판단해보고, 어떤 절차를 거쳐 코드가 확장됐는지 코드가 작성되는 순서를 파악한 후 실제 비주얼 스튜디오에서 핵심 코드부터 작성하기 시작하는 것이라고 했다. 예제 코드마다 핵심 코드들을 표기하고, 확장되는 순서를 숫자로 작성하는 연습을 한다면 프로그래밍이 진행되는 절차를 빠르게 이해할 수 있다.

절대 아무런 생각 없이 1행부터 작성하는 버릇을 들여서는 안 된다. 변수가 필요한 시점에 변수를 선언해야 하며, 사용자 정의 함수는 구현부를 껍데기라도 구현한 후 호출부를 작성해야 한다. 논리적으로 존재하지도 않은 함수를 호출부터 할 수는 없다.

프로그래밍을 빠르게 학습할 수 있는 방법은 코드에 작성되는 모든 것이 '왜' 필요한지 논리적으로 이해하려고 노력하는 것이다. 그러려면 필요한 시점에 해당 코드를 작성하는 이유를 스스로 설명할 수 있어야 한다.

프로그래밍은 머릿속에서 완성된 코드를 구성하는 것을 끝낸 후 마치 도출된 '결과'만을 한 번에 작성하는 것이 아니다. 그러나 프로그래밍 책들은 1행부터 끝까지 코드를 따라 작성하라고 한다. 문제는 이러한 방식이 초보자들에게 마치 프로그래밍을 하는 것은 원래부터 완성된 코드를 완벽하게 머릿속으로 구성한 다음, 예제 코드를 따라 썼던 것처럼 코드를 1행부터 쭉 작성해야 하는 것이라고 오해를 불러일으킨다는 점이다.

그러니 많은 초보자가 지레 겁먹고 프로그래밍을 어렵게 생각하는 것이다. 정말 일부의 천재가 아닌 이상 이러한 방식으로 프로그래밍을 하는 것은 불가능하다. 불가능한 것을 하라고 하니 프포자가 많아지는 건 당연하다.

프로그래밍은 핵심 코드부터 시작해서 스스로 구현이 가능한 작은 기능부터 만들어가며 점차적으로 완성시키는 것이다. 처음부터 완성된 기능을 구현하는 것이 아니다. 일단 본인이 알고 있는 표준 라이브러리와 이론을 통해 비슷하게 구현해 본 후, 점차적으로 그리고 반복적으로 개선하는 '과정'이다. 그렇기 때문에 현재 진행형의 의미를 가진 '프로그래밍'이라는 것이다. 이것만 알아도 그 어떤 프로그래밍 책에서 배울 수 없는 프로그래밍의 근본을 이해하게 된 것이다.

3-15-3 처음부터 실수를 줄일 수 있는 버릇을 들여라

프로그래밍 언어는 번역 프로그램인 컴파일러를 통해 작성하게 되므로, 규정에 어긋난 방식으로 작성하면 아무리 사소한 실수라고 해도 컴파일러가 번역을 못하게 된다. 따라서 초보자들이 발생시키는 컴파일 에러의 99.9%는 실수에서 비롯된 '오타' 때문이라고 해도 과언이 아니다. 컴파일러는 대문자와 소문자도 다르게 구분하며, 명령문의 종료 시점에도 민감하고 어떤 위치에 어떤 기능이 순서대로 배치돼야 하는지조차 명확하게 규정으로 확립하고 있다.

영어와 같은 인간이 사용하는 언어는 조금 문법에 어긋났다고 할지라도 인간이라면 핵심적으로 무엇을 전달하려고 했는지 이해할 수 있다. AI가 발전했다고 하지만 아직 인간이 사용하는 언어를 완벽히 전달하지 않고 의도적으로 문법이 어긋난 문장을 전달하면 기계인 AI는 의도를 정확히 파악하지 못하고 이상한 답변을 하기 일쑤다. 게다가 실제 인간과 인간이 의사소통하는 과정에서 자주 발생하는 반어법이나 뉘앙스의 차이는 아직 AI가 반영하지 못하고 있다.

이와 같이 기계는 정해진 규정 아래에서 이뤄지는 것을 예외 없이 처리한다. 규정대로 정확히 사용한다면 기계를 자유자재로 활용할 수 있는 힘을 얻게 되지만, 규정대로 정확히 사용하지 않는다면 아무런 반응을 하지 않는다. 규정에 어긋난다면 그 어떠한 사소한 실수도 인정하지 않는다.

따라서 초보자는 프로그래밍을 시작하면서 아무리 사소한 것이라도 실수를 줄일 수 있는 버릇을 들이도록 배우는 것이 매우 중요하다. 프로그래밍은 작성하는 모든 코드가 수많은 규정 아래에 놓여 있게 되므로 결국 모든 과정에서 실수할 가능성이 존재한다는 것을 의미한다. 실수를 줄이기 위한 노하우는 끝없이 많지만 대표적으로 중요한 것 몇 가지만 추려 소개한다.

실수를 줄이는 핵심은 아주 간단하다. '쌍이 되는 개념은 귀찮아하지 말고 등장하는 즉시 쌍에 맞게 미리 작성해두는 것'이다. 설명하는 것 이외에도 프로그래밍을 배우면서 스스로 많이 하는 실수가 나타날 것이고, 스스로 이를 줄일 수 있는 방법을 깨닫게 될 것이다.

1) 명령문 작성이 시작되면 우선 작성할 수 있는 범위에서 작성하면서 반드시 명령문의 종료를 의미하는 세미콜론(;)까지 작성한 후, 추가적으로 명령문을 보강하는 것이 좋다. 초보자가 가장 많이 하는 실수 중 하나로 세미콜론을 잊어버리는 것이다.
예를 들어 변수의 선언 명령문을 작성한 후 초기화를 동시에 할 것인가, 다른 명령문으로 할 것인가 고민하다가 선언 명령문에 세미콜론을 작성하는 것을 잊어버리고 다음 명령문을 작성하는 경우도 있다. 세미콜론은 컴파일러가 명령문의 종료를 인식하는 기준이 되므로, 세미콜론을 잊어버리면 다음 세미콜론이 나올 때까지 다수의 명령문을 하나의 명령문으로 인식하게 된다.

2) 변수, 배열, 동적 메모리 등 메모리 공간을 할당했다면 특수한 상황을 제외하고 반드시 초기화하는 버릇을 기른다. 메모리 공간을 할당한 후 초기화하지 않으면 쓰레기 값이 대신 들어가게 되므로 예측하지 못한 상황이 발생할 가능성이 높아진다. 특히 초기화를 하지 않았을 때 발생하는 에러는 컴파일러에서 에러가 발생했다고 알려준 행이 원인이 아닌 결과 중 하나일 경우가 꽤 있다.
프로그래밍에 어느 정도 익숙한 수준이라면 디버깅을 해서 실제 원인을 일으킨 코드를 찾거나 버그가 발생한 상황을 보고 경험상 메모리 공간이 초기화되지 않았을 때 발생하는 문제라고 파악하기 쉽지만, 초보자들은 에러 내용을 보고도 해당 행은 문제가 없으므로 당황하고 끝내 해결을 못하는 경우도 많다.

3) 소괄호 ( ), 중괄호 { }, 대괄호 [ ]는 반드시 열기와 함께 닫기까지 작성한 후 다시 괄호 안에 들어가서 코드를 작성하는 것이 좋다. 컴파일러는 괄호의 열기

와 닫기를 쌍으로 인식한다. 따라서 괄호들이 중복된 코드에서 괄호를 하나 깜빡하고 작성하지 않게 되면 괄호의 인식 범위가 의도와 다르게 된다.

따라서 괄호 안의 코드를 작성하느라 괄호를 닫는 것을 잊어버릴 경우 컴파일 에러가 대량 발생해서 초보자는 일일이 문제를 찾아 해결하기 어렵다. 원인은 단지 괄호의 쌍을 하나 맞추지 않았을 뿐인데, 코드의 인식 범위들이 달라지니 정상적으로 작성했던 코드들 중에서도 상당수가 규정이 어긋난 것으로 판단된다. 따라서 괄호는 항상 열기 다음에 바로 닫기까지 쌍으로 구성한 다음, 다시 괄호 안으로 들어와 코드를 작성하는 버릇을 들이는 것이 좋다.

4) 사용자 정의 함수는 구현부와 선언부를 작성한 후 즉각 호출부의 위치를 고민한다. 구현부와 호출부는 하나의 쌍이다. 구현부만 존재하고, 호출부가 없다면 프로그램에서 호출되지 않으므로 해당 함수는 사용되지 않고 있다는 것이다. 호출하지도 않았으면서 왜 함수가 동작하지 않는지 고민하느라 시간을 낭비해서는 안 된다. 아직 호출부의 위치가 정확히 결정되지 않아 애매하다면 호출부의 위치를 일단 정한 다음 동작하지 않도록 주석 처리해두는 것도 방법이다. 이후 필요에 따라 호출부의 위치를 바꾸는 건 아무런 문제가 되지 않는다.

5) 동적 메모리는 할당함과 동시에 밑에 해제하는 부분을 작성하고, 파일은 개방함과 동시에 밑에 폐쇄하는 부분을 작성한다. 동적 메모리 할당과 해제, 파일 개방과 폐쇄는 하나의 쌍이다. 동적 메모리와 파일은 각각 해제와 폐쇄를 하지 않으면 프로그램이 종료될 때까지 사용하지 않은 메모리 공간을 점유하고 있는 메모리 누수 상태가 발생하므로 프로그램의 최적화에 치명적이다.

특히 다수의 동적 메모리와 파일을 사용할 경우 나중에 한꺼번에 해제와 폐쇄를 하면 편할 거라고 생각하는데, 이를 컴파일러에서 경고나 에러로 알려주지 않으므로 잊어버리기 매우 쉽다. 따라서 귀찮더라도 초보자는 동적 메모리와 파일을 할당 및 개방할 때마다 쌍에 맞게 해제 및 폐쇄를 하는 것이 좋다.

3-15-4 팀 프로그래밍은 네이밍 규정부터 시작된다

프로그래밍을 처음 배우는 초보자는 기본적으로 프로그래밍을 혼자서 한다고 생각하기 쉽다. 컴퓨터인 기계와 소통하는 것이므로 기계와 소통하는 것만 능숙하면 된다고 착각하지만, 제작해야 하는 프로그램이 어느 정도 규모가 커지면 혼자서 프로그래밍하는 것은 현실적으로 불가능하다. 따라서 실무에서는 아주 당연하게 2명 이상의 팀을 구성해서 팀 프로그래밍을 하는 것을 기본으로 한다. 이러한 갭은 프로그래밍 초보자들이 넘지 못할 또 하나의 벽이다.

팀 프로그래밍을 하기 위한 첫 번째 팁은 상호 논의하에 '코드 작성 규정'을 만들어야 한다는 것이다. 다른 사람의 코드를 조금이라도 분석해봤다면 쉽게 이해하겠지만, 사람마다 코드를 작성하는 습관이 크게 다르다. 코드 작성 습관이 다른 다수의 사람이 모여 팀 프로그래밍을 하게 되면 아주 사소한 곳에서도 충돌이 발생하게 된다. 자신이 하던 방식이 옳다고 하거나 편하다고 하는 등 수많은 곳에서 의견 충돌을 하게 되고, 구현한 결과를 놔두고도 이견을 갖게 된다.

따라서 팀 프로그래밍을 하려면 사전에 리드 프로그래머 등에 의해 프로그래밍 규정을 정하고 작업을 시작한다. 개인의 습관이 다르지만 해당 프로그램을 개발하는 도중에는 규정을 통해 일관성을 갖고, 다른 사람이 작성한 코드도 또 다른 사람이 수정할 수 있는 환경을 만든다.

그러므로 팀 프로그래밍이 가능하다는 것 자체가 이미 충분히 프로그래밍에 능숙하다는 것을 의미한다. 여러 코드 작성 방식에 맞춰 프로그래밍이 가능하다는 것이다. 그렇기 때문에 실제 많은 업체에서 팀 프로그래밍 경험을 해본 포트폴리오를 제출하면 그 자체만으로도 높은 평가를 하게 된다. 팀 프로그래밍을 경험해서 프로그램 개발을 완료해봤다는 사실만으로도 이미 초보자의 수준을 아득히 넘었다고 볼 수 있기 때문이다.

기존 프로그래밍 교육과 교재의 또 다른 심각한 문제는 바로 팀 프로그래밍에 대한 것을 전혀 고려하지 않았다는 것이다. 오히려 초보자에게 팀 프로그래밍에서 절대 해서는 안 되는 나쁜 습관을 다수 길러주고 있다. 업계의 프로그래머는 이러한 코드를 보는 순간 팀 프로그래밍이 불가능하다는 것을 이해하고 10초 이내에 합격 대상에서 제외할 수 있을 것이다. 따라서 이러한 프로그래밍 교육을 받은 학생들은 엄청난 페널티를 갖고 취업 시장에 뛰어드는 셈이다.

팀 프로그래밍을 하려면 아주 많은 경험을 통해 노하우를 습득해야 한다. 이론과 개념은 이미 누구나가 전부 알고 있다는 가정하에 프로의 관점에서 상호 어떻게 맞출 것인가를 고민하는 단계이기 때문이다. 따라서 가급적 학부를 졸업하기 전에 팀 프로그래밍 경험, 소스코드의 관리를 경험하라고 조언한다. 초보자를 벗어나려면 반드시 팀 프로그래밍 경험이 요구되기 때문이다.

팀 프로그래밍을 하기 위해 많은 것이 필요하지만 '네이밍 규정'부터 시작된다는 점을 잊어서는 안 된다. 변수명, 배열명, 포인터 변수명, 구조체명, 열거형명을 비롯해서 사용자 정의 함수명, 매개변수명 등 이름을 붙여야 하는 모든 곳에서 다른 프로그래머가 이해하기 쉬운 것으로 작성할 수 있어야 한다. 네이밍 규정이 정리된 문서만 확인해도 해당 팀이 이미 팀 프로그래밍을 할 수 있는 단계인지 아닌지 알 수 있을 정도이므로 매우 중요하다.

다수의 프로그래머가 하나의 소스 파일에서 프로그래밍을 해야 되는 상황도 얼마든지 발생할 수 있으므로 굳이 직접 물어보지 않더라도 네이밍만으로 이해할 수 있게 작성해야 한다. 그렇지 않다면 코드를 일일이 분석하느라 막대한 시간을 소모하거나 직접 물어보느라 쌍방 모두 불필요한 시간을 버리게 되기 때문이다. 그러므로 실제 프로그래머들이 가장 고민하는 것이 기능을 구현하는 것이 아닌 네이밍이라고 하는 것이다.

'3-3-1 변수의 선언' 절에서 변수명 네이밍 규칙에 대한 핵심적인 내용을 소개했다. 변수명을 어떻게 정하는지에 따라 다음과 같이 엄청난 차이가 발생한다고 했었다. 기존 프로그래밍 책 중의 상당수는 다음의 코드와 같이 변수명을 아무런 고민 없이 작성한다.

그러나 이렇게 잘못 배운 변수명 작성에 익숙해져 버렸다면 취업할 시점에서 엄청난 페널티를 갖게 되는 것이다. 이러한 변수명을 보는 순간 더 이상 다른 코드는 볼 필요도 없이 프로그래밍 수준을 알 수 있기 때문이다. 그만큼 기존 프로그래밍 책 중 상당수가 우물에 위험한 독을 퍼트리고 있던 것이다.

```c
void VariableDeclaration()
{
    char a;
    short b;
    short c;
    int d;
```

```
    int e;
    long long x;
    bool y;

    float xx;
    float yy;
    float zz;
    double Damage;
}
```

다음의 코드와 같이 변수가 어떤 기능을 하는지 최소한의 정보를 포함하려고 한다면 변수명을 보는 순간 '왜' 이 변수를 선언했는지 이해할 수 있고, 이 변수를 사용했던 코드를 분석해서 역할을 이해하느라 시간을 소요할 필요도 없다. 다만 네이밍에 정답은 존재하지 않으므로 팀 프로그래밍은 네이밍 규정을 상호 합의하는 것부터 시작한다는 것이다.

```
void VariableDeclaration()
{
    char chPlayerLevel;
    short sPlayerStrength;
    short sPlayerIntelligence;
    int iPlayerAttack;
    int iPlayerDefence;
    long long llPlayerExperience;
    bool bClassChange;

    float f_Player_HitPoint;
    float f_Player_ManaPoint;
    float f_Player_Stamina;
    double d_Player_TotalDamage;
}
```

3-15-5 가독성 있는 코딩은 기본 중 기본이다

팀 프로그래밍을 위한 두 번째 팁은 '가독성' 있는 코딩은 기본 중 기본이라는 것이다. 팀 프로그래밍에서는 고급 스킬을 사용해서 코드를 짧게 작성하는 것은 멋있는 것이 아니다. 단지 이해하기 어렵고 수정하기 어려운 코드일 뿐이다.

팀 프로그래밍은 내가 작성한 코드를 다른 누군가가 수정할 수도 있으며, 다른 사람이 작성한 코드를 내가 수정할 수도 있다는 것을 전제로 한다. 따라서 기본적인 기능만 사용했다고 해도 코드가 규칙에 따라 깔끔하게 작성돼 있으며 쉽게 이해할 수 있는 코드가 좋은 코드라고 할 수 있다. 프로그래밍으로 잘난 체를 하려고 해봐야 팀 프로그래밍에서는 오히려 방해가 될 가능성이 높다. 어떤 분야에서도 동일하지만 기본기만으로 목표를 도달할 수 있는 것이 진정한 강자다.

업계에서 프로그래밍을 잘 한다는 사람들의 코드를 보면 어려운 기능은 필요할 때만 사용하고, 가급적 누구나 알 수 있게 기본적인 기능을 활용해서 기능을 완성한다. 그것이 이후 코드를 수정할 필요가 있을 때도 폭넓게 대응 가능하기 때문이다. 일반적으로 사용되지 않는 어려운 개념을 통해 구현을 했을 경우 수정 방향에 따라 그 개념을 사용하지 못하게 된다면 결국 처음부터 다시 기능을 구현해야 할 가능성도 생기기 때문이다.

팀 프로그래밍은 말 그대로 다수의 프로그래머가 함께 프로그래밍을 작성하는 것이다. 프로그래밍 외에도 팀 작업을 해봤다면 서로의 작업을 보기 쉽게 정리하는 것부터 시작한다는 것을 이해할 것이다. 따라서 가독성 있는 코딩은 팀 프로그래밍이 이뤄지기 위한 기본 중에 기본이 된다. 실수를 줄이기 위한 노하우와 같이 가독성 있는 코딩을 하기 위한 방법은 끝없이 많지만 대표적으로 중요한 것 몇 가지만 추려 소개한다.

1) { }는 줄 바꿈을 한 후 열을 맞추는 것으로 통일한다. 중괄호의 열기 '{'와 닫기 '}'를 다른 열에 작성하게 되면 어떤 { }끼리 쌍인지 바로 이해하기 어렵다. 특히 제어 명령문 등이 복합적으로 사용될 경우 { }만 보고 사용 범위를 헷갈려서 잘못된 위치에 코드를 작성할 실수가 발생할 여지가 높다. 다음 코드와 같이 { }의 열을 맞추지 않으면 단지 2개의 제어 명령문이 복합적으로 사용된 것에 불과해도 즉각적으로 { }의 범위를 파악하기 어렵다.

```c
for (iRow = 0; iRow < 3; iRow++) {
    for (iColumn = 0; iColumn < 5; iColumn++) {
        fputc('*', stdout);
    }
```

```
        printf("\n");
    }
```

반면 다음 코드와 같이 { }의 열기를 줄 바꿈한 후 열기와 닫기의 열을 맞추면 컴파일러에서 열을 맞춰 띄어쓰기가 이뤄지므로 즉각적으로 범위를 인지할 수 있다. 코드가 조금 길어진다고 해서 발생하는 단점은 거의 존재하지 않는다. 가독성이 높은 코드를 작성하기 위해 몇 줄을 더 사용하는 것에 대해 거부감을 느낄 필요는 없다.

```
for (iRow = 0; iRow < 3; iRow++)
{
    for (iColumn = 0; iColumn < 5; iColumn++)
    {
        fputc('*', stdout);
    }
    printf("\n");
}
```

2) '2-4-5 소스코드의 영역 구분' 절에서 설명했듯이 일관성 있게 코드를 작성한다. 영역 구분이 정해진 것은 없으나 일관성과 규칙성을 갖고 작성하는 것이 좋다. 변수, 포인터 변수, 배열, 구조체, 열거형 등의 선언 명령문도 역할에 따라 규칙을 만들어 정돈하는 것이 좋다.

규칙성이 존재한다면 다른 프로그래머가 존재 여부를 파악하기 쉽다. 일관성이 없다면 이미 존재하는 것을 다시 다른 이름으로 만들 가능성도 있다. 이미 만들어져 있는 변수를 다른 변수명으로 또 만들고, 이후 수정해야 하는 일이 생기면 2개의 변수를 통합하는 과정을 거쳐야 한다. 이는 사용자 정의 함수도 동일하다. 비슷한 기능의 비슷한 이름으로 만들어진 함수가 상황에 따라 다르게 사용된다면 잠재적으로 버그가 발생할 수밖에 없는 환경에 놓이게 된다.

3) 명령문에 너무 많은 과정을 포함하지 말고 기능에 따라 명령문을 분리한다. '3-5-6 대입 및 복합 대입 연산자' 절에서 소개했듯이 복잡한 수식을 다음 코드와 같이 1줄로 작성하면 언뜻 멋있어 보인다. 그러나 팀 프로그래밍, 코드 관리, 유지 보수 관점에서는 오히려 큰 단점으로 작용한다. 어떤 코드라도 작업자와

다른 누군가가 수정해야 할 상황에 놓인다면 복잡하면 복잡한 코드일수록 분석도 어렵고, 수정하기도 까다롭다.

```
iTotalDamage = (iPLevel * (iPAttack - iEDefence) * 2) * iSynergy;
```

다음 코드와 같이 미리 기능별로 코드가 적당한 수준으로 분리돼 있다면 팀 프로그래밍에도 적합하고 코드 관리도 수월하다. 그렇다고 너무 간단한 코드조차 다른 명령문으로 분리하면 수정할 때 여러 행의 코드를 고려해서 수정해야 하므로 적당한 수준을 유지하는 것이 중요하다. 적당한 수준이라는 말이 어렵지만, 구현해야 하는 기능과 팀 구성원에 따라 적당이라는 수준이 바뀌므로 프로그래머의 경험과 노하우가 필요한 영역이다.

```
iBase = iPAttack - iEDefence;
iLevelMultiplier = iPLevel * iBase * 2;
iTotalDamage = iLevelMultiplier * iSynergy;
```

4) 어쩔 수 없이 1줄의 코드가 길어져야 하는데, 명령문을 분리하기도 애매한 상황이라면 스스로 규칙을 설정해서 줄 바꿈을 한다. 예를 들어 다음 코드와 같이 사용자 정의 함수에 넣어야 하는 인자가 다수라서 1줄 코드가 길어져야 한다면 줄 바꿈을 고려할 필요가 있다.

```
int iResult = 0;

iResult = FunctionName(iOperand1, iOperand2, iOperand3, iOperand4);
```

다음 코드와 같이 줄 바꿈을 해보자. 여기서는 인자와 콤마(,)까지 1줄로 구분한다는 규칙을 설정했다. 이렇게 코드를 작성하는 것으로 복잡한 한 줄의 코드가 4개의 인자로 구성된 함수라는 것을 쉽게 파악할 수 있다.

현재는 4개의 간단한 인자로 구성돼 있어 1줄이라고 해도 알 수 있지만, 복잡한 형태의 인자가 다수 존재한다면 인자가 몇 개인지, 몇 번째 인자가 어떤 내용인지 쉽게 파악하기 어렵다. 함수 외에도 다양한 곳에서 줄 바꿈을 통해 코드의 가독성을 높일 수 있다. 명령문의 종료를 의미하는 세미콜론(;)의 작성만 주의하면 된다.

```
int iResult = 0;

iResult = FunctionName(
    iOperand1,
    iOperand2,
    iOperand3,
    iOperand4);
```

5) 증감 연산자와 복합 대입 연산자는 코드가 변하지 않을 가능성이 매우 높은 곳에서만 다음의 첫 번째 코드와 같이 제한적으로 사용하며, 이후 변경될 가능성이 조금이라도 있다면 두 번째 코드와 같이 가급적 풀어서 작성하는 것을 권장한다. 그래야 이후 증감 값이 바뀔 때 값만 변경하면 된다.

증감 연산자와 복합 대입 연산자를 활용한 코드가 여러 번 사용됐다면 각 코드마다 확인하면서 코드를 풀어 작성해야 할지, 그대로 둬야 할지 판단해야 하는 상황이 발생할 것이다.

추가적으로 두 번째 코드와 같이 증감 값 부분을 미리 별도의 변수로 선언함과 동시에 초기화까지 해두면 더욱 편하게 증감 값을 바꿀 수 있다. 모든 코드를 이렇게 작성할 필요는 없으며 바뀔 가능성이 크다면 풀어서 작성하는 것이 유지 보수에 좋다. 이와 같이 팀 프로그래밍에서 고급 스킬인 축약된 표현은 오히려 단점으로 작용되는 경우가 많다. 따라서 팀 프로그래밍에 능숙한 프로그래머들은 가급적 기본기를 활용해서 프로그래밍하게 된다.

```
iOperand1++;


int iValue = 1;
iOperand1 = iOperand1 + iValue;
```

6) 조건문의 조건식에서 불리언 데이터형으로 선언된 변수의 참과 거짓을 판별하고자 할 경우 다음의 첫 번째 코드와 같이 생략된 표현으로 작성하기보다 두 번째 코드와 같이 true와 false를 명시하는 것이 가독성에 좋다.

조건식을 생략된 표현으로 작성하면 새로 코드를 분석하는 입장에서 한 번 더 계산을 하게 된다. 이러한 과정에서 실수가 발생할 수도 있으므로 명확하게 코드를 작성하는 습관을 기르는 것이 팀 프로그래밍에 큰 도움이 된다.

```
bool bResult = false;

if (!bResult)
{
    //...(코드 생략)
}
```

```
bool bResult = false;

if (bResult == false)
{
    //...(코드 생략)
}
```

3-15-6 에러 & 버그와 친해질수록 경험이 쌓인다

초보자일수록 프로그래밍을 배우는 과정에서 '에러와 버그가 발생하는 것을 잘못된 것'이라고 생각한다. 이미 완전히 테스트된 예제 코드를 통해 학습을 해왔기 때문에 사소한 실수라도 해서 컴파일 에러가 발생했다면 그건 본인의 책임이 되기 때문이다. 따라서 컴파일 에러나 버그가 발생하면 죄책감을 가지며, 스스로 무엇을 잘못했는지 책망하기에 이른다.

그러나 실제 프로그래밍에 익숙해지면 익숙해질수록 '에러와 버그는 프로그래밍을 하는 과정에서 발생하는 아주 자연스러운 부산물'이라고 생각하게 된다. 오히려 에러와 버그가 발생하지 않는다면 그 상황이 부자연스러우므로 반대로 두려움을 느끼기도 할 정도다. 이와 같이 '프로그래밍은 에러와 버그와 함께 살아가는 것'이다.

프로그래밍에 익숙해진다는 것은 단적으로 얼마나 많은 에러와 버그를 경험해보고 스스로 해결하는 방법을 찾았는가에 달려있다고 해도 과언이 아니다. 에러와 버그와 함께 살아가는 것이 프로그래머이므로 얼마나 사소한 것이라도 어느 상황에서 어떤 에러가 발생하고, 어떤 실수를 했을 때 어떤 버그가 발생하는지 경험이 축적되고, 이를 해결하기 위한 노하우가 쌓이는 것이 프로그래밍에 능숙하게 된다는 의미다.

그렇기 때문에 프로그래밍 이론과 개념은 시작점에 불과하다고 했던 것이며, 실제 프로그래밍을 할 수 있게 되기까지 갭이 존재한다. 빠르게 프로그래밍에 익숙해지고 싶다면 항상 호기심을 갖고 의도적으로 에러와 버그를 발생시켜보고, 그것을 해결하는 방법을 찾아가는 시간을 할애해야 한다.

프로그래밍은 일정한 형식과 절차라는 논리적 사고에 의해 이뤄지므로 거의 대부분의 에러와 버그에도 일정한 패턴이 존재한다. 따라서 프로그래밍에 능숙하다는 말은 얼마나 다양한 패턴에 익숙해져 있는지를 의미한다.

경험 많은 프로그래머는 에러 코드만 봐도 "아! 그 문제 보통 ~를 보면 알 수 있어요."라고 알 수 있다. 코드를 분석하고 디버깅을 하느라 1 ~ 2주간의 시간을 소모할 필요가 없이 경험이 많은 프로그래머에게 물어보는 순간 그 즉시 대략적인 원인을 파악할 수 있다는 것이다. 따라서 경험이 많은 프로그래머가 팀에 1명 존재한다는 것만으로도 생산성이 엄청나게 증가한다.

이 책도 C 프로그래밍 언어의 이론과 개념을 설명하기 위한 목적으로 집필됐기에 이론과 개념 설명에 집중할 수밖에 없다는 한계가 있다. 가급적 자주 발생하는 에러를 소개하고자 했지만 학습 흐름을 깰 수도 없고 정해진 분량이 존재하므로 포함하지 못한 경우가 많다.

따라서 에러 & 버그에 친해지려면 본인 스스로 노력할 수밖에 없다. 이론과 개념만 학습하고 빨리 다음으로 넘어가려고 하지 말고 코드를 이렇게 작성하면 어떤 에러가 발생할까, 코드의 순서를 바꾸면 어떤 버그가 발생할까 등 스스로 호기심을 갖고 실제 다양한 시도를 해봐야 한다. 더 나아가서 그러한 경험을 노트와 파일 등에 정리해두면 앞으로 정말 강력한 무기로 변모할 날이 멀지 않을 것이다.

3-15-7 디버깅을 할 수 있어야 비로소 프로그래밍을 시작한 것이다

대부분의 프로그래밍 책에서 디버깅은 고급 스킬이니 참고만 하라고 한다. 그러나 '디버깅은 프로그래밍에 있어 기초 능력'에 해당된다.

앞서 프로그래밍을 하는 과정에서 수많은 에러와 버그를 수정하게 된다고 했다. 프로그래머는 누군가 완성해 놓은 예제 코드를 분석하는 사람도 아니며, 예제 코드를 똑같이 따라서 작성하는 사람도 아니며, 컴파일 에러나 버그가 발생했을 때 책의 예제 코드를 뚫어지게 쳐다보면서 어디 오타가 없는지 찾는 사람도 아니다. 스스로 생각해서 핵심 코드부터 시작해 원하는 기능별로 분리해 프로그램을 완성해 가는 사람이다.

프로그래밍 언어를 배웠으면서 "디버깅을 할 수 없다는 건 아직 스스로의 능력으로 새로운 코드가 작성할 수 없다"는 의미다. 아무리 사소한 문제가 발생해도 스스로 해결할 수 있는 능력이 없으니, 예제 코드를 보면서 따라할 수 있을 뿐 새로운 기능을 직접 만들어내는 것이 불가능하다.

디버깅은 '문제를 찾는 과정'과 '해결하는 과정'으로 크게 2가지로 분류할 수 있다. 해결하는 과정은 분명 프로그래머로서 많은 경험과 노하우가 필요하다. 그러나 문제를 찾는 방법조차 모른다면 그 이후 어떠한 것도 진행될 수 없다.

다시 말해 디버깅을 못한다는 건 프로그래밍을 하면서 발생하는 문제를 찾을 수 있는 수단 자체가 아직 없다는 것이다. 발생한 문제의 원인을 찾을 수 없는 상황에서 어떻게 새로운 것을 만들 수 있겠는가? 이는 프로그래밍만이 아니라 모든 분야에 통용된다. 문제의 원인을 찾는 방법을 모른다면 처음부터 대처를 할 수 없고 아직 대응 방법을 고민할 단계가 아니다. 그 어떤 노력도 무의미하게 될 가능성이 매우 높다는 것을 우리는 잘 알고 있다. 이럼에도 아직도 디버깅은 프로그래밍 초보자는 몰라도 된다고 할 수 있는가?

따라서 디버깅을 할 수 있는 시기부터 본격적인 프로그래밍이 시작된다고 했던 것이다. 발생한 문제의 원인을 스스로 찾아가는 과정에서 경험을 쌓고 다양한 시도를 통해 해결 방법을 궁리하면서 마침내 해결했을 때 프로그래머로서 조금씩 성장하는 것이다.

원인을 찾는 능력조차 없다면 이러한 과정 자체를 경험하지 못하므로 정상적으로 성장을 할 수 있을 리가 없다. 다시 한 번 강조하지만 프로그래밍에 있어 디버깅은 기초 과정에 포함돼야 하며 반드시 할 수 있어야 하는 필수적인 스킬이다.

이론과 개념을 배우는 과정에서도 문제가 발생하면 디버깅을 통해 반드시 스스로 해결할 수 있어야 하므로 이론과 개념보다 오히려 먼저 체득해야 하는 스킬이라고 할 수도 있다.

3-15-8 기능 구현만이 아닌 예외 처리와 디버깅용 코드를 작성하라

프로그래밍 책에서는 지면의 한계로 인해 코드를 길게 작성하기 어렵다. 따라서 실제 실무에서 이뤄지는 코드와 같이 실수를 줄이기 위한 또는 안정성을 높이기 위해 필요한 부수적인 코드는 대부분 제외하고 이론과 개념을 설명하기 위한 코드에 집중할 수밖에 없다.

프로그래밍 초보자를 벗어나려면 기능 구현만이 아닌 프로그램의 안정성을 위해 예외 처리 코드를 작성하는 버릇을 길러야 하며, 디버깅까지 고려한 코드를 작성할 필요가 있다.

예를 들어 반환값이 존재하는 함수를 사용했다면 해당 반환값에 어떤 값이 들어오는지에 따라 예외 처리 코드를 작성할 필요가 있다. 예를 들어 '3-14-1 파일의 개발과 폐쇄' 절에서 배운 함수 fopen과 함수 fclose는 반환값을 갖고 있다. 그리고 파일 개방과 폐쇄에 실패했을 때 정해진 값을 반환하게 돼 있다.

그렇다면 파일 개방에 대한 반환값에 대해서도 예외 처리와 디버깅을 위한 코드가 필요하며, 파일 폐쇄에 대한 반환값에 대해서도 예외 처리와 디버깅을 위한 코드가 필요하다. 파일 개방이나 폐쇄가 실패했을 때 프로그램이 종료되거나 이상한 동작을 하지 않게 하고자 예외 처리 코드를 작성할 필요가 있으며, 실패한 결과에 따라 발생하는 예상외의 문제를 오랜 시간을 들여 굳이 디버깅해서 찾을 필요 없이 디버깅용 텍스트를 출력하게 함으로써 문제를 바로 파악할 수 있다. 이외에도 예외 처리와 디버깅용 코드가 필요한 곳은 무수히 많다.

이와 같이 실무에서는 아무리 간단한 코드라고 할지라도 프로그램이 안정적이고 문제가 발생했을 때 빠르게 인지할 수 있게 '예외 처리와 디버깅용 코드'를 덕지덕지라고 할 정도로 많이 사용하게 된다.

실제는 50줄에 불과한 코드라고 할지라도 본격적으로 예외 처리와 디버깅용 코드를 추가하면 가볍게 2 ~ 3배의 코드 양으로 변한다. 하지만 예외 처리와 디버깅용 코드를 작성하는 데 소요되는 시간보다 문제가 발생하지 않을 가능성과 문제가 발생했다고 할지라도 해결하기 위해 소모되는 시간이 도저히 비교할 수 없을 정도로 줄어들기 때문에 실무에서는 선택이 아닌 필수가 된다.

따라서 '프로그래밍 책에서 소개하는 예제 코드와 같이 깔끔한 형태의 코드는 반대로 말하면 문제가 발생할 여지를 전혀 고려하지 않은 안전장치도 경고 장치도 없는 무방비 상태'를 의미한다.

예외 처리와 디버깅용 코드를 작성하는 건 어렵지 않다. 인터넷을 조금만 찾아봐도 어떤 개념인지 쉽게 알 수 있다. 어차피 우리가 배웠던 이론과 개념을 사용하고 있을 뿐이다. 예제 코드를 그대로 따라하지 말고 스스로 생각하면서 코드를 좀 더 안정적이고 디버깅을 하지 않아도 될 수 있을 정보의 코드로 바꾸려고 연습할 필요가 있다.

4장

C 프로그래밍의 응용

4-1 리터럴 응용
4-2 연산자 응용
4-3 사용자 정의 함수 응용
4-4 배열 응용
4-5 포인터 변수 응용

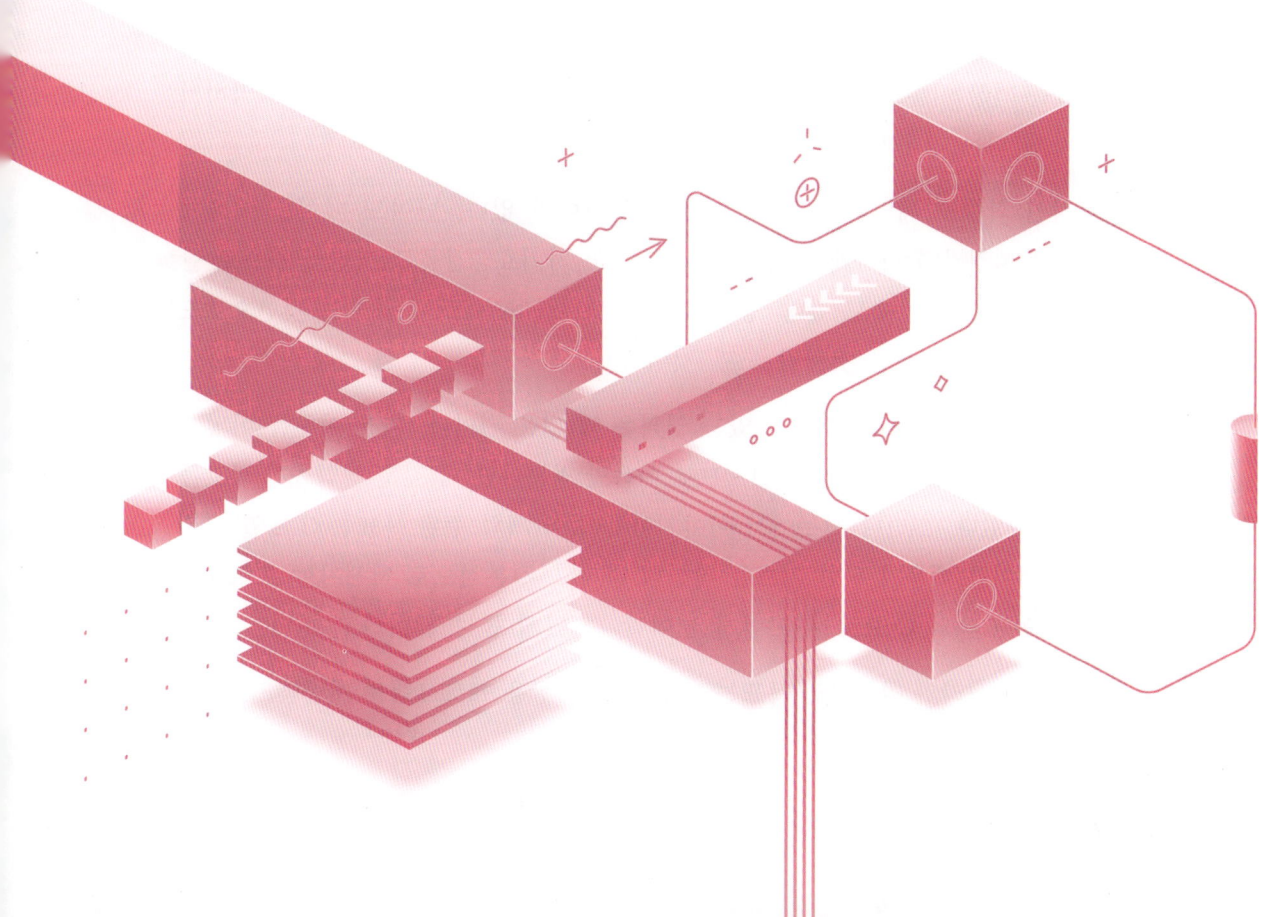

4장에서는 C 프로그래밍의 응용 이론을 살펴본다. 3장은 C++와 C#으로 넘어가기 전에 반드시 배워야 하는 필수적인 이론이었다면 4장은 3장의 기본 이론에 대한 응용이므로 알아두면 도움이 되는 부분이라고 볼 수 있다.

그렇다고 해서 학습할 필요가 없다고 받아들여서는 안 된다. 응용 이론이라는 용어에서 알 수 있듯이 4장에서 새롭게 등장하는 개념은 없으며 대부분 3장에서 배웠던 이론이 2가지 이상 복합적으로 융합돼 활용되는 만큼 3장을 충분히 이해했다는 가정 하에 활용법과 실력을 높이기 위해 필요한 이론이라고 접근하는 것이 좋다.

3장의 기본 이론들을 아직 명확히 이해하지 못했다면 4장이 어렵게 느껴질 수 있으므로, 4장에서 막힌다면 아직 기본 이론을 확실히 체득하지 못했다는 것을 의미한다. 이 경우에는 3장에서 부족한 부분으로 돌아가 복습하는 것이 좋으며, 아직 프로그래밍에 대한 흐름에 익숙해져 있지 않다고 판단되면 냉정하게 1장에서 3장까지를 전체적으로 빠르게 2~3번 반복하면서 기본 이론을 착실히 체득한 후에 다시 4장으로 돌아오는 것을 권장한다.

반대로 3장의 기본 이론을 충분히 이해하고 있다면 4장은 기본 이론의 간단한 조합과 확장이라는 점을 금세 알 수 있을 것이다. 기존 책들은 난이도가 높은 복합적인 개념들을 기본 이론을 배우는 과정에 섞어 놓으니 초보자들이 그 부분에서 막혀서 포자가 되는 경우가 많았다.

효과적인 학습도 게임의 레벨 디자인과 큰 차이가 없다. 난이도 배치를 어떻게 했는지에 따라 불합리하게 느껴지는 것도 있고, 자기효능감을 느끼면서 스스로 잘 하고 있다고 느껴질 수도 있다. 응용 부분을 체계화해서 그룹화해놓는 것만으로도 난이도가 많이 낮아진 것처럼 느낄 것이다.

C 프로그래밍 응용에서 다룰 수 있는 영역은 꽤 넓은 편이다. 기본 이론을 어떻게 활용할 수 있는지도 포함할 수 있으므로 마음만 먹는다면 꽤 깊은 영역까지 파고들어갈 수도 있다. 그러나 서두에서 이야기했듯이 이 책의 주된 목표는 C 계열 프로그래밍 언어를 배우기 위한 기초를 착실히 다지고, 결론적으로 객체지향 프로그래밍 언어인 C++와 C#으로 부드럽게 넘어갈 수 있게 돕는 것이라고 했다.

어디까지나 우리의 최종적인 목표는 게임과 같은 상용 프로그램을 개발할 수 있는 객체지향 프로그래밍 언어와 게임 엔진 등과 같이 실무에서 활용할 수 있는 것을 체득해 실제 프로그래머가 될 수 있는 능력을 갖추는 것이다.

다만 급할수록 돌아가라고 했듯이 어설프게 진도를 빨리 나가기보다 기초 중의 기초부터 순차적으로 착실히 다지고 있을 뿐이다. 얼핏 멀어 보이는 길이지만 이것이 포자를 벗어나 프로그래머가 되기 위한 왕도이자 지름길이다.

따라서 4장을 어느 정도의 깊이로 다룰 것인가 많은 고민을 한 끝에, 3장에서 배운 기본 이론들끼리 상호 연결되는 지점까지 포함하는 것으로 결론을 내렸다. C 프로그래밍 언어를 더 깊게 파고들어가 보는 것도 분명 도움이 될 것이나, 소요되는 시간 대비 효율 및 효과를 고려하면 4장에서 소개한 개념까지 체득한 후 남은 시간과 노력을 객체지향 프로그래밍 언어에 할애하는 것이 좋겠다고 판단했다. 3장에 비해 난이도가 있지만 끝까지 집중해서 C 프로그래밍 언어를 깔끔히 마무리해보자.

4-1 리터럴 응용

'3-1 리터럴' 절에서 C 프로그래밍 언어에서 사용되는 리터럴을 문자, 문자열, 정수, 실수로 구분할 수 있다고 배웠다. 다만 리터럴은 인간의 관점으로 표현한 것에 불과하며, 컴파일러를 통해 결국 기계인 컴퓨터가 인지할 수 있는 비트 단위로 변환돼 컴퓨터에서 처리가 진행된다. 컴퓨터는 0과 1로 이뤄진 2진수만 이해할 수 있기 때문이다.

'3-2 데이터형' 절에서 "컴퓨터 데이터의 가장 작은 단위는 비트[Bit]로 바로 0과 1 둘 중에 하나만 저장할 수 있는 작은 공간이다. 즉, 0 또는 1로 구성된 한 자릿수의 데이터 공간을 의미한다. 다음으로 바이트[Byte]는 컴퓨터 데이터의 가장 표준적인 단위다. '8비트가 1바이트'가 된다."고 했다. 컴퓨터는 비트 단위를 기준으로 0과 1로 구성된 2진수를 통해 데이터를 저장한다.

C 프로그래밍 언어에서는 문자열 전용 데이터형이 없으므로 배열 또는 포인터 변수를 활용해서 문자열을 처리했다. 그러므로 문자, 정수, 실수 리터럴에 대한 비트 표현을 배우면 된다. 문자열은 문자의 집합으로, 문자 리터럴의 비트 표현을 알면 자연스럽게 해결된다.

프로그래머는 기계와 소통하는 능력이 필요하다고 했다. 따라서 기계인 컴퓨터가 사용하는 2진수를 이해하고 활용할 수 있다면 메모리 관리나 디버깅에서 좀 더 깊은 수준에 도달할 수 있다. 2진수 자체를 직접 읽기는 어려우니 최소한 인간이 사용하는 리터럴을 비트로 표현하는 방법을 알면 컴퓨터에 대한 이해도가 높아질 것이다.

4-1-1 비트 표현을 위한 준비

지금까지 거의 대부분의 프로그래밍 책은 리터럴의 비트 표현을 설명하기 위해 보편적으로 그림만을 사용했다. C 프로그래밍 언어에서 제공하는 표준 라이브러리에서 비트로 출력하는 함수를 별도로 제공하고 있지 않기 때문이다. 그림으로 설명해도 비트 표현의 개념 자체를 이해하는 데 큰 문제는 없다. 그러나 그림을 통한 예제는 책 분량상 한계가 명확하다. 몇 개의 예시만 제공해줄 수 있을 뿐 독자 스스로가 원하는 값을 변경하면서 비트 표현을 확인할 수는 없다.

따라서 이 책에서는 4장에서 비트 표현을 확인할 필요가 있는 예제 코드들에 비트 형태로 출력을 하기 위한 사용자 정의 함수들을 포함한 헤더 파일과 소스 파일을 준비하기로 했다. 인터넷에서 검색하면 어렵지 않게 찾을 수 있으니 직접 기능을 구현해보는 것도 좋다. 실제 표준 출력을 통해 비트 표현을 확인할 수 있으므로 스스로 값을 바꿔가면서 리터럴이 어떤 비트 표현으로 바뀌는지 확인함으로써 비트의 개념을 좀 더 명확히 이해할 수 있을 것이다.

지금과는 다르게 몇 가지 준비 과정이 필요하니 사전에 큰 흐름을 설명하고 진행할 것이다.

첫째, 예제 코드 Ex4-1을 기존에 사용했던 템플릿으로 지금까지 동일한 방법으로 생성한다. 현재 기준 윈도우 폴더 경로는 'E:\C_Programming\Source File\Ch4\Ex4-1'에 생성된다. 코드는 조금 있다가 작성한다.

둘째, 솔루션 탐색기의 헤더 파일에서 오른쪽 클릭해 **추가 ▶ 새 항목**에서 헤더 파일을 선택한 후 위치를 'E:\C_Programming\Source File\Ch4\PrintBit'로 변경한다. 위치 변경 과정에서 PrintBit 폴더가 없으면 새로 만든다. 다음으로 확장자까지 포함해서 이름을 Print.h로 작성하고 추가 버튼을 눌러 생성한다. 위치를 바꾼다는 점에 유의한다.

셋째, 솔루션 탐색기의 소스 파일에서 오른쪽 클릭해 추가 ▶ 새 항목에서 소스 파일을 선택한 후 헤더 파일과 같이 위치를 'E:\C_Programming\Source File\Ch4\PrintBit'로 변경한다. 다음으로 확장자까지 포함해서 이름을 Print.c로 작성하고 추가 버튼을 눌러 생성한다. 확장자를 '.c'로 명시하지 않으면 .cpp로 만들어지니 주의해야 한다.

넷째, 이것으로 예제 코드 Ex4-1에는 헤더 파일 2개와 소스 파일 2개가 존재한다. 다만 헤더 파일 Print.h와 소스 파일 Print.c는 예제 코드 Ex4-1의 프로젝트 폴더에 존재하지 않고, 상위 폴더로 이동해 별도로 PrintBit 폴더를 만들어서 그 안에 생성했다. 이는 앞으로 리터럴의 비트 표현을 사용하고자 하는 예제 코드마다 매번 이 2개의 파일들을 생성하지 않고 불러와서 사용하기 위함이다.

매 프로젝트마다 동일한 파일을 생성할 필요도 없고 수정이 필요한 경우에도 파일이 각각 하나만 존재하기 때문에 실무에서 공통적으로 사용될 헤더 또는 소스 파일은 표준 라이브러리처럼 별도의 폴더로 분리해서 관리한다. 소스의 관리 측면에서도 이러한 예시를 알아두면 큰 도움이 될 것이다.

다섯째, 예제 코드 Ex4-1의 코드를 작성해서 컴파일 후 표준 출력 결과까지 확인한 다음, 내용을 학습한다.

여섯째, 예제 코드 Ex4-2부터 '4-2 연산자 응용' 절까지 비트 표현이 필요해 관련 사용자 정의 함수가 필요한 예제 코드에서는 헤더 파일 Print.h와 소스 파일 Print.c는 새로 만들지 않고, 'E:\C_Programming\Source File\Ch4\PrintBit'에서 만들어놓은 기존 파일을 불러와서 사용할 것이다.

기존 파일을 불러오는 방법은 솔루션 탐색기에서 각각 헤더 파일과 소스 파일에서 오른쪽 클릭해 추가 ▶ 기존 항목을 눌러 PrintBit 폴더로 경로를 변경해 각각 헤더 파일 Print.h와 소스 파일 Print.c를 추가하면 된다.

예제 코드 Ex4-1에서 처음 생성하므로 헤더 파일 Print.h와 소스 파일 Print.c의 전체 내용을 담았지만, 예제 코드 Ex4-2부터는 헤더 파일 Print.h와 소스 파일 Print.c를 추가했다는 간략한 내용만 예제에 표기하고 생략한다. 해당 표기가 돼 있다면 스스로 여섯째 항목에 맞게 2개의 파일을 프로젝트에 추가하면 된다.

Ex4-1 / main.h

```
01  #pragma once
02  #define _CRT_SECURE_NO_WARNINGS
03  #include <stdio.h>
04  #include "..\\PrintBit\PrintBit.h"
05
06  void IntegerBitExpression();
07  void FloatBitExpression();
```

Ex4-1 / main.c

```
01  #include "main.h"
02
03  int main(void)
04  {
05      IntegerBitExpression();
06      FloatBitExpression();
07
08      return 0;
09  }
10
11  void IntegerBitExpression()
12  {
13      char arrString[sizeof(int) * 8 + 1] = {0, };
14
15      int iInteger = 10;
16
17      IntegerToBit(iInteger, arrString);
18  }
19
20  void FloatBitExpression()
21  {
22      float fRealNumber = 10.0f;
23      int *ptrRealNumber = (int *)&fRealNumber;
24
25      FloatToBit(fRealNumber, *ptrRealNumber);
26  }
```

PrintBit / PrintBit.h

```
01  #pragma once
02  #include <stdio.h>
```

```
03  #include <stdbool.h>
04
05  void ChangeIntegerBit(int iValue, char arrString[]);
06  void PrintIntegerBit(int iValue, char arrString[]);
07  void IntegerToBit(int iValue, char arrString[]);
08  void FloatToBit(float fValue, unsigned int iNumber);
```

PrintBit / PrintBit.c

```
01  #include "PrintBit.h"
02
03  void ChangeIntegerBit(int iValue, char arrString[])
04  {
05      for (int iCount = sizeof(int) * 8 - 1; iCount >= 0; iCount--)
06      {
07          *arrString++ = ((iValue >> iCount) & 0x01) + '0';
08      }
09      *arrString = 0;
10  }
11
12  void PrintIntegerBit(int iValue, char arrString[])
13  {
14      printf("%d:\t", iValue);
15
16      for (int iDigit = 0; iDigit < sizeof(int) * 8; iDigit++)
17      {
18          if (iDigit && (iDigit % 8) == false)
19          {
20              printf(" / ");
21          }
22          fputc(arrString[iDigit], stdout);
23      }
24      printf("\n");
25  }
26
27  void IntegerToBit(int iValue, char arrString[])
28  {
29      ChangeIntegerBit(iValue, arrString);
30      PrintIntegerBit(iValue, arrString);
31  }
32
33  void FloatToBit(float fValue, unsigned int iNumber)
```

```c
34    {
35        int iIndex = sizeof(int) * 8 - 1;
36
37        printf("%f\t%e:\t", fValue, fValue);
38
39        for (int iDigit = 0; iDigit < sizeof(int) * 8; iDigit++)
40        {
41            if (iDigit && (iDigit == 1 || iDigit == 9))
42            {
43                printf(" / ");
44            }
45            printf("%d", (iNumber & (1 << iIndex)) >> iIndex);
46            iIndex--;
47        }
48        printf("\n");
49    }
```

표준 출력은 다음과 같다.

```
10:     00000000 / 00000000 / 00000000 / 00001010
10.000000       1.000000e+01:   0 / 10000010 / 01000000000000000000000
(커서 위치)
```

예제 코드 Ex4-1은 4장에서 이뤄질 정수와 실수 리터럴의 비트 표현 출력을 준비하기 위한 예다. 템플릿을 통해 프로젝트를 만들고, 헤더 파일 Print.h와 소스 파일 Print.c는 PrintBit 폴더로 경로를 변경해서 추가로 생성한다. 2개의 헤더 파일과 2개의 소스 파일이 존재함을 확인한 후 코드를 작성한다.

우선 헤더 파일 Print.h와 소스 파일 Print.c를 설명한다. 비트 이동 연산자, 배열 매개변수 등 4장에서 등장하는 개념이 있으나 이미 3장에서 배웠던 기본 이론들을 통해 구현할 수 있다. 구현할 수 있는 방법은 다양하며, 예시는 그중 하나에 불과하다. 4장에서 배울 이론 외에 새롭게 등장하는 이론도 없고 기본 이론의 활용에 해당되니 함수 구현에 대한 상세한 설명은 생략한다.

다만 이론을 처음 배우고 있는 현 시점에 소스 파일 Print.c를 보고 완벽히 이해하는 초보자는 극소수일 것이다. 이러한 함수를 "지금의 내가 만들 수 있을까?"라고 고민할 수도 있겠지만, 이론을 전부 배웠다고 할지라도 시간을 충분히 들여 이전 언급했던 갭을 메우지 않으면 이러한 함수를 구현할 수 없으니 지금 시점에 이해되지 않는다고 낙심할 필요는 없다.

아무리 기본 이론을 완벽히 이해했다고 할지라도 비트 표현이 어떻게 되는지 스스로 머릿속이나 그림으로 논리적으로 풀어낼 수 있어야 원하는 기능을 구현할 수 있다는 것을 아는 것이 더욱 중요하다. 그렇기 때문에 프로그래밍에서는 논리적 사고 능력이 더욱 중요하다고 했던 것이다. '이론을 아무리 정확히 알아도 구현하고자 하는 기능을 스스로 논리적으로 정리할 수 없다면 결코 프로그래밍은 불가능'하다.

이러한 갭을 메우기 위한 근본적인 방법은 이론을 배우고 난 후 스스로 많은 기능을 구현해보는 것이다. 원하는 기능을 논리적으로 생각해서 구조와 절차를 확인하고 프로그래밍에 대한 수많은 시행착오를 거치는 것으로 점차적으로 그 갭이 메워질 것이다.

다시 본론으로 돌아가서 헤더 파일 main.h의 4행과 같이 전처리기 **#include**를 통해 헤더 파일 Print.h를 추가한다. 유의해야 할 점은 '3-9-1 파일 포함: #include' 절과 '3-14-1 파일의 개방과 폐쇄' 절에서 설명했듯이 상대 경로를 지정해서 추가했다는 것이다. 프로젝트 파일이 존재하는 폴더가 아닌 상위 폴더에 별도로 PrintBit 폴더를 만들어 파일을 저장했기에 상대 경로를 명확히 표시해줘야 해당 파일을 찾을 수 있다. 경로를 다르게 설정했다면 해당 경로에 맞게 작성한다.

```
04    #include "..\\PrintBit\PrintBit.h"
```

int 정수 리터럴의 비트 표현을 출력하기 위해 소스 파일 main.c의 13행과 같이 32비트(4바이트)를 저장할 char 배열을 선언하고, 14행에서는 변수의 선언 명령문과 함께 비트 표현 출력을 원하는 정수 10을 초기화했다.

이후 소스 파일 Print.c에서 구현한 함수 IntegerToBit를 통해 비트 표현으로 출력한 결과 '00000000 / 00000000 / 00000000 / 00001010'와 같이 나왔다. 32비트를 구분 없이 연속으로 표기하면 인간의 눈으로 자릿수를 구분하기 어렵기 때문에, 함수 PrintIntegerBit를 만들어 의도적으로 1바이트(8비트)마다 '/'로 구분했다.

참고로 윈도우의 계산기를 켜서 옵션을 프로그래머로 변경하면 진수와 비트 관련 계산을 쉽게 할 수 있다. 계산 결과 알 수 있듯이 정수 10을 2진수로 변환하면 1010이며, 실제 4바이트(32비트) 크기를 가진 int 정수 리터럴은 출력 결과처럼 비트 표현이 됨을 확인할 수 있다.

float 실수 리터럴의 비트 표현을 출력하기 위해 소스 파일 main.c의 23행과 같이 변수의 선언 명령문과 함께 비트 표현 출력을 원하는 실수 10.0을 초기화했다. 다음으로 24행과 같이 포인터 변수를 선언함과 동시에 변수의 주소를 형 변환해서 포인터 변수에 저장했다.

이후 소스 파일 Print.c에서 구현한 함수 FloatToBit를 통해 비트 표현으로 출력한 결과 '0 / 10000010 / 01000000000000000000000'와 같이 나왔다. '3-2-3 실수 데이터형' 절에서 언급했듯이 실수는 부동소수점 규약인 IEEE 형식에 따라 부호, 가수, 기수, 지수로 구분되며, 4바이트 실수인 float는 부호 1비트, 지수 8비트, 가수 23비트로 구분해서 저장된다. 참고로 8바이트 실수에서는 부호 1비트, 지수 11비트, 가수 52비트로 구분해서 저장된다.

실수 역시 구분 없이 연속으로 표기하면 인간의 눈으로 자릿수를 구분하기 어렵기 때문에 부호, 지수, 가수를 /로 구분했다. 4바이트(32비트) 크기를 가진 float 실수 리터럴은 출력 결과처럼 비트 표현이 됨을 확인할 수 있다.

이전 인간이 보기에는 정수 10과 실수 10.0이 별 차이가 없지만 컴퓨터는 정수와 실수를 인식하는 방식 자체가 다르다고 했었다. 예제 코드 Ex4-1에서 실제 비트 표현으로 출력해보면 정수 10과 실수 10.0은 전혀 다른 비트 구성을 갖고 있음을 눈으로 확인할 수 있다. 정수와 실수는 애초부터 컴퓨터에서 다른 형식에 따라 비트로 변환되니 당연했던 것이다.

4-1-2 정수 리터럴의 비트 표현

Ex4-2 / main.h

```
01    #pragma once
02    #define _CRT_SECURE_NO_WARNINGS
03    #include <stdio.h>
```

```
04    #include "..\\PrintBit\PrintBit.h"
05
06    void AdvencedLiteral();
```

Ex4-2 / main.c

```
01    #include "main.h"
02
03    int main(void)
04    {
05        AdvencedLiteral();
06        return 0;
07    }
08
09    void AdvencedLiteral()
10    {
11        char arrString[sizeof(int) * 8 + 1] = { 0, };
12
13        int iPositiveNum[3] = {10, 255, 65535};
14        int iNagativeNum[3] = {-10, -255, -65535};
15
16        for (int iCount = 0; iCount < 3; iCount++)
17        {
18            IntegerToBit(iPositiveNum[iCount], arrString);
19            IntegerToBit(iNagativeNum[iCount], arrString);
20        }
21    }
```

PrintBit / PrintBit.h와 PrintBit / PrintBit.c 추가

생략

표준 출력은 다음과 같다.

```
10:      00000000 / 00000000 / 00000000 / 00001010
-10:     11111111 / 11111111 / 11111111 / 11110110
255:     00000000 / 00000000 / 00000000 / 11111111
-255:    11111111 / 11111111 / 11111111 / 00000001
65535:   00000000 / 00000000 / 11111111 / 11111111
-65535:  11111111 / 11111111 / 00000000 / 00000001
(커서 위치)
```

예제 코드 Ex4-2는 정수 리터럴의 비트 표현을 알아보기 위한 예다. 정수 양수와 음수가 비트로 어떻게 표현되는지 비교하는 것이 포인트다.

13행에서는 비트 표현으로 출력할 양수 3개를 배열로 선언과 동시에 초기화했고, 14행에서는 비트 표현으로 출력할 음수 3개를 배열로 선언과 동시에 초기화했다. 양수와 음수를 비교하고자 부호만 다르고 값을 동일하게 선택했다.

정수 양수의 비트 표현은 간단히 예측할 수 있다. 먼저 정수를 계산기 등을 활용해서 2진수로 변경한다. 그리고 아직 비어 있는 비트는 0으로 초기화한다. 정수 10의 2진수는 1010으로 32비트 중 비어 있는 부분은 0으로 채워졌다. 정수 255의 2진수는 11111111로 32비트 중 비어 있는 부분은 0으로 채워졌다. 정수 65535의 2진수는 1111111111111111로 32비트 중 비어 있는 부분은 0으로 채워졌다.

'3-2-2 정수 데이터형' 절에서 1바이트(8비트)는 0 ~ 255, 2바이트(16비트)는 0 ~ 65535의 범위를 가진다는 것은 바로 0과 1로 이뤄진 비트로 표현할 수 있는 최댓값이었던 것이다.

정수 음수의 비트 표현은 3가지 순서로 이뤄진다. 첫째, 음수 부호를 생각하지 말고 우선 정수 양수의 비트 표현을 계산한다. 둘째, 해당 비트 표현에서 1의 보수를 구한다. 1의 보수를 구할 때 0은 1로 바꾸고, 1은 0으로 바꾼다. 셋째, 1의 보수를 구한 후 마지막 자릿수에 1을 더한다.

정수 -10은 정수 10의 비트 표현인 '00000000 / 00000000 / 00000000 / 00001010'에서 1의 보수를 구한 결과 '11111111 / 11111111 / 11111111 / 11110101'이 된다. 마지막으로 마지막 자릿수에 1을 더하면 '11111111 / 11111111 / 11111111 / 11110110'이 된다. 정수 -255와 정수 -65535도 출력 결과를 보면 1의 보수로 바꾼 후 1을 더했다는 것을 쉽게 알 수 있을 것이다.

4-1-3 문자 리터럴의 비트 표현

Ex4-3 / main.h

```
01  #pragma once
02  #define _CRT_SECURE_NO_WARNINGS
```

```
03  #include <stdio.h>
04  #include "..\\PrintBit\PrintBit.h"
05
06  void AdvencedLiteral();
```

Ex4-3 / main.c

```
01  #include "main.h"
02
03  int main(void)
04  {
05      AdvencedLiteral();
06      return 0;
07  }
08
09  void AdvencedLiteral()
10  {
11      char arrString[sizeof(int) * 8 + 1] = { 0, };
12
13      int iCharacter[4] = { 'A', 'a', '\n', ' ' };
14
15      for (int iCount = 0; iCount < 4; iCount++)
16      {
17          IntegerToBit(iCharacter[iCount], arrString);
18      }
19  }
```

PrintBit / PrintBit.h와 PrintBit / PrintBit.c 추가

생략

표준 출력은 다음과 같다.

```
65: 00000000 / 00000000 / 00000000 / 01000001
97: 00000000 / 00000000 / 00000000 / 01100001
10: 00000000 / 00000000 / 00000000 / 00001010
32: 00000000 / 00000000 / 00000000 / 00100000
(커서 위치)
```

예제 코드 Ex4-3은 문자 리터럴의 비트 표현을 알아보기 위한 예다. 컴퓨터는 아스키 코드를 통해 문자를 부호가 존재하지 않는 숫자에 매핑해서 관리한다고 했다. 결국 문자도 컴퓨터에서는 숫자인 정수로 변환돼 관리되므로 정수 양수의 비트 표현과 동일할 것을 예측할 수 있다.

13행에서는 비트 표현으로 출력할 문자 4개를 배열로 선언과 동시에 초기화했다. 다만 편의를 위해 1바이트 데이터형이 아닌 4바이트로 출력했다. '부록, 아스키(ASCII) 코드표'를 확인하면 'A'는 65, 'a'는 97, 개행을 의미하는 제어 문자 '\n'은 10, 공백은 32로 변환된다는 것을 알 수 있다.

표준 출력 결과, 문자는 아스키 코드로 변환된 후 정수 양수의 비트 표현과 동일하다는 것을 확인할 수 있다. 'A'는 65로 변환돼 01000001로 표현되며, 'a'는 97로 변환돼 01100001로 표현된다. 제어 문자 '\n'과 공백 또한 정수 양수 비트 표현으로 출력된 것을 알 수 있다.

문자열 리터럴은 다수의 문자로 이뤄진 것에 불과하며, char 문자 데이터형 배열 또는 동적 메모리를 활용해서 저장한다. 따라서 비트 표현도 각 문자를 비트 표현으로 변경한 것의 그룹으로 구성된다고 이해하면 된다.

4-1-4 실수 리터럴의 비트 표현

Ex4-4 / main.h

```
01  #pragma once
02  #define _CRT_SECURE_NO_WARNINGS
03  #include <stdio.h>
04  #include "..\\PrintBit\PrintBit.h"
05
06  void AdvencedLiteral();
```

Ex4-4 / main.c

```
01  #include "main.h"
02
03  int main(void)
04  {
05      AdvencedLiteral();
06      return 0;
```

```
07      }
08
09      void AdvencedLiteral()
10      {
11          float fPositiveNum1 = 10.625f;
12          float fNagativeNum1 = -10.625f;
13          float fPositiveNum2 = 0.123456789f;
14          float fNagativeNum2 = -0.123456788f;
15
16          int *ptrPositiveNum;
17          int *ptrNagativeNum;
18
19          ptrPositiveNum = (int *)&fPositiveNum1;
20          FloatToBit(fPositiveNum1, *ptrPositiveNum);
21
22          ptrNagativeNum = (int *)&fNagativeNum1;
23          FloatToBit(fNagativeNum1, *ptrNagativeNum);
24
25          ptrPositiveNum = (int *)&fPositiveNum2;
26          FloatToBit(fPositiveNum2, *ptrPositiveNum);
27
28          ptrNagativeNum = (int *)&fNagativeNum2;
29          FloatToBit(fNagativeNum2, *ptrNagativeNum);
30      }
```

PrintBit / PrintBit.h와 PrintBit / PrintBit.c 추가

생략

표준 출력은 다음과 같다.

```
10.625000    1.062500e+01:   0 / 10000010 / 01010100000000000000000
-10.625000   -1.062500e+01:  1 / 10000010 / 01010100000000000000000
0.123457     1.234568e-01:   0 / 01111011 / 11111001101011011101010
-0.123457    -1.234568e-01:  1 / 01111011 / 11111001101011011101010
(커서 위치)
```

예제 코드 Ex4-4는 실수 리터럴의 비트 표현을 알아보기 위한 예다. 실수 양수와 음수가 비트로 어떻게 표현되는지 비교하는 것이 포인트다. 또한 정수 양수에서 음수로 변환하는 것과 큰 차이가 존재한다는 것을 확인하자.

11행 ~ 14행에서는 비트 표현으로 출력할 실수 양수 2개와 실수 음수 2개를 선언과 동시에 초기화했고, 16행과 17행에서는 변수의 주소를 저장할 포인터 변수를 선언했다. 정수와 마찬가지로 실수 양수와 음수를 비교하고자 부호만 다르고 값을 동일하게 선택했다.

실수는 대부분의 시스템에서 부동소수점으로 표현되며, 4바이트 실수인 float는 부호부 1비트, 지수부 8비트, 가수부 23비트로 구분해서 저장한다고 했었다. 그리고 실수를 비트 표현으로 바꾸는 과정을 이해하려면 2진수의 지수 표기법으로 표기할 필요가 있다. 다만 2진수의 지수 표기법에서 정수는 쉽게 변환할 수 있지만, 소수점을 2진수로 변환하는 것에 우리는 익숙하지 않다.

소수점을 2진수로 변환하려면 먼저 정수부를 없애고 소수부만 남긴다. 소수부에 2를 곱하고 0 또는 1로 나오는 정수부는 별도로 작성해둔다. 해당 정수부는 버리고 다시 소수부에 2를 곱하고 또 정수부를 적어두고 버린다. 이러한 순서를 반복해서 정확히 1이 되거나 똑같은 소수점이 나올 때까지 반복한다.

실제 해보면 생각보다 복잡하지 않다. 예를 들어 예제 코드 Ex4-4의 실수 양수 10.625를 2진수 지수 표기법으로 바꿔보자. 먼저 정수부 10은 2진수로 1010이다. 다음 소수부 0.625만 남기고 다음의 과정을 거치면 별도로 저장된 '101'이라는 결과를 얻는다.

$0.625 \times 2 = 1.250 \rightarrow 1$ 저장 $\rightarrow 0.250$

$0.250 \times 2 = 0.500 \rightarrow 0$ 저장 $\rightarrow 0.500$

$0.500 \times 2 = 1.000 \rightarrow 1$ 저장 $\rightarrow$ 종료

결과적으로 실수 양수 10.625의 2진수 표기법은 '1010.101'이 된다. 이를 다시 정규화하면 2진수 지수 표기법이 되며 '1.010101×2^3'으로 표현할 수 있다. 이제 본격적으로 실수 리터럴의 비트 표현을 알아보자.

첫째, 실수는 양수와 음수를 부호 1비트로 처리한다. 양수는 0으로 음수는 1로 저장한다. 표준 출력 결과에서 알 수 있듯이 실수 양수 10.625와 실수 음수 10.625의 비트 표현에서 부호 1비트만 다르며, 나머지 지수와 가수 영역은 동일하다. 다른

실수를 값을 동일하게 양수와 음수로 비트 표현으로 출력하면 부호 영역만 다르다는 것을 알 수 있다.

둘째, 가수 23비트는 2진수 지수 표기법의 정규화에서 소수 영역이 그대로 저장된다. '1.010101 × 2^3'에서 '010101'이 가수에 저장됨을 확인할 수 있다.

셋째, 지수 8비트는 2진수 지수 표기법의 정규화에서 '지수 값 + 127'을 2진수로 바꾼 것이다. '1.010101 × 2^3'에서 지수 값은 3이고, 바이어스 지수로 변경하기 위해 127을 더해 130(3 + 127 = 130)을 2진수로 바꾸면 표준 출력 결과의 지수 영역과 같이 '10000010'이다.

실수 양수와 음수를 비트로 표현하는 방법을 알아봤으니 마지막으로 실수 리터럴의 오차를 확인해보자. '3-2-3 실수 데이터형' 절에서 설명했던 실수 리터럴의 오차지만 비트 표현에서 살펴보면 명확한 의미를 알 수 있다.

13행과 14행은 의도적으로 마지막(소수점 9자리) 소수점을 다르게 초기화했다. 그러나 표준 출력 결과에서는 부호 1비트만 0과 1로 다를 뿐 지수와 가수는 동일하게 나왔다. 본래의 실수가 다름에도 비트 표현으로 바뀌는 과정에서 가수부가 32비트로 제한돼 있음에 따라 정확한 값을 표현할 수 없었기 때문이다. `float`의 유효 자릿수가 6 ~ 7이라는 것은 바로 이것을 의미했던 것이다.

```
13      float fPositiveNum2 = 0.123456789f;
14      float fNagativeNum2 = -0.123456788f;
```

따라서 앞으로 2개의 실수를 비교할 때는 오차를 고려해야 한다. 오차가 없는 범위에서 절삭하지 않고 그대로 비교할 경우 동일한 실수가 아님에도 오차 때문에 동일한 실수로 인지될 수 있다.

> **세이브 포인트: 개념 정리**
>
> **리터럴의 비트 표현**
> - **정수 리터럴**: 0과 1로 구성된 32비트(4바이트)로 표현한다.
> - **문자 리터럴**: 아스키 코드로 변환된 후 정수 양수의 비트 표현과 동일하다.
> - **실수 리터럴**: 부동소수점 규약인 IEEE 형식에 따라 부호, 가수, 기수, 지수로 구분되며, 4바이트 실수는

> 부호 1비트, 지수 8비트, 가수 23비트로 구분해서 저장되고, 8바이트 실수는 부호 1비트, 지수 11비트, 가수 52비트로 구분해서 저장된다.

4-2 연산자 응용

'3-5 기본 연산자' 절에서 "연산자란 프로그래밍의 표현식을 표현하고 처리하기 위해 제공되는 다양한 기호를 의미하며, 피연산자는 연산에 사용되는 변수, 상수, 리터럴 등의 데이터 자체를 의미한다. 다시 말해 연산자는 피연산자인 데이터를 다양하게 가공하는 역할을 수행한다."고 했다.

'3-5-1 연산자 분류 및 우선순위표' 절의 표 3-13에서 소개했던 연산자 중 3장에서 설명하지 않은 연산자가 있는데, 비트 관련 연산자와 콤마 연산자다. 비트 관련 연산자는 '4-1 리터럴 응용' 절에서 비표 표현을 배운 후에 다룰 수 있으므로 여기서 정식으로 설명한다. 콤마 연산자는 상대적으로 사용 빈도도 낮고 중요도도 낮으므로 참고 차원에서 설명한다.

4-2-1 비트 논리 연산자

4-2-1-1 논리곱(AND) 비트 논리 연산자

Ex4-5 / main.h

```
01  #pragma once
02  #define _CRT_SECURE_NO_WARNINGS
03  #include <stdio.h>
04  #include "..\\PrintBit\PrintBit.h"
05
06  void AdvencedOperator();
```

Ex4-5 / main.c

```
01  #include "main.h"
02
03  int main(void)
04  {
```

```
05        AdvencedOperator();
06        return 0;
07    }
08
09    void AdvencedOperator()
10    {
11        char arrString[sizeof(int) * 8 + 1] = { 0, };
12
13        int iOperand1 = 111;
14        int iOperand2 = 222;
15
16        int iResult = iOperand1 & iOperand2;
17
18        IntegerToBit(iOperand1, arrString);
19        IntegerToBit(iOperand2, arrString);
20        printf("-------------------------------------------\n");
21        IntegerToBit(iResult, arrString);
22    }
```

PrintBit / PrintBit.h와 PrintBit / PrintBit.c 추가

생략

표준 출력은 다음과 같다.

```
111:      00000000 / 00000000 / 00000000 / 01101111
222:      00000000 / 00000000 / 00000000 / 11011110
-------------------------------------------
78:       00000000 / 00000000 / 00000000 / 01001110
(커서 위치)
```

예제 코드 Ex4-5는 논리곱(AND) 비트 논리 연산자를 사용해서 데이터를 가공한 예다. 논리곱(Conjunction, AND)은 주어진 복수 명제 모두가 참일 경우를 판단하는 논리 연산이다. 비트 단위에서의 논리곱 연산이므로 모두 참(1)일 경우에만 1이 된다. 논리곱(AND) 비트 논리 연산자는 우선순위 8에 해당된다.

13행과 14행에서 피연산자에 해당되는 변수들을 선언한 후 16행에서 이항 연산자로 앞뒤에 피연산자를 배치해 논리곱(AND) 비트 논리 연산자를 수행했다. 단순히

111과 222라는 정수 리터럴을 기준으로 보면 왜 78이라는 결과가 나왔는지 알기 어렵다.

표준 출력에서 비트 표현으로 변환한 값을 비교해보면 쉽게 이해할 수 있다. 111의 비트 표현과 222의 비트 표현에서 둘 다 1일 경우만 1이고, 나머지 조합은 전부 0으로 계산된 결과 '01001110'의 결과가 나왔고, 이를 다시 정수로 변환해서 '78'이 된 것이다.

4-2-1-2 배타적 논리합(XOR) 비트 논리 연산자

Ex4-6 / main.h

```
01  #pragma once
02  #define _CRT_SECURE_NO_WARNINGS
03  #include <stdio.h>
04  #include "..\\PrintBit\PrintBit.h"
05
06  void AdvencedOperator();
```

Ex4-6 / main.c

```
01  #include "main.h"
02
03  int main(void)
04  {
05      AdvencedOperator();
06      return 0;
07  }
08
09  void AdvencedOperator()
10  {
11      char arrString[sizeof(int) * 8 + 1] = { 0, };
12
13      int iOperand1 = 111;
14      int iOperand2 = 222;
15
16      int iResult = iOperand1 ^ iOperand2;
17
18      IntegerToBit(iOperand1, arrString);
19      IntegerToBit(iOperand2, arrString);
```

```
20          printf("--------------------------------------------------\n");
21          IntegerToBit(iResult, arrString);
22      }
```

PrintBit / PrintBit.h와 PrintBit / PrintBit.c 추가

생략

표준 출력은 다음과 같다.

```
111:       00000000 / 00000000 / 00000000 / 01101111
222:       00000000 / 00000000 / 00000000 / 11011110
-----------------------------------------------
177:       00000000 / 00000000 / 00000000 / 10110001
(커서 위치)
```

예제 코드 Ex4-6은 배타적 논리합(XOR) 비트 논리 연산자를 사용해서 데이터를 가공한 예다. 배타적 논리합(Exclusive or, XOR)은 주어진 복수 명제 중 1개만 참일 경우를 판단하는 논리 연산이다. 비트 단위에서의 배타적 논리합 연산이므로 1개만 참[1]일 경우에만 1이 된다. 배타적 논리합(XOR) 비트 논리 연산자는 우선순위 9에 해당된다.

예제 코드 Ex4-5에서 16행의 연산자만 배타적 논리합(XOR) 비트 논리 연산자로 변경했다. 111의 비트 표현과 222의 비트 표현에서 1개만 1일 경우만 1이고, 나머지 조합은 전부 0으로 계산된 결과 '10110001'의 결과가 나왔고, 이를 다시 정수로 변환해서 '177'이 된 것이다.

4-2-1-3 논리합(OR) 비트 논리 연산자

Ex4-7 / main.h

```
01      #pragma once
02      #define _CRT_SECURE_NO_WARNINGS
03      #include <stdio.h>
04      #include "..\\PrintBit\PrintBit.h"
05
```

```
06      void AdvencedOperator();
```

Ex4-7 / main.c

```
01      #include "main.h"
02
03      int main(void)
04      {
05          AdvencedOperator();
06          return 0;
07      }
08
09      void AdvencedOperator()
10      {
11          char arrString[sizeof(int) * 8 + 1] = { 0, };
12
13          int iOperand1 = 111;
14          int iOperand2 = 222;
15
16          int iResult = iOperand1 | iOperand2;
17
18          IntegerToBit(iOperand1, arrString);
19          IntegerToBit(iOperand2, arrString);
20          printf("--------------------------------------------------\n");
21          IntegerToBit(iResult, arrString);
22      }
```

PrintBit / PrintBit.h와 PrintBit / PrintBit.c 추가

생략

표준 출력은 다음과 같다.

```
111:    00000000 / 00000000 / 00000000 / 01101111
222:    00000000 / 00000000 / 00000000 / 11011110
--------------------------------------------------
255:    00000000 / 00000000 / 00000000 / 11111111
(커서 위치)
```

예제 코드 Ex4-7은 논리합(OR) 비트 논리 연산자를 사용해서 데이터를 가공한 예다. 논리합(Disjunction, OR)은 주어진 복수 명제 중 1개 이상이 참일 경우를 판단하는 논리 연산이다. 비트 단위에서의 논리합 연산이므로 1개 이상 참(1)일 경우에 1이 된다. 논리합(OR) 비트 논리 연산자는 우선순위 10에 해당된다.

예제 코드 Ex4-5에서 16행의 연산자만 논리합(OR) 비트 논리 연산자로 변경했다. 111의 비트 표현과 222의 비트 표현에서 1개 이상이 1일 경우 1이고, 모두 0인 경우만 0으로 계산된 결과 '11111111'의 결과가 나왔고, 이를 다시 정수로 변환해서 '255'가 된 것이다.

4-2-1-4 부정(NOT) 비트 논리 연산자

Ex4-8 / main.h

```
01  #pragma once
02  #define _CRT_SECURE_NO_WARNINGS
03  #include <stdio.h>
04  #include "..\\PrintBit\PrintBit.h"
05
06  void AdvencedOperator();
```

Ex4-8 / main.c

```
01  #include "main.h"
02
03  int main(void)
04  {
05      AdvencedOperator();
06      return 0;
07  }
08
09  void AdvencedOperator()
10  {
11      char arrString[sizeof(int) * 8 + 1] = { 0, };
12
13      int iOperand1 = 111;
14      int iOperand2 = 222;
15
16      int iResult1 = ~iOperand1;
```

```
17      int iResult2 = ~iOperand2;
18
19      IntegerToBit(iOperand1, arrString);
20      printf("--------------------------------------------------\n");
21      IntegerToBit(iResult1, arrString);
22
23      printf("\n");
24
25      IntegerToBit(iOperand2, arrString);
26      printf("--------------------------------------------------\n");
27      IntegerToBit(iResult2, arrString);
28  }
```

PrintBit / PrintBit.h와 PrintBit / PrintBit.c 추가

생략

표준 출력은 다음과 같다.

```
 111:    00000000 / 00000000 / 00000000 / 01101111
         --------------------------------------------
-112:    11111111 / 11111111 / 11111111 / 10010000

 222:    00000000 / 00000000 / 00000000 / 11011110
         --------------------------------------------
-223:    11111111 / 11111111 / 11111111 / 00100001
(커서 위치)
```

예제 코드 Ex4-8은 부정(NOT) 비트 논리 연산자를 사용해서 데이터를 가공한 예다. 부정(NOT) 비트 논리 연산자는 비트 단위에서의 0을 1로, 1을 0으로 변환한다. 부정(NOT) 비트 논리 연산자는 우선순위 2에 해당된다.

13행과 14행에서 피연산자에 해당되는 변수들을 선언한 후 16행과 17행에서 단항 연산자로 부정(NOT) 비트 논리 연산자를 수행했다. 111에 부정(NOT) 비트 논리 연산자를 수행하면 비트 단위에서 0과 1일 바뀌어 -112가 나오며, 222에 부정(NOT) 비트 논리 연산자를 수행하면 -223이 나온다.

부정(NOT) 비트 논리 연산자를 이해하면 '3-2-2 정수 데이터형' 절의 표 3-4에서 최솟값과 최댓값이 왜 그렇게 나왔는지 알 수 있다. 비트 표현 방식에서 양수 값이 +n이라면 음수 값은 -(n+1)이 되기 때문이었다.

4-2-2 비트 이동 연산자

4-2-2-1 왼쪽 비트 이동 연산자

Ex4-9 / main.h

```
01  #pragma once
02  #define _CRT_SECURE_NO_WARNINGS
03  #include <stdio.h>
04  #include "..\\PrintBit\PrintBit.h"
05
06  void AdvencedOperator();
```

Ex4-9 / main.c

```
01  #include "main.h"
02
03  int main(void)
04  {
05      AdvencedOperator();
06      return 0;
07  }
08
09  void AdvencedOperator()
10  {
11      char arrString[sizeof(int) * 8 + 1] = { 0, };
12
13      int iOperand1 = 111;
14      int iOperand2 = 222;
15
16      int iResult1 = iOperand1 << 1;
17      int iResult2 = iOperand2 << 3;
18
19      IntegerToBit(iOperand1, arrString);
20      printf("-----------------------------------------------\n");
21      IntegerToBit(iResult1, arrString);
22
23      printf("\n");
```

```
24
25      IntegerToBit(iOperand2, arrString);
26      printf("-------------------------------------------------\n");
27      IntegerToBit(iResult2, arrString);
28  }
```

PrintBit / PrintBit.h와 PrintBit / PrintBit.c 추가

생략

표준 출력은 다음과 같다.

```
111:        00000000 / 00000000 / 00000000 / 01101111
-------------------------------------------------
222:        00000000 / 00000000 / 00000000 / 11011110

222:        00000000 / 00000000 / 00000000 / 11011110
-------------------------------------------------
1776:       00000000 / 00000000 / 00000110 / 11110000
(커서 위치)
```

예제 코드 Ex4-9는 왼쪽 비트 이동 연산자를 사용해서 데이터를 가공한 예다. 왼쪽 비트 이동 연산자는 비트 단위에서의 모든 비트를 왼쪽으로 두 번째 피연산자만큼 이동한다. 2진수로 구성된 비트이므로 모든 비트를 왼쪽으로 2칸 이동했다는 것은 결국 정수로 환산하면 2^2을 곱한 것과 같게 된다. 왼쪽 비트 이동 연산자는 우선순위 5에 해당된다.

예제 코드 Ex4-8에서 16행 ~ 17행의 연산자만 왼쪽 비트 이동 연산자로 변경했다. 13행과 14행에서 피연산자에 해당되는 변수들을 선언한 후 16행과 17행에서 이항 연산자로 왼쪽 비트 이동 연산자를 수행했다. 111에 왼쪽 비트 이동 연산자로 모든 비트를 비트 단위에서 왼쪽으로 1번 이동해서 정수로 환산하면 2^1을 곱한 '222'가 나오며, 222에 왼쪽 비트 이동 연산자로 모든 비트를 비트 단위에서 왼쪽으로 3번 이동해서 정수로 환산하면 2^3을 곱한 '1776'이 나온다.

4-2-2-2 오른쪽 비트 이동 연산자

Ex4-10 / main.h

```
01  #pragma once
02  #define _CRT_SECURE_NO_WARNINGS
03  #include <stdio.h>
04  #include "..\\PrintBit\PrintBit.h"
05
06  void AdvencedOperator();
```

Ex4-10 / main.c

```
01  #include "main.h"
02
03  int main(void)
04  {
05      AdvencedOperator();
06      return 0;
07  }
08
09  void AdvencedOperator()
10  {
11      char arrString[sizeof(int) * 8 + 1] = { 0, };
12
13      int iOperand1 = 111;
14      int iOperand2 = 222;
15
16      int iResult1 = iOperand1 >> 1;
17      int iResult2 = iOperand2 >> 3;
18
19      IntegerToBit(iOperand1, arrString);
20      printf("-------------------------------------------------\n");
21      IntegerToBit(iResult1, arrString);
22
23      printf("\n");
24
25      IntegerToBit(iOperand2, arrString);
26      printf("-------------------------------------------------\n");
27      IntegerToBit(iResult2, arrString);
28  }
```

PrintBit / PrintBit.h와 PrintBit / PrintBit.c 추가

생략

표준 출력은 다음과 같다.

```
111:       00000000 / 00000000 / 00000000 / 01101111
------------------------------------------------
55:        00000000 / 00000000 / 00000000 / 00110111

222:       00000000 / 00000000 / 00000000 / 11011110
------------------------------------------------
27:        00000000 / 00000000 / 00000000 / 00011011
(커서 위치)
```

예제 코드 Ex4-10은 오른쪽 비트 이동 연산자를 사용해서 데이터를 가공한 예다. 오른쪽 비트 이동 연산자는 비트 단위에서의 모든 비트를 오른쪽으로 두 번째 피연산자만큼 이동한다. 2진수로 구성된 비트이므로 모든 비트를 오른쪽으로 2칸 이동했다는 것은 정수로 환산하면 2^2으로 나눈 것과 같게 된다. 이동한 후 해당 자리가 없는 비트는 소멸된다. 오른쪽 비트 이동 연산자는 우선순위 5에 해당된다.

예제 코드 Ex4-9에서 16행 ~ 17행의 연산자만 오른쪽 비트 이동 연산자로 변경했다. 16행과 17행에서 이항 연산자로 오른쪽 비트 이동 연산자를 수행했다. 111에 오른쪽 비트 이동 연산자로 모든 비트를 비트 단위에서 오른쪽으로 1번 이동해서 정수로 환산하면 2^1으로 나눈 '55'가 나오며, 222에 오른쪽 비트 이동 연산자로 모든 비트를 비트 단위에서 오른쪽으로 3번 이동해서 정수로 환산하면 2^3으로 나눈 '27'이 나온다. 비트 이동함에 따라 해당 자리가 없는 비트가 소멸된다는 점에 유의해야 한다.

4-2-3 비트 복합 대입 연산자

Ex4-11 / main.h

```
01    #pragma once
02    #define _CRT_SECURE_NO_WARNINGS
```

```
03  #include <stdio.h>
04  #include "..\\PrintBit\PrintBit.h"
05
06  void AdvencedOperator();
```

Ex4-11 / main.c

```
01  #include "main.h"
02
03  int main(void)
04  {
05      AdvencedOperator();
06      return 0;
07  }
08
09  void AdvencedOperator()
10  {
11      char arrString[sizeof(int) * 8 + 1] = { 0, };
12
13      int iOperand1 = 10;
14      int iOperand2 = 12;
15      int iOperand3 = 17;
16      int iOperand4 = 24;
17      int iOperand5 = 24;
18
19      IntegerToBit(iOperand1, arrString);
20      iOperand1 &= 4;
21      IntegerToBit(iOperand1, arrString);
22      printf("------------------------------------------------\n");
23      IntegerToBit(iOperand2, arrString);
24      iOperand2 ^= 4;
25      IntegerToBit(iOperand2, arrString);
26      printf("------------------------------------------------\n");
27      IntegerToBit(iOperand3, arrString);
28      iOperand3 |= 4;
29      IntegerToBit(iOperand3, arrString);
30      printf("------------------------------------------------\n");
31      IntegerToBit(iOperand4, arrString);
32      iOperand4 <<= 1;
33      IntegerToBit(iOperand4, arrString);
34      printf("------------------------------------------------\n");
35      IntegerToBit(iOperand5, arrString);
```

```
36        iOperand5 >>= 1;
37        IntegerToBit(iOperand5, arrString);
38    }
```

PrintBit / PrintBit.h와 PrintBit / PrintBit.c 추가

생략

표준 출력은 다음과 같다.

```
10:      00000000 / 00000000 / 00000000 / 00001010
0:       00000000 / 00000000 / 00000000 / 00000000
------------------------------------------------
12:      00000000 / 00000000 / 00000000 / 00001100
8:       00000000 / 00000000 / 00000000 / 00001000
------------------------------------------------
17:      00000000 / 00000000 / 00000000 / 00010001
21:      00000000 / 00000000 / 00000000 / 00010101
------------------------------------------------
24:      00000000 / 00000000 / 00000000 / 00011000
48:      00000000 / 00000000 / 00000000 / 00110000
------------------------------------------------
24:      00000000 / 00000000 / 00000000 / 00011000
12:      00000000 / 00000000 / 00000000 / 00001100
(커서 위치)
```

예제 코드 Ex4-11은 비트 복합 대입 연산자 5개를 사용해서 데이터를 가공한 예다. '3-5-1 연산자 분류 및 우선순위표' 절에서 복합 대입 연산자에는 총 10개가 존재한다고 했다. 하지만 비트 표현을 배우기 전이었으므로 '3-5-6 대입 및 복합 대입 연산자' 절에서는 5개만 소개했었다. 비트 복합 대입 연산자는 다른 복합 대입 연산자와 동일하게 우선순위 14에 해당된다.

13행 ~ 17행에서 피연산자에 해당되는 변수들을 선언한 후 20행, 24행, 28행, 32행, 36행에서 이항 연산자로 비트 복합 대입 연산자 5개를 첫 번째 피연산자로 배치해 연산을 수행했다. 두 번째 피연산자는 비교하기 쉽게 비트 논리 연산자 3개에는 4(0100)로 고정하고, 비트 이동 연산자 2개에는 1로 고정했다.

논리곱(AND) 비트 논리 대입 연산자를 사용한 20행에서는 10인 '00001010'과 4인 '00000100'의 논리곱을 계산한 후 대입 연산까지 수행해서 변수에 0을 저장했다.

```
20        iOperand1 &= 4;
```

배타적 논리합(XOR) 비트 논리 대입 연산자를 사용한 24행에서는 12인 '00001100'과 4인 '00000100'의 배타적 논리합을 계산한 후 대입 연산까지 수행해서 변수에 8을 저장했다.

```
24        iOperand2 ^= 4;
```

논리합(OR) 비트 논리 대입 연산자를 사용한 28행에서는 17인 '00010001'과 4인 '00000100'의 논리합을 계산한 후 대입 연산까지 수행해서 변수에 21을 저장했다.

```
28        iOperand3 |= 4;
```

왼쪽 비트 이동 대입 연산자를 사용한 32행에서는 24인 '00011000'을 비트 단위에서 왼쪽으로 1칸 이동한 후 대입 연산까지 수행해서 변수에 48을 저장했다.

```
32        iOperand4 <<= 1;
```

오른쪽 비트 이동 대입 연산자를 사용한 36행에서는 24인 '00011000'을 비트 단위에서 오른쪽으로 1칸 이동한 후 대입 연산까지 수행해서 변수에 12를 저장했다.

```
36        iOperand5 >>= 1;
```

4-2-4 콤마 연산자

Ex4-12 / main.h

```
01  #pragma once
02  #define _CRT_SECURE_NO_WARNINGS
03  #include <stdio.h>
04
05  void AdvencedOperator();
```

Ex4-12 / main.c

```
01  #include "main.h"
02
03  int main(void)
04  {
05      AdvencedOperator();
06      return 0;
07  }
08
09  void AdvencedOperator()
10  {
11      int iOperand1 = 10;
12      int iOperand2 = 12;
13
14      int iResult = (iOperand1++, iOperand2 *= 2);
15
16      printf("Operand1: %d\n", iOperand1);
17      printf("Operand2: %d\n", iOperand2);
18      printf("iResult: %d", iResult);
19  }
```

표준 출력은 다음과 같다.

```
Operand1: 11
Operand2: 24
iResult: 24
```

예제 코드 Ex4-12는 콤마(쉼표) 연산자를 소개하기 위한 예다. 콤마 연산자는 2가지 표현식을 동시에 표현하게 해주는 연산자다. 첫 번째 표현식을 처리한 후 두 번째 표현식을 처리한다. 콤마 연산자는 우선순위 15로 C 프로그래밍 언어에서 사용할 수 있는 모든 연산자 중에 가장 우선순위가 낮다. 콤마 연산자는 우선순위가 가장 낮기 때문에 우선적으로 수행하려면 괄호를 사용해야 한다는 점을 잊어서는 안 된다.

14행에서 이항 연산자인 콤마 연산자를 활용해서 2가지 표현식을 하나로 묶었다. 첫 번째 표현식이 처리돼 Operand1이 1이 증가한 11로 변경된 다음, 두 번째 표현식이 처리돼 Operand2가 2배가 된 24로 변경된다. 그리고 첫 번째 식의 결과는 버리고 두 번째 표현식의 결과인 24를 결괏값으로 반환한다는 특징이 존재한다. 그러나 첫 번째 표현식에 증감 연산자, 대입 연산자와 같이 변수에 대입을 하는 경우 해당 변수의 데이터도 변경된다.

```
14        int iResult = (iOperand1++, iOperand2 *= 2);
```

콤마 연산자는 2개의 표현식을 하나로 묶을 때 사용한다. 일반적으로 자주 사용되는 연산자는 아니지만 for 반복문의 초기화식 또는 증감식 등에서 'int n=3, int square =n * n'와 같이 동시에 2개의 표현식을 처리할 경우에 활용된다.

> **세이브 포인트: 개념 정리**
>
> **비트 관련 연산자 정리**
> - 비트 논리 연산자: 논리곱(AND) 비트(&), 배타적 논리합(XOR) 비트(^), 논리합(OR) 비트(|), 부정(NOT) 비트(~)
> - 비트 이동 연산자: 왼쪽 비트 이동(<<), 오른쪽 비트 이동(>>)
> - 비트 복합 대입 연산자: &=, ^=, |=, <<=, >>=

4-3 사용자 정의 함수 응용

기능별로 사용자 정의 함수를 만드는 것이 C 프로그래밍 언어의 핵심이라고 했다. 표준 라이브러리에서 필요한 함수를 호출만 해서 여러 번 사용하는 것과 같이 자주 사용될 기능을 사용자 정의 함수로 구현해 놓으면 동일한 코드를 반복적으로 작성할 필요가 없어 효율성이 높아진다.

또한 코드의 수정이 필요할 때도 독립적인 하나의 함수 내부만 수정하면 함수가 호출된 여러 곳에서 수정된 함수로 호출되므로, 비슷한 코드가 여러 곳에 복사해서 사용했다면 각 코드별로 수정하는 과정에서 벌어지는 실수 또한 줄일 수 있어 안전성도 높아진다. 이와 같이 기능별로 사용자 정의 함수를 분리하는 것으로 얻을 수 있는 이점이 무궁무진하다.

'3-6-3 함수의 4가지 유형' 절에서 사용자 정의 함수는 입력 데이터인 '매개변수'와 출력 데이터인 '반환값'의 유무에 따라 4가지로 구분된다고 했다. 사용자 정의 함수를 만들려면 입력 데이터인 매개변수와 출력 데이터인 반환값을 어떻게 구성할 것인지 스스로 결정해야 한다. 동일한 결과를 도출한다고 할지라도 사람마다 얼마든지 매개변수와 반환값을 다르게 구성할 수 있다. 사용자 정의 함수를 만드는 것에 대한 정답은 존재하지 않으므로 다양한 상황에 적합하게 변경할 수 있는 능력을 기르는 것이 좋다.

이 책에서는 C 프로그래밍 언어의 핵심이 사용자 정의 함수를 만드는 것이라고 했기에 다른 책들에 비해 사용자 정의 함수를 빠른 시기에 다뤘다. '3-6 사용자 정의 함수' 절을 배운 후에 '3-8 사용자 정의 데이터형', '3-10 1차원 배열', '3-11 포인터 변수', '3-12 동적 메모리' 절을 학습했기 때문에 사용자 정의 함수에서 매개변수와 반환값에 기본 데이터형을 사용하는 것은 배웠지만 구조체, 배열, 포인터 변수 등이 매개변수와 반환값으로 오는 경우를 아직 살펴보지 못했다.

매개변수와 반환값에 구조체, 배열, 포인터 변수를 사용한다고 해서 사용자 정의 함수의 큰 틀이 바뀌는 것은 아니다. 기본 개념은 동일하다. 매개변수는 입력 데이터로 함수가 호출되는 시점에 갖고 가는 데이터다. 반환값은 출력 데이터로 함수가 종료되는 시점에 갖고 오는 데이터다. 반환값이 있을 경우 반환값을 저장할 메모리 공간을 선언해서 보관하는 것이 일반적이다.

4-3-1 구조체 매개변수

Ex4-13 / main.h

```
01    #pragma once
```

```c
02  #define _CRT_SECURE_NO_WARNINGS
03  #include <stdio.h>
04
05  typedef struct _Player
06  {
07      int iLevel;
08      float fAttack;
09      float fDefence;
10      long long llEXP;
11  }Player;
12
13  void AdvencedFunction(struct _Player parameter);
```

Ex4-13 / main.c

```c
01  #include "main.h"
02
03  int main(void)
04  {
05      Player player = { 10, 25.5f, 18.0f, 123456789 };
06
07      AdvencedFunction(player);
08
09      return 0;
10  }
11
12  void AdvencedFunction(struct _Player parameter)
13  {
14      printf("Level: %d\n", parameter.iLevel);
15      printf("Attack: %.2f\n", parameter.fAttack);
16      printf("Defence: %.2f\n", parameter.fDefence);
17      printf("EXP: %lld", parameter.llEXP);
18  }
```

표준 출력은 다음과 같다.

```
Level: 10
Attack: 25.50
Defence: 18.00
EXP: 123456789
```

예제 코드 Ex4-13은 구조체를 사용자 정의 함수의 매개변수로 활용한 예다. 헤더 파일 main.h의 5행 ~ 11행에서 **typedef**를 활용해서 구조체를 정의했다. 13행에서는 구조체를 매개변수로 사용한 함수의 선언부로 작성했다. 주의할 점은 사용자 정의 함수의 매개변수에는 **struct**를 명시해야 하므로 구조체 별칭이 아닌 '구조체명'을 사용했다는 것이다. 따라서 구조체를 정의할 때 익명 구조체가 아닌 구조체명이 있는 형태로 정의했다.

```
13    void AdvencedFunction(struct _Player parameter);
```

소스 파일 main.c의 5행에서 구조체를 선언함과 동시에 초기화했다. 7행에서는 5행에서 선언된 구조체를 인자로 담아 함수를 호출했다. 12행 ~ 18행은 함수의 구현부다. 5행에서 인자로 담아 함수를 호출했으므로 5행에서 보낸 인자는 12행의 구조체 매개변수에 저장된다. 선언 명령문과 동시에 초기화가 이뤄지는 것과 동일한 과정이라고 했었다. 함수의 구현부에서는 단순히 매개변수의 값을 출력하는 역할만 수행하도록 작성돼 있다.

4-3-2 배열 매개변수

Ex4-14 / main.h

```
01    #pragma once
02    #define _CRT_SECURE_NO_WARNINGS
03    #include <stdio.h>
04
05    #define ARRAY_SIZE 4
06
07    void AdvencedFunction(int arrParameter[]);
```

Ex4-14 / main.c

```
01    #include "main.h"
02
03    int main(void)
04    {
05        int arrPlayerLevel[ARRAY_SIZE] = {10, 4, 12, 27};
```

```
06
07      AdvencedFunction(arrPlayerLevel);
08
09      return 0;
10  }
11
12  void AdvencedFunction(int arrParameter[])
13  {
14      for (int iCount = 0; iCount < ARRAY_SIZE; iCount++)
15      {
16          arrParameter[iCount] = arrParameter[iCount] + 1;
17          printf("Player%d Level: %d\n",
18              iCount + 1, arrParameter[iCount]);
19      }
20  }
```

표준 출력은 다음과 같다.

```
Player1 Level: 11
Player2 Level: 5
Player3 Level: 13
Player4 Level: 28
(커서 위치)
```

예제 코드 Ex4-14는 1차원 배열을 사용자 정의 함수의 매개변수로 활용한 예다. 헤더 파일 main.h의 7행에서는 1차원 배열을 매개변수로 사용한 함수의 선언부로 작성했다.

```
07      void AdvencedFunction(int arrParameter[]);
```

소스 파일 main.c의 5행에서 1차원 배열을 선언함과 동시에 초기화했다. 7행에서는 5행에서 선언된 1차원 배열을 인자로 담아 함수를 호출했다. 12행 ~ 20행은 함수의 구현부다. 5행에서 인자로 담아 함수를 호출했으므로 5행에서 보낸 인자는 12행의 배열 매개변수에 저장된다. 함수의 구현부에서는 배열의 크기에 맞게 배열 요소별로 1을 더한 후 출력했다.

4-3-3 포인터 변수 매개변수

Ex4-15 / main.h

```
01  #pragma once
02  #define _CRT_SECURE_NO_WARNINGS
03  #include <stdio.h>
04  #include <stdlib.h>
05
06  void AdvencedFunction(int *ptrParameter);
```

Ex4-15 / main.c

```
01  #include "main.h"
02
03  int main(void)
04  {
05      int *ptrPlayerHP = (int *)calloc(1, sizeof(int));
06
07      *ptrPlayerHP = 150;
08
09      AdvencedFunction(ptrPlayerHP);
10
11      free(ptrPlayerHP);
12
13      return 0;
14  }
15
16   void AdvencedFunction(int *ptrParameter)
17   {
18       printf("주소: %p\n", ptrParameter);
19       printf("데이터 값: %d", *ptrParameter);
20   }
```

표준 출력은 다음과 같다.

```
주소: 00000249F42A5370
데이터 값: 150
```

예제 코드 Ex4-15는 포인터 변수를 사용자 정의 함수의 매개변수로 활용한 예다. C 프로그래밍 언어에서 제공하는 표준 라이브러리 함수의 매개변수 중 상당수는 포인터 변수를 매개변수로 사용하는 만큼 포인터 변수를 매개변수로 사용하는 방법에 반드시 익숙해질 필요가 있다. 헤더 파일 main.h의 6행에서는 포인터 변수를 매개변수로 사용한 함수의 선언부로 작성했다.

```
06    void AdvencedFunction(int *ptrParameter);
```

소스 파일 main.c의 5행에서 포인터 변수를 선언함과 동시에 동적 메모리를 할당하고, 7행에서 150을 저장했다. 9행에서는 5행에서 선언된 포인터 변수를 인자로 담아 함수를 호출했다. 16행 ~ 20행은 함수의 구현부다. 5행에서 인자로 담아 함수를 호출했으므로 5행에서 보낸 인자는 16행의 포인터 변수 매개변수에 저장된다. 함수의 구현부에서는 포인터 변수의 주소와 데이터 값을 출력했다.

4-3-4 가변 인자 매개변수

Ex4-16 / main.h

```
01    #pragma once
02    #define _CRT_SECURE_NO_WARNINGS
03    #include <stdio.h>
04    #include <stdarg.h>
05
06    void VariableArguments(int args, ...);
```

Ex4-16 / main.c

```
01    #include "main.h"
02
03    int main(void)
04    {
05        VariableArguments(2, 10, 11);
06        VariableArguments(4, 100, 101, 102, 103);
07
08        return 0;
09    }
10
11    void VariableArguments(int fixedParameter, ...)
12    {
```

```
13        va_list ptrArguments;
14
15        va_start(ptrArguments, fixedParameter);
16        printf("Args Count: %d //\t", fixedParameter);
17
18        for (int iCount = 0; iCount < fixedParameter; iCount++)
19        {
20            int iNumber = va_arg(ptrArguments, int);
21            printf("%d\t", iNumber);
22        }
23
24        va_end(ptrArguments);
25
26        printf("\n");
27    }
```

표준 출력은 다음과 같다.

```
Args Count: 2 //    10      11
Args Count: 4 //    100     101     102     103
(커서 위치)
```

예제 코드 Ex4-16은 가변 인자를 사용자 정의 함수의 매개변수로 활용한 예다. C 프로그래밍 언어에서 제공하는 표준 라이브러리 함수의 매개변수 중 가변 인자를 활용하는 경우가 존재한다. '3-4-4 범용 입출력 함수' 절에서 소개했던 C 프로그래밍 언어를 대표하는 입출력 함수인 printf와 scanf 등이 해당된다. 이러한 함수들은 상황에 맞게 매개변수의 수가 변했다.

원하는 기능을 가진 사용자 정의 함수를 자유자재로 만들려면 함수 printf와 scanf와 같이 가변 인자를 매개변수로 가진 함수도 직접 만들 수 있어야 한다. 가변 인자 매개변수를 사용하려면 '헤더 파일 stdarg.h'를 추가할 필요가 있다. 헤더 파일 stdarg.h에는 va_list, va_start, va_arg, va_end 등과 같은 가변 인자를 처리하기 위한 매크로가 정의돼 있다.

헤더 파일 main.h의 6행에서는 가변 인자를 매개변수로 사용한 함수의 선언부로 작성했다. 다만 가변 인자를 사용하려면 먼저 고정 매개변수가 앞에 필요하다는 점에 유의하자.

```
06    void VariableArguments(int args, ...);
```

소스 파일 main.c의 13행에서 가변 인자 포인터 변수를 선언하고, 15행에서 가변 인수를 읽기 위한 준비를 시작한다. 20행에서는 가변 인자의 값을 가져온다. 18행에서 고정 매개변수만큼 반복했기 때문에 고정 매개변수의 값만큼 가변 인자를 저장하도록 코드를 작성했다. 24행에서 가변 인자를 읽는 것을 종료한다. 동적 메모리나 파일 입출력에서 이미 익숙해져 있듯이 가변 인자를 읽기 시작하는 것과 종료하는 것은 하나의 쌍이므로 종료를 잊어서는 안 된다.

5행에서 첫 번째 인자를 2로 넘겨 고정 매개변수에 저장했다. 이에 따라 가변 인자는 2개가 되며 10, 11이 순서대로 가변 인자에 저장됐다. 6행에서 첫 번째 인자를 4로 넘겨 고정 매개변수에 저장했다. 이에 따라 가변 인자는 4개가 되며 100, 101, 102, 103이 순서대로 가변 인자에 저장됐다.

```
05    VariableArguments(2, 10, 11);
06    VariableArguments(4, 100, 101, 102, 103);
```

이와 같이 헤더 파일 stdarg.h에 정의된 가변 인자 관련 매크로를 활용하면 가변 인자를 매개변수로 한 다양한 사용자 정의 함수를 만들 수 있다. 지금 시점에 기존 가변 인자를 매개변수로 활용한 표준 라이브러리를 다시 확인해보면 좀 더 확실히 이해할 수 있을 것이다.

4-3-5 구조체 반환

Ex4-17 / main.h

```
01    #pragma once
02    #define _CRT_SECURE_NO_WARNINGS
03    #include <stdio.h>
04
05    typedef struct _Player
```

```
06   {
07       int iLevel;
08       float fAttack;
09       float fDefence;
10       long long llEXP;
11   }Player;
12
13   struct _Player AdvencedFunction();
```

Ex4-17 / main.c

```
01   #include "main.h"
02
03   int main(void)
04   {
05       Player player = { 0, 0.0f, 0.0f, 0 };
06
07       player = AdvencedFunction();
08
09       printf("Level: %d\n", player.iLevel);
10       printf("Attack: %.2f\n", player.fAttack);
11       printf("Defence: %.2f\n", player.fDefence);
12       printf("EXP: %lld", player.llEXP);
13
14       return 0;
15   }
16
17   struct _Player AdvencedFunction()
18   {
19       Player returnValue = { 10, 25.5f, 18.0f, 123456789 };
20
21       return returnValue;
22   }
```

표준 출력은 다음과 같다.

```
Level: 10
Attack: 25.50
Defence: 18.00
EXP: 123456789
```

예제 코드 Ex4-17은 사용자 정의 함수의 반환값으로 구조체를 활용한 예다. 사용자 정의 함수가 반환값을 갖고 있을 경우 함수의 호출부가 종료되는 시점에 반환값이 넘어오므로 이 반환값을 보편적으로 다시 활용할 수 있도록 저장해둔다. 그렇지 않으면 반환값이 필요할 때마다 다시 사용자 정의 함수를 호출하는 비효율적인 코드를 작성해야 하기 때문이다.

헤더 파일 main.h의 5행 ~ 11행에서 예제 코드 Ex4-13과 동일하게 **typedef**를 활용해서 구조체를 정의했다. 13행에서는 구조체를 반환값으로 처리하기 위해 반환 데이터형을 구조체로 지정해 사용한 함수의 선언부로 작성했다. 구조체를 매개변수로 사용했을 때와 동일하게 사용자 정의 함수의 반환 데이터형에는 **struct**를 명시해야 하므로 구조체 별칭이 아닌 구조체명을 사용했다.

```
13    struct _Player AdvencedFunction();
```

소스 파일 main.c의 5행에서 구조체를 선언함과 동시에 초기화했다. 19행에서는 구조체에 원하는 데이터를 저장하고, 21행에서 구조체를 반환했다. 7행에서는 함수를 호출한 후 함수의 반환값을 5행에서 선언된 구조체에 저장했다. 9행 ~ 12행에서는 반환값으로 받은 구조체의 멤버별로 표준 출력을 시행했다.

4-3-6 배열 반환

Ex4–18 / main.h

```
01    #pragma once
02    #define _CRT_SECURE_NO_WARNINGS
03    #include <stdio.h>
04
05    #define ARRAY_SIZE 4
06
07    int *AdvencedFunction();
```

Ex4–18 / main.c

```
01    #include "main.h"
02
```

```
03  int main(void)
04  {
05      int *ptrPlayerLevel = AdvencedFunction();
06
07      for (int iCount = 0; iCount < ARRAY_SIZE; iCount++)
08      {
09          ptrPlayerLevel[iCount] = ptrPlayerLevel[iCount] + 1;
10          printf("Player%d Level: %d\n",
11              iCount + 1, ptrPlayerLevel[iCount]);
12      }
13
14      return 0;
15  }
16
17  int *AdvencedFunction()
18  {
19      static int arrReturnValue[ARRAY_SIZE] = { 10, 4, 12, 27 };
20      //int arrReturnValue[ARRAY_SIZE] = { 10, 4, 12, 27 };
21
22      return arrReturnValue;
23  }
```

표준 출력은 다음과 같다.

```
Player1 Level: 11
Player2 Level: 5
Player3 Level: 13
Player4 Level: 28
(커서 위치)
```

예제 코드 Ex4-18은 사용자 정의 함수의 반환값으로 1차원 배열을 활용한 예다. 헤더 파일 main.h의 7행에서는 1차원 배열을 반환값으로 처리하기 위해 반환 데이터형을 포인터 변수로 지정해 사용한 함수의 선언부로 작성했다. 배열을 반환값으로 넘기려고 하는데, 왜 반환 데이터형을 포인터 변수로 했을까? 구조체, 포인터 변수 등의 반환은 기본적으로 반환값과 반환 데이터형이 동일하다. 그러나 유일하게 배열은 그렇지 않다.

```
07    int *AdvencedFunction();
```

그 이유는 배열을 만들기 위한 첨자 연산자 [ ]는 변수명, 구조체명, 포인터 변수명 등과 같이 데이터형이 아닌 인스턴스 뒤에 작성하기 때문에 사용자 함수의 반환 데이터형에는 작성할 수 없다. 반환 데이터형에는 데이터형만 존재하기 때문이다. 따라서 배열과 개념은 다르지만 비슷한 효과를 낼 수 있는 포인터 변수로 대신 처리한다. 이러한 특징에서도 볼 수 있듯이 C 프로그래밍 언어에서는 배열보다 포인터 변수의 사용이 보편적이며 좀 더 권장된다는 점을 알 수 있다.

소스 파일 main.c의 5행에서 배열 대신 포인터 변수를 선언함과 동시에 함수를 호출해서 반환값을 받아 초기화했다. 19행에서는 배열에 원하는 데이터를 저장하고, 22행에서 배열명으로 배열을 반환했다. 다만 반환 데이터형이 포인터 변수이므로 5행에서는 데이터형을 매칭해서 포인터 변수로 저장했던 것이다. 7행 ~ 12행에서는 배열을 반환값으로 받은 포인터 변수에 각 주소별로 1을 더한 후 표준 출력을 시행했다.

배열을 반환값으로 사용할 때는 또 한 가지 주의할 점이 존재한다. 19행을 주석 처리하고 20행의 주석을 해제한 다음 컴파일하면 '경고 C4172' "warning C4172: 지역 변수 또는 임시: arrReturnValue의 주소를 반환하고 있습니다."라는 컴파일 경고가 발생한다.

출력 결과 또한 Player1 Level: 11까지는 정상적으로 출력되나, 이후의 캐릭터 레벨은 쓰레기 값이 출력된다. 20행에서 선언된 배열은 지역 변수이므로 함수의 { } 종료까지라는 수명을 갖고 있기 때문에 이러한 문제를 해결하기 위한 방법 중 하나로 19행과 같이 static을 활용해서 수명을 프로그램 종료로 변경하는 정적 지역 변수로 바꾸면 정상적으로 배열의 모든 배열 요소가 반환돼 포인터 변수에 저장된다.

4-3-7 포인터 변수 반환

Ex4-19 / main.h

```
01  #pragma once
02  #define _CRT_SECURE_NO_WARNINGS
03  #include <stdio.h>
04  #include <stdlib.h>
05
06  int *AdvencedFunction();
```

Ex4-19 / main.c

```
01  #include "main.h"
02
03  int main(void)
04  {
05      int *ptrPlayerHP = AdvencedFunction();
06
07      printf("주소: %p\n", ptrPlayerHP);
08      printf("데이터 값: %d", *ptrPlayerHP);
09
10      free(ptrPlayerHP);
11
12      return 0;
13  }
14
15  int *AdvencedFunction()
16  {
17      int *ptrReturnValue = (int *)calloc(1, sizeof(int));
18      *ptrReturnValue = 150;
19
20      return ptrReturnValue;
21  }
```

표준 출력은 다음과 같다.

```
주소: 00000249F42A5370
데이터 값: 150
```

예제 코드 Ex4-19는 사용자 정의 함수의 반환값으로 포인터 변수를 활용한 예다.

헤더 파일 main.h의 4행에서는 동적 메모리 관련 표준 라이브러리를 사용하기 위해 '헤더 파일 stdlib.h'를 추가했다. 6행에서는 포인터 변수를 반환값으로 처리하기 위해 반환 데이터형을 포인터 변수로 지정해 사용한 함수의 선언부로 작성했다.

```
06    int *AdvencedFunction();
```

소스 파일 main.c의 5행에서 포인터 변수를 선언함과 동시에 함수를 호출해서 반환값을 받아 초기화했다. 17행에서는 포인터 변수를 선언함과 동시에 동적 메모리를 할당했고, 18행에서 원하는 데이터를 저장했다. 20행에서 포인터 변수를 반환했다. 7행 ~ 8행에서는 반환값으로 받은 포인터 변수로 주소와 데이터 값을 출력했다.

다만 '포인터 변수를 반환값으로 사용할 경우에는 동적 메모리의 해제 시점에 유의'할 필요가 있다. 기존에는 하나의 사용자 정의 함수 내에서 동적 메모리를 할당하고 함수가 종료되기 전에 해제를 했지만, 이럴 경우 반환값을 넘기는 시점에 동적 메모리가 해제되므로 반환값을 넘기는 의미가 사라진다.

따라서 반환값을 넘긴 후 반환값을 저장한 포인터 변수에 대한 사용이 종료된 시점에 10행과 같이 동적 메모리를 해제하게 된다. 이러한 경우에는 '동적 메모리의 할당과 해제가 동일한 함수에서 이뤄지지 않으므로 동적 메모리 해제 시점에 유의'해야 한다. 특히 동적 메모리 해제를 깜빡하고 잊어버리기 쉬운 구조인 만큼 코드 작성에 조심할 필요가 있다.

4-3-8 void 포인터 반환

Ex4-20 / main.h

```
01    #pragma once
02    #define _CRT_SECURE_NO_WARNINGS
03    #include <stdio.h>
04    #include <stdlib.h>
05    #include <string.h>
06
07    #define MEMORY_SIZE 20
08
```

```
09    void *AllocDynamicMemory();
10    void PrintPlayerHP();
11    void PrintPlayerName();
```

Ex4-20 / main.c

```
01    #include "main.h"
02
03    int main(void)
04    {
05        PrintPlayerHP();
06        printf("\n");
07        PrintPlayerName();
08
09        return 0;
10    }
11
12    void *AllocDynamicMemory()
13    {
14        void *ptrMemory = calloc(1, MEMORY_SIZE + 1);
15
16        return ptrMemory;
17    }
18
19    void PrintPlayerHP()
20    {
21        int *ptrPlayerHP = AllocDynamicMemory();
22
23        for (int iCount = 0; iCount < 5; iCount++)
24        {
25            ptrPlayerHP[iCount] = iCount;
26            printf("%d ", ptrPlayerHP[iCount]);
27        }
28
29        free(ptrPlayerHP);
30    }
31
32    void PrintPlayerName()
33    {
34        char *ptrPlayerName = AllocDynamicMemory();
35
36        strcpy(ptrPlayerName, "Gordon Freeman");
37        printf("%s", ptrPlayerName);
```

```
38
39      free(ptrPlayerName);
40  }
```

표준 출력은 다음과 같다.

```
0 1 2 3 4
Gordon Freeman
```

예제 코드 Ex4-20은 사용자 정의 함수의 반환값으로 void 포인터를 활용한 예다. void는 지정된 데이터형이 없다는 의미라고 했다. void 포인터를 반환하는 것은 반환값을 받는 시점에 여러 개의 데이터형으로 받아야 할 필요가 있을 경우다.

반환 데이터형이 고정이라면 매번 해당 반환 데이터형에 맞게 별도의 변수 등을 준비해야 하는데, void 포인터를 반환하면 해당 데이터형에 맞게 자동으로 형 변환이 이뤄지기 때문에 편리하다. 반환값을 다양한 데이터형의 인스턴스에 저장해야 하는 상황이라면 지정된 데이터형이 없는 void 포인터를 반환한다. void 포인터에 대한 설명은 '4-5-7 void 포인터' 절에서 다룬다.

헤더 파일 main.h의 4행 ~ 5행에서는 동적 메모리와 문자열 표준 라이브러리를 사용하기 위해 헤더 파일들을 추가했다. 9행에서는 반환 데이터형을 void 포인터로 지정해 사용한 함수의 선언부로 작성했다.

```
09      void *AllocDynamicMemory();
```

소스 파일 main.c의 14행에서는 void 데이터형으로 포인터 변수를 선언함과 동시에 동적 메모리를 20바이트 크기로 할당하고, 16행에서 void 포인터를 반환했다.

21행에서는 int 변수를 선언함과 동시에 void 포인터를 반환값으로 가진 함수 AllocDynamicMemory를 호출해서 20바이트의 동적 메모리를 할당했다. 20바이트를 할당했으므로 20바이트 범위 안에서 23행 ~ 27행과 같이 사용할 수 있다.

34행에서는 char 포인터 변수를 선언함과 동시에 void 포인터를 반환값으로 가진 함수 AllocDynamicMemory를 호출해서 20바이트의 동적 메모리를 할당했다. 36행에서 문자열을 저장하고, 37행에서 해당 문자열을 출력했다. 문자열 리터럴이 동적 메모리에서 할당한 20바이트를 넘지 않으므로 정상적으로 출력됐다.

```
21      int *ptrPlayerHP = AllocDynamicMemory();
...
34      char *ptrPlayerName = AllocDynamicMemory();
```

4-3-9 재귀 호출 함수

Ex4-21 / main.h

```
01  #pragma once
02  #define _CRT_SECURE_NO_WARNINGS
03  #include <stdio.h>
04
05  void RecursiveCall(int iCount);
```

Ex4-21 / main.c

```
01  #include "main.h"
02
03  int main(void)
04  {
05      int iValue = 10;
06
07      RecursiveCall(iValue);
08
09      return 0;
10  }
11
12  void RecursiveCall(int iCount)
13  {
14      if (iCount <= 0)
15      {
16          return;
17      }
18
19      printf("Count: %d\n", iCount);
20      iCount = iCount - 2;
21
```

```
22          RecursiveCall(iCount);
23      }
```

표준 출력은 다음과 같다.

```
Count: 10
Count: 8
Count: 6
Count: 4
Count: 2
(커서 위치)
```

예제 코드 Ex4-21은 재귀 호출^{Recursive Call} 함수를 활용한 예다. 재귀 호출 함수란 함수 내부에서 자기 자신을 또다시 호출하는 행위다. 재귀 호출 함수는 무한 루프를 발생시키므로 주의해서 사용해야 하며, 일반적으로 사용을 권장하지 않는다. 재귀 호출 함수를 사용하고자 한다면 반드시 예외 처리 코드를 통해 무한 루프가 중단되는 조건을 작성해야 한다.

12행 ~ 23행은 함수 RecursiveCall의 구현부다. 그런데 함수 RecursiveCall 안에서 22행과 같이 자신을 다시 호출한다. 이럴 경우 재귀 호출 함수가 된다. 재귀 호출 함수는 자연스럽게 무한 루프가 발생하므로 14행 ~ 17행과 같이 무한 루프가 종료되기 위한 예외 처리 코드를 작성해야 한다.

> **세이브 포인트: 개념 정리**
>
> **매개변수 응용**
>
> - **구조체 매개변수**: 구조체를 인자로 담아 사용자 정의 함수의 매개변수에서 받아 사용 가능하다. struct를 명시해야 하므로 구조체 별칭이 아닌 '구조체명'을 사용한다.
> - **배열 매개변수**: 배열을 인자로 담아 사용자 정의 함수의 매개변수에서 받아 사용 가능하다.
> - **포인터 변수 매개변수**: 포인터 변수를 인자로 담아 사용자 정의 함수에서 받아 매개변수로 사용 가능하다.
> - **가변 인자 매개변수**: 가변 인자를 통해 개수가 유동적으로 변하는 매개변수를 사용 가능하다. '헤더 파일 stdarg.h'를 추가해서 관련 표준 라이브러리 함수를 활용한다.

> **반환 응용**
> - **구조체 반환**: 사용자 정의 함수의 반환값으로 구조체를 반환 가능하다.
> - **배열 반환**: 사용자 정의 함수의 반환값으로 배열을 반환 가능하다. 배열을 만들기 위한 첨자 연산자 [ ]는 데이터형이 아닌 인스턴스 뒤에 작성하기 때문에 사용자 함수의 반환 데이터형에는 작성할 수 없어 반환 데이터형을 배열 대신 포인터 변수로 지정해 사용한 함수의 선언부로 작성함에 유의한다.
> - **포인터 변수 반환**: 사용자 정의 함수의 반환값으로 포인터 변수를 반환 가능하다.
> - **Void 포인터 반환**: 반환값을 받는 시점에 여러 개의 데이터형으로 받아야 할 필요가 있을 경우 지정된 데이터형이 없다는 의미의 void 포인터를 반환한다.

4-4 배열 응용

'3-10 1차원 배열' 절에서 배열이란 "동일한 데이터형으로 이뤄진 연관된 데이터를 모아서 수월하게 관리하기 위해 프로그래밍 언어에서 지원하는 복합 데이터형 또는 자료구조 중 하나로, 순서대로 번호가 붙은 원소들이 연속적인 형태로 구성된 자료구조다."라고 했다.

'3-10 1차원 배열' 절에서는 배열에 초점을 맞추기 위해 기본 데이터형이 다수 묶인 형태의 배열을 살펴봤다. 하지만 C 프로그래밍 언어에서 제공하는 데이터형으로 분류되는 것이라면 얼마든지 배열로 만들 수 있다. 사용자 정의 데이터형의 대표격인 구조체를 비롯해서 포인터 변수도 동일한 데이터형이 다수가 존재한다면 이를 배열로 묶을 수 있다.

또한 동일한 1차원 배열이 다수 존재한다면 이를 다시 2차원 배열로 묶을 수 있다. 2차원 이상으로도 배열을 사용할 수 있지만 3차원 배열은 복잡도가 높은 것에 비해 실제 적용할 수 있는 곳에 제한적이기 때문에 가급적이면 2차원 배열까지 사용을 권장한다. 2차원 배열은 보통 바둑판과 같은 형태의 맵 좌표를 지정하거나 엑셀이나 표와 같이 행과 열로 구분된 형태에 적용한다.

배열 응용에서는 구조체, 포인터 변수, 배열을 다시 한 번 배열로 만든 배열의 확장 개념을 살펴본다. 물론 앞서 설명했듯이 2차원 배열도 배열 자체가 가진 치명적인 단점을 갖고 있으므로 가능하면 안전성이 높은 자료구조를 사용하는 것이 바람직하다.

4-4-1 구조체 배열

Ex4-22 / main.h

```
01  #pragma once
02  #define _CRT_SECURE_NO_WARNINGS
03  #include <stdio.h>
04
05  #define ARRAY_SIZE 3
06
07  typedef struct _Player
08  {
09      int iLevel;
10      float fAttack;
11      float fDefence;
12      long long llEXP;
13  }Player;
14
15  void AdvencedArray();
```

Ex4-22 / main.c

```
01  #include "main.h"
02
03  int main(void)
04  {
05      AdvencedArray();
06      return 0;
07  }
08
09  void AdvencedArray()
10  {
11      Player player[ARRAY_SIZE] = {
12          {10, 25.5f, 18.0f, 12000},
13          {12, 32.2f, 24.5f, 44500},
14          {20, 56.7f, 43.8f, 350000}
15      };
16
17      for (int iCount = 0; iCount < ARRAY_SIZE; iCount++)
18      {
19          printf("<Player%d>\n", iCount + 1);
20
21          printf("Level: %d\n", player[iCount].iLevel);
```

```
22            printf("Attack: %.2f\n", player[iCount].fAttack);
23            printf("Defence: %.2f\n", player[iCount].fDefence);
24            printf("EXP: %lld\n", player[iCount].llEXP);
25        }
26   }
```

표준 출력은 다음과 같다.

```
<Player1>
Level: 10
Attack: 25.50
Defence: 18.00
EXP: 12000
<Player2>
Level: 12
Attack: 32.20
Defence: 24.50
EXP: 44500
<Player3>
Level: 20
Attack: 56.70
Defence: 43.80
EXP: 350000
(커서 위치)
```

예제 코드 Ex4-22는 구조체 배열을 활용한 예다. 헤더 파일 main.h의 7행 ~ 13행에서 **typedef**를 활용해 구조체를 정의했다. 소스 파일 main.c의 11행에서 구조체 배열을 선언함과 동시에 초기화했다. 배열의 크기를 3으로 지정했으니 동일한 구조체 3개 분량의 초기화 값을 지정했다. 17행 ~ 25행에서는 배열의 크기만큼 **for** 반복문을 실행해 구조체 배열 요소별로 각 구조체의 멤버를 출력했다.

구조체 배열 사용법

구조체 배열의 선언: 구조체명 구조체_배열명[배열의 크기];

구조체 배열 요소의 접근: 구조체_배열명[인덱스].멤버명

4-4-2 포인터 배열

Ex4-23 / main.h

```
01  #pragma once
02  #define _CRT_SECURE_NO_WARNINGS
03  #include <stdio.h>
04
05  #define ARRAY_SIZE 5
06
07  void AdvencedArray();
```

Ex4-23 / main.c

```
01  #include "main.h"
02
03  int main(void)
04  {
05      AdvencedArray();
06      return 0;
07  }
08
09  void AdvencedArray()
10  {
11      char *NPCName[ARRAY_SIZE] = {
12          "Minsc",
13          "Imoen",
14          "Jaheira",
15          "Edwin",
16          "Viconia"
17      };
18
19      for (int iCount = 0; iCount < ARRAY_SIZE; iCount++)
20      {
21          printf("NPC Name: %s\n", NPCName[iCount]);
22      }
23  }
```

표준 출력은 다음과 같다.

```
NPC Name: Minsc
NPC Name: Imoen
NPC Name: Jaheira
NPC Name: Edwin
NPC Name: Viconia
(커서 위치)
```

예제 코드 Ex4-23은 포인터 배열을 활용한 예다. 동일한 데이터형인 포인터 변수가 확실히 정해진 개수가 필요할 경우 사용되며, 필요한 포인터 변수가 몇 개 필요한지 선언하는 시점에 모른다면 배열은 동적 메모리를 활용해서 포인터 변수를 선언했던 것과 동일하게 이후에 배울 이중 포인터를 사용하게 된다.

헤더 파일 main.h의 11행 ~ 16행에서 문자열을 저장하기 위한 포인터 변수가 다수 필요해 포인터 배열을 선언함과 동시에 초기화를 진행했다. 19행 ~ 21행에서는 배열의 크기만큼 for 반복문을 실행해 포인터 배열 요소별로 문자열을 출력했다.

포인터 배열 사용법

포인터 배열의 선언: 데이터형 *포인터_배열명[배열의 크기];

포인터 배열 요소의 접근: 포인터_배열명[인덱스]

4-4-3 2차원 배열의 선언, 배열 요소 접근

Ex4-24 / main.h

```
01   #pragma once
02   #define _CRT_SECURE_NO_WARNINGS
03   #include <stdio.h>
04
05   #define ROW_SIZE 3
06   #define COLUMN_SIZE 2
07
08   enum ItemCode
09   {
10       // 1: ITEM
11       APPLE_GEL = 1001,
12       ORANGE_GEL = 1002,
```

```
13        // 2: WEAPON
14        LONG_SWORD = 2011,
15        HOLY_SWORD = 2472,
16        // 3: ARMOR
17        CHAIN_MAIL = 3027,
18        GOLD_ARMOR = 3502
19    };
20
21    void AdvencedArray();
```

Ex4-24 / main.c

```
01    #include "main.h"
02
03    int main(void)
04    {
05        AdvencedArray();
06        return 0;
07    }
08
09    void AdvencedArray()
10    {
11        int arrInventory[ROW_SIZE][COLUMN_SIZE] = {0, };
12
13        arrInventory[0][0] = LONG_SWORD;
14        arrInventory[0][1] = CHAIN_MAIL;
15        arrInventory[1][0] = GOLD_ARMOR;
16        arrInventory[1][1] = APPLE_GEL;
17        arrInventory[2][0] = ORANGE_GEL;
18        arrInventory[2][1] = HOLY_SWORD;
19
20        for (int iRow = 0; iRow < ROW_SIZE; iRow++)
21        {
22            for (int iCol = 0; iCol < COLUMN_SIZE; iCol++)
23            {
24                printf("%d ", arrInventory[iRow][iCol]);
25            }
26            printf("\n");
27        }
28    }
```

표준 출력은 다음과 같다.

```
2011 3027
3502 1001
1002 2472
(커서 위치)
```

예제 코드 Ex4-24는 2차원 배열을 활용한 예다. 2차원 배열은 동일한 1차원 배열이 다수 필요할 경우에 다시 배열로 묶은 형태다. 이와 같이 배열은 점차적으로 차원을 중첩해 3차원 배열 등으로 확장할 수 있다. 소스 파일 main.c의 11행에서 2차원 배열을 선언함과 동시에 모든 배열 요소를 0으로 초기화했다.

```
11         int arrInventory[ROW_SIZE][COLUMN_SIZE] = {0, };
```

2차원 배열의 선언 명령문은 배열명 뒤에 [ ]를 2번 배치하면 된다. 2차원 배열은 간단히 바둑판 모양을 생각하면 쉽게 이해된다. 3개의 행을 갖고 2개의 열을 가진 형태가 된다. 첫 번째 [ ]는 행을 의미하고, 두 번째 [ ]는 열을 의미한다. 3차원 배열을 만든다면 바둑판이 위아래로 세워진 3차원 형태를 생각하면 된다.

2차원 배열 사용법

2차원 배열의 선언: 데이터형 배열명[배열의 크기][배열의 크기];

2차원 배열 요소의 접근: 배열명[인덱스][인덱스]

13행 ~ 18행에서는 배열 요소별로 대입 연산을 수행했다. 1차원 배열에서도 배열의 선언 명령문과 동시에 초기화하는 시점 이후에 대입하려면 배열 전체가 아닌 배열 요소별로 대입을 해야 한다고 했다. 배열명은 주소를 가리키므로 LV에 위치할 수 없기 때문이었다. 2차원 배열도 동일한 특성을 유지하므로 배열 요소별로 행과 열에 주의하면서 대입 연산을 해야 한다.

20행 ~ 27행에서는 2차원 배열의 배열 요소별 담긴 데이터를 출력하기 위해 for 반복문을 2번 중첩해서 사용했다. 배열과 for 반복문이 찰떡궁합인 건 2차원 배열에서도 동일하다. 24행에서 2차원 배열의 인덱스들을 고려해 for 반복문의 조건식을 작성하면 된다.

4-4-4 2차원 배열 초기화

Ex4-25 / main.h

```
01  #pragma once
02  #define _CRT_SECURE_NO_WARNINGS
03  #include <stdio.h>
04
05  #define ROW_SIZE 3
06  #define COLUMN_SIZE 2
07
08  enum ItemCode
09  {
10      // 1: ITEM
11      APPLE_GEL = 1001,
12      ORANGE_GEL = 1002,
13      // 2: WEAPON
14      LONG_SWORD = 2011,
15      HOLY_SWORD = 2472,
16      // 3: ARMOR
17      CHAIN_MAIL = 3027,
18      GOLD_ARMOR = 3502
19  };
20
21  void AdvencedArray();
```

Ex4-25 / main.c

```
01  #include "main.h"
02
03  int main(void)
04  {
05      AdvencedArray();
06      return 0;
07  }
08
09  void AdvencedArray()
10  {
11      int arrInventory[ROW_SIZE][COLUMN_SIZE] = {
12          {LONG_SWORD, CHAIN_MAIL},
13          {GOLD_ARMOR, APPLE_GEL},
14          {ORANGE_GEL, HOLY_SWORD}
15      };
```

```
16
17      for (int iRow = 0; iRow < ROW_SIZE; iRow++)
18      {
19          for (int iCol = 0; iCol < COLUMN_SIZE; iCol++)
20          {
21              printf("%d ", arrInventory[iRow][iCol]);
22          }
23          printf("\n");
24      }
25  }
```

표준 출력은 다음과 같다.

```
2011 3027
3502 1001
1002 2472
(커서 위치)
```

예제 코드 Ex4-25는 2차원 배열 선언과 함께 초기화까지 수행한 예다. 소스 파일 main.c의 11행 ~ 15행에서 2차원 배열을 선언함과 동시에 초기화를 했다.

```
11      int arrInventory[ROW_SIZE][COLUMN_SIZE] = {
12          {LONG_SWORD, CHAIN_MAIL},
13          {GOLD_ARMOR, APPLE_GEL},
14          {ORANGE_GEL, HOLY_SWORD}
15      };
```

3개의 행과 2개의 열이므로 총 6개의 배열 요소를 갖고 있으니 하나의 { }에 6개의 배열 요소를 쉼표(,)로만 구분하는 것도 가능하다. 그러나 2차원 배열은 행과 열에 따라 { } 안에 다시 행별로 묶어 { }에 넣는 것이 가능하며, 이렇게 코드를 작성하는 것으로 가독성이 매우 높아진다. 또한 12행, 13행, 14행과 같이 행을 구분해서 줄바꿈을 하는 것으로 어떤 데이터가 초기화돼 있는지 쉽게 파악할 수 있다. 다른 코드는 예제 코드 Ex4-24와 동일하다.

4-4-5 2차원 배열 대입

Ex4-26 / main.h

```
01  #pragma once
02  #define _CRT_SECURE_NO_WARNINGS
03  #include <stdio.h>
04
05  #define ROW_SIZE 3
06  #define COLUMN_SIZE 2
07
08  enum ItemCode
09  {
10      // 1: ITEM
11      APPLE_GEL = 1001,
12      ORANGE_GEL = 1002,
13      // 2: WEAPON
14      LONG_SWORD = 2011,
15      HOLY_SWORD = 2472,
16      // 3: ARMOR
17      CHAIN_MAIL = 3027,
18      GOLD_ARMOR = 3502
19  };
20
21  void AdvencedArray();
```

Ex4-26 / main.c

```
01  #include "main.h"
02
03  int main(void)
04  {
05      AdvencedArray();
06      return 0;
07  }
08
09  void AdvencedArray()
10  {
11      int arrInventory1[ROW_SIZE][COLUMN_SIZE] = {
12          {LONG_SWORD, CHAIN_MAIL},
13          {GOLD_ARMOR, APPLE_GEL},
14          {ORANGE_GEL, HOLY_SWORD}
15      };
```

```
16      int arrInventory2[ROW_SIZE][COLUMN_SIZE] = { 0, };
17
18      arrInventory2[0][0] = arrInventory1[2][1];
19      arrInventory2[0][1] = arrInventory1[2][0];
20      arrInventory2[1][0] = arrInventory1[1][1];
21      arrInventory2[1][1] = arrInventory1[1][0];
22      arrInventory2[2][0] = arrInventory1[0][1];
23      arrInventory2[2][1] = arrInventory1[0][0];
24
25      for (int iRow = 0; iRow < ROW_SIZE; iRow++)
26      {
27          for (int iCol = 0; iCol < COLUMN_SIZE; iCol++)
28          {
29              printf("%d ", arrInventory2[iRow][iCol]);
30          }
31          printf("\n");
32      }
33  }
```

표준 출력은 다음과 같다.

```
2472 1002
1001 3502
3027 2011
(커서 위치)
```

예제 코드 Ex4-26은 2차원 배열의 대입을 알아보기 위한 예다. 배열의 대입은 주소인 배열명을 LV에 배치할 수 없으므로 직접적으로 할 수 없고, 배열 요소별로 수행할 수밖에 없다고 했다.

소스 파일 main.c의 11행 ~ 16행에서 2차원 배열을 2개 선언함과 동시에 초기화를 했다. 2차원 배열 arrInventory1을 2차원 배열 arrInventory2에 대입하기 위해 18행 ~ 23행처럼 코드를 작성했다. 기존에는 동일한 인덱스를 가진 배열 요소를 넣었지만 이번에는 인벤토리1에서 인벤토리2로 옮기는 과정에서 들어가 있는 아이템들의 상하좌우 정렬을 변경해서 대입해봤다. 표준 출력 결과로 예제 코드 Ex4-25의 결과와 상하좌우 변경돼 있음을 확인할 수 있다.

```
18    arrInventory2[0][0] = arrInventory1[2][1];
19    arrInventory2[0][1] = arrInventory1[2][0];
20    arrInventory2[1][0] = arrInventory1[1][1];
21    arrInventory2[1][1] = arrInventory1[1][0];
22    arrInventory2[2][0] = arrInventory1[0][1];
23    arrInventory2[2][1] = arrInventory1[0][0];
```

4-4-6 2차원 배열의 크기

Ex4-27 / main.h

```
01    #pragma once
02    #define _CRT_SECURE_NO_WARNINGS
03    #include <stdio.h>
04
05    #define ROW_SIZE 3
06    #define COLUMN_SIZE 2
07
08    enum ItemCode
09    {
10        // 1: ITEM
11        APPLE_GEL = 1001,
12        ORANGE_GEL = 1002,
13        // 2: WEAPON
14        LONG_SWORD = 2011,
15        HOLY_SWORD = 2472,
16        // 3: ARMOR
17        CHAIN_MAIL = 3027,
18        GOLD_ARMOR = 3502
19    };
20
21    void AdvencedArray();
```

Ex4-27 / main.c

```
01    #include "main.h"
02
03    int main(void)
04    {
05        AdvencedArray();
06        return 0;
```

```
07    }
08
09    void AdvencedArray()
10    {
11        int arrInventory[ROW_SIZE][COLUMN_SIZE] = {
12            {LONG_SWORD, CHAIN_MAIL},
13            {GOLD_ARMOR, APPLE_GEL},
14            {ORANGE_GEL, HOLY_SWORD}
15        };
16
17        int iArrayTotalSize = sizeof(arrInventory) / sizeof(int);
18        int iArrayColumnSize = sizeof(arrInventory[ROW_SIZE]) / sizeof(int);
19
20        printf("Array Total Size: %d\n", iArrayTotalSize);
21        printf("Array Column Size: %d", iArrayColumnSize);
22    }
```

표준 출력은 다음과 같다.

```
Array Total Size: 6
Array Column Size: 2
```

예제 코드 Ex4-27은 2차원 배열의 크기를 계산하는 방법을 알아보기 위한 예다. 1차원 배열의 크기를 구할 때와 마찬가지로 소스 파일 main.c의 17행과 같이 **sizeof** 연산자를 활용해서 배열명의 크기를 데이터형의 크기로 나누면 된다. 열의 크기를 구하고자 한다면 18행과 같이 1차원 배열의 크기를 데이터형의 크기로 나누면 된다.

```
17        int iArrayTotalSize = sizeof(arrInventory) / sizeof(int);
18        int iArrayColumnSize = sizeof(arrInventory[ROW_SIZE]) / sizeof(int);
```

배열명을 기준으로 2차원 배열의 크기를 구하면 행과 열을 구분한 것이 아닌 1차원 배열처럼 2차원 배열이 가진 배열 요소의 총합의 크기를 계산한다는 점에 유의하자. 행과 열의 크기를 자동으로 계산해주지 않는다.

> 세이브 포인트: 형식 정리

구조체 배열 사용법

구조체 배열의 선언: 구조체명 구조체_배열명[배열의 크기];

구조체 배열 요소의 접근: 구조체_배열명[인덱스].멤버명

포인터 배열 사용법

포인터 배열의 선언: 데이터형 *포인터_배열명[배열의 크기];

포인터 배열 요소의 접근: 포인터_배열명[인덱스]

2차원 배열 사용법

2차원 배열의 선언: 데이터형 배열명[배열의 크기][배열의 크기];

2차원 배열 요소의 접근: 배열명[인덱스][인덱스]

4-5 포인터 변수 응용

'3-11 포인터 변수' 절에서 포인터 변수란 "메모리 주소를 저장하고자 하는 특수한 형태의 변수다."라고 했다. 일반 변수는 데이터 값을 저장할 수 있을 뿐 주소를 저장할 수 없으므로 주소를 저장하기 위해 도입된 특수한 변수가 포인터 변수다.

'3-10 1차원 배열' 절과 동일하게 '3-11 포인터 변수' 절에서는 포인터 변수에 초점을 맞추기 위해 기본 데이터형의 포인터 변수를 살펴봤다. 하지만 C 프로그래밍 언어에서는 구조체의 주소를 저장하기 위한 구조체 포인터를 비롯해서 배열의 주소를 저장하기 위한 배열 포인터도 지정할 수 있다. 참고로 포인터 배열과 배열 포인터는 비슷해 보이지만 다른 개념이다. 포인터 배열은 배열이고, 배열 포인터는 포인터 변수다.

포인터 변수는 일반 변수의 메모리 주소를 저장하기 위한 변수였다. 그런데 포인터 변수도 변수이므로 당연히 포인터 변수의 주소가 존재하며, 이를 다시 저장하기 위한 것이 이중 포인터다. 이중 포인터는 포인터 변수의 메모리 주소를 저장하기

위한 변수이며, 메모리 주소 자체를 변경하고자 할 경우에 사용된다.

C 프로그래밍 언어에서는 문자열 전용 데이터형이 없기 때문에 포인터 변수로 문자열을 저장했던 문제가 다시 이중 포인터의 필요성으로도 연결된다. 문자열은 C 프로그래밍 언어의 한계로 간접적으로 포인터 변수로 저장되는데, 이는 정수, 실수, 문자처럼 일반 포인터 변수만으로 주소를 제어할 수 있는 상황에서도 예외가 된다. '문자열은 이미 포인터 변수를 사용'하고 있기 때문이다.

그렇기 때문에 문자열을 사용자 정의 함수의 인자로 넘기려면 이중 포인터가 필요하게 된다. 문자열 처리 외에도 이중 포인터가 활용되지만, 문자열 처리를 위한 이중 포인터를 모르면 문자열을 정수, 실수, 문자와 동일한 수준으로 제어할 수 없으므로 이중 포인터에서 이 부분만큼은 반드시 이해할 필요가 있다.

다차원 배열과 같이 포인터 변수도 이중, 삼중, 사중 포인터 등으로 확장할 수 있다. 그러나 다중 포인터는 가독성을 심각하게 떨어트리고 코드의 복잡도를 급격하게 올리므로 가능하면 이중 포인터까지 사용하는 것을 권장한다.

포인터 응용에서는 구조체, 포인터 변수, 배열을 다시 한 번 포인터 변수로 만든 포인터 변수의 확장 개념을 살펴본다. 포인터 변수는 특히 C++ 프로그래밍 언어에서는 기본 개념이라고 볼 수 있을 정도로 보편적으로 사용되므로 C 프로그래밍 언어에서부터 기초를 확실히 다지고 넘어가는 것이 좋다.

4-5-1 배열명을 포인터 변수에 저장

Ex4-28 / main.h

```
01  #pragma once
02  #define _CRT_SECURE_NO_WARNINGS
03  #include <stdio.h>
04
05  #define ARRAY_SIZE 3
06
07  void AdvencedPointer();
```

Ex4-28 / main.c

```c
01  #include "main.h"
02
03  int main(void)
04  {
05      AdvencedPointer();
06      return 0;
07  }
08
09  void AdvencedPointer()
10  {
11      int arrPlayerHP[ARRAY_SIZE] = { 0, };
12
13      int *ptrPlayerHP;
14      ptrPlayerHP = arrPlayerHP;
15
16      *ptrPlayerHP = 150;
17      *(ptrPlayerHP + 1) = 220;
18      *(ptrPlayerHP + 2) = *ptrPlayerHP + *(ptrPlayerHP + 1);
19
20      //ptrPlayerHP[0] = 150;
21      //ptrPlayerHP[1] = 220;
22      //ptrPlayerHP[2] = ptrPlayerHP[0] + ptrPlayerHP[1];
23
24      for (int iCount = 0; iCount < ARRAY_SIZE; iCount++)
25      {
26          printf("포인터 변수: %p\n", (ptrPlayerHP + iCount));
27          printf("데이터 값(주소 표현): %d\n", *(ptrPlayerHP + iCount));
28          //printf("데이터 값(배열 요소 표현): %d\n", ptrPlayerHP[iCount]);
29      }
30  }
```

표준 출력은 다음과 같다.

```
포인터 변수: 0000003DED31F958
데이터 값(주소 표현): 150
포인터 변수: 0000003DED31F95C
데이터 값(주소 표현): 220
포인터 변수: 0000003DED31F960
데이터 값(주소 표현): 370
(커서 위치)
```

예제 코드 Ex4-28은 배열명을 포인터 변수에 저장해서 처리하는 방법을 알아보기 위한 예다. 포인터 변수는 메모리 주소를 저장하기 위한 특수한 변수이므로 주소에 해당되는 것은 모두 저장할 수 있다. 지금까지 대부분 일반 변수에 주소 연산자 &를 붙이는 것으로 주소를 만들어 포인터 변수에 저장했으나 그 외에도 주소에 해당되는 것이 있었다. 대표적으로 배열명은 배열의 주소를 의미한다고 했으니 배열명 또한 포인터 변수에 저장할 수 있다.

소스 파일 main.c의 11행에서 배열의 선언 명령문과 동시에 모든 배열 요소를 0으로 초기화했다. 13행에서 포인터 변수를 선언하고, 14행에서 해당 포인터 변수에 11행에서 선언했던 배열의 시작 주소인 배열명을 저장했다.

이제 포인터 변수가 배열의 시작 주소를 가리키므로 16행 ~ 18행과 같이 주소 표현을 통해 배열의 각 배열 요소에 접근할 수 있다. 물론 배열명을 포인터 변수에 저장했으므로 주석 처리가 돼 있는 20행 ~ 22행과 같이 배열의 인덱스를 통해 접근하는 것도 가능하다. 2가지 표현 모두에 익숙해지는 것이 좋다.

```
16      *ptrPlayerHP = 150;
17      *(ptrPlayerHP + 1) = 220;
18      *(ptrPlayerHP + 2) = *ptrPlayerHP + *(ptrPlayerHP + 1);
19
20      //ptrPlayerHP[0] = 150;
21      //ptrPlayerHP[1] = 220;
22      //ptrPlayerHP[2] = ptrPlayerHP[0] + ptrPlayerHP[1];
```

24행 ~ 29행에서는 주소인 포인터 변수와 포인터 변수가 가리키는 실제 데이터 값을 출력했다. 27행과 같이 주소 표현을 통해 출력할 수도 있으며, 주석 처리된 28행과 같이 인덱스를 통한 배열 요소로 출력할 수도 있다.

4-5-2 구조체 포인터

Ex4-29 / main.h

```
01  #pragma once
02  #define _CRT_SECURE_NO_WARNINGS
03  #include <stdio.h>
```

```
04
05  typedef struct _Player
06  {
07      int iLevel;
08      float fAttack;
09      float fDefence;
10      long long llEXP;
11  }Player;
12
13  void AdvencedPointer();
```

Ex4-29 / main.c

```
01  #include "main.h"
02
03  int main(void)
04  {
05      AdvencedPointer();
06      return 0;
07  }
08
09  void AdvencedPointer()
10  {
11      Player player = { 10, 25.5f, 18.0f, 12000 };
12
13      Player *ptrPlayer = &player;
14
15      printf("<<구조체 멤버로 출력>>\n");
16      printf("Level: %d\n", player.iLevel);
17      printf("Attack: %.2f\n", player.fAttack);
18      printf("Defence: %.2f\n", player.fDefence);
19      printf("EXP: %lld\n", player.llEXP);
20
21      printf("<<구조체 포인터(멤버 연산자)로 출력>>\n");
22      printf("Level: %d\n", (*ptrPlayer).iLevel);
23      printf("Attack: %.2f\n", (*ptrPlayer).fAttack);
24      printf("Defence: %.2f\n", (*ptrPlayer).fDefence);
25      printf("EXP: %lld\n", (*ptrPlayer).llEXP);
26
27      printf("<<구조체 포인터(간접 멤버 연산자)로 출력>>\n");
28      printf("Level: %d\n", ptrPlayer->iLevel);
29      printf("Attack: %.2f\n", ptrPlayer->fAttack);
```

```
30        printf("Defence: %.2f\n", ptrPlayer->fDefence);
31        printf("EXP: %lld\n", ptrPlayer->llEXP);
32    }
```

표준 출력은 다음과 같다.

```
<<구조체 멤버로 출력>>
Level: 10
Attack: 25.50
Defence: 18.00
EXP: 12000
<<구조체 포인터(멤버 연산자)로 출력>>
Level: 10
Attack: 25.50
Defence: 18.00
EXP: 12000
<<구조체 포인터(간접 멤버 연산자)로 출력>>
Level: 10
Attack: 25.50
Defence: 18.00
EXP: 12000
(커서 위치)
```

예제 코드 Ex4-29는 구조체 포인터의 사용법을 알아보기 위한 예다. 사용자 정의 데이터형을 대표하는 구조체 또한 엄연히 하나의 데이터형이다. 따라서 사용자 정의 데이터형인 구조체 등의 주소도 포인터 변수에 저장할 수 있다. 구조체의 주소를 포인터 변수에 저장하면 구조체 포인터가 된다.

헤더 파일 main.h의 5행 ~ 11행에서 구조체를 정의하고, 소스 파일 main.c의 11행에서 구조체를 선언함과 동시에 초기화를 했다. 13행에서 구조체 포인터를 선언함과 동시에 구조체의 주소를 저장했다. 16행 ~ 19행에서는 구조체의 각 멤버 자체를 멤버 연산자(.)를 통해 접근해서 출력했다.

```
16        printf("Level: %d\n", player.iLevel);
17        printf("Attack: %.2f\n", player.fAttack);
18        printf("Defence: %.2f\n", player.fDefence);
19        printf("EXP: %lld\n", player.llEXP);
```

22행 ~ 25행에서는 구조체의 각 멤버를 포인터 변수에 간접 참조 연산자(*)를 붙인 후 멤버 연산자(.)를 통해 접근해서 출력했다. 포인터 변수에 간접 참조 연산자를 붙이면 해당 주소가 가리키는 데이터 값에 간접적으로 접근한다고 했다. 다만 주의할 점은 연산자 우선순위를 고려해서 ( )를 사용해야 한다는 점이다. 멤버 연산자는 우선순위 1이고, 간접 참조 연산자는 우선순위 2이므로 ( )로 감싸지 않으면 멤버 연산자가 수행된 후 간접 참조 연산자가 수행되므로 원하는 결과를 얻을 수 없다. 따라서 간접 참조 연산자가 먼저 수행되도록 ( )로 감싸주는 것을 잊어서는 안 된다.

```
22    printf("Level: %d\n", (*ptrPlayer).iLevel);
23    printf("Attack: %.2f\n", (*ptrPlayer).fAttack);
24    printf("Defence: %.2f\n", (*ptrPlayer).fDefence);
25    printf("EXP: %lld\n", (*ptrPlayer).llEXP);
```

28행 ~ 31행에서는 구조체의 각 멤버인 포인터 변수를 간접 멤버 연산자(->)로 접근해서 출력했다. 구조체의 멤버에 접근하기 위해 멤버 연산자(.)를 사용한다면 구조체 포인터의 멤버에 접근하기 위해 간접 멤버 연산자를 사용한다. 간접 참조 연산자(*)와 멤버 연산자를 같이 사용한 것을 간접 멤버 연산자로 표현할 수 있으므로 생략된 표현이라고 볼 수 있다.

```
28    printf("Level: %d\n", ptrPlayer->iLevel);
29    printf("Attack: %.2f\n", ptrPlayer->fAttack);
30    printf("Defence: %.2f\n", ptrPlayer->fDefence);
31    printf("EXP: %lld\n", ptrPlayer->llEXP);
```

C++ 프로그래밍 언어의 핵심인 클래스는 구조체 안에 사용자 정의 함수가 멤버 함수로 추가된 확장된 개념이므로 멤버 연산자(.)와 간접 멤버 연산자(->)를 사용하는 것이 아주 당연하게 되므로 C 프로그래밍 언어를 학습하는 과정에서 확실히 체득해두는 것이 좋다.

구조체 포인터 사용법

구조체 포인터의 선언: 구조체명 *구조체_포인터;

구조체 포인터 요소의 접근(멤버 연산자): (*구조체_포인터).멤버명
구조체 포인터 요소의 접근(간접 멤버 연산자): 구조체_포인터->멤버명

4-5-3 배열 포인터

Ex4-30 / main.h

```
01  #pragma once
02  #define _CRT_SECURE_NO_WARNINGS
03  #include <stdio.h>
04
05  #define ROW_SIZE 3
06  #define COLUMN_SIZE 2
07
08  enum ItemCode
09  {
10      // 1: ITEM
11      APPLE_GEL = 1001,
12      ORANGE_GEL = 1002,
13      // 2: WEAPON
14      LONG_SWORD = 2011,
15      HOLY_SWORD = 2472,
16      // 3: ARMOR
17      CHAIN_MAIL = 3027,
18      GOLD_ARMOR = 3502
19  };
20
21  void AdvencedPointer();
```

Ex4-30 / main.c

```
01  #include "main.h"
02
03  int main(void)
04  {
05      AdvencedPointer();
06      return 0;
07  }
08
09  void AdvencedPointer()
10  {
```

```
11      int arrInventory[ROW_SIZE][COLUMN_SIZE] = {
12          {LONG_SWORD, CHAIN_MAIL},
13          {GOLD_ARMOR, APPLE_GEL},
14          {ORANGE_GEL, HOLY_SWORD}
15      };
16
17      int (*ptrInventory)[COLUMN_SIZE] = arrInventory;
18
19      for (int iRow = 0; iRow < ROW_SIZE; iRow++)
20      {
21          for (int iCol = 0; iCol < COLUMN_SIZE; iCol++)
22          {
23              printf("%d ", ptrInventory[iRow][iCol]);
24              //printf("%d ", arrInventory[iRow][iCol]);
25          }
26          printf("\n");
27      }
28  }
```

표준 출력은 다음과 같다.

```
2011 3027
3502 1001
1002 2472
(커서 위치)
```

예제 코드 Ex4-30은 배열 포인터의 사용법을 알아보기 위한 예다. 다수의 동일한 데이터형이 하나의 그룹으로 묶인 배열 또한 C 프로그래밍 언어에서 제공하는 복합 데이터형이다. 따라서 배열의 주소 또한 포인터 변수에 저장할 수 있다. 배열의 주소를 포인터 변수에 저장하면 배열 포인터가 된다. '4-4-2 포인터 배열' 절에서 설명했듯이 포인터 배열은 배열이고, 배열 포인터는 포인터 변수로 서로 다른 개념이다. 예제 코드 Ex4-25에서 배열을 배열 포인터에 저장하는 코드를 추가했다.

소스 파일 main.c의 11행 ~ 15행에서 배열을 선언함과 동시에 초기화를 했다. 17행에서 배열 포인터를 선언함과 동시에 배열의 주소를 저장했다. 배열 포인터는 포인터 변수이므로 간접 참조 연산자(*)와 포인터 변수를 ( )로 감싸서 먼저 수행되게 한다는 점에 유의하자. 첨자 연산자 [ ]는 우선순위 1이고, 간접 참조 연산자는 우선순위 2이므로 ( )로 감싸지 않으면 [ ]가 먼저 수행되므로 포인터 배열이 돼 버린다.

19행 ~ 27행에서는 배열 포인터를 출력했다. 23행과 같이 배열 포인터로 출력한 결과와 주석 처리된 24행과 같이 배열의 배열 요소로 출력한 결과가 동일하다는 것을 알 수 있다. 배열 포인터를 선언해두면 다수의 배열을 바꿔가면서 저장해서 제어할 수 있기 때문에 사용하게 된다. 포인터 변수를 왜 선언하는지 이해하면 다양한 포인터 변수를 폭넓게 활용할 수 있다.

배열 포인터 사용법

    배열 포인터의 선언: 데이터형 (*배열_포인터)[배열의 크기];

    배열 포인터 요소의 접근: 배열_포인터[인덱스][인덱스]

4-5-4 이중 포인터 변수 선언

Ex4-31 / main.h

```
01  #pragma once
02  #define _CRT_SECURE_NO_WARNINGS
03  #include <stdio.h>
04
05  void AdvencedPointer();
```

Ex4-31 / main.c

```
01  #include "main.h"
02
03  int main(void)
04  {
05      AdvencedPointer();
06      return 0;
07  }
08
09  void AdvencedPointer()
10  {
11      int iPlayerHP = 120;
12
```

```
13      int *ptrPlayerHP;
14      ptrPlayerHP = &iPlayerHP;
15
16      *ptrPlayerHP = 150;
17
18      int **pptrPlayerHP;
19      pptrPlayerHP = &ptrPlayerHP;
20
21      **pptrPlayerHP = 999;
22
23      printf("포인터 변수: %p\n", ptrPlayerHP);
24      printf("데이터 값: %d\n", *(ptrPlayerHP));
25
26      printf("이중 포인터 변수: %p\n", pptrPlayerHP);
27      printf("포인터 변수: %p\n", *(pptrPlayerHP));
28      printf("데이터 값: %d", **(pptrPlayerHP));
29  }
```

표준 출력은 다음과 같다.

```
포인터 변수: 0000000ABAD1F804
데이터 값: 999
이중 포인터 변수: 0000000ABAD1F828
포인터 변수: 0000000ABAD1F804
데이터 값: 999
```

예제 코드 Ex4-31은 이중 포인터 변수의 개념을 알아보기 위한 예다. 포인터 변수는 메모리 주소를 저장하고자 하는 특수한 형태의 변수라고 했다. '2-3-2 변수의 선언 명령문' 절에서는 도서관에서 인덱스를 기준으로 실물 책을 관리한다고 했다. 책에 표기된 인덱스가 주소에 해당되고, 책 자체가 데이터라고 했다. 인덱스가 책을 가리키고 있고, 인덱스를 통해 책에 간접적으로 접근하는 것으로 관리가 매우 편해진다고 했다.

소스 파일 main.c의 11행에서는 일반 변수를 선언함과 동시에 초기화했다. 13행에서는 포인터 변수를 선언했고, 14행에서는 포인터 변수에 일반 변수의 주소를 저장했다. 이것으로 포인터 변수는 일반 변수를 가리키는 상태가 됐다. 16행에서 포인터 변수에 간접 참조 연산자(*)를 붙여 데이터에 간접적으로 접근했다. 실제 변수에

150이라는 값을 직접 넣은 것이 아니라 변수의 주소를 기준으로 간접적으로 대입했다. 23행 ~ 24행에서는 포인터 변수를 기준으로 주소와 데이터 값을 출력했다.

```
13    int *ptrPlayerHP;
14    ptrPlayerHP = &iPlayerHP;
15
16    *ptrPlayerHP = 150;
```

포인터 변수만으로 충분한 경우도 있으나 프로그래밍을 하다 보면 포인터 변수에 저장한 주소 자체를 제어해야 할 경우가 발생한다. 포인터 변수만으로는 일반 변수의 주소를 저장할 수만 있지, 컴파일러에서 주소를 자동으로 할당해주기 때문에 주소를 제어할 수는 없다. 그렇다면 주소 자체를 프로그래머가 제어하고자 한다면 어떻게 해야 할까?

답은 포인터 '변수'라는 용어에 있다. 주소를 저장하기 위해 만들어진 포인터 변수도 결국 변수 중 하나다. 따라서 포인터 변수에도 컴파일러가 주소를 할당해서 관리한다. 다시 말해 포인터 변수의 주소를 저장하기 위한 이중 포인터의 필요성이 대두됐다. 포인터 변수의 주소를 저장해서 직접적으로 제어할 필요가 있기 때문이다.

18행에서는 이중 포인터를 선언했고, 19행에서는 이중 포인터에 포인터 변수의 주소를 저장했다. 이것으로 이중 포인터는 포인터 변수를 가리키는 상태가 됐다. 21행에서는 이중 포인터에 간접 참조 연산자(*)를 2번 붙여 데이터 값에 접근해서 999를 대입했다.

```
18    int **pptrPlayerHP;
19    pptrPlayerHP = &ptrPlayerHP;
20
21    **pptrPlayerHP = 999;
```

이중 포인터에 간접 참조 연산자를 1번 붙이면 포인터 변수가 되고, 다시 1번 더 붙이면 데이터 값에 접근할 수 있다. 26행 ~ 28행에서는 이중 포인터 변수를 기준으로 포인터 변수의 주소와 일반 변수의 주소와 데이터 값을 출력했다. 이중 포인터에 간접 참조 연산자를 1번 붙이면 23행의 포인터 변수와 같은 결과이며, 간접 참조 연산자를 1번 더 붙이면 24행의 데이터 값과 같은 결과라는 것을 확인할 수 있다.

```
26      printf("이중 포인터 변수: %p\n", pptrPlayerHP);
27      printf("포인터 변수: %p\n", *(pptrPlayerHP));
28      printf("데이터 값: %d", **(pptrPlayerHP));
```

2차원 배열은 2차원 배열로 구현하지 않으면 구현이 까다로운 상황을 제외하고는 가급적 사용하지 말고 안전성이 높은 다른 자료구조를 사용하는 것을 권장한다고 했다. 배열 자체가 가진 불안전성은 프로그램을 개발함에 있어 너무나도 치명적이기 때문이다.

반면 이중 포인터는 분명 난이도가 높아 제대로 체득하기 어렵지만 C++ 프로그래밍 언어로 넘어가기 전에 가급적 명확히 이해하는 것을 권장한다. C++ 프로그래밍 언어는 지금도 메모리 관리 및 제어에 있어 타의 추종을 불허한다는 평가가 지배적이다. 다루기 어렵고 실수하기 쉽지만 잘 사용하기만 한다면 메모리 관리 및 제어가 뛰어나다는 의미는 바로 C와 C++ 프로그래밍 언어에 다중 포인터가 존재하기 때문이다.

이중 포인터 선언

이중 포인터 변수의 선언(표기법1): 데이터형 **포인터변수명;
이중 포인터 변수의 선언(표기법2): 데이터형** 포인터변수명;

이중 포인터 변수로 포인터 변수에 접근: *포인터변수명
이중 포인터 변수로 데이터 값에 접근: **포인터변수명

프로그래머가 메모리의 주소를 거의 무한에 가까운 깊이로 직접적으로 자유롭게 제어할 수 있는 언어는 희소하다. 게임 서버 프로그래밍에서 아직도 배우기 어려운 C++ 프로그래밍 언어가 많이 사용되는 건 바로 메모리 관리 및 제어에 있어 따라올 언어가 없기 때문이다.

이중 포인터를 넘어 삼중 포인터, 사중 포인터 등도 사용할 수 있겠지만, 포인터가 중복될수록 코드 복잡도가 기하급수적으로 올라가므로 꼭 필요한 경우에만 제한

적으로 다중 포인터 사용이 권장된다. 일반적인 수준의 프로그래밍에서는 보통 이중 포인터 정도까지 사용하는 것이 좋다.

4-5-5 이중 포인터 변수의 필요성

4-5-5-1 함수의 매개변수로 포인터 변수의 주소 교환

Ex4-32 / main.h

```
01  #pragma once
02  #define _CRT_SECURE_NO_WARNINGS
03  #include <stdio.h>
04
05  void CharNameSwap(char **pptrValue1, char **pptrValue2);
```

Ex4-32 / main.c

```
01  #include "main.h"
02
03  int main(void)
04  {
05      char *ptrCharName1 = "Cloud Strife";
06      char *ptrCharName2 = "Aerith Gainsborough";
07
08      printf("교체 전 슬롯1: %s\n", ptrCharName1);
09      printf("교체 전 슬롯2: %s\n", ptrCharName2);
10
11      CharNameSwap(&ptrCharName1, &ptrCharName2);
12
13      printf("교체 후 슬롯1: %s\n", ptrCharName1);
14      printf("교체 후 슬롯2: %s", ptrCharName2);
15
16      return 0;
17  }
18
19  void CharNameSwap(char **pptrValue1, char **pptrValue2)
20  {
21      char *ptrTemp;
22
23      ptrTemp = *pptrValue1;
24      *pptrValue1 = *pptrValue2;
```

```
25          *pptrValue2 = ptrTemp;
26
27          printf("함수 내 슬롯1: %s\n", *pptrValue1);
28          printf("함수 내 슬롯2: %s\n", *pptrValue2);
29      }
```

표준 출력은 다음과 같다.

```
교체 전 슬롯1: Cloud Strife
교체 전 슬롯2: Aerith Gainsborough
함수 내 슬롯1: Aerith Gainsborough
함수 내 슬롯2: Cloud Strife
교체 후 슬롯1: Aerith Gainsborough
교체 후 슬롯2: Cloud Strife
```

예제 코드 Ex4-32는 이중 포인터가 왜 필요한지 알아보기 위한 예 중 하나로, 함수의 매개변수로 포인터 변수의 주소를 교환하는 코드다. 예제 코드 Ex3-152에서 포인터 변수의 필요성을 언급하며, 포인터 변수는 주소를 통해 일반 변수에 간접적으로 접근하는 것으로 데이터 값 자체를 교환할 수 있었다. 이중 포인터는 포인터 변수의 주소를 통해 포인터 변수에 접근하는 것으로 포인터 변수 안에 들어가 있는 일반 변수의 주소를 교환할 수 있다.

정수, 실수, 문자를 제어하기 위해 이중 포인터를 얼마든지 사용할 수 있지만 필수적인 상황은 아니다. 일반 변수의 주소를 저장하는 포인터 변수의 주소를 프로그래머가 직접적으로 제어해야 하는 특수한 상황에 처했을 때 선택적으로 사용하기 때문이다.

그러나 C 프로그래밍 언어에서 문자열을 제어하기 위해 이중 포인터는 필수적으로 알아야 한다. 문자열 전용 데이터형이 존재하지 않는 C 프로그래밍 언어에서는 문자열을 저장하기 위해 본래 포인터 변수가 가진 목적이 아닌 결과로 활용하고 있다. 정수, 실수, 문자와 다르게 문자열을 저장하는 자체만으로도 이미 포인터 변수를 1번 사용할 수밖에 없는 것이다.

따라서 '문자열을 저장한 포인터 변수의 주소를 교환하려면 자연스럽게 이중 포인터를 사용'할 수밖에 없게 됐다. 문자열 전용 데이터형이 존재하지 않는다는 문제가 파생돼 이중 포인터를 사용하지 못한다면 문자열을 완전히 제어할 수 없게 된다.

소스 파일 main.c의 5행 ~ 6행에서는 포인터 변수를 선언함과 동시에 문자열을 초기화했다. 11행 함수의 호출부에서는 인자로 포인터 변수의 주소를 넘겼고, 19행 함수의 구현부에서는 매개변수로서 이중 포인터로 포인터 변수의 주소를 받았다. 그리고 함수 내부적으로 포인터 변수의 주소를 교환했다. 주소 자체가 교환됐으므로 함수 내에서도 교체 후에도 문자열이 서로 교환돼 있음을 확인할 수 있다.

```
11      CharNameSwap(&ptrCharName1, &ptrCharName2);
...
19      void CharNameSwap(char **pptrValue1, char **pptrValue2)
```

4-5-5-2 함수의 인자에 포인터 배열로 주소 공유

Ex4-33 / main.h

```
01  #pragma once
02  #define _CRT_SECURE_NO_WARNINGS
03  #include <stdio.h>
04
05  #define ARRAY_SIZE 5
06
07  void PrintPointerArray(char **NPCName);
```

Ex4-33 / main.c

```
01  #include "main.h"
02
03  int main(void)
04  {
05      char *NPCName[ARRAY_SIZE] = {
06          "Minsc",
07          "Imoen",
08          "Jaheira",
09          "Edwin",
10          "Viconia"
11      };
```

```
12
13         PrintPointerArray(NPCName);
14
15         return 0;
16     }
17
18     void PrintPointerArray(char **NPCName)
19     {
20         for (int iCount = 0; iCount < ARRAY_SIZE; iCount++)
21         {
22             printf("NPC Name: %s\n", NPCName[iCount]);
23         }
24     }
```

표준 출력은 다음과 같다.

```
NPC Name: Minsc
NPC Name: Imoen
NPC Name: Jaheira
NPC Name: Edwin
NPC Name: Viconia
(커서 위치)
```

예제 코드 Ex4-33은 이중 포인터가 왜 필요한지 알아보기 위한 예 중 하나로, 함수의 인자에 포인터 배열로 주소를 공유하는 코드다. 포인터 배열을 소개했던 예제 코드 Ex4-23에서의 포인터 배열을 함수의 인자로 넘겨주는 형식으로 코드를 변경했다.

소스 파일 main.c의 5행 ~ 11행에서 포인터 배열을 선언함과 동시에 초기화했다. 포인터 배열은 다수의 포인터 변수들을 하나의 배열로 묶은 것이다. 따라서 일반 배열의 배열명과 다르게 배열명에 해당되는 것이 포인터 변수에 간접 참조 연산자(*)를 붙인 것이다.

따라서 13행 함수의 호출부에서는 인자로 포인터 변수에 간접 참조 연산자를 붙인 것에 다시 주소 연산자 &를 붙인 포인터 변수만 남은 것이다. 18행 함수의 구현부에서는 매개변수로 이중 포인터로 포인터 변수의 주소를 받아 배열의 크기만큼 for 반복문을 수행해 포인터 배열 내부에 있는 포인터 변수들을 배열 요소로 출력했다.

```
13          PrintPointerArray(NPCName);
...
18     void PrintPointerArray(char **NPCName)
```

표준 출력 결과 포인터 변수에 저장된 문자열들이 출력됨을 확인할 수 있다. 예제 코드 Ex4-32와 같이 문자열 전용 데이터형이 존재하지 않는 것으로 인해 문자열을 처리하는 데 이중 포인터가 필수적으로 필요한 사례다.

4-5-6 함수 포인터

Ex4-34 / main.h

```
01   #pragma once
02   #define _CRT_SECURE_NO_WARNINGS
03   #include <stdio.h>
04
05   int Sum(int iOperand1, int iOperand2);
06   int Subtraction(int iOperand1, int iOperand2);
```

Ex4-34 / main.c

```
01   #include "main.h"
02
03   int main(void)
04   {
05       int iResult;
06       int (*fptrFunction)(int, int);
07
08       fptrFunction = Sum;
09
10       iResult = fptrFunction(100, 25);
11       printf("%d\n", iResult);
12
13       fptrFunction = Subtraction;
14
15       iResult = fptrFunction(100, 25);
16       printf("%d", iResult);
17
18       return 0;
19   }
```

```
20
21  int Sum(int iOperand1, int iOperand2)
22  {
23      return (iOperand1 + iOperand2);
24  }
25
26  int Subtraction(int iOperand1, int iOperand2)
27  {
28      return (iOperand1 - iOperand2);
29  }
```

표준 출력은 다음과 같다.

```
125
75
```

예제 코드 Ex4-34는 함수 포인터의 개념을 알아보기 위한 예다. 함수 포인터는 함수를 가리키는 포인터 변수를 의미한다. 변수의 주소를 저장하는 일반적인 포인터 변수와 동일한 특징을 가지며, 함수의 주소를 저장해서 함수 포인터에 여러 함수의 주소를 변경하며 저장할 수 있다.

소스 파일 main.c의 6행에서 함수 포인터를 선언했다. 함수 포인터를 선언하려면 함수 포인터에 간접 참조 연산자(*)를 붙인 후 ( )로 묶어 우선순위를 높여준다. 다음으로 함수의 선언부에서 매개변수명을 생략할 수 있던 것과 동일하게 함수 포인터 뒤에 매개변수의 데이터형을 작성해준다.

```
06      int (*fptrFunction)(int, int);
```

8행과 13행은 원하는 사용자 정의 함수의 함수명을 함수 포인터에 주소를 저장했다. 이로써 함수 포인터가 해당 사용자 정의 함수를 가리키게 됐다.

```
08      fptrFunction = Sum;
...
13      fptrFunction = Subtraction;
```

10행과 15행은 함수명을 통해 직접적으로 호출한 것이 아닌 함수 포인터를 통해 간접적으로 호출했다. 이와 같이 함수 포인터를 활용하면 하나의 함수 포인터에 여러 함수의 주소를 변경해가며 제어할 수 있음을 확인했다.

함수 포인터 사용법

함수 포인터의 선언: 데이터형 (*함수_포인터)(데이터형, 데이터형, ...);

함수 포인터의 사용: 함수_포인터 = 함수명;

4-5-7 void 포인터

Ex4-35 / main.h

```
01  #pragma once
02  #define _CRT_SECURE_NO_WARNINGS
03  #include <stdio.h>
04
05  void VoidPointer();
```

Ex4-35 / main.c

```
01  #include "main.h"
02
03  int main(void)
04  {
05      VoidPointer();
06      return 0;
07  }
08
09  void VoidPointer()
10  {
11      int iValue = 9;
12      float fValue = 7.7f;
13
14      void *vptrCharSize;
15
16      vptrCharSize = &iValue;
17      printf("캐릭터 크기(정수): %d\n", *(int *)vptrCharSize);
18
```

```
19        vptrCharSize = &fValue;
20        printf("캐릭터 크기(실수): %.2f", *(float *)vptrCharSize);
21    }
```

표준 출력은 다음과 같다.

```
캐릭터 크기(정수): 9
캐릭터 크기(실수): 7.70
```

예제 코드 Ex4-35는 void 포인터의 개념을 알아보기 위한 예다. void 포인터는 주소에 지정된 데이터형이 존재하지 않는 포인터 변수를 의미한다. 따라서 16행 및 19행과 같이 어떤 데이터형을 가진 변수의 주소라고 할지라도 저장해서 공동으로 사용할 수 있다는 장점을 갖고 있다.

```
16        vptrCharSize = &iValue;
...
19        vptrCharSize = &fValue;
```

반면 일반 포인터 변수와 달리 컴파일러가 주소를 정확히 알 수 없으므로 간접 참조 연산자(*)도 사용할 수 없으며, 예제 코드 Ex4-28과 같이 주소나 배열 요소를 통한 접근이 불가능하다는 단점을 갖고 있다.

void 포인터를 사용하려면 17행 및 20행과 같이 먼저 형 변환을 해서 주소와 크기를 확실히 한 후 간접 참조 연산자나 주소나 배열 요소를 통한 접근을 할 수 있다.

```
17        printf("캐릭터 크기(정수): %d\n", *(int *)vptrCharSize);
...
20        printf("캐릭터 크기(실수): %.2f", *(float *)vptrCharSize);
```

예제 코드 Ex4-20에서 사용자 정의 함수의 반환값으로 void 포인터를 활용하는 방법을 소개했으니 돌아가서 다시 확인해보자.

void 포인터 사용법

void 포인터의 선언: void *void_포인터;

void 포인터의 사용: *(데이터형 *)void_포인터

⌐ 세이브 포인트: 형식 정리 ⌐

구조체 포인터 사용법

구조체 포인터의 선언: 구조체명 *구조체_포인터;

구조체 포인터 요소의 접근(멤버 연산자): (*구조체_포인터).멤버명
구조체 포인터 요소의 접근(간접 멤버 연산자): 구조체_포인터->멤버명

배열 포인터 사용법

배열 포인터의 선언: 데이터형 (*배열_포인터)[배열의 크기];

배열 포인터 요소의 접근: 배열_포인터[인덱스][인덱스]

이중 포인터 선언

이중 포인터 변수의 선언(표기법1): 데이터형 **포인터변수명;
이중 포인터 변수의 선언(표기법2): 데이터형** 포인터변수명;

이중 포인터 변수로 포인터 변수에 접근: *포인터변수명
이중 포인터 변수로 데이터 값에 접근: **포인터변수명

함수 포인터 사용법

함수 포인터의 선언: 데이터형 (*함수_포인터)(데이터형, 데이터형, ...);

함수 포인터의 사용: 함수_포인터 = 함수명;

---

void 포인터 사용법

void 포인터의 선언: void *void_포인터;

void 포인터의 사용: *(데이터형 *)void_포인터

마치며

'C 프로그래밍 언어 이론'에 대한 힘든 여정이 마무리됐다. 나선형 목차를 통해 4개의 장으로 구분해 C 프로그래밍의 개념, 구조와 흐름, 기본 이론, 응용 이론을 살펴봤다. 싱글 플레이 게임의 엔딩을 보면 뿌듯하고 여운이 남듯이 두꺼운 책도 한 권을 마무리하면 뿌듯하다.

특히 프로그래밍 언어 책은 다른 책에 비해 분량도 엄청나고, 학습 난이도도 높기 때문에 엔딩을 볼 수 있었다는 것 자체가 대단하다고 볼 수 있다. 웬만한 '끈기'가 없다면 결코 엔딩을 보기 어려운 책이기 때문이다. 이 책을 끈기 있게 마무리했다는 것만으로도 프로그래머에게 가장 필요한 능력 중 하나인 끈기가 있다는 것을 증명하고 있다.

이것으로 프로그래밍 세계에 첫 발을 내딛은 셈이다. 게임으로 본다면 튜토리얼 지역을 넘어 광대한 오픈월드가 펼쳐지는 문 앞에 서있다고 볼 수 있다. 이제부터 본격적인 모험이 시작될 것이다. 스킬도 기본적인 것만 배운 상태이고, 인벤토리에 있는 것은 생존을 위한 기초적인 무기와 방어구 그리고 급할 때 사용할 수 있는 최하급 아이템 몇 개가 전부다.

그러나 우리는 이러한 기초적인 것들부터 어떻게 활용해야 하는지 배우는 것으로 성장한다. 성장하려면 어떻게 해야 하는가? 아무리 하찮아 보이는 스킬이라고 할지라도 완벽히 체득하도록 쉴 새 없이 반복해야 한다. 그리고 어떻게 하면 더 잘 사용할 수 있을지 궁리해서 좀 더 강력한 스킬로 발전시킨다. 이러한 과정을 거치면서 자신이 생각하지 못할 정도의 힘을 기르게 된다.

프로그래밍도 동일하다. 'C 프로그래밍 언어 이론'을 마무리했다고 해도 결국 튜토리얼을 끝낸 상태에 불과하다. 영어로 치면 이제 알파벳을 배우고 기본적인 5 형식을 배운 것에 불과하다. 5 형식을 배웠다고 갑자기 원어민처럼 회화가 가능하고 영어 소설을 쓸 수 있는가? 이론과 개념을 배웠다고 하지만 활용하는 방법을 익히기 위해 반드시 뼈를 깎는 추가적인 노력이 필요하다.

C 프로그래밍 언어를 활용해서 스스로 원하는 기능을 가진 프로그램을 반복적으로 만들어봐야 진정한 프로그래밍의 의미를 이해하게 된다. 아무리 이론이 완벽하다고 해도 프로그래밍은 새로운 코드를 직접 작성할 수 없다면 아무런 의미가 없다. 이론은 조금 부족해도 스스로 프로그래밍을 할 수 있는 단계에 도달하면 그때부터는 본인 스스로 필요한 기능을 구현하기 위해 이론과 개념을 찾아보게 되므로 급격히 실력이 늘게 된다.

프로그래밍을 잘 할 수 있는 유일한 방법은 프로그래밍을 하는 것을 포기하지 않는 것뿐이다. 하나의 프로그래밍 언어를 체득한다는 것은 하나의 영혼을 더 갖는 것과 같다고 했다. 하나의 영혼을 더 갖기 위한 과정은 결코 짧지도 않고 쉽지도 않다. 급하게 생각하지 않고, 포기하지 않고, 기초부터 차근차근 쌓아 올리면 본인도 모르는 사이에 프포자를 벗어난 프로그래머가 돼 있을 것이다.

부록 아스키(ASCII) 코드표

문자/약자	10진수	2진수	8진수	16진수
NUL	0	00000000	000	0x00
SOH	1	00000001	001	0x01
STX	2	00000010	002	0x02
ETX	3	00000011	003	0x03
EOT	4	00000100	004	0x04
ENQ	5	00000101	005	0x05
ACK	6	00000110	006	0x06
BEL	7	00000111	007	0x07
BS	8	00001000	010	0x08
HT	9	00001001	011	0x09
LF	10	00001010	012	0x0A
VT	11	00001011	013	0x0B
FF	12	00001100	014	0x0C
CR	13	00001101	015	0x0D
SO	14	00001110	016	0x0E
SI	15	00001111	017	0x0F
DLE	16	00010000	020	0x10

(이어짐)

문자/약자	10진수	2진수	8진수	16진수
DC1	17	00010001	021	0x11
DC2	18	00010010	022	0x12
DC3	19	00010011	023	0x13
DC4	20	00010100	024	0x14
NAK	21	00010101	025	0x15
SYN	22	00010110	026	0x16
ETB	23	00010111	027	0x17
CAN	24	00011000	030	0x18
EM	25	00011001	031	0x19
SUB	26	00011010	032	0x1A
ESC	27	00011011	033	0x1B
FS	28	00011100	034	0x1C
GS	29	00011101	035	0x1D
RS	30	00011110	036	0x1E
US	31	00011111	037	0x1F
(공백)	32	00100000	040	0x20
!	33	00100001	041	0x21
"	34	00100010	042	0x22
#	35	00100011	043	0x23
$	36	00100100	044	0x24
%	37	00100101	045	0x25
&	38	00100110	046	0x26
'	39	00100111	047	0x27

(이어짐)

문자/약자	10진수	2진수	8진수	16진수
(	40	00101000	050	0x28
)	41	00101001	051	0x29
*	42	00101010	052	0x2A
+	43	00101011	053	0x2B
,	44	00101100	054	0x2C
-	45	00101101	055	0x2D
.	46	00101110	056	0x2E
/	47	00101111	057	0x2F
0	48	00110000	060	0x30
1	49	00110001	061	0x31
2	50	00110010	062	0x32
3	51	00110011	063	0x33
4	52	00110100	064	0x34
5	53	00110101	065	0x35
6	54	00110110	066	0x36
7	55	00110111	067	0x37
8	56	00111000	070	0x38
9	57	00111001	071	0x39
:	58	00111010	072	0x3A
;	59	00111011	073	0x3B
<	60	00111100	074	0x3C
=	61	00111101	075	0x3D
>	62	00111110	076	0x3E

(이어짐)

문자/약자	10진수	2진수	8진수	16진수
?	63	00111111	077	0x3F
@	64	01000000	100	0x40
A	65	01000001	101	0x41
B	66	01000010	102	0x42
C	67	01000011	103	0x43
D	68	01000100	104	0x44
E	69	01000101	105	0x45
F	70	01000110	106	0x46
G	71	01000111	107	0x47
H	72	01001000	110	0x48
I	73	01001001	111	0x49
J	74	01001010	112	0x4A
K	75	01001011	113	0x4B
L	76	01001100	114	0x4C
M	77	01001101	115	0x4D
N	78	01001110	116	0x4E
O	79	01001111	117	0x4F
P	80	01010000	120	0x50
Q	81	01010001	121	0x51
R	82	01010010	122	0x52
S	83	01010011	123	0x53
T	84	01010100	124	0x54
U	85	01010101	125	0x55

(이어짐)

문자/약자	10진수	2진수	8진수	16진수
V	86	01010110	126	0x56
W	87	01010111	127	0x57
X	88	01011000	130	0x58
Y	89	01011001	131	0x59
Z	90	01011010	132	0x5A
[	91	01011011	133	0x5B
\	92	01011100	134	0x5C
]	93	01011101	135	0x5D
^	94	01011110	136	0x5E
_	95	01011111	137	0x5F
`	96	01100000	140	0x60
a	97	01100001	141	0x61
b	98	01100010	142	0x62
c	99	01100011	143	0x63
d	100	01100100	144	0x64
e	101	01100101	145	0x65
f	102	01100110	146	0x66
g	103	01100111	147	0x67
h	104	01101000	150	0x68
i	105	01101001	151	0x69
j	106	01101010	152	0x6A
k	107	01101011	153	0x6B
l	108	01101100	154	0x6C

(이어짐)

문자/약자	10진수	2진수	8진수	16진수
m	109	01101101	155	0x6D
n	110	01101110	156	0x6E
o	111	01101111	157	0x6F
p	112	01110000	160	0x70
q	113	01110001	161	0x71
r	114	01110010	162	0x72
s	115	01110011	163	0x73
t	116	01110100	164	0x74
u	117	01110101	165	0x75
v	118	01110110	166	0x76
w	119	01110111	167	0x77
x	120	01111000	170	0x78
y	121	01111001	171	0x79
z	122	01111010	172	0x7A
{	123	01111011	173	0x7B
|	124	01111100	174	0x7C
}	125	01111101	175	0x7D
~	126	01111110	176	0x7E
DEL	127	01111111	177	0x7F

찾아보기

기호/숫자

##연산자 558
#define 549, 558, 566
#error 573
#if defined ~ #elif defined ~ #else ~ #endif 568
#if ~ #elif ~ #else ~ #endif 567
#ifdef ~ #else ~ #endif 561
#ifndef 566
#ifndef ~ #else ~ #endif 564
#include 123, 527
#line 571
#pragma 538
#pragma message 544
#pragma once 173, 538
#pragma pack 546
#pragma warning 540
#undef 549, 560
#연산자 556
/* */ 181
// 181
1차원 배열 577
2차원 배열 850
2차원 배열 대입 855
2차원 배열 초기화 853
4가지 네이밍 표기법 277

ㄱ

가독성 146
가변 인자 331
가변 인자 매개변수 833
가비지 컬렉션 58
간접 참조 연산자 139, 617, 622
감소 연산자 347
값 공유 635
개발 환경 세팅 75
객체와 속성 41
객체지향 프로그래밍 41, 53
게임 프로그래밍 40
경고 192, 194
계층 구조 480
고정 크기 정수 데이터형 267
곱셈 산술 연산자 361
공용체 503
공용체 선언 503
공용체 정의 503
공용체 초기화 507
공용체의 크기 509
관계 연산자 345, 362
교체 634
구글 시트 154
구글 크롬 131
구조체 43, 472, 475, 525
구조체 대입 연산 488
구조체 매개변수 828
구조체 멤버 478
구조체 반환 835
구조체 배열 847
구조체 변수 480
구조체 선언 477
구조체 정의 477
구조체 초기화 487
구조체 포인터 617, 862
구현부 166, 392, 393
기계어 68
기능 구현 792
기본 분류 출력 136

기본 연산자 343

ㄴ

나눗셈 산술 연산자 350
나머지 산술 연산자 351
널 문자 245, 609
널 포인터 660
네이밍 규칙 272
네이밍 표기법 277
논리 연산자 345, 365
논리곱 812
논리적 사고 능력 776
논리합 815

ㄷ

다중 포인터 변수 60
단축키 104
단항 산술 연산자 357
단항 연산자 345
대입 명령문 146, 161, 282
대입 연산자 345, 372
데이터 38, 53
데이터 기본 분류 130
데이터형 127, 231
데이터형의 크기 239
동등 연산자 364
동적 메모리 269, 651, 673
등호 기호 147
디버그 모드 199
디버깅 63, 70, 192
디버깅용 코드 792
디버깅의 중요성 210
디자인 패턴 42

ㄹ

라이브러리 함수 113
레이블 464, 471

레지스터 변수 293
루비 55
리소스 파일 80
리터럴 213, 214, 215
리터럴 구분 231
리터럴 접미사 227
리턴 명령문 457, 471
리팩터링 63, 71
릴리스 모드 198, 199
링커 101
링크 69

ㅁ

마우스 커서 126
매개변수 115
매개변수O & 반환값O 함수 417
매개변수O & 반환값X 함수 417
매개변수X & 반환값O 함수 417
매개변수X & 반환값X 함수 417
매크로 정의 549
매크로 해제 560
메모리 213
메모리 공간 652
메모리 누수 653
메모리 주소 613, 617
멤버 연산자 480
명령문 111
명령문 집합 117
명령문의 종료 121
모듈화 58
문자 데이터형 235
문자 데이터형 배열 603
문자 리터럴 215
문자 리터럴 표현법 216
문자 전용 입출력 함수 308, 747
문자 접근 679
문자열 60, 675
문자열 검색 701
문자열 길이 696

문자열 대입 683
문자열 리터럴 219, 605
문자열 리터럴 표현법 220
문자열 받기 693
문자열 복사 707
문자열 비교 698
문자열 연결 713
문자열 연산 695
문자열 자르기 716
문자열 저장 244, 602
문자열 전용 입출력 함수 320, 751
문자열을 실수로 721
문자열을 정수로 719

ㅂ

바이너리 모드 738
바이트 234
반복문 418, 439, 469
반환값 115
배열 60, 472, 577
배열 대입 595
배열 매개변수 830
배열 반환 837
배열 선언 명령문 589
배열 요소 583
배열 요소 접근 850
배열 초기화 589
배열 포인터 866
배열에 문자열 대입 611
배열의 선언 583
배열의 치명적 단점 587
배열의 크기 598
배타적 논리합 814
버그 70, 192, 193, 638
버퍼 313, 314
범용 입출력 함수 329
범용 파일 입출력 함수 759
범용적 프로그래밍 언어 58
변수 40, 161, 213

변수 초기화 282
변수명 네이밍 272
변수명 네이밍 표기법 142
변수의 사용 범위 632
변수의 선언 270
변수의 선언 단계 272
변수의 주소 629
복소수 데이터형 268
부동소수점 규약 256
부정 817
부호 없는 정수 데이터형 385
분기문 418, 469
불리언 데이터형 264, 363
비주얼 스튜디오 65
비주얼 스튜디오 구성 107
비주얼 스튜디오의 구조 79
비트 논리 연산자 345, 812
비트 복합 대입 연산자 822
비트 이동 연산자 345, 819
비트 표현 798
빌드 파일 69
뺄셈 산술 연산자 350

ㅅ

사용 범위 632
사용자 정의 50
사용자 정의 함수 163, 388
사용자 정의 함수의 개념 416
사용자 정의 헤더 파일 172, 531
산술 복합 대입 연산자 374
산술 연산자 345, 347
삼항 연산자 345
상대 경로 538, 734
상수 213, 286
상수 같은 매크로 552
상수식 432
상수의 정의 287
선언 139
선언 명령문 134, 137, 271

선언부 166, 392, 395
선택문 469
세미콜론 119
소수점 표기법 229, 726
소스 파일 80
소스 파일 분리 174
소스코드 65
소스코드 작성 65
소스코드의 영역 구분 192
솔루션 빌드 94
스캔에프 155
스타트업 코드 69
스택 영역 652
스팀 70
스파게티 코드 465
시맨틱 에러 63, 70
시작 주소 620
시작점 101
식별자 113
신택스 에러 63, 117
실수 데이터형 255
실수 리터럴 228, 809
실수 리터럴 접미사 229
실수 리터럴 표현법 228
실수 변환 719
실수를 문자열로 725
실행 파일 69
심볼 38
쓰레기 값 141

ㅇ

아스키 코드 217
알고리듬 38, 39, 53
애플리케이션 51
어셈블리 언어 54
언더스코어 표기법 277
언더플로 242, 253
언리얼 40
에러 코드 119

에러(오류) 192, 193
역슬래시 136, 305
연결 리스트 493
연산자 343
연산자 분류 344
연산자 우선순위표 344
열거형 511, 525
열거형 멤버 518, 631
열거형 선언 512
열거형 정의 512
영역 구분 184
예외 처리 792
예외 처리 코드 460
오른쪽 값 147
오른쪽 비트 이동 연산자 821
오버플로 242, 253
오브젝트 파일 69
오브젝티브C 55
왼쪽 값 147
왼쪽 비트 이동 연산자 819
우선순위표 344
운영체제 44
윈도우 44
윈도우 API 125
유니티 40
유지 보수 71
이동 연산자 820
이벤트 398
이식성 171
이중 for 반복문 453
이중 포인터 60, 617
이중 포인터 변수 868
이항 연산자 345
익명 구조체 486
인덱스 679
인스턴스 141, 270
인자 117
일부 초기화 생략 593
임베디드 프로그래밍 504

입력 데이터 38
입력 함수 154, 684

ㅈ

자기 참조 구조체 493
자동 변수 290
자동 초기화 592
자료구조 492
자바 55
재귀 호출 함수 844
전역 변수 294
전역 영역 185
전용 데이터형 222
전위 증감 연산자 358, 360
전처리 68
전처리기 526
전처리기 영역 185
전처리기 지시자 123, 527
절대 경로 538, 734
절차적 프로그래밍 41, 53, 280
정렬 493
정수 데이터형 246
정수 리터럴 223, 511, 804
정수 리터럴 접미사 225
정수 리터럴 표현법 223
정수를 문자열로 723
정의된 매크로 570
정적 메모리 269
정적 메모리 할당 655
정적 전역 변수 299
정적 지역 변수 297
제어 명령문 418, 469
제어 문자 136, 304
제어문 469
조건 398
조건 연산자 386
조건문 418, 469
조건부 컴파일 561
주석문 180

주소 공유 638, 874
주소 교환 872
주소 연산자 340, 605, 617, 619
주소와 포인터 변수의 차이 629
중첩 if 조건문 429
중첩 조건문 436
증가 연산자 347
증감 연산자 347, 357
지수 표기법 229, 726
지역 변수 270, 289

ㅊ

참조 연산자 139
초기화 생략 593
최댓값 240, 252
최솟값 240, 252
최적화 146
출력 데이터 38

ㅋ

카멜 표기법 277
캐릭터 스테이터스 128
컴파일 68
컴파일 에러 542
컴파일 제어 538
컴파일러 68
컴파일러 규칙 276
코드 작성 순서 66
코딩 37, 53
콘솔 화면 132
콤마 134
콤마 연산자 826
크래시 70
크래시 현상 141
큰따옴표 134
클래스 43
키워드 113

ㅌ

테스트 63, 70
텍스트 모드 738
텍스트 편집기 90
템플릿 186
템플릿 업데이트 188
토큰 551
토큰 결합 558
토큰스트링 558
통합 개발 환경 73
트리 구조 473
팀 프로그래밍 781
팀 프로젝트 172

ㅍ

파스칼 표기법 277
파이썬 55
파일 개방 730
파일 개방 모드 736
파일 입출력 326, 341, 727
파일 크기 계산 766
파일 폐쇄 730
파일 포인터 위치 변경 762
파일 포함 527
파일의 끝 771
파일의 처음 768
패딩 바이트 494
포인터 배열 849
포인터 변수 60, 615
포인터 변수 대입 646
포인터 변수 매개변수 832
포인터 변수 반환 840
포인터 변수 선언 624
포인터 변수로 주소 공유 638
포인터 변수의 활용법 661
포인터 표기법 625
표준 라이브러리 50, 53
표준 라이브러리 함수 122, 130

표준 입력 함수 153
표준 입출력 라이브러리 132
표준 출력 함수 130, 303
표준 키워드 114
표현식 343
프로그래머 37
프로그래밍 37, 53
프로그래밍 스킬 776
프로그래밍 언어 36, 53
프로그래밍 언어 학습 33
프로그래밍의 흐름 161
프로그램 설계 64
프로그램 실행 69
프로그램의 구조 121
프로시저 43
피연산자 343

ㅎ

하드 코딩 152
하향식 설계 58
함수 39
함수 포인터 876
함수의 4가지 유형 400
함수의 구현부 167
함수의 선언부 166
함수의 원형 390, 417
함수의 인자 635
함수의 호출부 168
핵심 코드 398, 777
헝가리안 표기법 142, 277
헤더 파일 80, 155, 528
형 변환 647
형 변환 연산자 380
형 축소 355
형 확장 353
형식 변경자 331
형식 지정자 134, 230
호출부 166, 396
후위 증감 연산자 358, 361

A

Algorithm 38, 53
American Standard Code for Information Interchange 217
AND 논리 연산자 365
AndroidManifest.xml 888
ANSI C 56
API 32, 51
append 740
Application Programming Interface 32, 51
argument 117
Array 472
ASCII 217
Assembly Language 54
Asterisk 624
atof( ) 721
atoi( ) 719
atol( ) 719
atoll( ) 719
auto 290
Auto Variable 290

B

B 프로그래밍 언어 54
Basic Combined Programming Language 54
BCPL 54
Branching Statements 418
break 명령문 435, 463, 471
buffer 314
Bug 70
Build File 69
Byte 234

C

C 프로그래밍 수행 단계 64
C# 스크립트 40
C2143 119
C2371 169
C90 표준 56
C99 표준 57
calloc( ) 668
camel case 277
case 상수식 436
char 236
char 배열 선언 677
char 포인터 변수 선언 686
character status 128
Class 43
Classic C 55
Coding 37, 53
Compile 68
Compiler 68
Conditional Statements 418
const 648
Constant 213
continue 명령문 461, 471
Control Character 136, 304
Control Flow Statement 469
crash 70
Crash 현상 141

D

Data 38, 53
Data Structure 492
Data Type 127
debugging 63, 195
Declaration 139
default 435
Demotion 356
Design Pattern 42
do ~ while 반복문 419, 449, 471

E

else if 조건문 419
Enumerated Type 511

Executable File 69
Expression 343

F

feof( ) 771
fgetc( ) 318, 749
fgets( ) 326, 754
fopen 733
for 반복문 420, 439, 470
Format Specifier 134
fprintf( ) 341, 759
FPS 188
fputc( ) 317, 747
fputs( ) 325, 751
fread( ) 756
free( ) 653
fscanf( ) 341, 760
Function 39
fwrite( ) 753

G

garbage collection 58
Garbage Value 141
getchar( ) 311
gets( ) 322
gets_s( ) 322
Global Variable 295
goto 명령문 464, 471

H

hard coding 152
HP 회복량 411
hungarian case 277

I

IEEE 형식 256

if ~ else if ~ else 조건문 427, 469
if ~ else 조건문 425
if 조건문 420
inf 263
input data 38
instance 141
Institute of Electrical and Electronics Engineers 256
int 140
ISO C 56

J

Java 55

L

Left Value 147
Link 69
Linked List 493
Linker 101
Literal 213
LNK1120 135
LNK2019 135
Local Variable 290
Loop Statements 418
LV 147

M

Machine Language 68
main 함수 101
main 함수 영역 185
main.h 173
malloc( ) 653
memset( ) 666

N

NOT 논리 연산자 370

Null Character 245

O

Object File 69
Object Oriented Programming 41, 53
Objective-C 55
OOP 41, 53
Operand 343
Operating System 44
Operator 343
OR 논리 연산자 368
OS 44
output data 38
Overflow 243

P

Padding Byte 494
parameter 115
pascal case 277
PHP 55
Postfix 증감 연산자 358
Prefix 증감 연산자 358
Preprocessing 68
Preprocessor 526
Print Formatted 132
printf 132
printf( ) 133, 329
Procedural Programming 41, 53
Procedure 43
Programming 37, 53
Programming Language 36, 53
Promotion 354
Prototype 390
putchar( ) 308
puts( ) 320
Python 55

R

RAM 233
Random Access Memory 233
read 742
realloc( ) 671
Recursive Call 845
refactoring 63
Register Variable 293
return 457
return value 115
rewind( ) 768
Right Value 147
RPG 188
Ruby 55
RV 147

S

scanf( ) 155, 336
Semantic Error 63
sizeof 연산자 240, 383, 643
snake case 277
source code 65
sprintf( ) 723, 725
Standard Input/Output library 132
standard library 51
Startup Code 69
Statement 111
Static Variable 299
stdio 132
stdio.h 133
Steam 70
strcat( ) 713
strchr( ) 701
strcmp( ) 698
strcpy( ) 707
strlen( ) 696
strncat( ) 713
strncmp( ) 698

strncpy( )　707
strrchr( )　701
strstr( )　701
strtok( )　716
Structure　472
Structure type　43
Swap　634
switch ~ case 조건문　419, 432, 470
Syntax Error　63

T

token　551
top-down 설계　58
typedef　483

U

Underflow　243
union　505
Unity　40
Unity API　52
Unreal　40
Unreal API　52
unsigned　236

V

Variable　40, 213
Visual Studio　65
void　115, 267
void 포인터　878
void 포인터 반환　841

W

warning　194
while 반복문　420, 446, 470
Windows API　52
Windows.h　126
write　739

X

XOR　814

프포자를 위한 C 프로그래밍

발행 · 2026년 1월 2일

지은이 · 남기덕

발행인 · 황영주
펴낸곳 · 에이콘출판 주식회사

주소 · 서울시 양천구 국회대로 287 (목동)
전화 · 02)2653-7600 | **팩스** · 02)2653-0433
홈페이지 · www.acornpub.co.kr | **독자문의** · www.acornpub.co.kr/contact/errata

책임편집 · 임지원 | **편집** · 강승훈, 임승경 | **디자인** · 윤서빈
홍보 · 박혜경, 백경화 | **경영지원** · 최하늘, 김희지

함께 만든 사람들
교정 · 교열 · 전산편집 · 박창기

깊이 있는 콘텐츠로 미래를 준비하는 지식 플랫폼, 에이콘출판사

인스타그램 · instagram.com/acorn_pub
페이스북 · facebook.com/acornpub
유튜브 · youtube.com/@acornpub_official

Copyright ⓒ 에이콘출판 주식회사, 2026, Printed in Korea.
ISBN 979-11-6175-739-1
http://www.acornpub.co.kr/book/9791161757391

책값은 뒤표지에 있습니다.